社区矫正法实务手册

COMMUNITY CORRECTION LAW

庄乾龙 编著

中国法制出版社
CHINA LEGAL PUBLISHING HOUSE

序

《中华人民共和国社区矫正法》的颁布实施，标志着我国社区矫正迈入重要的发展阶段。该法为社区矫正执法实践提供了重要的操作指引。《社区矫正法》总结了我国社区矫正试点工作有益经验，秉持恢复性司法理念，以矫正改造、教育帮扶为目标，设计适合时代发展的社区矫正原则与规则，契合预防犯罪的刑罚目的。

与《刑法》《刑事诉讼法》等刑事法律相比，《社区矫正法》有着原则性、衔接性与融合性等显著特征。原则性是指《社区矫正法》相关法律条文内容较为粗疏，未就细致性问题作出统一规定。这主要归因于以下两点：一是社区矫正从无到有，时间较短，很多问题与解决方法有待实践检验，其细致成熟做法上升为立法条文尚需时日；二是社区矫正成效受制于多种因素，其地方特色明显。社区矫正立法无法就诸如教育方式、监督管理方法作统一规定。衔接性是指社区矫正关涉多个部门，包含但不限于以下单位、组织机构：社区矫正机构、人民法院、人民检察院、监狱、国家安全机关、公安机关、民政部门、教育部门、法律援助机构、村委会、居委会、企业事业单位、社会组织等。统筹各部门协调合作是提升社区矫正质量的关键一环，任何一个环节缺失或协调不力，都会影响社区矫正效果。融合性是指《社区矫正法》并非单纯实体法或程序法，而是融合了实体规范与程序规范，乃至包含了证据规范。

因此，《社区矫正法》无法为社区矫正实践提供事无巨细的文本支撑。为此，司法部与最高人民法院、最高人民检察院、公安部积极进行沟通协调研究，广泛向社会征求意见，制定出台了《中华人民共和国社区矫正法实施办法》。尽管该办法细化了《社区矫正法》相关内容，为社区矫正实践提供了有力的文本支持，但依然无法满足社区矫正的实践需求。为此，地方各省、直辖市、自治区分别制定了带有地方特色的社区矫正实施细则。各地的社区矫正实施细则以《社区矫正法》与《社区矫正法实施办法》为依据，对《社区矫正法》中的原则性条文与抽象概念作了进一步细化与说明，大幅提升了《社区矫正法》的可操作性。社区矫正实施细则成为地方社区矫正机构在社区矫正执法实践中的主要依据。

目前，全国共计有18个省、自治区、直辖市颁布了社区矫正实施细则，分别是安徽省、北京市、福建省、甘肃省、广东省、广西壮族自治区、贵州省、河南省、湖南省、江苏省、江西省、辽宁省、宁夏回族自治区、山东省、山西省、陕西省、上海市与四川省。个别省份虽然没有出台社区矫正实施细则，但其出台了更加细致的规范性文件，如浙江省专门出台了《社区矫正调查评估办法》，湖北省出台了《社区矫正对象分类管理办法》。综合考量本地区教育资源、监督特色与地域工作特点、生活习俗文化等因素，地方实施细则与专项规范性文件更契合社区矫正实践指导需求。但社区矫正实施细则存在的问题也不容忽视：一是部分地方规范性条文存在超越立法现象。如《社区矫正法》第四十七条第一款规定："被提请撤销缓刑、假释的社区矫正对象可能逃跑或者可能发生社会危险的，社区矫正机构可以在提出撤销缓刑、假释建议的同时，提请人民法院决定对其予以逮捕。"有地方实施细则将"曾经以暴力、威胁或者其他手段抗拒抓捕的"视为"可能逃跑的情形"。该实施细则以类似行为作为判断社区矫正对象违法依据的规定值得商榷。对《社区矫正法》第四十七条第一款规定的"可能逃跑"判断依据只能是现有证据，而非过去的类似行为。上述实施细则规定有超越立法之嫌；二是各实施细则对部分抽象概念的内涵与外延规定差异较大，造成执法的不统一。如《社区矫正法》第二十七条第一款规定："社区矫正对象离开所居住的市、县或者迁居，应当报经社区矫正机构批准。社区矫正机构对于有正当理由的，应当批准；对于因正常工作和生活需要经常性跨市、县活动的，可以根据情况，简化批准程序和方式。"对于该条款中的何谓有"正当理由"，有不同理解。地方实施细则分别对其进行解读，但内容差异明显。当然，地方社区矫正实施细则也有着明显优势：一是进一步细化明确了《社区矫正法》中的规则与概念含义；二是为丰富完善立法提供了可供检验的地方文本。

鉴于此，本书以《社区矫正法》为依据，配套《社区矫正法实施办法》与地方社区矫正实施细则，逐条解析《社区矫正法》条文，为立法者、执法者及研究者提供全面的规范梳理，并汇集相关文书范本。立法者可借鉴吸收地方《社区矫正实施细则》有益做法，将其上升为立法条文，并在时机成熟时制定更为完善的《社区矫正法实施办法》与《社区矫正法》。执法者可以借鉴各地实施细则中成熟且依据充足的做法，提高社区矫正执法质量。本书还可为研究者提供较为充实的对比文本资料，助力社区矫正法的研究。由于水平所限，不当之处在所难免，欢迎读者批评指正，编者的电子邮件是：zhuangqianlong78@ sina. com。

庄乾龙

2023 年 4 月 8 日

缩略语表

序号	简　　称	总　　称
1	社区矫正法	中华人民共和国社区矫正法
2	社区矫正法实施办法	高法院、高检院、公安部、司法部关于印发《中华人民共和国社区矫正法实施办法》的通知
3	城市居民委员会组织法	中华人民共和国城市居民委员会组织法
4	村民委员会组织法	中华人民共和国村民委员会组织法
5	公务员法	中华人民共和国公务员法
6	刑法	中华人民共和国刑法
7	刑事诉讼法	中华人民共和国刑事诉讼法
8	监狱法	中华人民共和国监狱法
9	未成年人保护法	中华人民共和国未成年人保护法
10	预防未成年人犯罪法	中华人民共和国预防未成年人犯罪法
11	义务教育法	中华人民共和国义务教育法
12	就业促进法	中华人民共和国就业促进法
13	义务教育法	中华人民共和国义务教育法
14	高等教育法	中华人民共和国高等教育法
15	劳动法	中华人民共和国劳动法
16	国家监察法	中华人民共和国国家监察法
17	上海市社区矫正实施细则	上海市高级人民法院等关于印发《关于贯彻落实〈中华人民共和国社区矫正法实施办法〉的实施细则》的通知

续表

序号	简　　称	总　　称
18	北京市社区矫正实施细则	北京市高级人民法院、北京市人民检察院、北京市公安局、北京市司法局关于印发《关于贯彻落实〈中华人民共和国社区矫正实施办法〉的实施细则》的通知
19	福建省社区矫正实施细则	福建省贯彻《中华人民共和国社区矫正法》实施细则
20	江苏省社区矫正实施细则	江苏省高级人民法院、江苏省人民检察院、江苏省公安厅、江苏省司法厅关于印发《江苏省社区矫正实施细则》的通知
21	湖南省社区矫正实施细则	湖南省高级人民法院、湖南省人民检察院、湖南省公安厅、湖南省司法厅关于印发《湖南省社区矫正实施细则》的通知
22	四川省社区矫正实施细则	四川省高级人民法院、四川省人民检察院、四川省公安厅、四川司法厅关于印发《四川省社区矫正实施细则》的通知
23	甘肃省社区矫正实施细则	甘肃省高级人民法院、甘肃省人民检察院、甘肃省公安厅、甘肃司法厅关于印发《甘肃省社区矫正实施细则》的通知
24	宁夏回族自治区社区矫正实施细则	宁夏回族自治区高级人民法院、宁夏回族自治区检察院、宁夏回族自治区公安厅、宁夏回族自治区司法厅关于印发《宁夏回族自治区社区矫正实施细则》的通知
25	陕西省社区矫正实施细则	陕西省高级人民法院、陕西省人民检察院、陕西省公安厅、陕西司法厅关于印发《陕西省社区矫正实施细则》的通知
26	山西省社区矫正实施细则	山西省高级人民法院、山西省人民检察院、山西省公安厅、山西省司法厅关于印发《山西省社区矫正实施细则》的通知
27	辽宁省社区矫正实施细则	辽宁省高级人民法院、辽宁省人民检察院、辽宁省公安厅、辽宁省司法厅关于印发《辽宁省社区矫正实施细则》的通知

续表

序号	简　　称	总　　称
28	广东省社区矫正实施细则	广东省高级人民法院、广东省人民检察院、广东省公安厅、广东省司法厅关于印发《广东省社区矫正实施细则》的通知
29	广西壮族自治区社区矫正工作细则	广西壮族自治区高级人民法院、广西壮族自治区人民检察院、广西壮族自治区公安厅、广西壮族自治区司法厅关于印发《广西壮族自治区社区矫正工作细则》的通知
30	贵州省社区矫正工作实施细则（试行）	贵州省高级人民法院、贵州省人民检察院、贵州省公安厅、贵州省司法厅关于印发《贵州省社区矫正工作实施细则（试行）》的通知
31	河南省社区矫正工作细则	河南省高级人民法院、河南省人民检察院、河南省公安厅、河南省司法厅关于印发《河南省社区矫正工作细则》的通知
32	江西省社区矫正工作实施细则	江西省高级人民法院、江西省人民检察院、江西省公安厅、江西省司法厅关于印发《江西省社区矫正工作实施细则》的通知
33	山东省社区矫正实施细则	山东省高级人民法院、山东省人民检察院、山东省公安厅、山东省司法厅关于印发《山东省社区矫正实施细则》的通知
34	安徽省社区矫正工作实施细则	安徽省高级人民法院、安徽省人民检察院、安徽省公安厅、安徽省司法厅关于印发《安徽省社区矫正工作实施细则》的通知
35	浙江省社区矫正调查评估办法（试行）	浙江省高级人民法院、浙江省人民检察院、浙江省公安厅、浙江省司法厅关于印发《浙江省社区矫正调查评估办法（试行）》的通知
36	浙江省社区矫正教育帮扶规定（试行）	浙江省高级人民法院、浙江省人民检察院、浙江省公安厅、浙江省司法厅关于印发《浙江省社区矫正教育帮扶规定（试行）》的通知

目　　录

第一章　总　　则

第一条　【立法宗旨】

为了推进和规范社区矫正工作，保障刑事判决、刑事裁定和暂予监外执行决定的正确执行，提高教育矫正质量，促进社区矫正对象顺利融入社会，预防和减少犯罪，根据宪法，制定本法。

法条解读

本条规定了社区矫正法制定目的与制定根据。本法是依据《宪法》由全国人民代表大会审议通过的专门法律。本法制定目的有三个：一是推进和规范社区矫正工作。社区矫正自2003年开始试点以来，相关部门出台了若干规范性文件，但文件较为零散。本次立法目的之一是为社区矫正提供统一文本依据。二是保障刑事判决、刑事裁定和暂予监外执行决定的正确执行。理论与实务中对社区矫正定位争议较大，其中“刑罚执行”说较有代表性。但从社区矫正四类对象来看，该学说并不准确，如缓刑并非是执行刑罚。故此，立法者从全面涵盖社区矫正对象的角度，采用了“刑事判决、刑事裁定和暂予监外执行决定”说法。三是提高教育矫正质量，促进社区矫正对象顺利融入社会，从而达到预防和减少犯罪的目的，这是社区矫正的根本目的。

《社区矫正法实施办法》进一步细化了办法出台依据与制定目的。《社区矫正法实施办法》还就社区矫正工作的领导体制作了进一步明确。

各省、直辖市社区矫正实施细则进一步明确了社区矫正细则制定依据与目的。

相关规定

《社区矫正法实施办法》

第一条　为了推进和规范社区矫正工作，根据《中华人民共和国刑法》、《中华人民共和国刑事诉讼法》、《中华人民共和国社区矫正法》等有关法律规定，制定本办法。

第二条　社区矫正工作坚持党的绝对领导，实行党委政府统一领导、司法行政机关组织实施、相关部门密切配合、社会力量广泛参与、检察机关法律监督的领导体制和工作机制。

《上海市社区矫正实施细则》

第一条　根据《中华人民共和国社区矫正法》和最高人民法院、最高人民检察院、公安部、司法部联合印发的《中华人民共和国社区矫正法实施办法》，结合本市工作实际，制定本细则。

《江苏省社区矫正实施细则》

第一条　为了加强和规范社区矫正工作，保障刑事判决、刑事裁定和暂予监外执行决定的正确执行，根据《中华人民共和国社区矫正法》（以下简称《社区矫正法》）、《中华人民共和国社区矫正法实施办法》（以下简称《实施办法》）等有关法律法规规定，结合本省实际，制定本实施细则。

第二条　【适用范围】

对被判处管制、宣告缓刑、假释和暂予监外执行的罪犯，依法实行社区矫正。

对社区矫正对象的监督管理、教育帮扶等活动，适用本法。

法条解读

本条分设两款。第一款规定了社区矫正适用范围。社区矫正适用范围包括管制犯、缓刑犯、假释犯及暂予监外执行犯。其中“依法”是指《刑法》《刑事诉讼法》《监狱管理法》《治安管理处罚法》及本法等法律规定，不包括行政法规、规章、地方性法规等其他规范性文件。《社区矫正法实施办法》及地方制定的实施细则等属于对《社区矫正法》的细化，可以作为社区矫正的执行依据。但若相关细化规范性文件超越《社区矫正法》规定，则当然不能作为社区矫正的依据。第二款规定了社区矫正内容。具体是指对上述社区矫正对象开展监督管理与教育帮扶等活动。

《社区矫正法实施办法》未对本条作进一步细化。

部分省份社区矫正实施细则对被暂予监外执行的类型作了进一步细化。

相关规定

《河南省社区矫正工作细则》

第二条 对下列罪犯，依法实行社区矫正：

（一）被判处管制的；

（二）被宣告缓刑的；

（三）被裁定假释的；

（四）被决定或批准暂予监外执行的。

对上述四类罪犯之外的其他人员，不得实行社区矫正。

《湖南省社区矫正实施细则》

第二条 对被判处管制、宣告缓刑、假释和暂予监外执行的罪犯，依法实行社区矫正。

《四川省社区矫正实施细则》

第二条 对下列罪犯称为社区矫正对象，依法实行社区矫正：

（一）被判处管制的；

（二）被宣告缓刑的；

（三）被裁定假释的；

（四）被决定或者批准暂予监外执行的。

第三条[①] **【原则和目标】**

社区矫正工作坚持监督管理与教育帮扶相结合，专门机关与社会力量相结合，采取分类管理、个别化矫正，有针对性地消除社区矫正对象可能重新犯罪的因素，帮助其成为守法公民。

法条解读

本条规定了社区矫正的原则和目标。社区矫正采用四大原则：一是坚持监督管理与教育帮扶相结合的原则。监督管理与教育帮扶同等重要。社区矫正的目的是在开放的社区中对社区矫正矫正对象实施教育矫正，监督管理一定程度上是为教育帮扶服务，所以监督管理措施不宜过于严厉，否则无异于监狱，违背社区矫正的初衷。二是专门机关与社会力量相结合原则。专门机关与社会力量同等重要。专门机关应该起到充分的协调与引导作用，采取各种有效措施吸引社会力量参与社区矫正。缺乏社会力量参与的社区矫正无异于无源之水，难以发展壮大。三是分类管理原则。分类管理的目的是提高教育矫正质量，故分类标准宜以“适合教育矫正”为

---

① 相关地方规范性文件落实，例如，2021年6月江苏省司法厅：《关于构建社区矫正“一三三模式”推进全省社区矫正工作高质量发展的实施意见》。

中心进行设计，原则上分类类型不作限制。如根据社区矫正对象不同，可以分为管制犯、假释犯、缓刑犯及暂予监外执行犯四种类型的管理；根据宽严程度不同，可以区分为严管、普管与宽管等类型。四是个别化矫正原则。个别化矫正原则要求本法明确目标有二，包括直接目标与根本目标。直接目标是有针对性地消除社区矫正对象可能重新犯罪的因素；根本目标是帮助其成为守法公民。直接目标为根本目标服务，而根本目标的实现有赖于直接目标的达成。

《社区矫正法实施办法》未对社区矫正法的原则与目标作出更加细致的说明与规定。

个别省市社区矫正实施细则对《社区矫正法》的原则与目标进行了细化与明确。例如，《甘肃省社区矫正实施细则》将其以“工作任务”的形式，明确监督与管理的内容及促进社区矫正对象顺利融入社会、预防和减少犯罪的方法与途径。需要指出的是，宁夏回族自治区与陕西省制定的社区矫正实施细则在《社区矫正法》原有法律条文的基础上增加了“尊重和保障人权”内容，“尊重和保障人权”是开展依法矫正重要保障。

相关规定

《甘肃省社区矫正实施细则》

第三条 社区矫正工作任务：

（一）对社区矫正对象进行监督和管理，落实有关禁止令、报告、会客、外出等事项要求，确保刑事判决、刑事裁定和暂予监外执行决定的正确执行；

（二）对社区矫正对象进行思想教育、法治教育、道德教育和职业技术教育，开展心理矫治、参加公益活动等，矫正其犯罪心理和行为恶习，帮助社区矫正对象解决生活困难和问题，激发其内在道德责任和悔罪意识，促进社区矫正对象顺利融入社会，预防和减少犯罪。

《宁夏回族自治区社区矫正实施细则》

第三条 社区矫正工作应当依法进行，尊重和保障人权。坚持监督管理与教育帮扶相结合，专门机关与社会力量相结合，采取分类管理、个别化矫正，有针对性地消除社区矫正对象可能重新犯罪的因素，帮助其成为守法公民。

《陕西省社区矫正实施细则》

第二条 社区矫正工作应当遵循监督管理与教育帮扶相结合、专门机关与社会力量相结合、依法管理与尊重和保障人权相结合的原则。

第四条 【依法矫正和保障人权】

社区矫正对象应当依法接受社区矫正，服从监督管理。

社区矫正工作应当依法进行，尊重和保障人权。社区矫正对象依法享有的人身权利、财产权利和其他权利不受侵犯，在就业、就学和享受社会保障等方面不受歧视。

法条解读

本条规定了依法矫正与保障人权。本条分设两款。第一款强调社区矫正对象应当依法接受社区矫正，遵守《社区矫正法》相关监督管理规定，履行法律要求的义务。本条款旨在提醒社区矫正对象要加强对社区矫正的认识，不能将社区矫正视为释放。社区矫正对象在社区矫正期间，应该遵守相应监督管理规定，若违反相关规定，将引发一系列严重后果。第二款明确社区矫正应当依法进行，尊重和保障人权。本款要求社区矫正相关部门与工作人员必须严格按照本法及《刑法》《刑事诉讼法》等相关法律履行职责。违反相关法律规定的，应该承担相应责任。社区矫正对象在社区矫正期间部分权利受到限制，但相关法律未对其权利予以限制的，其依法享有相应权利，包括人身权利、财产权利及其他合法权利。有关单位、组织、人员不能因社区矫正对象相关权利受到限制，而对其就业、就学及社会保障方面予以歧视性对待。

《社区矫正法实施办法》未对本法条作出进一步细化。

绝大多数省市社区矫正实施细则未对本法条作细化说明，只有个别省份对人权保障内容作了较为明确的规定。例如，《湖南省社区矫正实施细则》以明示列举的方式明确社区矫正对象人格尊严不受侮辱，依法享有人身权利、财产权利，享有辩护、申诉、控告、检举以及其他未被依法剥夺或限制的权利。《宁夏回族自治区社区矫正实施细则》亦对社区矫正对象权益保护作了较为细致的规定。

相关规定

《湖南省社区矫正实施细则》

第十五条 社区矫正对象在社区矫正期间享有下列权利：

（一）人格尊严不受侮辱；

（二）依法享有的人身权利、财产权利不受侵犯；

（三）享有辩护、申诉、控告、检举以及其他未被依法剥夺或者限制的权利。

《宁夏回族自治区社区矫正实施细则》

第四条 社区矫正对象应当依法接受社区矫正，服从监督管理。社区矫正对象依法享有的人身权利、财产权利和其他权利不受侵犯，在就业、就学和享受社会保障等方面不受歧视。未成年人身份信息应当予以保密。

文书范本

接受社区矫正保证书①

一、本人接受社区矫正，并保证在接受社区矫正期间遵守法律和行政法规，认真履行法律义务，不离开中华人民共和国国境。

二、保证在规定的时限内，到执行地的区社区矫正机构报到接受社区矫正。

三、保证在接受社区矫正期间，遵守社区矫正有关规定，服从监督管理，接受教育。

本保证书一式三份，社区矫正决定机关、区社区矫正机构、司法所各一份。

保证人（签字）：

年　　月　　日

---

① 来自《北京市社区矫正实施细则》。

第五条[①] **【矫正工作信息化】**

国家支持社区矫正机构提高信息化水平，运用现代信息技术开展监督管理和教育帮扶。社区矫正工作相关部门之间依法进行信息共享。

法条解读

本条规定了社区矫正工作的信息化。本条明确了国家对社区矫正机构提高信息化水平持积极支持态度。倡导采用现代信息技术开展监督管理和教育帮扶，实现社区矫正各部门之间的信息共享。根据本条，地方政府应支持社区矫正机构提高信息化水平，具体包括人才支持及经费支持，强化社区矫正信息化建设。社区矫正涉及多个部门之间的联动，要求相关部门之间的信息传递通畅。各部门建立信息共享机制，是减少工作失误，提高工作效率，提升教育监督管理质量的有效途径。[②]

《社区矫正法实施办法》对此作了进一步细化，要求人民法院、人民检察院、公安机关、司法行政机关之间建立社区矫正信息交换平台，传输交换相关法律文书，根据需要实时查询社区矫正对象监督管理、教育帮扶状态。

各省市出台的社区矫正实施细则大都对本条内容作了重申或者细化说明，个别省市进行了不同程度的细化拓展。例如，《福建省社区矫正实施细则》提出基于“福建省社区矫正一体化平台”构建省社区矫正机构一体化平台应用考评机制，并明确社区矫正机构工作人员和其他依法参与社区矫正工作的人员对一体化平台上的信息数据，负有保密责任。《山西省社区矫正实施细则》进一步将信息化平台的业务功能拓展至“不准出境报备等业务的网上办理”。

相关规定

《社区矫正法实施办法》

第十一条 社区矫正机构依法加强信息化建设，运用现代信息技术开展监督管理和教育帮扶。

社区矫正工作相关部门之间依法进行信息共享，人民法院、人民检察院、公安机关、司法行政机关依法建立完善社区矫正信息交换平台，实现业务协同、互联互通，运用现代信息技术及时准确传输交换有关法律文书，根据需要实时查询社区矫正对象交付接收、监督管理、教育帮扶、脱离监管、被治安管理处罚、被采取强制措施、变更刑事执行、办理再犯罪案件等情况，共享社区矫正工作动态信息，提高社区矫正信息化水平。

《北京市社区矫正实施细则》

第一百二十条 社区矫正机构依法加强信息化建设，运用现代信息技术开展监督管理和教育帮扶。

社区矫正工作相关部门之间依法进行信息共享，人民法院、人民检察院、公安机关、司法行政机关依法建立完善社区矫

① 相关地方规范性文件落实，例如，2021年山西省司法厅印发：《山西省社区矫正管理信息系统运行及运用管理使用办法（试行）》。

② 相关规范性文件落实，例如，《司法部关于印发“数字法治 智慧司法”信息化体系建设指导意见》；《司法部办公厅关于加快推进全国“智慧矫正”建设的实施意见》；《全国社区矫正管理信息系统技术规范》；《全国社区矫正人员定位系统技术规范》；《社区矫正电子定位腕带技术规范》；《智慧矫正移动应用技术规范》。

正信息交换平台，实现业务协同、互联互通，运用现代信息技术及时准确传输交换有关法律文书，根据需要实时查询社区矫正对象交付接收、监督管理、教育帮扶、脱离监管、被治安管理处罚、被采取强制措施、变更刑事执行、办理再犯罪案件等情况，共享社区矫正工作动态信息，提高社区矫正信息化水平。

《福建省社区矫正实施细则》

第四条　省司法厅依据司法部发布实施的“智慧矫正”技术规范体系建立全省社区矫正机构统一使用的福建省社区矫正一体化平台（以下简称一体化平台）。省社区矫正机构建立一体化平台应用考评机制。

省高级人民法院、省人民检察院、省公安厅、省司法厅、省监狱管理局按照《实施办法》第十一条的规定，建立社区矫正信息交换平台，实现社区矫正决定机关、法律监督机关、执行机关之间信息互联互通和有关法律文书交换、相关动态信息实时查询等业务协同。

社区矫正机构工作人员和其他依法参与社区矫正工作的人员对一体化平台上的信息数据，负有保密责任。未经社区矫正机构负责人批准，不得复制、删除或者对外公开。经批准获得信息数据的单位和个人应当予以保密。

《甘肃省社区矫正实施细则》

第八条　省高级人民法院、省人民检察院、省公安厅、省司法厅、省监狱管理局按照《实施办法》规定，建立完善社区矫正信息交换平台和共享共用平台，实现社区矫正决定机关、法律监督机关、执行机关之间信息互联互通和有关法律文书交换、相关动态信息实时查询等业务协同。强化社区矫正对象遵守社区矫正规定情况核查、违法违规行为制止、失联查找、重点关注人员动态管控等工作的信息化协同力度，提高社区矫正信息化水平。

第一百零四条第三款　社区矫正机构和人民法院、人民检察院、公安机关应当建立社区矫正对象的信息交换平台，实现社区矫正工作动态数据共享。

《广西壮族自治区社区矫正工作细则》

第一百三十四条　人民法院、人民检察院、公安机关和司法行政机关应当建立完善社区矫正对象信息交换平台，实现社区矫正工作动态数据共享。

《贵州省社区矫正工作实施细则（试行）》

第四条　人民法院、人民检察院、公安机关、司法行政机关、监狱管理机关应当依托信息技术及智能化管理平台资源，建立业务协同和信息数据共享机制，推进法律文书网上流转，提升社区矫正信息化水平。

《河南省社区矫正工作细则》

第八条　社区矫正机构依法加强信息化建设，运用现代信息技术开展监督管理和教育帮扶。

社区矫正工作相关部门之间依法进行信息共享，人民法院、人民检察院、公安机关、司法行政机关依法建立完善社区矫正信息交换平台，实现业务协同、互联互通，运用现代信息技术及时准确传输交换法律文书，根据需要实时查询社区矫正对象交付接收、监督管理、教育帮扶、脱离监管、被治安管理处罚、被采取强制措施、变更刑事执行、办理再犯罪案件等情况，共享社区矫正工作动态信息，提高社区矫正信息化水平。

《湖南省社区矫正实施细则》

第十二条　社区矫正工作相关部门之间依法进行信息共享，人民法院、人民检察院、公安机关、司法行政机关以及监狱、看守所通过湖南省政法跨部门办案平台，及时准确传输交换法律文书，实现信息互通共享、业务协同办理，并根据需要实时查询社区矫正对象交付接收、监督管理、教育帮扶、脱离监管、被治安管理处罚、被采取强制措施、变更刑事执行、办理再犯罪案件等情况，共享社区矫正工作动态信息，提高社区矫正信息化水平。

社区矫正机构应当积极推进智慧矫正建设，充分运用湖南省智慧矫正一体化平台开展监督管理和教育帮扶，相关基础信息、审批资料及工作记录应当及时、准确、规范录入一体化平台。省级社区矫正机构建立一体化平台运行管理考评机制。

《江西省社区矫正工作实施细则》

第十七条 社区矫正机构依法加强信息化建设，运用现代信息技术开展监督管理和教育帮扶。

社区矫正工作相关部门之间依法进行信息共享，人民法院、人民检察院、公安机关、司法行政机关依法建立完善社区矫正信息交换平台，实现业务协同、互联互通，运用现代信息技术及时准确传输交换有关法律文书，根据需要实时查询社区矫正对象交付接收、监督管理、教育帮扶、脱离监管、被治安管理处罚、被采取强制措施、变更刑事执行、办理再犯罪案件等情况，共享社区矫正工作动态信息，提高社区矫正信息化水平。

《辽宁省社区矫正实施细则》

第七条 人民法院、人民检察院、公安机关、司法行政机关应当健全管理制度，建立日常联络和突发事件联合处置机制，加强信息化协同建设，定期会商解决社区矫正问题，提高社区矫正工作质量和效率。

第八条 社区矫正机构依法加强信息化建设，运用现代信息技术开展监督管理和教育帮扶。

社区矫正工作相关部门之间依法进行信息共享，人民法院、人民检察院、公安机关、司法行政机关依法建立完善社区矫正信息交换平台，实现业务协同、互联互通，运用现代信息技术及时准确传输交换有关法律文书，根据需要实时查询社区矫正对象交付接收、监督管理、教育帮扶、脱离监管、被治安管理处罚、被采取强制措施、变更刑事执行、办理再犯罪案件等情况，共享社区矫正工作动态信息，提高社区矫正信息化水平。

《宁夏回族自治区社区矫正实施细则》

第六条 社区矫正机构依法加强信息化建设，运用现代信息技术开展监督管理和教育帮扶。社区矫正工作相关部门之间依法推行信息共享。人民法院、检察院、公安机关、司法行政机关信息互联互通，推行业务协同、网上办案。

《山东省社区矫正实施细则》

第四条 人民法院、人民检察院、公安机关、司法行政机关等相关工作部门依法建立完善社区矫正信息交换平台，实现业务协同、互联互通，运用现代信息技术及时准确传输交换有关法律文书，根据需要实时查询社区矫正对象交付接收、监督管理、教育帮扶、失联查找、被治安管理处罚、被采取强制措施、变更刑事执行、办理再犯罪案件、终止矫正、解除矫正等情况，共享社区矫正工作动态信息，提高社区矫正信息化水平。

《山西省社区矫正实施细则》

第七条 社区矫正工作相关部门之间依法进行信息共享，人民法院、人民检察院、公安机关、司法行政机关应当通过信息互通共享，实现业务协同办理，及时传输法律文书，推进社区矫正调查评估、社区矫正对象交付接收、监督管理、教育帮扶、失联查找、治安管理处罚、收监执行、采取强制措施、刑事执行变更、再犯罪案件办理、不准出境报备等业务的网上办理，提高社区矫正信息化水平。

省级社区矫正机构依据司法部发布实施的“智慧矫正”技术规范体系建立全省社区矫正机构统一使用的“山西省社区矫正一体化平台”，积极推进智慧矫正信息化建设。全省社区矫正相关信息数据及时录入“山西省社区矫正一体化平台”，任何单位和个人不得随意泄露相关信息。

《陕西省社区矫正实施细则》

第六十一条　人民法院、人民检察院、公安机关、司法行政机关应当依法建立完善社区矫正信息交换和共享平台。加强社区矫正对象遵守社区矫正规定情况核查、违法违规行为制止、失联查找、重点人员动态管控等工作的信息化协同力度，提高社区矫正信息化水平。

《上海市社区矫正实施细则》

第五条　人民法院、人民检察院、公安机关、司法行政机关应依法建立完善社区矫正信息交换和共享共用平台，实现调查评估信息，社区矫正对象基本信息、犯罪信息，监督管理、改造矫正和教育帮扶信息，因违法犯罪被惩处信息以及其他社区矫正工作相关信息的实时传输，强化社区矫正对象遵守社区矫正规定情况核查、违法违规行为制止、失联查找、重点关注人员动态管控等工作的信息化协同力度，提高社区矫正信息化水平。

《四川省社区矫正实施细则》

第七条　开展社区矫正工作应当充分运用四川省社区矫正一体化平台，相关信息及工作记录应当及时规范录入一体化平台。

社区矫正工作相关部门之间依法进行信息共享，人民法院、人民检察院、公安机关、司法行政机关应当通过四川省政法系统跨部门办案平台实现业务协同办理，提高社区矫正信息化水平。

社区矫正机构工作人员和其他依法参与社区矫正工作的人员对一体化平台上的信息数据负有保密责任。未经社区矫正机构负责人批准，不得复制、删除或者对外公开。经批准获得信息数据的单位和个人应当予以保密。

第六条[①]　**【经费保障】**

各级人民政府应当将社区矫正经费列入本级政府预算。

居民委员会、村民委员会和其他社会组织依法协助社区矫正机构开展工作所需的经费应当按照规定列入社区矫正机构本级政府预算。

法条解读

本条规定了社区矫正经费来源，共设两款。本级政府预算应该包括社区矫正经费，包含居民委员会、村民委员会和其他

---

① 相关法律与规范性文件落实，例如，(1)《城市居民委员会组织法》第17条第1款规定：“居民委员会的工作经费和来源，居民委员会成员的生活补贴费的范围、标准和来源，由不设区的市、市辖区的人民政府或者上级人民政府规定并拨付；经居民会议同意，可以从居民委员会的经济收入中给予适当补助；”。(2)《村民委员会组织法》第37条第1款规定：“人民政府对村民委员会协助政府开展工作应当提供必要的条件；人民政府有关部门委托村民委员会开展工作需要经费的，由委托部门承担；”。(3) 2021年江苏省司法厅、江苏省财政厅《关于印发〈江苏省社区矫正补助专项资金管理办法〉的通知》(苏财行〔2021〕28号)。

社会组织依法协助社区矫正机构开展工作所需的经费。2012 年，财政部、司法部出台了《关于进一步加强社区矫正经费保障工作的意见》。该意见明确了社区矫正经费开支范围，包括司法行政机关社区矫正工作指导管理费、社区矫正工作经费、社区矫正设备费。指导管理费包括宣传经费、培训经费、表彰奖励费等；工作经费包括调查评估费、档案文书费、资料费、场地费等。

《社区矫正法实施办法》未对本法条作出细化规定。

部分省市社区矫正实施细则对本法条进行了重申或细化。例如，《贵州省社区矫正工作实施细则（试行）》明确，社区矫正经费包括“社区矫正工作经费、政府购买服务经费、村（居）委员会以及其他社会组织所需经费等”。《辽宁省社区矫正实施细则》强调，经费投入的强化方向为“社区矫正工作场所及设施装备建设”。《宁夏回族自治区社区矫正实施细则》作出了类似规定。《四川省社区矫正实施细则》明确，根据“社区矫正对象列管数量”核定经费，并建立动态增长机制。

相关规定

《贵州省社区矫正工作实施细则（试行）》

第五十二条　县级司法行政机关及社区矫正机构每年应当向财政部门单独申报社区矫正经费，依照相关规定将社区矫正工作经费、政府购买服务经费、村（居）委员会以及其他社会组织所需经费等列入申报项目。

《宁夏回族自治区社区矫正实施细则》

第五条　市、县（区）人民政府应当将社区矫正经费列入本级财政预算。保障村（居）民委员会和其他社会组织依法协助社区矫正机构开展工作所需的经费。社区矫正机构可以组织社会工作者开展社区矫正相关工作，可以通过购买社会服务或者项目委托等方式开展教育帮扶活动。

《四川省社区矫正实施细则》

第十条　社区矫正经费应当按照社区矫正对象列管数量核定，列入本级政府预算足额保障，并建立动态增长机制，保障社区矫正工作健康发展。

《辽宁省社区矫正实施细则》

第九条　司法行政机关及其社区矫正机构应当协调财政等有关部门，加强社区矫正工作场所及设施装备建设，落实社区矫正经费保障，完善县级社区矫正中心功能及运行保障。

第七条　【表彰和奖励】

对在社区矫正工作中做出突出贡献的组织、个人，按照国家有关规定给予表彰、奖励。

法条解读

本条规定了社区矫正中的表彰和奖励，属于原则性规定。此处的组织、个人原则上没有限制，包括社区矫正机构及社区矫正机构工作人员、受社区矫正机构委托从事社区矫正工作的人员与协助社区矫正机构开展工作的单位及相关人员。表彰与奖励的主体原则上是司法行政机关。表彰与奖励包括物质与精神奖励。如果表彰与奖励的对象是公务人员，则应按照《公务员法》相关规定进行。①

《社区矫正法实施办法》未对本法条予以细化说明。

绝大部分省市社区矫正实施细则未对本法条进行细化。只有《宁夏回族自治区社区矫正实施细则》在强调社区矫正队伍革命化、正规化、职业化、专业化建设的同时，应依法表彰、奖励在社区矫正工作中作出突出贡献的组织和个人。

相关规定

《宁夏回族自治区社区矫正实施细则》

第九十条 各级司法行政机关应当加强社区矫正队伍革命化、正规化、职业化、专业化建设。依法表彰、奖励在社区矫正工作中做出突出贡献的组织和个人。

---

① 《公务员法》第51条规定："对工作表现突出，有显著成绩和贡献，或者有其他突出事迹的公务员或者公务员集体，给予奖励。奖励坚持定期奖励与及时奖励相结合，精神奖励与物质奖励相结合、以精神奖励为主的原则。公务员集体的奖励适用于按照编制序列设置的机构或者为完成专项任务组成的工作集体。"

第52条规定："公务员或者公务员集体有下列情形之一的，给予奖励：（一）忠于职守，积极工作，勇于担当，工作实绩显著的；（二）遵纪守法，廉洁奉公，作风正派，办事公道，模范作用突出的；（三）在工作中有发明创造或者提出合理化建议，取得显著经济效益或者社会效益的；（四）为增进民族团结，维护社会稳定做出突出贡献的；（五）爱护公共财产，节约国家资财有突出成绩的；（六）防止或者消除事故有功，使国家和人民群众利益免受或者减少损失的；（七）在抢险、救灾等特定环境中做出突出贡献的；（八）同违纪违法行为作斗争有功绩的；（九）在对外交往中为国家争得荣誉和利益的；（十）有其他突出功绩的。"

第53条规定："奖励分为：嘉奖、记三等功、记二等功、记一等功、授予称号。对受奖励的公务员或者公务员集体予以表彰，并对受奖励的个人给予一次性奖金或者其他待遇。"

第54条规定："给予公务员或者公务员集体奖励，按照规定的权限和程序决定或者审批。"

第55条规定："按照国家规定，可以向参与特定时期、特定领域重大工作的公务员颁发纪念证书或者纪念章。"

第56条规定："公务员或者公务员集体有下列情形之一的，撤销奖励：（一）弄虚作假，骗取奖励的；（二）申报奖励时隐瞒严重错误或者严重违反规定程序的；（三）有严重违纪违法等行为，影响称号声誉的；（四）有法律、法规规定应当撤销奖励的其他情形的。"

第二章　机构、人员和职责

第八条[①]　**【社区矫正机构工作体制和分工】**

国务院司法行政部门主管全国的社区矫正工作。县级以上地方人民政府司法行政部门主管本行政区域内的社区矫正工作。

人民法院、人民检察院、公安机关和其他有关部门依照各自职责，依法做好社区矫正工作。人民检察院依法对社区矫正工作实行法律监督。

地方人民政府根据需要设立社区矫正委员会，负责统筹协调和指导本行政区域内的社区矫正工作。

法条解读

本条规定了社区矫正机构工作体制和分工。本条第一款明确国务院司法行政部门及县级以上地方人民政府司法行政部门的相关职责。“国务院司法行政部门”是指司法部，司法部内设社区矫正管理局。司法部社区矫正管理局主要负责从事与社区矫正相关的规范性文件制定，出台相关政策推动社会力量参与社区矫正工作，提高社区矫正工作队伍建设等。“县级以上地方人民政府司法行政部门”包括省、市、县三级地方人民政府的司法厅、司法局等部门。本条第二款明确了人民法院、人民检察院、公安机关和其他有关部门的各自职责。社区矫正工作需要多个部门的协调，明确各个部门的职责，促使多个职能部门共同发挥作用，是推动社区矫正制度建设的关键一环。本条第三款要求地方人民政府根据需要设立社区矫正委员会。根据该款规定，各地并非必须设立社区矫正委员会。“社区矫正委员会”是指由地方人民政府设立的社区矫正工作议事协调机构，负责统筹协调和指导本行政区域内的社区矫正工作。[②] 因社区矫正关涉多个部门，需要各部门的有效联动。社区矫正委员会的本质是协调机构，故其组成人员应该由不同部门组成，具体可包括本级人民政府或者党委有关负责人；人民法院、人民检察院、公安机关、司法行政机关、财政、教育、卫生、民政、人力资源和社会保障等部门。社区矫正委员会还可以根据需要，有工会、共青团、妇联等单位代表，在县、乡镇两级还可以邀请村民委员会、居民委员会或者有关社会组织代表、社会工作者等人员参加。[③]

《社区矫正法实施办法》对社区矫正

---

① 相关地方规范性文件落实，例如，《安徽省司法行政系统社区矫正权责清单》《福建省社区矫正工作权责清单》《陕西省社区矫正机构刑事执行权责清单》《山东省社区矫正权责清单》《甘肃省省市县三级社区矫正机构和受委托司法所权责清单》《河南省司法行政机关社区矫正权责清单》《山西省省市县三级社区矫正机构和受委托司法所权责清单》《黑龙江省省市县三级社区矫正机构和受委托司法所实施社区矫正权责清单》《江西省社区矫正机构刑事执行权责清单》。

② 王爱立，姜爱东主编：《中华人民共和国社区矫正法释义》，中国民主法制出版社 2020 年版，第 56 页。

③ 同上注，第 57 页。

委员会及司法行政机关、人民法院、人民检察院、公安机关、监狱管理机关具体职责进行了提示化列举与说明。

各省市社区矫正实施细则大都对各机关职责分工进行了较为详尽的细化与说明。个别省市实施细则直接采用《社区矫正法实施办法》中的规定，但对各机关的职责进行了宏观上的拓展规定。例如，《甘肃省社区矫正实施细则》要求公检法司及监狱管理机关之间建立日常联络机制，着力解决社区矫正刑事执行重点难点问题。山东省、上海市社区矫正实施细则作出了类似规定。《北京市社区矫正实施细则》进一步区分了市一级与区一级社区矫正机构的职责分工。《湖南省社区矫正实施细则》进一步明确了社区矫正委员会的职责，明确乡镇（街道）社区矫正委员会可以增加村（居）委会为成员单位，要求社区矫正委员会应当明确各成员单位职责，建立健全会议会商、请示报告、信息互通等工作制度。《辽宁省社区矫正实施细则》要求各级社区矫正委员会制定工作规则，明确各成员单位的职责。部分省市实施细则在《社区矫正法实施办法》基础上，增加了部分提示性职能列举。例如，《江西省社区矫正工作实施细则》明确司法行政机关享有“依法审批使用电子定位装置”职责。但《宁夏回族自治区社区矫正实施细则》第十二条对监狱管理机关及监狱依法履行的职责相较于《社区矫正法实施办法》减少了第八条第四项①规定。

相关规定

《社区矫正法实施办法》

第三条　地方人民政府根据需要设立社区矫正委员会，负责统筹协调和指导本行政区域内的社区矫正工作。

司法行政机关向社区矫正委员会报告社区矫正工作开展情况，提请社区矫正委员会协调解决社区矫正工作中的问题。

第四条　司法行政机关依法履行以下职责：

（一）主管本行政区域内社区矫正工作；

（二）对本行政区域内设置和撤销社区矫正机构提出意见；

（三）拟定社区矫正工作发展规划和管理制度，监督检查社区矫正法律法规和政策的执行情况；

（四）推动社会力量参与社区矫正工作；

（五）指导支持社区矫正机构提高信息化水平；

（六）对在社区矫正工作中作出突出贡献的组织、个人，按照国家有关规定给予表彰、奖励；

（七）协调推进高素质社区矫正工作队伍建设；

（八）其他依法应当履行的职责。

第五条　人民法院依法履行以下职责：

（一）拟判处管制、宣告缓刑、决定暂予监外执行的，可以委托社区矫正机构或者有关社会组织对被告人或者罪犯的社会危险性和对所居住社区的影响，进行调查评估，提出意见，供决定社区矫正时参考；

（二）对执行机关报请假释的，审查执行机关移送的罪犯假释后对所居住社区影响的调查评估意见；

① 《社区矫正法实施办法》第8条第4项规定：“监狱管理机关对暂予监外执行罪犯决定收监执行的，原服刑或者接收其档案的监狱应当立即将罪犯收监执行。”

（三）核实并确定社区矫正执行地；

（四）对被告人或者罪犯依法判处管制、宣告缓刑、裁定假释、决定暂予监外执行；

（五）对社区矫正对象进行教育，及时通知并送达法律文书；

（六）对符合撤销缓刑、撤销假释或者暂予监外执行收监执行条件的社区矫正对象，作出判决、裁定和决定；

（七）对社区矫正机构提请逮捕的，及时作出是否逮捕的决定；

（八）根据社区矫正机构提出的减刑建议作出裁定；

（九）其他依法应当履行的职责。

第六条 人民检察院依法履行以下职责：

（一）对社区矫正决定机关、社区矫正机构或者有关社会组织的调查评估活动实行法律监督；

（二）对社区矫正决定机关判处管制、宣告缓刑、裁定假释、决定或者批准暂予监外执行活动实行法律监督；

（三）对社区矫正法律文书及社区矫正对象交付执行活动实行法律监督；

（四）对监督管理、教育帮扶社区矫正对象的活动实行法律监督；

（五）对变更刑事执行、解除矫正和终止矫正的活动实行法律监督；

（六）受理申诉、控告和举报，维护社区矫正对象的合法权益；

（七）按照刑事诉讼法的规定，在对社区矫正实行法律监督中发现司法工作人员相关职务犯罪，可以立案侦查直接受理的案件；

（八）其他依法应当履行的职责。

第七条 公安机关依法履行以下职责：

（一）对看守所留所服刑罪犯拟暂予监外执行的，可以委托开展调查评估；

（二）对看守所留所服刑罪犯拟暂予监外执行的，核实并确定社区矫正执行地；对符合暂予监外执行条件的，批准暂予监外执行；对符合收监执行条件的，作出收监执行的决定；

（三）对看守所留所服刑罪犯批准暂予监外执行的，进行教育，及时通知并送达法律文书；依法将社区矫正对象交付执行；

（四）对社区矫正对象予以治安管理处罚；到场处置经社区矫正机构制止无效，正在实施违反监督管理规定或者违反人民法院禁止令等违法行为的社区矫正对象；协助社区矫正机构处置突发事件；

（五）协助社区矫正机构查找失去联系的社区矫正对象；执行人民法院作出的逮捕决定；被裁定撤销缓刑、撤销假释和被决定收监执行的社区矫正对象逃跑的，予以追捕；

（六）对裁定撤销缓刑、撤销假释，或者对人民法院、公安机关决定暂予监外执行收监的社区矫正对象，送交看守所或者监狱执行；

（七）执行限制社区矫正对象出境的措施；

（八）其他依法应当履行的职责。

第八条 监狱管理机关以及监狱依法履行以下职责：

（一）对监狱关押罪犯拟提请假释的，应当委托进行调查评估；对监狱关押罪犯拟暂予监外执行的，可以委托进行调查评估；

（二）对监狱关押罪犯拟暂予监外执行的，依法核实并确定社区矫正执行地；对符合暂予监外执行条件的，监狱管理机关作出暂予监外执行决定；

（三）对监狱关押罪犯批准暂予监外

执行的，进行教育，及时通知并送达法律文书；依法将社区矫正对象交付执行；

（四）监狱管理机关对暂予监外执行罪犯决定收监执行的，原服刑或者接收其档案的监狱应当立即将罪犯收监执行；

（五）其他依法应当履行的职责。

《北京市社区矫正实施细则》

第三条 街道办事处、乡镇以上人民政府根据需要设立社区矫正委员会，负责统筹协调和指导本行政区域内的社区矫正工作。

各级社区矫正委员会应当制定工作规则，明确各成员单位的职责。各成员单位在社区矫正工作中遇到困难和问题，提请本级社区矫正委员会协调解决。

第四条 市、区司法行政部门依法履行以下职责：

（一）主管本行政区域内社区矫正工作；

（二）对本行政区域内设置和撤销社区矫正机构提出意见；

（三）拟定社区矫正工作发展规划和管理制度，监督检查社区矫正法律法规和政策的执行情况；

（四）推动社会力量参与社区矫正工作；

（五）指导支持社区矫正机构提高信息化水平；

（六）对在社区矫正工作中作出突出贡献的组织、个人，按照国家有关规定给予表彰、奖励；

（七）协调推进高素质社区矫正工作队伍建设；

（八）推动本行政区域内社区矫正工作经费、场所、装备等保障工作；

（九）其他依法应当履行的职责。

第五条 人民法院依法履行以下职责：

（一）拟判处管制、宣告缓刑、决定暂予监外执行的，可以委托社区矫正机构或者有关社会组织对被告人或者罪犯的社会危险性和对所居住社区的影响，进行调查评估，提出意见，供决定社区矫正时参考；

（二）对执行机关报请假释的，审查执行机关移送的罪犯假释后对所居住社区影响的调查评估意见；

（三）核实并确定社区矫正执行地；

（四）对被告人或者罪犯依法判处管制、宣告缓刑、裁定假释、决定暂予监外执行；

（五）对社区矫正对象进行教育，及时通知并送达法律文书；

（六）对判处管制、宣告缓刑、裁定假释、决定暂予监外执行的港澳台、外国籍社区矫正对象，向有关部门提请边控；

（七）对符合撤销缓刑、假释或者暂予监外执行收监执行条件的社区矫正对象，作出判决、裁定或者决定；

（八）对社区矫正机构提请逮捕的，及时作出是否逮捕的决定；

（九）根据社区矫正机构提出的减刑建议作出裁定、决定；

（十）其他依法应当履行的职责。

第六条 人民检察院依法履行以下职责：

（一）在审查起诉阶段，对于可能判处管制、宣告缓刑的案件，人民检察院可以委托社区矫正机构或者有关社会组织对犯罪嫌疑人的社会危险性和对所居住社区的影响，进行调查评估，提出意见，供决定社区矫正时参考；

（二）对社区矫正决定机关、社区矫正机构或者有关社会组织的调查评估活动实行法律监督；

（三）对社区矫正决定机关判处管制、

宣告缓刑、裁定假释、决定或者批准暂予监外执行活动实行法律监督；

（四）对社区矫正法律文书及社区矫正对象交付执行活动实行法律监督；

（五）对监督管理、教育帮扶社区矫正对象的活动实行法律监督；

（六）对变更刑事执行、解除矫正和终止矫正的活动实行法律监督；

（七）受理申诉、控告和举报，维护社区矫正对象的合法权益；

（八）按照刑事诉讼法的规定，在对社区矫正实行法律监督中发现司法工作人员相关职务犯罪，可以立案侦查直接受理的案件；

（九）其他依法应当履行的职责。

第七条 公安机关依法履行以下职责：

（一）对看守所留所服刑罪犯拟暂予监外执行的，可以委托社区矫正机构或者有关社会组织开展调查评估；

（二）配合社区矫正机构或有关社会组织依法开展调查评估工作；

（三）对看守所留所服刑罪犯拟暂予监外执行的，核实并确定社区矫正执行地；对符合暂予监外执行条件的，批准暂予监外执行；对符合收监执行条件的，作出收监执行的决定；

（四）对看守所留所服刑罪犯批准暂予监外执行的，进行教育，及时通知并送达法律文书；依法将社区矫正对象交付执行；

（五）看守所对批准暂予监外执行的罪犯向市公安局出入境管理部门书面通报备案并提请对其持有的出国（境）证件宣布作废；

（六）对社区矫正对象予以治安管理处罚；到场处置经社区矫正机构制止无效，正在实施违反监督管理规定或者违反人民法院禁止令等违法行为的社区矫正对象；协助社区矫正机构处置突发事件；

（七）协助社区矫正机构查找失去联系的社区矫正对象；执行人民法院作出的逮捕决定；被裁定撤销缓刑、撤销假释和被决定收监执行的社区矫正对象逃跑的，予以追捕；

（八）对裁定撤销缓刑、撤销假释，或者对人民法院、公安机关决定暂予监外执行收监执行的社区矫正对象，送交看守所或者监狱执行；

（九）执行限制社区矫正对象出境的措施，向上级公安机关提请办理边控；

（十）其他依法应当履行的职责。

第八条 监狱管理机关和监狱依法履行以下职责：

（一）对监狱关押罪犯拟提请假释的，应当委托社区矫正机构进行调查评估；对监狱关押罪犯拟暂予监外执行的，可以委托社区矫正机构或者有关社会组织进行调查评估；

（二）对监狱关押罪犯拟暂予监外执行的，依法核实并确定社区矫正执行地；对符合暂予监外执行条件的，监狱管理机关作出暂予监外执行决定；

（三）对监狱关押罪犯批准暂予监外执行的，进行教育，及时通知并送达法律文书；依法将社区矫正对象交付执行；

（四）监狱对批准暂予监外执行的罪犯向市公安局出入境管理部门书面通报备案并提请对其持有的出国（境）证件宣布作废；

（五）监狱管理机关对暂予监外执行罪犯决定收监执行的，原服刑或者接收其档案的监狱应当立即将罪犯收监执行；

（六）其他依法应当履行的职责。

第九条 市社区矫正机构依法履行以下职责：

（一）指导、监督、检查全市社区矫正工作；

（二）审批外出、调整报告期限等事项，协调变更执行地事宜；

（三）向人民法院提请减刑、撤销缓刑、撤销假释等变更刑事执行建议，依法提请逮捕；

（四）监督指导、组织协调社区矫正跨区域执法工作；

（五）其他依法应当由市社区矫正机构履行的职责。

第十条 区社区矫正机构是本行政区域内社区矫正工作具体实施的执行机关，依法履行以下职责：

（一）接受委托进行调查评估，提出评估意见；

（二）接收社区矫正对象，核对法律文书、核实身份、办理接收登记，建立社区矫正执行档案；

（三）提请公安机关办理限制出境的措施；

（四）办理社区矫正对象入矫和解矫手续，办理接收宣告；

（五）审批会客、外出、变更执行地、进入特定场所等事项，调整报告期限；

（六）组织查找失去联系的社区矫正对象，查找后依情形作出处理；

（七）依法对社区矫正对象给予表扬、训诫、警告；

（八）提出治安管理处罚建议，提出减刑、撤销缓刑、撤销假释、收监执行等变更刑事执行建议，依法提请逮捕；

（九）对社区矫正对象进行教育帮扶，开展集体教育、心理辅导，协调有关方面开展职业技能培训、就业指导，组织公益活动等事项；

（十）向有关机关通报社区矫正对象情况，送达法律文书；

（十一）执行社区矫正有关法律、法规和规范性文件，贯彻落实上级机关相关工作要求；

（十二）对司法所承担的社区矫正相关工作进行监督检查和指导；

（十三）处置本行政区域内的社区矫正突发事件；

（十四）对社区矫正工作人员开展管理、监督、培训，落实职业保障；

（十五）其他依法应当由区社区矫正机构履行的职责。

第十一条 社区矫正机构委托司法所承担以下工作：

（一）开展调查评估，反馈评估意见；

（二）组织入矫宣告和解矫宣告，建立社区矫正工作档案；

（三）组建矫正小组，组织矫正小组开展工作，制定和落实矫正方案；

（四）对社区矫正对象开展日常监督管理、教育帮扶等工作；

（五）对社区矫正对象进行考核，提出奖惩建议；

（六）查找失去联系的社区矫正对象，对正在违反监督管理规定或禁止令的社区矫正对象进行制止；制止无效的，应当通知公安机关到场处置；

（七）向有关部门通报社区矫正对象情况；

（八）其他有关社区矫正工作。

《福建省社区矫正实施细则》

第三条第一款 人民法院、人民检察院、公安机关、司法行政机关、监狱管理机关、社区矫正机构以及监狱、看守所应当严格依照《社区矫正法》《实施办法》和本实施细则的规定履行法定职责。

《甘肃省社区矫正实施细则》

第七条 人民法院、人民检察院、公安机关、司法行政机关、监狱管理机关、社区矫正机构应当建立日常联络机制，加强执法衔接，就社区矫正刑事执行重点难点问题进行定期会商。

第一百零二条　人民法院、人民检察院、公安机关、司法行政机关应当切实加强对社区矫正工作的组织领导，健全工作机制，明确工作机构，配备工作人员，落实工作经费和执法经费，保障社区矫正工作的顺利开展。

《广东省社区矫正实施细则》

第三条　社区矫正委员会负责统筹协调和指导本行政区域的社区矫正工作。司法行政机关向社区矫正委员会报告社区矫正工作开展情况，提请社区矫正委员会协调解决社区矫正工作中的问题。

第四条　人民法院、人民检察院、公安机关、司法行政机关和其他有关单位、社会组织依照法律法规等相关规定，各司其职、各负其责、加强协调、密切配合，保证国家刑事法律的正确执行，保障社区矫正工作有序开展。

《河南省社区矫正工作细则》

第四条　社区矫正委员会统筹协调、指导本行政区域内社区矫正工作，人民法院、人民检察院、公安机关和司法行政机关以及社区矫正机构各司其职、相互配合，有关部门和社会各界广泛参与，依法做好社区矫正工作。

各级司法行政部门是本辖区社区矫正工作的主管部门，向本级社区矫正委员会报告社区矫正工作开展情况，提请社区矫正委员会协调解决社区矫正工作中的问题。

《湖南省社区矫正实施细则》

第三条　社区矫正委员会负责统筹协调和指导本行政区域内的社区矫正工作，人民法院、人民检察院、公安机关、司法行政机关等相关职能部门为成员单位。乡镇（街道）社区矫正委员会可以增加村（居）委会为成员单位。社区矫正委员会应当明确各成员单位职责，建立健全议事协调、请示报告、信息互通等工作制度。

第四条　司法行政机关主管社区矫正工作，依法履行以下职责：

（一）对本行政区域内设置和撤销社区矫正机构提出意见；

（二）拟定社区矫正工作发展规划和管理制度，监督检查社区矫正法律法规和政策的执行情况；

（三）向本级社区矫正委员会报告社区矫正工作开展情况，提请社区矫正委员会协调解决社区矫正工作中的问题；

（四）推动社会力量参与社区矫正工作；

（五）指导支持社区矫正机构提高信息化水平；

（六）对在社区矫正工作中作出突出贡献的组织、个人，按照国家有关规定给予表彰、奖励；

（七）协调推进高素质社区矫正工作队伍建设；

（八）其他依法应当履行的职责。

第五条　人民法院依法履行以下职责：

（一）拟判处管制、宣告缓刑、决定暂予监外执行的，可以委托社区矫正机构或者有关社会组织对被告人或者罪犯的社会危险性和对所居住社区的影响进行调查评估，供决定社区矫正时参考；

（二）对执行机关报请假释的，审查执行机关移送的罪犯假释后对所居住社区影响的调查评估意见；

（三）核实并确定社区矫正执行地；

（四）对被告人或者罪犯依法判处管制、宣告缓刑、裁定假释、决定暂予监外执行；

（五）对社区矫正对象进行教育，及时通知社区矫正机构并送达法律文书；

（六）对符合撤销缓刑、撤销假释或者暂予监外执行收监执行条件的社区矫正对象，作出判决、裁定和决定；

（七）对社区矫正机构提请逮捕的，及时作出是否逮捕的决定；

（八）根据社区矫正机构提出的减刑建议作出裁定；

（九）其他依法应当履行的职责。

第六条 人民检察院依法履行以下职责：

（一）对社区矫正决定机关、社区矫正机构或者有关社会组织的调查评估活动实行法律监督；

（二）对社区矫正决定机关判处管制、宣告缓刑、裁定假释、决定或者批准暂予监外执行活动实行法律监督；

（三）对社区矫正法律文书及社区矫正对象交付执行活动实行法律监督；

（四）对监督管理、教育帮扶社区矫正对象的活动实行法律监督；

（五）对变更刑事执行、解除矫正和终止矫正的活动实行法律监督；

（六）受理申诉、控告和举报，维护社区矫正对象的合法权益；

（七）按照刑事诉讼法的规定，在对社区矫正实行法律监督中发现司法工作人员相关职务犯罪，可以立案侦查直接受理的案件；

（八）其他依法应当履行的职责。

第七条 公安机关依法履行以下职责：

（一）对看守所留所服刑罪犯拟暂予监外执行的，可以委托开展调查评估；

（二）对看守所留所服刑罪犯拟暂予监外执行的，核实并确定社区矫正执行地；对符合暂予监外执行条件的，批准暂予监外执行；对符合收监执行条件的，作出收监执行的决定；

（三）对看守所留所服刑罪犯批准暂予监外执行的，进行教育，及时通知社区矫正机构并送达法律文书；依法将社区矫正对象交付执行；

（四）对社区矫正对象予以治安管理处罚；到场处置经社区矫正机构制止无效，正在实施违反监督管理规定或者违反人民法院禁止令等违法行为的社区矫正对象；协助社区矫正机构处置突发事件；

（五）协助社区矫正机构查找失去联系的社区矫正对象；执行人民法院作出的逮捕决定；被裁定撤销缓刑、撤销假释和被决定收监执行的社区矫正对象逃跑的，予以追捕；

（六）对裁定撤销缓刑、撤销假释，或者对人民法院、公安机关决定暂予监外执行收监的社区矫正对象，送交看守所或者监狱执行；

（七）接收对社区矫正对象“法定不批准出境人员”通报备案，配合社区矫正机构核查社区矫正对象持有出入境证件情况以及出入境记录等信息；

（八）其他依法应当履行的职责。

第八条 监狱管理机关以及监狱依法履行以下职责：

（一）对监狱关押罪犯拟提请假释的，应当委托进行调查评估；对监狱关押罪犯拟暂予监外执行的，可以委托进行调查评估；

（二）对监狱关押罪犯拟暂予监外执行的，依法核实并确定社区矫正执行地；对符合暂予监外执行条件的，监狱管理机关作出暂予监外执行决定；

（三）对监狱关押罪犯批准暂予监外执行的，进行教育，及时通知社区矫正机构并送达法律文书，依法将社区矫正对象交付执行；

（四）对符合收监执行条件的暂予监外执行罪犯，监狱管理机关作出收监执行决定，原服刑或者接收其档案的监狱应当立即将罪犯收监执行；

（五）其他依法应当履行的职责。

《江苏省社区矫正实施细则》

第二条　人民法院、人民检察院、公安机关、司法行政机关依照《社区矫正法》《实施办法》和本实施细则规定，履行相应职责。

司法所根据社区矫正机构的委托，承担社区矫正相关工作。

第三条　人民法院、人民检察院、公安机关、司法行政机关加强协调，建立工作衔接联络机制，会商办理社区矫正执法管理等事项。

第四条　社区矫正机构建立执法考评、矫务公开、监督检查、业务培训等制度，保障社区矫正工作规范运行。

《江西省社区矫正工作实施细则》

第五条　地方各级人民政府设立的社区矫正委员会，负责统筹协调和指导本行政区域的社区矫正工作。

各级人民法院、人民检察院、公安机关、司法行政机关有关社区矫正刑事执行中的重点难点问题，可以提请本级社区矫正委员会协调解决。

第六条　司法行政机关依法履行以下职责：

（一）主管本行政区域内社区矫正工作；

（二）对本行政区域内设置和撤销社区矫正机构提出意见；

（三）拟定社区矫正工作发展规划和管理制度，监督检查社区矫正法律法规和政策的执行情况；

（四）依法审批使用电子定位装置；

（五）推动社会力量参与社区矫正工作；

（六）指导支持社区矫正机构提高信息化水平；

（七）对在社区矫正工作中作出突出贡献的组织、个人，按照有关规定给予表彰、奖励；

（八）协调推进高素质社区矫正工作队伍建设；

（九）其他依法应当履行的职责。

第七条　人民法院依法履行以下职责：

（一）拟判处管制、宣告缓刑、决定暂予监外执行的，可以委托社区矫正机构或者有关社会组织对被告人或者罪犯的社会危险性和对所居住社区的影响，进行调查评估，提出意见，供决定社区矫正时参考；

（二）对执行机关报请假释的，审查执行机关移送的罪犯假释后对所居住社区影响的调查评估意见；

（三）核实并确定社区矫正执行地；

（四）对被告人或者罪犯依法判处管制、宣告缓刑、裁定假释、决定暂予监外执行；

（五）对社区矫正对象进行教育，及时通知并送达法律文书；

（六）对符合撤销缓刑、撤销假释或者暂予监外执行收监执行条件的社区矫正对象，作出判决、裁定和决定；

（七）对社区矫正机构提请逮捕的，及时作出是否逮捕的决定；

（八）根据社区矫正机构提出的减刑建议作出裁定；

（九）其他依法应当履行的职责。

第八条　人民检察院依法履行以下职责：

（一）对社区矫正决定机关、社区矫正机构或者有关社会组织的调查评估活动实行法律监督；

（二）对社区矫正决定机关判处管制、宣告缓刑、裁定假释、决定或者批准暂予监外执行活动实行法律监督；

（三）对社区矫正法律文书及社区矫正对象交付执行活动实行法律监督；

（四）对监督管理、教育帮扶社区矫正对象的活动实行法律监督；

（五）对变更刑事执行、解除矫正和终止矫正的活动实行法律监督；

（六）受理申诉、控告和举报，维护社区矫正对象的合法权益；

（七）按照刑事诉讼法的规定，在对社区矫正实行法律监督中发现司法工作人员相关职务犯罪，可以立案侦查直接受理的案件；

（八）其他依法应当履行的职责。

第九条 公安机关依法履行以下职责：

（一）对看守所留所服刑罪犯拟暂予监外执行的，可以委托开展调查评估；

（二）对看守所留所服刑罪犯拟暂予监外执行的，核实并确定社区矫正执行地；对符合暂予监外执行条件的，批准暂予监外执行；对符合收监执行条件的，作出收监执行的决定；

（三）对看守所留所服刑罪犯批准暂予监外执行的，进行教育，及时通知并送达法律文书；依法将社区矫正对象交付执行；

（四）对社区矫正对象予以治安管理处罚；到场处置经社区矫正机构制止无效，正在实施违反监督管理规定或者违反人民法院禁止令等违法行为的社区矫正对象；协助社区矫正机构处置突发事件；

（五）协助社区矫正机构查找失去联系的社区矫正对象；执行人民法院作出的逮捕决定；被裁定撤销缓刑、撤销假释和被决定收监执行的社区矫正对象逃跑的，予以追捕；

（六）对裁定撤销缓刑、撤销假释，或者对人民法院、公安机关决定暂予监外执行收监的社区矫正对象，送交看守所或者监狱执行；

（七）执行限制社区矫正对象出境的措施；

（八）其他依法应当履行的职责。

第十条 监狱管理机关以及监狱依法履行以下职责：

（一）对监狱关押罪犯拟提请假释的，应当委托进行调查评估；对监狱关押罪犯拟暂予监外执行的，可以委托进行调查评估；

（二）对监狱关押罪犯拟暂予监外执行的，依法核实并确定社区矫正执行地；对符合暂予监外执行条件的，监狱管理机关作出暂予监外执行决定；

（三）对监狱关押罪犯批准暂予监外执行的，进行教育，及时通知并送达法律文书；依法将社区矫正对象交付执行；

（四）监狱管理机关对暂予监外执行罪犯决定收监执行的，原服刑或者接收其档案的监狱应当立即将罪犯收监执行；

（五）其他依法应当履行的职责。

《辽宁省社区矫正实施细则》

第三条 地方各级人民政府设立社区矫正委员会，负责统筹协调和指导本行政区域内的社区矫正工作，办公室设在司法行政机关。

各级社区矫正委员会应当制定工作规则，明确各成员单位的职责。各成员单位在执行《社区矫正法》、《实施办法》和本实施细则中遇到的困难和问题，可以提请本级社区矫正委员会协调。

第四条　人民法院、人民检察院、公安机关、司法行政机关、监狱管理机关、社区矫正机构以及监狱、看守所应当严格依照《社区矫正法》、《实施办法》和本细则的规定履行法定职责。

《宁夏回族自治区社区矫正实施细则》

第七条　市、县（区）人民政府根据需要设立社区矫正委员会，负责统筹协调和指导本行政区域内的社区矫正工作。司法行政机关向社区矫正委员会报告社区矫正工作开展情况，提请社区矫正委员会协调解决社区矫正工作中的问题。社区矫正机构负责社区矫正工作的具体实施。

第八条　司法行政机关依法履行以下职责：

（一）主管本行政区域内社区矫正工作；

（二）对本行政区域内设置和撤销社区矫正机构提出意见；

（三）拟定社区矫正工作管理制度，监督检查社区矫正法律法规和政策的执行情况；

（四）推动社会力量参与社区矫正工作；

（五）指导支持社区矫正机构提高信息化水平；

（六）对在社区矫正工作中作出突出贡献的组织、个人，按照国家有关规定给予表彰、奖励；

（七）协调推进高素质社区矫正工作队伍建设；

（八）其他依法应当履行的职责。

第九条　人民法院依法履行以下职责：

（一）拟判处管制、宣告缓刑、决定暂予监外执行的，可以委托社区矫正机构、有关社会组织对被告人、罪犯的社会危险性和对所居住社区的影响，进行调查评估，提出意见，供决定社区矫正时参考；

（二）对执行机关报请假释的，审查执行机关移送的罪犯假释后对所居住社区影响的调查评估意见；

（三）核实并确定社区矫正执行地；

（四）对被告人、罪犯依法判处管制、宣告缓刑、裁定假释、决定暂予监外执行；

（五）对社区矫正对象进行教育，及时通知并送达法律文书，依法将社区矫正对象交付执行；

（六）对符合撤销缓刑、撤销假释或者暂予监外执行收监执行条件的社区矫正对象，作出判决、裁定或者决定；

（七）对社区矫正机构提请逮捕的，及时作出是否逮捕的决定；

（八）根据社区矫正机构提出的减刑建议作出裁定；

（九）其他依法应当履行的职责。

第十条　人民检察院依法履行以下职责：

（一）对社区矫正决定机关、社区矫正机构、有关社会组织的调查评估活动实行法律监督；

（二）对社区矫正决定机关判处管制、宣告缓刑、裁定假释、决定或者批准暂予监外执行活动实行法律监督；

（三）对社区矫正法律文书及社区矫正对象交付执行活动实行法律监督；

（四）对监督管理、教育帮扶社区矫正对象的活动实行法律监督；

（五）对变更刑事执行、解除矫正和终止矫正的活动实行法律监督；

（六）受理申诉、控告和举报，维护社区矫正对象的合法权益；

（七）按照刑事诉讼法的规定，在对社区矫正实行法律监督中发现司法工作人员相关职务犯罪，可以立案侦查直接受理的案件；

（八）其他依法应当履行的职责。

第十一条 公安机关依法履行以下职责：

（一）对看守所留所服刑罪犯拟暂予监外执行的，可以委托开展调查评估；

（二）对看守所留所服刑罪犯拟暂予监外执行的，核实并确定社区矫正执行地；对符合暂予监外执行条件的，批准暂予监外执行；对符合收监执行条件的，作出收监执行的决定；

（三）对看守所留所服刑罪犯批准暂予监外执行的，进行教育，及时通知并送达法律文书；依法将社区矫正对象交付执行；

（四）对社区矫正对象予以治安管理处罚；到场处置经社区矫正机构制止无效，正在实施违反监督管理规定或者违反人民法院禁止令等违法行为的社区矫正对象；协助社区矫正机构处置突发事件；

（五）协助社区矫正机构查找失去联系的社区矫正对象；执行人民法院作出的逮捕决定；被裁定撤销缓刑、撤销假释和被决定收监执行的社区矫正对象逃跑的，予以追捕；

（六）对裁定撤销缓刑、撤销假释，或者对人民法院、公安机关决定暂予监外执行收监的社区矫正对象，送交看守所或者监狱执行；

（七）执行限制社区矫正对象出境的措施；

（八）其他依法应当履行的职责。

第十二条 监狱管理机关以及监狱依法履行以下职责：

（一）对监狱关押罪犯拟提请假释的，应当委托进行调查评估；对监狱关押罪犯拟暂予监外执行的，可以委托进行调查评估；

（二）对监狱关押罪犯拟暂予监外执行的，依法核实并确定社区矫正执行地；对符合暂予监外执行条件的，监狱管理机关作出暂予监外执行决定；

（三）对监狱关押罪犯批准暂予监外执行的，进行教育，及时通知并送达法律文书；依法将社区矫正对象交付执行；

（四）其他依法应当履行的职责。

《山西省社区矫正实施细则》

第二条 社区矫正工作坚持党的绝对领导，实行党委政府统一领导、司法行政机关组织实施、相关部门密切配合、社会力量广泛参与、检察机关法律监督的领导体制和工作机制。

各级社区矫正委员会负责统筹协调和指导本行政区域内的社区矫正工作，办公室设在司法行政机关。

各级社区矫正委员会应当制定工作规则，明确各成员单位的职责。各成员单位在履行职责中遇到的困难和问题，可提请本级社区矫正委员会协调解决。

第三条 人民法院、人民检察院、公安机关、司法行政机关、监狱管理机关、社区矫正机构以及监狱、看守所应当严格依照《社区矫正法》《实施办法》和本实施细则的规定履行法定职责。

第四条 人民法院、人民检察院、公安机关、司法行政机关、监狱管理机关应当建立协调配合机制，建立联席会议制度，定期进行执法衔接沟通，就社区矫正刑事执行等重点难点问题进行研讨会商。

《上海市社区矫正实施细则》

第二条 人民法院、人民检察院、公安机关、司法行政机关、监狱管理机关、社区矫正机构应当严格依法履行各自职责，确保刑事判决、刑事裁定和暂予监外执行决定的正确执行。

第四条　人民法院、人民检察院、公安机关、司法行政机关、监狱管理机关、社区矫正机构应当建立日常联络机制，加强执法衔接，就社区矫正刑事执行重点难点问题进行定期会商。

《四川省社区矫正实施细则》

第十三条　人民法院、人民检察院、公安机关、司法行政机关、监狱管理机关、社区矫正机构应当严格依法履行各自职责，确保刑事判决、刑事裁定和暂予监外执行决定的正确执行。

第十四条　司法行政机关主管本行政区域内的社区矫正工作，依法履行以下职责：

（一）对本行政区域内设置和撤销社区矫正机构提出意见；

（二）拟定社区矫正工作发展规划和管理制度，监督检查社区矫正法律法规和政策的执行情况；

（三）推动社会力量参与社区矫正工作；

（四）实现社区矫正工作智慧化；

（五）对在社区矫正工作中做出突出贡献的组织、个人，按照国家有关规定给予表彰、奖励；

（六）协调推进高素质社区矫正工作队伍建设；

（七）其他依法应当履行的职责。

第十五条　人民法院依法履行以下职责：

（一）拟判处管制、宣告缓刑、决定暂予监外执行的，可以委托社区矫正机构或者有关社会组织对被告人或者罪犯的社会危险性和对所居住社区的影响，进行调查评估；

（二）对执行机关报请假释的，审查执行机关移送的罪犯假释后对所居住社区影响的调查评估意见；

（三）核实并确定社区矫正执行地；

（四）对被告人或者罪犯依法判处管制、宣告缓刑、裁定假释、决定暂予监外执行；

（五）对社区矫正对象进行教育，及时通知并送达法律文书；

（六）对符合撤销缓刑、撤销假释或者暂予监外执行收监执行条件的社区矫正对象，作出判决、裁定和决定；

（七）对社区矫正机构提请逮捕的，及时作出是否逮捕的决定；

（八）根据社区矫正机构提出的减刑建议作出裁定；

（九）其他依法应当履行的职责。

第十六条　人民检察院依法履行以下职责：

（一）对社区矫正决定机关、社区矫正机构或者有关社会组织的调查评估活动实行法律监督；

（二）对社区矫正决定机关判处管制、宣告缓刑、裁定假释、决定或者批准暂予监外执行活动实行法律监督；

（三）对社区矫正法律文书及社区矫正对象交付执行活动实行法律监督；

（四）对监督管理、教育帮扶社区矫正对象的活动实行法律监督；

（五）对变更刑事执行、解除矫正和终止矫正的活动实行法律监督；

（六）受理申诉、控告和举报，维护社区矫正对象的合法权益；

（七）按照刑事诉讼法的规定，在对社区矫正实行法律监督中发现司法工作人员相关职务犯罪，可以立案侦查直接受理的案件；

（八）其他依法应当履行的职责。

第十七条　公安机关依法履行以下职责：

（一）对看守所留所服刑罪犯拟暂予

监外执行的，可以委托开展调查评估；

（二）对看守所留所服刑罪犯拟暂予监外执行的，核实并确定社区矫正执行地；对符合暂予监外执行条件的，批准暂予监外执行；对符合收监执行条件的，作出收监执行的决定；

（三）对看守所留所服刑罪犯批准暂予监外执行的，进行教育，及时通知并送达法律文书；依法将社区矫正对象交付执行；

（四）对社区矫正对象予以治安管理处罚；到场处置经社区矫正机构制止无效，正在实施违反监督管理规定或者违反人民法院禁止令等违法行为的社区矫正对象；协助社区矫正机构处置突发事件；

（五）协助社区矫正机构查找失去联系的社区矫正对象；执行人民法院作出的逮捕决定；被裁定撤销缓刑、撤销假释和被决定收监执行的社区矫正对象逃跑的，予以追捕；

（六）对裁定撤销缓刑、撤销假释，或者对人民法院、公安机关决定暂予监外执行收监的社区矫正对象，送交看守所或者监狱执行；

（七）执行限制社区矫正对象出境的措施；

（八）其他依法应当履行的职责。

第十八条 监狱管理机关以及监狱依法履行以下职责：

（一）对监狱关押罪犯拟提请假释的，应当委托进行调查评估；对监狱关押罪犯拟暂予监外执行的，可以委托进行调查评估；

（二）对监狱关押罪犯拟暂予监外执行的，依法核实并确定社区矫正执行地；对符合暂予监外执行条件的，监狱管理机关作出暂予监外执行决定；

（三）对监狱关押罪犯批准暂予监外执行的，进行教育，及时通知并送达法律文书；监狱依法将社区矫正对象交付执行；

（四）监狱管理机关对暂予监外执行罪犯决定收监执行的，原服刑或者接收其档案的监狱应当立即将罪犯收监执行；

（五）其他依法应当履行的职责。

第九条 【社区矫正机构职责】

县级以上地方人民政府根据需要设置社区矫正机构，负责社区矫正工作的具体实施。社区矫正机构的设置和撤销，由县级以上地方人民政府司法行政部门提出意见，按照规定的权限和程序审批。

司法所根据社区矫正机构的委托，承担社区矫正相关工作。

法条解读

本条规定了社区矫正机构的职责、社区矫正机构的设置和撤销及司法所的具体职责。本条第一款规定了社区矫正机构的职责。县级以上地方人民政府，包括省、市、县三级人民政府。社区矫正机构具体负责社区矫正工作，其具体职责内容规定于《社区矫正法实施办法》。该款同时规定了社区矫正机构的设置和撤销，主要由省、市、县三级人民政府司法行政部门提出相应意见。本条第二款规定了司法所的职责来源及职责。司法所没有直接被赋予职责，其职责来自社区矫正机构的委托。《社区矫正法实施办法》未对司法所的职责作出细化，地方实施细则基本都对司法所的具体职责作出了规定，但具体职责内容有差异。社区矫正机构只能将部分职责委托给司法所，对于只能由社区矫正机构承担的职责，应属于禁止委托事项。故各地实施细则原则上应明示不得委托司法所从事的相关事项。

《社区矫正法实施办法》明确社区矫正机构由县级以上地方人民政府予以设置。该办法明确了社区矫正机构的九项具体职责，最后一项为兜底项。但该办法未对司法所具体职责予以明示。

各省市社区矫正实施细则大都在《社区矫正法实施办法》的基础上重申或细化或者重申并细化了相关规定。例如，《安徽省社区矫正工作实施细则》明确了司法所相关职责，其职责大部分来源于《社区矫正法实施办法》中对社区矫正机构职责的规定。与此做法类似的还有福建省、甘肃省、贵州省、上海市社区矫正实施细则。《广东省社区矫正实施细则》进一步区分了省、市两级社区矫正机构、县级社区矫正机构具体职责，并明确未设置县级社区矫正机构的，其职责由上一级社区矫正机构承担。该省实施细则还对社区矫正机构与司法所的相关具体职责进行了详尽细化与区分。《广西壮族自治区社区矫正工作细则》对此作出类似规定。《河南省社区矫正工作细则》在区分省、市、县级社区矫正机构职责基础上，通过反向规定明确了县级社区矫正机构不得委托司法所承担的具体职责，并就委托的具体方式进行了初步规定。《湖南省社区矫正实施细则》在《社区矫正法实施办法》基础上，增加了社区矫正机构具体承担职责的列举情形①及社区矫正机构可以委托司法所承担具体职责的情形。相较于《广东省社区矫正实施细则》，《湖南省社区矫正实施细则》进一步提出社区矫正机构委托司法所工作中的委托内容、委托方式、委托期限及委托责任等重要问题，明确了县级社区矫正机构对委托事项承担责任。《江西省社区矫正机构实施细则》进一步区分了省、市、县级社区矫正日常机构的各自职责，该细则结合江西省作为旅游大省的特点，明确了在社区市辖区内未设立司法行政部门的新区、开发区、风景名胜管理区等地区，由设区市司法行政部门设立的派出机构或者商其管理机构指定有关职能部门，依法履行县级社区矫正机构职责。辽宁省、山西省、陕西省社区矫正实施细则均对省、市、县及司法所相关职责进行了明确。宁夏回族自治区对省、市、县级社区矫正机构职责进行了明确，但未对司法所承担职责予以细化。

相关规定

《社区矫正实施办法》

第九条 社区矫正机构是县级以上地方人民政府根据需要设置的，负责社区矫正工作具体实施的执行机关。社区矫正机构依法履行以下职责：

（一）接受委托进行调查评估，提出评估意见；

（二）接收社区矫正对象，核对法律文书、核实身份、办理接收登记，建立

---

① 《湖南省社区矫正实施细则》第九条规定：“……（八）动员社会力量、组织指导社会工作者和志愿者参与社区矫正工作，协调有关部门和单位依法对就业困难的社区矫正对象开展职业技能培训和就业指导，帮助社区矫正对象中的在校学生完成学业，对有特殊困难的社区矫正对象进行必要的教育帮扶；……（十）定期审查暂予监外执行社区矫正对象的病情复查情况，定期组织开展病情诊断、妊娠检查和生活不能自理鉴别；（十一）依法向公安机关提交社区矫正对象法定不准出境通报备案资料，根据需要办理边控手续；……”

档案；

（三）组织入矫和解矫宣告，办理入矫和解矫手续；

（四）建立矫正小组、组织矫正小组开展工作，制定和落实矫正方案；

（五）对社区矫正对象进行监督管理，实施考核奖惩；审批会客、外出、变更执行地等事项；了解掌握社区矫正对象的活动情况和行为表现；组织查找失去联系的社区矫正对象，查找后依情形作出处理；

（六）提出治安管理处罚建议，提出减刑、撤销缓刑、撤销假释、收监执行等变更刑事执行建议，依法提请逮捕；

（七）对社区矫正对象进行教育帮扶，开展法治道德等教育，协调有关方面开展职业技能培训、就业指导，组织公益活动等事项；

（八）向有关机关通报社区矫正对象情况，送达法律文书；

（九）对社区矫正工作人员开展管理、监督、培训，落实职业保障；

（十）其他依法应当履行的职责。

设置和撤销社区矫正机构，由县级以上地方人民政府司法行政部门提出意见，按照规定的权限和程序审批。社区矫正日常工作由县级社区矫正机构具体承担；未设置县级社区矫正机构的，由上一级社区矫正机构具体承担。省、市两级社区矫正机构主要负责监督指导、跨区域执法的组织协调以及与同级社区矫正决定机关对接的案件办理工作。

第十条　司法所根据社区矫正机构的委托，承担社区矫正相关工作。

《安徽省社区矫正工作实施细则》

第五条　司法所根据县（市、区）社区矫正机构的委托，承担下列社区矫正工作：

（一）参与社区矫正调查评估，收集相关材料，提出调查评估初步意见；

（二）参加入矫宣告，组织解矫宣告；

（三）组建矫正小组，指导矫正小组开展工作；

（四）制订、调整和落实矫正方案；

（五）组织实施社区矫正对象日常管理和教育帮扶工作；

（六）负责社区矫正对象外出、迁居、会客、特定区域或者场所准入申请的审核或者审批；

（七）了解掌握社区矫正对象的活动情况和行为表现，并组织实施日常考核，提出奖惩建议；

（八）建立社区矫正对象工作档案；

（九）依法委托的其他事项。

《福建省社区矫正实施细则》

第三条第二款、第三款　司法所根据社区矫正机构的委托（以下简称受委托的司法所），承担下列社区矫正工作：

（一）接受指派进行调查评估；

（二）建立社区矫正对象工作档案；

（三）建立矫正小组、组织矫正小组开展工作，制定和落实矫正方案；

（四）参加入矫宣告，协助组织解矫宣告；

（五）对社区矫正对象实施考核；对社区矫正对象外出、变更执行地的申请签署审核意见；了解掌握社区矫正对象的活动情况和行为表现；

（六）对社区矫正对象进行法治道德等教育、组织公益活动，开展帮困扶助工作；

（七）本实施细则规定的其他事项。

省社区矫正机构要求必须由县级社区矫正机构管理的社区矫正对象，不得委托司法所管理。

《甘肃省社区矫正实施细则》

第六条　司法行政机关主管本行政区

域内的社区矫正工作。

社区矫正机构负责社区矫正工作的具体实施。

司法所根据县（市、区）社区矫正机构委托，承担下列社区矫正工作：

（一）配合县（市、区）社区矫正机构开展调查评估；

（二）接收社区矫正对象，组织或参加入矫宣告，组织解矫宣告；

（三）组建矫正小组，指导矫正小组运作和作用发挥；

（四）制定、调整、执行矫正方案；

（五）组织实施社区矫正对象日常管理和教育帮扶工作；

（六）负责社区矫正对象外出、迁居、会客、特定区域或场所准入申请的审核；

（七）了解掌握社区矫正对象的活动情况和行为表现，并组织实施日常考核管理，提出奖惩建议；

（八）建立矫正对象工作档案；

（九）县（市、区）社区矫正机构依法委托的其他事项。

县（市、区）社区矫正机构依法委托司法所开展其他社区矫正工作的，应当报经县（市、区）司法行政机关同意，并报市（州）社区矫正机构备案，同时通报县（市、区）人民法院、人民检察院、公安机关。

《广东省社区矫正实施细则》

第五条第二款 社区矫正机构是指县级以上地方人民政府依法设置的，负责对判处管制、宣告缓刑、裁定假释、决定或者批准暂予监外执行的罪犯具体实施社区矫正的执行机关。

第六条第一款 社区矫正机构的设置和撤销，由县级以上地方人民政府司法行政机关提出意见，报机构编制部门审批。

第七条 省、市两级社区矫正机构主要负责监督指导、跨区域执法的组织协调以及与同级社区矫正决定机关对接的案件办理工作。社区矫正日常工作由县级社区矫正机构具体承担。未设置县级社区矫正机构的，由上一级社区矫正机构具体承担。

社区矫正机构依法履行以下职责：

（一）接受委托进行调查评估，提出评估意见；

（二）接收社区矫正对象，核对法律文书、核实身份、办理接收登记，建立档案；

（三）组织入矫和解矫宣告，办理入矫和解矫手续；

（四）建立矫正小组、组织矫正小组开展工作，制定和落实矫正方案；

（五）对社区矫正对象进行监督管理，实施考核奖惩；审批社区矫正对象会客、外出、变更执行地等事项；了解掌握社区矫正对象的活动情况和行为表现；组织查找失去联系的社区矫正对象，查找后依情形作出处理；

（六）提出治安管理处罚建议，提出减刑、撤销缓刑、撤销假释、收监执行等变更刑事执行建议，依法提请逮捕；

（七）对社区矫正对象进行教育帮扶，开展法治道德等教育，协调有关方面开展职业技能培训、就业指导，组织公益活动等事项；

（八）向有关机关通报社区矫正对象情况，送达法律文书；

（九）对社区矫正工作人员开展管理、监督、培训，落实职业保障；

（十）其他依法应当履行的职责。

第八条 司法所根据社区矫正机构的委托，承担以下社区矫正相关工作：

（一）配合开展调查评估有关工作；

（二）根据社区矫正机构通知接收社

区矫正对象，建立工作档案，组织或者参加入矫解矫宣告；

（三）参与组建矫正小组，组织指导矫正小组开展工作，参与制订和落实矫正方案；

（四）开展社区矫正对象监督管理工作，落实实地查访、通信联络、信息化核查、定期报告、病情复查（诊断）等措施，了解掌握社区矫正对象的活动情况和行为表现，及时向社区矫正机构报告有关情况；

（五）协助查找失去联系的社区矫正对象，依情形提出处理意见；

（六）对社区矫正对象申请会客、外出、经常性跨市县活动、进入特定场所、变更执行地等事项进行调查核实，提出意见；

（七）审批社区矫正对象七日以内外出；

（八）对社区矫正对象进行教育帮扶，开展公益活动；

（九）根据社区矫正对象的现实表现，提出考核奖惩意见；

（十）社区矫正机构依法委托的其他事项。

《广西壮族自治社区矫正实施细则》

第五条　县级以上司法行政机关主管本行政区域内的社区矫正工作。

自治区和设区的市设置的社区矫正机构具体负责本行政区域社区矫正工作的监督指导、重大案件执行、跨区域执法的组织协调以及与同级社区矫正决定机关对接的案件办理等工作。

县（市、区）设置的社区矫正机构负责社区矫正工作的具体实施，承担社区矫正日常工作，依法履行以下职责：

（一）接受委托进行调查评估，提出评估意见；

（二）接收社区矫正对象，核对法律文书、核实身份、办理接收登记，建立档案；

（三）组织入矫和解矫宣告，办理入矫和解矫手续；

（四）建立矫正小组、组织矫正小组开展工作，制定和落实矫正方案；

（五）对社区矫正对象进行监督管理，实施考核奖惩；审批会客、外出、变更执行地等事项；了解掌握社区矫正对象的活动情况和行为表现；组织查找失去联系的社区矫正对象，查找后依情形作出处理；

（六）提出治安管理处罚建议，提出减刑、撤销缓刑、撤销假释、收监执行等变更刑事执行建议，依法提请逮捕；

（七）对社区矫正对象进行教育帮扶，开展法治道德等教育，协调有关方面开展职业技能培训、就业指导，组织公益活动等事项；

（八）向有关机关通报社区矫正对象情况，送达法律文书；

（九）对社区矫正工作人员开展管理、监督、培训，落实职业保障；

（十）其他依法应当履行的职责。

司法所根据社区矫正机构委托，承担下列社区矫正工作：

（一）配合社区矫正机构开展调查评估；

（二）建立社区矫正工作档案；

（三）组织入矫宣告、解矫宣告；

（四）组建矫正小组，组织指导矫正小组开展工作；

（五）制定、调整、落实矫正方案；

（六）组织实施社区矫正对象日常管理和教育帮扶工作；

（七）负责社区矫正对象外出、迁居、会客、特定区域或场所准入申请的审核或审批；

（八）了解掌握社区矫正对象的活动情况和行为表现，并组织实施日常考核管理，提出奖惩建议；

（九）社区矫正机构依法委托的其他事项。

《贵州省社区矫正工作实施细则（试行）》

第三条　司法行政机关主管本行政区域内社区矫正工作。社区矫正机构负责社区矫正工作的具体实施。

司法所根据县级社区矫正机构委托，主要承担下列工作：

（一）接受指派进行调查评估；

（二）组织入（解）矫宣告；

（三）建立矫正小组，制定、调整矫正方案；

（四）审核社区矫正对象申请外出、变更执行地等事项并签署审核意见；

（五）组织实施社区矫正对象的日常管理、教育帮扶等工作；

（六）了解掌握社区矫正对象的活动情况和行为表现，对其实施考核，提出拟奖惩建议；

（七）建立社区矫正工作档案；

（八）其他可以委托的事项。

《河南省社区矫正工作细则》

第五条　社区矫正机构依法对社区矫正对象实行监督管理和教育帮扶。

省级、市级社区矫正机构负责本辖区社区矫正工作的监督指导、重大案件执行、跨区域执法的组织协调和与同级社区矫正决定机关对接案件的办理。

县级社区矫正机构负责社区矫正的具体实施，承担社区矫正日常工作。司法所根据社区矫正机构的委托，承担社区矫正相关工作。

第六条　县级社区矫正机构依法履行以下职责：

（一）接受委托开展调查评估，提出评估意见；

（二）接收社区矫正对象，核对法律文书、核实身份、办理接收登记，建立档案；

（三）组织入矫和解矫宣告，办理入矫和解矫手续；

（四）建立矫正小组，组织矫正小组开展工作，制定、落实矫正方案；

（五）对社区矫正对象进行监督管理，实施考核奖惩；审批会客、外出、变更执行地等事项；了解掌握社区矫正对象的活动情况和行为表现；组织查找失去联系的社区矫正对象，查找后依情形作出处理；

（六）提出治安管理处罚建议，提出减刑、撤销缓刑、撤销假释、收监执行等变更刑事执行建议，依法提请逮捕；

（七）对社区矫正对象进行教育帮扶，开展法治道德等教育，组织公益活动，开展心理矫正，根据需要开展查访、谈心；

（八）动员社会力量，组织指导社会工作者、志愿者参与社区矫正，协调有关部门和单位依法对就业困难的社区矫正对象开展职业技能培训和就业指导、帮助社区矫正对象中的在校学生完成学业、对有特殊困难的社区矫正对象进行必要的临时救助；

（九）向有关机关通报社区矫正对象情况，送达法律文书；

（十）对社区矫正工作人员进行管理、监督、培训，落实职业保障；

（十一）其他依法应当履行的职责。

第七条　县级社区矫正机构根据需要决定是否委托司法所承担社区矫正相关工作和委托的相关工作范围，但下列事项不得委托司法所承担：

（一）八天以上外出，迁居，进入特定区域、会见特定人等事项的审批；

（二）决定社区矫正对象的奖惩；

（三）决定提请变更刑事执行措施；

（四）社区矫正对象不准出境通报备案和边控；

（五）法律法规规定不应委托的事项。

委托的具体方式由县级社区矫正机构在市级社区矫正机构指导下确定。

《湖南省社区矫正实施细则》

第九条 县级以上地方人民政府根据需要设置社区矫正机构，负责社区矫正工作的具体实施。社区矫正机构依法履行以下职责：

（一）接受委托进行调查评估，提出评估意见；

（二）接收社区矫正对象，核对法律文书、核实身份、办理接收登记，建立档案；

（三）组织入矫和解矫宣告，办理入矫和解矫手续；

（四）建立矫正小组、组织矫正小组开展工作，制定和落实矫正方案；

（五）对社区矫正对象进行监督管理，实施考核奖惩；

审批会客、外出、变更执行地等事项；通过通讯联络、信息化核查、实地查访等方式，了解掌握社区矫正对象的活动情况和行为表现；组织查找失去联系的社区矫正对象，查找后依情形作出处理；

（六）提出治安管理处罚建议，提出减刑、撤销缓刑、撤销假释、收监执行等变更刑事执行建议，依法提请逮捕；

（七）对社区矫正对象进行教育帮扶，开展法治道德等教育，组织开展公益活动、心理矫正等事项；

（八）动员社会力量、组织指导社会工作者和志愿者参与社区矫正工作，协调有关部门和单位依法对就业困难的社区矫正对象开展职业技能培训和就业指导，帮助社区矫正对象中的在校学生完成学业，对有特殊困难的社区矫正对象进行必要的教育帮扶；

（九）向有关机关通报社区矫正对象情况，送达法律文书；

（十）定期审查暂予监外执行社区矫正对象的病情复查情况，定期组织开展病情诊断、妊娠检查和生活不能自理鉴别；

（十一）依法向公安机关提交社区矫正对象法定不准出境通报备案资料，根据需要办理边控手续；

（十二）对社区矫正工作人员开展管理、监督、培训，落实职业保障；

（十三）其他依法应当履行的职责。

省、市两级社区矫正机构主要负责监督指导、跨区域执法的组织协调和与同级社区矫正决定机关对接的案件办理工作；县级社区矫正机构具体承担社区矫正日常工作，未设置县级社区矫正机构的地区，社区矫正工作由上一级社区矫正机构具体承担。根据工作需要，社区矫正机构可以实行局队合一管理体制，机构设置事项按照机构编制工作有关规定执行。

第十条 根据工作需要，社区矫正机构可以委托司法所承担以下工作：

（一）配合开展调查评估有关工作；

（二）根据社区矫正机构通知接收社区矫正对象，建立工作档案，参加入矫解矫宣告；

（三）参与组建矫正小组，组织指导矫正小组开展工作，参与制订和落实矫正方案；

（四）开展社区矫正监督管理工作，落实实地查访、通信联络、信息化核查、定期报告、病情复查（诊断）等措施，了解掌握社区矫正对象的活动情况和行为表现，及时向社区矫正机构报告有关情况；

（五）协助查找失去联系的社区矫正对象，依情形提出处理意见；

（六）对社区矫正对象申请会客、外出、经常性跨市县活动、进入特定场所、变更执行地等事项进行调查核实，提出意见；

（七）审批社区矫正对象七日以内外出；

（八）对社区矫正对象进行教育帮扶，开展公益活动；

（九）根据社区矫正对象的现实表现，提出考核奖惩意见；

（十）社区矫正机构委托的其他事项。

第十一条 社区矫正机构委托司法所开展相关工作，应当综合考虑当地地域区划特点、社区矫正对象数量、工作人员力量等因素，进一步细化量化具体委托内容，明确委托方式、委托期限以及委托责任等。报县级司法行政机关批准后，由县级社区矫正机构与司法所签订委托书，抄送同级人民检察院和上一级社区矫正机构。

县级社区矫正机构应当加强对受委托的司法所的业务指导和督促检查。受委托的司法所应当按照社区矫正工作相关规定，认真履行职责，存在执法过错或者失职渎职、玩忽职守等违法违规行为的，依法承担相应责任。

《江西省社区矫正工作实施细则》

第十一条 社区矫正机构是县级以上地方人民政府根据需要设置的，负责社区矫正工作具体实施的执行机关。设置和撤销社区矫正机构，由县级以上地方人民政府司法行政部门提出意见，按照规定的权限和程序审批。设区市辖区内未设立司法行政部门的新区、开发区、风景名胜管理区等地区，由设区市司法行政部门设立的派出机构或者商其管理机构指定有关职能部门，依法履行县级社区矫正机构职责。

第十二条 省、市级社区矫正机构依法履行以下职责：

（一）对本行政区域内的社区矫正工作进行指导、监督、检查；

（二）对本行政区域内的社区矫正重大案件执行、跨区域执法进行组织协调；

（三）按权限对社区矫正工作事项进行审批；

（四）向同级社区矫正决定机关提出减刑、撤销缓刑、撤销假释、收监执行等变更刑事执行建议，依法提请逮捕，开展案件对接办理工作；

（五）协调处置本行政区域内的社区矫正突发事件；

（六）鼓励、支持、引导和动员社会力量参与社区矫正工作；

（七）对社区矫正工作人员开展管理、监督、培训；

（八）其他依法应当履行的职责。

第十三条 县级社区矫正机构负责社区矫正工作的具体实施，依法履行以下职责：

（一）接受委托进行调查评估，提出评估意见；

（二）接收社区矫正对象，核对法律文书、核实身份、办理接收登记，建立执行档案；

（三）组织入矫和解矫宣告，办理入矫和解矫手续；

（四）建立矫正小组，组织矫正小组开展工作，制定和落实矫正方案；

（五）对社区矫正对象进行监督管理，实施考核奖惩；审批会客、外出、变更执行地等事项；了解掌握社区矫正对象的活动情况和行为表现；组织查找失去联系的社区矫正对象，查找后依情形作出处理；

（六）提出治安管理处罚建议，提出减刑、撤销缓刑、撤销假释、收监执行等变更刑事执行建议，依法提请逮捕；

（七）对社区矫正对象进行教育帮扶，开展法治道德等教育，协调有关方面开展职业技能培训、就业指导，组织公益活动等事项；

（八）向有关机关通报社区矫正对象情况，送达法律文书；

（九）组织社会力量参与社区矫正工作；

（十）对社区矫正工作人员开展管理、监督、培训，落实职业保障；

（十一）其他依法应当履行的职责。

第十四条 社区矫正日常机构是指县级社区矫正机构的派出机构、受县级社区矫正机构委托承担社区矫正相关工作的司法所等。

第十五条 社区矫正日常机构承担以下社区矫正工作事项：

（一）协助和参与开展调查评估；

（二）建立社区矫正对象工作档案；

（三）建立矫正小组，组织矫正小组开展工作，制定和落实矫正方案；

（四）对社区矫正对象开展日常监督管理、教育帮扶工作；

（五）组织社会力量参与社区矫正工作；

（六）受理社区矫正对象的申请事项，按规定审批或者提出建议；

（七）对社区矫正对象进行考核，提出奖惩建议；

（八）发现社区矫正对象有违反社区矫正监督管理规定、人民法院禁止令或者其他违法行为的，应当立即制止；制止无效的，应当立即通知公安机关到场处置；

（九）组织解矫宣告，办理解矫手续；

（十）其他接受指派或者委托后可以承担的工作事项。

《辽宁省社区矫正实施细则》

第五条 司法行政机关主管本行政区域内的社区矫正工作，社区矫正机构负责社区矫正工作的具体实施。

省级、市级社区矫正机构负责本辖区社区矫正工作的监督指导、重大案件执行、跨区域执法的组织协调以及与同级社区矫正决定机关对接案件的办理。

县级社区矫正机构负责社区矫正的具体实施，承担社区矫正日常工作。司法所根据社区矫正机构的委托，承担社区矫正相关工作。

第六条 司法所根据社区矫正机构的委托，承担下列社区矫正工作：

（一）接受指派进行调查评估；

（二）建立社区矫正对象工作档案；

（三）建立矫正小组、组织矫正小组开展工作，制定和落实矫正方案；

（四）参加或组织入矫宣告，协助组织解矫宣告；

（五）对社区矫正对象实施考核；对社区矫正对象外出、变更执行地的申请签署审核意见；了解掌握社区矫正对象的活动情况和行为表现；

（六）对社区矫正对象进行法治道德等教育、组织公益活动，开展帮困扶助工作；

（七）本细则规定的其他委托事项。

《宁夏回族自治区社区矫正实施细则》

第十三条 自治区社区矫正机构依法履行以下职责：

（一）指导、监督、检查全区社区矫正工作；

（二）监督指导、组织协调全区社区矫正跨区域执法工作；

（三）协调或者指定解决跨省（自治区、直辖市）或者跨市变更执行地中执行地与新执行地社区矫正机构意见不一致相关情形；

（四）提请自治区高级人民法院依法

裁定的案件；

（五）其他依法应当由自治区社区矫正机构履行的职责。

第十四条　设区的市社区矫正机构依法履行以下职责：

（一）指导、监督、检查全市社区矫正工作；

（二）监督指导、组织协调全市社区矫正跨区域执法工作；

（三）指定在设区的市范围内变更执行地中执行地与新执行地社区矫正机构意见不一致相关情形；

（四）依法向同级人民法院提出减刑建议；

（五）其他依法应当由设区的市社区矫正机构履行的职责。

第十五条　县（市、区）社区矫正机构依法履行以下职责：

（一）接受委托进行调查评估，提出评估意见；

（二）接收社区矫正对象，核对法律文书、核实身份、办理接收登记，建立社区矫正档案；

（三）组织入矫和解矫宣告，办理入矫和解矫手续；

（四）建立矫正小组、组织矫正小组开展工作，制定和落实矫正方案；

（五）对社区矫正对象进行监督管理，依法给予表扬、训诫、警告；审批进入特定场所、会客、外出、变更执行地等事项；了解掌握社区矫正对象的活动情况和行为表现；组织查找失去联系的社区矫正对象，查找后依情形作出处理；

（六）提出治安管理处罚建议，提出减刑、撤销缓刑、撤销假释，以及对暂予监外执行罪犯收监执行等变更刑事执行建议，依法提请逮捕；

（七）对社区矫正对象进行教育帮扶，开展法治道德教育、心理辅导，协调有关方面开展职业技能培训、就业指导，组织公益活动等事项；

（八）向有关机关通报社区矫正对象情况，送达法律文书；

（九）对社区矫正工作人员开展管理、监督、培训，落实职业保障；

（十）其他依法应当由县（市、区）社区矫正机构履行的职责。

第十六条　司法所根据社区矫正机构的委托，承担社区矫正相关工作。

《陕西省社区矫正实施细则》

第四条　社区矫正机构依法对社区矫正对象实行监督管理和教育帮扶。

省级、市级社区矫正机构负责本辖区社区矫正工作的监督指导、重大案件执行、跨区域执法的组织协调和与同级社区矫正决定机关对接案件的办理。

县级社区矫正机构负责社区矫正的具体实施。司法所根据社区矫正机构的委托，承担社区矫正相关工作。

司法所根据县级社区矫正机构委托，承担下列社区矫正工作：

（一）开展调查评估；

（二）建立社区矫正工作档案；

（三）组织入矫和解矫宣告；

（四）建立矫正小组、组织矫正小组开展工作，制定和落实矫正方案；

（五）组织实施社区矫正对象日常监管，了解掌握社区矫正对象的活动情况和行为表现。实施日常考核管理，提出奖惩建议。查找失去联系的社区矫正对象；

（六）对社区矫正对象进行教育帮扶，开展法治道德等教育，组织公益活动等事项；

（七）县级社区矫正机构依法委托的其他事项。

《山西省社区矫正实施细则》

第五条　社区矫正机构依法对社区矫正

正对象履行监督管理和教育帮扶等执法职责。

省、市两级社区矫正机构负责本辖区社区矫正工作的监督指导、跨区域执法的组织协调和与同级社区矫正决定机关对接的案件办理工作。

县级社区矫正机构负责社区矫正的具体实施，承担社区矫正日常工作。

县级社区矫正机构可以依托社区矫正中心，加强对社区矫正对象的监督管理和教育帮扶。

第六条 司法所根据县级社区矫正机构的委托，承担下列社区矫正工作：

（一）配合县级社区矫正机构进行调查评估；

（二）建立社区矫正工作档案；

（三）建立矫正小组，与矫正小组签订责任书，明确矫正小组成员的职责，制定、调整和落实矫正方案，组织矫正小组开展工作；

（四）参加入矫宣告，协助组织解矫宣告；

（五）对社区矫正对象进入特定区域场所、外出、会客、经常跨市县活动、变更执行地、暂予监外执行事项等申请签署审核意见，对社区矫正对象外出时间在七日内的申请进行审批；

（六）了解掌握社区矫正对象的活动情况和行为表现，并对社区矫正对象组织实施日常考核，提出奖惩建议；

（七）对社区矫正对象进行法治道德等教育、组织公益活动，开展帮困扶助工作；

（八）依法委托的其他事项。

县级社区矫正机构应当采用全省统一制定的《社区矫正工作委托书》格式，载明委托事项、职责、方式，委托司法所开展社区矫正工作。

根据上级社区矫正机构要求，应当由县级社区矫正机构管理的社区矫正对象，不得委托司法所管理。

《山西省省市县三级社区矫正机构和受委托司法所权责清单》

山西省省级社区矫正机构权责清单						
序号	权责类型	权责编码	权力内容	实施依据	责任事项	备注
1	监督指导权	S-01	监督检查全省社区矫正法律法规和政策的执行情况	1. 省司法厅“三定规定”	1. 对全省社区矫正法律法规和政策的执行情况进行监督检查。	

续表

山西省省级社区矫正机构权责清单						
序号	权责类型	权责编码	权力内容	实施依据	责任事项	备注
2	监督指导权	S-02	指导监督对社区矫正对象的监督管理和教育帮扶工作	1.《社区矫正法实施办法》第9条 2.《山西省社区矫正实施细则》第5、71、72、75条	1. 建立社区矫正工作定期分析研判机制，对社区矫正安全隐患等事项进行定期分析研判，全面排查安全隐患，推进社区矫正规范化建设。 2. 建立社区矫正工作督察机制，对全省社区矫正对象遵守监督管理规定和接受教育矫正的情况以及社区矫正机构及其工作人员依法履行职责和行使职权情况进行督察并督促整改。 3. 建立重大事项报告机制，及时掌握社区矫正重大突发事件，并视情况及时上报省司法厅、司法部社区矫正管理局。	
3	监督指导权	S-03	指导社会力量和志愿者参与社区矫正工作	1.《社区矫正法》第11、12、13条 2. 省司法厅“三定规定”	1. 指导和推动全省社会力量参与社区矫正工作。	
4	监督指导权	S-04	加强社区矫正信息化建设	1.《社区矫正法》第5条 2.《社区矫正法实施办法》第11条 3.《山西省社区矫正实施细则》第7条	1. 依法加强信息化建设，运用现代信息技术开展监督管理和教育帮扶。 2. 推动建立完善社区矫正信息交换平台，与人民法院、人民检察院、公安机关等有关部门实现业务协同、互联互通，提高社区矫正信息化水平。	
5	监督指导权	S-05	加强社区矫正队伍建设	1.《社区矫正法》第16条 2.《社区矫正法实施办法》第9条 3.《山西省社区矫正实施细则》第9条	1. 依法协调推进高素质的社区矫正工作队伍建设，加强对社区矫正工作人员的管理、监督、培训和职业保障，不断提高社区矫正工作的规范化、专业化水平。 2. 依法对全省社区矫正工作中作出突出贡献的组织、个人，按照有关规定给予表彰、奖励。	

续表

山西省省级社区矫正机构权责清单						
序号	权责类型	权责编码	权力内容	实施依据	责任事项	备注
6	刑事执行权	S-06	办理与同级社区矫正决定机关对接的案件	1.《社区矫正法实施办法》第9、42、46、47条 2.《山西省社区矫正实施细则》第5、52条	1. 依法应由高级人民法院裁定的减刑案件，由执行地县级社区矫正机构提出减刑建议书并附相关证据材料，逐级上报省社区矫正管理局审核同意后，由省社区矫正管理局提请省高级人民法院裁定。 2. 依法应由高级人民法院裁定的撤销缓刑案件，由执行地县级社区矫正机构逐级上报至省社区矫正管理局审核同意后，由省社区矫正管理局提请省高级人民法院裁定。 3. 依法应由高级人民法院裁定的撤销假释案件，由执行地县级社区矫正机构逐级上报至省社区矫正管理局审核同意后，由省社区矫正管理局提请省高级人民法院裁定。	
7	刑事执行权	S-07	审核暂予监外执行社区矫正对象延期三个月以上报告身体情况和提交病情复查材料的申请	1.《社区矫正法实施办法》第24条	1. 执行地县级社区矫正机构根据社区矫正对象的病情及保证人等情况，可以调整报告身体情况和提交复查情况的期限，延长三个月以上的，逐级上报省社区矫正管理局批准。	
8	刑事执行权	S-08	跨区域执法的组织协调	1.《社区矫正法实施办法》第9条 2.《山西省社区矫正实施细则》第5条、41条	1. 负责跨省执法的社区矫正案件的组织协调工作。 2. 社区矫正对象经常性跨市、县活动跨省的，执行地县级社区矫正机构应当逐级报省社区矫正管理局备案。	

山西省市级社区矫正机构权责清单						
序号	权责类型	权责编码	权力内容	实施依据	责任事项	备注
1	监督指导权	SJ-01	监督检查全市社区矫正法律法规和政策的执行情况	1.《社区矫正法实施办法》第4条	1. 对全市社区矫正法律法规和政策的执行情况进行监督检查。	
2	监督指导权	SJ-02	指导监督对社区矫正对象的监督管理和教育帮扶工作	1.《社区矫正法实施办法》第9条 2.《山西省社区矫正实施细则》第5、71、72、75条	1. 建立社区矫正工作定期分析研判机制，对社区矫正安全隐患等事项进行定期分析研判，全面排查安全隐患，推进社区矫正规范化建设。 2. 建立社区矫正工作督察机制，对全市社区矫正对象遵守监督管理规定和接受教育矫正的情况以及社区矫正机构及其工作人员依法履行职责和行使职权情况进行督察并督促整改。 3. 建立重大事项报告机制，及时掌握社区矫正重大突发事件，并视情况及时上报市司法局、省社区矫正管理局。	
3	监督指导权	SJ-03	指导社会力量和志愿者参与社区矫正工作	1.《社区矫正法》第11、12、13条 2.《社区矫正法实施办法》第4条	1. 指导和推动全市社会力量参与社区矫正工作。	
4	监督指导权	SJ-04	加强社区矫正信息化建设	1.《社区矫正法》第5条 2.《社区矫正法实施办法》第11条 3.《山西省社区矫正实施细则》第7条	1. 依法加强信息化建设，运用现代信息技术开展监督管理和教育帮扶。 2. 推动建立完善社区矫正信息交换平台，与人民法院、人民检察院、公安机关等有关部门实现业务协同、互联互通，提高社区矫正信息化水平。	

续表

山西省市级社区矫正机构权责清单						
序号	权责类型	权责编码	权力内容	实施依据	责任事项	备注
5	监督指导权	SJ-05	加强社区矫正队伍建设	1.《社区矫正法》第16条 2.《社区矫正法实施办法》第9条 3.《山西省社区矫正实施细则》第9条	1. 依法协调推进高素质的社区矫正工作队伍建设，加强对社区矫正工作人员的管理、监督、培训和职业保障，不断提高社区矫正工作的规范化、专业化水平。 2. 依法对全市社区矫正工作中作出突出贡献的组织、个人，按照有关规定给予表彰、奖励。	
6	刑事执行权	SJ-06	办理与同级社区矫正决定机关对接的案件	1.《社区矫正法实施办法》第9、42、46、47条 2.《山西省社区矫正实施细则》第5、52条	1. 社区矫正对象符合法定减刑条件的，由执行地县级社区矫正机构提出减刑建议书并附相关证据材料，报经市级社区矫正机构审核同意后，由市级社区矫正机构提请执行地的中级人民法院裁定； 2. 依法应由中级人民法院裁定的撤销缓刑案件，由执行地县级社区矫正机构报市级社区矫正机构审核同意后，由市级社区矫正机构提请执行地中级人民法院裁定。 3. 依法应由中级人民法院裁定的撤销假释案件，由执行地县级社区矫正机构报市级社区矫正机构审核同意后，由市级社区矫正机构提请执行地中级人民法院裁定。	
7	刑事执行权	SJ-07	外出申请审批	1.《社区矫正法实施办法》第27条	1. 社区矫正对象因特殊情况确需外出超过三十日的，或者两个月内外出时间累计超过三十日的，由县级社区矫正机构报市级社区矫正机构审批。	
8	刑事执行权	SJ-08	免分类管理审批	1.《山西省社区矫正实施细则》第32条	1. 对于患严重疾病、身体严重残疾等活动能力缺失的社区矫正对象，经执行地市级社区矫正机构审核批准后可以不实施分类管理。	

续表

山西省市级社区矫正机构权责清单						
序号	权责类型	权责编码	权力内容	实施依据	责任事项	备注
9	刑事执行权	SJ-09	审核暂予监外执行社区矫正对象延期一个月至三个月以下的报告身体情况和提交病情复查材料的申请	1.《社区矫正法实施办法》第24条	1. 执行地县级社区矫正机构根据社区矫正对象的病情及保证人等情况，可以调整报告身体情况和提交复查情况的期限；延长一个月至三个月以下的，报市级社区矫正机构批准。	
10	刑事执行权	SJ-10	批准查阅未成年社区矫正对象档案	1.《山西省社区矫正档案管理办法》第18条	1. 各级社区矫正机构对未成年社区矫正对象档案应当严格保密，原则上不得借阅。 2. 确因司法机关办案需要或有关单位根据国家规定查阅的，需报请市级社区矫正机构批准，查阅时应当有两名工作人员在场。	
11	刑事执行权	SJ-11	跨区域执法的组织协调	1.《社区矫正法实施办法》第9条 2.《山西省社区矫正实施细则》第5条	1. 负责跨市执法的社区矫正案件的组织协调工作。 2. 社区矫正对象在本省行政区域内经常性跨市、县活动的，执行地县级社区矫正机构应当报市级社区矫正机构备案。	

山西省县级社区矫正机构权责清单						
序号	权责类型	权责编码	权力内容	实施依据	责任事项	备注
1	监督指导权	XJ-01	监督管理社区矫正工作	1.《社区矫正法实施办法》第9条 2.《山西省社区矫正实施细则》第5、71、72、73条	1. 建立社区矫正工作定期分析研判机制，对社区矫正安全隐患等事项进行定期分析研判，全面排查安全隐患，推进社区矫正规范化建设。 2. 建立重大事项报告机制，及时掌握社区矫正重大突发事件，并视情况及时上报县司法局、市社区矫正管理局。 3. 与同级公安机关等有关部门建立协调联动机制，制定应急预案并妥善处置突发事件。 4. 对社区矫正工作人员开展管理、监督、培训，落实职业保障，对社区矫正工作中作出突出贡献的组织、个人，按照有关规定给予表彰、奖励。	
2	监督指导权	XJ-02	引导社会力量参与社区矫正工作	1.《社区矫正法》第11、12、13条 2.《社区矫正法实施办法》第4条	引导社会工作者、志愿者等社会力量参与社区矫正工作。	
3	监督指导权	XJ-03	加强社区矫正信息化建设	1.《社区矫正法》第5条 2.《社区矫正法实施办法》第11条 3.《山西省社区矫正实施细则》第7条	1. 依法加强信息化建设，运用现代信息技术开展监督管理和教育帮扶。 2. 推动建立完善社区矫正信息交换平台，与人民法院、人民检察院、公安机关等有关部门实现业务协同、互联互通，提高社区矫正信息化水平。	

续表

山西省县级社区矫正机构权责清单						
序号	权责类型	权责编码	权力内容	实施依据	责任事项	备注
4	刑事执行权	XJ-04	调查评估	1.《社区矫正法》第18条 2.《社区矫正法实施办法》第14条 3.《山西省社区矫正实施细则》第2章 4.《山西省社区矫正调查评估办法》	1. 接受社区矫正调查评估委托，对拟适用社区矫正的犯罪嫌疑人、被告人或者罪犯的社会危险性以及对所居住社区的影响进行全面调查和分析研判，形成书面调查评估报告，提出是否适用社区矫正的意见。 2. 收到调查评估委托文书及所附材料后，两个工作日内将接受委托调查评估的情况通知同级人民检察院。 3. 及时核对拟调查评估对象的基本信息和居住地相关情况，发现因调查评估对象姓名、居住地不真实或者身份不明等情况无法进行调查评估的；社区矫正机构反馈调查评估意见前，社区矫正决定机关已经作出判决、裁定、决定的；或者对同一案件、同一被调查评估对象已向公安机关、人民检察院出具调查评估意见的；应当自收到委托调查文书之日起五个工作日内向委托机关出具《不予调查评估函》并说明理由。 4. 依法组成不少于2名成员的调查评估小组，采取查阅、调取、走访等方式开展调查评估，经社区矫正机构综合分析研判，对被调查人是否适用社区矫正提出意见。 5. 县级社区矫正机构应当自收到调查评估委托文书及所附材料之日起十个工作日内完成调查评估并出具《调查评估意见书》。对于适用刑事案件速裁程序的，应当在五个工作日内完成调查评估并出具《调查评估意见书》。需要延长调查评估时限的，社区矫正机构应当与委托机关协商，并在协商确定的期限内完成调查评估。评估结果同时抄送当地县级人民检察院。	

续表

山西省县级社区矫正机构权责清单						
序号	权责类型	权责编码	权力内容	实施依据	责任事项	备注
					6. 社区矫正调查评估人员和相关单位部门及工作人员对调查评估意见以及调查中涉及的国家秘密、商业秘密、个人隐私等信息应当保密。 7. 建立社区矫正调查评估档案，对调查评估中取得的原始资料存档备查。	
5	刑事执行权	XJ-05	接收登记	1.《社区矫正法》第21、22条 2.《社区矫正法实施办法》第17条 3.《山西省社区矫正实施细则》第21、22条 4.《山西省安置帮教工作办法（试行）》第5条	1. 判处管制、宣告缓刑、裁定假释的社区矫正对象报到时，办理登记接收手续。 2. 暂予监外执行的社区矫正对象，执行地县级社区矫正机构与负责依法移送的公安机关、监狱当面办理交付接收手续。 3. 发现社区矫正对象未按规定时限报到的，应当立即组织查找，二十四小时查找无果的，应当书面提请执行地县级公安机关协助查找；同时，应当将有关情况书面通知社区矫正决定机关和执行地县级人民检察院，对被裁定假释的罪犯，应当同时抄送原服刑的监狱、看守所。 4. 对社区矫正对象存在因行动不便、自行报到确有困难等特殊情况的，可以派员到其居住地、接受治疗的医院等场所办理登记接收手续。 5. 自接收社区矫正对象之日起一个月内，将其基本信息完整录入全国安置帮教工作信息管理系统。	

续表

山西省县级社区矫正机构权责清单						
序号	权责类型	权责编码	权力内容	实施依据	责任事项	备注
6	刑事执行权	XJ-06	文书衔接	1.《社区矫正法》第20条 2.《社区矫正法实施办法》第16条 3.《山西省社区矫正施细则》第21、23条	1. 接收社区矫正决定机关出具的法律文书后，应当在五日内送达回执。 2. 未收到社区矫正的法律文书或者收到的法律文书不齐全，应当通知社区矫正决定机关在五日内送达或者补齐法律文书。 3. 社区矫正决定地与执行地不在同一地方的，由执行地县级社区矫正机构将法律文书转送执行地人民检察院、公安机关。	
7	刑事执行权	XJ-07	建立社区矫正档案	1.《社区矫正法》第22条 2.《社区矫正法实施办法》第18条 3.《山西省社区矫正实施细则》第26条 4.《山西省社区矫正档案管理办法》	1. 县级社区矫正机构接收社区矫正对象后，应当建立社区矫正档案，档案应当包括社区矫正对象基本信息表、调查评估形成的相关文书及证明材料、决定机关送达的法律文书、实施社区矫正过程中产生的审批文书、暂予监外执行社区矫正对象报送病情复查资料、社区矫正机构开展社区矫正工作相关台账及资料等。	
8	刑事执行权	XJ-08	不准出境告知、报备	1.《出境入境管理法》第12条 2.《社区矫正法实施办法》第7条 3. 国家移民局《关于印发〈法定不准出境人员报备管理工作规范〉的通知》（国移民公〔2021〕420号） 4.《山西省社区矫正实施细则》第46条	1. 书面告知社区矫正对象在社区矫正期间不准出境。 2. 在社区矫正对象报到后五个工作日内，应当向执行地县级公安机关出入境管理部门通报并进行法定不准出境人员报备，报备期限应当与社区矫正期限一致。 3. 对社区矫正对象因特赦等原因解除社区矫正的，县级社区矫正机构应当及时撤销法定不准出境人员报备。	

续表

山西省县级社区矫正机构权责清单						
序号	权责类型	权责编码	权力内容	实施依据	责任事项	备注
9	刑事执行权	XJ-09	委托管理	1.《社区矫正法》第9条 2.《社区矫正法实施办法》第10条 3.《山西省社区矫正实施细则》第6、25条	1. 采用全省统一制定的《社区矫正工作委托书》，载明委托事项、职责、时限等，委托司法所开展社区矫正工作。 2. 根据上级社区矫正机构要求，应当由县级社区矫正机构管理的社区矫正对象，不得委托司法所管理。 3. 书面告知社区矫正对象三日内到指定司法所报到。	
10	刑事执行权	XJ-10	建立矫正小组	1.《社区矫正法实施办法》第9条 2.《山西省社区矫正实施细则》第27、28条	1. 对没有委托司法所管理的社区矫正对象，自其报到起三个工作日内为其确定成员不少于三人的矫正小组，并与矫正小组成员签订《社区矫正责任书》。 2. 矫正小组成员不能履行相应责任的，应当及时调整。	
11	刑事执行权	XJ-11	组织入矫宣告	1.《社区矫正法实施办法》第20条 2.《山西省社区矫正实施细则》第29条 3.《山西省社区矫正宣告规定（试行）》	1. 自接收社区矫正对象之日起十个工作日内，组织入矫宣告。 2. 入矫宣告由社区矫正机构工作人员（公务员）主持，矫正小组成员及其他相关人员应当参加，必要时可以邀请人民检察院、公安机关派员参加。 3. 公开宣告的，社会公众可以旁听。对未成年社区矫正对象的宣告不公开进行，但应当通知其监护人到场并签名。 4. 社区矫正对象因身体健康等原因不能到指定场所参加宣告的，应当派员到其住所或者治疗地进行宣告，并保留影像资料。	

续表

山西省县级社区矫正机构权责清单						
序号	权责类型	权责编码	权力内容	实施依据	责任事项	备注
12	刑事执行权	XJ-12	制定、调整和落实矫正方案	1.《社区矫正法》第24条 2.《社区矫正法实施办法》第22条	1. 对没有委托司法所管理的社区矫正对象，根据裁判内容和社区矫正对象的性别、年龄、心理特点、健康状况、犯罪原因、犯罪类型、犯罪情节、悔罪表现等情况，制定有针对性的矫正方案，落实相应矫正措施。 2. 矫正方案应当根据分类管理的要求、实施效果以及社区矫正对象的表现等情况，相应调整。	
13	刑事执行权	XJ-13	实施分类管理	1.《社区矫正法》第24条 2.《社区矫正法实施办法》第21条 3.《山西省社区矫正实施细则》第30、31、62条 4.《山西省社区矫正对象考核奖惩及分类管理办法（试行）》	1. 根据社区矫正对象被判处管制、宣告缓刑、假释和暂予监外执行的不同裁判内容和犯罪类型、矫正阶段、再犯罪风险等情况，进行综合评估，划分不同类别，实施分类管理。 2. 依据社区矫正对象的考核结果和奖惩情况进行综合评估，对社区矫正对象按照由严至宽分别实施一、二、三类管理，采取相应矫正措施，有针对性地开展监督管理和教育帮扶工作。 3. 对社区矫正对象管理类别的调整，由受委托的司法所向执行地县级社区矫正机构提出意见，经执行地县级社区矫正机构审批后执行，也可由执行地县级社区矫正机构直接进行调整。 4. 对因患严重疾病、身体严重残疾、活动能力缺失，经执行地市级社区矫正机构审核批准不实施分类管理的社区矫正对象，根据实际情况制定有针对性的矫正措施。	

续表

山西省县级社区矫正机构权责清单						
序号	权责类型	权责编码	权力内容	实施依据	责任事项	备注
14	刑事执行权	XJ-14	信息化核查和实地查访	1.《社区矫正法》第26条 2.《社区矫正法实施办法》(第23条) 3.《山西省社区矫正实施细则》（第32、34条)	1. 根据社区矫正对象的个人生活、工作及所处社区的实际情况，有针对性地采取通信联络、信息化核查、实地查访等措施，了解掌握其活动情况和行为表现。 2. 通过“山西省社区矫正一体化平台”或者其他通讯方式，随时对社区矫正对象进行点名抽检，进行信息化核查。	
15	刑事执行权	XJ-15	组织查找失联社区矫正对象	1.《社区矫正法》第30条 2.《社区矫正法实施办法》第38条 3.《山西省社区矫正实施细则》第21条	1. 发现社区矫正对象失去联系的，立即采取通信联络、信息化核查、实地查访等方式组织查找。 2. 二十四小时查找无果的，书面提请执行地县级公安机关协助查找。 3. 及时将查找情况书面通知社区矫正决定机关和执行地县级人民检察院，对被裁定假释的罪犯，应当同时抄送原服刑的监狱、看守所。	
16	刑事执行权	XJ-16	审核暂予监外执行社区矫正对象提交的身体情况报告和病情复查材料	1.《社区矫正法实施办法》第24条 2.《山西省社区矫正实施细则》第36条、38条	1. 组织两名具有副高以上专业技术职称的医师组成病情复查审核小组，每月审核暂予监外执行社区矫正对象提交的身体情况报告，每三个月审核保外就医社区矫正对象提交的病情诊断证明材料。 2. 根据工作需要，对暂予监外执行的社区矫正对象每年组织一次集中病情诊断、妊娠检查或者生活不能自理的鉴别。	

续表

山西省县级社区矫正机构权责清单						
序号	权责类型	权责编码	权力内容	实施依据	责任事项	备注
17	刑事执行权	XJ-17	调整暂予监外执行社区矫正对象报告身体情况和提交病情复查材料的期限	1.《社区矫正法实施办法》第24条 2.《山西省社区矫正实施细则》第37条	1. 根据暂予监外执行社区矫正对象的病情及保证人等情况，可以调整报告身体情况和提交复查情况的期限。 2. 对延期一个月以上的，县级社区矫正机构签署意见并呈报上级社区矫正机构审批。 3. 批准延长的，县级社区矫正机构应当及时通报同级人民检察院。	
18	刑事执行权	XJ-18	会客审批	1.《社区矫正法》第23条 2.《社区矫正法实施办法》第25条	1. 审批社区矫正对象提出接触其犯罪案件中的被害人、控告人、举报人、同案犯等有关人员的申请。	
19	刑事执行权	XJ-19	进入特定区域（场所）审批	1.《社区矫正法实施办法》第39条 2.《山西省社区矫正实施细则》第45条	1. 对被人民法院宣告禁止令的社区矫正对象，根据禁止令的内容，函告有关部门、单位、场所或者个人给予配合。 2. 社区矫正对象确有正当理由需进入特定区域（场所）提出书面申请，决定批准与否，同时抄送原审人民法院和执行地县级人民检察院。	
20	刑事执行权	XJ-20	外出申请审批	1.《社区矫正法》第23条 2.《社区矫正法实施办法》第27条 3.《山西省社区矫正实施细则》第39、40、43	1. 对社区矫正对象提出的外出申请进行审批，每次批准外出的时间不超过三十日。 2. 社区矫正对象因特殊情况确需外出超过三十日的，或者两个月内外出时间累计超过三十日的，签署意见后呈报市社区矫正机构审批。市级社区矫正机构批准的，应当及时通报同级人民检察院。 3. 社区矫正对象外出时间在七日以上的，执行地县级社区矫正机构应当协商外出目的地县级社区矫正机构协助监督管理。	

续表

山西省县级社区矫正机构权责清单						
序号	权责类型	权责编码	权力内容	实施依据	责任事项	备注
21	刑事执行权	XJ-21	经常性跨市、县活动审批	1.《社区矫正法》第23条 2.《社区矫正法实施办法》第29条 3.《山西省社区矫正实施细则》第41条	1. 对社区矫正对象确因正常工作和生活需要提出的经常性跨市、县活动的的申请进行审批，批准一次的有效期为六个月。 2. 对批准经常性跨市、县活动在外就学的社区矫正对象，应当协商就读学校所在地县级社区矫正机构进行协助管理，省内就读学校所在地县级社区矫正机构应当协助管理，具体可以委托就读学校所在地司法所开展相关工作。 3. 批准社区矫正对象在本省行政区域内经常性跨市、县活动的，报市级社区矫正机构备案；经常性跨市、县活动跨省的，报省级社区矫正机构备案。	
22	刑事执行权	XJ-22	执行地变更审批	1.《社区矫正法》第23条 2.《社区矫正法实施办法》第30、31条 3.《山西省社区矫正实施细则》第44条	1. 社区矫正对象因工作、生活等原因提出变更执行地申请的，应当在五日内书面征求新执行地县级社区矫正机构的意见。新执行地县级社区矫正机构接到征求意见函后，应当在五日内核实有关情况，作出是否同意接收的意见并书面回复。执行地县级社区矫正机构根据回复意见，作出决定。有异议的，可以报有共同管辖权的上一级社区矫正机构协调解决。 2. 不同意变更执行地的，应在决定作出之日起五日内告知社区矫正对象。同意变更执行地的，应进行教育，书面告知其七日内到新执行地县级社区矫正机构报到。 3. 同意变更执行地的，应当在作出决定之日起五日内，将有关法律文书和档案材料移交新执行地县级社区矫正机构，同时抄送社区矫正决定机关和原执行地县级人民检察院、公安机关。新执行地县级社区矫正机构收到法律文书和	

续表

山西省县级社区矫正机构权责清单						
序号	权责类型	权责编码	权力内容	实施依据	责任事项	备注
					档案材料后，在五日内送达回执，并将有关法律文书抄送所在地县级人民检察院、公安机关。	
23	刑事执行权	XJ-23	组织实施考核	1.《社区矫正法实施办法》第32条 2.《山西省社区矫正实施细则》第47、48、49条 3.《山西省社区矫正对象考核奖惩及分类管理办法（试行）》	1. 根据社区矫正对象认罪悔罪、遵守有关规定、服从监督管理、接受教育等情况，定期进行考核。对新入矫的社区矫正对象在入矫后三个月内实行月考核，之后实行季度考核。 2. 成立不少于三人的社区矫正奖惩工作小组，对社区矫正对象定期考核结果进行集体评议。 3. 考核结果书面通知本人及矫正小组成员并定期公示，社区矫正对象提出异议的，应当及时调查处理，并将调查结果告知社区矫正对象。	
24	刑事执行权	XJ-24	调整矫正措施审批	1.《山西省社区矫正实施细则》第34、35、59条	1. 审批社区矫正对象因身体或者文化程度等原因，提出的思想汇报由本人口述、他人代写的申请。 2. 审批社区矫正对象因特殊职业原因，提出的调整其签到时间的申请。 3. 审批社区矫正对象因年老或身体原因，提出的不参加公益活动的申请。	
25	刑事执行权	XJ-25	给予表扬	1.《社区矫正法》第28条 2.《社区矫正法实施办法》第33条 3.《山西省社区矫正对象考核奖惩及分类管理办法（试行）》	1. 社区矫正对象接受社区矫正六个月以上并且认罪悔罪、遵守法律法规、服从监督管理、接受教育表现突出的，依法给予表扬。 2. 社区矫正对象接受社区矫正期间，有见义勇为、抢险救灾等突出表现，或者帮助他人、服务社会等突出事迹的，可以予以表扬。	

续表

山西省县级社区矫正机构权责清单						
序号	权责类型	权责编码	权力内容	实施依据	责任事项	备注
26	刑事执行权	XJ-26	提出减刑建议	1.《社区矫正法》第33条 2.《社区矫正法实施办法》第42条	1. 社区矫正对象符合法定减刑条件的，提出减刑建议书并附相关证据材料，报市级社区矫正机构审核。 2. 减刑建议书和人民法院减刑裁定书副本，同时抄送社区矫正执行地同级人民检察院、公安机关及罪犯原服刑或者接收其档案的监狱。	
27	刑事执行权	XJ-27	给予训诫	1.《社区矫正法》第28条 2.《社区矫正法实施办法》第34条 3.《山西省社区矫正对象考核奖惩及分类管理办法（试行）》第25条	1. 社区矫正对象具有法定应当给予训诫情形的，依法给予训诫。	
28	刑事执行权	XJ-28	给予警告	1.《社区矫正法》第28条 2.《社区矫正法实施办法》第35条 3.《山西省社区矫正对象考核奖惩及分类管理办法（试行）》第26条	1. 社区矫正对象具有法定应当给予警告情形的，依法给予警告。	

续表

山西省县级社区矫正机构权责清单						
序号	权责类型	权责编码	权力内容	实施依据	责任事项	备注
29	刑事执行权	XJ-29	提请治安管理处罚	1.《社区矫正法》第28条 2.《社区矫正法实施办法》第36条 3.《山西省社区矫正实施细则》第51条	1. 社区矫正对象违反监督管理规定或者人民法院禁止令，依法应予治安管理处罚的，提请同级公安机关依法给予处罚。 2. 向执行地同级人民检察院抄送治安管理处罚建议书副本。 3. 治安管理处罚结果应当在五个工作日内书面通知执行地县级人民检察院。	
30	刑事执行权	XJ-30	电子定位装置使用审批	1.《社区矫正法》第29条 2.《社区矫正法实施办法》第37条 3.《山西省社区矫正实施细则》第50条	1. 对社区矫正对象依法使用电子定位装置，签署意见并提请司法行政机关负责人审批。 2. 使用电子定位装置，不得超过三个月，期限届满后，经评估仍有必要继续使用的，应当重新履行审批手续，每次不得超过三个月。 3. 对社区矫正对象依法使用电子定位装置的，应当向社区矫正对象宣读使用电子定位装置监管告知书，并由其本人签名确认。 4. 通过电子定位装置获取的信息应当严格保密，只能用于社区矫正工作，不得作为其他用途使用。	
31	刑事执行权	XJ-31	提请撤销缓刑	1.《社区矫正法》第28条 2.《社区矫正实施办法》第46条 3.《山西省社区矫正实施细则》第52条	1. 对社区矫正对象在缓刑考验期内，具有依法应当撤销缓刑的情形且原审是县级人民法院的，向原审县级人民法院提出撤销缓刑建议；原审人民法院是中、高级人民法院的，签署意见后报市级社区矫正机构审核。 2. 如果与原审人民法院不在同一省、自治区、直辖市的，原审是县级人民法院的，向执行地县级人民法院提出撤销缓刑建议；原审人民法院是中、高级人民法院的，签署意见后报市级社区矫正机构审核。 3. 建议书、裁定书抄送执行地同级人民检察院，执行地人民法院作出裁定的，裁定书同时抄送原审人民法院。	

续表

山西省县级社区矫正机构权责清单						
序号	权责类型	权责编码	权力内容	实施依据	责任事项	备注
32	刑事执行权	XJ-32	提请撤销假释	1.《社区矫正法》第28条 2.《社区矫正实施办法》第47条 3.《山西省社区矫正实施细则》第52条	1. 对社区矫正对象在假释考验期内，具有依法应当撤销假释的情形且原审是县级人民法院的，向原审县级人民法院提出撤销缓刑建议；原审人民法院是中、高级人民法院的，签署意见后报市级社区矫正机构审核。 2. 如果与原审人民法院不在同一省、自治区、直辖市的，原审是县级人民法院的，向执行地县级人民法院提出撤销缓刑建议；原审人民法院是中、高级人民法院的，签署意见后报市级社区矫正机构审核。 3. 建议书、裁定书抄送执行地同级人民检察院、公安机关、罪犯原服刑或者接收其档案的监狱。执行地人民法院作出裁定的，裁定书同时抄送原审人民法院。	
33	刑事执行权	XJ-33	提请暂予监外执行收监执行	1.《社区矫正法》第28条 2.《社区矫正实施办法》第49条 3.《山西省社区矫正实施细则》第53条	1. 暂予监外执行社区矫正对象具有应当依法提请收监执行情形时，一般向执行地社区矫正决定机关提出收监执行建议；如果原社区矫正决定机关与执行地县级社区矫正机构在同一省、自治区、直辖市的，可以向原社区矫正决定机关提出建议。 2. 原决定机关不在本省的，可以提请与原决定机关同级的本省执行地人民法院、公安机关、监狱管理机关决定； 3. 收监执行建议书和决定机关的决定书，应当同时抄送执行地县级人民检察院。	

续表

山西省县级社区矫正机构权责清单						
序号	权责类型	权责编码	权力内容	实施依据	责任事项	备注
34	刑事执行权	XJ-34	提请逮捕	1.《社区矫正法》第47条 2.《社区矫正法实施办法》第48条	1. 被提请撤销缓刑、假释的社区矫正对象可能逃跑或者可能发生社会危险的，社区矫正机构可以在提出撤销缓刑、假释建议的同时，提请人民法院决定对其予以逮捕。 2. 社区矫正机构提请人民法院决定逮捕社区矫正对象时，应当提供相应证据，移送人民法院审查决定。 3. 社区矫正机构提请逮捕、人民法院作出是否逮捕决定的法律文书，应当同时抄送执行地县级人民检察院。	
35	刑事执行权	XJ-35	开展教育矫正	1.《社区矫正法》第36条、40条 2.《社区矫正法实施办法》第43条 3.《山西省社区矫正实施细则》第55、56、57条	1. 根据社区矫正对象的矫正类别、犯罪类型、年龄结构、现实表现等情况，采用集中教育、网上培训、实地参观等形式，对社区矫正对象进行法治、道德等教育，增强其法治观念，提高其道德素质和悔罪意识。 2. 在社区矫正对象入矫一个月内组织入矫教育，包括组织观看入矫教育片、队列训练、法治教育、警示教育等。 3. 对社区矫正对象有针对的开展分类教育、集体教育，一类管理社区矫正对象每月到执行地县级社区矫正机构接受集中教育、心理教育不少于二次，二类、三类管理社区矫正对象每月到执行地县级社区矫正机构接受集中教育、心理教育不少于一次。	

续表

山西省县级社区矫正机构权责清单						
序号	权责类型	权责编码	权力内容	实施依据	责任事项	备注
36	刑事执行权	XJ-36	开展帮扶	1.《社区矫正法》第37条 2.《社区矫正法实施办法》第45条 3.《山西省社区矫正实施细则》第60、61条	1. 定期了解掌握社区矫正对象在就学、就业、生活等方面的帮扶需求，及时协调相关单位，依法依规落实帮扶措施。 2. 对遇到暂时生活困难的社区矫正对象提供临时救助，对就业困难的社区矫正对象提供职业技能培训和就业指导，帮助符合条件的社区矫正对象落实社会保障措施，协助在就学、法律援助等方面遇到困难的社区矫正对象解决问题。	
37	刑事执行权	XJ-37	组织公益活动	1.《社区矫正法》第42条 2.《社区矫正分实施办法》第44条 3.《山西省社区矫正实施细则》第58、59条	1. 社区矫正机构可以根据社区矫正对象的个人特长，组织其参加公益活动，修复社会关系，培养社会责任感。 2. 公益活动可以集中组织，也可以分散进行。 3. 符合法定条件的，可以不安排其参加公益活动。	
38	刑事执行权	XJ-38	暂停社区矫正措施	1.《山西省社区矫正实施细则》第64条	1. 社区矫正对象被依法采取强制措施，暂停执行社区矫正措施。 2. 社区矫正对象被采取强制措施期间矫正期满的，按时为其办理解除矫正手续。	
39	刑事执行权	XJ-39	解除矫正	1.《社区矫正法》第44条 2.《社区矫正法实施办法》第53条 3.《山西省社区矫正实施细则》第62、63条	1. 社区矫正对象矫正期满或者被赦免的，向社区矫正对象发放解除社区矫正证明书，书面通知社区矫正决定机关，同时抄送执行地县级人民检察院和公安机关。 2. 公安机关、监狱管理机关决定暂予监外执行的社区矫正对象刑期届满的，在期满前一个月书面通知其原服刑或者接收、存放其档案的监狱、看守所，为其办理刑满释放手续。 3. 根据其在接受社区矫正期间的表现等情况作出书面鉴定，与安置帮教工作部门做好衔接工作。	

续表

山西省县级社区矫正机构权责清单						
序号	权责类型	权责编码	权力内容	实施依据	责任事项	备注
40	刑事执行权	XJ-40	组织解矫宣告	1.《社区矫正法实施办法》第54条 2.《山西省社区矫正实施细则》62条 3.《山西省社区矫正宣告规定（试行）》	1. 社区矫正对象管制期满、缓刑考验期满、假释考验期满或者被赦免的，县级社区矫正机构应当组织解除社区矫正宣告。 2. 社区矫正对象为未成年人的，宣告不公开进行。 3. 社区矫正对象矫正期届满时被采取强制措施、患有严重疾病行动困难或者具有其他特殊情形的，可以不组织解除社区矫正宣告，但应当当面送达解除社区矫正证明书。	
41	刑事执行权	XJ-41	终止矫正	1.《社区矫正法》第45条 2.《山西省社区矫正实施细则》65条	1. 社区矫正对象被裁定撤销缓刑、假释，被决定收监执行，或者社区矫正对象死亡的，依法办理社区矫正终止手续。 2. 社区矫正对象死亡的，自收到死亡证明书或者其他有效死亡证明之日起五个工作日内书面通知社区矫正决定机关，同时抄送执行地县级人民检察院、公安机关。	
42	刑事执行权	XJ-42	档案查阅审批	1.《山西省社区矫正实施细则》 2.《山西省社区矫正档案管理办法》第16、17、18条	1. 审批相关单位因工作需要提出查阅社区矫正档案的申请。 2. 对未成年社区矫正档案提出查阅申请的，报请市级社区矫正机构批准。	

山西省受托委司法所社区矫正权责清单						
序号	权责类型	权责编码	权责事项	实施依据	责任事项	备注
1	刑事执行权	SFS-01	接受委托开展社区矫正工作	1.《社区矫正法》第9条 2.《社区矫正法实施办法》第10条 3.《山西省社区矫正实施细则》第6条	1. 根据社区矫正机构的委托，承担社区矫正相关工作。	
2	刑事执行权	SFS-02	参与调查评估	1.《山西省社区矫正调查评估办法》第15条	1. 参与调查评估，通过走访、座谈、个别约谈、查阅调取相关资料等方式调查核实相关情况。 2. 参加社区矫正机构召开的社区矫正调查评估会进行综合分析研判，对被调查人是否适用社区矫正提出意见。	
3	刑事执行权	SFS-03	建立社区矫正工作档案	1.《社区矫正法实施办法》第18条 2.《山西省社区矫正实施细则》第26条	1. 接受委托对社区矫正对象进行日常管理，并建立社区矫正工作档案。 2. 社区矫正工作档案应当包括社区矫正对象矫正方案，矫正小组工作记录，对社区矫正对象开展家庭走访、分类管理、考核奖惩、日常管理、教育帮扶等工作形成的材料，报请社区矫正机构审批的相关文书等。	
4	刑事执行权	SFS-04	建立矫正小组	1.《社区矫正法实施办法》第19条 2.《山西省社区矫正实施细则》第27条	1. 自社区矫正对象报到之日起三个工作日内，确定矫正小组，并与矫正小组成员签订《社区矫正责任书》，同时将矫正小组成员信息及矫正小组责任告知社区矫正对象。矫正小组组长由社区矫正机构或受委托的司法所工作人员担任。 2. 矫正小组成员不能履行相应责任的，应当及时调整。	

续表

山西省受委托司法所社区矫正权责清单						
序号	权责类型	权责编码	权责事项	实施依据	责任事项	备注
5	刑事执行权	SFS-05	参加入矫宣告	1.《社区矫正法实施办法》第20条 2.《山西省社区矫正实施细则》第29条 3.《山西省社区矫正宣告规定（试行）》第6条	1. 参加由县级社区矫正机构组织的入矫宣告。	
6	刑事执行权	SFS-06	制定、调整和落实社区矫正方案	1.《社区矫正法实施办法》第22条 2.《山西省社区矫正实施细则》第33条	1. 自接收社区矫正对象之日起五个工作日内，制定有针对性的矫正方案并负责落实。 2. 矫正方案应当根据分类管理的要求、实施效果以及社区矫正对象表现等情况适时进行相应调整。 3. 制定和调整矫正方案可以征求矫正小组成员意见，制定和调整完成后应当通知矫正小组成员。	
7	刑事执行权	SFS-07	提出分类管理级别调整意见	1.《山西省社区矫正实施细则》第31条 2.《山西省社区矫正对象考核奖惩及分类管理办法（试行）》第38条	1. 根据社区矫正对象考核结果和奖惩情况，向县级社区矫正机构提出管理类别调整意见，经县级社区矫正机构审批同意后执行。	

续表

山西省受委托司法所社区矫正权责清单						
序号	权责类型	权责编码	权责事项	实施依据	责任事项	备注
8	刑事执行权	SFS-08	实施日常考核	1.《社区矫正法实施办法》第32条 2.《山西省社区矫正实施细则》第47条 3.《山西省社区矫正对象考核奖惩及分类管理办法（试行）》第4、18条	1. 根据社区矫正对象认罪悔罪、遵守有关规定、服从监督管理、接受教育等情况，定期对其考核。 2. 对新入矫的社区矫正对象在入矫后三个月内实行月考核，之后实行季度考核。	
9	刑事执行权	SFS-09	信息化核查	1.《社区矫正法实施办法》第23、28条 2.《山西省社区矫正实施细则》第32、34条 3.《山西省安置帮教工作办法（试行）》第6条	1. 通过“山西省社区矫正一体化平台”或者电话通讯、实时视频等方式，对社区矫正对象实施监督管理。 2. 对一类管理社区矫正对象点名抽检每周不少于一次，二类管理社区矫正对象点名抽检每两周不少于一次，三类管理社区矫正对象点名抽检每月不少于一次。 3. 接收社区矫正对象之日起一个月内，通过全国安置帮教工作信息管理系统对该社区矫正对象基本信息进行核查，并在一个月内将核查情况反馈至县级社区矫正机构。	

续表

山西省受委托司法所社区矫正权责清单						
序号	权责类型	权责编码	权责事项	实施依据	责任事项	备注
10	刑事执行权	SFS-10	实地查访	1.《社区矫正法实施办法》第23条 2.《山西省社区矫正实施细则》第32条	1. 有针对性地采取实地查访，了解掌握社区矫正对象的活动情况和行为表现。 2. 对一类管理社区矫正对象实地查访每月不少于一次，二类管理社区矫正对象实地查访每两个月不少于一次，三类管理社区矫正对象实地查访每三个月不少于一次。 3. 对不实施分类管理的社区矫正对象，每月进行不少于一次的实地查访或者见面约谈。	
11	刑事执行权	SFS-11	组织社区矫正对象定期报告	1.《社区矫正法实施办法》第24条 2.《山西省社区矫正实施细则》第28、32、35、36、40条	1. 社区矫正对象应当按照有关规定和要求，定期报告遵纪守法、接受监督管理、参加教育学习、公益活动和社会活动等情况。一类管理社区矫正对象每周到司法所报告情况不少于一次，每月递交书面思想汇报；二类管理社区矫正对象每两周到司法所报告情况不少于一次，每月递交书面思想汇报；三类管理社区矫正对象每月到司法所报告情况不少于一次，每月递交书面思想汇报。 2. 社区矫正对象应在外出期限届满前返回居住地，及时向司法所报告，并办理相关手续。因特殊原因无法按期返回的，应及时向司法所报告情况。 3. 社区矫正对象发生居所变化、工作变动、家庭重大变故以及接触对其矫正可能产生不利影响人员等情况时，应当及时报告。 4. 被宣告禁止令的社区矫正对象应当定期报告遵守禁止令的情况。 5. 暂予监外执行的社区矫正对象应当每个月报告本人身体情况。保外就医的，应当到省级人民政府指定的医院检查，每三个月向执行地县级社区矫正机构、受委托的司法所提交病情复查情况。	

续表

山西省受委托司法所社区矫正权责清单						
序号	权责类型	权责编码	权责事项	实施依据	责任事项	备注
12	刑事执行权	SFS-12	外出申请审批（七日以下）	1.《社区矫正法实施办法》第27条 2.《山西省社区矫正实施细则》第6、39、40、43条	1. 对社区矫正对象外出时间在七日内的申请进行审批，并报执行地县级社区矫正机构备案。 2. 社区矫正对象确有正当理由需要离开所居住的市、县的，一般应当提前三日提出书面申请，并通过“山西省社区矫正一体化平台”履行申请外出审批手续。 3. 社区矫正对象因本人突发疾病、直系亲属突发疾病或者亡故等不可预知情况，需立即外出的，经受委托的司法所核实并报执行地县级社区矫正机构批准同意后，社区矫正对象可以立即外出，但事后应当履行申请外出审批手续。	
13	刑事执行权	SFS-13	对社区矫正相关申请事项签署审核意见	1.《社区矫正法实施办法》第27、29、30条 2.《山西省社区矫正实施细则》第39、40、41、44、45条 3.《山西省社区矫正对象考核奖惩及分类管理办法（试行）》第18条	1. 对社区矫正对象外出时间在七日以上的申请，受委托的司法所签署意见后上报县级社区矫正机构审批。 2. 对社区矫正对象确因工作、就学和生活需要提出的经常性跨市、县活动的申请，受委托的司法所签署意见后上报县级社区矫正机构审批。 3. 对社区矫正对象因工作、生活等原因需要提出的变更执行地的申请，受委托的司法所应当自收到变更执行地申请之日起五个工作日内签署意见，并报执行地县级社区矫正机构审批。 4. 对社区矫正对象确有正当理由需申请进入特定区域（场所）的申请，受委托的司法所签署意见后上报县级社区矫正机构审批。 5. 对社区矫正对象提出接触其犯罪案件中的被害人、控告人、举报人、同案犯等有关人员的申请，受委托的司法所签署意见后上报县级社区矫正机构审批。	

续表

山西省受委托司法所社区矫正权责清单						
序号	权责类型	权责编码	权责事项	实施依据	责任事项	备注
					6. 对社区矫正对象因身体或者文化程度等原因，提出的思想汇报由本人口述、他人代写的申请，受委托的司法所签署意见后上报县级社区矫正机构审批。 7. 对社区矫正对象因特殊职业原因提出的调整其签到时间的申请，受委托的司法所签署意见后上报县级社区矫正机构审批。 8. 对社区矫正对象因年老或身体原因提出的不参加公益活动的申请，受委托的司法所签署意见后上报县级社区矫正机构审批。	
14	刑事执行权	SFS-14	对社区矫正对象奖惩事项签署意见	1.《山西省社区矫正实施细则》第6条 2.《山西省社区矫正对象考核奖惩及分类管理办法（试行）》	1. 社区矫正对象具有符合表扬的情形，受委托的司法所签署意见后上报县级社区矫正机构审批。 2. 社区矫正对象具有法定应当给予训诫、警告以及使用电子定位装置情形的，受委托的司法所签署意见后上报县级社区矫正机构审批。 3. 社区矫正对象具有法定应当提请治安管理处罚、提请撤销缓刑、提请撤销假释、提请暂予监外执行收监执行以及提请减刑情形的，受委托的司法所签署意见建议后上报县级社区矫正机构。	

续表

山西省受委托司法所社区矫正权责清单						
序号	权责类型	权责编码	权责事项	实施依据	责任事项	备注
15	刑事执行权	SFS-15	组织实施教育矫正	1.《社区矫正法实施办法》第43条 2.《山西省社区矫正实施细则》第32、55、56、57条	1. 采用集中教育、网上培训、实地参观等多种形式开展集体教育。 2. 根据社区矫正对象的矫正阶段、犯罪类型、现实表现等实际情况，对其实施分类教育；结合社区矫正对象的个体特征、日常表现等具体情况，进行个别教育。 3. 一类管理社区矫正对象每月到司法所接受集中教育或者个别教育不少于二次；二类管理社区矫正对象每月到司法所接受集中教育或者个别教育不少于一次；三类管理社区矫正对象每月到司法所接受集中教育或者个别教育不少于一次。 4. 开展教育帮扶可以直接组织，也可以采取政府购买服务或者项目委托等方式，由相关专业机构或者社会组织。	
16	刑事执行权	SFS-16	落实帮扶保障措施	1.《社区矫正法实施办法》第45条 2.《山西省社区矫正实施细则》第60、61条	1. 为社区矫正对象提供必要的协助，定期了解掌握社区矫正对象在就学、就业、生活等方面的帮扶需求，及时协调相关单位，依法依规落实帮扶措施。告知其社会救助、社会保险、法律援助有关法律法规，指导社区矫正对象向相关部门提出申请。 2. 对遇到暂时生活困难的社区矫正对象提供临时救助。 3. 对就业困难的社区矫正对象提供职业技能培训和就业指导。 4. 帮助符合条件的社区矫正对象落实社会保障措施。 5. 协助在就学、法律援助等方面遇到困难的社区矫正对象解决问题。	

续表

山西省受委托司法所社区矫正权责清单						
序号	权责类型	权责编码	权责事项	实施依据	责任事项	备注
17	刑事执行权	SFS-17	组织公益活动	1.《社区矫正法实施办法》第44条 2.《山西省社区矫正实施细则》第32、58、59条	1. 可以根据社区矫正对象的年龄、性别、健康状况、劳动能力、技能水平、个人特长等情况，组织社区矫正对象参加公益活动，修复社会关系，培养社会责任感。公益活动可以集中组织，也可以分散进行。 2. 分类管理社区矫正对象每月参加公益活动。	
18	刑事执行权	SFS-18	协助组织解矫宣告	1.《社区矫正法实施办法》第54条 2.《山西省社区矫正实施细则》第6条 3.《山西省社区矫正宣告规定（试行）》	1. 社区矫正对象矫正期满，协助执行地县级社区矫正机构解除矫正宣告，或受县级社区矫正机构委托组织解除矫正宣告。	

《上海市社区矫正实施细则》

第三条　司法行政机关主管本行政区域内的社区矫正工作。

社区矫正机构负责社区矫正工作的具体实施。

司法所根据区社区矫正机构委托，承担下列社区矫正工作：

（一）配合区社区矫正机构开展调查评估；

（二）参加入矫宣告，组织解矫宣告；

（三）组建矫正小组，指导矫正小组运作和作用发挥；

（四）制订、调整、执行矫正方案；

（五）组织实施社区矫正对象日常管理和教育帮扶工作；

（六）负责社区矫正对象外出、迁居、会客、特定区域或场所准入申请的审核；

（七）了解掌握社区矫正对象的活动情况和行为表现，并组织实施日常考核管理，提出奖惩建议；

（八）建立社区矫正对象工作档案；

（九）区社区矫正机构依法委托的其他事项。

区社区矫正机构依法委托司法所开展其他社区矫正工作的，应当报经区司法行政机关同意，并报市社区矫正机构备案，同时通报区人民法院、人民检察院、公安机关。

《四川省社区矫正实施细则》

第十九条　社区矫正机构是负责社区矫正工作具体实施的执行机关，依法履行以下职责：

（一）接受委托进行调查评估，提出

评估意见；

（二）接收社区矫正对象，核对法律文书、核实身份、办理接收登记，建立档案；

（三）组织入矫和解矫宣告，办理入矫和解矫手续；

（四）建立矫正小组，组织矫正小组开展工作，制定、调整和落实矫正方案；

（五）对社区矫正对象进行监督管理，实施考核奖惩；审批会客、外出、变更执行地等事项；了解掌握社区矫正对象的活动情况和行为表现；组织查找失去联系的社区矫正对象，查找后依情形作出处理；

（六）提出治安管理处罚建议，提出减刑、撤销缓刑、撤销假释、收监执行等变更刑事执行建议；

（七）对符合条件的社区矫正对象依法提请逮捕；

（八）对社区矫正对象进行教育帮扶，开展法治道德等教育，组织公益活动，开展心理矫正等事项；

（九）动员社会力量，组织指导社会工作者、志愿者参与社区矫正，协调有关部门和单位依法对就业、就学、特殊困难的社区矫正对象进行必要的帮扶；

（十）向有关机关通报社区矫正对象情况，送达法律文书；

（十一）掌握保外就医的社区矫正对象病情复查情况，组织开展病情诊断、妊娠检查和生活不能自理鉴别；

（十二）依法办理社区矫正对象不准出境通报备案和交控手续；

（十三）对社区矫正工作人员开展管理、监督、培训，落实职业保障；

（十四）审查社区矫正档案查阅手续；

（十五）其他依法应当履行的职责。

省、市两级社区矫正机构主要负责本行政区域内社区矫正工作的监督指导、跨区域执法的组织协调和与同级社区矫正决定机关对接的案件办理工作。

县级社区矫正机构负责社区矫正工作的具体实施，承担社区矫正日常工作；未设置县级社区矫正机构的，由上一级社区矫正机构具体承担。

第二十条　司法所根据社区矫正机构的委托承担以下社区矫正工作：

（一）接受指派开展调查评估，并及时向社区矫正机构反馈评估意见；

（二）根据指派接收社区矫正对象，建立工作档案；

（三）建立矫正小组、组织矫正小组开展工作，制定、调整和落实矫正方案；

（四）组织入矫和解矫宣告；

（五）对社区矫正对象进行监督管理，及时了解掌握社区矫正对象的活动情况和行为表现，并向社区矫正机构报告；

（六）对社区矫正对象进行教育、组织公益活动，开展帮困扶助工作；

（七）协助查找失联社区矫正对象，并提出处理意见；

（八）对社区矫正对象申请会客、外出、进入特定场所、变更执行地等事项进行调查核实，提出意见；

（九）审批社区矫正对象七日内外出申请，呈报七日以上外出申请，负责办理销假手续；

（十）根据社区矫正对象的现实表现，提出考核奖惩建议；

（十一）本实施细则规定的其他事项。

省级社区矫正机构指定由县级社区矫正机构管理的社区矫正对象，不得委托司法所。

第二十一条　县级社区矫正机构依法委托司法所开展相关工作，应当报经县级司法行政机关同意，签订委托书，并报市级社区矫正机构备案，同时通报同级人民检察院。

县级社区矫正机构应当加强对受委托司法所的业务指导。受委托司法所应当按照社区矫正工作相关规定，认真履行职责。

文书范本

社区矫正工作委托书①

( ) 矫委字第 号

________司法所：

根据《中华人民共和国社区矫正法》第九条、《中华人民共和国社区矫正法实施办法》第十条以及《宁夏回族自治区社区矫正实施细则》第十六条之规定，经____司法局同意，____矫正对象以下事项现委托你所开展：____，委托期限____年____月____日起至____年____月____日止。

委托机构（社区矫正机构印章）： 受委托司法所（公章）：

责任人（签名）： 责任人（签名）：

年 月 日

注：报_______（市级社区矫正机构）备案，抄送_______（县级人民检察院）

说明：

1. 本文书根据《中华人民共和国社区矫正法》第九条，“两高两部”《中华人民共和国社区矫正法实施办法》第十条以及《宁夏回族自治区社区矫正实施细则》第十六条的规定制作。

2. 县级社区矫正机构根据需要决定是否委托司法所承担社区矫正相关工作和委托范围，但下列事项不得委托司法所承担：一是七日以上外出，迁居，进入特定区域、会见特定人等事项的审批；二是决定社区矫正对象的奖惩；三是决定提请变更刑事执行措施；四是办理社区矫正对象出国（境）报备和交控手续；五是社区矫正对象分级管理审批及调整；六是法律法规规定不得委托的事项。

3. 县级社区矫正机构委托司法所承担社区矫正相关工作应当列明委托的具体事项。

4. 各地应根据实际情况确定委托期限，但不能无限期进行委托。

5. 文书字号由年度、社区矫正机构代字、类型代字、文书编号组成，使用阿拉伯数字，例“（2021）××矫委字第1号”。

6. 文书一式四份，存档一份，一份送受委托的司法所，一份报市级社区矫正机构备案，另抄送执行地县级人民检察院一份。

---

① 来自《关于进一步规范社区矫正执法文书格式的通知》。

第十条[①] **【社区矫正机构工作人员的职责】**

社区矫正机构应当配备具有法律等专业知识的专门国家工作人员（以下称社区矫正机构工作人员），履行监督管理、教育帮扶等执法职责。

法条解读

本条就社区矫正机构工作人员的性质及职责进行了规定。“法律等专业知识”是指专门国家工作人员应该具有的专业知识。该专业知识原则上为开展社区矫正工作所需要，包括法律、心理及社工等相关专业知识。该专业知识既可来源于国家工作人员通过传统教育获得，也可以是工作人员在工作实践中获得。

《社区矫正法实施办法》未对此进行细化说明。

大部分省市社区矫正实施细则对社区矫正机构工作人员的范围及职责进行了细化规定。各省市社区矫正实施细则对社区矫正机构工作人员一致性地认为属于国家公务人员。例如，福建省、广东省、河南省、湖南省、江西省、宁夏回族自治区、四川省社区矫正实施细则均规定，社区矫正机构工作人员由专门的国家工作人员担任，且应具有专门的法律等专业知识。其中，《江西省社区矫正工作实施细则》进一步明确了社区矫正日常机构工作人员职责分工。《湖南省社区矫正实施细则》在区分社区矫正机构工作人员与社会工作人员职责分工的基础上，明确非国家工作人员不得行使相关工作职责，并鼓励监狱、戒毒人民警察参与社区矫正工作。《宁夏回族自治区社区矫正实施细则》对司法所配备国家工作人员最低数量作出了限制。《四川省社区矫正实施细则》对社区矫正工作人员的执法过程进行了规范，要求社区矫正机构和受委托的司法所工作人员持四川省司法厅统一核准的社区矫正执法证开展社区矫正执法工作。

相关规定

《福建省社区矫正实施细则》

第五条第四款 社区矫正机构工作人员是指在社区矫正机构工作的公务员……

《广东省社区矫正实施细则》

第五条第四款 社区矫正工作人员包括社区矫正机构工作人员、受委托司法所参与社区矫正工作人员、参与社区矫正工作的监狱和戒毒人民警察、社区矫正专职社会工作者以及社区矫正志愿者。

第六条第二款 社区矫正机构应当配备具有法律等专业知识的专门国家工作人员，履行监督管理、教育帮扶等职责。

《湖南省社区矫正实施细则》

第十四条 社区矫正机构应当配备具有法律等专业知识的专门国家工作人员，履行监督管理、教育帮扶等执法职责；根据需要组织社会工作者、志愿者开展社区矫正相关工作。

涉及监管审批、考核奖惩等执法事项不得委托或者变相委托给非国家工作人员办理。

第十六条第二款 社区矫正机构工作人员原则上由专门国家工作人员担任。积极推动选派监狱、戒毒人民警察参与社区

① 相关地方规范性文件落实，例如，2021年山西省司法厅印发《山西省司法厅监狱戒毒人民警察参与社区矫正工作选派管理考核办法（试行）》。

矫正工作。

《河南省社区矫正工作细则》

第十条第二款 社区矫正机构工作人员原则上由具有法律等专业知识的专门国家工作人员担任。

《江西省社区矫正工作实施细则》

第十六条第一款、第二款 社区矫正机构工作人员是指社区矫正机构的专门国家工作人员。

社区矫正日常机构工作人员是指在社区矫正日常机构从事社区矫正工作的国家工作人员。

《宁夏自治区社区矫正实施细则》

第九十一条 社区矫正机构应当配备具有法律、教育、心理、社会工作学科等专业知识的专门国家工作人员，履行监督管理、教育帮扶等职责。司法所至少配备一名专职国家工作人员从事社区矫正工作。

社区矫正机构应当加强社区矫正机构工作人员的管理、监督、培训和职业保障，不断提高社区矫正的规范化、专业化水平。

《山西省社区矫正实施细则》

第八条第一款 社区矫正工作人员是指社区矫正机构工作人员（公务员）、参与社区矫正工作的监狱戒毒民警、受委托履行社区矫正工作职责的司法所公务员、社区矫正中心事业编制人员和社区矫正社会工作者。

《四川省社区矫正实施细则》

第二十三条第一款 社区矫正机构工作人员由专门国家工作人员担任，应当具有法律等专业知识，依法履行刑事执行职责。社区矫正机构工作人员和受委托履行社区矫正工作职责的司法所公务员应当持四川省司法厅统一核准的社区矫正执法证开展社区矫正执法工作。

第十一条[①] **【社会工作者】**

社区矫正机构根据需要，组织具有法律、教育、心理、社会工作等专业知识或者实践经验的社会工作者开展社区矫正相关工作。

法条解读

本条规定了社会工作者的人员组成及相关工作内容。本条所称“社会工作者”是指社区矫正机构通过招聘、公开购买服务或者项目委托等方式，开展社区矫正社会工作服务的人员。[②] “法律、教育、心理、社会工作等专业知识或者实践经验的社会工作者”包括具有法律、教育、心理、社会工作等专业学位的人员，也包括虽然不具备上述专业学位但拥有上述专业实践经验的工作人员。不具备法律专业知识的人员，但从事与法律相关工作经验的，属于具有法律实践经验的人员。本条中的“开展社区矫正相关工作”包括监督管理、教育帮扶等相关工作。

《社区矫正法实施办法》未对该法条作进一步细化。

部分省市社区矫正实施细则对社会工作者组成及相关工作内容予以细化。地方省市社区矫正实施细则一般将社会工作者区分为社区矫正机构工作人员、专职社区

---

① 相关地方规范性文件落实，例如，2021年河南省司法厅、省民政厅、省财政厅、省人力资源和社会保障厅联合印发《关于进一步加强社区矫正专职社会工作者队伍建设的指导意见》。

② 王爱立，姜爱东主编：《中华人民共和国社区矫正法释义》，中国民主法制出版社2020年版，第75页。

矫正社会工作者与社区矫正志愿者三种类型。例如，福建省、湖南省及江西省社区矫正工作实施细则均作出了类似规定。《广东省社区矫正实施细则》将社会工作者区分为社区矫正专职社会工作者与社区矫正志愿者，并明确各自的工作内容与分工。《广西省社区矫正实施细则》进一步将社会工作者群体扩大到村（居）民委员会、企业事业单位、社会组织及志愿者等社会力量。《河南省社区矫正工作细则》在明确社会工作者人员及社区矫正志愿者组成的基础上，进一步细化了招聘方式及配备社会工作者辅助人员数量的比例。与此类似，《四川省社区矫正实施细则》要求专职社区矫正社会工作者面向社会公开招募。该细则在明确专职社区矫正社会工作者工作内容基础之上，进一步规范其工作要求，要求专职社区矫正社会工作者持四川省司法厅统一核准的社区矫正工作证参与社区矫正工作。《宁夏回族自治区社区矫正实施细则》较为详尽地规定了社会工作者开展调查评估、接收登记、档案管理、通信联系、信息化核查、实地查访、法治道德教育、心理辅导、就业培训及协助申请社会救助、社会保险、法律援助等工作。

相关规定

《福建省社区矫正实施细则》

第五条第四款　……社区矫正社会工作者是指通过招聘、公开购买服务或者项目委托等方式，开展社区矫正社会工作服务的人员（含社区矫正事业单位的工作人员）。社区矫正工作人员是指社区矫正机构工作人员、受委托履行社区矫正工作职责的司法所公务员和社区矫正社会工作者。

《广东省社区矫正实施细则》

第六条第三款、第四款　社区矫正专职社会工作者由具有法律、教育、心理、社会工作等专业知识或者实践经验的人员担任，承担联系沟通社区矫正对象、开展教育矫正帮扶等专业化工作。

社区矫正志愿者由具有一定专业技能，自愿为社区矫正工作开展提供无偿服务的人员担任，协助开展社区矫正工作。

《广西省社区矫正实施细则》

第六条　社区矫正工作人员包括社区矫正机构工作人员和社区矫正专职社会工作者，以及村（居）民委员会、企业事业单位、社会组织、志愿者等社会力量中参与社区矫正工作的人员。

《河南社区矫正实施细则》

第十条第一款、第三款、第四款　社区矫正工作人员包括社区矫正机构工作人员、社区矫正专职社会工作者以及社区矫正志愿者。

社区矫正专职社会工作者由具有社会工作资质或者相当专业知识、实践经验的人员担任，承担联系沟通社区矫正对象、开展教育矫正帮扶等专业化工作。县级社区矫正机构采取面向社会公开招聘的方式，按照与列管社区矫正对象总数 1∶15 的比例配备专职社会工作者作为社区矫正机构的辅助力量。

社区矫正志愿者由具有相关专业知识和技能的人员担任，面向社会公开招募，协助开展工作。

《湖南省社区矫正实施细则》

第十六条第一款、第三款、第四款　社区矫正工作人员是指具备法律等专业知识的专门国家工作人员（以下称社区矫正机构工作人员）、社区矫正专职社会工作者以及社区矫正志愿者。

专职社区矫正社会工作者由具有社会工作资质或者相关专业知识的人员担任，

承担联系沟通社区矫正对象、开展教育帮扶等专业化工作。

社区矫正志愿者面向社会公开招募，由具有相关专业知识或者热心社区矫正工作的人员担任，协助开展工作。

《江西省社区矫正工作实施细则》

第十六条第三款、第四款　社区矫正社会工作者是指社区矫正机构通过招聘、公开购买服务或者项目委托等方式，从事社区矫正工作的辅助人员和社会工作服务人员。

社区矫正工作人员是指社区矫正机构工作人员、社区矫正日常机构工作人员和社区矫正社会工作者。

《宁夏回族自治区社区矫正实施细则》

第九十四条　社区矫正机构根据工作需要，组织社会工作者开展监督管理中调查评估、接收登记、档案管理、通信联系、信息化核查、实地查访等工作，也可以开展教育帮扶中法治道德教育，协调有关部门开展心理辅导、就业培训，协助申请社会救助、社会保险、法律援助等工作。

《山西省社区矫正实施细则》

第八条第二款　社区矫正社会工作者是指通过招聘或者承接政府购买社区矫正项目服务机构派出等方式，参与社区矫正工作的人员。

《四川省社区矫正实施细则》

第二十三条第二款、第三款　专职社区矫正社会工作者由具有社会工作资质或者相关专业知识的人员担任，承担联系沟通社区矫正对象、开展教育帮扶等专业化工作。县级司法行政机关采取面向社会招聘的方式，按照与社区矫正对象总数1：10的比例配备专职社会工作者作为社区矫正机构的辅助力量。专职社区矫正社会工作者持四川省司法厅统一核准的社区矫正工作证参与社区矫正工作。

社区矫正工作人员是指社区矫正机构工作人员、受委托履行社区矫正工作职责的司法所公务员和专职社区矫正社会工作者。

第十二条[①]　**【基层组织、有关单位和个人的协助】**

居民委员会、村民委员会依法协助社区矫正机构做好社区矫正工作。

社区矫正对象的监护人、家庭成员，所在单位或者就读学校应当协助社区矫正机构做好社区矫正工作。

法条解读

本条规定了居民委员会、村民委员会及监护人、家庭成员、所在单位或就读学校等单位、个人的工作内容。本条第一款规定了居民委员会、村民委员会的协助任务。本条第二款规定了监护人、家庭成员及所在单位和就读学校的协助任务。监护人的范围宜与《民法典》规定保持一致。该条中的“家庭成员”是指在同一家庭中共同生活的成员，如夫妻、父母、子女、

① 相关地方规范性文件落实，例如，2014年司法部、原中央综治办、教育部、民政部、财政部、人力资源和社会保障部《关于组织社会力量参与社区矫正工作的意见》；2021年安徽省司法厅与安徽省民政厅联合印发《安徽省村（居）民委员会依法协助做好社区矫正工作的意见》。

兄弟、姐妹等。[①] “所在单位或者就读学校”主要是指社区矫正对象在工作的单位或者就读的学校。

《社区矫正法实施办法》未对该法条作进一步细化规定。

绝大部分省市社区矫正实施细则未对本法条作进一步细化，只有部分省市社区矫正实施细则对该法条作了部分细化规定。例如，河南省、湖南省、四川省社区矫正实施细则均要求社区矫正对象的家庭成员或者监护人、保证人等有关人员应当履行相应的监督、教育和保证责任。

相关规定

《河南省社区矫正工作细则》

第九条 村（居）民委员会、社区矫正对象所在单位、就读学校等应当依法协助社区矫正机构、受委托的司法所开展社区矫正工作。社区矫正对象的家庭成员或者监护人、保证人等有关人员应当履行相应的监督、教育和保证责任。

《湖南省社区矫正实施细则》

第十三条 村（居）民委员会、社区矫正对象所在单位、就读学校等应当依法协助社区矫正机构、受委托的司法所做好社区矫正工作。社区矫正对象的家庭成员或者监护人、保证人等有关人员应当履行相应的监督、教育和保证责任。

《四川省社区矫正实施细则》

第二十二条 村（居）民委员会、社区矫正对象所在单位、就读学校等应当依法协助社区矫正机构或受委托的司法所开展社区矫正工作。社区矫正对象的家庭成员或者监护人、保证人等有关人员应当履行相应的监督、教育和保证责任。

第十三条[②] **【社会力量参与社区矫正工作】**

国家鼓励、支持企业事业单位、社会组织、志愿者等社会力量依法参与社区矫正工作。

法条解读

本条针对国家对社会力量参与社区矫正工作的鼓励、支持态度作出了规定。根据该规定，国家应该积极出台若干相关政策和规范性文件以鼓励、支持企业事业单位、社会组织、志愿者等社会力量依法参与社区矫正工作。本条在其他相关条文中有直接体现。

《社区矫正法实施办法》未对本法作出细化规定。

绝大部分省市社区矫正实施细则未对该法条作对应性细化，只有个别省份社区矫正实施细则对其进行了重复性规定，如《宁夏回族自治区社区矫正实施细则》《河南省社区矫正工作细则》。

相关规定

《宁夏回族自治区社区矫正实施细则》

第九十二条 鼓励、支持企事业单位、社会组织、志愿者等社会力量依法参与社区矫正工作。

---

① 王爱立，姜爱东主编：《中华人民共和国社区矫正法释义》，中国民主法制出版社2020年版，第80页。

② 相关地方规范性文件落实，例如，2021年河南省司法厅、河南省民政厅联合印发《河南省社会组织参与社区矫正工作规定》。

第十四条 【社区矫正机构工作人员的职业准则】

社区矫正机构工作人员应当严格遵守宪法和法律，忠于职守，严守纪律，清正廉洁。

法条解读

本条主要就社区矫正机构工作人员的职业准则进行了规定。

《社区矫正法实施办法》未对本条作出细化规定。

绝大部分省市社区矫正实施细则未对该条作对应性细化，只有个别省份社区矫正实施细则对其进行了重复性规定，如《宁夏回族自治区社区矫正实施细则》。

相关规定

《河南省社区矫正工作细则》

第十一条第一款 社区矫正工作人员应当严格遵守宪法和法律，忠于职守，严守纪律，清正廉洁。

《宁夏回族自治区社区矫正实施细则》

第九十五条 社区矫正机构工作人员应当严格遵守宪法和法律，忠于职守，严守纪律，清正廉洁。

第十五条[①] 【依法履职受法律保护】

社区矫正机构工作人员和其他参与社区矫正工作的人员依法开展社区矫正工作，受法律保护。

法条解读

该条就社区矫正机构工作人员及其他参与社会矫正工作人员的权益保护问题进行了规定。本条中的“其他参与社区矫正工作的人员”，主要包括社会工作者、居民委员会、村民委员会、企事业单位、社会组织、志愿者等社会力量中参与社区矫正工作的人员。本条中的“受法律保护”包含着保障社区矫正机构工作人员发展权利，如必要的工作条件、培训机会、福利待遇等，并且随着经济的发展，不断改善社区矫正机构工作人员依法履职的必备条件，为社区矫正机构工作人员顺利开展工作提供良好的保障。[②]

《社区矫正法实施办法》针对上述人员权益保护内容与方式作了进一步细化与明确，集中表现为赋予社区矫正工作人员若干权益，包括针对干涉行为的拒绝权、针对侵犯权益行为的控告权、针对名誉受损的事实澄清权等。此外，办法还就追究社区矫正工作人员的原则进行了明确，包括实事求是原则、过罚相当原则。《社区矫正法实施办法》特别提示，社区矫正工作人员依法履职的，不能仅因社区矫正对象再犯罪而追究其法律责任。

目前地方部分省市社区矫正实施细则对其作了重申性规定，包括北京市、河南省、江西省、宁夏回族自治区、山东省及四川省社区矫正实施细则。

相关规定

《社区矫正法实施办法》

第五十六条 社区矫正工作人员的人

---

① 相关地方规范性文件落实，例如，2021 年江苏省司法厅印发《江苏省社区矫正执法回避管理规定（试行）》。

② 王爱立，姜爱东主编：《中华人民共和国社区矫正法释义》，中国民主法制出版社 2020 年版，第 93 页。

身安全和职业尊严受法律保护。

对任何干涉社区矫正工作人员执法的行为，社区矫正工作人员有权拒绝，并按照规定如实记录和报告。对于侵犯社区矫正工作人员权利的行为，社区矫正工作人员有权提出控告。

社区矫正工作人员因依法履行职责遭受不实举报、诬告陷害、侮辱诽谤，致使名誉受到损害的，有关部门或者个人应当及时澄清事实，消除不良影响，并依法追究相关单位或者个人的责任。

对社区矫正工作人员追究法律责任，应当根据其行为的危害程度、造成的后果、以及责任大小予以确定，实事求是，过罚相当。社区矫正工作人员依法履职的，不能仅因社区矫正对象再犯罪而追究其法律责任。

《北京市社区矫正实施细则》

第一百二十二条 社区矫正工作人员的人身安全和职业尊严受法律保护。

对任何干涉社区矫正工作人员执法的行为，社区矫正工作人员有权拒绝，并按照规定如实记录和报告。对于侵犯社区矫正工作人员权利的行为，社区矫正工作人员有权提出控告。

社区矫正工作人员因依法履行职责遭受不实举报、诬告陷害、侮辱诽谤，致使名誉受到损害的，有关部门或者个人应当及时澄清事实，消除不良影响，并依法追究相关单位或者个人的责任。

对社区矫正工作人员追究法律责任，应当根据其行为的危害程度，造成的后果，以及责任大小予以确定，实事求是，过罚相当。社区矫正工作人员依法履职的，不能仅因社区矫正对象再犯罪而追究其法律责任。

《河南省社区矫正工作细则》

第十一条第二款 社区矫正工作人员依法开展社区矫正工作，受法律保护。

《江西省社区矫正工作实施细则》

第一百零五条 社区矫正工作人员的人身安全和职业尊严受法律保护。

对任何干涉社区矫正工作人员执法的行为，社区矫正工作人员有权拒绝，并按照规定如实记录和报告。对于侵犯社区矫正工作人员权利的行为，社区矫正工作人员有权提出控告。

社区矫正工作人员因依法履行职责遭受不实举报、诬告陷害、侮辱诽谤，致使名誉受到损害的，有关部门或者个人应当及时澄清事实，消除不良影响，并依法追究相关单位或者个人的责任。

对社区矫正工作人员追究法律责任，应当根据其行为的危害程度、造成的后果、以及责任大小予以确定，实事求是，过罚相当。社区矫正工作人员依法履职的，不能仅因社区矫正对象再犯罪而追究其法律责任。

《宁夏回族自治区社区矫正实施细则》

第九十六条 社区矫正工作人员的人身安全和职业尊严受法律保护。对任何干涉社区矫正工作人员执法的行为，社区矫正工作人员有权拒绝，并按照规定如实记录和报告。对于侵犯社区矫正工作人员权利的行为，社区矫正工作人员有权提出控告。

第九十七条 社区矫正工作人员因依法履行职责遭受不实举报、诬告陷害、侮辱诽谤，致使名誉受到损害的，有关部门或者个人应当及时澄清事实，消除不良影响，并依法追究相关单位或者个人的责任。

《山东省社区矫正实施细则》

第一百零一条 社区矫正工作人员的人身安全和职业尊严受法律保护。

对任何干涉社区矫正工作人员执法的行为，社区矫正工作人员有权拒绝，并按照规定如实记录和报告。对于侵犯社区矫正工作人员权利的行为，社区矫正工作人员有权提出控告。

社区矫正工作人员因依法履行职责遭受不实举报、诬告陷害、侮辱诽谤，致使名誉受到损害的，有关部门或者个人应当及时澄清事实，消除不良影响，并依法追究相关单位或者个人的责任。

对社区矫正工作人员追究法律责任，应当根据其行为的危害程度，造成的后果，以及责任大小予以确定，实事求是，过罚相当。社区矫正工作人员依法履职的，不能仅因社区矫正对象再犯罪而追究其法律责任。

《四川省社区矫正实施细则》

第一百九十五条 社区矫正工作人员的人身安全和职业尊严受法律保护。

对任何干涉社区矫正工作人员执法的行为，社区矫正工作人员有权拒绝，并按照规定如实记录和报告。对于侵犯社区矫正工作人员权利的行为，社区矫正工作人员有权提出控告。

社区矫正工作人员因依法履行职责遭受不实举报、诬告陷害、侮辱诽谤，致使名誉受到损害的，有关部门或者个人应当及时澄清事实，消除不良影响，并依法追究相关单位或者个人的责任。

第十六条[①] **【社区矫正工作队伍建设】**

国家推进高素质的社区矫正工作队伍建设。社区矫正机构应当加强对社区矫正工作人员的管理、监督、培训和职业保障，不断提高社区矫正工作的规范化、专业化水平。

法条解读

本条对社区矫正工作队伍建设的相关内容作出了规定。社区机构需要在管理、监督、培训和职业保障方面不断提升社区矫正工作人员的素质，提高社区矫正工作的规范化与专业化水平。

《社区矫正法实施办法》未对该条作细化规定。

个别省份社区矫正实施细则对其作了重申性规定，如《宁夏回族自治区社区矫正实施细则》。个别省份社区矫正实施细则对其进行了细化规定，如福建省、山西省社区矫正实施细则均规定构建社区矫正工作人员实名备案管理制度及分级培训制度。其中，《福建省社区矫正实施细则》还进一步细化区分省社区矫正机构、设区市级社区矫正机构、县级社区矫正机构对社区矫正工作人员岗位培训中的职责分工。

相关规定

《福建省社区矫正实施细则》

第五条第一款、第二款、第三款 省社区矫正机构按照《社区矫正法》第十六条的规定，对全省社区矫正机构工作人员和社区矫正社会工作者实行实名管理。发生变化的，应当及时层报省社区矫正机构。

对社区矫正工作人员培训实行分级组织实施的办法。省社区矫正机构负责组织实施社区矫正机构工作人员的初任培训和社区矫正工作人员的业务骨干培训；委托实施社区矫正社会工作者的岗前技能培训。设区市级社区矫正机构负责组织实施社区矫正工作人员的业务培训。县级社区矫正机构负责组织实施社区矫正工作人员

---

① 相关规范性文件落实，例如，2017 年中共中央出台《关于新形势下加强政法队伍建设的意见》。

的岗位培训。

各级司法行政机关应当为社区矫正工作人员培训的组织实施提供相应保障。

《宁夏回族自治区社区矫正实施细则》

第九十三条 社区矫正机构根据工作需要，通过政府购买服务的方式，培养一批社区矫正社会工作者队伍，建设数量足、专业性强、素质高的社区矫正专业化队伍。

《山西省社区矫正实施细则》

第九条 省级社区矫正机构对全省社区矫正工作人员实行实名备案管理，相关信息录入“山西省社区矫正一体化平台”。人员发生变化的，应当及时报备更新。

对全省社区矫正工作人员实行分级培训，省、市两级社区矫正机构分别负责组织本行政区域内社区矫正工作人员的业务骨干培训，县级社区矫正机构负责组织实施本行政区域内社区矫正工作人员的业务培训。

各级司法行政机关应当为社区矫正工作人员培训的组织实施提供相应保障。

第三章　决定和接收

第十七条　【社区矫正执行地的确定】

社区矫正决定机关判处管制、宣告缓刑、裁定假释、决定或者批准暂予监外执行时应当确定社区矫正执行地。

社区矫正执行地为社区矫正对象的居住地。社区矫正对象在多个地方居住的，可以确定经常居住地为执行地。

社区矫正对象的居住地、经常居住地无法确定或者不适宜执行社区矫正的，社区矫正决定机关应当根据有利于社区矫正对象接受矫正、更好地融入社会的原则，确定执行地。

本法所称社区矫正决定机关，是指依法判处管制、宣告缓刑、裁定假释、决定暂予监外执行的人民法院和依法批准暂予监外执行的监狱管理机关、公安机关。

法条解读

本条第一款是对社区矫正决定机关确定社区矫正执行地权限的规定。根据本款规定，决定机关确定社区矫正执行地后，社区矫正机构与社区矫正对象都应当执行。但若社区矫正机构或者社区矫正对象有异议，且符合《社区矫正法》第二十七条第二款规定的，可以进行执行地的变更。第二款规定了社区矫正执行地的确定依据。本款中的“经常居住地”是指社区矫正对象经常居住的市、县，通常需要满足固定住所、工作关系、亲属关系等条件之一。不同法律对居住地的理解并不完全一致，为保持解释的统一性，本处的“经常居住地”宜与《刑事诉讼法》相关解释一致。第三款规定了在无法确定执行地情况下的执行地确定原则。第四款明确了社区矫正决定机关，包括依法判处管制、宣告缓刑、裁定假释、决定暂予监外执行的人民法院、依法批准暂予监外执行的监狱管理机关、公安机关。

《社区矫正法实施办法》对本条进行了细化规定。办法在重申《社区矫正法》关于社区矫正执行地中居住地确定原则与灵活处理原则基础上，进一步明确社区矫正对象居住地的要求条件，并要求社区矫正对象提交居住、户籍等相应的证明材料以确认居住地。《最高人民法院、最高人民检察院、公安部、司法部关于对因犯罪在大陆受审的台湾居民依法适用缓刑实行社区矫正有关问题的意见》对因犯罪在大陆受审的台湾居民适用社区矫正中执行地的确定作了规定。

各省市社区矫正实施细则大都对社区矫正执行地问题作了进一步细化规定。例如，《安徽省社区矫正工作实施细则》《北京市社区矫正实施细则》规定，在必要时，可以听取被告人或者罪犯本人意见，以确定社区矫正执行地。《安徽省社区矫正工作实施细则》明确了执行地确定不可反悔制度：执行地一经确定，社区矫正机构应当执行，不得推诿、拒绝接收社区矫正对象。《福建省社区矫正实施细则》增设社区矫正机构在特殊情形下拥有确定社区矫正执行地的权力。绝大部分省市社区矫正实施细则明确了固定住所及固定生活来源的含义，并要求社区矫正对象应当对拟采用的执行地提供相关证明材料。其中，《北京市社区矫正实施细则》明确了提供虚假证明材料的不利后果。《广西省社区矫正实施细则》通过提示性列举的方式明确了认定为居住地情形，间接为社区矫正对象需要提供的相关证据进行了说明，并将社区矫正对象提供的相关证据及说明是否真实作为社区调查评估和决定的评价因素。该细则同时还对未成年犯及外籍被告人、罪犯的执行地情况进行了规定，对居住地管辖异议处理方式进行了明确。另外，《河南省社区矫正工作细则》《湖南省社区矫正实施细则》《辽宁省社区矫正实施细则》《宁夏回族自治区社区矫正实施细则》《山西省社区矫正实施细则》《四川省社区矫正实施细则》均对居住地具体情形进行了规定。《贵州省社区矫正工作实施细则（试行）》就社区矫正决定机关不要直接决定社区矫正对象到其户籍地接受社区矫正的特殊情形进行了规定。《河南省社区矫正工作细则》明确了征求社区矫正机构意见的主要内容。《湖南省社区矫正实施细则》规定必要时可以听取社区矫正对象本人意见。《四川省社区矫正实施细则》规定应当书面征求社区矫正对象的意见。《江苏省社区矫正实施细则》明确了无法确定执行地的解决方式。《宁夏回族自治区社区矫正实施细则》就社区矫正执行地中的保证人条件进行了规定。《山东省社区矫正实施细则》以有利于社区矫正对象接受社区矫正、更好地融入社会的指导原则，确定社区矫正对象执行地。该细则还就不适宜执行社区矫正的情形进行了规定。

相关规定

《社区矫正法实施办法》

第十二条 对拟适用社区矫正的，社区矫正决定机关应当核实社区矫正对象的居住地。社区矫正对象在多个地方居住的，可以确定经常居住地为执行地。没有居住地，居住地、经常居住地无法确定或者不适宜执行社区矫正的，应当根据有利于社区矫正对象接受矫正、更好地融入社会的原则，确定社区矫正执行地。被确定为执行地的社区矫正机构应当及时接收。

社区矫正对象的居住地是指其实际居住的县（市、区）。社区矫正对象的经常居住地是指其经常居住的，有固定住所、固定生活来源的县（市、区）。

社区矫正对象应如实提供其居住、户籍等情况，并提供必要的证明材料。

《最高人民法院、最高人民检察院、公安部、司法部关于对因犯罪在大陆受审的台湾居民依法适用缓刑实行社区矫正有关问题的意见》

第七条 对缓刑犯的社区矫正，由其在大陆居住地的司法行政机关负责指导管理、组织实施；在大陆没有居住地的，由本意见第三条规定的有关司法行政机关负责。

第十条 对于符合条件的缓刑犯，可以依据《海峡两岸共同打击犯罪及司法互助协议》，移交台湾地区执行。

《安徽省社区矫正工作实施细则》

第十一条 社区矫正决定机关应当查验并留存被告人或者罪犯能够证明居住地或者经常居住地的相关材料，依据《社区矫正法》及《实施办法》相关规定确定社区矫正执行地。必要时，可以征求拟确定社区矫正执行地社区矫正机构意见，听取被告人或者罪犯本人意见。执行地一经确定，社区矫正机构应当执行，不得推诿、拒绝接收社区矫正对象。

《北京市社区矫正实施细则》

第十二条 社区矫正决定机关应当通过询问社区矫正对象、审查留存有关证明材料等方式核实居住地、经常居住地，确定社区矫正执行地，并将有关情况书面记录在案。社区矫正决定机关应当告知社区矫正对象，在社区矫正期间未经社区矫正机构批准不得变更执行地。

对于已通过委托调查评估查明的居所情况，社区矫正决定机关一般应当采纳，不再另行调查核实。

在适用社区矫正前，社区矫正对象明确表示不接受社区矫正，或者拒不提供住址、有关证明材料，或者经查发现提供虚假证明材料的，社区矫正决定机关可以不予适用缓刑、假释、暂予监外执行。

第十三条　社区矫正对象在本市具有固定住所、固定生活来源和有亲属作为监督帮教人的，该住所所在地可以确定为经常居住地。

在本市有合法住所且已经或者能够连续居住六个月以上的，可以认定为固定住所。本人有合法稳定收入，或者家庭成员、近亲属以及其他人员愿意为社区矫正对象生活提供经济支持的，可以认定为具有固定生活来源。具有监督帮教能力的成年近亲属，或者确无成年近亲属的，具有监督帮教能力的成年其他亲属，愿意担任矫正小组成员的，可以认定为有亲属作为监督帮教人。

核实居住地、经常居住地时，被告人或者罪犯应当如实提供其居住、户籍情况，并提供必要的证明材料：

（一）社区矫正对象居民身份证、户口簿、居住证；

（二）所居住房屋所有或者共有的产权证明、生效的购房合同或村委会出具的房屋所有权证明；已经连续或者能够连续居住六个月以上的房屋租赁合同；在单位提供的住所可以连续居住六个月以上的工作单位证明；为社区矫正对象提供住所的人员的房屋所有权证明和同意其在此居住的书面证明原件；

（三）劳动合同或由单位出具的就业证明，个人创业经营的营业执照，或者其他能够证明其本人具有固定生活来源的证明，或者家庭成员、近亲属以及其他人员愿意为社区矫正对象在其矫正期限内提供经济支持的证明材料；

（四）近亲属或者其他亲属出具的协助监督帮教的有关证明材料。

没有居住地，居住地、经常居住地无法确定或者不适宜执行社区矫正的，应当根据有利于社区矫正对象接受矫正、更好地融入社会的原则，确定社区矫正执行地。

第十四条　执行地的区社区矫正机构可以根据有利于社区矫正对象接受矫正、更好地融入社会的原则，确定实行社区矫正的司法所。

《福建省社区矫正实施细则》

第六条　社区矫正执行地为社区矫正对象居住地。社区矫正决定机关应当依据《社区矫正法》和《实施办法》第十二条的规定确定社区矫正对象的居住地或者经常居住地。

社区矫正对象没有居住地或者居住地、经常居住地无法确定或者不适宜执行社区矫正的，社区矫正决定机关可以商请拟确定执行地的同级社区矫正机构，按照有利于接受矫正、更好地融入社会的原则，由同级社区矫正机构视情自行或者层报上级社区矫正机构，确定社区矫正执行地。社区矫正机构应当于收到社区矫正决定机关《商请确定社区矫正执行地的函》之日起五个工作日内回复《确定社区矫正执行地的函》。

社区矫正决定机关是指依法判处管制、宣告缓刑、裁定假释、决定暂予监外执行的人民法院和依法批准暂予监外执行的省级以上监狱管理机关和设区市级以上公安机关。

《甘肃省社区矫正实施细则》

第四条 依据《实施办法》第十二条的规定，社区矫正对象实行居住地管辖原则。没有居住地，居住地、经常居住地无法确定或者不适宜执行社区矫正的，应当根据有利于社区矫正对象接受矫正、更好地融入社会的原则，确定社区矫正执行地。

对于适用社区矫正的罪犯，人民法院、公安机关、监狱应当核实其居住地。

第十七条 社区矫正对象所在县(市、区)辖区具有固定住所、固定生活来源的，该固定住所所在地可以确定为社区矫正执行地。

在县（市、区）辖区有合法住所且已经或能够连续居住六个月以上的，可以认定为固定住所。本人有合法稳定的工作、固定的收入，或家庭成员、近亲属以及其他人员愿意为社区矫正对象生活提供经济支持的，可以认定为具有固定生活来源。

《广东省社区矫正实施细则》

第五条第一款、第三款 社区矫正决定机关是指依法判处管制、宣告缓刑、裁定假释、决定暂予监外执行的人民法院和依法批准暂予监外执行的监狱管理机关、公安机关。

社区矫正对象是指被判处管制、宣告缓刑、假释和暂予监外执行的罪犯。

第十七条 对拟适用社区矫正的，社区矫正决定机关应当核实社区矫正对象的居住地。社区矫正对象在多个地方居住的，可以确定经常居住地为执行地。

没有居住地，居住地、经常居住地无法确定或者不适宜执行社区矫正的，社区矫正决定机关应当根据有利于社区矫正对象接受矫正、更好地融入社会的原则，确定社区矫正执行地。

社区矫正对象的居住地是指其实际居住的县（市、区）。社区矫正对象的经常居住地是指其经常居住的，有固定住所、固定生活来源的县（市、区）。

固定住所是指有合法住所，且已经或者能够连续居住六个月以上的居所；固定生活来源是指有合法稳定的工作和相对固定的收入，或者家庭成员、近亲属以及其他人员愿意为其生活提供必须的经济支出。

社区矫正对象应当如实提供其居住、户籍、联系方式等情况，并提供必要的证明材料。需要到居住地以外执行社区矫正的，必须提出书面申请并说明理由。

社区矫正决定机关应当认真核实社区矫正对象提供的材料，准确确定社区矫正执行地，并将确定执行地理由及相关证据材料随法律文书一并送达执行地县级社区矫正机构。

被确定为执行地的社区矫正机构应当及时接收社区矫正对象。社区矫正机构发现当地不适合作为执行地的，可以在接收社区矫正对象后依照相关规定办理执行地变更。

对拟适用缓刑罪犯量刑时，人民法院应当综合被告人羁押时间、剩余刑期等情况，告知被告人判处缓刑后接受社区矫正的相关要求，作出是否适用缓刑决定。

《广西省社区矫正实施细则》

第七条 居住地是指社区矫正对象实际居住的县（市、区）。经常居住地是指社区矫正对象经常居住的，有固定住所、固定生活来源的县（市、区）。

第八条 符合下列情形之一，可以认定为居住地：

（一）在当地购有（自有）房产，并

能出具产权证或者其他具有法律效力的房产所有权、使用权证明的；

（二）在当地租用房屋，能出具与产权人签订租赁合同且合同剩余期限达六个月以上的；

（三）在当地借用房屋，能提供由产权人出具的继续借用剩余期限达六个月以上书面承诺的；

（四）当地就学的学校出具录取通知书或学籍证明，在学校宿舍继续居住六个月以上的；

（五）由单位提供居住场所，与就业单位签订劳动合同或聘用合同且剩余期限达六个月以上的；

（六）其他能够认定为居住地的情形。

社区矫正对象系未成年人的，其监护人居住地认定应当符合前款规定。

第九条　社区矫正决定机关应当按照有利于社区矫正对象接受矫正、更好地融入社会的原则，认真核实被告人、罪犯真实居住地。

社区矫正决定机关在确定社区矫正执行地时，可以征求社区矫正机构或有关社会组织意见，调查社区矫正对象的居住、户籍、婚姻、家庭成员以及工作、生活等情况，综合考虑实际执行条件。拟适用社区矫正的被告人、罪犯应如实报告情况。故意隐瞒居住地真实情况的，作为社区矫正调查评估和决定的评价因素。

第十条　社区矫正执行地为社区矫正对象的居住地。社区矫正对象在多个地方居住的，可以确定经常居住地为执行地。

外省籍被告人、罪犯明确要求回原籍接受社区矫正的，社区矫正决定机关可予准许。

第十一条　居住地管辖存在异议的，由社区矫正决定机关商同级社区矫正机构确定。

被确定为执行地的社区矫正机构不得拒绝接收社区矫正对象。

《贵州省社区矫正工作实施细则（试行）》

第五条　社区矫正决定机关判处管制、宣告缓刑、裁定假释、决定或者批准暂予监外执行时应当确定社区矫正执行地。确定执行地时，社区矫正决定机关应当综合考虑社区矫正对象的具体情况和实际执行条件，要求社区矫正对象如实提供相关情况。

第六条　社区矫正执行地为社区矫正对象居住地，指其实际居住的县（市、区）。社区矫正决定机关应当依据《社区矫正法》第十七条、《实施办法》第十二条的规定核实社区矫正对象的居住地或者经常居住地。

社区矫正对象在实际居住的县（市、区）有固定住所和固定生活来源的，该固定住所所在地可以确定为社区矫正执行地。

固定住所主要包括：社区矫正对象或共同生活的家庭成员在实际居住的县（市、区）有合法稳定住所且能够连续居住六个月以上的。

固定生活来源主要包括：社区矫正对象有合法稳定就业或固定收入，或家庭成员、近亲属以及其他人员愿意且有能力为其生活提供经济支持的，可以认定为具有固定生活来源。

社区矫正对象应如实向社区矫正决定机关提供证明固定住所、固定生活来源等材料。

第七条　社区矫正对象没有居住地，居住地、经常居住地无法确定或者不适宜执行社区矫正的，社区矫正决定机关应当根据有利于社区矫正对象接受矫正、更好地融入社会的原则，确定社区矫正执行地。

社区矫正对象在户籍地无固定住所和固定生活来源，或长期不在户籍地居住且明确表示不回户籍地接受社区矫正的，社区矫正决定机关不得在未调查核实户籍地不宜作为执行地的情况下，直接决定社区矫正对象到其户籍地接受社区矫正。

《河南省社区矫正工作细则》

第十二条 社区矫正执行地为社区矫正对象的居住地。社区矫正决定机关应当按照有利于社区矫正对象接受矫正、更好地融入社会的原则，认真核实被告人、罪犯真实居住地。

第十三条 社区矫正决定机关在确定社区矫正执行地时，可以征求社区矫正机构意见，调查社区矫正对象的居住、户籍、家庭、亲属、工作、生活等情况，综合考虑实际执行条件。拟适用社区矫正的被告人、罪犯应如实报告情况。故意隐瞒居住地真实情况的，作为社区矫正调查评估和决定的评价因素。

第十四条 居住地是指社区矫正对象实际居住的县（市、区），包括社区矫正对象本人或共同生活的家庭成员有自有住房，或者以租赁、借住等方式，能够连续居住六个月以上的县（市、区）。符合下列情形之一，且在当地有生活来源的，可以认定为居住地：

（一）在当地购有（自有）房产，并能出具产权证或者其他具有法律效力的房产所有权、使用权证明的；

（二）在当地租用房子，能出具与产权人签订继续租赁六个月以上合同的；

（三）在当地借用房子，能出具与产权人签订继续借用六个月以上书面承诺的；

（四）就医的医院为其出具需要长期住院诊疗证明和就学的学校出具的录取通知书或学籍证明的；

（五）其它能够认定为居住地的情形。

第十五条 社区矫正对象的经常居住地是指其经常居住的，有固定住所、固定生活来源的县（市、区）。对有多处居所的，原则上以经常居住地为执行地；社区矫正决定机关也可以考虑有利于实行社区矫正以及社区矫正对象自身需要，选定其中一处作为社区矫正执行地。

第十六条 居住地存在争议的，由社区矫正决定机关商相关同级社区矫正机构确定。被确定为执行地的社区矫正机构不得拒绝接收社区矫正对象。

《湖南省社区矫正实施细则》

第十七条 社区矫正决定机关判处管制、宣告缓刑、裁定假释、决定或者批准暂予监外执行时应当确定执行地。

社区矫正对象的居住地为社区矫正执行地，社区矫正对象在多个地方居住的，可以确定经常居住地为执行地。没有居住地，居住地、经常居住地无法确定或者不适宜执行社区矫正的，社区矫正决定机关应当按照有利于社区矫正对象接受矫正、更好地融入社会的原则，确定社区矫正执行地。

被确定为执行地的社区矫正机构应当及时接收社区矫正对象。社区矫正机构发现当地不适合作为执行地的，可以在接收社区矫正对象后依照相关规定办理执行地变更。

第十八条 社区矫正决定机关应当通过委托调查、实地查访等方式确定社区矫正执行地，可以征求县级社区矫正机构的意见，充分考虑实际执行条件。必要时，可以听取社区矫正对象本人的意见。社区矫正对象应当如实报告其居住、工作、生活来源等情况，并提供必要的证明材料。

第十九条 社区矫正对象的居住地是指社区矫正对象实际居住或者能够连续居

住六个月以上，有固定住所和固定生活来源的县（市、区）。

符合下列情形之一，可以认定为固定住所：

（一）社区矫正对象本人或共同生活的家庭成员在当地购有（自有）房产，并能出具产权证或者其他具有法律效力的房产所有权、使用权证明的；

（二）社区矫正对象本人或共同生活的家庭成员在当地租用房子，能出具与产权人签订租赁六个月以上合同的；

（三）社区矫正对象本人或共同生活的家庭成员在当地借用他人住房，产权人能出具六个月以上借住书面承诺的；

（四）用工单位签订一年以上劳动合同，且本人取得当地居住证或者用工单位愿意为其提供居住六个月以上担保的；

（五）本人取得当地居住证的；

（六）能够提供所在地学校录取通知书或学籍证明，且就学期间在校居住的；

（七）符合有利于社区矫正对象接受矫正、更好地融入社会原则，能够认定为固定住所的其他情形。

社区矫正对象本人有较为稳定的工作和收入，或者家庭成员、近亲属以及其他人员愿意为社区矫正对象提供维持正常生活的经济支持的，可以认定为具有固定生活来源。

《辽宁省社区矫正实施细则》

第十条 社区矫正执行地为社区矫正对象的居住地。社区矫正决定机关应当按照有利于社区矫正对象接受矫正、更好地融入社会的原则，核实并确定被告人、罪犯真实居住地。

第十一条 居住地是指社区矫正对象实际居住的，具有固定住所、固定生活来源的县（市、区）。有合法住所且已经或者能够连续居住六个月以上的，可以认定为具有固定住所。具有合法稳定工作、固定收入，或者家庭成员、近亲属以及其他人员愿意为社区矫正对象生活提供经济支持的，可以认定为具有固定生活来源。

社区矫正决定机关在核实居住地时，符合下列情形之一，且在当地有生活来源的，可以认定为居住地：

（一）在当地购有（自有）房产，并能出具产权证或者其他具有法律效力的房产所有权、使用权证明的；

（二）在当地租用房屋，能出具与产权人签订继续租赁六个月以上合同的；

（三）在当地有人愿意为社区矫正对象提供固定住所，能出具产权人的房屋所有证明和连续提供六个月以上书面意向证明的；

（四）在单位宿舍可以连续居住六个月以上，能出具工作单位证明的；

（五）其它能够认定为居住地的情形。

第十二条 社区矫正决定机关在确定社区矫正执行地时，可以征求社区矫正机构意见，调查社区矫正对象的居住、户籍、家庭、亲属、工作、生活等情况，综合考虑实际执行条件。拟适用社区矫正的被告人、罪犯应如实报告情况。故意隐瞒居住地真实情况的，可以作为社区矫正调查评估和决定的评价因素。

第十三条 执行地存在争议的，由社区矫正决定机关商同级社区矫正机构确定。被确定为执行地的社区矫正机构不得拒绝接收社区矫正对象。

《江苏省社区矫正实施细则》

第五条第三款、第四款 委托机关应当在委托调查评估前，核实拟适用或者提请适用社区矫正的被告人、犯罪嫌疑人或者罪犯的执行地。拟适用或者提请适用社区矫正的被告人、犯罪嫌疑人或者罪犯的执行地一般为其居住地，在多个地方居住的，可以确定经常居住地为执行地。没有居住地，居住地、经常居住地无法确定或者不适宜执行社区矫正的，委托机关可以会商社区矫正机构，根据有利于社区矫正对象接受矫正、更好地融入社会的原则，确定拟适用或者提请适用社区矫正的被告人、犯罪嫌疑人或者罪犯的执行地。

拟适用或者提请适用社区矫正的被告人、犯罪嫌疑人或者罪犯应当如实提供其居住、户籍等情况，并提供必要的证明材料。居住地指其实际居住的县（市、区），经常居住地指其经常居住的，有固定住所、固定生活来源的县（市、区）。固定住所指其本人或者监护人、保证人所有、承租，或者他人、有关单位提供已经居住或者能够连续居住六个月以上的合法居所。固定生活来源指其本人或者监护人、保证人有固定生活来源，或者他人、有关单位为其提供的生活保障。

《江西省社区矫正工作实施细则》

第十八条　对拟适用社区矫正的，社区矫正决定机关应当核实社区矫正对象的居住地。社区矫正对象在多个地方居住的，可以确定经常居住地为执行地。没有居住地，居住地、经常居住地无法确定或者不适宜执行社区矫正的，应当根据有利于社区矫正对象接受矫正、更好地融入社会的原则，商拟确定为执行地的社区矫正机构，确定社区矫正执行地。社区矫正决定机关确定社区矫正执行地时，应当听取社区矫正对象本人的意见。社区矫正对象应当如实提供其居住、户籍情况，并提供必要的证明材料。

第十九条　社区矫正对象的居住地是指其实际居住的县（市、区），应当同时具备以下条件：

（一）在当地有稳定住所，适用社区矫正前已经实际居住三个月以上，并可以继续居住六个月以上；

（二）在当地有稳定的生活来源，或者亲友、有关单位个人为其提供生活保障。

第二十条　社区矫正对象的经常居住地是指其经常居住的县（市、区），应当同时具备以下条件：

（一）在当地有稳定住所，适用社区矫正前已经连续居住六个月以上，并可以继续居住六个月以上；

（二）在当地有稳定的生活来源，或者亲友、有关单位个人为其提供生活保障。

《宁夏回族自治区社区矫正实施细则》

第十七条　对拟适用社区矫正的，社区矫正决定机关应当核实社区矫正对象的居住地。社区矫正对象在多个居住地的，可以确定经常居住地为执行地。没有居住地，居住地、经常居住地无法确定或者不适宜执行社区矫正的，应当根据有利于社区矫正对象接受矫正、更好地融入社会的原则，确定社区矫正执行地。被确定为执行地的社区矫正机构应当及时接收。

第十八条　居住地是指社区矫正对象实际居住的县（市、区）。符合下列情形之一，可以认定为居住地：

（一）在当地购有（自有）房产，并能出具产权证明或者其他具有法律效力的房产所有权、使用权证明的；

（二）在当地租用房屋，能出具与产权人签订租赁合同的；

（三）在当地借用房屋，能出具与产权人签订借用书面承诺的；

（四）就医的医院为其出具需要长期住院诊疗证明和就学的学校出具的录取通知书或者学籍证明的；

（五）其他能够认定为居住地的情形。

第十九条　社区矫正对象的经常居住地是指其经常居住的，有固定住所、固定生活来源的县（市、区）。社区矫正决定机关在确定社区矫正执行地时，可以征求社区矫正机构意见，调查社区矫正对象的居所、户籍、家庭、亲属、工作、生活等情况，综合考虑实际执行条件。

本人有合法稳定的工作、固定的收入，或者家庭成员、近亲属以及其他人员愿意为社区矫正对象生活提供经济支持的，可以认定为具有固定生活来源。

第二十条 拟适用社区矫正的被告人、罪犯应当如实提供其居所、户籍等情况，并提供必要的证明材料。故意隐瞒居住地真实情况的，作为社区矫正调查评估和决定的评价因素。

第二十一条 在执行地没有共同生活的家庭成员或者监护人的，社区矫正对象可以提供保证人。

暂予监外执行的社区矫正对象保证人具备以下条件：

（一）具有完全民事行为能力，愿意承担保证人义务；

（二）人身自由未受到限制；

（三）有固定的住处和收入；

（四）能够与被保证人共同居住或者居住在同一县（市、区）。

保证人不履行保证职责的，取消其保证人资格。对保证人丧失保证人条件、被取消保证人资格或者因迁居等原因不能继续履行保证职责的，社区矫正机构应当要求社区矫正对象提出新的保证人。

《山东省社区矫正实施细则》

第十三条 社区矫正对象的居住地可以确定为社区矫正执行地。社区矫正对象在多个地方居住的，可以确定经常居住地为执行地。居住地、经常居住地无法确定或者不适宜执行社区矫正的，应当根据有利于社区矫正对象接受矫正、更好地融入社会的原则，充分考虑社区矫正对象的工作、就学、生活情况，确定执行地。

社区矫正决定机关应当参照本细则第六条之规定核实社区矫正对象居住证明材料确定执行地，并将确定执行地理由及相关证明材料随法律文书一并送达执行地县级社区矫正机构，对材料不全的，社区矫正机构将法律文书退回并附函，由社区矫正决定机关于五日内补齐后一并送达。

被确定为执行地的县级社区矫正机构应当依法及时接收社区矫正对象。

本细则所称不适宜执行社区矫正的情况一般包括未成年社区矫正对象的监护人或者暂予监外执行的社区矫正对象的保证人不在其居住地、经常居住地居住等情况。

《山西省社区矫正实施细则》

第十一条 社区矫正执行地为社区矫正对象居住地。居住地指社区矫正对象实际居住的县（市、区），社区矫正对象在多个地方居住的，可以确定经常居住地为执行地。

社区矫正决定机关应当依照《社区矫正法》和《实施办法》相关规定，确定社区矫正对象的居住地或者经常居住地。

符合下列情形之一，有生活来源或者家庭成员、近亲属及其他人员愿意为社区矫正对象生活提供经济支持的，可以认定为经常居住地：

（一）本人或者共同生活的家庭成员在当地购有（自有）房产，并能出具产权证、购房合同，或者其他具有法律效力的房产所有权、使用权证明的；

（二）本人或者共同生活的家庭成员在当地租用房屋，能出具与产权人签订剩余期限达六个月以上租赁合同的；

（三）本人或者共同生活的家庭成员在当地借用房屋，能出具与产权人签订剩余借用期限达六个月以上书面承诺的；

（四）子女、近亲属愿意为社区矫正对象提供住所，并书面承诺能够继续提供六个月以上的；

（五）其他能够认定为经常居住地的情形。

《陕西省社区矫正实施细则》

第五条 居住地是指社区矫正对象实际居住的县（市、区），包括社区矫正对象本人或者共同生活的家庭成员自有住房，以及以租赁等方式取得的，能够连续居住六个月以上的县（市、区）。

社区矫正对象的经常居住地是指其经常居住的、有固定住所、固定生活来源的县（市、区）。对有多处居所的，原则上以经常居住地为执行地。

对拟适用社区矫正的，社区矫正决定机关应当核实社区矫正对象的居住地，考虑社区矫正对象自身需要，根据有利于社区矫正对象接受矫正、更好地融入社会的原则确定社区矫正执行地。社区矫正对象应当如实提供其居住、户籍等情况，并且提供必要的证明材料。

《上海市社区矫正实施细则》

第十四条 社区矫正对象在本市具有固定住所、固定生活来源的，该固定住所所在地可以确定为社区矫正执行地。

在本市有合法住所且已经或能够连续居住六个月以上的，可以认定为固定住所。本人有合法稳定的工作、固定的收入，或家庭成员、近亲属以及其他人员愿意为社区矫正对象生活提供经济支持的，可以认定为具有固定生活来源。

《四川省社区矫正实施细则》

第三十五条 社区矫正决定机关应当查验并留存社区矫正对象能够证明居住地或者经常居住地的相关材料，确定社区矫正执行地。在确定社区矫正执行地时，应当书面询问社区矫正对象的意见，尽量方便其工作、生活，有利于接受社区矫正。没有居住地，居住地、经常居住地无法确定或者不适宜执行社区矫正的，可以征求社区矫正机构意见，调查社区矫正对象的居住、户籍、家庭、亲属、工作、生活等情况，综合考虑实际执行条件确定执行地。被确定为执行地的社区矫正机构应当及时接收。

社区矫正对象应当如实报告其居住、工作、生活来源等情况，并提供必要的证明材料。故意隐瞒居住地真实情况的，可以作为社区矫正决定机关判定其是否认罪悔罪的重要依据。

第三十六条 社区矫正对象的居住地是指社区矫正对象实际居住，或者能够连续居住六个月以上，有固定住所、固定生活来源的县（市、区）。

符合下列情形之一的，可以认定为居住地：

（一）社区矫正对象本人或共同生活的家庭成员在当地购有（自有）房产，并能出具产权证或者其他具有法律效力的房产所有权、使用权证明的；

（二）社区矫正对象本人或共同生活的家庭成员在当地租赁房屋，能出具与产权人签订租赁六个月以上合同的；

（三）社区矫正对象本人或共同生活的家庭成员在当地借用他人住房，产权人能出具六个月以上借住书面承诺的；

（四）社区矫正对象在当地务工，用工方愿意为其提供六个月以上担保的；

（五）社区矫正对象在当地就医，就医的医院为其出具需要长期住院诊疗证明的；

（六）社区矫正对象在当地就学，有就学的学校出具的录取通知书或学籍证明，且就学期间在校居住的；

（七）其他能够认定为居住地的情形。

文书范本

关于确定社区矫正执行地的函[1]

________区社区矫正机构：

根据____号刑事判决书，罪犯____犯____罪被判处____。____年____月____日经________我院（我局）依法裁定假释（判处管制、宣告缓刑、决定暂予监外执行）。

经查，社区矫正对象____，罪名____，男（女），____年____月____日出生，____族，身份证号码________，户籍地：________，居住地（经常居住地）为：________。

现根据《中华人民共和国社区矫正法》《中华人民共和国社区矫正法实施办法》，北京市高级人民法院、北京市人民检察院北京市公安局、北京市司法局《关于贯彻落实〈中华人民共和国社区矫正法实施办法〉的实施细则》有关规定，将北京市____确定为执行地。请____社区矫正机构依法接收社区矫正对象，办理接收登记手续。

特此函告。

附件：核实居住地的有关材料

（公　章）
年　月　日

备注：此函用于决定机关确定执行地，并告知执行地的区社区矫正机构时使用。对于被判处管制、宣告缓刑、裁定假释的社区矫正对象，决定机关应当在判决、裁定或者决定生效之日起五日内通知社区矫正机构时，一并送达此函件。

第十八条[2]　【调查评估】

社区矫正决定机关根据需要，可以委托社区矫正机构或者有关社会组织对被告人或者罪犯的社会危险性和对所居住社区的影响，进行调查评估，提出意见，供决定社区矫正时参考。居民委员会、村民委员会等组织应当提供必要的协助。

法条解读

本条中的“根据需要”有两层含义：一是并非所有的社区矫正都需要进行调查评估，社区矫正决定机关在是否进行调查评估中拥有自由裁量权。二是社区矫正决定机关如果通过审判及执行等环节能够了解社区矫正对象的相关情况，能够对矫正对象是否适用社区矫正作出准确判断，则无需进行调查评估；反之，需要借助调查评估结果才可确定是否适用社区矫正，则需要进行调查评估。本条中的“有关社会组织”主要包括从事与社区矫正相关工作的社工组织、未成年人保护组织等。本条中的“社会危险性”主要是指对被告人或

① 来自《北京市社区矫正实施细则》。

② 相关地方规范性文件落实，例如，（1）2021年山西省司法厅印发《山西省社区矫正调查评估办法》；（2）2021年四川省司法厅印发《四川省社区矫正调查评估规范》。

者罪犯是否有实施新的违法、犯罪可能性，是否具有危害国家安全、公共安全或者社会秩序的危险，是否具有可能自杀、潜逃等风险。本条中“对所居住社区的影响”是指对被告人、罪犯适用社区矫正时，其是否会对所居住的社区带来不稳定因素。社区对缓刑犯与假释犯考查的标准有差异。对于缓刑犯，要求“对所居住社区没有重大不良影响”。对假释犯，要求“对所居住社区没有不良影响”。这意味着，缓刑犯若对所居住社区有不良影响，但没有达到重大程度，则不影响适用社区矫正。而假释犯对所居住社区有不良影响的，不能适用社区矫正。

《社区矫正法实施办法》对该条进行了细化。办法明确了调查评估意见具体包括的内容、相关单位、组织协助义务及调查评估期限与程序规定。《社区矫正法实施办法》还对相关主体因在调查评估中获知的相关国家秘密、商业秘密及个人隐私负有保密的义务。

各省市社区矫正实施细则大都对该条进行了细化。各省市社区矫正实施细则对如下一般性问题进行了规定：评估保密的事项，调查评估的基本程序，调查评估的人员，调查评估对象及调查评估时间等。此外，绝大部分社区矫正实施细则明确了调查评估委托函内容、附带材料及调查评估的主要内容。例如，《安徽省社区矫正工作实施细则》对社区矫正机构不再出具调查评估意见及人民法院不得重复委托调查评估的情形进行了规定。《北京市社区矫正实施细则》明确了必须委托社区矫正机构进行调查评估的具体情形。《甘肃省社区矫正实施细则》《广西壮族自治区社区矫正工作细则》《山东省社区矫正实施细则》就调查评估的详细内容及调查评估方式进行了规定。《广东省社区矫正实施细则》就调查评估的参与人员进行积极与消极规定，明确了回避对象。《江苏省社区矫正实施细则》明确了调查评估意见与调查评估中获知的商业秘密等个人信息不得泄露。《江西省社区矫正工作实施细则》进一步将回避区分为自行回避、申请回避与决定回避，并就回避的程序进行细化规定。《四川省社区矫正实施细则》仅对自行回避与决定回避进行了规定。《广西壮族自治区社区矫正工作细则》对社区矫正机构不予调查评估的情形进行了规定，并就调查评估的国家工作人员身份进行了明确。《河南省社区矫正工作细则》与《湖南省社区矫正实施细则》就调查评估笔录进行了细化明确。《河南省社区矫正工作细则》《湖南省社区矫正实施细则》《江西省社区矫正工作实施细则》《陕西省社区矫正实施细则》与《四川省社区矫正实施细则》就社区矫正机构不接受重复委托调查评估问题进行了规定。《辽宁省社区矫正实施细则》与《山东省社区矫正实施细则》强调罪犯的社会危险性及对所居住社区不良影响的评价，并就社会危险性及对所居住社区具有不良影响的具体情形进行了提示性列举。浙江省对社区矫正调查评估出台了专门规定，明确了社区矫正调查评估概念与原则，区分了实地调查与委托调查。该规定要求社区矫正机构通过召开案件评审会的方式形成集体评议审核意见。为规范调查评估，该规定还要求建立调查评估案件档案。

相关规定

《社区矫正法实施办法》

第十三条　社区矫正决定机关对拟适用社区矫正的被告人、罪犯，需要调查其社会危险性和对所居住社区影响的，可以委托拟确定为执行地的社区矫正机构或者有关社会组织进行调查评估。社区矫正机构或者有关社会组织收到委托文书后应当及时通知执行地县级人民检察院。

第十四条 社区矫正机构、有关社会组织接受委托后，应当对被告人或者罪犯的居所情况、家庭和社会关系、犯罪行为的后果和影响、居住地村（居）民委员会和被害人意见、拟禁止的事项、社会危险性、对所居住社区的影响等情况进行调查了解，形成调查评估意见，与相关材料一起提交委托机关。调查评估时，相关单位、部门、村（居）民委员会等组织、个人应当依法为调查评估提供必要的协助。

社区矫正机构、有关社会组织应当自收到调查评估委托函及所附材料之日起十个工作日内完成调查评估，提交评估意见。对于适用刑事案件速裁程序的，应当在五个工作日内完成调查评估，提交评估意见。评估意见同时抄送执行地县级人民检察院。需要延长调查评估时限的，社区矫正机构、有关社会组织应当与委托机关协商，并在协商确定的期限内完成调查评估。因被告人或者罪犯的姓名、居住地不真实、身份不明等原因，社区矫正机构、有关社会组织无法进行调查评估的，应当及时向委托机关说明情况。社区矫正决定机关对调查评估意见的采信情况，应当在相关法律文书中说明。

对调查评估意见以及调查中涉及的国家秘密、商业秘密、个人隐私等信息，应当保密，不得泄露。

《安徽省社区矫正工作实施细则》

第九条 社区矫正决定机关委托县（市、区）社区矫正机构或者有关社会组织调查评估被告人或者罪犯适用社区矫正的社会危险性和对所居住社区的影响的，应当按照《实施办法》和省社区矫正调查评估的相关规定进行。县（市、区）社区矫正机构或者有关社会组织调查过程中形成的询问笔录、影像、调查记录等材料，应当随同《调查评估意见书》提交委托机关，供委托机关认定调查评估意见时参考。除依法在法律文书中予以说明的调查评估相关情况外，委托机关应当对调查人、调查对象以及调查评估其他相关具体事项予以保密，不得随意泄露给被调查评估对象。调查评估完成前，社区矫正决定机关已经作出判决、裁定、决定的，县（市、区）社区矫正机构可以不再出具调查评估意见。

第十条 人民检察院对认罪认罚的犯罪嫌疑人，拟建议人民法院判处缓刑或管制的，可以委托社区矫正机构或者有关社会组织开展调查评估，已经委托并反馈调查评估意见的，人民法院不得重复委托调查评估。

《北京市社区矫正实施细则》

第十五条 对于可能判处管制、宣告缓刑、裁定假释、决定或者批准暂予监外执行的犯罪嫌疑人、被告人或者罪犯，人民法院、人民检察院、公安机关或者监狱需要调查其社会危险性和对所居住社区影响的，依法委托拟确定为执行地的区社区矫正机构或者有关社会组织进行调查评估。社区矫正机构或者有关社会组织收到委托文书后应当及时通知执行地的区人民检察院。

具有下列情形之一的，北京市的人民法院、人民检察院、公安机关或者监狱应当委托社区矫正机构进行调查评估：

（一）犯罪嫌疑人、被告人或者罪犯为港澳台、外国籍或国籍不明的；

（二）犯罪嫌疑人、被告人或者罪犯所涉犯罪属于危害国家安全，或者涉恐、涉黑、涉恶、涉毒、涉邪教的；

（三）对应当承担刑事责任的精神病人拟判处管制、宣告缓刑或者暂予监外执行的；

（四）犯罪嫌疑人、被告人或者罪犯有犯罪前科的；

（五）拟对罪犯提请假释的；

（六）犯罪嫌疑人、被告人或者罪犯在社区矫正期间因违法违规被收监执行或者因重新犯罪被判刑，拟再次适用社区矫正的。

第十六条 区社区矫正机构、有关社会组织接受委托后，应当对犯罪嫌疑人、被告人或者罪犯的居所情况、家庭和社会关系、犯罪行为的后果和影响、居住地村（居）民委员会和被害人意见、拟禁止的事项、社会危险性、对所居住社区的影响等情况进行调查了解，形成调查评估意见，并自收到调查评估委托函及所附材料之日起十个工作日内完成调查评估，提交评估意见及相关材料。对于适用刑事案件速裁程序的，应当自收到材料之日起五个工作日内完成调查评估，提交评估意见及相关材料。评估意见同时抄送执行地的区人民检察院。需要延长调查评估时限的，区社区矫正机构、有关社会组织应当与委托机关协商，并在协商确定的期限内完成调查评估。向外省市监狱、看守所反馈关于拟适用暂予监外执行罪犯的调查评估意见时，还应附《北京市接收外省市监狱、公安机关暂予监外执行罪犯有关要求告知书》。区社区矫正机构可以指派司法所开展调查评估，也可以自行调查评估。

因犯罪嫌疑人、被告人或者罪犯的姓名、居住地不真实、身份不明等原因，区社区矫正机构、有关社会组织无法进行调查评估的，应当及时向委托机关说明情况。在按时反馈调查评估意见前社区矫正决定机关已经作出判决、裁定或者决定的，区社区矫正机构、有关社会组织可以不再出具调查评估意见，并向委托机关说明情况。

调查评估意见应当客观反映犯罪嫌疑人、被告人或者罪犯适用社区矫正对其所居住社区的影响。社区矫正决定机关应当认真审查调查评估意见，作为依法适用社区矫正的参考。社区矫正决定机关对调查评估意见的采信情况，应当在判决书、裁定书、决定书等相关法律文书中说明。

对调查评估意见以及调查中涉及的国家秘密、商业秘密、个人隐私等信息，应当保密，不得泄露。委托机关不得将开展调查评估工作的单位、人员信息泄露给犯罪嫌疑人、被告人、罪犯或其家属、律师等。

第十七条 区社区矫正机构、有关社会组织开展调查评估时，应当依据本细则第十三条的规定核实被调查人居所情况，可以向公安派出所调查了解被调查人户籍地、居住地等事项，调取有无前科劣迹、涉嫌刑事犯罪等相关证明材料。

调查评估时，公安派出所等相关单位、部门和村（居）民委员会等组织、个人应当为调查评估提供必要的协助，提供相关证明材料，配合调查评估工作。

需要委托区社区矫正机构、有关社会组织调查被害人意见的，委托机关应当提供被害人的相关信息。区社区矫正机构、有关社会组织对委托机关提供的被害人信息应当予以妥善保管，不得泄露。

第十八条 委托调查评估时，委托机关应当发出调查评估委托函。人民法院委托时，还应当附起诉书或者自诉状及被调查人身份证明。看守所、监狱委托时，还应当附判决书、裁定书、执行通知书、减刑裁定书复印件以及罪犯在服刑期间表现情况材料。公安机关委托时，还应当附结案报告。人民检察院委托时，还应当附起诉意见书。

调查评估委托函应当包括犯罪嫌疑人、被告人、罪犯及其家属等有关人员的姓名、住址、联系方式、案由以及委托机关的联系人、联系方式等内容。

调查评估委托函不得通过案件当事人、法定代理人、诉讼代理人或者其他利害关系人转交执行地的区社区矫正机构或者有关社会组织。

《福建省社区矫正实施细则》

第七条 社区矫正决定机关委托拟确定为执行地的社区矫正机构或者有关社会组织调查评估，应当出具《委托调查评估函》，附《起诉书》或者《刑事判决书》、居住地核实等相关材料。

社区矫正机构或者有关社会组织收到《委托调查评估函》后，应当指派两名以上社区矫正工作人员（其中至少有一名社区矫正机构工作人员或者受委托履行社区矫正工作职责的司法所公务员）或者有关社会组织的工作人员，在十个工作日内完成调查评估（其中适用刑事案件速裁程序要求在五个工作日内完成的，社区矫正决定机关应当告知受委托单位）。社区矫正机构或者有关社会组织需要延长调查评估时限的，应当与社区矫正决定机关协商确定完成时限。

社区矫正机构或者有关社会组织开展调查评估时，应当按照《实施办法》第十四条第一款的规定，对被告人或者罪犯进行调查了解后，形成适用社区矫正是否存在社会危险性以及对所居住社区影响的结论性（适用社区矫正、不适用社区矫正）或者反映客观调查情况的非结论性的《调查评估意见书》，与相关材料一起提交委托机关，并抄送执行地县级人民检察院。

根据《关于适用认罪认罚从宽制度的指导意见》第三十六条规定，人民检察院对认罪认罚的犯罪嫌疑人，拟向人民法院提出缓刑或者管制量刑建议的，可以委托其居住地的县级社区矫正机构进行调查评估，也可以自行调查评估。

根据《实施办法》第五条、第八条的规定，对监狱关押拟提请假释的罪犯，应当委托进行调查评估；可以由监狱委托拟确定为执行地的社区矫正机构或者有关社会组织调查评估，人民法院对监狱移送的调查评估意见进行审查。

有关社会组织是指从事与社区矫正相关工作的社会组织和未成年人保护组织。

《甘肃省社区矫正实施细则》

第九条 人民法院拟对被告人判处管制、宣告缓刑或决定暂予监外执行的，可以委托社区矫正机构或有关社会组织开展调查评估。县（市、区）社区矫正机构根据人民检察院委托已经反馈调查评估意见的除外。

拟提请人民法院裁定罪犯假释的，监狱应当委托社区矫正机构开展调查评估。拟报请主管部门决定罪犯暂予监外执行的，监狱、看守所可以委托社区矫正机构开展调查评估。

第十条 委托机关在委托调查评估前，应当书面确认拟适用社区矫正的犯罪嫌疑人、被告人或罪犯本人的居住地，并告知其在社区矫正期间未经社区矫正机构批准不得变更居住地。

第十一条 委托机关应当向犯罪嫌疑人、被告人或罪犯居住地所在县（市、区）社区矫正机构发出调查评估委托函。委托函应包括犯罪嫌疑人、被告人或罪犯及其家庭主要成员的姓名、住址、联系方式、案由以及委托机关的联系人、联系方式等内容，同时附带相关法律文书。

委托机关应当指定专人负责办理委托

调查评估手续，不得将材料交由案件当事人、代理人或其他利害关系人转递。社区矫正机构不得接收委托机关以外的其他单位或个人转递的委托调查材料。

县（市、区）社区矫正机构自收到调查评估委托函及所附材料之日起应当在十个工作日内完成调查评估，提交评估意见。对于适用刑事案件速裁程序的，应当在五个工作日内完成调查评估，提交评估意见。评估意见同时抄送执行地县级人民检察院。需要延长调查评估时限的，县（市、区）社区矫正机构或有关社会组织应当与委托机关协商，并在协商确定的期限内完成调查评估。

第十二条 调查评估应当重点了解犯罪嫌疑人、被告人或罪犯的以下情况：

（一）居所情况；

（二）家庭和社会关系；

（三）犯罪行为的后果和影响；

（四）居住地基层派出所、村（居）委员会和被害人意见；

（五）拟禁止的事项；

（六）社会危险性和对所居住社区影响；

（七）对拟适用暂予监外执行的罪犯，审核保证人是否具备保证条件；

（八）其他事项。

第十三条 县（市、区）社区矫正机构可以通过走访、座谈、个别约谈、查阅调取相关资料、要求相关机关或企事业组织协查等方式调查核实相关情况。

县（市、区）社区矫正机构对调查核实的情况进行综合评估后，出具评估意见。县（市、区）社区矫正机构根据需要，可以组织召开由辖区派出所民警、社会工作者、社会志愿者、有关单位、部门和村（居）民代表等参加的评议会，对适用社区矫正可能产生的社区影响、再犯罪风险以及是否具备监管教育条件等因素进行综合评估。

第十四条 县（市、区）社区矫正机构在调查评估意见中明确提出适用社区矫正执行地的，社区矫正决定机关一般应当采纳。居住地、经常居住地无法确定或者不适宜执行社区矫正的，社区矫正决定机关应当根据有利于社区矫正对象接受矫正、更好地融入社会的原则，确定执行地。

第十五条 县（市、区）社区矫正机构依法按时反馈调查评估意见前社区矫正决定机关已经作出判决、裁定、决定的，县（市、区）社区矫正机构可以不再出具调查评估意见，并向委托机关书面说明不再出具意见的原因。

第十六条 社会调查评估意见书应当作为是否适用社区矫正的重要依据。委托机关应当在裁判生效后三个工作日内，将是否采信社会调查评估意见的情况函告县（市、区）社区矫正机构及同级人民检察院；不予采信的，应当说明理由。

对调查评估意见以及调查中涉及的国家秘密、商业秘密、个人隐私等信息，应当保密，不得泄露。

《广东省社区矫正实施细则》

第九条 社区矫正决定机关对拟适用社区矫正的被告人、罪犯，需要调查其社会危险性和对所居住社区影响的，可以委托拟确定为执行地的社区矫正机构或者有关社会组织进行调查评估。社区矫正机构或者有关社会组织收到委托文书后应当在三个工作日内通知当地县级人民检察院。

社区矫正决定机关委托调查评估时，应当向拟确定为执行地县级社区矫正机构或者有关社会组织发出委托调查评估函，委托调查评估函应当注明被告人、罪犯的户籍所在地、经常居住地、本人或者家属联系方式、案由以及委托机关的联系人和联系方式，并附下列材料：

（一）人民法院委托的，应当附带起诉书或者判决书副本；

（二）公安机关、监狱管理机关、监狱委托的，应当附带原判刑事判决书、历次减刑裁定书以及罪犯在服刑期间的表现情况；

（三）拟决定或批准对被告人、罪犯暂予监外执行的，社区矫正决定机关应当将病情诊断、医学鉴定、检查证明文件、生活不能自理鉴别意见，以及保证人证明材料等一并送达。被告人、罪犯属于病危的，社区矫正决定机关还应当送达医院病危通知书；

（四）被害人与拟适用社矫对象在同一社区生活的，应当同时提供被害人的联系方式。监狱委托调查评估时，如果有被害人具体联系方式的，应当提供被害人的联系方式。

第十条　社区矫正决定机关不得将委托调查材料交由案件当事人、代理人或者其他利害关系人转递。社区矫正机构不得接收无关单位或者个人转递的委托调查评估材料。

第十一条　社区矫正机构或者有关社会组织接受委托后，应当了解以下情况：

（一）居所情况；

（二）家庭和社会关系；

（三）犯罪行为的后果和影响；

（四）居住地村（居）民委员会意见，若被害人在本社区生活，应当征求被害人的意见；

（五）对拟判处管制或者宣告缓刑的被告人，建议禁止的事项；

（六）社会危险性和对所居住社区的影响；

（七）对拟批准暂予监外执行的罪犯，核实保证人是否具备担保条件；

（八）其他需要调查评估的事项。

有关社会组织是指从事与社区矫正相关工作的社会组织和未成年人保护组织。

第十二条　调查评估时，司法所应当配合社区矫正机构依法开展调查并向社区矫正机构及时反馈情况；有关单位（部门）和村（居）民委员会等组织、个人应当依法为调查评估提供必要协助。因犯罪嫌疑人、被告人或者罪犯的姓名、居住地不真实、身份不明等原因，社区矫正机构、有关社会组织无法进行调查评估的，应当及时向委托机关说明情况。被告人或者罪犯故意提供虚假信息的，社区矫正决定机关应当慎重适用社区矫正。

调查评估工作人员应当不少于二人，可以安排延伸管教监狱（戒毒）警察和社区矫正社会工作者、社会志愿者参与调查评估。社区矫正机构认为有必要时可以商请当地派出所人民警察共同开展调查评估。调查评估工作人员与犯罪嫌疑人、被告人或者罪犯有亲属关系、利害关系及其他关系，可能影响调查结果真实性、公正性的，应当回避。

社区矫正工作人员调查评估时，应当出示工作证件和调查评估证明文件。调查评估应当现场制作调查评估笔录，经被调查人核实无误后签字确认。被调查人拒绝签字的，应当在笔录中注明情况，必要时可以进行录音、录像。单位提供的材料应当加盖公章确认。

第十三条　县级社区矫正机构、有关社会组织应当自收到调查评估委托函及所附材料之日起十个工作日内完成调查评估，提交评估意见。对于适用刑事案件速裁程序的，应当在五个工作日内完成调查评估，提交评估意见。对拟暂予监外执行罪犯病危的，应当在三个工作日内完成调查评估，评估意见同时抄送执行地县级人民检察院。需要延长调查评估时限的，社区矫正机构、有关社会组织应当与委托机关协商，并在协商确定的期限内完成调查评估。

第十四条　县级社区矫正机构应当对委托调查函登记备案，及时开展调查。犯罪嫌疑人、被告人或者罪犯的监护人、家庭成员或者所在单位、就读学校配合社区矫正的书面承诺，可以作为调查评估意见书的附件。

接受委托的社区矫正机构、社会组织根据调查评估情况，提出犯罪嫌疑人、被告人或者罪犯是否存在社会危险性以及对所居住社区影响的调查评估意见，并将调查评估意见书与相关材料一并提交委托机关。

第十五条　调查评估意见可以作为社区矫正决定机关决定社区矫正时的参考，社区矫正决定机关对调查评估意见的采信情况，应当在相关法律文书中说明。

社区矫正决定机关、社区矫正机构和其他有关单位应当对犯罪嫌疑人、被告人或者罪犯的调查资料和调查评估意见书的内容保密，除办案机关或者有关单位根据国家规定进行查询外，不对外公开；对调查评估意见以及调查中涉及的国家秘密、商业秘密、个人隐私等信息，应当保密。

第十六条　侦查机关、人民检察院依据有关法律法规和规范性文件，可以委托社区矫正机构或者有关社会组织进行调查评估。

《广西壮族自治区社区矫正工作细则》

第十二条　人民法院、监狱、看守所对拟适用或者提请适用社区矫正的被告人、罪犯，需要调查其社会危险性和对所居住社区影响的，可以委托拟确定为执行地的社区矫正机构或者有关社会组织进行调查评估。社区矫正机构或者有关社会组织收到委托文书后应当及时通知执行地县（市、区）人民检察院。

公安机关在案件侦查阶段，对犯罪嫌疑人认罪认罚，可能判处管制、宣告缓刑的，可以委托社区矫正机构或者有关社会组织开展调查评估。

人民检察院拟对认罪认罚的犯罪嫌疑人提出管制或者缓刑量刑建议的，可以委托社区矫正机构或者有关社会组织开展调查评估。

人民法院拟对被告人判处管制、宣告缓刑、或者决定暂予监外执行的，可以委托社区矫正机构或有关社会组织开展调查评估。但社区矫正机构或有关社会组织根据公安机关、人民检察院委托已经反馈调查评估意见的除外。

监狱、看守所拟报请主管机关报请人民法院裁定罪犯假释的，应当委托社区矫正机构或有关社会组织开展调查评估。

拟报请主管机关决定罪犯暂予监外执行的，监狱、看守所可以委托社区矫正机构或有关社会组织开展调查评估。

第十三条　委托调查评估时，人民法院、人民检察院、公安机关、监狱、看守所应当事先核实犯罪嫌疑人、被告人、罪犯的执行地，及时向拟确定为执行地的县（市、区）社区矫正机构或者有关社会组织发出调查评估委托函，并附带下列材料：

（一）人民法院委托时，应当附带起诉书副本或者一审判决书、自诉状等相关材料；

（二）人民检察院委托时，应当附带起诉意见书；

（三）监狱管理机关、公安机关委托时，应当附带终审法院的刑事判决书、立案决定书、执行通知书、历次减刑裁定书复印件以及罪犯基本情况表等相关材料；

调查评估委托函应当包括犯罪嫌疑人、被告人、罪犯及家属等人员的姓名、住址、联系方式、案由、委托调查事项、被害人信息以及委托机关联系人、联系方式等内容。

委托机关应当指定专人负责办理委托调查手续，由工作人员采用直接送达或邮寄（挂号或快递）等方式送达相关材料，不得将调查评估委托函及相关材料交由案件当事人、近亲属、辩护人、代理人或者其他利害关系人转交县（市、区）社区矫正机构。社区矫正机构不接收委托机关以外的其他单位和个人转递的调查评估委托函等材料。

第十四条　县（市、区）社区矫正机构、有关社会组织应当自收到调查评估委托函及附带材料之日起十个工作日内进行调查了解，形成调查评估意见，与相关材料一起提交委托机关。遇有特殊情况，征得委托机关同意后可以延长二个工作日。对人民法院拟适用速裁程序审理的案件，县（市、区）社区矫正机构应当自收到调查评估委托函及附带材料之日起五个工作日内完成调查评估工作。需要延长调查评估时限的，社区矫正机构、有关社会组织应当与委托机关协商，并在协商确定的期限内完成调查评估。

调查评估时，相关单位、部门、村（居）民委员会等组织、个人应当依法为调查评估提供必要的协助。

县（市、区）社区矫正机构发现犯罪嫌疑人、被告人、罪犯居住地不属于本行政区域的，应当从发现之日起三个工作日内书面告知委托机关，并将相关材料退回。

对因犯罪嫌疑人、被告人、罪犯未如实提供真实姓名和住址，身份不明或者确有其他特殊原因，无法进行调查的，受委托的县（市、区）社区矫正机构可以不予调查，并向委托机关出具未予调查的书面说明。

第十五条　县（市、区）社区矫正机构应当组织两名以上工作人员进行调查评估，其中至少有一名专门国家工作人员。

调查人员进行调查时，应当出示调查评估委托函和工作证。

调查人员可以采取走访、谈话、查阅资料等方式，向犯罪嫌疑人、被告人、罪犯的家庭成员、工作单位、就读学校、所在社区居民、村（居）民委员会、公安派出所、被害人等调查了解情况，形成调查笔录。调查笔录上应当有调查人、被调查人、记录人的签名确认。被调查人拒绝签字的，应当在笔录中注明。必要时，在调查过程中可以录音、录像。

向有关单位收集调取的书面调查材料，应当加盖单位印章。向个人收集调取的书面调查材料，应当由其本人签名或捺印确认。

第十六条　调查人员应当调查了解犯罪嫌疑人、被告人、罪犯的下列基本情况：

（一）居所情况；

（二）家庭和社会关系，包括家庭成员情况，家庭经济状况，共同生活家庭成员的接纳态度，社会交往和主要社会关系；

（三）一贯表现，包括工作学习表现，遵纪守法情况，是否有不良嗜好、行为恶习等；

（四）犯罪行为的后果和影响，包括犯罪嫌疑人、被告人、罪犯的工作单位、就读学校、居住地村（居）民委员会、公安派出所以及被害人对其犯罪行为和适用社区矫正的意见态度等；

（五）对人民法院拟适用禁止令的，要根据被告人、罪犯相关情况，针对在管制执行期间、缓刑考验期限内从事特定活动，进入特定区域、场所，接触特定的人等禁止内容开展调查；

（六）对拟适用暂予监外执行的罪犯，审核保证人的具保条件；

（七）需要调查的其他事项。

第十七条　接受委托的县（市、区）社区矫正机构或者有关社会组织应当及时组织调查，依法全面了解情况，客观公正做出评估。认为不符合社区矫正适用条件的，要具体说明事实、理由和依据。

县（市、区）社区矫正机构或者有关社会组织对拟适用社区矫正的犯罪嫌疑人、被告人、罪犯开展调查评估应当按照下列规定进行：

（一）县（市、区）社区矫正机构可以委托犯罪嫌疑人、被告人、罪犯居住地司法所配合进行调查；

（二）调查人员应当围绕犯罪嫌疑人、被告人、罪犯是否具有再犯罪危险性、是否可以实现有效监管、是否可以适用社区矫正等内容，认真梳理分析调查掌握的情况，对犯罪嫌疑人、被告人、罪犯适用社区矫正的积极因素和消极因素进行鉴别分类，作出对其是否适用社区矫正及禁止令的建议，形成调查评估意见提交县（市、区）社区矫正机构；

（三）县（市、区）社区矫正机构应当对调查材料和评估意见进行审核，制作《调查评估意见书》，连同相关调查材料复印件一并按时提交委托机关。《调查评估意见书》同时抄送拟执行地人民检察院。

第十八条　委托机关认为需要进一步调查核实情况的，可以自行调查，也可以委托补充调查。

第十九条　委托机关应当对调查评估意见认真审查并作为适用或者提请适用社区矫正的参考。

委托机关对调查评估意见的采信情况，应当及时向接受委托的县（市、区）社区矫正机构或有关社会组织送达载有是否采信调查评估意见的法律文书。

第二十条　社区矫正机构依法按时反馈调查评估意见前社区矫正决定机关已经作出判决、裁定、决定的，县（市、区）社区矫正机构可以不再出具调查评估意见，并向委托机关书面说明不再出具意见的原因。

第二十一条　委托机关应当将《调查评估意见书》以及相关调查材料复印件归入案件卷宗副卷或另卷保存。

县（市、区）社区矫正机构应当建立调查评估档案。对于被依法适用社区矫正的罪犯，县（市、区）社区矫正机构应当将调查评估档案归入社区矫正对象执行档案。

第二十二条　委托机关工作人员和接受委托县（市、区）社区矫正机构、有关社会组织工作人员不得向办案之外的人员泄露调查评估意见及调查材料内容，对调查中涉及的国家秘密、商业秘密、个人隐私以及被封存的犯罪记录等信息，应当保密。

第二十三条　对未成年被告人、罪犯进行调查评估，应当对其身份采取适当的保护措施，对其调查材料予以保密，充分保障其合法权益。

对未成年被告人、罪犯进行调查评估，可以邀请共青团、妇联、教育部门、未成年人保护组织的工作人员参加。

《贵州省社区矫正工作实施细则（试行）》

第八条　人民法院拟判处管制、宣告缓刑、决定暂予监外执行的，可以委托县级社区矫正机构对被告人或者罪犯进行调查评估。

监狱、看守所对在押服刑的罪犯拟暂予监外执行的，可以委托县级社区矫正机构进行调查评估。监狱、看守所对在押服刑的罪犯拟假释的，应当委托县级社区矫正机构进行调查评估。

第九条　委托机关在委托调查评估前，应当核实拟适用社区矫正的被告人、罪犯的居住地，并告知其故意隐瞒居住地真实情况影响适用社区矫正的后果。委托机关委托县级社区矫正机构调查评估时，应当发出载明有被告人、罪犯及家属的姓名、详细住址、联系方式、案由以及委托机关联系人和联系方式等内容的调查评估委托函，并附下列法律文书和相关材料：

（一）人民法院委托的，应当附起诉书或者自诉状；

（二）监狱、看守所委托的，应当附判决书、裁定书、执行通知书、减刑裁定书；罪犯服刑期间认罪悔罪、改造表现情况材料以及再犯罪（社会）危险性评估结论。拟暂予监外执行的应附病情诊断、妊娠检查、生活不能自理的鉴别意见等相关病情材料复印件，保证人提交的保证书复印件；

（三）患有严重传染性疾病罪犯的情况说明。

委托机关掌握被害人及家属相关信息和联系方式的，应随函一并提供。

县级社区矫正机构收到人民法院、公安机关、监狱的委托文书后，应当及时书面通知执行地县级人民检察院。

第十条　委托机关与社区矫正机构已实现相关业务信息协同平台互传文书的，应当通过该平台推送调查评估委托函以及相关材料。特殊、紧急情形下，可以通过传真、直接送达等方式送达。涉密文书材料应当通过机要渠道送达或当面送达。

委托机关不得将委托调查材料通过案件当事人家属、律师或者其他利害关系人送达县级社区矫正机构。

第十一条　县级社区矫正机构应当调查核实委托机关提供的被告人、罪犯实际居住地址、姓名等信息是否准确真实。发现被告人、罪犯的居住地不属于本县（市、区），或姓名、地址等相关信息不准确、不真实，或本人、家庭成员、监护人、保证人拒不配合调查，导致社区矫正机构或委托的司法所无法开展调查评估的，应当将实际情况及时书面反馈委托机关，同时书面通报县级人民检察院。

第十二条　调查评估主要内容为：

（一）居所情况；

（二）家庭和社会关系；

（三）犯罪行为的后果和影响；

（四）居住地村（居）民委员会和被害人意见；

（五）拟禁止的事项；

（六）社会危险性、对所居住社区的影响。

第十三条　县级社区矫正机构应当自收到委托函及所附材料之日起十个工作日内完成调查评估，并向委托机关提交调查评估意见。遇特殊情况或者需要补充调查的，应及时与委托机关沟通联系，另行商定完成调查时限。

人民法院拟适用刑事案件速裁程序或监狱、看守所紧急保外就医罪犯需委托调查的，县级社区矫正机构应当自收到调查评估委托函及所附材料之日起五个工作日内完成调查评估工作，并向委托机关提交调查评估意见。

县级社区矫正机构调查评估意见应当同时抄送执行地县级人民检察院。

《河南省社区矫正工作细则》

第十七条　人民法院、监狱、看守所对拟适用或者提请适用社区矫正的被告人或者罪犯，需要调查其社会危险性和对所居住社区影响的，可以委托其居住地县级社区矫正机构或者相关社会组织开展调查评估。

监狱、看守所在向人民法院提出假释建议前，应当委托县级社区矫正机构或者有关社会组织进行调查评估，并将调查评估意见书附送人民法院。

人民检察院对认罪认罚的犯罪嫌疑人，拟提出适用缓刑或者判处管制的量刑建议的，可以委托其居住地县级社区矫正机构或者相关社会组织开展调查评估。

第十八条　委托调查评估时，人民法院、人民检察院、监狱、看守所应当出具调查评估委托函。

调查评估委托函由委托机关统一制定，应当包括被告人或者罪犯及家属等人员的姓名、住址、联系方式、案由、委托调查事项、被害人信息以及委托机关的联系人、联系方式等内容。

委托机关应当将调查评估委托函直接送达或以邮件等适当方式送达县级社区矫正机构，不得通过案件当事人、法定代理人、诉讼代理人或者其他利害关系人转交。县级社区矫正机构不接收委托机关以外的其他单位和个人转递的调查评估委托函等材料。

第十九条　人民法院委托调查评估时，应附起诉书或者自诉状；监狱、看守所委托时，应附判决书、裁定书、执行通知书复印件以及罪犯在服刑期间表现情况等材料；人民检察院委托调查评估时，应附起诉意见书。

第二十条　收到调查评估委托函的县级社区矫正机构，查明被告人或者罪犯在本辖区不具备居住条件或者有其他应当变更居住地情形的，或者被告人、罪犯的姓名不真实、身份不明等原因导致无法开展调查评估的，应当自收到委托函之日起三个工作日内向委托机关说明情况，并将相关材料退回。

第二十一条　县级社区矫正机构或者相关社会组织收到委托文书后应当及时通知当地县级人民检察院。

县级社区矫正机构、有关社会组织接受委托后，应当依法开展调查评估，全面调查了解情况，客观公正提出评估意见。

第二十二条　相关单位、部门、村（居）民委员会等组织、个人应当依法为调查评估提供必要的协助。

第二十三条　县级社区矫正机构应当自收到调查评估委托函及所附材料之日起十个工作日内完成调查评估，提交评估意见。

对于适用刑事案件速裁程序的，应当在五个工作日内完成调查评估，提交评估意见。

特殊情况需要延长调查时间的，县级社区矫正机构应当及时与委托机关协商，在协商确定的期限内完成调查评估。

第二十四条　调查评估的事项包括被告人或罪犯的居所情况、家庭和社会关系、家庭成员协助监管的条件、生活来源、社会表现、犯罪行为的后果和影响、居住地村（居）委会和被害人意见、社会危险性、对所居住社区的影响等情况。

对人民法院拟适用禁止令的，调查内容应当包括在管制执行期间、缓刑考验期限内“从事特定活动，进入特定区域、场所，接触特定人”等一项或几项禁止事项。

第二十五条　调查评估应当根据被调查对象的犯罪原因、犯罪性质、犯罪手段、犯罪后的悔罪表现、个人一贯表现等情况，充分考虑与被调查对象所犯罪行的关联程度，有针对性地采取查阅、调取资料，走访有关单位和个人，问卷调查，个别约谈以及察看现场等方式，由两名以上社区矫正工作人员进行。

第二十六条　调查评估应现场制作调查评估笔录，经被调查人核实无误后签字确认。被调查人拒绝签字的，应当在笔录中注明情况，必要时可进行录音、摄像。单位提供的材料应由经办人签字并加盖公章确认。

第二十七条　开展调查评估的工作人员应当根据调查评估情况，如实填写《调查评估审核表》，连同调查笔录等有关材料一并报县级社区矫正机构集体研究、按程序审核。

第二十八条　县级社区矫正机构应当建立调查评估审核机制，听取调查评估情况反馈，对相关调查材料进行审核后，根据社会危险性高低、对所居住社区影响大小等因素，提出调查评估意见，出具《调查评估意见书》，附相关材料复印件、调查评估机构联系方式一起提交委托机关，同时抄送当地县级人民检察院。

第二十九条　调查事项没有发生重大变化的同一案件，委托机关不得重复委托，县级社区矫正机构和相关社会组织不接受重复委托的调查评估。

第三十条　调查评估可以委托从事社区矫正相关工作的社会组织实施。社会组织开展调查评估的，由该社会组织组成调查评估小组，参照委托社区矫正机构调查评估的规定开展调查评估，形成调查评估报告提交委托机关，同时抄送当地县级人民检察院。

第三十一条　社区矫正决定机关对调查评估意见的采信情况，应当在相关法律文书中说明。

第三十二条　委托机关和接受委托的县级社区矫正机构或社会组织的工作人员不得泄露调查评估意见以及调查中涉及的国家秘密、工作秘密、商业秘密、未成年人信息、个人隐私以及被封存的犯罪记录。

《湖南省社区矫正实施细则》

第二十条　社区矫正决定机关对拟适用社区矫正的被告人、罪犯，需要调查其社会危险性和对所居住社区影响的，可以委托拟确定为执行地的县级社区矫正机构开展调查评估。

根据《关于适用认罪认罚从宽制度的指导意见》《关于规范量刑程序若干问题的意见》有关规定，侦查机关、人民检察院可以委托犯罪嫌疑人居住地县级社区矫正机构进行调查评估。

根据《中华人民共和国社区矫正法实施办法》有关规定，对罪犯提请假释的，监狱应当委托县级社区矫正机构调查评估；对罪犯报请暂予监外执行的，监狱、公安机关可以委托县级社区矫正机构调查评估。

第二十一条　委托社区矫正机构调查评估时，调查评估委托机关应当向被告人或者罪犯居住地县级社区矫正机构出具调查评估委托函。县级社区矫正机构收到委托文书后应当及时通知县级人民检察院。

调查评估委托函应当注明被告人、罪犯及其家属等有关人员的姓名、住址、联系方式、案由、委托调查事项以及委托机关联系人、联系方式等内容。

调查评估委托机关和接受委托的县级社区矫正机构应当指定专人办理调查评估手续，不得通过案件当事人、代理人或者其他利害关系人转递。县级社区矫正机构不得接收委托机关以外的其他单位和个人转递的委托调查材料。

第二十二条　人民法院委托调查评估

时，应当附起诉书或者自诉状；监狱、看守所委托时，应当附判决书以及罪犯在服刑期间表现情况材料。

拟提请暂予监外执行的，还应附相关医学诊断材料。

第二十三条 县级社区矫正机构收到调查评估委托函后，查明被告人或者罪犯居住地不属于本行政区域，或者被告人、罪犯的姓名不真实、身份不明等原因导致无法开展调查评估的，应当自收到委托函之日起三个工作日内向委托机关说明情况，并将相关材料退回。

第二十四条 县级社区矫正机构收到委托文书后应当及时组成两人以上的调查评估小组，其中应当至少有一名社区矫正机构工作人员，可以邀请社会工作者、志愿者参加。

第二十五条 调查小组应当有针对性地采取查阅调取资料、走访有关单位和个人、问卷调查、个别约谈以及实地查访等方式进行调查。相关单位、部门、村（居）民委员会等组织、个人应当为调查评估提供必要的协助。

调查评估内容包括被告人或者罪犯的居所情况、家庭和社会关系、犯罪行为的后果和影响、居住地村（居）民委员会和被害人意见、拟禁止的事项、社会危险性、对所居住社区的影响等情况。

第二十六条 调查评估时应制作调查笔录，经调查对象核实无误后签字确认。调查对象拒绝签字的，应当在笔录中注明情况，必要时可进行录音、摄像。单位提供的材料应加盖公章。

第二十七条 调查评估小组应当根据调查评估情况，如实填写调查评估报告，连同调查笔录等相关材料一并报县级社区矫正机构审核。

第二十八条 县级社区矫正机构应当建立调查评估审议机制，听取调查评估小组意见，对调查评估报告、调查笔录等相关材料进行集体审议，综合社会危险性高低、对所居住社区影响大小等因素提出调查评估意见。

第二十九条 县级社区矫正机构应当及时完成调查评估，自收到调查评估委托函及所附材料之日起十个工作日内提交评估意见；对于适用刑事案件速裁程序的，应当在五个工作日内完成调查评估并提交评估意见。调查评估意见抄送执行地县级人民检察院。特殊情况需要延长调查时间的，县级社区矫正机构应当及时与委托单位协商，并在协商确定的期限内完成调查评估。

第三十条 社区矫正决定机关对调查评估意见的采信情况，应当在相关法律文书中说明。对未采信调查评估意见的，在裁判或者决定生效后十个工作日内函告县级社区矫正机构，或者将裁判、决定送达社区矫正机构。

第三十一条 对调查事项没有发生重大变化的同一案件，县级社区矫正机构在六个月内一般不接受重复委托调查评估。

对社区矫正决定机关已经作出判决、裁定、决定的，县级社区矫正机构可以不再出具调查评估意见。

第三十二条 委托机关和接受委托的县级社区矫正机构不得泄露调查评估意见以及调查中涉及的国家秘密、工作秘密、商业秘密、未成年人信息、个人隐私、被封存的犯罪记录等信息。

第三十三条 罪犯因严重疾病需要保外就医的，应当由罪犯本人或者其亲属、监护人提出保证人。保证人由监狱、看守所在征求拟确定为执行地的县级社区矫正机构意见后审查确定。

罪犯没有亲属、监护人做保证人的，

可以由其居住的村（社区）居委会、原所在单位推荐保证人。

保证人应当向监狱、看守所和拟确定为执行地的县级社区矫正机构出具保证书。

第三十四条　保证人应当同时具备下列条件：

（一）具有完全民事行为能力，愿意承担保证人义务；

（二）人身自由未受到限制；

（三）有固定的住处和收入；

（四）与保外就医对象共同居住或者居住在同一市、县。

第三十五条　保外就医社区矫正对象的保证人，应当履行下列义务：

（一）协助社区矫正机构监督社区矫正对象遵守法律和有关规定；

（二）发现社区矫正对象擅自离开居住的市、县或者变更居住地，或者有违法犯罪行为，或者保外就医情形消失，或者社区矫正对象死亡的，立即向社区矫正机构报告；

（三）为社区矫正对象的治疗、护理、复查以及正常生活提供帮助；

（四）督促和协助社区矫正对象按照规定履行定期病情复查和向社区矫正机构报告的义务。

第三十六条　执行地县级社区矫正机构、受委托的司法所应当督促保证人认真履行保证义务，发现保证人不履行保证义务的，应当给予批评教育并责令改正；情节严重的，执行地县级社区矫正机构可以取消其保证人资格。

第三十七条　对保证人丧失保证人条件、被取消保证人资格或者因其他原因不能继续履行保证义务的，执行地县级社区矫正机构应当责令保外就医的社区矫正对象或者其亲属、监护人或者有关单位限期提出新的保证人，并对新保证人的资格进行审查。审查确定新的保证人后，执行地县级社区矫正机构应当书面通知保外就医社区矫正对象原服刑或者接收其档案的监狱、看守所。

《江苏省社区矫正实施细则》

第六条　委托机关向拟执行地县级社区矫正机构发出的《调查评估委托函》包括被告人、犯罪嫌疑人、罪犯及其家属或者监护人、保证人等有关人员的姓名、住址、联系方式、案由以及委托机关的联系人、联系方式等内容，并附下列相关材料：

（一）人民法院委托时，附带起诉书或者自诉状；

（二）人民检察院委托时，附带起诉意见书；

（三）公安机关在刑事案件侦查阶段委托时，附带案件情况材料；

（四）看守所、监狱委托时，附带判决书、裁定书、执行通知书、减刑裁定书复印件以及罪犯在服刑期间表现情况材料；

（五）对暂予监外执行调查评估案件，附带由省级人民政府指定的医院出具的被告人、罪犯病情诊断、妊娠检查，或者看守所、监狱组织有医疗专业人员参加的鉴别小组出具的生活不能自理鉴别意见等有关材料复印件；

（六）拟适用社区矫正的被告人、犯罪嫌疑人、罪犯的身份证或者户口簿、居住证、户籍证明复印件，以及其本人或者他人、有关单位提供的固定住所、固定生活来源的相关材料。

委托机关指定专人负责办理委托调查评估手续，委托函不得通过案件当事人、法定代理人、诉讼代理人或者其他利害关系人转递。社区矫正机构不得接收委托机关以外的其他单位或个人转递的委托调查材料。

第七条 社区矫正机构收到委托函及所附材料后，应当及时通知拟执行地县级人民检察院，并指派两名以上工作人员（其中至少有一名社区矫正机构或者受委托司法所的工作人员），在十个工作日内完成调查评估。适用刑事案件速裁程序的，应当在五个工作日内完成。其他特殊情形需要尽快完成的，委托机关与社区矫正机构协商确定调查评估完成时限。

社区矫正机构需要延长调查评估时限的，与委托机关协商确定完成时限，最长不得超过二十个工作日。因被告人、犯罪嫌疑人或者罪犯的姓名、居住地不真实、身份不明等原因，社区矫正机构无法进行调查评估的，应当及时向委托机关说明情况。

社区矫正机构按照期限提出调查评估意见前，社区矫正决定机关已经作出判决、裁定或者决定的，社区矫正机构终止调查评估工作，向委托机关告知不出具意见的原因，并通报拟执行地县级人民检察院。

第八条 依照《实施办法》第十四条第一款的规定，社区矫正机构对被告人、犯罪嫌疑人或者罪犯进行调查了解，形成调查评估意见，制作《调查评估意见书》，与相关材料一起提交委托机关，同时抄送拟执行地县级人民检察院。

第九条 社区矫正决定机关对调查评估意见的采信情况，应当在相关法律文书中说明。除依法在有关法律文书中予以说明的信息之外，对调查评估意见以及调查中涉及的国家秘密、商业秘密、个人隐私等信息，不得泄露。

对同一调查评估对象，社区矫正机构提出调查评估意见后六个月内，未发生新的可能影响调查评估意见结论情形的，委托机关一般不再委托调查评估。对于因不同事由或者不同委托机关委托的，社区矫正机构应当重新开展调查评估。

第十条 依照《社区矫正法》和《实施办法》等规定，接受委托的有关社会组织进行调查了解，形成调查评估意见，与相关材料一起提交委托机关，同时抄送拟执行地县级人民检察院。有关社会组织在调查评估过程中，可以征求拟执行地县级社区矫正机构的意见。

《江西省社区矫正工作实施细则》

第二十一条 社区矫正决定机关对拟适用社区矫正的被告人、罪犯，需要调查其社会危险性和对所居住社区影响的，可以委托拟确定为执行地的社区矫正机构或者有关社会组织进行调查评估。

第二十二条 委托调查评估时，委托机关应当向社区矫正机构或者有关社会组织出具调查评估委托函。调查评估委托函应当包括被告人、罪犯及其家属以及被害人等有关人员的姓名、住址、联系方式、案由以及委托机关的联系人、联系方式等内容，居住地核实材料，并附其他相关材料：

（一）对拟判处管制、宣告缓刑的被告人进行调查评估，委托机关应当附起诉书或者自诉状、犯罪记录证明材料等，有被害人谅解书的，应当附谅解书；二审法院委托调查评估的还应当附一审法院的判决书等；

（二）对拟裁定假释的罪犯进行调查评估，委托机关应当附判决书、裁定书、执行通知书、减刑裁定书复印件以及罪犯在服刑期间表现情况材料等；

（三）对拟决定暂予监外执行的罪犯进行调查评估，委托机关应当附判决书、起诉书或者自诉状、疾病鉴定或者其他暂予监外执行情形的相关佐证材料等。

调查评估委托函不得通过案件当事人、法定代理人、诉讼代理人或者其他利害关系人转交社区矫正机构或者有关社会组织。

第二十三条　社区矫正机构或者有关社会组织收到委托材料后，应当对委托材料进行核查，按以下程序处理：

（一）委托材料齐全的，应当及时通报执行地县级人民检察院；

（二）委托材料不齐全的，应当通知委托机关在三日内补齐，调查期限以委托机关补齐材料之日起算，并将有关情况一并及时通报执行地县级人民检察院。

第二十四条　社区矫正机构或者有关社会组织接受委托，且材料齐全的，依法对被告人、罪犯的以下内容进行调查了解，形成调查评估意见：

（一）居所情况；

（二）家庭和社会关系；

（三）犯罪行为的后果和影响；

（四）居住地村（居）民委员会意见；

（五）拟禁止的事项；

（六）社会危险性、对所居住社区的影响；

（七）其他需要调查了解的情况。

第二十五条　社区矫正机构对拟适用社区矫正的被告人、罪犯开展调查评估，一般按以下程序进行：

（一）人员指派。指派两名以上社区矫正工作人员（其中至少有一名社区矫正机构或者社区矫正日常机构工作人员），组成调查评估小组，开展调查评估；

（二）调查走访。调查评估小组可以采取走访、谈话、查阅资料等方式，向被告人、罪犯的家庭、工作单位、就读学校、村（居）民委员会、公安派出所、社区居民、被害人等调查了解情况，制作调查笔录、收集证据材料。对人民法院拟适用禁止令的，还可以根据被告人的犯罪原因、犯罪性质、犯罪手段，犯罪后的悔罪表现、个人一贯表现等情况，针对是否禁止从事特定活动、进入特定区域（场所）、接触特定的人等事项进行调查；

（三）分析评估。调查评估小组应当围绕被告人、罪犯是否具有再犯罪危险性、是否可以实现有效监管、是否对所居住社区有影响、是否需要适用禁止令，将调查掌握的证据材料归类为积极因素和消极因素，全面分析评估，提出调查评估建议；

（四）集体审核研究。社区矫正机构可以采取召开会议或者集体阅卷等方式，审核调查评估小组的调查情况及评估建议，作出能否对被告人、罪犯适用社区矫正及禁止令的意见；

（五）提交评估意见。社区矫正机构应当制作《调查评估意见书》，对居住地确定有异议的，应当附被告人、罪犯的居住地新的核实材料，一并提交给委托机关。

第二十六条　调查评估人员有下列情形之一的，应当自行回避，当事人及其法定代理人有权申请其回避：

（一）调查评估案件当事人或者当事人近亲属的；

（二）本人或者其他的近亲属与本案有利害关系的；

（三）与本案当事人有其他关系，可能影响公正处理调查评估案件的。

调查评估人员的回避，由社区矫正机构或者有关社会组织决定。

调查评估人员有应当回避的情形，但没有自行回避，当事人也没有申请其回避的，由社区矫正机构或者有关社会组织决定其回避。

第二十七条　调查评估人员向被调查人进行调查了解相关情况时，应当制作调查笔录，并经被调查人签字确认，被调查人拒绝签字的，应当在笔录中注明；向有关单位调取的材料应当由提供单位加盖公章予以确认。必要时，调查过程可以录音、录像，但应当向被调查人说明。

调查评估人员进行调查时，应当主动出示工作证件和调查函件。被调查人应当包括两名以上与被告人、罪犯及其近亲属无利害关系的人员。相关单位、部门、村（居）民委员会等组织、个人应当依法为调查评估提供必要的协助。

第二十八条　被告人、罪犯的近亲属或者所在工作单位、就读学校、村（居）民委员会应当向社区矫正机构或者有关社会组织出具是否同意配合帮助做好日常监督教育工作的书面意见。

第二十九条　社区矫正机构或者有关社会组织应当自收到调查评估委托函及所附材料之日起十个工作日内完成调查评估，提交评估意见。对于适用刑事案件速裁程序的，应当在五个工作日内完成调查评估，提交评估意见。评估意见同时抄送执行地县级人民检察院。需要延长调查评估时限的，社区矫正机构或者有关社会组织应当与委托机关协商，并在协商确定的期限内完成调查评估。

决定机关在委托调查评估期限内已经作出判决、裁定、决定的，应当及时通知委托的社区矫正机构或者有关社会组织终止调查，并出具情况说明。

社区矫正机构或者有关社会组织因被告人、罪犯的姓名、居住地不真实、身份不明等原因，无法进行调查评估的，可以不出具调查评估意见书，但需及时向委托机关出具情况说明。

除被告人、罪犯的情况发生变化外，社区矫正决定机关不得就同一案件同一被告人、罪犯重复委托调查评估；被告人、罪犯的情况发生变化的，社区矫正决定机关应当附情况变化的相关证明材料。

第三十条　调查评估意见可以作为被告人、罪犯是否适用社区矫正的参考依据，社区矫正决定机关对调查评估意见的采信情况，应当在相关法律文书中说明。

第三十一条　社区矫正决定机关、社区矫正机构、社区矫正日常机构和有关社会组织及其相关工作人员对调查评估意见以及调查中涉及的国家秘密、商业秘密、个人隐私等信息，应当保密，不得泄露。

调查评估终结后，社区矫正机构和有关社会组织应当将调查评估相关材料整理归卷，统一保管。调取、查询、复印卷宗的，须经社区矫正机构或者有关社会组织批准。

《辽宁省社区矫正实施细则》

第十四条　人民法院、人民检察院、公安机关、监狱管理机关对拟适用或者提请适用社区矫正的被告人或者罪犯，需要调查其社会危险性和对所居住社区影响的，可以委托其居住地县级社区矫正机构或者相关社会组织开展调查评估。

对于曾在社区矫正期间被收监执行的罪犯应当委托调查评估。

监狱、看守所在向人民法院提出假释建议前，应当委托其居住地县级社区矫正机构或者有关社会组织进行调查评估。

第十五条　人民检察院对认罪认罚的犯罪嫌疑人，拟建议人民法院判处缓刑或者管制的，可以委托社区矫正机构或者有关社会组织开展调查评估。已经委托并反馈调查评估意见的，人民法院不再重复委托调查评估。

第十六条　委托机关应当向被告人或者罪犯居住地县级社区矫正机构发送调查

评估委托函。

调查评估委托函应当注明委托机关地址、联系人、联系方式，被告人或者罪犯及其家庭主要成员的姓名、住址、联系方式等。如涉及对被告人或者罪犯工作单位、就读学校、受害人或者其近亲属调查评估的，还应当注明相关单位和人员的地址、联系方式等，并附带以下材料：

（一）人民法院委托时，应当附带起诉书或者自诉状复印件；

（二）公安机关、监狱管理机关或者监狱委托时，应当附带判决书、裁定书、执行通知书、减刑裁定书复印件以及罪犯服刑表现材料；

（三）拟暂予监外执行的，委托机关还应当附带由省级人民政府指定医院出具的病情诊断、妊娠检查或者监狱、看守所有医疗专业人员参加的鉴别小组出具的生活不能自理的证明材料；

（四）被告人或者罪犯的居住、户籍情况证明材料。

第十七条　委托机关应当指定专人负责办理委托调查评估手续，不得将材料交由案件当事人、代理人或者其他利害关系人转递。社区矫正机构不得接收委托机关以外的其他单位或者个人转递的委托材料。

社区矫正机构收到委托材料后，应当及时通知同级人民检察院。

第十八条　社区矫正机构接受委托后，应当根据被调查对象的犯罪原因、犯罪性质、犯罪手段、犯罪后的悔罪表现、个人一贯表现等情况，充分考虑与被调查对象所犯罪行的关联程度，有针对性地采取查阅、调取资料，走访有关单位和个人，问卷调查，个别约谈以及察看现场等方式，组织两名以上工作人员，对被告人或者罪犯的以下情况进行调查了解：

（一）基本情况。包括基本信息、学习或者工作生活情况、主要经济来源等；

（二）居所情况。包括有无固定住所，居住房屋的权属性质和居住状况等；

（三）家庭和社会关系。包括家庭成员基本情况及对适用社区矫正的态度、邻里关系、社会交往等；

（四）犯罪前的一贯表现。包括犯罪前在社区的主要表现、有无不良嗜好和行为恶习等；

（五）犯罪行为的后果和影响；

（六）村（居）民委员会意见。包括对适用社区矫正的意见、是否愿意协助做好社区矫正相关工作等；

（七）被害人或者其近亲属意见。包括是否达成谅解、对适用社区矫正的意见等。因被害人死亡、限制民事行为能力、丧失民事行为能力等无法调查被害人意见的，应当调查其近亲属或者法定监护人意见；

（八）拟判处管制、宣告缓刑的被告人，建议禁止的事项；

（九）拟适用暂予监外执行的罪犯，保证人是否具备保证条件；

（十）其他需要调查评估情况。

第十九条　对于采取走访、座谈、个别谈话等方式进行调查的，调查人员应当现场制作调查笔录，被调查人核实无误后签字确认；被调查人拒绝签字的，应当在笔录中注明。对于通过查阅调取相关资料方式进行调查的，应当由提供单位确认无误后盖章。必要时，调查过程可以录音、录像。调查评估时，相关单位、部门、村（居）民委员会等组织、个人应当依法为调查评估提供必要的协助。

第二十条　县级社区矫正机构应当对调查材料进行综合分析评估，经集体研究后，出具评估意见。评估意见应当对被告人或者罪犯的社会危险性和对所居住社区的影响作出评价，并对被告人或者罪犯是否适合社区矫正提出意见。

具有下列情形之一的，可以视为具有社会危险性：

（一）扬言或者预备实施新的犯罪的；

（二）企图自杀或者逃跑的；

（三）可能对被害人、举报人、控告人实施打击报复的；

（四）以违法犯罪所得为主要生活来源的；

（五）有吸毒、赌博、暴力倾向等恶习的；

（六）加入非法社团、组织的；

（七）其他具有危害社会情形的。

具有下列情形之一的，可以视为对所居住社区具有不良影响：

（一）所在村（居）民委员会、工作单位或者就读学校认为不适合社区矫正的；

（二）家庭成员、监护人或者近亲属不具备监管条件或者明确表示不参与监管的；

（三）被害人或者其近亲属不谅解的，或者反对适用社区矫正的（提出明显不合理要求的除外）；

（四）拒不认罪悔罪或者犯罪前一贯表现较差或者犯罪行为影响恶劣的；

（五）没有固定住所或者提供的住所证明材料明显不符合实际情况的；

（六）没有固定生活来源的；

（七）拟决定或者批准暂予监外执行的罪犯，保证人不具备保证条件的；

（八）其他具有不良影响的情形。

第二十一条 社区矫正机构应当自收到调查评估委托函及所附材料之日起十个工作日内完成调查评估工作，提交评估意见；对于适用刑事案件速裁程序的，应当在五个工作日内完成调查评估，提交评估意见；对于短期内有生命危险的，应当在三个工作日内完成调查评估，提交评估意见。评估意见同时抄送执行地县级人民检察院。

需要延长调查评估时限的，社区矫正机构应当与委托机关协商，并在协商确定的时限内完成调查评估。

因被告人或者罪犯的姓名、居住地不真实、身份不明或者本人、家庭成员、监护人、保证人拒不配合调查等原因，社区矫正机构、有关社会组织无法进行调查评估的，应当及时向委托机关书面说明情况。社区矫正决定机关对调查评估意见的采信情况，应当在相关法律文书中说明。

第二十二条 社区矫正机构组织调查过程中形成的相关材料，应当随同《调查评估意见书》一并提交委托机关，供委托机关认定调查评估意见时参考。

第二十三条 除依法在法律文书中予以说明的调查评估相关情况外，委托机关应当对调查人、调查对象以及调查评估其他相关具体事项予以保密，不得泄露给被调查评估对象。

《宁夏回族自治区社区矫正实施细则》

第二十二条 社区矫正决定机关对拟适用社区矫正的被告人、罪犯，需要调查其社会危险性和对所居住社区影响的，可以委托拟确定为执行地的社区矫正机构或者有关社会组织进行调查评估。社区矫正机构或者有关社会组织收到委托文书后应当及时通知执行地县级人民检察院。

第二十三条 委托机关应当向被告人、罪犯居住地所在县级社区矫正机构发出调查评估委托函。委托函应当包括被告人、罪犯及其家庭主要成员的姓名、住址、联系方式、案由以及委托机关的联系人、联系方式等内容，同时附带相关法律文书。

委托机关不得将材料交由案件当事人、代理人或者其他利害关系人转递。

社区矫正机构不得接收委托机关以外的其他单位或者个人转递的委托调查材料。

第二十四条　社区矫正机构或者有关社会组织接受委托后，应当对被告人、罪犯的居所情况、家庭和社会关系、犯罪行为的后果和影响、居住地村（居）民委员和被害人意见、拟禁止的事项、社会危险性、对所居住社区的影响等情况进行调查了解，形成评估意见，与相关材料一起提交委托机关。调查评估时，相关单位、部门、村（居）民委员会等组织、个人应当依法为调查评估提供必要的协助。

第二十五条　社区矫正机构或者有关社会组织可以通过走访、座谈、个别谈话、查阅调取相关资料等方式调查核实相关情况。

调查评估应当现场制作调查评估笔录，经被调查人核实无误后签字确认。被调查人拒绝签字的，应当在笔录中注明情况，必要时可进行录音、摄像。单位提供的材料应当由经办人签字并加盖公章确认。

第二十六条　受委托的社区矫正机构或者有关社会组织，应当自收到调查评估委托函及所附材料之日起十个工作日内完成调查评估，提交评估意见。对于适用刑事案件速裁程序的，应当自收到材料之日起五个工作日内完成调查评估，提交评估意见。评估意见同时抄送执行地的县级人民检察院。

需要延长调查评估时限的，社区矫正机构、有关社会组织应当与委托机关协商，并在协商确定的期限内完成调查评估。因被告人或者罪犯的姓名、居住地不真实、身份不明等原因，社区矫正机构、有关社会组织无法进行调查评估的，应当及时向委托机关说明情况。

第二十七条　社区矫正决定机关对调查评估意见的采信情况，应当在相关法律文书中说明。

受委托的社区矫正机构提交调查评估意见前，决定机关已经作出判决、裁定、决定的，社区矫正机构可以不再出具调查评估意见。

对调查评估意见以及调查中涉及的国家秘密、商业秘密、个人隐私等信息，应当保密，不得泄露。

《山东省社区矫正实施细则》

第五条　人民法院拟对被告人或者罪犯判处管制、宣告缓刑或者决定暂予监外执行的，可以委托社区矫正机构开展调查评估。对于被告人或者罪犯为港澳台籍、外国籍或国籍不明的，应当委托社区矫正机构进行调查评估。

拟提请人民法院裁定罪犯假释的，监狱应当委托社区矫正机构开展调查评估。

拟报请主管部门批准罪犯暂予监外执行的，监狱、看守所可以委托社区矫正机构开展调查评估。

对于适用认罪认罚从宽制度可能判处管制、缓刑的案件，侦查机关、人民检察院、人民法院可以委托社区矫正机构进行调查评估。

委托机关可以委托犯罪嫌疑人、被告人或者罪犯拟确定为执行地的县级社区矫正机构或者有关社会组织开展调查评估。

第六条　委托机关在委托调查评估前，应当核实犯罪嫌疑人、被告人或者罪犯本人的居住地。

居住地是指社区矫正对象实际居住的县（市、区）。

经常居住地是指社区矫正对象经常居

住的，有固定住所、固定生活来源的县（市、区）。有合法住所且已经或者能够连续居住六个月以上的，可以认定为固定住所。本人有合法稳定工作、固定收入，或者家庭成员、近亲属以及其他人员愿意为社区矫正对象生活提供经济支持的，可以认定为具有固定生活来源。

委托机关核实犯罪嫌疑人、被告人或者罪犯居住地时，应当听取犯罪嫌疑人、被告人或者罪犯本人的意见。犯罪嫌疑人、被告人或者罪犯应当如实提供其居住、户籍情况，并提供必要的证明材料：所居住房屋所有或共有不动产权证；已经或者能够连续居住六个月以上的房屋租赁合同；在单位宿舍可以连续居住六个月以上的工作单位证明；为社区矫正对象提供固定住所的人员的房屋所有证明和意向证明；社区矫正对象居民身份证、居民户口本、居住证等。

第七条 委托机关应当向犯罪嫌疑人、被告人或者罪犯居住地或者经常居住地县级社区矫正机构发送调查评估委托函，并附带以下材料：

（一）人民法院委托时，应当附带起诉书或者自诉状复印件；

（二）公安机关、监狱管理机关或者监狱委托时，应当附带判决书、裁定书、执行通知书、减刑裁定书复印件以及罪犯服刑表现材料；

（三）拟暂予监外执行的，委托机关还应当附带由省级人民政府指定医院出具的病情诊断、妊娠检查或者监狱、看守所有医疗专业人员参加的鉴别小组出具的生活不能自理的证明材料；

（四）犯罪嫌疑人、被告或者罪犯的居住、户籍情况证明材料。

调查评估委托函应当注明委托机关地址、联系人、联系方式，犯罪嫌疑人、被告人或者罪犯及其家庭主要成员的姓名、住址、联系方式等。如涉及对犯罪嫌疑人、被告人或者罪犯工作单位、就读学校、被害人或者其近亲属调查评估的，还应当注明相关单位和人员的地址、联系方式等。

委托机关应当指定专人负责办理委托调查评估手续，不得将材料交由案件当事人、代理人或者其他利害关系人转递。社区矫正机构不得接收委托机关以外的其他单位或者个人转递的委托材料。

社区矫正机构收到委托材料后、开展调查评估前，应当通知拟确定为执行地的县级人民检察院，告知委托机关、委托时间、调查期限，以及犯罪嫌疑人、被告人或者罪犯的基本情况、所涉罪名等。

第八条 社区矫正机构接受委托后，根据需要，对犯罪嫌疑人、被告人或者罪犯的以下情况进行调查了解：

（一）基本情况，包括基本信息、学习或者工作生活情况、主要经济来源等；

（二）居所情况，包括有无固定住所，居住房屋的权属性质和居住状况等；

（三）家庭和社会关系，包括家庭成员基本情况、对适用社区矫正的态度、邻里关系、社会交往等；

（四）犯罪前的一贯表现，包括犯罪前在社区的主要表现、有无不良嗜好和行为恶习等；

（五）犯罪行为的后果和影响；

（六）村（居）民委员会意见；

（七）被害人或者其近亲属意见，包括是否达成谅解、对适用社区矫正的意见等。因被害人死亡、限制民事行为能力、丧失民事行为能力等无法调查被害人意见的，应当调查其近亲属或者法定监护人意见；

（八）拟判处管制、宣告缓刑的被告

人，建议禁止的事项；

（九）拟适用暂予监外执行的罪犯，保证人是否具备保证条件；

（十）其他需要调查评估情况。

第九条 调查可以通过走访、座谈、个别谈话、查阅调取相关资料、商请相关县级社区矫正机构协查等方式进行。调查评估应当有两名以上工作人员参加。

调查对象主要包括家庭成员、村（居）民委员会、派出所、工作单位、就读学校有关人员等。若被害人与拟适用社区矫正对象在同一社区生活的，应当征求被害人的意见。

对于采取走访、座谈、个别谈话等方式进行调查的，调查人员应当现场制作调查笔录，被调查人核实无误后签字确认；被调查人拒绝签字的，应当在笔录中注明。对于通过查阅调取相关资料方式进行调查的，应当由提供单位确认无误后盖章。必要时，调查过程可以录音、录像。

调查评估时，相关单位、部门、村（居）民委员会等组织、个人应当依法为调查评估提供必要的协助。

第十条 县级社区矫正机构应当对调查材料进行综合分析评估后，出具评估意见。评估意见应当对犯罪嫌疑人、被告人或者罪犯的社会危险性和对所居住社区的影响作出评价。根据需要，可以对犯罪嫌疑人、被告人或者罪犯是否适合社区矫正提出意见。拟提请假释罪犯社区调查评估，评估意见应当明确同意或者不同意适用社区矫正，不同意适用社区矫正的，应当说明理由。

具有下列情形之一的，可以视为具有社会危险性：

（一）扬言或者预备实施新的犯罪的；

（二）企图自杀或者逃跑的；

（三）可能对被害人、举报人、控告人实施打击报复的；

（四）曾在社区矫正期间被收监执行的（因积极治疗、病情好转被收监执行的除外）；

（五）以犯罪所得为主要生活来源的；

（六）有吸毒、赌博、暴力倾向等恶习的；

（七）加入非法社团、组织的；

（八）具有其他危害社会情形的。

具有下列情形之一的，可以视为对所居住社区具有不良影响：

（一）所在村（居）民委员会、工作单位或者就读学校根据其一贯表现情况认为不适合社区矫正的；

（二）家庭成员、监护人或者近亲属不具备监管条件的；

（三）拒不认罪悔罪或者犯罪前一贯表现较差或者犯罪行为影响恶劣的；

（四）没有固定住所或者提供的住所证明材料明显不符合实际情况的；

（五）没有固定生活来源的；

（六）拟决定或者批准暂予监外执行的罪犯，保证人不具备保证条件的；

（七）其他具有不良影响的情形。

第十一条 社区矫正机构应当自收到调查评估委托函及所附材料之日起十个工作日内完成调查评估工作，提交评估意见。对于适用刑事案件速裁程序的，应当在五个工作日内完成调查评估，提交评估意见。评估意见同时抄送拟确定为执行地的县级人民检察院。需要延长调查评估时限的，社区矫正机构应当与委托机关协商，并在协商确定的时限内完成调查评估。

因犯罪嫌疑人、被告人或者罪犯的姓名、居住地不真实、身份不明或者本人、家庭成员、监护人、保证人拒不配合调查等原因，社区矫正机构无法进行调查评估的，应当及时向委托机关书面说明情况，并退回委托材料。

社区矫正决定机关对调查评估意见的采信情况及理由，应当在相关法律文书中说明。

同一调查评估对象，未发生居住地变更、家庭重大变故、就业就学情况较大变化、身体状况恶化或发现漏罪、新罪等可能影响调查评估意见的情形的，委托机关不应当重复委托。

县级社区矫正机构在法定期限内出具书面调查评估意见前，社区矫正决定机关已经作出判决、裁定、决定的，社区矫正决定机关或委托机关应当书面通知受委托的县级社区矫正机构，县级社区矫正机构不再出具调查评估意见，并及时通知同级人民检察院。

对调查评估意见以及调查中涉及的国家秘密、商业秘密、个人隐私等信息，应当保密，不得泄露。

《山西省社区矫正实施细则》

第十条 对于可能判处管制、宣告缓刑的案件，公安机关、人民检察院可以委托社区矫正机构开展调查评估。

人民检察院对认罪认罚的犯罪嫌疑人，拟建议人民法院判处管制或者宣告缓刑的，可以委托社区矫正机构开展调查评估。

根据案件办理进展，公安机关、人民检察院应当将社区矫正机构的调查评估意见及相关材料送达至审理案件的人民法院。

人民法院拟对被告人判处管制、宣告缓刑或者决定暂予监外执行的，可以委托社区矫正机构开展调查评估。

对监狱关押罪犯拟提请人民法院裁定假释的，监狱应当委托社区矫正机构开展调查评估。

对监狱、看守所关押罪犯拟暂予监外执行的，监狱管理机关以及监狱、公安机关以及看守所可以委托社区矫正机构开展调查评估。

第十二条 委托调查评估时，委托机关应当出具调查评估委托函。调查评估委托函应当包括犯罪嫌疑人、被告人或者罪犯及其家属等人员的姓名、住址、联系方式、案由、委托调查事项、被害人信息以及委托机关的联系人、联系方式等内容。并附以下材料：

（一）人民法院委托时，应当附起诉书或者自诉状以及谅解书、认罪认罚具结书等相关证据；

（二）人民检察院委托时，应当附起诉意见书；

（三）公安机关以及看守所对于可能判处管制、宣告缓刑的案件进行委托时，应当附起诉意见书；对于拟暂予监外执行的案件进行委托时，应当附判决书、裁定书、执行通知书以及罪犯服刑表现材料；

（四）监狱管理机关以及监狱委托时，应当附判决书、裁定书、执行通知书、减刑裁定书以及罪犯服刑表现材料；

（五）拟暂予监外执行的，委托机关还应当附由省级人民政府指定医院出具的病情诊断、妊娠检查或者监狱、看守所有医疗专业人员参加的鉴定小组出具的生活不能自理的证明材料；

（六）犯罪嫌疑人、被告人或者罪犯的居住、户籍情况证明材料。

委托机关应当将调查评估委托函通过直接送达、邮寄或者信息管理系统传送等适当方式送达社区矫正机构，不得通过案件当事人、法定代理人、诉讼代理人或者其他利害关系人转交。社区矫正机构不接收委托机关以外的其他单位和个人转递的调查评估委托函及所附资料。

社区矫正机构应当自收到委托文书之日起两个工作日内通知当地县级人民检察院。

第十三条 调查评估应当根据委托内容，重点了解犯罪嫌疑人、被告人或者罪犯的以下情况：

（一）居所情况；

（二）家庭和社会关系；

（三）犯罪行为的后果和影响；

（四）居住地村（居）民委员会和被害人意见；

（五）拟禁止的事项；

（六）社会危险性；

（七）对所居住社区影响；

（八）对拟适用暂予监外执行的罪犯，审核保证人是否具备保证条件；

（九）矫正环境；

（十）其他事项。

第十四条 调查评估时，社区矫正机构应当成立不少于两人的调查评估小组，其中至少有一名成员为社区矫正机构工作人员（公务员）。调查评估小组可以通过走访、座谈、个别约谈、查阅调取相关资料等方式调查核实相关情况，相关单位、部门、村（居）民委员会等组织、个人应当依法为调查评估提供必要的协助。

根据需要，社区矫正机构可以组织召开由人民检察院、公安机关、村（居）民委员会、社区矫正对象就读学校、工作单位等参加的调查评估会，吸收社区矫正志愿者参与。对适用社区矫正可能产生的社区影响、再犯罪风险以及是否具备监管教育条件等因素进行综合评估，出具评估意见。

第十五条 社区矫正机构应当对被调查人是否适用社区矫正进行综合分析研判，在法定期限内形成“适用社区矫正”或者“不适用社区矫正”的调查评估意见。

调查评估过程中所形成的调查笔录、相关证明、录音摄像等资料，应当与《调查评估意见书》共同提交委托机关，同时抄送当地县级人民检察院。

第十六条 社区矫正机构反馈调查评估意见前，社区矫正决定机关已经作出判决、裁定、决定的，或者对同一案件、同一被调查评估对象已向公安机关、人民检察院出具调查评估意见的，社区矫正机构不再出具调查评估意见，但应当向委托机关书面说明不再出具意见的原因。

社区矫正决定机关对调查评估意见的采信情况，应当在相关法律文书中说明。

第十七条 相关单位部门及工作人员对调查评估意见以及调查中涉及的国家秘密、商业秘密、个人隐私等信息，应当保密，不得泄露。

《陕西省社区矫正实施细则》

第六条 公安机关对可能判处管制或缓刑的案件，可以委托县级社区矫正机构或者有关社会组织开展调查评估。

人民检察院对认罪认罚的犯罪嫌疑人，拟建议人民法院判处缓刑或管制的，可以委托县级社区矫正机构或者有关社会组织开展调查评估。

人民法院拟对被告人判处管制、宣告缓刑或者决定暂予监外执行的，可以委托县级社区矫正机构或者有关社会组织开展调查评估。但县级社区矫正机构已经出具调查评估意见的同一案件不再另行评估。

拟报请主管部门决定罪犯暂予监外执行的，监狱、看守所可以委托县级社区矫正机构或者有关社会组织开展调查评估。

拟提请人民法院裁定罪犯假释的，监狱应当委托县级社区矫正机构或者有关社会组织开展调查评估。

第七条 委托机关应当向犯罪嫌疑

人、被告人或者罪犯居住地所在县级社区矫正机构发出调查评估委托函。委托函应当包括犯罪嫌疑人、被告人或罪犯及其家庭主要成员的姓名、住址、联系方式、案由以及委托机关的联系人、联系方式等内容，同时附带相关法律文书。

委托机关应当指定专人负责办理委托调查评估手续，不得将材料交由案件当事人、代理人或者其他利害关系人转递。县级社区矫正机构不得接收委托机关以外的其他单位或个人转递的委托调查材料。

第八条 调查评估应当重点了解犯罪嫌疑人、被告人或罪犯的以下情况：

（一）居所情况和生活来源；

（二）家庭和社会关系；

（三）家庭成员协助监管的条件；

（四）犯罪行为的后果和影响；

（五）居住地村（居）民委员会和被害人意见；

（六）拟禁止的事项；

（七）社会危险性和对所居住社区的影响；

（八）对拟适用暂予监外执行的罪犯，审核保证人是否具备保证条件；

（九）其他事项。

第九条 调查评估应当由两名以上社区矫正工作人员进行，可以通过走访、座谈、个别约谈、查阅调取相关资料、要求相关机关或者企事业单位协查等方式调查核实相关情况。

调查评估应当现场制作调查评估笔录，经被调查人核实无误后签字确认。被调查人拒绝签字的，应当在笔录中注明情况，必要时可以进行录音、摄像。单位提供的材料应当由经办人签字并加盖公章确认。

县级社区矫正机构根据需要，可以组织召开由社区民警、社会工作者、社会志愿者、有关单位、部门和社区居民代表等参加的评议会，对适用社区矫正可能产生的社区影响、再犯罪风险以及是否具备监管教育条件等因素进行综合评估。县级社区矫正机构对调查核实的情况进行综合评估后，出具评估意见。

第十条 收到调查评估委托函的社区矫正机构，查明犯罪嫌疑人、被告人或者罪犯在本辖区不具备居住条件或者有其他应当变更居住地情形的，或者因被告人、罪犯的姓名不真实、身份不明等原因导致无法开展调查评估的，应当自收到委托函之日起三个工作日内向委托机关书面说明情况，并将相关材料退回。

县级社区矫正机构在法定期限内出具书面调查评估意见前，社区矫正决定机关已经作出判决、裁定、决定的，县级社区矫正机构不再出具调查评估意见，并向委托机关书面说明原因。

调查事项没有发生重大变化的同一案件，委托机关不得重复委托。

第十一条 社区矫正决定机关对调查评估意见的采信情况，应当在相关法律文书中说明。

第十二条 委托机关和接受委托的社区矫正机构或者社会组织的工作人员不得泄露调查评估意见以及调查中涉及的国家秘密、工作秘密、商业秘密、未成年人信息、个人隐私以及被封存的犯罪记录。

《上海市社区矫正实施细则》

第六条 人民检察院对认罪认罚的犯罪嫌疑人，拟建议人民法院判处缓刑或管制的，可以委托社区矫正机构开展调查评估。

人民法院拟对被告人判处管制、宣告缓刑或决定暂予监外执行的，应当委托社区矫正机构开展调查评估。但区社区矫正机构根据人民检察院委托已经反馈调查评估意见的除外。

拟提请人民法院裁定罪犯假释的，监狱应当委托社区矫正机构开展调查评估。拟报请主管部门决定罪犯暂予监外执行（病危等特殊情况除外）的，监狱、看守所可以委托社区矫正机构开展调查评估。

第七条　委托机关在委托调查评估前，应当书面确认拟适用社区矫正的犯罪嫌疑人、被告人或罪犯本人的居住地，并告知其在社区矫正期间未经社区矫正机构批准不得变更居住地。

第八条　委托机关应当向犯罪嫌疑人、被告人或罪犯居住地所在区社区矫正机构发出调查评估委托函。委托函应包括犯罪嫌疑人、被告人或罪犯及其家庭主要成员的姓名、住址、联系方式、案由以及委托机关的联系人、联系方式等内容，同时附带相关法律文书。

委托机关应当指定专人负责办理委托调查评估手续，不得将材料交由案件当事人、代理人或其他利害关系人转递。社区矫正机构不得接收委托机关以外的其他单位或个人转递的委托调查材料。

第九条　调查评估应当重点了解犯罪嫌疑人、被告人或罪犯的以下情况：

（一）居所情况；

（二）家庭和社会关系；

（三）犯罪行为的后果和影响；

（四）居住地居（村）委和被害人意见；

（五）拟禁止的事项；

（六）社会危险性和对所居住社区影响；

（七）对拟适用暂予监外执行的罪犯，审核保证人是否具备保证条件；

（八）其他事项。

第十条　区社区矫正机构可以通过走访、座谈、个别约谈、查阅调取相关资料、要求相关机关或企事业组织协查等方式调查核实相关情况。

区社区矫正机构对调查核实的情况进行综合评估后，出具评估意见。区社区矫正机构根据需要，可以组织召开由社区民警、社会工作者、社会志愿者、有关单位、部门和社区居民代表等参加的评议会，对适用社区矫正可能产生的社区影响、再犯罪风险以及是否具备监管教育条件等因素进行综合评估。

第十一条　区社区矫正机构在调查评估意见中明确提出适用社区矫正合适执行地的，社区矫正决定机关一般应当采纳。

第十二条　区社区矫正机构依法按时反馈调查评估意见前社区矫正决定机关已经作出判决、裁定、决定的，区社区矫正机构可以不再出具调查评估意见，并向委托机关书面说明不再出具意见的原因。

第十三条　除依法在法律文书中予以说明的调查评估相关情况外，社区矫正决定机关应当对调查人、调查对象以及调查评估其他相关具体事项予以保密，不得随意泄露给被调查评估对象。

《四川省社区矫正实施细则》

第二十四条　人民法院、公安机关、监狱管理机关对下列情形可以委托县级社区矫正机构或者有关社会组织进行调查评估：

（一）人民法院拟对被告人或者罪犯判处管制、宣告缓刑或者决定暂予监外执行的；

（二）监狱管理机关对监狱关押罪犯拟暂予监外执行的；

（三）公安机关对看守所留所服刑罪犯拟暂予监外执行的。

根据《关于规范量刑程序若干问题的意见》第三条规定，对于可能判处管制、缓刑的犯罪嫌疑人，县级以上公安机关、人民检察院可以委托其居住地的县级社区矫正机构或有关组织进行调查评估。

监狱拟对罪犯提请假释的，应当委托县级社区矫正机构或者有关社会组织进行调查评估。

第二十五条　委托调查评估时，应当向拟确定为执行地县级社区矫正机构或者有关社会组织出具《调查评估委托函》，并附带下列材料：

（一）人民法院委托时，应当附带起诉书或者自诉状。

（二）人民检察院委托时，应当附带犯罪嫌疑人、被告人的基本情况以及侦查机关起诉意见书。

（三）公安机关对于拟暂予监外执行的罪犯委托时，应当附带原刑事判决书、历次减刑的刑事裁定书以及罪犯在服刑期间的表现情况；对于可能判处管制、缓刑的犯罪嫌疑人委托时，应当附带犯罪嫌疑人的基本情况、起诉意见书。

（四）监狱管理机关对于拟暂予监外执行的罪犯、监狱对拟提请假释的罪犯委托时，应当附带原刑事判决书、历次减刑的刑事裁定书以及罪犯在服刑期间的表现情况。

（五）核实居住地的相关证明材料。

委托机关应当指定专人负责办理委托调查手续，不得将《调查评估委托函》及相关材料交由案件当事人、辩护人、代理人或者其他利害关系人转交。县级社区矫正机构不接收委托机关以外的其他单位和个人转递的《调查评估委托函》等材料。

第二十六条　社区矫正机构或者有关社会组织收到《调查评估委托函》后，应当及时通知执行地县级人民检察院，并指派两人以上社区矫正工作人员（其中应当有一名以上社区矫正机构工作人员或受委托履行社区矫正工作职责的司法所公务员）或者有关社会组织的工作人员，在十个工作日内完成调查评估（其中适用刑事案件速裁程序要求在五个工作日内完成的，调查评估委托机关应当书面告知受委托单位）。社区矫正机构或者有关社会组织需要延长调查评估时限的，应当与委托机关协商确定完成时限。

受委托调查评估的社区矫正机构，查明犯罪嫌疑人、被告人、罪犯居住地不属于本行政区域或者犯罪嫌疑人、被告人、罪犯的姓名不真实、身份不明等原因导致无法开展调查评估的，应当自收到委托函之日起三个工作日内向委托机关说明情况，并将相关材料退回。

第二十七条　调查评估人员有下列情况之一的，应当自行回避，或者由社区矫正机构或有关社会组织作出回避决定：

（一）系本案的当事人或者当事人的近亲属的；

（二）本人或者其近亲属与本案有利害关系的；

（三）担任过本案的证人、鉴定人、辩护人、诉讼代理人的；

（四）与本案当事人有其他关系，可能影响调查评估公正性的。

第二十八条　调查评估人员应当对犯罪嫌疑人、被告人或者罪犯的居所情况、家庭和社会关系、犯罪行为的后果和影响、居住地村（居）民委员会或者被害人意见、拟禁止的事项、社会危险性、对所居住社区的影响等情况进行调查。

第二十九条　调查评估人员可以采取走访、谈话、查阅调取资料、查看现场等方式，向犯罪嫌疑人、被告人或者罪犯的家庭、工作单位、就读学校、村（居）民委员会、公安派出所、社区居民、被害人等调查了解情况。调查评估时，相关单位、部门、村（居）民委员会等组织、个人应当依法为调查评估提供必要的协助。

调查评估人员进行调查时，应当出示证件、《调查评估委托函》等证明材料。

第三十条　调查评估人员应当制作调查笔录，经被调查人核实无误后签字捺印确认。被调查人拒绝签字捺印的，应当在笔录中注明情况，必要时可进行录音摄像。

单位提供的材料应加盖公章确认。

第三十一条　调查评估人员应当对拟适用社区矫正的犯罪嫌疑人、被告人或者罪犯的社会危险性和对所居住社区影响进行综合评估，提出是否适合社区矫正的结论性意见。

社区矫正机构对调查评估人员意见进行审核后，应当依法及时向委托机关提交《调查评估意见书》及相关材料复印件。

《调查评估意见书》应当同时抄送当地同级人民检察院。

第三十二条　社区矫正机构在调查评估意见中明确提出适用社区矫正合适执行地的，应当附相应的证据和理由，社区矫正决定机关一般应当予以采纳。

第三十三条　对调查事项没有发生重大变化的同一案件，社区矫正机构在六个月内不接受重复委托调查评估。

社区矫正机构依法按时反馈调查评估意见前社区矫正决定机关已经作出判决、裁定、决定的，社区矫正机构不再出具调查评估意见。

第三十四条　除依法在法律文书中予以说明的调查评估相关情况外，委托机关、社区矫正决定机关及其工作人员应当对调查评估人员、被调查人以及调查评估其他相关具体内容予以保密，不得泄露。

《浙江省社区矫正调查评估办法（试行）》

第一条　为加强和规范社区矫正调查评估工作，根据《中华人民共和国刑法》《中华人民共和国刑事诉讼法》《中华人民共和国社区矫正法》《中华人民共和国社区矫正法实施办法》等法律法规，结合我省实际，制定本办法。

第二条　社区矫正调查评估工作是指社区矫正决定机关根据需要，可以委托社区矫正机构或者有关社会组织对拟适用社区矫正的被告人、罪犯的社会危险性和对其所居住社区的影响，进行调查评估，提出意见，供社区矫正决定机关决定时参考的活动。

对拟报请假释或者拟批准暂予监外执行的罪犯，由执行机关委托社区矫正机构调查评估罪犯假释或者暂予监外执行后对其所居住社区的影响。

第三条　对拟适用社区矫正的被告人、罪犯，委托调查评估机关（以下简称委托机关）应当核实其居住地；在多个地方居住的，可以确定其经常居住地为执行地。

被告人、罪犯的居住地是指其实际居住的县（市、区）。被告人、罪犯居住地或者经常居住地应当同时具备下列条件：

（一）有其本人所有、承租或者他人、有关单位提供已经居住或者能够连续居住六个月（含）以上的固定居所，社区矫正执行期限少于六个月的除外；

（二）有固定生活来源，或者他人、有关单位为其提供的生活保障。

拟适用社区矫正的被告人、罪犯系未成年人的，其监护人须符合上述条件。

外省籍被告人、罪犯符合上述规定的，参照适用上述规定；但其明确要求回原籍接受社区矫正的可予准许。

对没有居住地，居住地、经常居住地无法确定或者不适宜执行社区矫正的，委托机关应当及时会商有关社区矫正机构，根据有利于社区矫正对象接受矫正、更好地融入社会的原则，确定社区矫正执行地。被确定为执行地的社区矫正机构应当及时接收。

被告人、罪犯及其家庭成员或者亲属等应当如实提供其居住、户籍等情况，并提供必要的证明材料。

第四条 有下列情形之一的，委托机关应当委托执行地社区矫正机构进行调查评估：

（一）拟对罪犯提请假释的；

（二）拟对港澳台籍、外国籍或者国籍不明的被告人宣告缓刑的；

（三）拟对未成年被告人判处管制、宣告缓刑的；

（四）拟对有犯罪前科或者对曾因违反社区矫正监督管理规定被收监执行的对象决定暂予监外执行的；

（五）其他应当委托进行调查评估的情形。

居住地与户籍地均在同一县（市、区）且可能被判处管制或者拘役并宣告缓刑的，以及拟决定或者批准暂予监外执行的对象因病情严重必须立即保外就医的，可以不进行社区矫正调查评估。

第五条 社区矫正机构应当依法开展调查评估工作，全面、真实反映调查情况，客观、公正作出评估意见，并在规定的期限内向委托机关提交调查评估意见。

第六条 委托机关及相关单位、部门和人员，以及居民委员会、村民委员会等组织应当协助配合社区矫正机构开展调查评估工作。

第七条 委托调查评估时，委托机关应当向执行地县级社区矫正机构送达《社区矫正调查评估委托函》和居住地核实结果，并附下列材料：

（一）人民法院委托时，应当附带起诉书或者自诉状；

（二）看守所、监狱委托时，应当附带判决书、裁定书、执行通知书、减刑裁定书复印件以及罪犯在服刑期间表现情况材料；

（三）涉及暂予监外执行调查评估案件的，委托机关还应当附由省级人民政府指定医院出具的罪犯病情诊断、妊娠检查或者生活不能自理的鉴别意见等有关材料复印件；

（四）拟适用社区矫正的被告人、罪犯的身份证或者户口簿、《浙江省居住证》、户籍证明复印件以及其本人自有或者他人提供的固定居所、固定生活来源的相关证明材料。

《社区矫正调查评估委托函》应当包括被告人、罪犯及其家属或者监护人、保证人等有关人员的姓名、住址、联系方式、案由以及委托机关的联系人、联系方式等内容。

第八条 委托机关应当通过工作人员直接送达、邮寄（中国邮政挂号或快递）、政法一体化办案系统平台推送等方式，传递《社区矫正调查评估委托函》等相关材料。不得通过案件当事人、法定代理人、诉讼代理人或者其他利害关系人转交社区矫正机构。

社区矫正机构不得接收委托机关以外的其他单位或者个人转递的委托调查材料。

社区矫正机构收到委托机关委托调查评估文书后，应当及时通知执行地县级人民检察院。

第九条 社区矫正机构应当认真审查核对委托调查相关材料，发现调查材料缺项的，应当及时通知委托机关在三个工作日内补齐。因被告人或者罪犯的姓名、居住地不真实、身份不明等原因，无法进行调查评估的，应当及时向委托机关说明情况。

第十条　社区矫正机构应当自收到《社区矫正调查评估委托函》及所附材料之日起十个工作日内完成调查评估工作，提交评估意见。对于适用刑事案件速裁程序的，社区矫正机构应当在五个工作日内完成调查评估工作，提交评估意见。评估意见同时抄送执行地县级人民检察院。

需要延长调查评估时限的，社区矫正机构应当与委托机关协商，并在协商确定的期限内完成调查评估工作。

第十一条　社区矫正机构应当成立调查小组，成员由社区矫正机构或者司法所社区矫正工作人员组成。调查小组成员不得少于2名，其中国家公职人员不得少于1名。

调查小组成员名单应当在社区矫正机构或者司法所办公场所予以公告。

第十二条　调查人员有下列情形之一的，应当回避：

（一）属本案当事人或者是当事人近亲属的；

（二）本人或者其近亲属与本案有利害关系的；

（三）曾担任本案证人、鉴定人、辩护人、诉讼代理人的；

（四）与本案当事人有其他关系，可能影响调查评估公正性的。

第十三条　调查评估项目及内容主要包括：

（一）家庭和社会关系，包括居所情况、家庭成员情况、社会交往和主要社会关系、监护人或者保证人具保情况等；

（二）个性特点，包括身体状况、心理特征、性格类型、爱好特长等；

（三）现实表现，包括工作学习表现、遵纪守法情况、是否有不良嗜好、行为恶习等；

（四）犯罪情况和悔罪表现，包括犯罪行为后果和影响、犯罪原因、主观恶性、是否有犯罪前科、认罪悔罪态度、社会危险性等；

（五）社会反响，包括被害人或者其亲属态度、村（居）群众态度、被调查对象适用社区矫正后可能对其所居住社区的影响等；

（六）监管条件，包括家庭成员和监护人或者保证人态度、经济生活状况和环境、工作单位、就读学校和村（居）基层组织意见等；

（七）其他违法犯罪记录核查，向辖区公安派出所了解核查相关情况；

（八）拟禁止的事项；

（九）需要调查评估的其他事项。

对已经交付执行的罪犯开展调查评估，可以重点调查评估前款所列的第（一）项、第（三）项、第（五）项、第（六）项、第（七）项、第（九）项以及第（四）项中的犯罪行为后果和影响等项目和内容。

在调查过程中，调查人员应当根据调查情况，据实填写《浙江省社区矫正调查评估表》。

第十四条　调查人员可以采取走访、谈话、查阅资料、召开座谈会等方式，向被告人、罪犯的家庭成员、工作单位、就读学校、辖区公安派出所和所居住的村（居）民委员会、村（居）群众、被害人等调查了解情况。

调查人员进行调查时，应当出示《社区矫正调查评估委托函》和社区矫正机构介绍信或者本人工作证件。

第十五条　调查过程中，如需跨市、县（市、区）调查的，可采取实地调查或者委托调查方式进行。

实地调查时，由执行地市、县（市、

区）社区矫正机构负责沟通协调实地调查所涉及的相关事宜。

委托调查时，由执行地社区矫正机构出具《委托调查函》并附调查清单，委托调查事项所在地社区矫正机构进行。受委托的社区矫正机构收到《委托调查函》后，适用刑事速裁程序的案件应当在三个工作日内、其他案件在五个工作日内完成调查并书面反馈委托方。

第十六条　调查过程中，调查人员应当制作社区矫正调查评估笔录，调查人、被调查人、记录人在调查笔录上签字确认。被调查人拒绝签字的，应当在笔录上注明，并提供在场人见证证明。必要时，可录音录像，并提供在场人见证证明。

调查人员向有关单位收集、调取的书面调查材料，应当加盖单位印章；向个人收集、调取的书面调查材料，应当由其本人签字确认或者盖章。

第十七条　调查小组成员应当认真梳理分析调查情况及相关材料，对被告人、罪犯是否建议适用社区矫正进行评估，形成初步调查评估意见并附相关证明材料提交社区矫正机构。

社区矫正机构对调查小组提供的相关证明材料等有异议的，应当要求调查小组进一步调查核实。

社区矫正机构根据需要，可以协调县级司法行政机关负责法制审核职能的部门，对调查小组提交的初步调查评估意见和相关证明材料进行抽检、复核。

第十八条　社区矫正机构应当召开案件评审会，评议审核调查评估意见和相关证明材料，形成集体评议审核意见。评议审核情况应记录在案，参加会议人员应当签字确认。

案件评审会成员包括：

（一）县级司法行政机关负责人；

（二）社区矫正机构和法制审核、政工或者纪监等部门负责人；

（三）拟适用社区矫正的被告人、罪犯居住地司法所所长和调查小组成员等。

社区矫正机构根据需要，可以邀请执行地县级人民检察院有关部门、基层检察室和公安派出所以及乡镇（街道）、村(居）组织等相关人员参加调查评估案件评审会，听取意见，落实监督。

第十九条　社区矫正机构应当根据集体评议审核意见，及时制作《调查评估意见书》，经县级司法行政机关负责人审签后，附《浙江省社区矫正调查评估表》(复印件）等相关材料一并提交委托机关，并同时抄送执行地县级人民检察院。

第二十条　社区矫正机构应当建立社区矫正调查评估案件档案，一人一档。档案材料应当包括：

（一）《社区矫正调查评估委托函》及相关材料；

（二）调查评估小组提交的调查材料；

（三）社区矫正机构和县级司法行政机关法制部门审核、抽检、复核相关材料；

（四）社区矫正调查评估案件评审会集体评议审核的有关材料；

（五）《调查评估意见书》及相关材料；

（六）其他相关材料。

社区矫正机构应当将被依法适用社区矫正罪犯的调查评估档案归入其社区矫正档案。

委托机关应当将《调查评估意见书》及相关调查材料复印件归入所办理的相关案件卷宗。

第二十一条　社区矫正机构办理未成年被告人、罪犯调查评估案件时，应当对其身份采取保护措施，调查情况及相关材料应予保密。

社区矫正机构根据需要，可以邀请共青团、妇联、教育部门、未成年人保护组织等相关工作人员，参与未成年被告人、罪犯的社区矫正调查评估工作。

第二十二条　委托机关应当认真审查社区矫正机构出具的调查评估意见，并作为适用社区矫正的参考。

社区矫正机构对未成年被告人、罪犯的调查评估意见，可作为委托机关适用社区矫正的重要参考。

第二十三条　委托机关需对调查评估意见作进一步调查核实的，可以委托社区矫正机构进行补充调查，也可以派员实地调查核实。对调查评估意见的采信情况，应当在相关法律文书中说明。

第二十四条　人民检察院依法对社区矫正调查评估工作实施监督，对《调查评估意见书》有异议的，应当及时提出书面意见，相关机关应当及时给予答复；发现违规违纪违法情况的，应当及时提出纠正意见或者检察建议。

有关机关应当依照人民检察院提出的纠正意见或者检察建议，及时整改纠正。有异议的，应当书面说明情况。

人民检察院履行法律监督职责时，可以向人民法院、公安机关、监狱、社区矫正机构等有关单位和个人调查核实情况，相关单位及个人应当配合。

第二十五条　委托机关、社区矫正机构及其工作人员对调查评估意见中或者调查过程中涉及的国家秘密、商业秘密、个人隐私以及依法应当被封存的犯罪记录等信息，应当保密，不得泄露。相关人员存在违规违纪的，应当依法给予相应处分；存在违法行为的，应当依法追究法律责任。

第二十六条　相关人员弄虚作假、徇私舞弊，出具虚假调查评估意见或者有其他违反规定情形的，应当依照有关规定追究相关人员责任；情节严重的，将违纪违法案件线索移交监察机关依法处理；存在违法行为的，应当依法追究法律责任。

第二十七条　委托机关根据需要委托有关社会组织开展社区矫正调查评估的相关活动，以及人民检察院根据需要委托社区矫正机构或者有关社会组织开展调查评估的相关案件，可参照本办法相关规定和程序办理。

第二十八条　本办法自印发之日起施行，《浙江省社区矫正调查评估办法（试行）》（浙司〔2017〕174号）同时废止。

文书范本

拟适用管制、缓刑犯罪被告人调查评估委托函①

（　　）　　字第　　号

________区社区矫正机构（社会组织）：

我院受理被告人____涉嫌____案，因________，现委托你单位对其进行社会调查。请你单位将社会调查评估报告于____年____月____日前送交我院。

被告人姓名____，性别____，民族____，出生日期____，身份证号码________，工作单位及职务____，涉嫌罪名____，现羁押在____看守所（取保候审、监视居住的本人联系电话：____）。户籍地：______，居住地：________

案由：______________。基本犯罪事实：____。

亲属（法定代理人），关系____，居住地________，电话：____。

被害人（法定代理人）____，关系____，居住地______，电话：________。

回复地址________，邮编____，联系人____，联系电话________。

（院章）

年　月　日

备注：委托函的各项内容均要详细、准确填写，确实没有的填写“无”，不得空项。

拟假释罪犯调查评估委托函②

（　　）　　字第　　号

________区社区矫正机构：

我监狱（看守所）拟对罪犯____适用假释，其因犯____罪在我监狱（看守所）服刑。根据我市有关假释工作的规定，委托你局对其假释后对所居住社区的影响进行调查评估。请你局于收函之日起10个工作日内，将《社会调查评估报告》交我监狱（看守所）。

拟假释罪犯____，别名____，性别____，民族____，出生日期____，罪名____，原判刑期____，附加刑____，减去刑期____，现刑期起止日____；户籍地________，居住地________；系（老年、残疾、患严重疾病）罪犯。

近亲属（法定代理人）姓名____，与罪犯的关系____，居住地________，联系电话________。

被害人（法定代理人）姓名____，与罪犯系（亲属，近邻，同村）关系，居住地________，

① 来自《北京市社区矫正实施细则》。

② 同上注。

联系电话________。

回复地址：________，邮编：____，联系人：____，联系电话：________。

拟假释罪犯________判决书（复印件）等材料附后。

（公章）
年 月 日

拟暂予监外执行罪犯调查评估委托函①

（ ） 字第 号

________区社区矫正机构（社会组织）：

现在____监狱服刑的罪犯____，原系你辖区居民或居住地在你辖区。该犯现因________，符合罪犯暂予监外执行的相关规定，拟对其办理暂予监外执行。根据《中华人民共和国社区矫正法实施办法》第十三条规定，现委托你局（机构）核实该罪犯出监后居所情况，并调查该罪犯对所居住社区的影响。请在收到此函后十个工作日内将调查评估情况函复监狱。

拟暂予监外执行罪犯____，别名____、性别____、民族____、出生日期____、罪名____、原判刑期____、附加刑____、减刑____、现刑期起止日____、户籍地：________，居住地：________。（系老年、残疾、患严重疾病）

保证人____，关系____，居住地________，电话：________。

被害人（法定代理人）姓名____，与罪犯系（亲属，近邻，同村）关系，居住地____，联系电话：________。

回复地址：________，邮编：____，联系人：____，联系电话：________。

附带判决书、裁定书、减刑裁定书复印件及罪犯服刑期间表现情况材料等。

（公章）
年 月 日

① 来自《北京市社区矫正实施细则》。

调查评估意见书①

（ ）字第 号

________人民法院（公安局、监狱管理局）：

受你单位委托，我单位于____年____月____日至____年____月____日对被告人（罪犯）________进行了调查评估。有关情况如下：________________________

综合以上情况，评估意见为____。

（公章）

年 月 日

注：抄送____人民检察院。

调查评估笔录②

时　间：____年____月____日____时至____年____月____日____时

地　点：________________________

调查人：________________记录人：________

被调查人：____性别：____住址：________________________

工作单位：________________联系电话：________

与被告人（罪犯）关系：________________________

调查人：我们是____社区矫正机构社区矫正工作人员，（出示证件：社区矫正执法证编号____，社区矫正工作证编号____），受____的委托，依法对被告人（罪犯）____的拟适用社区矫正的社会危险性和对所居住社区的影响进行调查评估，请你予以配合。

被调查人：________________________

调查人：请问您的工作单位、职务、家庭住址、联系电话以及与被告人（罪犯）的关系？

被调查人：____

调查人：（以下填写需要调查事项）____

被调查人签名（捺印）：

第（ ）页，共（ ）页

---

① 来自《北京市社区矫正实施细则》。

② 来自《关于进一步规范社区矫正执法文书格式的通知》。

调查评估小组成员签名：
被调查人签名（捺印）：

第（　）页，共（　）

说明：

1. 本文书根据《中华人民共和国社区矫正法》第十八条、“两高两部”《中华人民共和国社区矫正法实施办法》第十四条以及《宁夏回族自治区社区矫正实施细则》第二十四条相关规定制作。

2. 调查评估笔录中需要写明被告人或者罪犯的基本情况、居所情况、家庭情况及社会关系、犯罪前的一贯表现、接收地村（居）民委员会和居住同一社区的被害人意见等情况。

3. 调查评估笔录尾部须有调查评估小组成员签名，被调查人签名并捺印。

4. 对调查评估笔录中涉及的国家秘密、商业秘密、个人隐私等信息，应当保密。

被调查人评估表①

序号	项目	评估标准	分值	评分		备注
				得分	小计	
1	居所情况（10分）	有固定住所	5			
		有固定生活来源	5			
2	家庭与社会关系（20分）	家庭结构完整（有父母/兄弟姐妹/配偶/子女）	2			
		家庭成员间关系融洽且愿意接纳	3			
		家庭有稳定的经济收入	3			
		家庭成员无恶习（如赌博、吸食毒品等）或犯罪记录	3			
		家庭有监管能力和约束力，且愿意承担监管责任	4			
		人际关系融洽	2			
		与社会劣迹（如赌博、吸食毒品等）人员无密切交往	3			
3	犯罪行为的后果和影响（12分）	未造成人员伤亡	4			
		未造成重大经济财产损失	4			
		未产生重大负面社会舆论	4			
4	居住地村（居）民委员会和被害人意见（14分）	居住地村（居）民委员会同意接纳	4			
		居住地村（居）民委员会愿意配合监管	4			
		取得被害人及其家属谅解（无特定被害人视为不谅解）	6			
5	社会危害性（18分）	本次犯罪前无犯罪记录	5			
		无暴力、故意等主观恶性犯罪情形	5			
		能认清犯罪原因与危害，认罪服法，真诚悔罪，积极减轻危害	8			

① 来自《关于进一步规范社区矫正执法文书格式的通知》。

续表

序号	项目	评估标准	分值	评分		备注
				得分	小计	
6	居住社区的影响（26）	邻里及社区成员愿意容纳，不排斥	4			
		无重度传染性疾病	4			
		无精神疾病	6			
		无吸毒史	5			
		无酗酒、赌博等恶习	5			
		无其他不良行为	2			
总计			100			

说明：

1. 本文书根据《中华人民共和国社区矫正法》第十八条、“两高两部”《中华人民共和国社区矫正法实施办法》第十四条规定以及《宁夏回族自治区社区矫正实施细则》第二十四、二十五条相关规定制作。

2. 评估得分≥80分，调查评估小组可提出适宜纳入社区矫正的意见；评估得分<80分，调查评估小组可提出不适宜纳入社区矫正的意见。

3. 对未成年及调查评估意见以及调查中涉及的国家秘密、商业秘密、个人隐私等信息，应当保密。

调查评估意见审核表①

（　　）矫调审字第　号

<table>
<tr><td colspan="2">委托机关</td><td colspan="2"></td><td colspan="2">委托时间</td><td colspan="2">年　月　日</td></tr>
<tr><td colspan="2">拟矫正类别</td><td colspan="2"></td><td colspan="2">是否简易程序</td><td colspan="2"></td></tr>
<tr><td colspan="2">调查事项</td><td colspan="6">对被告人（罪犯）________是否适用社区矫正进行调查评估</td></tr>
<tr><td rowspan="5">被告人（罪犯）基本情况</td><td>姓　名</td><td></td><td>曾用名</td><td></td><td>性别</td><td colspan="2"></td></tr>
<tr><td>出生年月</td><td>年　月　日</td><td>身份证号　码</td><td colspan="4"></td></tr>
<tr><td>罪　名</td><td></td><td colspan="2">被告人（罪犯）或其家属联系电话</td><td colspan="3"></td></tr>
<tr><td>户 籍 地</td><td colspan="6"></td></tr>
<tr><td>居 住 地</td><td colspan="6"></td></tr>
<tr><td rowspan="3">调查评估小组成员</td><td>姓　名</td><td></td><td>工作单位</td><td colspan="4"></td></tr>
<tr><td>姓　名</td><td></td><td>工作单位</td><td colspan="4"></td></tr>
<tr><td>姓　名</td><td></td><td>工作单位</td><td colspan="4"></td></tr>
<tr><td colspan="2">调查评估工作人员意见</td><td colspan="6">调查评估工作人员（签名）：　　　　年　月　日</td></tr>
<tr><td colspan="2">司法所意见</td><td colspan="6">（公章）
负责人（签名）：　　　　年　月　日</td></tr>
<tr><td colspan="2">社区矫正机构意见</td><td colspan="6">（社区矫正机构印章）
负责人（签名）：　　　　年　月　日</td></tr>
</table>

① 来自《关于进一步规范社区矫正执法文书格式的通知》。

说明：

1. 本文书根据《中华人民共和国社区矫正法》第十八条、“两高两部”《中华人民共和国社区矫正法实施办法》第十四条以及《宁夏回族自治区社区矫正实施细则》第二十六条相关规定制作。

2. “调查评估小组意见”栏可以填写被告人或者罪犯拟适用社区矫正是否存在社会危险性以及对所居住社区的影响。

3. 文书字号由年度、社区矫正机构代字、类型代字、文书编号组成，使用阿拉伯数字，例“（2021）××矫调审字第1号”。

4. 对调查评估意见以及调查中涉及的国家秘密、商业秘密、个人隐私等信息，应当保密。

不予调查评估函①

（　　）宁　矫不调函字第　号

________人民法院（公安局、监狱管理局、监狱、看守所）：

（　）____字第____号委托调查评估函已于____年__月__日收悉。因____，根据《中华人民共和国社区矫正法》第十八条、《中华人民共和国社区矫正法实施办法》第十四条和《宁夏回族自治区社区矫正实施细则》第二十七条第二款之规定，我单位无法进行调查评估（不接受重复委托调查评估/不再出具调查评估意见）。

特此说明。

联系人：________，联系电话：________。

（社区矫正机构印章）

年　月　日

说明：

1. 本文书根据《中华人民共和国社区矫正法》第十八条、“两高两部”《中华人民共和国社区矫正法实施办法》第十四条以及《宁夏回族自治区社区矫正实施细则》相关规定制作，用于向委托机关说明不予调查评估原因时使用。

2. 文书字号由年度、社区矫正机构代字、类型代字、文书编号组成，使用阿拉伯数字，例“（2021）宁××矫不调函字第1号”。存根存档，书面说明与相关材料一并提交委托机关。

3. 对相关涉及的国家秘密、商业秘密、个人隐私等信息，应当保密。

---

① 来自《关于进一步规范社区矫正执法文书格式的通知》。

延期调查评估协商函①

（　　）宁　矫不调函字第　号

________人民法院（公安局、监狱管理局、监狱、看守所）：

（　）____字第____号委托调查评估函已于____年____月____日收悉。根据《中华人民共和国社区矫正法》第十八条、《中华人民共和国社区矫正法实施办法》第十四条和《宁夏回族自治区社区矫正实施细则》第二十六条第二款之规定，我单位因____，无法及时进行调查评估，现商请延长调查评估期限至____年____月____日。

特此说明。

联系人：________，联系电话：________。

（社区矫正机构印章）

年　月　日

说明：

1. 本文书根据《中华人民共和国社区矫正法》第十八条、“两高两部”《中华人民共和国社区矫正法实施办法》第十四条以及《宁夏回族自治区社区矫正实施细则》第二十六条第二款规定制作，用于向委托机关协商延期调查评估时使用。

2. 文书字号由年度、社区矫正机构代字、类型代字、文书编号组成，使用阿拉伯数字，例“（2021）宁××矫不调函字第1号”。存根存档，书面说明与相关材料一并提交委托机关。

3. 对相关涉及的国家秘密、商业秘密、个人隐私等信息，应当保密。

调查笔录②

时　间：____年____月____日____时____分至____年____月____日____时____分

地　点：________________________

调查人：________________________记录人：________________________

被调查人：________性别：________住址：________________________

身份证号码：____

调查人：我们是____社区矫正机构社区矫正工作人员，（出示证件：____证，编号____；____证，编号____），现依法对____________进行调查，请你予以配合。

被调查人：____

调查人：请问你的姓名、民族、出生年月、工作单位、职务、家庭住址、联系电话？

被调查人：____

____

① 来自《关于进一步规范社区矫正执法文书格式的通知》。

② 同上注。

调查人：(以下填写需要调查事项)

调查工作人员签名：　　　　　　　　　　　　　　　　被调查人签名（捺印）：

第（　）页，共（　）页

说明：

1. 本文书根据《中华人民共和国社区矫正法》、“两高两部”《中华人民共和国社区矫正法实施办法》以及《宁夏回族自治区社区矫正实施细则》相关规定制作。用于对社区矫正矫正对象相关事项进行调查核实时使用。

2. 进行调查时，应当至少有两名以上社区矫正机构或受委托的司法所工作人员，笔录中应当表明工作人员身份，详细记录调查时间、调查地点、调查事项等情况。

3. 调查笔录尾部须有调查工作人员签名，被调查人签名并捺印。

第十九条 【社区矫正的法定原则】

社区矫正决定机关判处管制、宣告缓刑、裁定假释、决定或者批准暂予监外执行，应当按照刑法、刑事诉讼法等法律规定的条件和程序进行。

社区矫正决定机关应当对社区矫正对象进行教育，告知其在社区矫正期间应当遵守的规定以及违反规定的法律后果，责令其按时报到。

法条解读

本条主要对社区矫正决定机关的告知义务及社区矫正对象接受社区矫正决定机关的教育与按时报到义务进行了规定。本条第一款规定了社区矫正决定机关严格遵守《刑法》及《刑事诉讼法》等立法规定的义务。本条第二款规定了社区矫正对象接受社区矫正决定机关教育及按时报到的义务，该义务同时是社区矫正决定机关的职责之一。教育包括被告法庭教育与罪犯教育，根本目的是让被告人、罪犯产生悔罪认识，帮助其重新融入社会。《刑法》及《刑事诉讼法》对适用社区矫正的对象规定了各种类型的义务及违反相关法律规定可能会被给予警告、治安管理处罚与收监执行等后果。此外，社区矫正对象还需要按时报到。

《社区矫正实施办法》对此作了重申，强调社区矫正对象及时到社区矫正机构报到的义务。

大部分省市社区矫正实施细则未对该法条细化展开，个别省市社区矫正实施细则进行了细化处理。例如，《福建省社区矫正实施细则》对社区矫正出境限制相关问题进行了明确。《广西壮族自治区社区矫正工作细则》在告知社区矫正对象需要遵守的相关义务基础之上，要求社区矫正对象作出书面保证，并对监护人或者保证人作出书面保证的情况进行了规定。《河南省社区矫正工作细则》《湖南省社区矫正实施细则》《辽宁省社区矫正实施细则》《宁夏自治区社区矫正实施细则》《四川省社区矫正实施细则》均细化了社区矫正告知书内容。《江苏省社区矫正实施细则》还就教育主体进行了细化明确。

相关规定

《社区矫正法实施办法》

第十五条 社区矫正决定机关应当对社区矫正对象进行教育，书面告知其到执行地县级社区矫正机构报到的时间期限以及逾期报到或者未报到的后果，责令其按时报到。

《最高人民法院、最高人民检察院、公安部、司法部关于对因犯罪在大陆受审的台湾居民依法适用缓刑实行社区矫正有关问题的意见》

第五条 人民法院对被告人宣告缓刑时，应当核实其居住地或者本意见第三条规定的有关单位、人员所在地，书面告知被告人应当自判决、裁定生效后十日内到社区矫正执行地的县级司法行政机关报到，以及逾期报到的法律后果。

缓刑判决、裁定生效后，人民法院应当在十日内将判决书、裁定书、执行通知书等法律文书送达社区矫正执行地的县级司法行政机关，同时抄送该地县级人民检察院和公安机关。

《安徽省社区矫正工作实施细则》

第十二条 对于被判处管制、宣告缓刑的社区矫正对象，人民法院应当向社区矫正对象宣读并发放社区矫正告知书，书面告知其到县（市、区）社区矫正机构报到期限以及逾期报到或者未报到的后果，责令其签署接受社区矫正保证书。对于被裁定假释的社区矫正对象，监狱、看守所应当向社区矫正对象宣读并发放社区矫正告知书，书面告知其到县（市、区）社区矫正机构报到期限及逾期报到或者未报到的后果，责令其签署接受社区矫正保证书。

《北京市社区矫正实施细则》

第十九条　对于依法适用管制、缓刑、假释或者暂予监外执行的社区矫正对象，社区矫正决定机关应当对其进行教育，书面告知其到执行地的区社区矫正机构报到的时间期限和逾期报到的后果，以及在社区矫正期间应当遵守的法律法规和有关监督管理规定，责令其按时报到。

《福建省社区矫正实施细则》

第八条　社区矫正决定机关、监狱应当自判决、裁定或者决定生效之日起五日内，依照《出境入境管理法》和《福建省法定不批准出境人员通报备案实施办法（试行）》的规定，填写《法定不批准出境人员通报备案通知书》，向公安机关出入境管理部门通报备案，限制社区矫正对象出境。

社区矫正机构发现接收的社区矫正对象未实施通报备案的，应当及时予以补办。

受到通报备案的社区矫正对象被依法赦免的，作出赦免裁定的人民法院应当填写《撤销法定不批准出境人员通报备案通知书》，向公安机关出入境管理部门通报，撤销其限制出境。

第九条　人民法院应当对其判决、裁定的社区矫正对象进行教育，制发《社区矫正告知书》，告知其到执行地县级社区矫正机构报到的时间期限以及逾期报到或者未报到的后果，责令其按时报到。

人民法院、公安机关、监狱管理机关应当对其决定或者批准的暂予监外执行的社区矫正对象进行教育，制发《社区矫正告知书》，告知其本人和保证人。监狱、看守所或者执行取保候审、监视居住的公安机关自收到决定之日起十日内，制作《暂予监外执行罪犯移送证明书》，将暂予监外执行的社区矫正对象移送至执行地县级社区矫正机构，办理接收手续。

《甘肃省社区矫正实施细则》

第十八条第一项、第二项　对于被判处管制、宣告缓刑的社区矫正对象，人民法院应当做好以下衔接工作：

（一）向社区矫正对象宣读并发放社区矫正告知书，告知社区矫正对象在判决生效之日起十日内到执行地的县（市、区）社区矫正机构报到以及未按时报到的后果；

（二）向社区矫正对象宣读并发放社区矫正保证书，责令其在社区矫正保证书上签字；

《广东省社区矫正实施细则》

第十八条　社区矫正决定机关应当对社区矫正对象进行教育。人民法院在宣判时，看守所、监狱在社区矫正对象离开监所之前，应当书面告知其在法院判决、裁定生效之日或者离开监所之日起十日内，到执行地县级社区矫正机构报到以及逾期报到或者未报到的后果，责令其按时报到。告知书由社区矫正对象签名确认后，应当随法律文书一并送达执行地县级社区矫正机构，同时抄送或者由社区矫正机构转送执行地同级人民检察院。

《广西壮族自治区社区矫正工作细则》

第二十四条　人民法院、监狱、看守所对适用社区矫正的被告人、罪犯，在宣判时或者社区矫正对象离开监所之前，应当对社区矫正对象进行教育，宣读社区矫正告知书，告知其必须接受社区矫正，服从社区矫正机构的监督管理教育，并责令社区矫正对象做出接受社区矫正的书面保证。被告人或者罪犯因未成年、病重等原因不能做出书面保证的，由监护人或者保证人做出书面保证。

社区矫正告知书应当注明社区矫正对象到执行地县（市、区）社区矫正机构报到的时间期限以及逾期报到的后果，责令其按时报到。

社区矫正告知书、接受社区矫正保证书一式三份，人民法院、监狱、看守所，被告人、罪犯，执行地县（市、区）社区矫正机构各执一份。

第二十五条第一项、第二项　对于被判处管制、宣告缓刑的社区矫正对象，人民法院应当做好以下衔接工作：

（一）向社区矫正对象宣读并发放社区矫正告知书，告知社区矫正对象在判决生效之日起十日内到执行地的县（市、区）社区矫正机构报到以及未按时报到的后果；

（二）向社区矫正对象宣读并发放社区矫正保证书，责令其在社区矫正保证书上签字；

第二十六条第一项、第二项　对于被裁定假释的社区矫正对象，监狱、看守所应当做好以下衔接工作：

（一）向社区矫正对象宣读并发放社区矫正告知书，告知社区矫正对象自裁定生效之日起十日内到执行地的县（市、区）社区矫正机构报到，以及未按时报到的后果；

（二）向社区矫正对象宣读并发放社区矫正保证书，责令其在社区矫正保证书上签字；

《贵州社区矫正实施细则》

第十四条　社区矫正决定机关应当对社区矫正对象进行教育，书面告知其到执行地县级社区矫正机构报到的时间期限及逾期报到或者未报到的后果，责令其按时到执行地社区矫正机构报到，并要求其在《社区矫正告知书》《接受社区矫正保证书》上签字。

第十五条　人民法院判处管制、宣告缓刑、裁定假释的社区矫正对象，应当自判决、裁定生效之日起十日内到执行地县级社区矫正机构报到。

《河南省社区矫正工作细则》

第三十三条　人民法院在适用社区矫正宣判时，监狱、看守所在社区矫正对象离开监所前，应当对社区矫正对象进行教育，书面告知报到时限以及逾期或不报到的后果，责令其作出接受社区矫正书面保证。社区矫正对象是未成年人的，由其监护人作出书面保证。

第三十四条　社区矫正告知书应当包括以下内容：

（一）社区矫正对象到执行地县级社区矫正机构报到的时间期限以及逾期报到的后果；

（二）社区矫正对象应当遵守法律、行政法规，履行判决、裁定、暂予监外执行决定、禁止令等法律文书确定的义务，遵守司法行政部门关于报告、会客、外出、迁居、保外就医等监督管理规定；

（三）社区矫正对象违反法律、法规、规定需承担的法律后果；

（四）服从社区矫正机构的管理。

社区矫正告知书、接受社区矫正保证书一式三份，社区矫正决定机关，社区矫正对象，执行地县级社区矫正机构各执一份。

《湖南省社区矫正实施细则》

第三十八条　人民法院在作出适用社区矫正判决时或者监狱、看守所在社区矫正对象离开监所前，应当对社区矫正对象进行教育，书面告知其到执行地县级社区矫正机构报到的时间期限以及逾期报到的后果、社区矫正期间应当遵守的规定以及违反规定的法律后果等，责令其按时报到。

第三十九条　社区矫正告知书应当包括以下内容：

（一）社区矫正对象到执行地县级社区矫正机构报到的时间期限以及逾期报到的后果；

（二）社区矫正对象应当遵守法律、行政法规，履行判决、裁定、暂予监外执行决定、禁止令等法律文书确定的义务，遵守司法行政部门关于报告、会客、外出、迁居、保外就医等监督管理规定；

（三）社区矫正对象违反法律、法规、规定需承担的法律后果；

（四）服从社区矫正机构的监督管理。

社区矫正告知书一式三份，人民法院（或者监狱、看守所）、社区矫正对象、执行地县级社区矫正机构各一份。

《江苏省社区矫正实施细则》

第十一条　人民法院应当对判处管制、宣告缓刑、裁定假释的社区矫正对象进行教育，制发《社区矫正告知书》，告知其到执行地县级社区矫正机构报到的时间期限以及逾期报到或者未报到的后果，责令其按时报到。对裁定假释的社区矫正对象，监狱对其进行教育。

人民法院、公安机关、监狱管理机关应当对决定暂予监外执行的社区矫正对象进行教育，制发《社区矫正告知书》。对保外就医的社区矫正对象，告知其保证人应当履行的义务以及不履行义务的后果。

《江西省社区矫正工作实施细则》

第三十二条　社区矫正决定机关应当对社区矫正对象进行教育，书面告知其到执行地县级社区矫正机构报到的时间期限以及逾期报到或者未报到的后果，责令其按时报到。

《辽宁省社区矫正实施细则》

第二十四条　人民法院在适用社区矫正宣判时，监狱、看守所在社区矫正对象离开监所前，社区矫正决定机关应当对社区矫正对象进行教育，制发《社区矫正告知书》，告知其报到时限以及逾期或不报到的后果，并由社区矫正对象签字确认。社区矫正对象是未成年人的，由其监护人签字确认。

第二十五条　社区矫正告知书应当包括以下内容：

（一）社区矫正对象到执行地县级社区矫正机构报到的时间期限、地点、联系方式以及逾期不报到的后果。

（二）社区矫正对象应当遵守法律、行政法规，履行判决、裁定、暂予监外执行决定、禁止令等法律文书确定的义务，遵守司法行政部门关于报告、会客、外出、迁居、保外就医等监督管理规定；

（三）社区矫正对象违反法律、法规、规定需承担的法律后果；

（四）服从社区矫正机构的管理。

社区矫正告知书一式三份，社区矫正决定机关，社区矫正对象，执行地县级社区矫正机构各执一份。

《宁夏自治区社区矫正实施细则》

第二十八条　社区矫正决定机关应当对社区矫正对象进行教育，书面告知其到执行地社区矫正机构报到的时间期限以及逾期报到或者未报到的后果，责令其按时报到。社区矫正对象是未成年人的，由其监护人作出书面保证。

第二十九条 书面告知内容应当包括以下内容：

（一）到执行地县级社区矫正机构报到的时间期限以及逾期报到或者未报到的后果；

（二）服从社区矫正机构的管理；

（三）社区矫正对象应当遵守法律、行政法规，履行判决、裁定、暂予监外执行决定、禁止令等法律文书确定的义务，遵守司法行政部门关于报告、会客、外出、迁居、保外就医等监督管理规定；社区矫正对象违反法律、法规、规定需承担的法律后果。

《山东省社区矫正实施细则》

第十四条 人民法院、监狱或者看守所应当对社区矫正对象进行教育，书面告知其在社区矫正期间应当遵守的规定以及违反规定的法律后果，责令其自判决、裁定或决定生效之日起十日内到执行地县级社区矫正机构报到。

人民法院、监狱或者看守所应当自判决、裁定或者决定生效之日起五日内通知执行地县级社区矫正机构。

《山西省社区矫正实施细则》

第十八条第一项、第二项 对于被判处管制、宣告缓刑的社区矫正对象，人民法院应当做好以下工作：

（一）向社区矫正对象宣读并发放社区矫正告知书，告知社区矫正对象自判决生效之日起十日内到执行地县级社区矫正机构报到以及未按时报到的后果；

（二）对社区矫正对象进行教育，向社区矫正对象宣读并发放接受社区矫正保证书，责令其在接受社区矫正保证书上签名；

《陕西省社区矫正实施细则》

第十三条 人民法院在进行社区矫正宣判时，监狱、看守所在社区矫正对象离开监所前，应当对社区矫正对象进行教育，书面告知报到时限以及逾期或不报到的后果，责令其作出接受社区矫正书面保证。社区矫正对象是未成年人的，由其监护人作出书面保证。

《上海市社区矫正实施细则》

第十五条第一项、第二项 对于被判处管制、宣告缓刑的社区矫正对象，人民法院应当做好以下衔接工作：

（一）向社区矫正对象宣读并发放社区矫正告知书，告知社区矫正对象在判决生效之日起十日内到执行地的区社区矫正机构报到以及未按时报到的后果；

（二）向社区矫正对象宣读并发放社区矫正保证书，责令其在社区矫正保证书上签字；

第十六条第一项、第二项 对于被裁定假释的社区矫正对象，监狱、看守所应当做好以下衔接工作：

（一）向社区矫正对象宣读并发放社区矫正告知书，告知社区矫正对象自裁定生效之日起十日内到执行地的区社区矫正机构报到，以及未按时报到的后果；

（二）向社区矫正对象宣读并发放社区矫正保证书，责令其在社区矫正保证书上签字；

《四川省社区矫正实施细则》

第三十七条 人民法院、监狱、看守所对适用社区矫正的被告人或者罪犯，应当在宣判时或者在其离开监所前对其进行教育，制发《社区矫正告知书》并责令其作出接受社区矫正的书面保证。

社区矫正对象是未成年人的，由其监护人代为作出书面保证。

第三十八条 社区矫正告知书应当包括以下内容：

（一）社区矫正对象到执行地县级社

区矫正机构报到的时间期限以及逾期报到的后果；

（二）社区矫正对象应当遵守的法律、行政法规和社区矫正监督管理规定；

（三）社区矫正对象违反法律、法规、规定需承担的法律后果；

（四）社区矫正对象服从社区矫正机构管理的相关内容。

社区矫正告知书、接受社区矫正保证书一式三份，社区矫正决定机关、社区矫正对象、执行地县级社区矫正机构各执一份。

文书范本

社区矫正告知书①

____________：

根据《中华人民共和国刑法》《中华人民共和国刑事诉讼法》《中华人民共和国社区矫正法》等有关法律规定，你应于____年____月____日至____年____月____日期间依法接受社区矫正，服从社区矫正机构的监督管理，不得离开国境，未经批准不得变更执行地、不得离京外出。

请于人民法院判决（裁定、决定）生效之日或者假释出监所之日起十日内，即____年____月____日前携带刑事判决书（裁定书、暂予监外执行决定书）、假释证明书、有效身份证明和近期1寸证件照片3张到____区社区矫正机构报到。报到地址________。报到联系电话：________，联系人：________。

如逾期报到的，司法机关将视情节依法给予训诫、警告、治安管理处罚或者撤销缓刑、撤销假释。

（公 章）

年 月 日

告知书已向我宣读，我于____年____月____日收到。

被告知人（签字）：

说明：

1. 此告知书可以用于决定机关对社区矫正对象的教育。
2. 此告知书一式四份，决定机关、被告知人、区社区矫正机构、司法所各一份。

---

① 来自《北京市社区矫正实施细则》。

社区矫正对象未按规定时间报到情况通报①

（存根）

（ ）宁 矫未报通字第 号

____________人民法院（公安局、监狱管理局、监狱、看守所）：

你单位____年____月____日判处（宣告/裁定/决定）管制（缓刑/假释/暂予监外执行）的社区矫正对象____，男（女），身份证号码________，户籍地________，执行地________。根据《宁夏回族自治区社区矫正实施细则》第三十一条之规定，现将情况通报如下：

我单位于____年____月____日收到贵单位执行通知，社区矫正对象____未按规定于____年____月____日前到____报到。经________及时组织查找，________。

发往机关________人民法院（公安局、监狱管理局）。

填发人

批准人

填发日期 年 月 日

社区矫正对象未按规定时间报到情况通报

（ ）宁 矫未报通字第 号

____________人民法院（公安局、监狱管理局、监狱、看守所）：

你单位____年____月____日判处（宣告/裁定/决定）管制（缓刑/假释/暂予监外执行）的社区矫正对象________，男（女），身份证号码________，户籍地________，执行地________。根据《宁夏回族自治区社区矫正实施细则》第四十三条之规定，现将情况通报如下：

我单位于____年____月____日收到贵单位执行通知，社区矫正对象________未按规定于____年____月____日前到____报到。经________及时组织查找，________。

特此通报。

联系人：________；联系电话：________。

（社区矫正机构印章）

年 月 日

注：抄送________人民检察院、________监狱（看守所）。

① 来自《关于进一步规范社区矫正执法文书格式的通知》。

说明：

1. 本文书根据《宁夏回族自治区社区矫正实施细则》第三节相关规定制作，用于社区矫正机构向社区矫正决定机关和执行地县级人民检察院书面通报社区矫正对象未按规定时间报到时使用。对被裁定假释的罪犯，还应当同时抄送原服刑的监狱或者看守所。

2. 文书字号由年度、社区矫正机构代字、类型代字、文书编号组成，使用阿拉伯数字，例“（2021）宁××矫未报通字第1号”。存根存档，通报送社区矫正决定机关。

3. “________报到”应填写对社区矫正对象办理接收登记的社区矫正机构；“经________及时”应填写对社区矫正对象办理接收登记的社区矫正机构和受委托的司法所；“组织查找，________________”应填写查找相关情况及查找结果。

第二十条 【通知与文书送达】

社区矫正决定机关应当自判决、裁定或者决定生效之日起五日内通知执行地社区矫正机构，并在十日内送达有关法律文书，同时抄送人民检察院和执行地公安机关。社区矫正决定地与执行地不在同一地方的，由执行地社区矫正机构将法律文书转送所在地的人民检察院、公安机关。

法条解读

本条对决定机关相关文书送达时间、方式与送达对象进行了规定。本条中的“判决”是指人民法院针对管制犯、缓刑犯作出的。本法条中的“裁定”是人民法院针对假释犯作出的。本条中的“决定”包括三种情形：一是指罪犯在被交付执行前，人民法院对符合暂予监外执行条件而作出的批准决定；二是看守所提出暂予监外执行意见后，设区的市一级以上公安机关所作的批准决定；三是罪犯在监狱服刑过程中，符合暂予监外执行条件，由监狱提出书面意见，省级以上监狱管理机关所作的批准决定。本条中的“通知”包括电话、传真及书面等多种通知方式。

《社区矫正实施办法》对补送相关法律文书进行了细化补充。

各省市社区矫正实施细则大都在区分管制犯、缓刑犯、假释犯、暂予监外执行犯的基础上，明确法院、监狱、看守所、公安机关应当送达的相关文书。例如，《福建省社区矫正实施细则》对补送相关法律文书进行了规定，要求社区矫正机构制发《社区矫正法律文书补齐通知书》。《广东省社区矫正实施细则》要求决定机关将罪犯财产性判项及执行情况书面告知社区矫正机构，作为县级社区矫正机构、受委托的司法所开展监督管理教育的内容。《广西壮族自治区社区矫正工作细则》对异地暂予监外执行中涉及的文书送达与交接进行了细化。《贵州省社区矫正工作实施细则（试行）》对暂予监外执行的社区矫正对象细化要求有保证人，并对紧急保外就医的罪犯交接手续进行了细化。《河南省社区矫正工作细则》明确了建立集中统一的社区矫正对象登记接收场所。《湖南省社区矫正实施细则》与《四川省社区矫正实施细则》明确了社区矫正机构不接收诸如社区矫正对象自带法律文书的情形。《江苏省社区矫正实施细则》明确了对未委托调查评估的社区矫正对象，社区矫正决定机关应当附送的相关材料。

相关规定

《社区矫正法实施办法》

第十六条 社区矫正决定机关应当自判决、裁定或者决定生效之日起五日内通知执行地县级社区矫正机构，并在十日内将判决书、裁定书、决定书、执行通知书等法律文书送达执行地县级社区矫正机构，同时抄送人民检察院。收到法律文书后，社区矫正机构应当在五日内送达回执。

社区矫正对象前来报到时，执行地县级社区矫正机构未收到法律文书或者法律文书不齐全，应当先记录在案，为其办理登记接收手续，并通知社区矫正决定机关在五日内送达或者补齐法律文书。

《安徽省社区矫正工作实施细则》

第十三条 对于被判处管制、宣告缓刑的社区矫正对象，人民法院向县（市、区）社区矫正机构送达的法律文书和相关材料应当包括执行通知书、起诉书副本、刑事判决书、结案登记表、社区矫正告知书、接受社区矫正保证书、送达回执，以及关于居住地核实、确定的相关材料等。委托社会组织开展调查评估的案件，应当随卷附调查评估材料。对于被裁定假释的社区矫正对象，监狱、看守所向县（市、区）社区矫正机构送达的法律文书和相关材料应当包括假释裁定书、假释证明副本、起诉书副本、刑事判决书、历次减刑裁定书、出监所鉴定表或改造表现鉴定材料、社区矫正告知书、接受社区矫正保证书、送达回执，以及关于居住地核实、确定的相关材料等。委托社会组织开展调查评估的案件，应当随卷附调查评估材料。对于被人民法院决定暂予监外执行社区矫正对象，人民法院向县（市、区）社区矫正机构送达的法律文书和相关材料应当包括暂予监外执行决定书、病残鉴定书或证明书、执行通知书、起诉书副本、刑事判决书、暂予监外执行具保书、结案登记表、接受社区矫正保证书、送达回执，以及关于居住地核实、确定执行地的相关材料。对于被监狱管理机关、公安机关决定暂予监外执行的社区矫正对象，监狱、看守所向县（市、区）社区矫正机构送达的法律文书和相关材料应当包括暂予监外执行通知书或决定书、暂予监外执行审批表、病残鉴定书或证明书、暂予监外执行具保书、起诉书副本、刑事判决书、历次减刑裁定书、出监所鉴定表或者改造表现鉴定材料、暂予监外执行审批表、接受社区矫正保证书、送达回执，以及关于居住地核实、确定执行地的相关材料。人民法院、看守所、监狱向县（市、区）社区矫正机构送达法律文书的同时，应当将刑事判决书、裁定书分别抄送罪犯执行地的同级人民检察院和公安机关。

《北京市社区矫正实施细则》

第二十条 对于被判处管制、宣告缓刑、裁定假释的社区矫正对象，社区矫正决定机关应当在判决、裁定生效之日起五日内通知社区矫正机构，并在七日内将法律文书和相关材料一式二份送达执行地的区社区矫正机构。区社区矫正机构应当在收到法律文书和相关材料后五日内送达回执。

人民法院送达管制、缓刑罪犯的法律文书和相关材料包括：刑事判决书，执行通知书，结案登记表，起诉书副本，判处管制（宣告缓刑）通知书，接受社区矫正保证书，社区矫正告知书，送达回执，以及关于居住地核实、确定执行地相关材料等。委托社会组织开展调查评估的随卷附调查评估材料。适用认罪认罚从宽制度的案件，随卷附认罪认罚具结书。

看守所、监狱送达假释罪犯的法律文

书和相关材料包括：假释裁定书，刑事判决书，起诉书副本，假释证明书，假释通知书，历次减刑的裁定书复印件，出监所鉴定表或改造表现鉴定材料，接受社区矫正保证书，社区矫正告知书，送达回执，关于居住地核实、确定执行地相关材料等。委托社会组织开展调查评估的还应随卷附调查评估材料。

北京市的人民法院、看守所、监狱向区社区矫正机构送达法律文书的同时，还应将刑事判决书、裁定书、执行通知书分别抄送执行地的区人民检察院和公安分局。

社区矫正决定地为北京市以外的省、自治区、直辖市的，由执行地的区社区矫正机构在收到法律文书后的五个工作日内，将法律文书转送执行地的区人民检察院、公安分局。

《福建省社区矫正实施细则》

第十条　社区矫正决定机关应当自判决、裁定或者决定生效之日起五日内书面通知执行地县级社区矫正机构，并在十日内送达有关法律文书，同时抄送执行地县级人民检察院、公安机关。社区矫正决定地与执行地不在同一省市县（区）的，由执行地县级社区矫正机构将法律文书转送所在地的人民检察院、公安机关。

人民法院应当送达下列法律文书：

（一）刑事判决书或者假释裁定书或者暂予监外执行决定书；

（二）执行通知书；

（三）结案登记表；

（四）刑事附带民事赔偿及刑事裁判中财产刑等执行情况一览表；

（五）法定不批准出境人员通报备案通知书；

（六）暂予监外执行的社区矫正对象的疾病证明书或者病残鉴定书、妊娠检查书、生活不能自理鉴别书，保证人资格审查表；

（七）社区矫正告知书；

（八）核实居所的相关材料。

公安机关应当送达下列法律文书：

（一）刑事判决书；

（二）执行通知书；

（三）结案登记表；

（四）暂予监外执行审批表及决定书；

（五）刑事附带民事赔偿及刑事裁判中财产刑等执行情况一览表；

（六）违法犯罪人员资料收讫通知单；

（七）暂予监外执行罪犯病情诊断、妊娠检查、生活不能自理鉴别材料，保证人资格审查表；

（八）社区矫正告知书；

（九）核实居所的相关材料。

监狱管理机关应当送达下列法律文书：

（一）刑事判决书；

（二）执行通知书；

（三）结案登记表；

（四）假释裁定书或者暂予监外执行审批表及决定书；

（五）刑事附带民事赔偿及刑事裁判中财产刑等执行情况一览表；

（六）暂予监外执行罪犯的病情诊断书、妊娠检查书、生活不能自理鉴别书，保证人资格审查表；

（七）出监鉴定表；

（八）社区矫正告知书；

（九）核实居所的相关材料。

县级社区矫正机构收到社区矫正决定机关的法律文书，应当认真核对上列法律文书是否齐全，并在五日内送达《社区矫正法律文书送达回执》。

社区矫正对象报到时，县级社区矫正机构未收到法律文书或者法律文书不齐全的，应当制发《社区矫正法律文书补齐通知书》送达社区矫正决定机关。社区矫正决定机关应当在五日内送达或者补齐相关法律文书。

《甘肃省社区矫正实施细则》

第十八条第三项、第四项 对于被判处管制、宣告缓刑的社区矫正对象，人民法院应当做好以下衔接工作：

（三）人民法院应当在判决、裁定或者决定生效起五日内，通知执行地县（市、区）社区矫正机构，并在十日内，派员或者以特快专递等有效方式，向县（市、区）社区矫正机构送达社区矫正法律文书和相关材料，并将刑事判决书、裁定书分别抄送罪犯居住地县级人民检察院和公安机关。

（四）人民法院送达的社区矫正法律文书和相关材料包括：刑事判决书、裁定书、决定书、执行通知书、结案登记表、社区矫正告知书、接受社区矫正保证书、送达回执等，社区矫正机构应当在收到后五日内送达回执。

第十九条 对于被裁定假释的社区矫正对象，监狱、看守所应当做好以下衔接工作：

（一）在裁定生效之日起十日内，向执行地的县（市、区）社区矫正机构送达判决书、裁定书、假释证明书副本、社区矫正保证书、社区矫正告知书等法律文书，同时抄送县（市、区）人民检察院和公安机关；

（二）向社区矫正对象宣读并发放社区矫正告知书，告知社区矫正对象自裁定生效之日起十日内到执行地的县（市、区）社区矫正机构报到，以及未按时报到的后果；

（三）向社区矫正对象宣读并发放社区矫正保证书，责令其在社区矫正保证书上签字。

第二十条 人民法院对罪犯决定暂予监外执行的，应当在作出暂予监外执行决定之日起五日内通知执行地县（市、区）社区矫正机构，并在十日内将刑事判决书、暂予监外执行决定书、执行通知书、检察意见书以及罪犯病情诊断书或罪犯生活不能自理鉴别书及相关病历材料（或材料复印件）、社区矫正告知书、社区矫正保证书等送达看守所或者执行取保候审、监视居住的公安机关，并抄送执行地的县（市、区）社区矫正机构和人民检察院。

监狱管理机关、公安机关决定罪犯暂予监外执行的，监狱、看守所应当在十日内向执行地的县（市、区）社区矫正机构交付暂予监外执行社区矫正对象的刑事判决书、减刑裁定书、暂予监外执行决定书、检察意见书、社区矫正对象病情诊断书或生活不能自理鉴别书及相关病历资料、社区矫正保证书、暂予监外执行保证书等材料（或材料复印件），并抄送执行地的县（市、区）人民检察院。

第二十一条 公安机关、监狱或看守所应当自暂予监外执行决定之日起十日内依法将暂予监外执行社区矫正对象移送至执行地的县（市、区）社区矫正机构，办理交付接收手续。

公安机关、监狱或看守所在移送交付暂予监外执行社区矫正对象前应当通知县（市、区）社区矫正机构，确定移交的时间、地点等。县（市、区）社区矫正机构可以要求移送机关直接将暂予监外执行社区矫正对象移送至其住所办理交接手续。

暂予监外执行社区矫正对象已在社会医疗机构接受住院治疗的，在暂予监外执行决定之日起十日内，可以在暂予监外执行社区矫正对象接受治疗的医院办理有关法律文书和人员交接手续。

第二十二条 县（市、区）社区矫正机构收到社区矫正决定机关的判决书、裁定书、决定书、执行通知书、结案登记表等法律文书后，应当做好收文登记，核查法律文书是否齐全。

法律文书齐全的，社区矫正机构应当在五日内送达回执。法律文书不齐全或者有误的，应当及时通知或函告有关机关补齐或更正。有关机关应当在五日内补齐或更正，并送达县（市、区）社区矫正机构。

《广东省社区矫正实施细则》

第二十条　社区矫正决定机关应当自判决、裁定或者决定生效之日起五日内以电话、传真或者其他联系方式通知执行地县级社区矫正机构做好接收准备工作。

社区矫正决定机关应当自判决、裁定或者决定生效之日起十日内将相关法律文书送达执行地县级社区矫正机构，同时抄送同级人民检察院。收到法律文书后，社区矫正机构应当在五日内送达回执。

法律文书送达前，发现社区矫正执行地不适宜社区矫正对象接受矫正的，社区矫正决定机关应当再次确认执行地。

社区矫正决定机关与执行地在同一县（市、区）的，由社区矫正决定机关将法律文书抄送执行地人民检察院和公安机关。

社区矫正决定机关与执行地不在同一县（市、区）的，由执行地县级社区矫正机构在收到法律文书后，于五日内转送执行地人民检察院和公安机关。

社区矫正决定机关应当送达的法律文书至少包括：

（一）管制、缓刑：起诉书、刑事判决书、执行通知书、结案登记表、社区矫正告知书；

（二）假释：起诉书、刑事判决书、假释裁定书、执行通知书、结案登记表、出监鉴定表、再犯罪危险性评估报告、社区矫正告知书。

（三）暂予监外执行：起诉书、刑事判决书、暂予监外执行决定书、执行通知书、结案登记表、暂予监外执行保证书、病情诊断书、社区矫正告知书。由公安机关、监狱管理机关批准的，还应当包括出监（所）鉴定表。

决定机关应当将罪犯财产性判项及执行情况书面告知社区矫正机构，作为县级社区矫正机构、受委托的司法所开展监督管理教育的内容。

社区矫正对象报到时，执行地县级社区矫正机构未收到法律文书或者法律文书不齐全、有错漏的，应当先记录在案，为其办理登记接收手续，并在三日内通知社区矫正决定机关在五日内送达或者补齐、更正法律文书。

县级社区矫正机构收到法律文书后，应当核实社区矫正对象身份和决定社区矫正执行的相关事项。

《广西壮族自治区社区矫正工作细则》

第二十五条第三项　对于被判处管制、宣告缓刑的社区矫正对象，人民法院应当做好以下衔接工作：

（三）在判决生效之日起五日内以电话、传真或者其他信息共享方式通知执行地县（市、区）社区矫正机构，并在十日内向执行地的县（市、区）社区矫正机构送达刑事判决书、执行通知书、起诉书副本、结案登记表、接受社区矫正保证书、社区矫正告知书以及送达回执等法律文书和相关材料，同时抄送县（市、区）人民检察院和公安机关。

第二十六条第三项　对于被裁定假释的社区矫正对象，监狱、看守所应当做好以下衔接工作：

（三）在裁定生效之日起五日内，以电话、传真或者其他信息共享方式通知执行地县（市、区）社区矫正机构，并在十日内向执行地县（市、区）社区矫正机构送达刑事判决书、起诉书副本、刑事案件执行通知书、减刑、假释裁定书、假释通知书、罪犯出监鉴定表、接受社区矫正保证书、社区矫正告知书以及送达回执等法律文书和相关材料。同时抄送县（市、区）人民检察院和公安机关。如执行地与户籍地不在同一地方的，同时抄送户籍地的公安机关。

第二十八条 人民法院对罪犯决定暂予监外执行，应当在作出暂予监外执行决定之日起五日内将暂予监外执行决定书、病残鉴定书或证明书、执行通知书、刑事判决书、起诉书副本、暂予监外执行具保书、结案登记表、接受社区矫正保证书、社区矫正告知书、送达回执等法律文书和相关材料送达看守所或者执行取保候审、监视居住的公安机关和执行地的县（市、区）社区矫正机构，并抄送人民检察院。

监狱管理机关、公安机关决定罪犯暂予监外执行的，监狱、看守所应当在决定之日起五日内向执行地县（市、区）社区矫正机构送达刑事判决书、起诉书副本、刑事案件执行通知书、减刑裁定书、暂予监外执行病情鉴定书、具保书、暂予监外执行决定书、罪犯出监鉴定表、接受社区矫正保证书、社区矫正告知书、罪犯出监心理评估书以及送达回执等法律文书和相关材料，并抄送执行地县（市、区）人民检察院。

对看守所留所服刑罪犯暂予监外执行，原服刑地与执行地在本自治区行政区域内的，可以不移交档案。

第二十九条 公安机关、监狱或者看守所应当自暂予监外执行决定之日起十日内，依法将暂予监外执行社区矫正对象移送至执行地县（市、区）社区矫正机构，做好以下交付接收工作：

（一）确定暂予监外执行罪犯出监狱、看守所或押送日期，至少提前一日通知罪犯执行地县（市、区）社区矫正机构。

（二）对于病情严重必须立即保外就医的罪犯，监狱、看守所应当在罪犯离开监所前以传真或寄送等形式书面通知县（市、区）社区矫正机构，并通知保证人到场后，应当将其押送至居住地等场所，与县（市、区）社区矫正机构现场办理交接手续，县（市、区）社区矫正机构应当即时办理。

（三）被批准保外就医的罪犯因病情严重正在住院治疗，暂时无法到执行地县（市、区）社区矫正机构报到登记的，看守所、监狱应当与县（市、区）社区矫正机构、保证人商定地址进行交接。交接当日，看守所、监狱应持医院出具的病历或住院证明（复印件）等病情证明材料及相关法律文书，会同县（市、区）社区矫正机构与保证人一同到商定地址办理交接手续。

第三十条 罪犯原服刑地在外省（自治区、直辖市），社区矫正执行地在本自治区行政区域内，需要回执行地暂予监外执行的，自治区监狱管理局、设区市以上公安机关接到原服刑地省级以上监狱管理机关、同级公安机关书面通知后，应当立即指定一所监狱、看守所接收罪犯档案，负责办理罪犯收监、释放等手续。

对于从外省（自治区、直辖市）转入本自治区执行的暂予监外执行罪犯，监狱、看守所收到指定管理的通知及罪犯的档案后，应当自接受指令之日起五个工作日内书面通知罪犯执行地县（市、区）社区矫正机构。

《贵州省社区矫正工作实施细则（试行）》

第十六条 对判处管制、宣告缓刑的社区矫正对象，人民法院应自判决生效之日起五日内通知执行地县级社区矫正机构，并在十日内向执行地县级社区矫正机构送达下列法律文书和相关材料：

（一）刑事判决书；

（二）起诉书（自诉书）；

（三）执行通知书；

（四）结案登记表；

（五）社区矫正告知书、接受社区矫正保证书；

（六）送达回证。

第十七条　人民法院裁定假释的社区矫正对象，监狱、看守所应当自裁定生效之日或者离开监所之日起五日内通知执行地县级社区矫正机构，并在十日内向执行地社区矫正机构送达下列法律文书和相关材料：

（一）假释裁定书、假释证明书；

（二）罪犯出监（所）鉴定表；

（三）刑事判决书、起诉书、执行通知书、结案登记表；

（四）社区矫正告知书、接受社区矫正保证书；

（五）送达回证。

第十八条　人民法院决定暂予监外执行的，应当向看守所或执行取保候审、监视居住的公安机关送达有关法律文书。看守所或执行取保候审、监视居住的公安机关自暂予监外执行决定之日起十日内将社区矫正对象移送至执行地县级社区矫正机构，办理交付接收手续。

监狱管理机关、公安机关批准暂予监外执行的社区矫正对象，由监狱或者看守所自批准决定之日起十日内将社区矫正对象移送至执行地县级社区矫正机构，办理交付接收手续。

第十九条　社区矫正决定机关决定或批准暂予监外执行的，应当由罪犯本人或其亲属、监护人提出保证人，保证人由监狱、看守所、人民法院审查确定。

保证人应当同时具备《暂予监外执行规定》第十一条规定的条件，并向拟决定或批准暂予监外执行的决定机关提交《暂予监外执行保证书》，履行《暂予监外执行规定》第十二条规定的保证人义务。

第二十条　批准紧急保外就医的罪犯，监狱、看守所应当在罪犯离开监所前书面通知执行地县级社区矫正机构，双方商定交接时间并通知保证人到场，由监狱、看守所将罪犯押送至执行地居所处，与执行地县级社区矫正机构办理交接手续。

批准紧急保外就医的罪犯因病情危重正在医院抢救或脱离医院治疗确有生命危险的，监狱或看守所与执行地县级社区矫正机构经协商达成一致意见的，可以在罪犯就医医院办理交接手续；也可以由监狱或看守所持相关法律文书、住院医疗证明、视频资料等材料到执行地社区矫正机构办理交接手续。

上述交接程序须有保证人全程参与并配合接收工作。

第二十一条　监狱、看守所批准暂予监外执行的，应向执行地县级社区矫正机构送达下列法律文书和相关材料：

（一）暂予监外执行决定书或暂予监外执行通知书；

（二）原刑事判决书、起诉书、执行通知书、结案登记表；

（三）罪犯出监（所）鉴定表；

（四）罪犯病情诊断、妊娠检查或生活不能自理鉴别材料；

（五）暂予监外执行保证人保证书；

（六）社区矫正告知书、接受社区矫正保证书；

（七）送达回证。

第二十二条 人民法院决定暂予监外执行的，应向执行地县级社区矫正机构送达下列法律文书和相关材料：

（一）暂予监外执行决定书、暂予监外执行通知书；

（二）刑事判决书、起诉书、结案登记表；

（三）罪犯病情诊断、妊娠检查或生活不能自理鉴别材料；

（四）暂予监外执行保证人保证书；

（五）社区矫正告知书、接受社区矫正保证书；

（六）送达回证。

第二十三条 社区矫正决定地与执行地不在同一县（市、区）的，由执行地县级社区矫正机构在五个工作日内将法律文书转送所在地的县级人民检察院、公安机关。

社区矫正决定机关与社区矫正机构已实现相关业务信息协同平台互传文书的，参照本细则第十条送达法律文书及相关材料。

《河南省社区矫正工作细则》

第三十五条 适用社区矫正的判决、裁定、决定生效之日起五日内，社区矫正决定机关应当以电话、传真或其他信息共享方式通知执行地县级社区矫正机构，并在十日内以直接送达或邮件等适当方式，将有关法律文书送达执行地县级社区矫正机构，并注明联系人、联系方式；同时抄送执行地人民检察院和公安机关。社区矫正机构代为转送的，应在收到法律文书后五日内送达。社区矫正机构不接受社区矫正对象及其监护人、保证人等利害关系人自带的法律文书。

人民法院判处管制、宣告缓刑的，送达的法律文书应包括：刑事判决书、执行通知书、起诉书（自诉书）副本、结案登记表、社区矫正告知书、接受社区矫正保证书。

人民法院、公安机关、监狱管理机关决定暂予监外执行的，送达的法律文书应包括：暂予监外执行决定书、刑事判决书、执行通知书、起诉书（自诉书）副本的原件或复印件、病残鉴定书原件或复印件（包括病情、妊娠检查、生活不能自理的鉴别意见）、暂予监外执行保证书、社区矫正告知书、接受社区矫正保证书。

人民法院裁定假释的，监狱、看守所负责送达的法律文书应包括：假释裁定书、刑事判决书、起诉书（自诉书）副本原件或复印件、出监所鉴定表、心理评估表、社区矫正告知书、接受社区矫正保证书。

第三十六条 县级社区矫正机构在收到相关法律文书和材料后，应当进行审核，在五日内送达回执。

第三十七条 县级社区矫正机构应当设立集中统一的社区矫正对象登记接收场所，做好接收社区矫正决定机关送达的法律文书和材料、登记社区矫正对象基本信息、通知社区矫正对象报到、组织社区矫正宣告等工作。

《湖南省社区矫正实施细则》

第四十条 社区矫正决定机关应当自判决、裁定或者决定生效之日起五日内，以电话、传真或者其他有效信息互通方式通知执行地县级社区矫正机构；并在十日内以直接送达、邮寄或者其他有效信息互通方式，将有关法律文书送达执行地县级社区矫正机构，并注明联系人、联系方式，同时抄送执行地人民检察院和公安机关。社区矫正决定地与执行地不在同一省（直辖市、自治区）的，由执行地县级社区矫正机构将法律文书转送所在地人民检察院、公安机关。

执行地县级社区矫正机构不接收社区矫正对象及其监护人、保证人等利害关系人自带的法律文书。

第四十一条 人民法院判处管制、宣告缓刑的，送达的法律文书应包括：历次刑事裁判文书、执行通知书、起诉书（自诉书）副本、结案登记表、社区矫正告知书。

人民法院、公安机关、监狱管理机关决定暂予监外执行的，送达的法律文书应包括：历次刑事裁判文书、执行通知书、起诉书（自诉书）副本、暂予监外执行决定书、病残鉴定书（包括病情诊断、妊娠检查、生活不能自理的鉴别意见）、暂予监外执行具保（保证）书、社区矫正告知书。

人民法院裁定假释的，监狱、看守所负责送达的法律文书应包括：历次刑事裁判文书、执行通知书、假释裁定书、假释证明书、起诉书（自诉书）副本、出监所鉴定表、心理评估表、社区矫正告知书。

有关文书为复制件的应当加盖单位复印章，并注明原件存放机关。

《江西省社区矫正工作实施细则》

第三十三条 社区矫正决定机关应当自判决、裁定或者决定生效之日起五日内通知执行地县级社区矫正机构，并在十日内将相关法律文书送达执行地县级社区矫正机构，同时抄送执行地县级人民检察院。

判处管制和宣告缓刑的，应当送达刑事判决书、执行通知书、结案登记表、起诉书副本；社区矫正告知书等相关法律文书。裁定假释的，应当送达假释裁定书、假释执行通知书、出监鉴定表、假释证明书；原刑事判决书、裁定书、执行通知书、结案登记表、起诉书副本、历次刑罚变更等法律文书；社区矫正告知书等相关法律文书。

人民法院决定暂予监外执行的，应当送达刑事判决书、暂予监外执行决定书、执行通知书、结案登记表；暂予监外执行的社区矫正对象的疾病证明或者病残鉴定、妊娠检查、生活不能自理鉴别材料，保证人资格审查表；社区矫正告知书等相关法律文书。公安机关或者监狱管理机关批准暂予监外执行的，应当送达暂予监外执行决定书，罪犯病情诊断、妊娠检查、生活不能自理鉴别材料，保证人资格审查表；刑事判决书、执行通知书、结案登记表、历次刑罚变更等法律文书；社区矫正告知书等相关法律文书。

社区矫正决定机关已经对社区矫正对象采取限制出境措施的，应当将限制出境的通报备案以及收缴出入境证件等情况，书面告知执行地县级社区矫正机构。

《江苏省社区矫正实施细则》

第十二条 社区矫正决定机关应当自判决、裁定或者决定生效之日起五日内通知执行地县级社区矫正机构，并在十日内送达有关法律文书，同时抄送人民检察院和执行地公安机关。社区矫正决定地与执行地不在同一地方的，由执行地县级社区矫正机构将法律文书转送所在地同级人民检察院、公安机关。

人民法院判处管制、宣告缓刑的，应当送达刑事判决书、执行通知书、起诉书副本、结案登记表、社区矫正告知书等相关法律文书。

人民法院裁定假释的，监狱办理假释离监时，应当代为送达假释裁定书、假释证明书、出监鉴定表、刑事判决书、执行通知书、起诉书副本、结案登记表、社区矫正告知书等相关法律文书。

人民法院决定或者监狱管理机关、公安机关批准决定暂予监外执行的，人民法院或者监狱、看守所应当送达暂予监外执行决定书，暂予监外执行罪犯的疾病证明书或者病残鉴定书、妊娠检查书、生活不能自理鉴别书、保证人资格审查表、刑事判决书、执行通知书、起诉书副本、结案登记表、社区矫正告知书等相关法律文书。

对未委托调查评估的社区矫正对象，社区矫正决定机关应当附送确定执行地的相关材料。

执行地县级社区矫正机构收到社区矫正决定机关的法律文书，应当核对，确认判决、裁定或者决定生效且相关法律文书齐全的，在五日内送达《社区矫正法律文书送达回执》，并通知社区矫正对象在规定时间内报到。发现法律文书中的判决、裁定尚未生效的，及时告知社区矫正决定机关、执行地人民检察院。

《辽宁省社区矫正实施细则》

第二十六条　适用社区矫正的判决、裁定、决定生效之日起五日内，社区矫正决定机关应当以电话、传真或其他信息共享方式通知执行地县级社区矫正机构，在十日内将有关法律文书送达执行地县级社区矫正机构，注明联系人、联系方式，并同时抄送执行地人民检察院和公安机关。

决定机关不得将相关法律文书交由社区矫正对象及其监护人、保证人等利害关系人送达有关部门。

第二十七条　人民法院应当送达下列法律文书：

（一）刑事判决书或者假释裁定书或者暂予监外执行决定书；

（二）执行通知书；

（三）结案登记表；

（四）刑事附带民事赔偿及刑事裁判中财产性判项等执行情况一览表；

（五）暂予监外执行罪犯的病情诊断书、妊娠检查书、生活不能自理鉴别书，保证人资格审查表；

（六）社区矫正告知书、接受社区矫正保证书；

（七）核实居所的相关材料。

第二十八条　公安机关应当送达下列法律文书：

（一）刑事判决书；

（二）执行通知书；

（三）结案登记表；

（四）暂予监外执行审批表及决定书；

（五）刑事附带民事赔偿及刑事裁判中财产性判项等执行情况一览表；

（六）暂予监外执行罪犯病情诊断、妊娠检查、生活不能自理鉴别材料，保证人资格审查表；

（七）社区矫正告知书、接受社区矫正保证书；

（八）核实居所的相关材料。

第二十九条　监狱管理机关应当送达下列法律文书：

（一）刑事判决书；

（二）执行通知书；

（三）结案登记表；

（四）假释裁定书或者暂予监外执行审批表及决定书；

（五）刑事附带民事赔偿及刑事裁判中财产性判项等执行情况一览表；

（六）暂予监外执行罪犯的病情诊断书、妊娠检查书、生活不能自理鉴别书，保证人资格审查表；

（七）出监鉴定表；

（八）社区矫正告知书、接受社区矫正保证书；

（九）核实居所的相关材料。

《宁夏回族自治区社区矫正实施细则》

第三十条　社区矫正决定机关应当自判决、裁定或者决定生效之日起五日内通知执行地县级社区矫正机构，并在十日内将判决书、裁定书、决定书、执行通知书等法律文书送达执行地县级社区矫正机构，同时抄送人民检察院。收到法律文书后，社区矫正机构应当在五日内送达回执。

人民法院判处管制、宣告缓刑的，送达文书应当包括：判决书、执行通知书、社区矫正告知书等法律文书；

人民法院、公安机关、监狱管理机关决定暂予监外执行的，送达文书应当包括：判决书、暂予监外执行决定书、执行通知书、检察意见书以及罪犯病情诊断书或者罪犯生活不能自理鉴别书及相关病历材料、社区矫正告知书等法律文书；

人民法院裁定假释的，监狱、看守所负责送达的法律文书应当包括：判决书、假释裁定书、社区矫正告知书等法律文书。

《山东省社区矫正实施细则》

第十五条　人民法院、监狱或者看守所应当自判决、裁定或者决定生效之日起十日内向执行地县级社区矫正机构送达有关法律文书，同时抄送执行地人民检察院和公安机关。人民法院决定暂予监外执行的，同时还应当送达看守所或者执行取保候审、监视居住的公安机关。本省外人民法院、监狱或者看守所将应当抄送执行地人民检察院和公安机关有关法律文书送达社区矫正机构的，社区矫正机构应当及时转送。

判处管制、宣告缓刑的，人民法院应当送达刑事判决书、执行通知书、结案登记表、社区矫正告知书、起诉书（自诉书）、回执单等法律文书。

裁定假释的，监狱、看守所应当送达刑事裁定书、执行通知书、假释证明书、社区矫正告知书及原刑事判决书（复印件）、减刑裁定书（复印件）、起诉书（复印件）、执行通知书（复印件）、回执单等法律文书。

人民法院决定暂予监外执行的，应当送达刑事判决书、暂予监外执行决定书、执行通知书、结案登记表、社区矫正告知书及罪犯病情诊断、妊娠检查或者生活不能自理的证明材料、起诉书（自诉书）、回执单等法律文书。

监狱管理机关、公安机关批准暂予监外执行的，监狱、看守所应当送达暂予监外执行决定书、执行通知书、社区矫正告知书、暂予监外执行保证书以及罪犯病情诊断、妊娠检查或者生活不能自理的证明材料、原刑事判决书（复印件）、起诉书（复印件）、执行通知书（复印件）、回执单等法律文书。

《山西省社区矫正实施细则》

第十八条第三项　对于被判处管制、宣告缓刑的社区矫正对象，人民法院应当做好以下工作：

（三）自判决生效之日起五日内通知执行地县级社区矫正机构，十日内向执行地县级社区矫正机构送达起诉书、判决书、执行通知书、接受社区矫正保证书、社区矫正告知书、送达回证等法律文书，以及关于居住地核实、确定的相关材料。同时抄送执行地县级人民检察院和公安机关。

《陕西省社区矫正实施细则》

第十四条　人民法院判处管制、宣告缓刑的，送达的法律文书应当包括：刑事判决书、执行通知书、起诉书（自诉书）副本、结案登记表、社区矫正告知书、接受社区矫正保证书等。

人民法院、公安机关、监狱管理机关决定暂予监外执行的，送达的法律文书应当包括：暂予监外执行决定文书、刑事判决书、执行通知书、起诉书（自诉书）副本的原件或者复印件、病残鉴定书原件或者复印件（包括病情、妊娠检查、生活不能自理的鉴别意见）、暂予监外执行保证书、社区矫正告知书、接受社区矫正保证书等。

人民法院裁定假释的，监狱、看守所负责送达的法律文书应当包括：假释裁定书、刑事判决书、起诉书（自诉书）副本原件或者复印件、出监所鉴定表、心理评估表、社区矫正告知书、接受社区矫正保证书等。

《上海市社区矫正实施细则》

第十五条第三项 对于被判处管制、宣告缓刑的社区矫正对象，人民法院应当做好以下衔接工作：

（三）在判决生效之日起五日内向执行地的区社区矫正机构送达判决书、执行通知书、社区矫正保证书、社区矫正告知书等法律文书，同时抄送区人民检察院和公安机关。

第十六条第三项 对于被裁定假释的社区矫正对象，监狱、看守所应当做好以下衔接工作：

（三）在裁定生效之日起五日内，向执行地的区社区矫正机构送达判决书、裁定书、假释证明书副本、社区矫正保证书、社区矫正告知书等法律文书，同时抄送区人民检察院和公安机关。

第十七条 人民法院对罪犯决定暂予监外执行的，应当在作出暂予监外执行决定之日起五日内将刑事判决书、暂予监外执行决定书、执行通知书、检察意见书以及罪犯病情诊断书或罪犯生活不能自理鉴别书及相关病历材料（或材料复印件）、社区矫正告知书、社区矫正保证书等送达看守所或者执行取保候审、监视居住的公安机关，并抄送执行地的区社区矫正机构和人民检察院。

监狱管理机关、公安机关决定罪犯暂予监外执行的，监狱、看守所应当向执行地的区社区矫正机构交付暂予监外执行社区矫正对象的刑事判决书、减刑裁定书、暂予监外执行决定书、检察意见书、社区矫正对象病情诊断书或生活不能自理鉴别书及相关病历资料、社区矫正保证书、暂予监外执行保证书等材料（或材料复印件），并抄送执行地的区人民检察院。

第二十二条 区社区矫正机构在办理接收手续后，应当书面告知社区矫正对象在三日内到指定司法所报到，并按期参加入矫宣告。

《四川省社区矫正实施细则》

第三十九条 社区矫正决定机关应当自判决、裁定或者决定生效之日起五日内通知执行地县级社区矫正机构，并在十日内送达有关法律文书，同时抄送人民检察院和执行地公安机关。社区矫正决定地与执行地不在同一地方的，由执行地县级社区矫正机构将法律文书转送所在地的人民检察院、公安机关。收到法律文书后，执行地县级社区矫正机构应当在五日内送达回执。

社区矫正机构不接收社区矫正对象及其监护人、保证人等利害关系人自带的法律文书。

第四十条 人民法院判处管制、宣告缓刑的，送达的法律文书应包括：刑事判决书、执行通知书、起诉书（自诉书）副本、结案登记表、社区矫正告知书、接受社区矫正保证书，确定执行地的证明材料。

人民法院、公安机关、监狱管理机关决定暂予监外执行的，送达的法律文书应包括：刑事判决书、执行通知书、起诉书（自诉书）副本、暂予监外执行决定书、病情诊断（妊娠检查）意见书或者生活不能自理的鉴别意见书、暂予监外执行具保书、社区矫正告知书、接受社区矫正保证书，确定执行地的证明材料。

人民法院裁定假释的，监狱、看守所负责送达的法律文书应包括：刑事判决书、刑事裁定书、执行通知书、起诉书（自诉书）副本、出监（所）鉴定表、社区矫正告知书、接受社区矫正保证书。

第四十一条 被判处管制、宣告缓刑、裁定假释的社区矫正对象应当自人民法院判决、裁定生效或离开监所之日起十日内到执行地县级社区矫正机构报到。人民法院应当书面明确裁判文书的生效日期。

第四十二条 人民法院决定暂予监外执行的社区矫正对象，交付执行前已被羁押的，由看守所自收到暂予监外执行决定书之日起十日内，将社区矫正对象移送执行地县级社区矫正机构并办理交付接收手续；罪犯被取保候审、监视居住的，由执行取保候审、监视居住的公安机关自收到暂予监外执行决定书之日起十日内，将社区矫正对象移送执行地县级社区矫正机构并办理交付接收手续。交接时应当有社区矫正对象近亲属或其保证人在场。

监狱管理机关、公安机关批准暂予监外执行的社区矫正对象，由监狱或者看守所自收到批准决定之日起十日内将其移送至执行地县级社区矫正机构，办理交付接收手续。监狱、看守所应当在移送社区矫正对象五日前，与执行地县级社区矫正机构取得联系，共同拟定移交的具体时间、地点和方式。交接时应当有社区矫正对象近亲属或其保证人在场。

第四十三条 罪犯原服刑地与居住地不在同一省（自治区、直辖市），需要回居住地暂予监外执行的，原服刑地的省级以上监狱管理机关或者设区的市一级以上公安机关应当书面通知罪犯社区矫正执行地的监狱管理机关、公安机关，由其指定一所监狱、看守所接收社区矫正对象档案，负责办理其收监、刑满释放等手续。对看守所留所服刑罪犯暂予监外执行，原服刑地与居住地在同一省、自治区、直辖市的，可以不移交档案。

文书范本

社区矫正对象漏管情况通报①

（存根）

（ ）宁 矫漏管通字第 号

____________检察院：

人民法院（公安局、监狱管理局、监狱、看守所）____年____月____日判处（宣告/裁定/决定）管制（缓刑/假释/暂予监外执行）的社区矫正对象________，男（女），身份证号码________，户籍地________，执行地________。根据《宁夏回族自治区社区矫正实施细则》第三十一条之规定，未按照法定期限通知我单位，现导致社区矫正对象____，漏管期限达____日，现将情况通报如下：

社区矫正对象________于____年____月____日（被________机关移送/主动）报到，漏管期

---

① 来自《关于进一步规范社区矫正执法文书格式的通知》。

间（填写社区矫正对象活动情况、是否接到相关部门通知有再犯罪、受到治安管理处罚等情况）

____

____

填发人　　　　　　　　　　　　　　　　　　　　　　　批准人

填发日期　　年　月　日

社区矫正对象漏管情况通报

（　）宁　矫漏管通字第　号

__________检察院：

人民法院（公安局、监狱管理局、监狱、看守所）____年____月____日判处（宣告/裁定/决定）管制（缓刑/假释/暂予监外执行）的社区矫正对象________，男（女），身份证号码________，户籍地________，执行地________。根据《宁夏回族自治区社区矫正实施细则》第三十一条之规定，未按照法定期限通知我单位，现导致社区矫正对象________，漏管期限达____日，现将情况通报如下：

社区矫正对象________于____年____月____日（被________机关移送/主动）报到，漏管期间（填写社区矫正对象活动情况、是否接到相关部门通知有再犯罪、受到治安管理处罚等情况）

____

____。

联系人：__________；联系电话：__________。

（社区矫正机构印章）

年　月　日

注：抄送________人民检察院、________监狱（看守所）。

说明：

1. 本文书根据《宁夏回族自治区社区矫正实施细则》第三十条相关规定制作，用于社区矫正决定机关未按法定期限通知社区矫正机构导致社区矫正对象漏管时使用。对被裁定假释的罪犯，还应当同时抄送原服刑的监狱或者看守所。

2. 文书字号由年度、社区矫正机构代字、类型代字、文书编号组成，使用阿拉伯数字，例“（2021）宁××矫漏管通字第1号”。存根存档，通报送社区矫正决定机关。

3. 通报情况应写明收到通知时限、社区矫正对象报到方式、漏管期间是否接到社区矫正对象有再犯罪、被给予治安管理处罚等情况通报。

社区矫正法律文书送达回执①

<table>
<tr><td>送达文书
内　容</td><td colspan="3"></td></tr>
<tr><td>受送达人的
姓名、地址</td><td colspan="3"></td></tr>
<tr><td>送达文书名称及件数</td><td>受送达人签收</td><td>代收人签收</td><td>送达人</td></tr>
<tr><td></td><td>（公章）
年　月　日</td><td>年　月　日</td><td></td></tr>
<tr><td></td><td>年　月　日</td><td>年　月　日</td><td></td></tr>
<tr><td></td><td>年　月　日</td><td>年　月　日</td><td></td></tr>
<tr><td></td><td>年　月　日</td><td>年　月　日</td><td></td></tr>
<tr><td colspan="4">备注：</td></tr>
</table>

说明：

1. 本文书根据《中华人民共和国社区矫正法》以及“两高两部”《中华人民共和国社区矫正法实施办法》《宁夏回族自治区社区矫正实施细则》相关条款的规定制作，用于执行地社区矫正机构向社区矫正对象、社区矫正决定机关、执行地人民检察院、公安机关送达文书以及社区矫正机构之间、社区矫正机构与受委托司法所之间文书送达。

2. 送达回执一般直接送达签收，如果邮寄送达的可以将邮寄回证附送达回执上。

① 来自《关于进一步规范社区矫正执法文书格式的通知》。

第二十一条 【报到和移送】

人民法院判处管制、宣告缓刑、裁定假释的社区矫正对象，应当自判决、裁定生效之日起十日内到执行地社区矫正机构报到。

人民法院决定暂予监外执行的社区矫正对象，由看守所或者执行取保候审、监视居住的公安机关自收到决定之日起十日内将社区矫正对象移送社区矫正机构。

监狱管理机关、公安机关批准暂予监外执行的社区矫正对象，由监狱或者看守所自收到批准决定之日起十日内将社区矫正对象移送社区矫正机构。

法条解读

本条是关于社区矫正对象报到及相关机关移送矫正对象的规定。本条第一款规定了社区矫正对象主动报到的时间。其中依照一审程序作出的管制、缓刑判决，生效之日为被告人收到判决书起的第十一天，二审程序和最高人民法院作出的上述判决，作出判决的当日为生效之日。假释裁定，自法院作出假释裁定之日起生效。本条第二款、第三款规定了暂予监外执行犯的被动移送。其生效之日为暂予监外执行的批准决定之日。

《社区矫正实施办法》细化了自行报到有困难的情形及解决方法，并就暂予监外执行社区矫正对象的移送程序进行了细化。

各省市社区矫正实施细则大都对各机关移送社区矫正对象的程序进行了细化。例如，《北京市社区矫正实施细则》明确了社区矫正对象报到时应提供的证明材料及未按规定及时报到时相关机构组织查找的义务。《安徽省社区矫正工作实施细则》《广东省社区矫正实施细则》《河南省社区矫正工作细则》《湖南省社区矫正实施细则》《江西省社区矫正工作实施细则》《宁夏回族自治区社区矫正实施细则》《四川省社区矫正实施细则》均明确了外省籍或省外暂予监外执行罪犯的交接程序。《河南省社区矫正工作细则》对不能脱离医院救治的暂予监外执行人员报到实行代办手续与代为履行请假手续进行了规定。《江苏省社区矫正实施细则》对暂予监外执行的社区矫正对象交接所需规范性文件要求进行了明确，并对因身体原因导致无法正常交接的交接地点进行了变通规定。

相关规定

《社区矫正法实施办法》

第十七条 被判处管制、宣告缓刑、裁定假释的社区矫正对象到执行地县级社区矫正机构报到时，社区矫正机构应当核对法律文书、核实身份，办理登记接收手续。对社区矫正对象存在因行动不便、自行报到确有困难等特殊情况的，社区矫正机构可以派员到其居住地等场所办理登记接收手续。

暂予监外执行的社区矫正对象，由公安机关、监狱或者看守所依法移送至执行地县级社区矫正机构，办理交付接收手续。罪犯原服刑地与居住地不在同一省、自治区、直辖市，需要回居住地暂予监外执行的，原服刑地的省级以上监狱管理机关或者设区的市一级以上公安机关应当书面通知罪犯居住地的监狱管理机关、公安机关，由其指定一所监狱、看守所接收社区矫正对象档案，负责办理其收监、刑满释放等手续。对看守所留所服刑罪犯暂予监外执行，原服刑地与居住地在同一省、自治区、直辖市的，可以不移交档案。

《安徽省社区矫正工作实施细则》

第十四条　公安机关、监狱或者看守所应当自收到暂予监外执行决定之日起十日内依法将社区矫正对象移送至执行地社区矫正机构，办理交付接收手续。公安机关、监狱或看守所在移送交付暂予监外执行的社区矫正对象前，应当通知执行地县（市、区）社区矫正机构，协商确定移送的时间、地点等。县（市、区）社区矫正机构可以要求将暂予监外执行社区矫正对象直接移送至医疗机构或者住所等，办理交接手续。暂予监外执行的社区矫正对象已经在社会医疗机构接受住院治疗的，可以在暂予监外执行社区矫正对象接受治疗的医疗机构办理交付接收手续。

第十七条　对外省籍转入本省接受社区矫正的暂予监外执行罪犯，省监狱管理机关和设区的市公安机关，应当根据外省同级管理机关的书面通知，指定一所监狱或者看守所接收罪犯档案，负责办理罪犯收监、刑满释放等手续，并及时书面通知执行地的县（市、区）社区矫正机构。

《北京市社区矫正实施细则》

第二十一条　被判处管制、宣告缓刑、裁定假释的社区矫正对象，应当自判决、裁定生效之日起十日内，持人民法院、看守所、监狱送达本人的刑事判决书、裁定书、假释证明书和有效身份证明，到执行地的区社区矫正机构报到。

社区矫正对象前来报到时，执行地的区社区矫正机构未收到法律文书或者法律文书不齐全，应当先记录在案，为其办理登记接收手续，并书面通知人民法院、监狱或者看守所在五日内送达或者补齐法律文书，抄送执行地的区人民检察院。

区社区矫正机构收到法律文书后，通知司法所做好接收准备。

区社区矫正机构收到法律文书后，发现社区矫正对象未按规定时限报到的，应当立即组织查找，并向社区矫正对象的近亲属、监护人或者保证人书面告知社区矫正对象未按规定时间报到的情况及后果。查找不到的，应当及时书面通知公安机关协助查找。公安机关应当采取必要措施进行查找，并将查找到的社区矫正对象下落信息及时通知区社区矫正机构。区社区矫正机构应当及时将有关情况书面通报社区矫正决定机关、执行地的区人民检察院；被裁定假释的，还应当同时抄送原服刑的监狱、看守所。

《甘肃省社区矫正实施细则》

第二十三条　被判处管制、宣告缓刑的社区矫正对象应当自判决、裁定生效之日起十日内凭社区矫正告知书、社区矫正保证书、生效判决书、假释裁定书到执行地的县（市、区）社区矫正机构报到。

《广东省社区矫正实施细则》

第十九条　社区矫正对象应当按期到执行地县级社区矫正机构报到，对因身体行动不便、自行报到确有困难，或者其他特殊情况无法现场报到的，社区矫正机构应当进行核实。社区矫正机构可以派员到其居住地等场所办理登记接收手续，也可以要求社区矫正对象家属或者保证人代为办理报到手续。

人民法院决定暂予监外执行的，由看守所或者执行取保候审、监视居住的公安机关自收到决定之日起十日内将社区矫正对象移送执行地县级社区矫正机构，办理交付接收手续。

监狱管理机关、公安机关批准暂予监外执行的，由监狱、看守所自收到批准之日起十日内将社区矫正对象移送执行地县级社区矫正机构，办理交付接收手续。

省外监狱、看守所在押罪犯，需要回本省居住地暂予监外执行的，本省监狱管理机关、设区的市一级以上公安机关收到外省同级监狱管理机关、公安机关书面通知后，应当指定一所监狱、看守所接收罪犯档案，负责办理罪犯收监、释放等手续。对看守所留所服刑罪犯暂予监外执行，原服刑地与居住地在本省的，可以不移交档案。

监狱、看守所移交罪犯前，应当与执行地县级社区矫正机构取得联系，商定交付接收的时间、地点和方式。

执行地县级社区矫正机构应当核对法律文书、核实身份，办理登记接收手续。

执行地县级社区矫正机构完成接收后，依法委托司法所开展相关工作的，应当告知社区矫正对象三日内到指定的司法所报到。

《广西壮族自治区社区矫正工作细则》

第二十七条 人民法院判处管制、宣告缓刑、裁定假释的社区矫正对象，应当自判决、裁定生效之日起十日内，持人民法院、监狱、看守所送达本人的刑事判决书、裁定书、假释证明书和有效身份证明到执行地社区矫正机构报到。社区矫正机构应当核对法律文书、核实身份，办理登记接收手续，书面告知社区矫正对象三日内到指定受委托的司法所接受社区矫正并通知司法所，受委托的司法所按照县（市、区）社区矫正机构的通知要求，开展社区矫正相关工作。对社区矫正对象存在因行动不便、自行报到确有困难等特殊情况的，社区矫正机构可以派员到其居住地等场所办理登记接收手续。

社区矫正对象前来报到时，执行地县（市、区）社区矫正机构未收到法律文书或者法律文书不齐全，应当先记录在案，为其办理登记接收手续，并通知人民法院、监狱或者看守所在五日内送达或者补齐法律文书。

《贵州省社区矫正工作实施细则（试行）》

第二十五条 委托司法所管理的社区矫正对象，县级社区矫正机构应当向其发放《社区矫正对象限期报到通知书》，要求其在三日内到指定的司法所报到接受社区矫正，同时将登记接收过程中形成的档案资料复印件或电子文件移送受委托的司法所。

《河南省社区矫正工作细则》

第三十八条 被判处管制、宣告缓刑、裁定假释的社区矫正对象应当自人民法院判决、裁定生效或者离开监所之日起十日内，到执行地县级社区矫正机构报到，社区矫正机构应当核对法律文书、核实身份，办理登记接收手续。需要委托司法所承担相关工作的，应告知其三日内到指定的司法所接受社区矫正。

第三十九条 人民法院决定暂予监外执行的罪犯，交付执行前已被羁押的，人民法院应当书面通知负责羁押的看守所，自收到决定之日起十日内将罪犯移送至执行地县级社区矫正机构，并办理交接手续；交付执行前被执行取保候审、监视居住的，人民法院应当书面通知负责执行的公安机关自收到决定之日起十日内将社区矫正对象移送社区矫正机构。

第四十条 监狱管理机关、公安机关决定暂予监外执行的罪犯，监狱、看守所自收到批准决定之日起十日内将其移送至执行地县级社区矫正机构办理交付接收手续。

省外监狱管理机关、公安机关决定的需要回本省居住地暂予监外执行的，原服刑地的省级以上监狱管理机关或者设区的市一级以上公安机关监所管理部门应当书面通知河南省监狱管理局、居住地所在省辖市公安局监管支队，由其指定我省一所监狱、看守所接收其档案，负责办理罪犯收监、刑满释放等手续，并及时书面通知执行地社区矫正机构。原羁押罪犯的监狱、看守所自收到批准决定书之日起十日内将其移送至执行地县级社区矫正机构办理交付接收手续；执行地县级社区矫正机构应当及时将其信息录入河南省社区矫正综合管理指挥平台。

监狱、看守所移交罪犯前，应当与执行地县级社区矫正机构取得联系，商定交付接收的时间、地点和方式。

第四十一条　社区矫正对象存在行动不便、自行报到确有困难等特殊情况的，社区矫正机构可以派员到其居住地等场所办理登记接收手续。对在居住地以外社会医院住院治疗、脱离医疗监护会有生命危险的暂予监外执行罪犯，监狱、看守所应当书面说明情况，附相关住院医疗证明或视频资料，带领保证人到社区矫正机构报到，办理交付接收手续后，由保证人代为履行请假手续。

《湖南省社区矫正实施细则》

第四十三条　被判处管制、宣告缓刑和裁定假释的社区矫正对象，应当自人民法院判决、裁定生效之日起十日内，到执行地县级社区矫正机构报到。存在因行动不便、自行报到确有困难等特殊情况的，执行地县级社区矫正机构在收到法律文书后可以派员到其居住地等场所办理登记接收手续。

第四十四条　人民法院决定暂予监外执行的罪犯，交付执行前已被羁押的，人民法院应当在作出决定后及时书面通知负责羁押的看守所，看守所自收到决定之日起十日内将罪犯移送至执行地，并与县级社区矫正机构办理交接手续；交付执行前被执行取保候审、监视居住的，人民法院应当在作出决定后及时书面通知负责执行取保候审、监视居住的公安机关，公安机关自收到决定之日起十日内将社区矫正对象移送至执行地，并与县级社区矫正机构办理交接手续。

对监狱管理机关、公安机关决定暂予监外执行的罪犯，监狱、看守所或者负责执行取保候审、监视居住的公安机关自批准决定之日起十日内将其移送至执行地，并与县级社区矫正机构办理交接手续。

公安机关、监狱或者看守所在交付暂予监外执行罪犯前，应当与执行地县级社区矫正机构联系，商定交付接收的具体时间、地点和方式。交接时应当有社区矫正对象近亲属或者其保证人在场。

暂予监外执行社区矫正对象因病情严重已经住院救治不宜移动或者需要送入居住地的医院救治的，监狱、看守所可以与执行地县级社区矫正机构协商，在商定的医院办理交接手续。

保证人在接收保外就医对象时拒不履行保证人义务，并不能提供新的保证人的，执行地县级社区矫正机构应当与监狱、看守所先行办理法律文书移交手续，并及时启动收监执行程序。收监执行手续办理期间，保外就医对象由监狱、看守所负责看管。

第四十五条　罪犯原服刑地与居住地不在同一省、自治区、直辖市，需要回居住地暂予监外执行的，原服刑地的省级监狱管理机关或者设区的市级以上公安机关监所管理部门应当书面通知居住地省级监狱管理机关、设区的市级以上公安机关监所管理部门，由其指定一所监狱、看守所接收其档案，负责办理罪犯收监、刑满释放等手续，并及时书面通知执行地县级社区矫正机构。原羁押罪犯的监狱、看守所自收到批准决定书之日起十日内将其移送至罪犯居住地，与县级社区矫正机构办理交付接收手续。

第四十六条 社区矫正对象前来报到时，执行地县级社区矫正机构尚未收到法律文书或者法律文书不齐全的，应当及时登记待接收人员信息，并通知交付机关在五日内送达或者补齐法律文书。在收到或者补齐法律文书后，执行地县级社区矫正机构应当及时办理登记接收手续。

第四十七条 执行地县级社区矫正机构发现社区矫正对象未按规定时限报到的，应当立即组织查找，并向社区矫正对象的家属、监护人书面告知未按规定时间报到的情况及后果；经三日以上查找无果的，应当书面提请当地公安机关协助查找。公安机关应当予以协助，并及时向执行地县级社区矫正机构反馈查找进展情况。

《江西省社区矫正工作实施细则》

第三十五条 被判处管制、宣告缓刑、裁定假释的社区矫正对象应当自人民法院判决、裁定生效之日起十日内到执行地县级社区矫正机构报到，执行地县级社区矫正机构应当按规定办理报到登记手续。对社区矫正对象存在因行动不便、自行报到确有困难等特殊情况的，执行地县级社区矫正机构可以派员到其居住地等场所办理报到登记手续。

人民法院决定暂予监外执行的社区矫正对象，由看守所或者执行取保候审、监视居住的公安机关自收到决定之日起十日内将社区矫正对象移送执行地县级社区矫正机构。

监狱管理机关、公安机关批准暂予监外执行的社区矫正对象，由监狱或者看守所自收到批准决定之日起十日内将社区矫正对象移送执行地县级社区矫正机构。社区矫正对象因疾病救治需要，已在社会医院治疗的，监狱或者看守所应当自收到批准决定之日起十日内，持入院证明材料，带领社区矫正对象的保证人到执行地县级社区矫正机构办理交接手续。执行地县级社区矫正机构应当将必须遵守的各项规定告知社区矫正对象的保证人，要求其督促社区矫正对象严格遵守，必要时执行地县级社区矫正机构可以派员到社区矫正对象就诊的社会医院进行实地查验。

罪犯原服刑地与居住地不在同一省、自治区、直辖市，需要回居住地暂予监外执行的，原服刑地的省级以上监狱管理机关或者设区的市一级以上公安机关应当书面通知罪犯居住地的监狱管理机关、公安机关，由其指定一所监狱或者看守所接收社区矫正对象档案，负责办理其收监、刑满释放等手续。对看守所留所服刑罪犯暂予监外执行，原服刑地与居住地在同一省、自治区、直辖市的，可以不移交档案。

《江苏省社区矫正实施细则》

第十三条 人民法院判处管制、宣告缓刑、裁定假释的社区矫正对象，应当自判决、裁定生效之日起十日内到执行地县级社区矫正机构报到。社区矫正对象报到时，执行地县级社区矫正机构未收到法律文书或者法律文书不齐全的，应当先记录在案，为其办理登记接收手续，并制发《社区矫正法律文书补齐通知书》，通知社区矫正决定机关在五日内送达或者补齐法律文书。

对决定暂予监外执行的社区矫正对象，监狱、看守所或者执行取保候审、监视居住的公安机关应当自收到决定之日起十日内，制作《暂予监外执行罪犯移送证明书》，将暂予监外执行社区矫正对象移送执行地县级社区矫正机构，办理交付接收手续。对患有《暂予监外执行规定》所附《保外就医严重疾病范围》的严重疾病、短期内有生命危险、不宜移送的暂予监外执行社区矫正对象，可以在协商确定的接收地点办理交付接收手续。

《辽宁省社区矫正实施细则》

第三十一条 被判处管制、宣告缓刑、裁定假释的社区矫正对象应当自人民法院判决、裁定生效或者离开监所之日起十日内，到执行地县级社区矫正机构报到，社区矫正机构应当核对法律文书、核实身份，办理登记接收手续。

社区矫正对象报到时，执行地县级社区矫正机构未收到法律文书或者法律文书不齐全，应当先记录在案，为其办理登记接收手续，并通知社区矫正决定机关在五日内送达或者补齐法律文书。

县级社区矫正机构接收社区矫正对象后，应当根据其实际居住地址确定委托的司法所，告知其三日内到司法所报到。

第三十二条 人民法院决定暂予监外执行的罪犯，交付执行前已被羁押的，人民法院应当书面通知负责羁押的看守所，自收到决定之日起十日内将罪犯移送至执行地县级社区矫正机构，并办理交接手续；交付执行前被执行取保候审、监视居住的，人民法院应当书面通知负责执行的公安机关自收到决定之日起十日内将社区矫正对象移送至执行地县级社区矫正机构。

第三十三条 监狱管理机关、公安机关决定暂予监外执行的罪犯，监狱、看守所自收到批准决定之日起十日内将其移送至执行地县级社区矫正机构办理交付接收手续。

外省监狱管理机关、公安机关决定的需要回本省居住地暂予监外执行的，原服刑地的省级监狱管理机关或者设区的市级以上公安机关监所管理部门应当书面通知本省监狱管理机关、居住地所在市级公安机关监所管理部门，由其指定辖区内一所监狱、看守所接收罪犯档案，负责办理罪犯收监、刑满释放等手续，并及时书面通知执行地社区矫正机构。原羁押罪犯的监狱、看守所自收到批准决定书之日起十日内将罪犯移送至执行地县级社区矫正机构办理交付接收手续。

监狱、看守所移交罪犯前，应当与执行地县级社区矫正机构取得联系，商定交付接收的时间、地点和方式。

第三十四条 社区矫正对象存在行动不便、自行报到确有困难等特殊情况的，社区矫正机构可以派员到其居所、医院等场所办理登记接收手续。对在居住地以外社会医院住院治疗、脱离医疗监护会有生命危险的暂予监外执行罪犯，监狱、看守所应当书面说明情况，附相关住院医疗证明或视频资料，带领保证人到社区矫正机构报到，办理交付接收手续。

《宁夏回族自治区社区矫正实施细则》

第三十一条 社区矫正对象报到时，执行地县级社区矫正机构未收到法律文书或者法律文书不齐全，应当先登记备案，并通知社区矫正决定机关在五日内送达或者补齐法律文书，同时将相关情况通报同级人民检察院。

第三十二条 社区矫正决定机关应当自判决、裁定或者决定生效之日起十日内责令社区矫正对象自行报到或者移送执行地社区矫正机构。

人民法院判处管制、宣告缓刑的、裁定假释的，应当责令社区矫正对象在规定期限内自行到执行地县级社区矫正机构报到。社区矫正机构应当核对法律文书、核实身份，办理登记接收手续。因行动不便、自行报到确有困难等特殊情况，社区矫正机构可以派员到其居住地等场所办理登记接收手续。

人民法院决定暂予监外执行的社区矫

正对象，由看守所或者执行取保候审、监视居住的公安机关在规定期限内将社区矫正对象移送社区矫正机构办理交接手续。

监狱管理机关、公安机关批准暂予监外执行的，由监狱或者看守所在规定期限内将社区矫正对象移送社区矫正机构办理交接手续。

第三十三条 暂予监外执行的，罪犯原服刑地与居住地不在同一省、自治区、直辖市，需要回居住地暂予监外执行的，原服刑地的省级以上监狱管理机关或者设区的市一级以上公安机关应当书面通知罪犯居住地的监狱管理机关、公安机关，由其指定一所监狱、看守所接收社区矫正对象档案，负责办理其收监、刑满释放等手续。对看守所留所服刑罪犯暂予监外执行，原服刑地与居住地在同一省、自治区、直辖市的，可以不移交档案。

执行地县级社区矫正机构应当及时将有关情况书面通报社区矫正决定机关和人民检察院；对被裁定假释的罪犯，应当同时抄送原服刑的看守所、监狱。

《山东省社区矫正实施细则》

第十七条 被判处管制、宣告缓刑、裁定假释的社区矫正对象，应当自判决、裁定生效之日起十日内到执行地县级社区矫正机构报到。社区矫正机构应当核对法律文书、核实身份，办理登记接收手续。

社区矫正对象的登记接收，应当在县级社区矫正机构规定场所内办理。对社区矫正对象存在因行动不便、自行报到确有困难等特殊情况的，社区矫正机构可以派员到其居住地等场所办理登记接收手续。

社区矫正对象报到时，执行地县级社区矫正机构未收到法律文书的，应当先记录在案，并通知有关机关在五日内送达法律文书。收到法律文书后，及时通知社区矫正对象办理登记接收手续。

县级社区矫正机构收到法律文书后，发现社区矫正对象未按规定时限报到的，应当通过通信联络、实地查访等方式及时组织查找，并向社区矫正对象的监护人或者近亲属书面告知社区矫正对象未按规定时间报到的情况及后果。二十四小时内查找无果的，应当书面提请公安机关予以协助查找。公安机关应当予以协助，并及时反馈查找进展情况。社区矫正机构应当及时将组织查找的情况通报人民检察院。

第十八条 人民法院决定暂予监外执行的社区矫正对象，由看守所或者执行取保候审、监视居住的公安机关自收到决定之日起十日内将社区矫正对象移送至执行地县级社区矫正机构，办理交付接收手续。

监狱管理机关、公安机关批准暂予监外执行的社区矫正对象，由监狱或者看守所自收到批准决定之日起十日内将社区矫正对象移送至执行地县级社区矫正机构，办理交付接收手续。罪犯原服刑地与居住地不在同一省、自治区、直辖市，需要回居住地暂予监外执行的，原服刑地的省级以上监狱管理机关或者设区的市一级以上公安机关应当书面通知罪犯居住地的监狱管理机关、公安机关，由其指定一所监狱、看守所接收社区矫正对象档案，负责办理其收监、刑满释放等手续，并及时通知社区矫正机构。对看守所留所服刑罪犯暂予监外执行，原服刑地与居住地在同一省、自治区、直辖市的，可以不移交档案。

公安机关、监狱或看守所在押送交付暂予监外执行社区矫正对象前，应当联系执行地县级社区矫正机构，商定移交的时间、地点和方式等，并通知保证人到场。对已经在社会医院住院治疗、脱离医疗监护会有生命危险的，经协商可以在社区矫正对象接受治疗的医院办理有关法律文书和人员交接手续。

对本省外转入的暂予监外执行罪犯，社区矫正机构接收后，及时告知本省监狱管理机关或者公安机关。

《山西省社区矫正实施细则》

第十九条 对于被裁定假释的社区矫正对象，监狱应当做好以下工作：

（一）向社区矫正对象宣读并发放社区矫正告知书，告知社区矫正对象自裁定生效之日起十日内到执行地县级社区矫正机构报到以及未按时报到的后果；

（二）对社区矫正对象进行教育，向社区矫正对象宣读并发放接受社区矫正保证书，责令其在接受社区矫正保证书上签名；

（三）自裁定生效之日起五日内通知执行地县级社区矫正机构，十日内向执行地县级社区矫正机构送达起诉书、判决书、假释裁定书、假释证明书、历次减刑裁定书、出监所鉴定表或者改造表现鉴定材料、执行通知书、接受社区矫正保证书、社区矫正告知书、送达回证等法律文书，以及关于居住地核实、确定的相关材料。同时抄送执行地县级人民检察院和公安机关。

第二十条 人民法院决定暂予监外执行的，应当自作出暂予监外执行决定之日起五日内通知执行地县级社区矫正机构，十日内向执行地县级社区矫正机构送达判决书、暂予监外执行决定书、执行通知书、结案登记表、暂予监外执行具保书、接受社区矫正保证书、社区矫正告知书、妊娠检查书、病情诊断书、罪犯病残鉴定书或者生活不能自理鉴别书及相关病历材料、送达回证等法律文书，以及关于居住地核实、确定执行地的相关材料。同时抄送执行地县级人民检察院和公安机关。

监狱管理机关、公安机关决定暂予监外执行的，监狱、看守所应当自作出暂予监外执行决定之日起五日内通知执行地县级社区矫正机构，十日内向执行地县级社区矫正机构送达判决书、暂予监外执行决定书、执行通知书、暂予监外执行具保书、出监所鉴定表或者改造表现鉴定材料、历次减刑裁定书、接受社区矫正保证书、社区矫正告知书、妊娠检查书、病情诊断书、病残鉴定书或者生活不能自理鉴别书及相关病历材料、送达回证等法律文书，以及关于居住地核实、确定执行地的相关材料。同时抄送执行地县级人民检察院和公安机关。

第二十二条 人民法院决定暂予监外执行的社区矫正对象，交付执行前已被羁押的，人民法院应当书面通知负责羁押的看守所，自收到决定之日起十日内将社区矫正对象移送至执行地县级社区矫正机构，并办理交接手续；交付执行前被执行取保候审、监视居住的，人民法院应当书面通知负责执行的公安机关自收到决定之日起十日内将社区矫正对象移送至执行地县级社区矫正机构，并办理交接手续。

监狱管理机关、公安机关决定暂予监外执行的社区矫正对象，监狱、看守所自收到决定之日起十日内将社区矫正对象移送至执行地县级社区矫正机构，并办理交接手续。

公安机关、监狱、看守所移送社区矫正对象前，应当与执行地县级社区矫正机构取得联系，商定交付接收的时间、地点和方式。

暂予监外执行的社区矫正对象已在社会医疗机构接受住院治疗的，可以在其接受治疗的医院办理有关法律文书和人员交接手续。

第二十三条 社区矫正决定地与执行地不在同一地方的，由执行地县级社区矫正机构将法律文书转送所在地的人民检察院、公安机关。

省外社区矫正决定机关决定暂予监外执行需回本省居住地执行的，本省监狱管理机关、市级以上公安机关应当根据外省决定机关的书面通知，指定本省一所监狱或者看守所接收社区矫正对象档案，负责办理收监、刑满释放等手续，并及时书面通知执行地县级社区矫正机构。

《陕西省社区矫正实施细则》

第十六条　被判处管制、宣告缓刑、裁定假释的社区矫正对象应当自人民法院判决、裁定生效或者离开监所之日起十日内，到县级社区矫正机构报到。县级社区矫正机构应当核对法律文书、核实身份，办理登记接收手续，并告知其三日内到指定的司法所接受社区矫正。

第十七条　公安机关、监狱或者看守所应当自暂予监外执行决定之日起十日内依法将暂予监外执行社区矫正对象移送至县级社区矫正机构，办理交付接收手续。

公安机关、监狱或者看守所在押送交付暂予监外执行社区矫正对象前应当书面通知县级社区矫正机构，确定移交时间、地点等相关事项。因行动不便等特殊原因的，可以将暂予监外执行社区矫正对象押送至其住所办理交接手续。

在居住地以外医院住院治疗、脱离医疗监护会有生命危险的暂予监外执行社区矫正对象，监狱、看守所应当书面说明情况，并且提交相关住院医疗证明或者视频资料，带领保证人到县级社区矫正机构报到，办理交付接收手续后，由保证人代为履行请假手续。

《上海市社区矫正实施细则》

第十八条　公安机关、监狱或看守所应当自暂予监外执行决定之日起十日内依法将暂予监外执行社区矫正对象移送至执行地的区社区矫正机构，办理交付接收手续。

公安机关、监狱或看守所在押送交付暂予监外执行社区矫正对象前应当书面通知区社区矫正机构，确定移交的时间、地点等。区社区矫正机构可以要求押送机关直接将暂予监外执行社区矫正对象押送至其住所办理交接手续。

暂予监外执行社区矫正对象已在社会医疗机构接受住院治疗的，在暂予监外执行决定之日起十日内，可以在暂予监外执行社区矫正对象接受治疗的医院办理有关法律文书和人员交接手续。

第二十条　被判处管制、宣告缓刑的社区矫正对象应当自判决、裁定生效之日起十日内凭社区矫正告知书、社区矫正保证书、生效判决书、假释裁定书到执行地的区社区矫正机构报到。

第二十一条　区社区矫正机构收到法律文书后，发现社区矫正对象未按规定时限报到的，应当立即组织查找，并向社区矫正对象的家属、监护人或直系亲属书面告知社区矫正对象未按规定时间报到的情况及后果；24小时内查找无果的，应当书面提请区公安机关予以协助查找。公安机关应当予以协助，并及时反馈查找进展情况。

区社区矫正机构应当及时将有关情况书面通报社区矫正决定机关和区人民检察院；对被裁定假释的罪犯，应当同时抄送原服刑的看守所、监狱。

《四川省社区矫正实施细则》

第四十三条　罪犯原服刑地与居住地不在同一省（自治区、直辖市），需要回居住地暂予监外执行的，原服刑地的省级以上监狱管理机关或者设区的市一级以上公安机关应当书面通知罪犯社区矫正执行地的监狱管理机关、公安机关，由其指定一所监狱、看守所接收社区矫正对象档案，负责办理其收监、刑满释放等手续。对看守所留所服刑罪犯暂予监外执行，原服刑地与居住地在同一省、自治区、直辖市的，可以不移交档案。

第四十四条 社区矫正对象到执行地县级社区矫正机构报到时，由县级社区矫正机构按照以下规定办理接收登记手续：

（一）核实社区矫正对象身份；

（二）核对法律文书；

（三）核查居所相关材料；

（四）填写《社区矫正对象基本信息表》；

（五）根据需要，录入相关信息数据；

（六）与公安机关或者监狱办理暂予监外执行的社区矫正对象交付接收手续；

（七）确定通信联络的本人实名手机号码，安装“在矫通”。

未收到法律文书或者收到的法律文书不齐全或者有误的，执行地县级社区矫正机构应当先记录在案，并及时通知或函告社区矫正决定机关在五日内送达或者补齐或者更正法律文书。

对于因行动不便等特殊原因，无法自行报到的社区矫正对象，执行地县级社区矫正机构可以派员到居住地或者医院等场所办理登记接收手续。

社区矫正对象因特殊原因不能安装“在矫通”的，应当经市级社区矫正机构报省级社区矫正机构。

第四十五条 县级社区矫正机构接收社区矫正对象后，需要委托司法所的，应当根据其实际居住地确定受委托的司法所，填发《社区矫正对象报到通知书》，通知社区矫正对象三日内到受委托的司法所报到。受委托的司法所应当予以接收。

第四十六条 执行地县级社区矫正机构发现社区矫正对象未按规定时间报到的，应当立即组织查找；四十八小时内查找无果的，应当书面提请同级公安机关予以协助查找。公安机关应当予以协助，并书面反馈查找进展情况。

执行地县级社区矫正机构应当及时将有关情况书面通报社区矫正决定机关和执行地县级人民检察院；对被裁定假释的罪犯，还应当同时抄送原服刑的监狱或者看守所。

文书范本

社区矫正对象报到通知书①

（ ） 矫报通字第 号

社区矫正对象姓名：________性别________

身份证号码：____________________

罪名：____________________

矫正类别：____________________

矫正起止日期：自____年____月____日起至____年____月____日止

户籍地：____

居住地：____

联系方式：____

告知事项：根据《宁夏社区矫正实施细则》第二十八条之规定，应持本通知书于____年____月

① 来自《关于进一步规范社区矫正执法文书格式的通知》。

____日前到________司法所报到依法接受社区矫正。

(社区矫正机构印章)
年 月 日

说明:

1. 本文书根据《中华人民共和国社区矫正法》第二十一条、"两高两部"《中华人民共和国社区矫正法实施办法》第十七条以及《宁夏社区矫正实施细则》第二十八条的规定制作。

2. 文书字号由年度、社区矫正机构代字、类型代字、文书编号组成,使用阿拉伯数字,例"(2021)××矫报通字第1号"。

3. 本文书一式三份,存根存档,社区矫正对象一份,受委托的司法所一份。

社区矫正入矫宣告书①

社区矫正对象________:

你因犯________罪经________人民法院于____年____月____日判处____(同时宣告禁止________)。____年____月____日经________人民法院(监狱管理局、公安局)裁定假释(决定、批准暂予监外执行)。在管制(缓刑、假释、暂予监外执行)期间,依法实行社区矫正。社区矫正期限自____年____月____日起____年____月____日止。现就对你依法实施社区矫正的有关事项宣告如下:

一、在社区矫正期间应当遵守法律、行政法规,履行法律文书确定的义务,遵守关于报告、会客、外出、迁居、保外就医等监督管理规定,服从社区矫正机构的管理;按照规定参加社区矫正机构(受委托的司法所)组织的教育活动,参加公益活动。

二、如违反社区矫正监督管理规定,将视情节依法给予训诫、警告、提请公安机关予以治安管理处罚,或者依法提请撤销缓刑、撤销假释、收监执行。

三、依法享有的人身权利、财产权利和其他权利不受侵犯,在就业、就学和享受社会保障等方面不受歧视。

四、社区矫正机构(受委托的司法所)为你确立了社区矫正小组,小组成员由__________________组成,协助对你进行监督管理、教育帮扶,你应积极配合。

特此宣告。

(社区矫正机构印章)
年 月 日
社区矫正对象(签名):

说明:

1. 本文书根据《中华人民共和国社区矫正法》第二十二条以及"两高两部"《中华人民共和国社区矫正法实施办法》第二十条的规定制作。

2. 执行地县级社区矫正机构接收社区矫正对象后应当组织或者委托司法所组织入矫宣告。文书加盖公章,社区矫正对象签名后存档。

---

① 来自《关于进一步规范社区矫正执法文书格式的通知》。

第二十二条[①]　**【接收和宣告】**

社区矫正机构应当依法接收社区矫正对象，核对法律文书、核实身份、办理接收登记、建立档案，并宣告社区矫正对象的犯罪事实、执行社区矫正的期限以及应当遵守的规定。

法条解读

本条对社区矫正机构接收社区矫正对象程序及宣告内容进行了规定。根据本条规定，社区矫正机构应当根据法律规定接收社区矫正对象，不得推诿。实践中，社区矫正对象可能先于相关法律文书到达社区矫正机构，社区矫正机构应及时与决定机关取得联系要求其送达相关法律文书，同时对社区矫正对象进行登记。社区矫正机构根据一人一档的原则为社区矫正对象建立专门档案，档案内容主要包括相关法律文书。社区矫正宣告的目的有两个：一是通过一定的仪式，增加社区矫正的严肃性；二是通过社区矫正宣告让社区矫正对象了解其需要遵守的义务，提高自我矫正意识。社区矫正宣告内容除犯罪事实、执行社区矫正的期限及应当遵守的规定以外，还可以对矫正小组成员组成和职责等其他事项一并作出说明。[②]

《社区矫正实施办法》明确了社区矫正档案内容及入矫宣告内容。

各省市社区矫正实施细则大都对社区矫正档案、入矫宣告内容进行了细化。例如，《北京市社区矫正实施细则》区分了接收宣告与入矫宣告，并就社区矫正执行档案进行了详细规定。《福建省社区矫正实施细则》明确了不能安装“在矫通”的情形及处理程序，并就社区矫正对象的边境控制进行了规定。该细则在明确社区矫正档案的基础上，细化了社区矫正工作档案内容，并确立了工作档案与社区矫正档案分别装订原则，明确档案保管的期限。该细则还就入矫宣告的现场纪律进行了细化规定。《江西省社区矫正工作实施细则》明确了社区矫正对象入矫起算时间，并规定社区矫正对象在社区矫正期间不得出境。《江苏省社区矫正实施细则》明确了具体的登记手续，并针对确有特殊情况的社区矫正对象变通了手续交接的地点。该细则就未按时报到的情形与寻找程序进行了规范，并明确了未成年人档案材料应封存的要求。该细则还就入矫宣告程序作了进一步细化，包括入矫宣告程序、参加人员等。《宁夏回族自治区社区矫正实施细则》明确了入矫宣告的时间。《山东省社区矫正实施细则》明确了社区矫正机构对社区矫正对象个人信息采集的内容及方式，并就信息化监管措施进行了规范。

相关规定

《社区矫正法实施办法》

第十八条　执行地县级社区矫正机构接收社区矫正对象后，应当建立社区矫正档案，包括以下内容：

---

① 相关地方规范性文件落实，例如，（1）2021 年山西省司法厅印发《山西省社区矫正宣告规定（试行）》；（2）2023 年陕西省司法厅印发《陕西省社区矫正档案管理办法》；（3）2022 年四川省司法厅、四川省档案局联合印发《四川省社区矫正档案管理办法》。

② 王爱立，姜爱东主编：《中华人民共和国社区矫正法释义》，中国民主法制出版社 2020 年版，第 122 页。

（一）适用社区矫正的法律文书；

（二）接收、监管审批、奖惩、收监执行、解除矫正、终止矫正等有关社区矫正执行活动的法律文书；

（三）进行社区矫正的工作记录；

（四）社区矫正对象接受社区矫正的其他相关材料。

接受委托对社区矫正对象进行日常管理的司法所应当建立工作档案。

第二十条　执行地县级社区矫正机构接收社区矫正对象后，应当组织或者委托司法所组织入矫宣告。

入矫宣告包括以下内容：

（一）判决书、裁定书、决定书、执行通知书等有关法律文书的主要内容；

（二）社区矫正期限；

（三）社区矫正对象应当遵守的规定、被剥夺或者限制行使的权利、被禁止的事项以及违反规定的法律后果；

（四）社区矫正对象依法享有的权利；

（五）矫正小组人员组成及职责；

（六）其他有关事项。

宣告由社区矫正机构或者司法所的工作人员主持，矫正小组成员及其他相关人员到场，按照规定程序进行。宣告后，社区矫正对象应当在书面材料上签字，确认已经了解所宣告的内容。

《北京市社区矫正实施细则》

第二十二条　被判处管制、宣告缓刑、裁定假释的社区矫正对象报到当日，执行地的区社区矫正机构组织接收宣告，办理登记接收手续，依法对其实行社区矫正。

接收宣告按照以下程序进行：

（一）现场查验相关法律文书、有效身份证件，核实社区矫正对象基本信息；

（二）采集社区矫正对象生物识别信息；

（三）宣读社区矫正期间限制出境的有关规定，告知其持有的出国境证件将被宣布作废，以及公安机关对其申领出入境证件将不予签发等；

（四）告知关于依法使用电子定位装置的情形，以及关于接受信息化核查的规定；

（五）宣读并发放《社区矫正报到告知书》，告知其自即日起二日内到司法所接受社区矫正；

（六）宣告其他有关社区矫正事项。

第二十三条　司法所应当在收到社区矫正法律文书和相关材料后，依法对社区矫正对象实施监督管理，并在其前来接受社区矫正后办理登记接收手续。

司法所在接收社区矫正对象后的三个工作日内完成入矫宣告。入矫宣告包括以下内容：

（一）判决书、裁定书、决定书、执行通知书等有关法律文书的主要内容；

（二）宣读法院禁止令禁止事项；

（三）社区矫正期限；

（四）实施分类管理的规定；

（五）社区矫正对象应当遵守的规定、被剥夺或者限制行使的权利、被禁止的事项以及违反规定的法律后果；

（六）社区矫正对象依法享有的权利；

（七）矫正小组人员组成及职责；

（八）其他有关事项。

宣告由司法所工作人员主持，矫正小组成员及其他相关人员到场。宣告后，社区矫正对象应当在书面材料上签字，确认已经了解所宣告的内容。对未成年社区矫正对象的入矫宣告不公开进行，司法所应当通知其监护人到场参加。

第二十四条　社区矫正对象的执行地与户籍地不一致的，执行地的区社区矫正机构应当自办理报到登记之日起三个工作日内，发函并附判决书、裁定书、决定书等有关法律文书复印件各一份，通知户籍地的区社区矫正机构。

户籍地的区社区矫正机构及司法所在该社区矫正对象接受社区矫正期间，应当登记备案，协调帮助落实与户籍有关的社会保障措施。

第一百一十八条 执行地的区社区矫正机构接收社区矫正对象后，应当为社区矫正对象建立执行档案，司法所应当为社区矫正对象建立工作档案。

社区矫正执行档案包括以下内容：

（一）人民法院、监狱、看守所送达的法律文书和有关材料；

（二）社区矫正对象接收宣告的有关材料；

（三）接收、监管审批、奖惩、收监执行、解除矫正、终止矫正等有关社区矫正执行活动的法律文书；

（四）使用电子定位装置、限制出境管理等有关文书材料；

（五）其他有关社区矫正执行活动的文书材料。

社区矫正对象工作档案应当包括以下内容：

（一）社区矫正执行档案中的各类文书材料；

（二）社区矫正对象分类管理的有关材料；

（三）社区矫正对象入矫宣告、解除宣告的有关材料；

（四）确定矫正小组和矫正小组落实矫正方案的有关材料；

（五）社区矫正方案；

（六）社区矫正工作记录（包括社区矫正考核、奖惩、日常监督、教育、公益活动等相关材料）；

（七）社区矫正对象死亡或者被裁定撤销缓刑、撤销假释、收监执行等有关社区矫正终止的材料；

（八）其他应当收入社区矫正工作档案的文书材料。

第一百一十九条 司法所应当在社区矫正终止或者社区矫正对象解除矫正后十个工作日内，将工作档案进行整理并移交至区社区矫正机构。区社区矫正机构应当将其执行档案和工作档案合并整理归档，统一进行保管。

《安徽省社区矫正工作实施细则》

第十五条 县（市、区）社区矫正机构应当在办理接收手续后，书面告知社区矫正对象在三日内到指定的司法所接受社区矫正，并通知司法所做好接收准备。

第十六条 县（市、区）社区矫正机构在收到法律文书后，发现社区矫正对象未在规定期限报到的，应当立即组织查找，告知社区矫正对象近亲属、监护人或者保证人社区矫正对象未按规定时间报到的情况及后果，并书面通报公安机关、决定机关或原服刑的监狱、看守所协助追查。

第十八条 县（市、区）社区矫正机构接收社区矫正对象后，应当为社区矫正对象建立执行档案，司法所应当为社区矫正对象建立工作档案。

第十九条 执行档案应当包括下列内容：

（一）人民法院、监狱、看守所送达的法律文书和有关材料；

（二）报到接收、监管审批、解除矫正、终止矫正等有关文书材料；

（三）对社区矫正对象考核、奖惩等有关文书材料；

（四）对社区矫正对象进行教育帮扶相关材料；

（五）法律、法规、规章规定的其他

文书材料。

第二十条 工作档案应当包括下列内容：

（一）社区矫正执行档案中的相关文书材料；

（二）社区矫正方案；

（三）确定矫正小组和落实矫正方案的有关材料；

（四）社区矫正对象参加教育学习、技能培训、就业指导，公益活动等记录材料；

（五）对社区矫正对象考核、奖惩、核查等有关文书材料；

（六）社区矫正对象解除矫正、终止矫正的有关材料；

（七）法律、法规、规章规定的其他文书材料。

第二十三条 社区矫正对象入矫宣告应当在社区矫正中心进行，由县（市、区）社区矫正机构或者司法所工作人员主持。对未成年社区矫正对象入矫宣告应当不公开进行。

第二十四条 入矫宣告按以下程序进行：

（一）宣布参加宣告的单位和人员；

（二）核对社区矫正对象身份信息；

（三）依序宣告《实施办法》第二十条规定内容；

（四）发放、签收社区矫正宣告书。社区矫正对象因身体健康等原因不能到现场参加宣告的，可以采用远程视频宣告或上门个别宣告，并保留影像资料。

《福建省社区矫正实施细则》

第十一条 社区矫正对象到执行地县级社区矫正机构报到时，由县级社区矫正机构按照以下规定办理接收登记手续：

（一）核实身份；

（二）核对法律文书；

（三）填写《社区矫正对象基本信息表》；

（四）核查居所相关材料；

（五）根据需要，录入相关信息数据；

（六）与公安机关或者监狱办理暂予监外执行的社区矫正对象交付接收手续；

（七）确定通信联络的本人实名手机号码，安装“在矫通”；

（八）观看全省统一的“入矫第一课”课件。

社区矫正对象报到时间从社区矫正决定机关的判决、裁定生效或者暂予监外执行的决定后，其本人或者公安机关、监狱移送办理接收登记手续之日起算。

县级社区矫正机构接收社区矫正对象后，应当根据其实际居住地址确定委托的司法所，填发《社区矫正通知书》，通知其三日内到受委托的司法所报到。受委托的司法所应当予以接收。对未成年社区矫正对象，受委托的司法所应当与成年社区矫正对象分别进行管理。

社区矫正对象因文盲、年迈等原因不能安装“在矫通”的，应当经设区市级社区矫正机构通报省社区矫正机构。

第十二条 县级社区矫正机构接收的外国籍和港澳台地区的社区矫正对象，应当在接收当日填写《边控对象通知书》、制作《社区矫正对象不准出境决定书》，经设区市级社区矫正机构审核后、报省社区矫正机构，由省司法行政机关向国家移民管理部门办理边境控制。

受到边境控制的社区矫正对象被依法赦免的，省司法行政机关应当及时向国家移民管理部门办理撤销边境控制。

第十三条 县级社区矫正机构应当为每名社区矫正对象建立社区矫正档案。受委托的司法所应当建立社区矫正工作档案。

社区矫正档案包括：

（一）社区矫正对象基本信息表；

（二）委托调查评估函、调查评估意见书及相关证明材料；

（三）刑事判决书、假释裁定书、暂予监外执行决定书和执行通知书以及结案登记表、社区矫正告知书等法律文书；

（四）社区矫正宣告书、接受社区矫正保证书；

（五）社区矫正对象会客、外出（含经常性跨市、县活动）、执行地变更、进入特定场所（区域）、暂予监外执行事项的申请书、审批表、告知书及相关证明材料；

（六）对社区矫正对象表扬、训诫、警告、使用电子定位装置的审批表及决定书、使用电子定位装置告知书及相关证明材料；

（七）提请减刑、治安管理处罚、撤销缓刑、撤销假释、收监执行、逮捕、赦免的审核表和建议书、裁定书、决定书以及相关证明材料；

（八）对社区矫正对象查找、现场处置、追捕、终止社区矫正通知书及相关证明材料；

（九）对社区矫正对象进行信息化核查，有关单位和个人提供的证据材料；

（十）社区矫正对象报告单，病情复查和审查、鉴别材料，病情诊断、妊娠检查或者生活不能自理鉴别材料；

（十一）对社区矫正对象教育帮扶（含心理辅导）形成的材料；

（十二）社区矫正期满鉴定表及解除社区矫正宣告书、证明书、通知书；

（十三）其他应当归档的材料。

社区矫正工作档案包括：

（一）社区矫正对象矫正方案；

（二）社区矫正对象矫正小组工作记录；

（三）对社区矫正对象实地查访形成的材料；

（四）对社区矫正对象分类管理、考核形成的材料；

（五）对社区矫正对象教育帮扶形成的材料；

（六）其他需要归档的材料。

没有委托司法所管理的社区矫正对象，由县级社区矫正机构建立社区矫正工作档案。

社区矫正对象解除社区矫正之日起三十日内，其社区矫正档案与工作档案分别装订成册，移交县级社区矫正机构档案室按照国家档案管理的有关规定保管，保管年限二十年，自解除社区矫正当年起算。

社区矫正机构应当建立社区矫正档案管理制度，严格社区矫正对象档案管理。司法机关因办案或者法律监督工作需要，可以凭法律文书及相关证件查阅、摘抄或者复制社区矫正对象档案；其他单位和个人需要利用社区矫正对象档案的，需持相关单位公函及证件，并经县级社区矫正机构负责人批准后方可对档案进行查阅、摘抄或者复制。依法获得的社区矫正对象档案信息，有关单位和个人应当予以保密，不得泄露或者向他人非法提供。

未成年社区矫正对象的档案，按照《社区矫正法》第五十四条的规定进行管理，其解除社区矫正时依法封存。

第十五条 接收社区矫正对象七个工作日内，县级社区矫正机构应当组织入矫宣告。

入矫宣告按照以下程序进行：

（一）宣告人宣布宣告开始；

（二）记录人宣布宣告现场纪律；

（三）宣告人告知参加宣告的人员姓名以及工作单位、职务；

（四）宣告人宣布核实被宣告人的身份，由记录人查看身份证件；

（五）宣告人宣读被宣告人判决书（裁定书、决定书）和执行通知书等有关法律文书的主要内容；

（六）宣告人宣布全体起立，向被宣告人宣读《社区矫正宣告书》；

（七）记录人递交《社区矫正宣告书》，被宣告人在宣告书上签名并捺印确认；

（八）宣告人宣布除被宣告人外的其他人员坐下，对被宣告人进行教育，让社区矫正对象签订《接受社区矫正保证书》；

（九）宣告人宣布宣告仪式结束，退场。

对未成年社区矫正对象的宣告不公开进行，但应当通知其监护人到场并签名。

宣告人应当是社区矫正机构工作人员。入矫宣告可以邀请履行社区矫正检察工作职责的检察官参加。公开宣告的，社会公众可以旁听。

参加社区矫正宣告的人员应当遵守下列现场纪律：

（一）未经县级社区矫正机构批准，不得录音、录像、拍照；

（二）未经宣告人同意，不得随意发言；

（三）关闭移动通讯设备或者调整至静音状态，并不得拨打或者接听；

（四）不得随意走动、交谈、鼓掌、喧哗；

（五）不得吸烟、进食、随地吐痰和乱扔垃圾；

（六）不得有其他危害社区矫正宣告安全或妨害秩序的行为。

社区矫正对象因身体原因不能到矫正宣告室接受宣告的，可以到其住所或者治疗地进行宣告。

《甘肃省社区矫正实施细则》

第二十四条 县（市、区）社区矫正机构收到法律文书后，发现社区矫正对象未按规定时限报到的，应当立即组织查找，并向社区矫正对象的家属、监护人或直系亲属书面告知社区矫正对象未按规定时间报到的情况及后果；24 小时内查找无果的，应当书面提请县（市、区）公安机关予以协助查找。公安机关应当予以协助，并及时反馈查找进展情况。

县（市、区）社区矫正机构应当及时将有关情况书面通报社区矫正决定机关和县（市、区）人民检察院；对被裁定假释的罪犯，应当同时抄送原服刑的看守所或监狱。

第二十五条 县（市、区）社区矫正机构在办理接收手续后，应当书面告知社区矫正对象在五日内到指定司法所报到，并按期参加入矫宣告。

第二十七条 县（市、区）社区矫正机构或受委托的司法所接收社区矫正对象后，应当在五个工作日内组织社区矫正入矫宣告。

司法所工作人员、社会工作者、暂予监外执行社区矫正对象的保证人应当参加宣告。社区民警、居（村）民委员会的人员、群众代表、社区矫正对象所在单位、家庭成员以及志愿者可以参加宣告。社区矫正对象为未成年人的，县（市、区）社区矫正机构应当通知其监护人到场，且宣告不公开进行。

县（市、区）社区矫正机构或司法所应将宣告时间、地点提前一日告知相关人员和机构。

《广东省社区矫正实施细则》

第二十二条 执行地县级社区矫正机构、受委托的司法所接收社区矫正对象后，应当按照规定分别建立社区矫正执行档案和社区矫正工作档案。

相关单位因工作需要，根据国家规

定，经县级社区矫正机构负责人批准，可以查阅、摘抄或者复制社区矫正档案，对所获档案信息应当予以保密。

第二十四条 接收社区矫正对象后，执行地县级社区矫正机构应当在十个工作日内组织或者委托司法所组织入矫宣告。

宣告由社区矫正机构或者受委托的司法所工作人员主持，通知矫正小组成员及其他相关人员到场，可以邀请检察机关和公安机关派员参加，按照规定程序进行。

入矫宣告可以采取集中宣告的形式进行，入矫宣告包括以下内容：

（一）判决书、裁定书、决定书、执行通知书等有关法律文书的主要内容；

（二）社区矫正期限；

（三）社区矫正对象应当遵守的规定、被剥夺或者限制行使的权利、被禁止的事项以及违反规定的法律后果；

（四）社区矫正对象依法享有的权利；

（五）矫正小组人员组成及职责；

（六）其他有关事项。

宣告后，社区矫正对象应当在书面材料上签字，确认已经了解所宣告的内容。

《广西壮族自治区社区矫正工作细则》

第三十一条 发现社区矫正对象未按规定时间报到的，执行地县（市、区）社区矫正机构应当及时组织查找，并向社区矫正对象的家属、监护人或直系亲属书面告知社区矫正对象未按规定时间报到的情况及后果；二十四小时内查找未果的，应当书面提请公安机关予以协助查找，公安机关等有关单位和人员应当予以配合、协助查找，并及时反馈查找进展情况。

社区矫正机构应当及时将前款有关情况书面通报社区矫正决定机关和执行地人民检察院。对被裁定假释的罪犯，应当同时抄送原服刑的监狱或者看守所。

第三十二条 县（市、区）社区矫正机构在收到相关法律文书和材料后，应当在五日内送达回执。

县（市、区）社区矫正机构应当对接收的法律文书认真核对并做好登记，法律文书和材料齐全的，及时制作法律文书副本，通知受委托的司法所。

发现法律文书、材料有误或缺漏的，应当及时通知有关机关，待更正或补齐后，按前款程序进行。

第三十三条 执行地县（市、区）社区矫正机构接收社区矫正对象后并收到社区矫正法律文书和相关材料五个工作日内，应当组织或者委托司法所组织入矫宣告。

社区矫正入矫宣告应由社区矫正机构或受委托的司法所工作人员主持，矫正小组成员及其他相关人员应当到场。社区矫正宣告应当包括下列内容：

（一）宣布宣告纪律；

（二）宣读判决书、裁定书、决定书、执行通知书等有关法律文书的主要内容；

（三）宣读社区矫正期限；

（四）宣读社区矫正对象应当遵守的规定、被剥夺或者限制行使的权利、被禁止的事项以及违反规定的法律后果；

（五）宣读社区矫正对象依法享有的权利；

（六）宣布矫正小组人员组成及职责；

（七）其他有关事项。

宣告后，社区矫正机构应当向社区矫正对象发放宣告书。社区矫正对象应当在宣告书上签字，确认已经了解所宣告的内容。

第三十八条 执行地县（市、区）社区矫正机构接收社区矫正对象后，应当建立社区矫正档案，包括以下内容：

（一）适用社区矫正的法律文书；

（二）接收、监管审批、奖惩、收监

执行、解除矫正、终止矫正等有关社区矫正执行活动的法律文书；

（三）进行社区矫正的工作记录；

（四）社区矫正对象接受社区矫正的其他相关材料。

接受委托对社区矫正对象进行日常管理的司法所应当建立工作档案。

《贵州省社区矫正工作实施细则（试行）》

第二十四条　执行地县级社区矫正机构应当认真核对法律文书，核实社区矫正对象身份信息，办理接收手续，登记录入基本信息，建立档案。

社区矫正对象前来报到时，执行地县级社区矫正机构未收到法律文书或法律文书不齐全，应当先记录在案，为社区矫正对象办理登记接收手续，并向相关的人民法院、监狱或看守所送达《社区矫正法律文书补齐通知书》，通知其五日内送达或补齐法律文书。

社区矫正对象前来报到时，执行地县级社区矫正机构发现收到的相关法律文书记载有误，可能导致错误办理入矫的，应当先记录在案，及时通知社区矫正决定机关记载有误的相关情况，同时通报执行地县级人民检察院。社区矫正决定机关作出补正后，执行地社区矫正机构办理入矫接收手续。

第二十六条　执行地县级社区矫正机构收到法律文书后，发现社区矫正对象未按规定时限报到的，应当立即组织查找，并向社区矫正对象家属、监护人或保证人、相关人员告知社区矫正对象未按规定时间报到的后果，要求其协助查找。仍未查找到社区矫正对象下落的，执行地县级社区矫正机构应当提请执行地公安机关协助查找，同时送达《协助查找社区矫正对象通知书》。公安机关应当予以协助，并及时反馈查找进展。社区矫正机构应当及时将组织查找的情况通报执行地县级人民检察院。

第二十七条　执行地县级社区矫正机构应当按照《实施办法》第十八条规定建立社区矫正档案，受委托的司法所应当建立工作档案，相关档案管理要求由省级司法行政机关另行规定。

《河南省社区矫正工作细则》

第四十二条　县级社区矫正机构应当及时为社区矫正对象办理交付接收登记手续，法律文书尚未收到或者虽已收到但需要补全或者更正的，不影响办理社区矫正对象登记接收手续。

社区矫正对象属于本县（市、区）管辖且法律文书和材料齐全的，应当立即登记列管，建立社区矫正档案；尚未收到法律文书或者法律文书不齐全，应当先记录在案，并通知社区矫正决定机关在五日内送达或补齐法律文书后登记列管，建立档案。

第四十三条　执行地县级社区矫正机构建立的社区矫正档案包括：

（一）适用社区矫正的法律文书；

（二）接收、监管审批、奖惩、收监执行、解除矫正、终止矫正等有关社区矫正执行活动的法律文书；

（三）进行社区矫正的工作记录；

（四）社区矫正对象接受社区矫正的其他相关材料。

第四十四条　接受委托对社区矫正对象进行日常管理的司法所应当建立工作档案。

第四十五条　县级社区矫正机构接收社区矫正对象后，应当及时组织社区矫正入矫宣告；根据实际情况，也可以委托司法所组织入矫宣告。

第四十六条　社区矫正宣告由社区矫正机构或受委托的司法所工作人员主持，

应当按照以下程序公开进行，未成年社区矫正对象不公开进行：

（一）宣布宣告纪律；

（二）宣读判决书、裁定书、决定书、执行通知书等有关法律文书的主要内容；宣布社区矫正期限；宣告社区矫正对象依法享有的权利、应当遵守的规定，被限制行使的权利、被禁止的事项以及违反规定的法律后果。

（三）宣布矫正小组人员组成及职责；

（四）社区矫正对象在宣告书上签字确认；

（五）发放社区矫正宣告书。

矫正小组成员及其他相关人员应当到场。

《湖南省社区矫正实施细则》

第四十二条 执行地县级社区矫正机构在收到相关法律文书和材料后，应当对社区矫正对象姓名、身份、地址等基本信息和法律文书进行核实，并在收到法律文书之日起五日内向交付机关送达回执。

第四十八条 执行地县级社区矫正机构接收社区矫正对象后，应当建立社区矫正档案，包括以下内容：

（一）社区矫正对象基本信息表；

（二）社区矫正对象身份证、户口簿复印件；

（三）委托调查评估函、调查评估意见书及相关证明材料；

（四）适用社区矫正的法律文书（包括起诉书、刑事判决书、假释裁定书、暂予监外执行决定书、执行通知书、结案登记表等）；

（五）社区矫正告知书、入矫宣告书、监管责任书；

（六）社区矫正方案；

（七）计分考核登记表；

（八）接收、监管审批、奖惩、收监执行、解除矫正、终止矫正等有关社区矫正执行活动的法律文书；

（九）开展社区矫正的工作记录；

（十）其他相关材料。

第四十九条 需要委托司法所承担社区矫正相关工作的，执行地县级社区矫正机构应当及时制作法律文书副本，送达受委托的司法所，由受委托的司法所建立社区矫正工作档案。社区矫正工作档案内容参照本细则第四十八条执行。

在委托期限届满或者社区矫正对象解除终止矫正之日起三十日内，社区矫正工作档案应当移交执行地县级社区矫正机构，按照国家档案管理有关规定保管，保管期限二十年，自解除终止矫正当年起算。

第五十条 由省智慧矫正一体化平台生成的事项审批文书应当及时打印入档，日常监管教育记录和计分考核登记表可以在年底以年度为周期打印入档。

第五十一条 执行地县级社区矫正机构接收社区矫正对象后，应当及时组织入矫宣告。宣告时应当注重严肃性和仪式感。

入矫宣告一般在社区矫正中心宣告室进行，偏远地区也可以在受委托的司法所进行。司法所工作人员、矫正小组成员应当到场，可以邀请公安机关、检察机关等相关人员代表参加。宣告室设宣告席、矫正小组席、社区矫正对象席。

第五十二条 社区矫正对象入矫宣告由执行地县级社区矫正机构或者受委托的司法所工作人员主持，按照以下程序公开进行：

（一）宣布宣告纪律；

（二）宣读判决书、裁定书、决定书、执行通知书等有关法律文书的主要内容，宣布社区矫正期限，宣告社区矫正对象依法享有的权利、应当遵守的规定、被剥夺或者限制行使的权利、被禁止的事项以及违反规定的法律后果；

（三）宣告其社区矫正期间不准出境；

（四）宣布矫正小组人员组成及职责；

（五）社区矫正对象在宣告书上签字确认；

（六）发放社区矫正宣告书；

（七）其他有关事项。

未成年社区矫正对象的入矫宣告应当通知其监护人到场，且宣告不公开进行。

《江苏省社区矫正实施细则》

第十四条 社区矫正对象到执行地县级社区矫正机构报到时，社区矫正机构按照以下程序和要求办理接收登记手续：

（一）核对法律文书；

（二）核实身份；

（三）核查居所相关材料；

（四）采集社区矫正对象基本信息，录入社区矫正管理信息系统；

（五）确定社区矫正对象用于通信联络的本人实名手机号码，制发《接受信息化核查管理告知书》。

社区矫正对象存在因行动不便、自行报到确有困难等特殊情况的，经执行地县级社区矫正机构负责人批准，可以派员到其居住地等场所办理登记接收手续。

对暂予监外执行社区矫正对象，执行地县级社区矫正机构与公安机关、看守所或者监狱完成交付接收后，办理登记手续。对保外就医的社区矫正对象办理交付接收、登记手续时，社区矫正决定机关应当通知其保证人或者亲属到场。

第十五条 执行地县级社区矫正机构接收社区矫正对象后，根据工作需要，委托司法所承担社区矫正相关工作的，制发《社区矫正通知书》，通知社区矫正对象报到后三个工作日内到受委托的司法所接受社区矫正。

第十六条 执行地县级社区矫正机构收到法律文书后，发现社区矫正对象未按规定时限报到、二十四小时内查找无果的，应当制作《协助查找社区矫正对象通知书》，通知执行地县级公安机关协助查找。公安机关应当及时将查找情况反馈执行地县级社区矫正机构。

执行地县级社区矫正机构应当及时将组织查找的情况通知社区矫正决定机关和执行地县级人民检察院。对被裁定假释的社区矫正对象，应当同时通知原服刑的监狱、看守所。

第十七条 执行地县级社区矫正机构应当为每名社区矫正对象建立社区矫正档案。

受委托的司法所应当建立社区矫正工作档案。没有委托司法所管理的社区矫正对象，由执行地县级社区矫正机构建立社区矫正工作档案。

对未成年社区矫正对象的档案，执行地县级社区矫正机构应当在刑事执行完毕后三日内将涉案未成年人的犯罪记录封存。

第二十一条 社区矫正对象报到后五个工作日内，执行地县级社区矫正机构或者受委托的司法所应当组织入矫宣告。

社区矫正对象矫正小组中的社区矫正机构和司法所工作人员、社会工作者、监护人、保证人应当参加宣告。村（居）民委员会的人员、家庭成员、所在单位或者就读学校的人员、志愿者、网格员等可以参加宣告。执行地县级社区矫正机构可以邀请同级人民法院、人民检察院、公安机关工作人员参加宣告。

公开宣告的，社会公众可以旁听。对未成年社区矫正对象的入矫宣告不公开进行，但应当通知其监护人到场并签名。

第二十二条 宣告由社区矫正机构工作人员主持。宣告执行按照以下程序进行：

（一）宣布参加宣告的单位和人员；

（二）核对社区矫正对象身份信息；

（三）依序宣告以下事项：判决书、裁定书、决定书、执行通知书等有关法律文书的主要内容（包括财产性判项执行情况）；法律文书或者执行通知书确定的社区矫正期限；社区矫正对象应当遵守的规定、被剥夺或者限制行使的权利、被禁止的事项以及违反规定的法律后果；社区矫正对象依法享有的权利；矫正小组人员组成及职责；其他有关事项；

（四）发放并签收社区矫正宣告书。

参加宣告的人民法院、人民检察院、公安机关工作人员可以对社区矫正对象进行教育。

第二十三条 社区矫正对象因身体原因、不可抗力等无法到场接受宣告的，经执行地县级社区矫正机构负责人批准，可以派员到其住所、治疗地或者采取远程视频方式组织宣告。

《江西省社区矫正工作实施细则》

第三十四条 执行地县级社区矫正机构收到法律文书后，应当对法律文书进行核查，按以下程序处理：

（一）法律文书齐全的，应当在五日内送达回执；

（二）法律文书不齐全或者有误的，应当通知社区矫正决定机关在五日内补齐或者更正法律文书。

第三十六条 社区矫正对象前来报到或者交付接收时，法律文书齐全的，执行地县级社区矫正机构按照以下程序为其办理入矫登记手续：

（一）核实身份信息，核对身份证、户口簿等身份证件；

（二）核对法律文书；

（三）核查居所相关材料；

（四）核查有效的护照、往来港澳通行证、大陆居民往来台湾通行证和外国护照、港澳居民来往内地通行证、台湾居民往来大陆通行证原件；

（五）填写《社区矫正对象基本信息表》；

（六）采集人像、指纹等相关信息，确定其本人实名的通信联络手机号码，办理信息化核查手续。

社区矫正对象入矫时间从其本人到执行地县级社区矫正机构办理入矫登记手续之日起算。执行地县级社区矫正机构接收社区矫正对象后，可以根据本细则第十八条、十九条，确定社区矫正日常机构，填发《社区矫正通知书》，通知社区矫正对象三日内到社区矫正日常机构报到。社区矫正日常机构应当予以接收。

社区矫正对象前来报到或者交付接收时，执行地县级社区矫正机构未收到法律文书、法律文书不齐全或者有误的，应当先记录在案，为其办理报到登记手续，通知社区矫正决定机关在五日内送达或者补齐、更正法律文书，并通报执行地县级人民检察院。

第三十七条 判处管制、宣告缓刑、裁定假释的罪犯，未在规定的时间期限内到执行地县级社区矫正机构报到的，执行地县级社区矫正机构应当立即组织查找，必要时，可以通知社区矫正对象的近亲属或者监护人，告知未按规定时间报到的后果；二十四小时内查找无果的，应当书面提请执行地县级公安机关予以协助查找，并将有关情况书面通报社区矫正决定机关和执行地县级人民检察院；对未按规定时间报到的社区矫正对象，依照有关规定给予相应处罚；符合收监执行条件的，依法提出撤销缓刑、假释的建议。

社区矫正对象未按规定时限到社区矫正日常机构报到的，社区矫正日常机构应当书面向执行地县级社区矫正机构报告有关情况。执行地县级社区矫正机构应当按照前款规定予以处理。

第三十八条　社区矫正对象在社区矫正期间不得出境。对社区矫正决定机关未实施限制出境通报备案的社区矫正对象，执行地县级社区矫正机构应当填写《法定不准出境人员通报备案通知书》，并自入矫登记之日起三个工作日内通报当地公安机关出入境管理部门，公安机关出入境管理部门应当自收到执行地县级社区矫正机构《法定不准出境人员通报备案通知书》之日起五个工作日内，将社区矫正对象的出入境证件办理情况函告执行地县级社区矫正机构。对已经办理出入境有效证件的，由执行地县级社区矫正机构按规定暂予保管；因遗失等原因无法暂予保管的，执行地县级社区矫正机构应当通知公安机关出入境管理部门宣布其所持出入境证件作废；对尚未办理出入境有效证件的，公安机关出入境管理部门在其社区矫正期间不得办理。

有出境高风险的社区矫正对象，社区矫正机构应当按照规定逐级上报省级出入境边防检查机关。

第三十九条　执行地县级社区矫正机构接收社区矫正对象后，应当建立社区矫正执行档案，包括以下内容：

（一）适用社区矫正的法律文书；

（二）社区矫正对象的基本信息、身份资料和照片；

（三）接收、监管审批、奖惩、收监执行、解除矫正等有关社区矫正执行活动的法律文书；

（四）社区矫正对象接受社区矫正的其他相关材料。执行地县级社区矫正机构应当将执行档案的相关内容上传至社区矫正信息化管理平台，建立电子档案。

第四十条　社区矫正日常机构应当建立社区矫正工作档案，包括以下内容：

（一）社区矫正执行档案副本；

（二）社区矫正对象矫正方案；

（三）社区矫正对象接受监督管理、教育帮扶的材料；

（四）社区矫正日常机构、矫正小组、社会组织等开展社区

矫正工作的记录；

（五）社区矫正对象接受社区矫正的其他相关材料。

社区矫正解除或者终止时，社区矫正工作档案应当与执行档案合并，由执行地县级社区矫正机构统一保管。

执行地县级社区矫正机构应当建立社区矫正档案管理制度，严格社区矫正对象档案管理，其中未成年社区矫正对象档案，在解除或者终止社区矫正时，依法封存管理。除司法机关办案需要或者有关单位根据国家规定查询外，未成年社区矫正对象的档案信息不得提供给任何单位或者个人。依法进行查询的单位，应当对获得的信息予以保密。

第四十一条　执行地县级社区矫正机构接收社区矫正对象一个月内，应当组织入矫宣告。入矫宣告可以采取个别宣告或者集中宣告。

入矫宣告包括以下内容：

（一）判决书、裁定书、决定书、执行通知书等有关法律文书的主要内容；

（二）社区矫正期限；

（三）社区矫正对象应当遵守的规定、被剥夺或者限制行使的权利、被禁止的事项以及违反规定的法律后果；

（四）社区矫正对象依法享有的权利；

（五）矫正小组人员组成及职责；

（六）其他有关事项。

宣告由执行地县级社区矫正机构工作人员主持，社区矫正对象的家庭成员、监护人、保证人等应当参加，必要时，可以邀请其他矫正小组成员以及法官、检察官、人民警察等相关人员参加，按照规定程序进行。宣告后，社区矫正对象应当在书面材料上签字并捺印，确认已经了解所宣告的内容。

《辽宁省社区矫正实施细则》

第三十条 县级社区矫正机构收到社区矫正决定机关的法律文书，应当认真核对上列法律文书是否齐全，并在五日内送达回执。

第三十五条 县级社区矫正机构应当为每名社区矫正对象建立社区矫正档案。司法所应当建立社区矫正工作档案。

社区矫正档案包括：

（一）社区矫正对象基本信息表；

（二）委托调查评估函、调查评估意见书及相关证明材料；

（三）刑事判决书、假释裁定书、暂予监外执行决定书、执行通知书、结案登记表、社区矫正告知书等法律文书；

（四）社区矫正宣告书、接受社区矫正保证书；

（五）社区矫正对象会客、外出（含经常性跨市、县活动）、执行地变更、进入特定场所（区域）、暂予监外执行事项的申请书、审批表、告知书及相关证明材料；

（六）对社区矫正对象表扬、训诫、警告、使用电子定位装置的审批表及决定书、使用电子定位装置告知书及相关证明材料；

（七）提请减刑、治安管理处罚、撤销缓刑、撤销假释、收监执行、逮捕、赦免的审核表和建议书、裁定书、决定书以及相关证明材料；

（八）对社区矫正对象查找、现场处置、追捕、终止社区矫正通知书及相关证明材料；

（九）对社区矫正对象进行信息化核查，有关单位和个人提供的证据材料；

（十）社区矫正对象报告单，病情复查和审查、鉴别材料，病情诊断、妊娠检查或者生活不能自理鉴别材料；

（十一）对社区矫正对象教育帮扶（含心理辅导）形成的材料；

（十二）社区矫正期满鉴定表及解除社区矫正宣告书、证明书、通知书；

（十三）其他应当归档的材料。

社区矫正工作档案包括：

（一）社区矫正对象矫正方案；

（二）社区矫正对象矫正小组工作记录；

（三）对社区矫正对象实地查访形成的材料；

（四）对社区矫正对象分类管理、考核形成的材料；

（五）对社区矫正对象教育帮扶形成的材料；

（六）其他需要归档的材料。

社区矫正对象解除社区矫正之日起三十日内，其社区矫正档案与工作档案分别装订成册，移交县级社区矫正机构按照档案管理的有关规定保管。

《宁夏回族自治区社区矫正实施细则》

第三十六条 执行地县级社区矫正机构接收社区矫正对象后，应当组织或者委托司法所组织入矫宣告。宣告应当在社区矫正对象报到7个工作日内进行。

入矫宣告应当通知矫正小组成员及相关人员参加，可邀请同级检察机关、公安机关派员参加。

宣告后，社区矫正对象应当在书面材料上签字，确认已经了解所宣告的内容。对未成年社区矫正对象的入矫宣告不公开进行。

第三十七条　入矫宣告包括以下内容：

（一）判决书、裁定书、决定书、执行通知书等有关法律文书的主要内容；

（二）社区矫正期限；

（三）社区矫正对象应当遵守的规定、被剥夺或者限制行使的权利、被禁止的事项以及违反规定的法律后果；

（四）社区矫正对象依法享有的权利；

（五）矫正小组人员组成及职责；

（六）其他有关事项。

第三十八条　执行地县级社区矫正机构接收社区矫正对象后，应当建立社区矫正档案。矫正档案包括以下内容：

（一）适用社区矫正的法律文书；

（二）接收、监管审批、奖惩、收监执行、解除矫正、终止矫正等有关社区矫正执行活动的法律文书；

（三）进行社区矫正的工作记录；

（四）社区矫正对象接受社区矫正的其他相关材料。

接受委托对社区矫正对象进行日常管理的司法所应当建立工作档案。

《山东省社区矫正实施细则》

第十九条　县级社区矫正机构接收社区矫正对象时，应当采集其人员基本情况、面部、指纹等信息，录入社区矫正工作系统，建立社区矫正档案，并书面告知其权利义务。

第二十条　县级社区矫正机构、司法所应当及时采取信息化监管措施。对社区矫正对象进行手机定位的，手机号码应为社区矫正对象本人实名办理并实际使用。因遗失等原因发生变化的，应当立即告知司法所。

因社区矫正对象确有特殊情况无法落实信息化监管措施的，县级社区矫正机构应当报市级社区矫正机构备案。

第二十一条　县级社区矫正机构办理社区矫正对象登记接收手续后，应当书面告知社区矫正对象三日内到指定司法所接受社区矫正。同时，通知司法所做好社区矫正对象的接收工作，并送交相关法律文书。

第二十三条　县级社区矫正机构或者司法所应当自接收社区矫正对象之日起十个工作日内，组织入矫宣告。入矫宣告包括以下内容：

（一）判决书、裁定书、决定书、执行通知书等有关法律文书的主要内容；

（二）社区矫正期限；

（三）社区矫正对象应当遵守的规定、被剥夺或者限制行使的权利、被禁止的事项以及违反规定的法律后果；

（四）社区矫正对象依法享有的权利；

（五）矫正小组人员组成及职责；

（六）其他有关事项。

宣告由社区矫正机构或者司法所工作人员主持，矫正小组成员及其他相关人员到场，宣告社区矫正对象的犯罪事实、执行社区矫正的期限以及应当遵守的规定等。对未成年社区矫正对象的入矫宣告不公开进行。宣告后，社区矫正对象应当在书面材料上签字，确认已经了解所宣告的内容。

第九十六条　县级社区矫正机构接收社区矫正对象后，应当建立社区矫正档案，包括以下内容：

（一）适用社区矫正的法律文书；

（二）接收、监管审批、奖惩、收监执行、解除矫正等有关社区矫正执行活动的法律文书；

（三）进行社区矫正的工作记录；

（四）社区矫正对象接受社区矫正的其他相关材料。

司法所应当建立工作档案。

第九十七条　社区矫正对象档案应当符合《中华人民共和国档案法》规定。归档的材料应当完整规范有序，字迹清晰、工整，按照一人一卷的原则进行整理、保存。可以根据需要建立电子档案。

第九十八条　社区矫正机构、司法所应当按规定配备档案装具，以及达到档案管理要求的库房，具备档案基本保管条件。

社区矫正机构、司法所应当明确专门档案管理人员（可兼职）。档案管理人员应当严格遵守保密制度，不得泄漏档案内容，不得丢失、抽取、篡改、销毁有关材料，对损坏的档案要及时进行补救，确保档案真实安全。

社区矫正对象档案不得外借。有关单位或者个人需要查阅档案或摘抄、复印材料的，应当持单位介绍信和本人有效证件，经县（市、区）司法局分管负责人批准。复印的档案材料需加盖县（市、区）司法局档案保管部门的印章方为有效。

司法所应当在社区矫正对象解除或者终止社区矫正之日起一个月内，将整理完毕的工作档案移送县级社区矫正机构。

社区矫正机构应当对解除矫正的未成年社区矫正对象的纸质档案、电子档案予以封存。

人民检察院应当如实记录社区矫正监督情况，对提出书面纠正意见的按规定予以归档管理。

《山西省社区矫正实施细则》

第二十一条　执行地县级社区矫正机构收到社区矫正决定机关的法律文书后，应当核对是否齐全，并在五日内送达《社区矫正法律文书送达回执》。

社区矫正对象报到时，执行地县级社区矫正机构未收到法律文书或者法律文书不齐全的，应当先记录在案，办理入矫登记接收手续，并通知社区矫正决定机关在五日内送达或者补齐法律文书。

执行地县级社区矫正机构发现社区矫正对象未按规定时限报到的，应当立即组织查找，二十四小时查找无果的，应当书面提请执行地县级公安机关协助查找；同时，应当将有关情况书面通知社区矫正决定机关和执行地县级人民检察院，对被裁定假释的罪犯，应当同时抄送原服刑的监狱、看守所。

对社区矫正对象存在因行动不便、自行报到确有困难等特殊情况的，执行地县级社区矫正机构可以派员到其居住地等场所办理登记接收手续。

第二十四条　人民法院、监狱管理机关、公安机关已判决、裁定、决定的社区矫正对象，法律文书中确定的执行地县级社区矫正机构应当依法接收。

第二十五条　社区矫正对象到执行地县级社区矫正机构报到时，社区矫正机构应当办理接收登记手续，并将其相关信息录入“山西省社区矫正一体化平台”，根据其居所情况确定委托的司法所（省级、市级社区矫正机构要求必须由县级社区矫正机构管理的除外），书面告知社区矫正对象三日内到指定司法所报到。

接收登记应当履行以下手续：

（一）核实身份证件、户籍、居住地、出入境证件等信息；

（二）组织填写《社区矫正对象基本信息表》；

（三）采集面部、指纹和声纹信息；

（四）留存二寸蓝底证件电子照；

（五）确定通信联络的本人实名手机号码，安装“山西省社区矫正一体化平台”手机端软件。

第二十六条 执行地县级社区矫正机构应当为社区矫正对象建立社区矫正档案，受委托的司法所应当建立社区矫正工作档案。

社区矫正档案应当包括社区矫正对象基本信息表、调查评估形成的相关文书及证明材料、决定机关送达的法律文书、实施社区矫正过程中产生的审批文书、暂予监外执行社区矫正对象报送病情复查资料、社区矫正机构开展社区矫正工作相关台账及资料等。

社区矫正工作档案应当包括社区矫正对象矫正方案，矫正小组工作记录，对社区矫正对象开展家庭走访、分类管理、考核奖惩、日常管理、教育帮扶等工作形成的材料，报请社区矫正机构审批的相关文书等。

没有委托司法所管理的社区矫正对象，由执行地县级社区矫正机构建立社区矫正工作档案。

执行地县级社区矫正机构应当自社区矫正对象解除矫正之日起三十日内，将该社区矫正对象的社区矫正档案与工作档案装订成册，保存至社区矫正中心档案室或者县级档案局档案室，档案应当长期保存。

第二十九条 执行地县级社区矫正机构应当自接收社区矫正对象之日起十个工作日内，组织入矫宣告。入矫宣告应当宣读以下内容：

（一）判决书、裁定书、决定书、执行通知书等有关法律文书；

（二）社区矫正期限及起止日期；

（三）社区矫正对象应当遵守的规定、被禁止的事项以及违反规定的法律后果；

（四）社区矫正对象依法享有的权利；

（五）矫正小组成员及职责；

（六）其他有关事项。

入矫宣告由社区矫正机构工作人员（公务员）主持，矫正小组成员及其他相关人员应当参加，必要时可以邀请人民检察院、公安机关派员参加。公开宣告的，社会公众可以旁听。对未成年社区矫正对象的宣告不公开进行，但应当通知其监护人到场并签名。

社区矫正对象因身体健康等原因不能到指定场所参加宣告的，执行地县级社区矫正机构应当派员到其住所或者治疗地进行宣告，并保留影像资料。

《陕西省社区矫正实施细则》

第十五条 县级社区矫正机构收到社区矫正决定机关的判决书、裁定书、决定书、执行通知书、结案登记表等法律文书后，应当做好登记，核查法律文书是否齐全。

法律文书齐全的，县级社区矫正机构应当在五日内送达回执。法律文书不齐全或者有误的，应当及时函告有关机关补齐或者更正。有关机关应当在五日内补齐或更正，并送达县级社区矫正机构。

第十九条 县级社区矫正机构、受委托的司法所接收社区矫正对象后，应当及时组织入矫宣告；宣告人应当是县级社区矫正机构、受委托的司法所的工作人员。社区矫正宣告可以邀请检察机关、公安机关派员参加。公开宣告的社会公众可以旁听。

对未成年社区矫正对象的宣告不公开进行，但应当通知其监护人到场。社区矫正对象因身体原因不能到场的，可以在其住所或者治疗地接受宣告。

《上海市社区矫正实施细则》

第十九条 区社区矫正机构收到社区矫正决定机关的判决书、裁定书、决定书、执行通知书、结案登记表等法律文书后，应当做好收文登记，核查法律文书是否齐全。

法律文书齐全的，社区矫正机构应当在五日内送达回执。法律文书不齐全或者有误的，应当及时通知或函告有关机关补齐或更正。有关机关应当在五日内补齐或更正，并送达区社区矫正机构。

《四川省社区矫正实施细则》

第五十条 接收社区矫正对象七个工作日内，执行地县级社区矫正机构或者委托司法所应当组织入矫宣告。宣告由执行地县级社区矫正机构工作人员或受委托的司法所公务员主持，矫正小组成员及其他相关人员到场。入矫宣告应当按照以下程序公开进行：

（一）宣布宣告开始；

（二）宣布宣告现场纪律；

（三）告知参加宣告的人员姓名以及工作单位、职务；

（四）核实社区矫正对象的身份；

（五）宣读判决书、裁定书、决定书、执行通知书等有关法律文书的主要内容；

（六）宣读《社区矫正宣告书》；

（七）社区矫正对象在宣告书上签名并捺印确认；

（八）社区矫正对象作入矫保证；

（九）发放社区矫正宣告书；

（十）宣布宣告仪式结束。

参加社区矫正宣告的人员应当遵守下列现场纪律：

（一）未经批准，不得录音、录像、拍照；

（二）未经同意，不得随意发言；

（三）关闭移动通讯设备或者调整至静音状态，并不得拨打或者接听；

（四）不得随意走动、交谈、鼓掌、喧哗；

（五）不得吸烟、进食、随地吐痰和乱扔垃圾；

（六）不得有其他危害社区矫正宣告安全或妨害秩序的行为。

对未成年社区矫正对象的宣告不公开进行，但应当通知其监护人到场并签字。

社区矫正对象因身体原因不能到宣告室接受宣告的，可以到其住所或者治疗地进行宣告。

文书范本

社区矫正法律文书补齐通知书①

（存根）

（ ） 字第 号

社区矫正对象________，身份证号码________，____年____月____日经________人民法院（公安局、监狱管理局）判处（宣告、裁定、决定）管制（缓刑、假释、暂予监外执行）。该社区矫正对象已于____年____月____日到________社区矫正机构报到。经查，未收到相关社区矫正法律文书（相关法律文书不齐全），根据《中华人民共和国社区矫正法》第二十条，以及最高人民法院、最高人民检察院、公安部、司法部《中华人民共和国社区矫正法实施办法》第十六条之规定，请于5日内补齐________等相关法律文书。

发往机关________人民法院（公安局、监狱管理局），抄送________区人民检察院。

填发人

批准人

填发日期 年 月 日

---

① 来自《北京市社区矫正实施细则》。

社区矫正法律文书补齐通知书

（　）　字第　号

__________人民法院（公安局、监狱管理局）：

你单位____年____月____日判处（宣告、裁定、决定）管制（缓刑、假释、暂予监外执行）的社区矫正对象________，身份证号码________，已于____年____月____日到________报到。经查，未收到相关社区矫正法律文书（相关法律文书不齐全），根据《中华人民共和国社区矫正法》第二十条，以及最高人民法院、最高人民检察院、公安部、司法部《中华人民共和国社区矫正法实施办法》第十六条之规定，请于5日内补齐________等相关法律文书。

联系人：　　　　　　　　联系电话：

（公章）

年　月　日

抄送________区人民检察院。

社区矫正对象基本信息表①

单位：县级社区矫正机构（公章）　　　　编号：　　　　　　　　填表日期：

<table>
<tr><td>姓名</td><td></td><td>曾用名</td><td></td><td>身份证号码</td><td colspan="3"></td><td rowspan="3">一寸免冠照片</td></tr>
<tr><td>性别</td><td></td><td>民族</td><td></td><td>出生年月日</td><td colspan="3"></td></tr>
<tr><td>文化程度</td><td></td><td>健康状况</td><td></td><td>原政治面貌</td><td></td><td>婚姻状况</td><td></td></tr>
<tr><td colspan="2">户籍地</td><td colspan="7"></td></tr>
<tr><td colspan="2">居住地</td><td colspan="7"></td></tr>
<tr><td colspan="2">执行地</td><td colspan="7"></td></tr>
<tr><td colspan="2">现工作单位（学校）</td><td colspan="4"></td><td>联系电话</td><td colspan="2"></td></tr>
<tr><td colspan="2">个人联系电话</td><td colspan="7"></td></tr>
<tr><td>罪名</td><td colspan="2"></td><td>刑种</td><td colspan="2"></td><td>原判刑期</td><td colspan="2"></td></tr>
</table>

① 来自《关于进一步规范社区矫正执法文书格式的通知》。

续表

<table>
<tr><td>社区矫正决定机关</td><td colspan="4"></td><td colspan="3">原羁押场所</td><td colspan="4"></td></tr>
<tr><td>禁止令内容</td><td colspan="4"></td><td colspan="3">禁止期限起止日</td><td colspan="4"></td></tr>
<tr><td>附加刑判项内容</td><td colspan="11"></td></tr>
<tr><td>矫正类别</td><td colspan="2"></td><td colspan="3">矫正期限</td><td colspan="3"></td><td>起止日</td><td colspan="2"></td></tr>
<tr><td>法律文书收到时间及种类</td><td colspan="8"></td><td>接收方式及报到时间</td><td colspan="2"></td></tr>
<tr><td>在规定时间内报到</td><td></td><td colspan="4">超出规定时限报到</td><td></td><td colspan="3">未报到且下落不明</td><td colspan="2"></td></tr>
<tr><td>主要犯罪事实</td><td colspan="11"></td></tr>
<tr><td>本次犯罪前的违法犯罪记录</td><td colspan="11"></td></tr>
<tr><td rowspan="5">个人简历</td><td colspan="3">起止时间</td><td colspan="7">所在单位</td><td>职务</td></tr>
<tr><td colspan="3"></td><td colspan="7"></td><td></td></tr>
<tr><td colspan="3"></td><td colspan="7"></td><td></td></tr>
<tr><td colspan="3"></td><td colspan="7"></td><td></td></tr>
<tr><td colspan="3"></td><td colspan="7"></td><td></td></tr>
<tr><td rowspan="5">家庭成员及主要社会关系</td><td>姓名</td><td colspan="2">关系</td><td colspan="7">工作单位或家庭地址</td><td>联系电话</td></tr>
<tr><td></td><td colspan="2"></td><td colspan="7"></td><td></td></tr>
<tr><td></td><td colspan="2"></td><td colspan="7"></td><td></td></tr>
<tr><td></td><td colspan="2"></td><td colspan="7"></td><td></td></tr>
<tr><td></td><td colspan="2"></td><td colspan="7"></td><td></td></tr>
<tr><td>备注</td><td colspan="11"></td></tr>
</table>

注：办理接收手续（执行地变更）后，此表抄报执行地公安（分）局。

说明：

1. 本文书根据《中华人民共和国社区矫正法》第二十二条以及“两高两部”《中华人民共和国社区矫正法实施办法》第十七条的规定制作。

2. “户籍地”以居民身份证、户籍证明为准，“居住地”应填写社区矫正对象具体住所，“执行地”应填写执行社区矫正的县（市、区）。

3. 该文书由执行地县级社区矫正机构在社区矫正对象报到时填写，一式两份，执行地县级社区矫正机构存档，抄送执行地县级公安机关一份。委托司法所进行管理的，可复印一份送司法所。

4. 社区矫正对象执行地变更的，新执行地县社区矫正机构应重新填写此表，并与执行地变更的其他法律文书一并抄送新执行地县级公安机关。

社区矫正对象________矫正期限变动记录表①

变动时间	变动决定机关	决定文号	增加/减少期限	变动原因	记录人	备注

说明：

本文书根据《中华人民共和国社区矫正法》、“两高两部”《中华人民共和国社区矫正法实施办法》以及《宁夏回族自治区社区矫正实施细则》相关规定制作。用于记录社区矫正对象矫正期限变动时使用。

---

① 来自《关于进一步规范社区矫正执法文书格式的通知》。

第四章　监督管理

第二十三条[①]　**【社区矫正对象义务】**

社区矫正对象在社区矫正期间应当遵守法律、行政法规，履行判决、裁定、暂予监外执行决定等法律文书确定的义务，遵守国务院司法行政部门关于报告、会客、外出、迁居、保外就医等监督管理规定，服从社区矫正机构的管理。

法条解读

本条对社区矫正对象需要遵守的义务进行了规定。本条中“遵守法律、行政法规”包括遵守宪法、法律、国务院行政法规。“履行判决、裁定、暂予监外执行决定”是指上述法律文书中规定的禁止令及其他特殊规定。社区矫正对象还需要遵守国务院司法行政部门单独或者与其他部门联合发布的关于报告、会客、外出、迁居、保外就医等监督管理规定。

《社区矫正实施办法》对社区矫正对象的义务内容与类型进行了细化，并对暂予监外执行犯需要遵守的相关规定进行了明确。

各省市社区矫正实施细则基本就社区矫正对象每月汇报的次数、联系方式变更及暂予监外执行犯身体健康情况报告及接触如被害人、控告人、举报人或同案犯等相关人员的程序进行了规定。例如，《安徽省社区矫正工作实施细则》赋予了司法所可以根据需要增加社区矫正对象当面报告的频次及代写报告的相关规定。《北京市社区矫正实施细则》《广东省社区矫正实施细则》就社区矫正对象发生居所变化、工作变动、家庭重大变故等重要事项的报告情况进行了规定。《广西壮族自治区社区矫正工作细则》规定了报告可采取书面、当面口头、电话及网络等形式。该细则还规定了公安机关、监狱管理机关决定暂予监外执行的社区矫正对象实施定期回访制度。此外，该细则与《贵州省社区矫正工作实施细则（试行）》《湖南省社区矫正实施细则》《辽宁省社区矫正实施细则》《四川省社区矫正实施细则》较为详尽地规定了保证人制度，就保证人的条件及相关义务进行了细化说明。《江苏省社区矫正实施细则》就报告、会客及外出与出境程序均作了详细规定。《江西省社区矫正工作实施细则》《山东省社区矫正实施细则》《四川省社区矫正实施细则》在对社区矫正对象做类型划分的基础上，差异化规定了社区矫正对象报告的次数。《辽宁省社区矫正实施细则》《山东省社区矫正实施细则》对重点报告内容以提示性列举的方式予以规定。《山东省社区矫正实施细则》针对矫正对象请假外出期间（异地就学除外）、重大活动期间、国家或

---

① 相关规范性文件落实，例如，（1）2014年最高人民法院、最高人民检察院、公安部、司法部、国家卫生计生委联合印发《暂予监外执行规定》；（2）2021年陕西省人民检察院与陕西省司法厅联合印发《关于规范涉民营企业社区矫正对象外出管理及法律监督相关工作的意见》；（3）2021年云南省人民检察院、云南省司法厅、云南省卫生健康委员会联合印发《关于进一步规范保外就医社区矫正对象病情复查工作的意见（试行）》。

者所在地区发生社会性重大事件期间规定了每日报告制度。

相关规定

《社区矫正法实施办法》

第二十四条 社区矫正对象应当按照有关规定和社区矫正机构的要求，定期报告遵纪守法、接受监督管理、参加教育学习、公益活动和社会活动等情况。发生居所变化、工作变动、家庭重大变故以及接触对其矫正可能产生不利影响人员等情况时，应当及时报告。被宣告禁止令的社区矫正对象应当定期报告遵守禁止令的情况。

暂予监外执行的社区矫正对象应当每个月报告本人身体情况。保外就医的，应当到省级人民政府指定的医院检查，每三个月向执行地县级社区矫正机构、受委托的司法所提交病情复查情况。执行地县级社区矫正机构根据社区矫正对象的病情及保证人等情况，可以调整报告身体情况和提交复查情况的期限。延长一个月至三个月以下的，报上一级社区矫正机构批准；延长三个月以上的，逐级上报省级社区矫正机构批准。批准延长的，执行地县级社区矫正机构应当及时通报同级人民检察院。

社区矫正机构根据工作需要，可以协调对暂予监外执行的社区矫正对象进行病情诊断、妊娠检查或者生活不能自理的鉴别。

第二十五条 未经执行地县级社区矫正机构批准，社区矫正对象不得接触其犯罪案件中的被害人、控告人、举报人，不得接触同案犯等可能诱发其再犯罪的人。

《安徽省社区矫正工作实施细则》

第三十条 社区矫正对象应当每月不少于一次到司法所当面报告遵纪守法、接受监督管理、参加教育学习、公益活动等情况，并递交书面材料。司法所可以根据需要增加社区矫正对象当面报告的频次，但不得给社区矫正对象工作和生活造成不必要的影响。

第三十一条 社区矫正对象因身体健康等原因无法到司法所当面报告并递交书面材料的，经司法所同意，可以委托矫正小组成员或者家庭成员代为递交。社区矫正对象本人无法书写书面材料，可以由其直系亲属、监护人代写，或者由其本人口述，司法所工作人员予以记录；递交的书面材料内容不符合要求的，应当退回重写。

第三十二条 暂予监外执行的社区矫正对象应当每月报告本人身体情况。因怀孕暂予监外执行的社区矫正对象，应当每月提交一次妊娠检查报告；属于保外就医的社区矫正对象，每三个月提交一次病情复查情况。

第三十三条 暂予监外执行的社区矫正对象，同时具备下列条件的，可以申请延长报告身体健康情况或者提交复查情况的期限：

（一）病情持续，短期内难以治愈的；

（二）保证人提供担保，且保证人能正常履行义务的；

（三）经社区矫正机构评估，再犯罪风险较低的。延长期限的批准权限和程序按照《实施办法》规定执行。

第三十四条 暂予监外执行的社区矫正对象被予以训诫、警告或者被治安管理处罚等惩处的，自惩处之日起六个月内不得延长报告身体健康情况或者提交复查情况的期限。已经批准延长期限的，应当予以终止。

第三十五条 社区矫正对象未经批准不得接触其犯罪案件中的被害人、控告人、举报人，不得接触同案犯、有其他违法行为的人员等有可能诱发其再犯罪的人。社区矫正对象确有特殊原因需要接触禁止接触的人员的，应当提前三个工作日提交书面申请，由司法所签署意见后报经县（市、区）社区矫正机构审批。

《北京市社区矫正实施细则》

第四十条　社区矫正对象在社区矫正期间应当依法遵守报告规定。

第四十一条　实行普管的社区矫正对象电话报告或者视频报告每周应不少于一次，实行严管的社区矫正对象每周应不少于二次。实行普管的社区矫正对象到司法所当面报告并提交书面报告每月应不少于一次，实行严管的社区矫正对象每两周应不少于一次。重点报告以下事项：

（一）思想变化情况，包括对自身罪错认识情况、改过自新情况等；

（二）遵纪守法情况；

（三）接受监督管理情况，包括遵守报告、会客、外出、迁居、暂予监外执行等情况；

（四）教育学习情况，包括参加社区矫正机构、司法所组织的教育学习和自学等情况；

（五）公益活动情况，包括参加社区矫正机构、司法所组织的公益活动和自发参加其他公益活动情况；

（六）社会活动情况，包括本人基本行踪、人际交往情况，有无吸毒、赌博、酗酒、暴力倾向等不良行为；

（七）被判处禁止令的社区矫正对象应当报告遵守禁止令的情况；

（八）被判处财产刑的社区矫正对象应当报告个人财产刑履行、被执行情况；

（九）其他需要报告的事项。

社区矫正对象的书面报告应当采取手写方式。对于社区矫正对象文化程度较低或者患病、残疾等原因，不具备书写能力的，经区社区矫正机构批准，可以采取口述并由他人代笔的方式提交报告。代笔人应签名并注明电话联系方式。

社区矫正对象因患病、残疾、生活不能自理等原因，不能到司法所报告的，经区社区矫正机构批准，可以由其保证人或者近亲属提交书面报告。

第四十二条　社区矫正对象发生居所变化、工作变动、家庭重大变故以及接触对其矫正可能产生不利影响人员等情况时，应当及时向司法所报告。

重点时段、重大活动期间或者遇有特殊情况，社区矫正机构、司法所可以要求社区矫正对象到社区矫正场所报告情况。

社区矫正机构根据需要可以要求社区矫正对象报告有关情况。

第四十三条　暂予监外执行社区矫正对象每月报告身体情况及疾病治疗等情况。保外就医的，每三个月到市政府指定的医院检查并向司法所提交病情复查情况。

怀孕社区矫正对象每月、生活不能自理社区矫正对象每六个月，向司法所提供医疗诊断报告。

区社区矫正机构根据工作需要，可以协调对暂予监外执行的社区矫正对象进行病情诊断、妊娠检查或者生活不能自理的鉴别。

第四十四条　附期限暂予监外执行的社区矫正对象暂予监外执行期满前三个月，执行地的区社区矫正机构应当书面通报作出决定的人民法院或者原服刑、接收罪犯档案的监狱、看守所。

人民法院或者原服刑、接收其档案的监狱、看守所应当在前一次暂予监外执行期满前，作出决定或者办理审批，并将继续暂予监外执行或者收监执行的决定书或通知书送达执行地的区社区矫正机构，抄送执行地的区人民检察院和公安分局。

第四十五条　社区矫正对象未经批准不得接触其犯罪案件中的被害人、控告人、举报人，不得接触同案犯等有可能诱发其再犯罪的人。

第四十六条　社区矫正对象确有特殊原因需要接触禁止接触的人员的，应当提前五个工作日提交书面申请，由司法所审核并签署意见后报区社区矫正机构审批。

《福建省社区矫正实施细则》

第十九条　社区矫正对象发生报备的通信联络手机号码变更、居所变化、工作变动、家庭重大变故以及接触对其矫正可能产生不利影响人员等情况时，应当及时报告。

被判处管制的社区矫正对象应当每周到指定地点报告自己的活动情况一次，被宣告缓刑、假释的社区矫正对象应当每半个月到指定地点报告自己的活动情况一次，暂予监外执行的社区矫正对象应当每月到指定地点报告自己的活动情况一次。定期报告的内容为遵纪守法、接受监督管理、参加教育学习、公益活动和社会活动等情况以及遵守禁止令（被宣告禁止令的社区矫正对象报告）的情况。遇重要活动和重大情况，社区矫正机构根据需要，可以增加社区矫正对象定期报告的频次。

暂予监外执行的社区矫正对象每个月还应当报告本人身体情况。其中保外就医的，每三个月应当到省级人民政府指定医院，使用福建省政府指定医院《通用门诊病历》进行病情复查，向执行地县级社区矫正机构提交《疾病证明书》或者《暂予监外执行罪犯病情复查诊断书》及相关化验单、影像学资料、病历等病情复查材料。

县级社区矫正机构根据暂予监外执行的社区矫正对象的病情及保证人等情况，需要调整其报告身体情况或者提交病情复查材料期限的，应当填写《社区矫正对象暂予监外执行事项审批表》、报上级社区矫正机构批准后，通报同级人民检察院。同时制发《社区矫正事项审批告知书》，告知其本人和未成年社区矫正对象的监护人。调整报告身体情况和提交病情复查材料的期限批准权限为：延长一个月至三个月以下的，报设区市级社区矫正机构批准；延长三个月以上的，层报省社区矫正机构批准。

社区矫正对象报告应当以《报告单》形式书面报告。受委托的司法所应当及时将社区矫正对象的《报告单》转递县级社区矫正机构。因文盲或者其他原因不能够书面报告的，由受委托的司法所采取谈话方式报告。

社区矫正对象报备的通信联络手机号码变更不及时报告的，县级社区矫正机构应当按照《实施办法》的有关规定予以处罚。

第二十条　对暂予监外执行的社区矫正对象报告的身体情况和提交的病情复查材料，设区市级社区矫正机构或者县级社区矫正机构应当及时聘请两名具有副高以上专业技术职称的医师共同组成社区矫正对象病情复查审查小组，依据《暂予监外执行规定》《关于暂予监外执行中相关医学问题的意见》等相关规定进行审查，审查时应当隐去社区矫正对象姓名。审查报告作为县级社区矫正机构是否调整报告身体情况、提交病情复查材料和提请收监执行的依据。必要时可以邀请人民检察院技术部门人员参加审查。

社区矫正机构根据工作需要，可以分别组织对执行每满一年的暂予监外执行社区矫正对象进行病情诊断、妊娠检查或者生活不能自理的鉴别。

第二十一条 社区矫正对象申请会客（接触其犯罪案件中的被害人、控告人、举报人，接触同案犯等可能诱发其再犯罪的人）需提交《申请书》，由执行地县级社区矫正机构填写《社区矫正对象会客审批表》，经集体研究后，制发《社区矫正事项审批告知书》，告知其本人和未成年社区矫正对象的监护人。

社区矫正对象未经批准会客的，执行地县级社区矫正机构应当依据《实施办法》的有关规定予以处罚。

《甘肃省社区矫正实施细则》

第六十六条 社区矫正对象拟接触其犯罪案件中的被害人、控告人、举报人或接触同案犯等可能诱发其再次犯罪的，应当提前三日向受委托的司法所提出书面申请并说明理由，司法所审核并签署意见后报执行地县（市、区）社区矫正机构审批。

第七十四条 暂予监外执行社区矫正对象应当每月向司法所提交本人身体情况报告。怀孕的，应当每月提交妊娠检验报告。保外就医的，应当每三个月提交病情复查情况。生活不能自理的，应当每六个月提交相关医疗诊断报告。县（市、区）社区矫正机构认为需要对暂予监外执行社区矫正对象提交的报告进行复查、鉴别的，可以组织有关机构进行复查、鉴别。

第七十五条 县（市、区）社区矫正机构可以每年组织保外就医社区矫正对象到省人民政府指定的医院接受病情诊断，并根据需要向暂予监外执行决定机关或者有关监狱、看守所通报。

第七十六条 县（市、区）社区矫正机构根据暂予监外执行的社区矫正对象的病情及保证人等情况，需要调整其报告身体情况或者提交病情复查材料期限的，应当填写《社区矫正对象暂予监外执行事项审批表》，报上级社区矫正机构批准后，通报同级人民检察院，同时制发《社区矫正事项审批告知书》，告知其本人和未成年社区矫正对象的监护人。调整报告身体情况和提交病情复查材料的期限批准权限为：延长一个月至三个月以下的，报市（州）社区矫正机构批准；延长三个月以上的，层报省社区矫正机构批准。社区矫正机构根据工作需要，可以委托专门机构对暂予监外执行的社区矫正对象延期申请进行鉴定。

第七十七条 社区矫正对象被予以训诫、警告、治安管理处罚等惩处后六个月内的，不得延长报告身体情况和提交复查情况的期限，已经批准延长的应予以终止。

社区矫正对象报告身体情况或提交复查情况的期限调整的，县（市、区）社区矫正机构应当将有关情况通报社区矫正决定机关或者存放、接收罪犯档案的监狱、看守所和同级人民检察院。

《广东社区矫正法实施细则》

第二十七条 社区矫正对象应当按照社区矫正机构或者受委托的司法所要求，定期报告遵纪守法、接受监督管理、参加教育学习和公益活动等情况。被判处禁止令的应当定期报告遵守禁止令的情况。

执行地社区矫正机构或者受委托的司法所应当将报告的时间、形式、内容记入社区矫正工作台账。社区矫正对象因患有严重疾病或者生活不能自理等特殊原因，确无法履行报告义务的，经执行地县级社区矫正机构批准，可由社区矫正对象家属或者保证人代为报告。

第二十八条 暂予监外执行的社区矫正对象应当每个月报告本人身体情况。保外就医的，应当到省级人民政府指定的医院检查，每三个月向执行地县级社区矫正机构或者受委托的司法所提交病情复查情况，病情复查情况材料包括疾病诊断证明书、病历及相关化验单、影像学资料等。执行地县级社区矫正机构应将病情复查情况及时通报同级人民检察院。

执行地县级社区矫正机构根据社区矫正对象的病情及保证人等情况，可以调整报告身体情况和提交病情复查情况的期限。延长一个月至三个月的，报上一级社区矫正机构批准；延长三个月以上的，层报省级社区矫正机构批准。批准延长的，执行地县级社区矫正机构应当及时通报同级人民检察院。

社区矫正机构根据需要，可以协调对暂予监外执行的社区矫正对象进行病情诊断、妊娠检查或者生活不能自理的鉴别。

暂予监外执行的社区矫正对象到指定医院进行病情诊断、复查和妊娠（哺乳期）医学检查的费用由本人承担。社区矫正机构统一组织开展的复查检查鉴别工作产生的费用，在县级社区矫正专项经费中列支。

第二十九条　社区矫正对象发生居所变化、工作变动、家庭重大变故等重要事项，应当及时报告。

第三十条　社区矫正对象在社区矫正期间必须遵守会客规定，未经执行地县级社区矫正机构批准，不得接受媒体采访，不得接触其犯罪案件中的被害人、控告人、举报人，不得接触同案犯等可能诱发其再犯罪的人。社区矫正对象确需接受采访或者接触上述人员的，应当提前三日向司法所提出书面申请并说明理由，司法所提出相关建议后报县级社区矫正机构审批。

《广西壮族自治区社区矫正工作细则》

第五十二条　社区矫正对象应当按照有关规定和社区矫正机构、受委托的司法所的要求，定期报告遵纪守法、接受监督管理、参加教育学习、公益活动和社会活动等情况，居所变化、工作变动、家庭重大变故以及接触对其矫正可能产生不利影响人员等情况时，应当及时报告。被宣告禁止令的社区矫正对象应当定期报告遵守禁止令的情况。

社区矫正对象报告活动情况可以采取书面、当面口头、电话、网络等形式。书面报告应当由本人签名并送至受委托的司法所；当面口头报告应当在受委托的司法所或者指定地点进行，并作好记录，以电话、网络等形式报告的，受委托的司法所应当记录在案。

第五十三条　社区矫正对象拟接触其犯罪案件中的被害人、控告人、举报人或者同案犯以及其他违法犯罪人员，应当提前三日向受委托的司法所提出书面申请并说明理由。

司法所审核并签署意见后报县（市、区）社区矫正机构审批。

第五十四条　执行地县（市、区）社区矫正机构或受委托的司法所根据执行禁止令的需要，可以要求有关部门、单位、个人协助配合执行禁止令。

对禁止令确定需经批准才能进入的特定区域或者场所，社区矫正对象确需进入的，应当经执行地县（市、区）社区矫正机构批准，并通知原裁判人民法院和执行地县（市、区）人民检察院。

第五十五条　社区矫正对象在社区矫正期间依法不得出境。

人民法院、监狱、看守所、社区矫正机构应当告知社区矫正对象禁止出境的规定。

人民法院、公安机关、司法行政机关、监狱管理机关应当按照各自职责，向公安机关出入境管理部门通报备案：

（一）人民法院负责由其判处管制、宣告缓刑、裁定假释、决定暂予监外执行的社区矫正对象的通报备案工作。

（二）公安机关、监狱管理机关负责由其决定的暂予监外执行社区矫正对象的通报备案工作。

（三）司法行政机关负责在册未通报备案社区矫正对象，以及本自治区行政区域以外社区矫正决定机关决定在本自治区纳管的社区矫正对象的通报备案工作。

第五十六条　公安机关依据社区矫正决定机关的相关法律文书依法执行限制社区矫正对象出境的措施。社区矫正对象不准出境期限应当与社区矫正期限一致。

县（市、区）社区矫正机构对持有出入境证照或者具有出境高风险的社区矫正对象应当出具边控决定书，逐级上报自治区社区矫正机构办理交控。广西出入境边检总站接到社区矫正机构的边控法律文书后，按有关规定执行边控措施。社区矫正对象的边控期限与社区矫正期限一致。

第六十条　社区矫正机构应当及时掌握暂予监外执行社区矫正对象的身体状况以及疾病治疗等情况；根据工作需要，可以联系保外就医社区矫正对象的治疗医院，了解其治疗和恢复情况，并向社区矫正决定机关或监狱、看守所反馈。

第六十一条　暂予监外执行社区矫正对象应当每个月报告本人身体情况，每三个月向执行地县（市、区）社区矫正机构、受委托的司法所提交病情复查情况。怀孕的，应当每月提交妊娠检验报告或产前超声检查报告。保外就医的，应当到省级人民政府指定的医院检查。

执行地县（市、区）社区矫正机构、受委托的司法所根据社区矫正对象的病情及保证人等情况，可以调整报告身体情况和提交复查情况的期限。延长一个月至三个月的，报上一级社区矫正机构批准；延长三个月以上的，逐级上报自治区社区矫正机构批准。批准延长的，执行地县（市、区）社区矫正机构应当及时通报同级人民检察院。

保外就医社区矫正对象因病情、治疗措施等特殊原因，本人确实无法到司法所报告的，经受委托的司法所同意，可以采取电话报告等方式向社区矫正机构或受委托的司法所报告本人身体情况和病情复查情况，病情复查情况相关材料可以由其家属或者监护人、保证人送交司法所。

对于病情不可逆转或行动不便的暂予监外执行社区矫正对象，所在地距自治区指定医院较远的，社区矫正对象可以到社区矫正机构指定的县级以上综合医院进行检查。

第六十二条　公安机关、监狱管理机关决定暂予监外执行的社区矫正对象，原羁押监狱、看守所或者接收其档案的监狱、看守所应当定期进行回访。

执行地县（市、区）社区矫正机构根据暂予监外执行社区矫正对象具体身体状况，对有可能病情好转、暂予监外执行情形消失的，可以协调对暂予监外执行社区矫正对象进行身体鉴别或者病情复查，核实其暂予监外执行的情形是否消失，并依法采取相应措施。

第六十三条　保证人应当同时具备下列条件：

（一）具有完全民事行为能力，愿意承担保证人义务；

（二）人身自由未受到限制；

（三）有固定的住所和收入；

（四）能够与被保证人共同居住或者居住在同一市、县。

社区矫正机构、受委托的司法所发现

保证人不履行保证义务，应当给予批评教育并责令改正；情节严重的，取消其保证人资格。

对保证人丧失保证人条件、被取消保证人资格或者因迁居等原因不能继续履行保证义务的，社区矫正机构应当责令保外就医的社区矫正对象或者其亲属、监护人或者有关单位限期提出新的保证人，并对新保证人的资格进行审查。审查确定后，通知保外就医社区矫正对象原服刑或者接收其档案的监狱、看守所。

第六十四条　保证人应当履行下列义务：

（一）协助社区矫正机构监督被保证人遵守法律和有关规定；

（二）发现被保证人擅自离开居住的市、县或者变更居住地，或者有违法犯罪行为，或者保外就医情形消失，或者被保证人死亡的，立即向社区矫正机构报告；

（三）为被保证人的治疗、护理、复查以及正常生活提供帮助；

（四）督促和协助被保证人按照规定履行定期复查病情和向社区矫正机构报告的义务。

《贵州省社区矫正工作实施细则（试行）》

第三十一条　社区矫正对象应当按照相关规定和社区矫正机构、受委托的司法所的要求，定期报告个人有关情况。被宣告禁止令的社区矫正对象应当定期报告遵守禁止令的情况。

社区矫正对象报告时应提交本人遵纪守法、接受监督管理、参加教育学习、公益活动和社会活动等书面报告材料。社区矫正对象因文化程度低等原因书写有困难的，可以通过本人口述并由他人代笔方式提交书面报告。代笔人应签名并注明通讯联系方式。

社区矫正对象发生居所变化、工作变动、家庭重大变故以及接触对其矫正产生不利影响的人员的，应当及时报告。

第三十二条　暂予监外执行社区矫正对象应当每月报告本人身体情况。保外就医社区矫正对象应当到省级人民政府指定的医院检查，每三个月向执行地社区矫正机构或受委托的司法所提交相关病情复查材料。

执行地县级社区矫正机构根据暂予监外执行社区矫正对象的病情及保证人等情况，可以调整其报告身体情况和提交复查情况的期限。申请延长期限为一个月至三个月以下的，报市（州）级社区矫正机构批准；申请延长三个月以上的，逐级报省级社区矫正机构批准。批准延长的，执行地县级社区矫正机构应当自收到批准延长意见之日起五个工作日内通报同级人民检察院。

第三十三条　保外就医社区矫正对象因病情严重、身体残疾或者年老体弱，日常生活行为需要他人协助才能完成的，且到省政府指定的医院进行病情复查存在困难，执行地县级社区矫正机构可以组织执行地县级以上综合医院具有相关专业技术职称的医师进行实地鉴别，执行地县级人民检察院应派员全程监督。经综合鉴别评议，保外就医社区矫正对象符合《暂予监外执行规定》生活不能自理情形的，申请延长提交病情复查情况时限一般为一年。一年期限到期后，保外就医社区矫正对象生活不能自理情况未好转的，可按照上述程序再次组织鉴别后继续申请。

申请前款延长期限时，执行地县级社区矫正机构应提交《社区矫正对象申请延期提交病情复查报告审批表》，并附暂予监外执行法律文书，病情鉴定材料，参与鉴别的县级以上综合医院出具的《疾病证明书》，保证人及家属提供的护理情况说明，走访村（居）委会、邻居等人员的询问笔录，申请单位现场实地查验书面材料，实地走访照片或视频等材料。

批准延长提交病情复查期间，保外就医社区矫正对象的保证人或监护人应当每月向执行地县级社区矫正机构报告社区矫正对象的身体情况，提交相关图片或视频材料。执行地县级社区矫正机构应当每三个月到社区矫正对象的居所进行实地查访不少于一次。发现病情好转或生活不能自理情形消失的，应立即终止延长事项，要求其按照相关规定及时提交病情复查报告，并报批准延长的上级社区矫正机构备案。执行地社区矫正机构应当每三个月向同级人民检察院通报上述延长病情复查的社区矫正对象身体情况。

第三十四条　社区矫正对象未经批准，不得接触犯罪案件中的被害人、控告人、举报人，不得接触同案犯等可能诱发其再犯罪的人。

第三十六条　社区矫正对象在社区矫正期间不准出境。执行地县级社区矫正机构根据有关规定，对重点社区矫正对象按程序依法提请省级司法行政机关向省出入境边防检查总站办理边控手续。

《河南省社区矫正工作细则》

第六十二条　社区矫正对象发生居所变化、工作变动、家庭重大变故以及接触对其矫正可能产生不利影响人员等情况时，应当及时报告社区矫正机构或者受委托的司法所。

被判处禁止令的社区矫正对象，到场报到和思想汇报时应如实报告遵守禁止令的情况。

第六十三条　社区矫正对象拟接触其犯罪案件中的被害人、控告人、举报人的，应当经执行地县级社区矫正机构批准。

社区矫正对象接触同案犯、有其他违法行为的人员等可能诱发其再次犯罪的人的，应当经执行地县级社区矫正机构批准。

第六十四条　对禁止令确定需经批准才能进入的特定区域或者场所，社区矫正对象确需进入的，应当经执行地县级社区矫正机构批准，并通知原判人民法院和执行地县级人民检察院。

第六十五条　社区矫正机构根据执行禁止令的需要，可以要求有关部门、单位、场所、个人协助配合执行禁止令。

第六十七条　社区矫正对象是被采取法定不批准出境报备措施的人员，在社区矫正期间不得出境。

社区矫正决定机关在做出社区矫正决定时，可以同时决定限制社区矫正对象出境。

第六十八条　执行地县级社区矫正机构应当自社区矫正对象入矫报到之日始对其进行不准出境通报备案。公安机关依据社区矫正决定机关的相关法律文书履行法定不批准出境报备工作职责。社区矫正对象不准出境报备期限应当与社区矫正期限一致。

第六十九条　县级社区矫正机构对持有出入境证照或者具有出境高风险的社区矫正对象应当出具边控决定书，层报省级社区矫正机构办理交控。河南出入境边检总站接到社区矫正机构的边控法律文书后，应在24小时内完成录入、审批，及时办理报备、撤销、更改、续保等手续，执行边控措施。社区矫正对象的边控期限与社区矫正期限一致。

第九十五条　社区矫正机构应当及时掌握暂予监外执行社区矫正对象的身体状况以及疾病治疗等情况；定期联系保外就医社区矫正对象的治疗医院，了解其治疗和恢复情况，根据需要向社区矫正决定机关或监狱、看守所反馈。

第九十六条 暂予监外执行的社区矫正对象应当每个月报告本人身体情况。保外就医的社区矫正对象，应当到省级人民政府指定的医院检查，每三个月向执行地县级社区矫正机构、受委托的司法所提交病情复查情况。

对于病情不可逆转或行动不便的暂予监外执行社区矫正对象，所在地距省政府指定医院较远的，社区矫正对象可以到社区矫正机构指定的县级以上综合医院进行检查。

第九十七条 社区矫正机构根据社区矫正对象的病情及保证人等情况，可以调整报告身体情况和提交复查情况的期限。延长一个月至三个月以下的，报上一级社区矫正机构批准；延长三个月以上的，层报省级社区矫正机构批准。批准延长的，县级社区矫正机构应当及时通报同级人民检察院。

第九十八条 暂予监外执行社区矫正对象原羁押监狱、看守所或者接收其档案的监狱、看守所根据暂予监外执行社区矫正对象具体身体状况，对有可能病情好转、暂予监外执行情形消失的，可以定期组织对暂予监外执行社区矫正对象进行身体鉴别或者病情复查，核实其暂予监外执行的情形是否消失，并依法采取相应措施。

人民法院决定暂予监外执行的社区矫正对象，由执行地县级社区矫正机构定期组织身体鉴别或者病情复查，核实其暂予监外执行的情形是否消失，并依法采取相应措施。

第九十九条 暂予监外执行的社区矫正对象从事治疗疾病以外的社会活动的，应提前报告，经执行地县级社区矫正机构批准。

第一百条 监狱管理机关、公安机关批准暂予监外执行的社区矫正对象变更执行地的，监狱管理机关、公安机关在收到社区矫正机构送达的变更执行地法律文书后，应与新执行地同级公安机关、监狱管理机关办理交接。新执行地的公安机关、监狱管理机关应指定一所看守所、监狱接收社区矫正对象档案，负责办理其收监、刑满释放等手续。看守所、监狱在接收档案之日起五日内，应当将有关情况通报新执行地县级社区矫正机构。

第一百零一条 保外就医社区矫正对象的保证人，应当履行下列义务：

（一）协助社区矫正机构监督被保证人遵守法律和有关规定；

（二）发现被保证人擅自离开居住的市、县或者变更居住地，或者有违法犯罪行为，或者保外就医情形消失，或者被保证人死亡的，立即向社区矫正机构报告；

（三）为被保证人的治疗、护理、复查以及正常生活提供帮助；

（四）督促和协助被保证人按照规定履行定期复查病情和向社区矫正机构报告的义务。

第一百零二条 社区矫正机构、受委托的司法所发现保证人不履行保证义务，应当给予批评教育并责令改正；情节严重的，取消其保证人资格。

第一百零三条 对保证人丧失保证人条件、被取消保证人资格或者因迁居等原因不能继续履行保证义务的，社区矫正机构应当责令保外就医的社区矫正对象或者其亲属、监护人或者有关单位限期提出新的保证人，并对新保证人的资格进行审查。审查确定后，通知保外就医社区矫正对象原服刑或者接收其档案的监狱、看守所。

新保证人应当同时具备下列条件：

（一）具有完全民事行为能力，愿意承担保证人义务；

（二）人身自由未受到限制；

（三）有固定的住处和收入；

（四）能够与被保证人共同居住或者居住在同一市、县。

《湖南省社区矫正实施细则》

第十六条 社区矫正对象在社区矫正期间应当履行下列义务：

（一）严格遵守国家法律、法规、禁止令和社区矫正有关规定；

（二）接受监督管理，积极参加教育学习、公益活动和社会活动；

（三）定期报告思想、活动情况，发生居所变化、工作变动、家庭重大变故以及接触对其矫正可能产生不利影响人员等情况时，应当及时报告；

（四）被宣告禁止令的定期报告遵守禁止令的情况；

（五）暂予监外执行的每月报告本人身体情况，定期到省人民政府指定医院进行病情复查，并向社区矫正机构提交病情复查报告；

（六）离开居住的市、县或者迁居，应当经社区矫正机构批准；

（七）接受社区矫正机构通信联络、信息化核查和实地查访；

（八）配合矫正小组工作，落实矫正方案规定的措施；

（九）其他依法应当履行的义务。

被判处管制的社区矫正对象，未经批准不得行使言论、出版、集会、结社、游行、示威自由的权利。

第三十三条 罪犯因严重疾病需要保外就医的，应当由罪犯本人或者其亲属、监护人提出保证人。保证人由监狱、看守所在征求拟确定为执行地的县级社区矫正机构意见后审查确定。罪犯没有亲属、监护人做保证人的，可以由其居住的村（社区）居委会、原所在单位推荐保证人。保证人应当向监狱、看守所和拟确定为执行地的县级社区矫正机构出具保证书。

第三十四条 保证人应当同时具备下列条件：

（一）具有完全民事行为能力，愿意承担保证人义务；

（二）人身自由未受到限制；

（三）有固定的住处和收入；

（四）与保外就医对象共同居住或者居住在同一市、县。

第三十五条 保外就医社区矫正对象的保证人，应当履行下列义务：

（一）协助社区矫正机构监督社区矫正对象遵守法律和有关规定；

（二）发现社区矫正对象擅自离开居住的市、县或者变更居住地，或者有违法犯罪行为，或者保外就医情形消失，或者社区矫正对象死亡的，立即向社区矫正机构报告；

（三）为社区矫正对象的治疗、护理、复查以及正常生活提供帮助；

（四）督促和协助社区矫正对象按照规定履行定期病情复查和向社区矫正机构报告的义务。

第三十六条 执行地县级社区矫正机构、受委托的司法所应当督促保证人认真履行保证义务，发现保证人不履行保证义务的，应当给予批评教育并责令改正；情节严重的，执行地县级社区矫正机构可以取消其保证人资格。

第三十七条 对保证人丧失保证人条件、被取消保证人资格或者因其他原因不能继续履行保证义务的，执行地县级社区矫正机构应当责令保外就医的社区矫正对象或者其亲属、监护人或者有关单位限期提出新的保证人，并对新保证人的资格进行审查。审查确定新的保证人后，执行地县级社区矫正机构应当书面通知保外就医社区矫正对象原服刑或者接收其档案的监狱、看守所。

第七十三条 社区矫正对象应当按照有关规定和社区矫正机构的要求，定期向执行地县级社区矫正机构或者受委托的司法所书面报告遵纪守法、接收监督、参加教育学习、公益活动和社会活动等情况。

第七十四条 社区矫正对象发生居所变化、工作变动、家庭重大变故以及接触对其矫正可能产生不利影响人员等情况时，应当及时报告执行地县级社区矫正机构或者受委托的司法所。

被宣告禁止令的社区矫正对象应当定期报告遵守禁止令的情况，暂予监外执行的社区矫正对象应当每月报告本人身体情况。

第七十五条 未经执行地县级社区矫正机构批准，社区矫正对象不得接触其犯罪案件中的被害人、控告人、举报人，以及同案犯等可能诱发其再次犯罪的人。

社区矫正对象需要接触上列人员的，应当提出书面申请，说明理由和接触的时间、地点，经受委托的司法所调查核实无现实危险后，报执行地县级社区矫正机构批准。

第七十六条 对禁止令确定需经批准才能进入的特定区域或者场所，社区矫正对象确需进入的，应当提出书面申请，经执行地县级社区矫正机构调查核实后批准，或者经受委托的司法所调查核实后，报执行地县级社区矫正机构批准。执行地县级社区矫正机构批准后，通知原审人民法院和执行地县级人民检察院。

第七十七条 社区矫正机构可以通过通信联络、信息化核查、实地查访等方式了解掌握社区矫正对象的工作、学习、生活以及保外就医等活动情况以及接受监管教育帮扶等行为表现，有关单位和个人应当予以配合。

社区矫正机构根据执行禁止令的需要，可以协调有关的部门、单位、场所、个人协助配合执行禁止令。

第七十八条 社区矫正对象在矫正期间不准出境。社区矫正决定机关在做出社区矫正决定时，可以同时决定限制社区矫正对象出境。

第七十九条 执行地县级社区矫正机构应当自接收社区矫正对象起五个工作日内，填写《法定不批准出境人员通报备案通知书》等资料，向同级公安机关出入境管理部门报备，报备期限与社区矫正期限一致。

第八十条 社区矫正对象是外国人或者港、澳、台籍人员的，社区矫正决定机关应当在交付前向边防部门办理边控手续。

对具有出境风险的其他社区矫正对象，执行地县级社区矫正机构应当层报省级社区矫正机构，向边防部门办理边控手续。社区矫正对象的边控期限与社区矫正期限一致。

社区矫正对象具有下列情形之一的，一般可以认定为具有出境风险：

（一）外国人或者港、澳、台籍人员，且决定机关未办理边控手续的；

（二）经营涉外业务或者有近亲属在境外居住的；

（三）有多次出入境记录的；

（四）所犯罪行与出入境有关的，如境外电信诈骗，组织偷渡，跨境走私、贩毒、赌博等；

（五）有其他出境风险的。

第八十一条 根据工作需要，执行地县级社区矫正机构对社区矫正对象（外国人除外）的出入境证件实行集中代管。社区矫正对象解除矫正当日，执行地县级社区矫正机构应当及时归还集中代管的出入境证件。

根据工作需要，执行地县级社区矫正机构可以提请公安机关对社区矫正对象（外国人除外）出入境证件进行收缴、吊销或者宣布作废。

《江苏省社区矫正实施细则》

第二十七条 社区矫正对象应当定期电话报告和到执行地县级社区矫正机构、受委托的司法所当面报告遵纪守法、接受监督管理、参加教育学习、公益活动和社会活动等情况。被宣告禁止令的社区矫正对象还应当报告遵守禁止令的情况。

当面报告时，应当提交书面材料。社区矫正对象不具备书写能力的，可以由其监护人、保证人、家庭成员等代写，或者经本人口述，由社区矫正机构、受委托的司法所记录在案。

社区矫正对象因身体原因等无法到执行地县级社区矫正机构、受委托的司法所当面报告的，经执行地县级社区矫正机构、受委托的司法所同意，可以委托家庭成员或者矫正小组成员代为提交书面材料，执行地县级社区矫正机构、受委托的司法所将相关情况记录在案。

第二十八条 社区矫正对象应当根据执行地县级社区矫正机构对其确定的监督管理措施要求进行报告。

执行地县级社区矫正机构、受委托的司法所根据前款规定，为社区矫正对象指定每次电话报告、当面（书面）报告的具体日期。社区矫正对象发生居所变化、工作变动、家庭重大变故以及接触可能对其矫正产生不利影响人员等情况的，应当及时报告执行地县级社区矫正机构或者受委托的司法所。

第二十九条 暂予监外执行的社区矫正对象应当每个月报告本人身体情况。保外就医的，应当到省级人民政府指定的医院检查，每三个月向执行地县级社区矫正机构、受委托的司法所提交病情复查情况。

第三十条 执行地县级社区矫正机构根据暂予监外执行的社区矫正对象的病情及保证人等情况，需要调整其报告身体情况或者提交病情复查材料期限的，应当填写《社区矫正对象保外就医延期报告审批表》，报上级社区矫正机构批准后，通报同级人民检察院。同时制发《社区矫正事项审批告知书》，告知其本人、监护人和保证人。调整报告身体情况和提交病情复查材料的期限批准权限为：延长一个月以上不满三个月的，报设区市社区矫正机构批准；延长三个月以上的，逐级上报省社区矫正机构批准。

第三十一条 社区矫正对象在生产生活、工作学习中需要会客的，应当遵守会客管理规定，不得违反法律、行政法规的强制性规定，不得违背公序良俗。

第三十二条 未经执行地县级社区矫正机构批准，社区矫正对象不得接触其犯罪案件中的被害人、控告人、举报人，不得接触同案犯等可能诱发其再犯罪的人。上述人员系社区矫正对象家庭成员的除外。

社区矫正对象确需接触前款规定的不得接触人员，应当提前三日提出书面申请，并附相关材料。执行地县级社区矫正机构或者受委托的司法所填写《社区矫正对象会客审批表》，经执行地县级社区矫正机构集体研究并由负责人批准，制发《社区矫正事项审批告知书》，告知其本人、监护人和保证人，并由执行地县级社区矫正机构通报同级人民检察院。

第三十三条 社区矫正对象未经批准不得离开所居住市、县。确有正当理由需要离开的，应当经执行地县级社区矫正机构或者受委托的司法所批准。社区矫正对象离开所居住的“市”指设区市的城市市区和县级市的辖区。

第三十四条 社区矫正对象确因就医、就学、参加诉讼、处理家庭或者工作重要事务等正当理由需要离开的，一般应当提前三日提交书面申请，并如实提供诊断证明、单位证明、入学证明、法律文书等材料。

处理家庭或工作重要事务一般指：

（一）本人及家庭成员婚嫁、生育的；

（二）探亲、祭祖，或者亲属病重、亡故等确需本人处理的；

（三）涉本人的仲裁、听证、登记、许可、调解、复议等，确需本人参加的；

（四）因生产经营或工作学习需要，确需本人处理的。

第三十五条 社区矫正对象申请外出时间在七日内的，受委托的司法所应当自收到申请材料的当日填写《社区矫正对象外出审批表》、签署审核意见，报执行地县级社区矫正机构备案。超过七日的，由受委托的司法所审核后，报执行地县级社区矫正机构批准。执行地县级社区矫正机构每次批准外出的时间不超过三十日。因特殊情况确需外出超过三十日的，或者两个月内外出时间累计超过三十日的，应当报上一级社区矫正机构审批。上一级社区矫正机构批准社区矫正对象外出的，执行地县级社区矫正机构应当及时通报同级人民检察院。

第三十六条 执行地县级社区矫正机构和受委托的司法所一般应当在收到申请之日起三日内完成审核、批准，制发《社区矫正事项审批告知书》，告知其本人、监护人和保证人。因紧急就医、处理突发的家庭或者工作重要事务等，社区矫正对象可以通过电话通讯、实时视频等形式申请，后补办手续；执行地县级社区矫正机构或者受委托的司法所可以电话告知审批决定，并将外出事由、时间、目的地以及出行方式等事项记录在案。

第三十七条 社区矫正对象应当在批准外出期限届满前返回居住地，并在返回后二十四小时内向执行地县级社区矫正机构或者受委托的司法所报告并办理销假手续。销假时，社区矫正对象应当如实提供其外出期间食宿、交通票据原件以及其他与外出事项、地点相关的文字、照片或者视频等证明材料。

社区矫正对象确因特殊情况无法按期返回的，应当及时向执行地县级社区矫正机构或者受委托的司法所报告情况，并申请办理延长外出期限的相关手续。

第三十八条 社区矫正对象确因正常工作和生活需要申请经常性跨市、县活动的，应当由本人提出书面申请，同时提供相应证明。因正常工作需要经常性跨市、县活动的，需提供所在工作单位劳动关系、有效的统一社会信用代码证照（复印件）、社会保险、派遣证明等材料。因生活需要经常性跨市、县活动的，需提供本人或者家庭成员的不动产证明材料等。

执行地县级社区矫正机构或受委托的司法所填写《社区矫正对象经常性跨市、县活动审批表》，经执行地县级社区矫正机构集体研究并由负责人批准，制发《社区矫正事项审批告知书》，告知其本人、监护人和保证人。批准一次的有效期不超过六个月。经常性跨市、县活动在本省行政区域内的，报设区市社区矫正机构备案；跨省级行政区域的，报省社区矫正机构备案。

第三十九条　在批准经常性跨市、县活动的有效期内，社区矫正对象每次外出前应当通过电话通讯、实时视频等方式，向执行地县级社区矫正机构或者受委托的司法所报告，并每月书面报告外出情况，同时附相关证明材料。

第四十条　社区矫正对象在接受社区矫正期间不得出境。执行地县级社区矫正机构应当在社区矫正对象报到后及时填写《法定不准出境人员报备表》，送交执行地同级公安机关出入境管理机构办理法定不准出境人员报备手续。公安机关出入境管理机构对社区矫正对象在报备期内不予签发出入境证件。

社区矫正对象因矫正期限变化或者终止矫正需要提前解除不准出境措施的，执行地县级社区矫正机构应当及时填写《撤销法定不准出境人员报备表》，送交接收报备的公安机关出入境管理机构办理。

第四十一条　社区矫正对象为外国籍和港澳台地区的，执行地县级社区矫正机构在其报到后及时填写《法定不准出境人员报备表》并附相关材料，报设区市社区矫正机构审核；设区市社区矫正机构及时审核并报省社区矫正机构；省社区矫正机构及时审核后填写《边控对象通知书》并附相关材料，报省司法厅审批，由省司法厅送交江苏出入境边防检查总站办理边境控制。

受到边境控制的社区矫正对象矫正期限变化、终止矫正的，执行地县级社区矫正机构应当及时逐级报送相关材料，由省司法厅送交江苏出入境边防检查总站办理期限变更或者撤销边境控制。

《江西省社区矫正工作实施细则》

第四十七条　社区矫正对象在社区矫正期间应当遵守法律、行政法规，履行判决、裁定、暂予监外执行决定等法律文书确定的义务，遵守国务院司法行政部门关于报告、会客、外出、迁居、保外就医等监督管理规定，服从社区矫正机构的管理。

第五十二条　一类管理的社区矫正对象应当每周到指定地点报告活动情况一次；二类管理的社区矫正对象应当每半月到指定地点报告活动情况一次；三类管理的社区矫正对象应当每月到指定地点报告活动情况一次。

第五十三条　社区矫正对象到指定地点报告活动情况时，应当按照有关规定，提交书面思想汇报，报告遵纪守法、接受监督管理及参加教育学习、公益活动和社会活动等情况。被宣告禁止令的社区矫正对象还应当同时报告遵守禁止令的情况。

社区矫正对象发生居所变化、工作变动、家庭重大变故以及接触对其矫正可能产生不利影响人员等情况的，应当在二十四小时内向社区矫正日常机构报告。

第五十四条　暂予监外执行的社区矫正对象应当每个月向社区矫正日常机构报告本人身体情况。保外就医的，应当到省级人民政府指定的医院检查，每三个月向执行地县级社区矫正机构、社区矫正日常机构提交病情复查情况。执行地县级社区矫正机构根据社区矫正对象的病情及保证人等情况，可以调整报告身体情况和提交复查情况的期限。延长一个月至三个月以下的，报市级社区矫正机构批准；延长三个月以上的，逐级上报省级社区矫正机构批准。批准延长的，执行地县级社区矫正机构应当及时通报同级人民检察院。

对暂予监外执行的社区矫正对象可能存在暂予监外执行情形消失情况的，执行地县级社区矫正机构可以提请暂予监外执行决定机关对其进行病情诊断、妊娠检查或者生活不能自理的鉴别。

第五十六条 社区矫正对象拟接触其犯罪案件中的被害人、控告人、举报人及同案犯等可能诱发其再犯罪的人员时，应当提交书面申请和相关证明材料，报执行地县级社区矫正机构批准。必要时，执行地县级社区矫正机构可以派员参加。

《辽宁省社区矫正实施细则》

第四十八条 社区矫正对象在社区矫正期间应当遵守法律、行政法规，履行判决、裁定、暂予监外执行决定等法律文书确定的义务，遵守司法行政机关关于报告、会客、外出、迁居、保外就医等监督管理规定，服从社区矫正机构的管理。

第四十九条 社区矫正对象应当定期到司法所或者司法所指定场所提交书面报告，重点报告以下事项：

（一）思想变化情况，包括对自身罪错认识情况、改过自新情况等；

（二）遵纪守法情况；

（三）接受监督管理情况，包括遵守报告、会客、外出、迁居、保外就医等情况；

（四）教育学习情况，包括参加社区矫正机构、司法所组织的教育学习和自学等情况；

（五）公益活动情况，包括参加社区矫正机构、司法所组织的公益活动和自发参加其他公益活动情况；

（六）社会活动情况，包括本人基本行踪、人际交往情况，有无吸毒、赌博、酗酒、暴力倾向等不良行为；

（七）被判处禁止令的社区矫正对象应当报告遵守禁止令的情况；

（八）其他需要报告的事项。

对于文化程度较低或者患病、残疾等原因，不具备书写能力的，经司法所批准，可以采取口述并由他人代笔的方式提交报告。代笔人应签名并注明电话联系方式。

因患病、残疾、生活不能自理等原因，不能到司法所报告的，经司法所批准，可以由其保证人或者近亲属提交书面报告。

第五十条 社区矫正对象发生居所变化、工作变动、家庭重大变故以及接触对其矫正产生不利影响人员的，应当在二十四小时内报告司法所。

社区矫正对象根据社区矫正机构要求，可以采取口头、书面或者电子通讯方式向司法所报告。司法所应当留存相关记录。司法所可以根据需要要求社区矫正对象到办公场所报告、说明情况。

第五十一条 社区矫正对象未经批准，不得接触犯罪案件中的被害人、控告人、举报人，不得接触同案犯等可能诱发其再犯罪的人员。

社区矫正对象确需接触上述人员的，应当提前三日向司法所提出书面申请并说明理由，司法所审核并签署意见后报县级社区矫正机构审批。

第五十二条 对禁止令确定需经批准才能进入的特定区域或者场所，社区矫正对象确需进入的，应当经县级社区矫正机构批准，并通知原判人民法院和同级人民检察院。

第八十一条 社区矫正机构应当及时掌握暂予监外执行社区矫正对象的身体状况以及疾病治疗等情况；定期联系保外就医社区矫正对象的治疗医院，了解其治疗和恢复情况，根据需要向社区矫正决定机关或监狱、看守所反馈。

第八十二条 暂予监外执行的社区矫正对象应当每个月报告本人身体情况。保外就医的社区矫正对象，应当到省级人民政府指定的医院检查，每三个月向执行地县级社区矫正机构、司法所提交病情复查情况。

对于病情不可逆转、行动不便以及所在地距省政府指定医院较远等确有实际困难的，经县级社区矫正机构批准，暂予监外执行社区矫正对象可以到县级以上人民医院进行检查。县级社区矫正机构批准后，报上一级社区矫正机构备案，并抄送同级人民检察院。

第八十三条 社区矫正机构根据社区矫正对象的病情及保证人等情况，可以调整报告身体情况和提交复查情况的期限。延长一个月至三个月以下的，报上一级社区矫正机构批准；延长三个月以上的，层报省级社区矫正机构批准，延长病情复查期限最长不能超过一年。批准延长的，县级社区矫正机构应当及时通报同级人民检察院。

第八十四条 暂予监外执行的社区矫正对象，根据需要由执行地县级社区矫正机构每十八个月组织身体鉴别或者病情复查，核实其暂予监外执行的情形是否消失，并依法采取相应措施。

暂予监外执行社区矫正对象原羁押监狱、看守所或者接收其档案的监狱、看守所根据暂予监外执行社区矫正对象身体状况，对有可能病情好转、暂予监外执行情形消失的，根据需要可以定期组织对暂予监外执行社区矫正对象进行身体鉴别或者病情复查，核实其暂予监外执行的情形是否消失，并依法采取相应措施。

第八十五条 监狱管理机关、公安机关批准暂予监外执行的社区矫正对象变更执行地的，监狱管理机关、公安机关在收到社区矫正机构送达的变更执行地法律文书后，应与新执行地同级公安机关、监狱管理机关办理交接。新执行地的公安机关、监狱管理机关应指定一所看守所、监狱接收社区矫正对象档案，负责办理其收监、刑满释放等手续。看守所、监狱在接收档案之日起五日内，应当将有关情况通报新执行地县级社区矫正机构。

第八十六条 保外就医社区矫正对象的保证人，应当履行下列义务：

（一）协助社区矫正机构监督被保证人遵守法律和有关规定；

（二）发现被保证人擅自离开居住的市、县或者变更居住地，或者有违法犯罪行为、保外就医情形消失及被保证人死亡的，应当立即向社区矫正机构报告；

（三）为被保证人的治疗、护理、复查以及正常生活提供帮助；

（四）督促和协助被保证人按照规定履行定期复查病情和向社区矫正机构报告的义务。

第八十七条 社区矫正机构、司法所发现保证人不履行保证义务，应当给予批评教育并责令改正；情节严重的，建议有关部门依法取消其保证人资格。

第八十八条 对保证人丧失保证人条件、被取消保证人资格或者因迁居等原因不能继续履行保证义务的，社区矫正机构应当责令保外就医的社区矫正对象或者其亲属、监护人或者有关单位限期提出新的保证人，并对新保证人的资格进行审查。审查确定后，通知保外就医社区矫正对象原服刑或者接收其档案的监狱、看守所。

新保证人应当同时具备下列条件：

（一）具有完全民事行为能力，愿意承担保证人义务；

（二）人身自由未受到限制；

（三）有固定的住处和收入；

（四）能够与被保证人共同居住或者居住在同一市、县。

《宁夏回族自治区社区矫正实施细则》

第四十条 社区矫正对象应当按照有

关规定和社区矫正机构的要求，定期报告遵纪守法、接受监督管理、参加教育学习、公益活动和社会活动等情况。发生居所变化、工作变动、家庭重大变故以及接触对其矫正可能产生不利影响人员等情况时，应当及时报告。被宣告禁止令的社区矫正对象应当定期报告遵守禁止令的情况。

因患严重疾病正在治疗的、怀孕且行动不便的、生活不能自理的、年老体弱且行动不便不能当面报告的，可以委托其家属、监护人或者保证人代为提交书面报告。

暂予监外执行的社区矫正对象应当每月报告本人身体情况。保外就医的，应当到自治区人民政府指定的医院检查，每三个月向执行地县级社区矫正机构、受委托的司法所提交病情复查情况。执行地县级社区矫正机构根据社区矫正对象的病情及保证人等情况，可以调整报告身体情况和提交复查情况的期限。延长一个月至三个月以下的，报上一级社区矫正机构批准；延长三个月以上的，逐级上报自治区社区矫正机构批准。批准延长的，执行地县级社区矫正机构应当及时通报同级人民检察院。

社区矫正机构根据工作需要，可以协调对暂予监外执行的社区矫正对象进行病情诊断、妊娠检查或者生活不能自理的鉴定。

第四十一条 未经执行地县级社区矫正机构批准，社区矫正对象不得接触其犯罪案件中的被害人、控告人、举报人，不得接触同案犯等可能诱发其再犯罪的人。

《山东省社区矫正实施细则》

第三十条 社区矫正对象应当根据司法所要求，定期到司法所或者司法所指定场所报告。

实行严管的社区矫正对象应当每周到现场报告一次，每半月到现场提交一次书面报告；实行普管的社区矫正对象应当每两周到现场报告一次，每月到现场提交一次书面报告。

书面报告一般含以下事项：

（一）思想变化情况，包括对自身罪错认识情况、思想变化情况和改过自新情况等；

（二）遵纪守法情况；

（三）接受监督管理情况，包括遵守报告、会客、外出、迁居、保外就医等情况；

（四）教育学习情况，包括参加社区矫正机构、司法所组织的教育学习和自学等情况；

（五）公益活动情况，包括参加社区矫正机构、司法所组织的公益活动和自发参加其他公益活动情况；

（六）社会活动情况，包括本人基本行踪、人际交往情况，有无吸毒、赌博、酗酒、暴力倾向等不良行为；

（七）被判处禁止令的社区矫正对象应当报告遵守禁止令的情况；

（八）暂予监外执行的社区矫正对象应当报告本人身体情况。

（九）其他需要报告的事项。

对于文化程度较低或者患病、残疾等原因，不具备书写能力的，经司法所批准，可以采取口述并由他人代笔的方式提交报告。代笔人应签名并注明电话联系方式。书面报告应当有矫正小组成员签字认可。

司法所可以采取指纹识别、人脸识别等信息化方式，记录社区矫正对象报告时间。

第三十一条 社区矫正对象在请假外

出期间、重大活动期间、国家或者所在地区发生社会性重大事件期间，应当每日向司法所报告基本行踪及遵守法律法规和有关规定情况。

社区矫正对象发生居所变化、工作变动、家庭重大变故以及接触对其矫正产生不利影响人员的，应当在二十四小时内报告司法所。

社区矫正对象根据社区矫正机构要求，可以采取口头、书面或者电子通讯方式向司法所报告。司法所应当留存相关记录。

司法所可以根据需要要求社区矫正对象到办公场所或指定场所报告、说明情况。

第三十二条　暂予监外执行的社区矫正对象应当每个月向司法所报告本人身体情况。县级社区矫正机构每个月将汇总情况通报同级人民检察院。

保外就医的，应当每三个月向执行地县级社区矫正机构或者司法所提交省级人民政府指定医院的病情复查情况。执行地县级社区矫正机构根据社区矫正对象的病情及保证人等情况，可以调整报告身体情况和提交复查情况的期限，延长一个月至三个月以下的，报市级社区矫正机构批准；延长三个月以上的，逐级上报省级社区矫正机构批准。批准延长的，县级社区矫正机构应当及时通报同级人民检察院。

妊娠的，应当每个月向县级社区矫正机构或者司法所提交妊娠检验报告。

生活不能自理的，应当每六个月向县级社区矫正机构或者司法所提交相关医疗诊断报告。

社区矫正机构根据工作需要，可以协调对暂予监外执行的社区矫正对象进行病情诊断、妊娠检查或者生活不能自理的鉴别。

第三十三条　社区矫正对象未经批准，不得接触犯罪案件中的被害人、控告人、举报人，不得接触同案犯等可能诱发其再犯罪的人员。

社区矫正对象确需接触上述人员的，应当提前三日向司法所提出书面申请并说明理由，司法所审核并签署意见后报县级社区矫正机构审批。

第三十四条　被判处管制、被剥夺政治权利的社区矫正对象，不得行使言论、出版、集会、结社、游行、示威等权利，未经县级社区矫正机构批准，不得接受媒体采访。因见义勇为、抢险救灾等正当事由需要接受采访的，县级社区矫正机构可以批准，并派员参加。其他类社区矫正对象接受采访的，应当及时报告司法所。

第四十七条　社区矫正机构根据执行禁止令的需要，可以协调有关部门、单位、场所、个人协助配合执行禁止令。

社区矫正机构、司法所应当通过通信联络、信息化核查、实地查访、与有关部门行业沟通联系等方式，定期了解社区矫正对象遵守禁止令的情况。

第四十八条　对禁止令确定需经批准才能进入的特定区域或者场所，社区矫正对象确需进入的，应当经县级社区矫正机构批准，并通知原审人民法院和执行地县级人民检察院。

《山西省社区矫正实施细则》

第三十五条　社区矫正对象应当按照管理级别定期到执行地县级社区矫正机构或者受委托的司法所报告情况、递交思想汇报。

报告情况应当包括认罪悔罪、遵纪守法、参加教育学习、公益活动、工作学习、家庭状况、健康状况、主要困难和帮扶需求等，报告可以采取书面或者口头形式，口头报告的，工作人员应当做好相关记录。

思想汇报包括认罪悔罪、学习法律法规体会、对国家大事或者当地重大活动的认识、近期工作生活等情况。

因身体或者文化程度等原因无法亲自书写思想汇报的，经执行地县级社区矫正机构同意，可由本人口述，他人代写，但本人及代写人应当签名，并注明代写原因。

社区矫正对象递交的书面思想汇报，执行地县级社区矫正机构或者受委托的司法所工作人员应当逐份审阅，书写评语并签名确认。

第三十六条 暂予监外执行的社区矫正对象应当定期报告本人身体情况、病情复查情况。

（一）保外就医的，应当每月向执行地县级社区矫正机构、受委托的司法所报告身体情况，每三个月到省级人民政府指定的医院检查，并向执行地县级社区矫正机构、受委托的司法所提交病情复查情况。

（二）怀孕的，应当每月提交一次妊娠检查报告。

第三十七条 暂予监外执行的社区矫正对象，同时具备下列条件的，可以申请延长报告身体健康情况或者提交复查情况的期限。

（一）提供病情持续或短期内难以治愈的证明；

（二）保证人提供担保，且保证人能正常履行义务；

（三）经社区矫正机构评估，再犯罪风险较低。

暂予监外执行的社区矫正对象受到训诫、警告或者治安管理处罚等惩处的，自惩处之日起六个月内不得延长报告身体健康情况或者提交复查情况的期限。已经批准延长期限的，应当终止。

第三十八条 对暂予监外执行的社区矫正对象报告身体情况和提交的病情复查材料，执行地县级社区矫正机构应当组织两名具有副高以上专业技术职称的医师组成病情复查审核小组，依据相关规定进行审查，审查时应当隐去社区矫正对象姓名。审查报告作为执行地县级社区矫正机构是否调整报告身体情况、延长提交病情复查材料时间和提请收监执行的依据。必要时可以邀请人民检察院技术部门人员参加审查。

对暂予监外执行的社区矫正对象，执行地县级社区矫正机构可以根据工作需要每年组织一次集中病情诊断、妊娠检查或者生活不能自理的鉴别。

《陕西省社区矫正实施细则》

第二十七条 社区矫正对象应当按照日常管理和考核要求到县级社区矫正机构、受委托的司法所报告遵纪守法、接受监督管理、参加教育学习、公益活动的情况，报告的方式包括书面、电话或者微信等。社区矫正对象不具备书写能力的，由司法所以谈话笔录形式记录在案。

第四十二条 暂予监外执行的社区矫正对象应当每月向受委托的司法所提交本人身体情况报告；怀孕的，应当每月提交妊娠检验报告；保外就医的，应当每三个月提交病情复查情况；生活不能自理的，应当每六个月提交相关医疗诊断报告。

对于病情不可逆转或行动不便的暂予监外执行社区矫正对象，所在地距省政府指定医院较远的，经批准可以到县级社区矫正机构指定的县级以上综合医院进行检查。

《上海市社区矫正实施细则》

第三十九条 社区矫正对象拟接触其犯罪案件中的被害人、控告人、举报人或接触同案犯、有其他违法行为人员等可能诱发其再次犯罪的人的，应当提前三日向司法所提出书面申请并说明理由，司法所审核并签署意见后报区社区矫正机构审批。

第四十八条　暂予监外执行社区矫正对象应当每月向司法所提交本人身体情况报告。怀孕的，应当每月提交妊娠检验报告。保外就医的，应当每三个月提交病情复查情况。生活不能自理的，应当每六个月提交相关医疗诊断报告。

区社区矫正机构认为需要对暂予监外执行社区矫正对象提交的报告进行复查、鉴别的，可以组织复查、鉴别。

第四十九条　区社区矫正机构应当每年组织保外就医社区矫正对象到市人民政府指定的医院接受病情诊断，并根据需要向暂予监外执行决定机关或者有关监狱、看守所通报。

第五十条　社区矫正机构根据社区矫正对象的病情及保证人等情况，可以调整其报告身体情况和提交复查情况的期限。报告身体情况期限延长一个月至三个月的，由区社区矫正机构批准，延长三个月以上的，由市社区矫正机构批准；提交复查情况期限延长一个月以上的，报市社区矫正机构批准。

第五十一条　社区矫正对象病情指标发生异动的，或被予以训诫、警告、治安管理处罚等惩处后六个月内的，不得延长报告身体情况和提交复查情况的期限，已经批准延长的应予以终止。

社区矫正对象报告身体情况或提交复查情况的期限调整的，区社区矫正机构应当将有关情况通报社区矫正决定机关或者存放、接收罪犯档案的监狱、看守所和同级人民检察院。

《四川省社区矫正实施细则》

第五十八条　社区矫正对象应当按照有关规定和社区矫正机构的要求，定期报告遵纪守法、接受监督管理、参加教育学习、公益活动和社会活动等情况。

第五十九条　社区矫正对象报告可以采取书面、口头、即时通讯三种形式。书面报告应当由本人签名并送至执行地县级社区矫正机构或受委托的司法所；口头报告应当在指定地点进行。以口头、即时通讯形式报告的，社区矫正工作人员应当做好记录。

因无书写能力或者其他原因不能书面报告的，由执行地县级社区矫正机构或者受委托的司法所采取谈话方式报告。

第六十条　社区矫正对象发生报备的通信联络手机号码变更、居所变化、工作变动、家庭重大变故以及接触对其矫正产生不利影响人员的，应当及时报告。

被宣告禁止令的社区矫正对象应当定期报告遵守禁止令的情况。

第六十一条　适用严管的社区矫正对象每周口头或者通过即时通讯报告一次，每半月书面报告一次；适用普管的社区矫正对象每周口头或者通过即时通讯报告一次，每月书面报告一次；适用宽管的社区矫正对象每两周口头或者通过即时通讯报告一次，每季度书面报告一次。

第六十二条　根据需要，经执行地县级社区矫正机构同意，可以要求社区矫正对象在指定期间增加报告次数。

第九十七条　社区矫正决定机关应当自判决、裁定或者决定生效之日起五日内，依照《中华人民共和国出境入境管理法》和《法定不准出境人员报备管理工作规范》的规定，填写《法定不准出境人员报备表》，向公安机关出入境管理部门通报备案，限制社区矫正对象出境，并书面告知社区矫正机构。

社区矫正机构发现接收的社区矫正对象未实施通报备案的，应当及时予以补办。

受到通报备案的社区矫正对象被依法赦免的，作出赦免裁定的人民法院应当填写《撤销法定不准出境人员报备表》，向公安机关出入境管理部门通报，解除不准出境限制。

第九十八条 执行地县级社区矫正机构或受委托的司法所应当在入矫宣告时书面告知社区矫正对象在矫正期间不准出境。

第九十九条 公安机关出入境管理部门依法履行法定不批准出境人员报备管理工作职责，并配合社区矫正机构核查社区矫正对象持有出入境证件情况。

社区矫正对象入矫时应当主动将有效的因私出入境证件交由执行地县级社区矫正机构保管，证件遗失或者损毁的，应当提出书面的证件宣布作废申请。

社区矫正对象执行地变更的，原执行地县级社区矫正机构应当将报备情况告知新执行地县级社区矫正机构，并移交代管的有关证件。社区矫正对象解除矫正当日，执行地县级社区矫正机构应当及时归还出入境证件。

第一百条 对外国人、港澳台居民等重点社区矫正对象，执行地县级社区矫正机构应当层报省社区矫正机构办理交控手续。

第一百零一条 执行地县级社区矫正机构或受委托的司法所应当及时掌握暂予监外执行社区矫正对象的身体状况以及疾病治疗等情况；定期与其治疗医院沟通联系，对其情况进行核实，根据需要向批准、决定机关或者有关监狱、看守所反馈。

执行地县级社区矫正机构发现暂予监外执行情形发生变化的，应当组织开展调查取证工作，及时报社区矫正决定机关。社区矫正决定机关应当于收到相关材料十个工作日内作出决定。

第一百零二条 执行地县级社区矫正机构应当定期书面通知暂予监外执行社区矫正对象按规定进行病情复查、病情诊断和生活不能自理鉴别。经病情复查发现社区矫正对象可能不符合暂予监外执行条件的，应当及时组织进行病情诊断。对余刑一年以上的暂予监外执行社区矫正对象，执行地县级社区矫正机构应当自暂予监外执行之日起每年组织进行一次病情诊断或者生活不能自理的鉴别。

已由省级人民政府指定医院诊断确认罪犯所患疾病属于不可逆转的，可以不再进行病情复查和病情诊断，并将情况通报同级人民检察院。

已经鉴别确定生活不能自理且不可逆转的，可以不再进行生活不能自理鉴别，并将情况通报同级人民检察院。

第一百零三条 执行地县级社区矫正机构组织进行病情诊断、妊娠检查或者生活不能自理鉴别活动，应当安排两名以上社区矫正机构工作人员随同，防止冒名顶替和弄虚作假行为。必要时可以邀请罪犯原服刑或接收其档案的监狱、看守所以及执行地人民检察院派员参加。

第一百零四条 暂予监外执行的社区矫正对象应当每个月报告本人身体情况。怀孕的社区矫正对象应当每月提交妊娠检验报告。保外就医的社区矫正对象，应当每三个月到省级人民政府指定的医院检查，并将疾病证明书及相关化验单、影像学资料、病历等病情复查情况提交执行地县级社区矫正机构或受委托的司法所审查备案。

社区矫正对象病情复查、病情诊断、妊娠检查和生活不能自理鉴别相关资料应当及时归入社区矫正档案保存。

第一百零五条　对保外就医或者怀孕的社区矫正对象的病情诊断或者妊娠检查，应当委托省级人民政府指定的医院进行。医院出具《暂予监外执行病情诊断（妊娠检查）意见书》，应当由两名具有副高以上专业技术职称医师共同作出，经主管业务院长审核签名，加盖公章，并附化验单、影像学资料和病历等有关医疗文书复印件。

怀孕的社区矫正对象分娩的，应当在分娩后三日内向执行地县级社区矫正机构报告分娩情况，十五日内向执行地县级社区矫正机构提供医院分娩证明，及时提交《出生医学证明》；无法提供《出生医学证明》的，应当进行亲子鉴定。

第一百零六条　执行地县级社区矫正机构根据社区矫正对象的病情及保证人等情况，可以调整报告身体情况和提交病情复查情况的期限。对于经治疗病情未见好转、保证人积极履行义务的，可以延长病情复查期限，延长一个月至三个月以下的，报上一级社区矫正机构批准；延长三个月以上的，层报省级社区矫正机构批准，延长病情复查期限最长不能超过一年，确有特殊原因需续延的，可以按本条程序进行。批准延长的，执行地县级社区矫正机构应当及时通报同级人民检察院。

第一百零七条　社区矫正对象被予以训诫、警告、治安管理处罚等惩处后六个月内的，不得延长病情复查期限，已经批准延长的应予以终止。

社区矫正对象病情复查期限调整的，执行地县级社区矫正机构应当及时将有关情况通报同级人民检察院。

第一百零八条　罪犯因严重疾病需要保外就医的，应当由罪犯本人或者其亲属、监护人提出保证人。保证人由作出决定的人民法院或者罪犯服刑的监狱、看守所征求社区矫正机构意见后审查确定。

罪犯没有亲属、监护人做保证人的，可以由其居住的村（居）民委员会、原所在单位或者拟确定为执行地的县级社区矫正机构推荐保证人。

保证人应当向人民法院、监狱、看守所提交保证书。

第一百零九条　保证人应当同时具备下列条件：

（一）具有完全民事行为能力，愿意承担保证人义务；

（二）人身自由未受到限制；

（三）有固定的住处和收入；

（四）能够与被保证人共同居住或者居住在同一市、县。

第一百一十条　保外就医社区矫正对象的保证人，应当履行下列义务：

（一）协助执行地县级社区矫正机构或受委托的司法所监督被保证人遵守法律和有关规定；

（二）发现被保证人擅自离开居住的市、县或者变更居住地，或者有违法犯罪行为，或者保外就医情形消失，或者被保证人死亡的，立即向执行地县级社区矫正机构或受委托的司法所报告；

（三）为被保证人的治疗、护理、复查、病情诊断以及正常生活提供帮助；

（四）督促和协助被保证人按照规定履行定期复查病情和向执行地县级社区矫正机构或受委托的司法所报告的义务。

第一百一十一条　执行地县级社区矫正机构或受委托的司法所应当督促保证人认真履行保证义务，发现保证人不履行保证义务的，应当给予批评教育并责令改正；情节严重的，取消其保证人资格。

第一百一十二条 对保证人丧失保证人条件、被取消保证人资格、迁居等原因不能继续履行保证义务的，执行地县级社区矫正机构或受委托的司法所应当责令保外就医的社区矫正对象或者其亲属、监护人或者有关单位十日内提出新保证人，报执行地县级社区矫正机构审查确定。审查确定后，通知保外就医社区矫正对象原服刑或者接收其档案的监狱、看守所或者执行地人民法院。

无法提出新保证人的，由执行地县级社区矫正机构提请收监执行。

文书范本

对社区矫正对象出国境证件提请宣布作废件的函①

（20 ） 矫提宣废字第 号

__________出入境管理部门：

社区矫正对象________，身份证号码________，罪名________，矫正类别________，矫正期限自____年____月____日至____年____月____日。根据《中华人民共和国出境入境管理法》关于被判处刑罚尚未执行完毕的中国公民不得出境的规定，未收缴其出入境证件（如其有出入境证件），提请原签发机关对其出入境证件宣布作废。

特此函告。

（公章）
年 月 日

实行限制出境措施告知书②

__________：

依据《中华人民共和国社区矫正法》《中华人民共和国出境入境管理法》，以及最高人民法院、最高人民检察院、公安部、司法部《中华人民共和国社区矫正法实施办法》等有关规定，在社区矫正期间将对你实行限制出境措施。其中包括，你所持有的出国境证件将被宣布作废，公安机关对你申领出入境证件将不予签发。

特此告知。

（公章）
年 月 日
社区矫正对象（签名）：

本告知书一式三份，区社区矫正机构、司法所、社区矫正对象各一份。

---

① 来自《北京市社区矫正实施细则》。
② 同上注。

法定不准出境人员报备表①

<table>
<tr><td>姓名</td><td></td><td>性别</td><td></td><td>民族</td><td></td><td rowspan="3">照片</td></tr>
<tr><td>公民身份号码</td><td colspan="3"></td><td>出生日期</td><td></td></tr>
<tr><td>户籍地址</td><td colspan="2"></td><td>出入境证件种类及号码</td><td colspan="2"></td></tr>
<tr><td>不准出境情形（单选）</td><td colspan="6">□犯罪嫌疑人；□刑事案件被告人；□被判处刑罚尚未执行完毕的；
□有未了结的民事案件，人民法院决定不准出境的；
□因妨害国（边）境管理受到刑事处罚，未满不准出境规定年限的；
□因非法出境、非法居留、非法就业被其他国家或者地区遣返，未满不准出境规定年限的；
□可能危害国家安全和利益，国务院有关主管部门决定不准出境的；
□法律、行政法规规定不准出境的其他情形</td></tr>
<tr><td>报备人员类别（单选）</td><td colspan="6">□被遣返人员、□因妨害国（边）境管理被刑事处罚人员、□非法出入境人员、□涉嫌跨境赌博人员、□涉嫌电信网络诈骗人员、□涉嫌危害国家安全人员、□涉嫌经济犯罪人员、□涉嫌毒品犯罪人员、□涉恐人员、□涉密人员、□涉嫌严重违纪违法人员、□拒服兵役人员、□涉税人员、□涉嫌间谍行为人员、□被海关处罚人员、□其他人员</td></tr>
<tr><td>法律依据</td><td colspan="6">《出境入境管理法》第十二条第X项（及《XXX法》第X条第X项）</td></tr>
<tr><td>告知说辞</td><td colspan="6">你因XX，依据《出境入境管理法》第十二条第X项（及《XXX法》第X条第X项），XX机关决定暂不准你出境，如有问题请与XXX（联系人及联系方式）联系。</td></tr>
<tr><td>报备期限</td><td colspan="6">年　月　日至　　年　月　日</td></tr>
<tr><td>报备单位类别（单选）</td><td colspan="6">公安机关（□政保、□经侦、□治安、□反邪教、□刑侦、□反恐、□食药环、□特勤、□铁路、□网安、□技侦、□监所、□缉私、□民航、□交管、□禁毒、□出入境、□边检、□边境管理、□其他警种部门）、□纪检监察机关、□审判机关、□检察机关、□国家安全机关、□司法行政机关、□海关、□税务机关、□保密行政管理部门、□军事机关、□海警机构、□其他国务院有关主管部门、□其他</td></tr>
<tr><td rowspan="2">报备单位公章</td><td colspan="3" rowspan="2">单位名称（加盖公章）
年　月　日</td><td>联系人</td><td colspan="2"></td></tr>
<tr><td>联系电话</td><td colspan="2"></td></tr>
<tr><td>备注</td><td colspan="6"></td></tr>
</table>

① 来自《北京市社区矫正实施细则》。

注意事项：1. 除“出入境证件种类及号码”“备注”两项为选填项外，其余均为必填项。请准确、规范填写，同时提交报备对象的近期电子照片。2. 联系电话至少有一个24小时通讯通畅的手机号码。3. 报备期限的起始日期不得早于本表送达日期。4. 在报备期限内，公安机关出入境管理部门对报备对象不予签发出入境证件，边检机关对其阻止出境。

撤销法定不准出境人员报备表①

<table>
<tr><td>姓名</td><td colspan="2"></td><td>性别</td><td></td><td>民族</td><td></td></tr>
<tr><td>公民身份号码</td><td colspan="3"></td><td>出生日期</td><td colspan="2"></td></tr>
<tr><td>户籍地址</td><td colspan="6"></td></tr>
<tr><td>原报备期限</td><td colspan="6">年 月 日至 年 月 日</td></tr>
<tr><td>撤销报备原因</td><td colspan="6"></td></tr>
<tr><td rowspan="2">原报备单位名称及公章</td><td colspan="3" rowspan="2">单位名称（加盖公章）
年 月 日</td><td>联系人</td><td colspan="2"></td></tr>
<tr><td>联系电话</td><td colspan="2"></td></tr>
</table>

注意事项：所有项目均为必填项，请准确、规范填写。

① 来自《北京市社区矫正实施细则》。

社区矫正对象进入特定区域场所审批表①

<table>
<tr><td>姓名</td><td></td><td>性别</td><td></td><td>身份证
号码</td><td colspan="2"></td></tr>
<tr><td>户籍地</td><td colspan="3"></td><td>执行地</td><td colspan="2"></td></tr>
<tr><td>罪名</td><td></td><td colspan="2">原判刑罚</td><td></td><td>附加刑</td><td></td></tr>
<tr><td>禁止令
内容</td><td colspan="3"></td><td>禁止期限
起止日</td><td colspan="2">自　年　月　日
至　年　月　日</td></tr>
<tr><td>矫正
类别</td><td></td><td>矫正
期限</td><td></td><td>起止日</td><td colspan="2">自　年　月　日
至　年　月　日</td></tr>
<tr><td>事由及依据</td><td colspan="6"></td></tr>
<tr><td>司法所意见</td><td colspan="6">（公章）
年　月　日</td></tr>
<tr><td>县级社区
矫正机构
意见</td><td colspan="6">（社区矫正机构印章）
年　月　日</td></tr>
<tr><td>备注</td><td colspan="6"></td></tr>
</table>

注：抄送____________人民法院、____________人民检察院。

说明：

1. 本文书根据《中华人民共和国社区矫正法》第二十三条、“两高两部”《中华人民共和国社区矫正法实施办法》第三十九条以及《宁夏回族自治区社区矫正实施细则》规定制作。
2. 本文书用于审批社区矫正对象进入特定区域场所事项。
3. 本文书一式三份，除一份存档外，应当抄送原判人民法院和执行地县级人民检察院各一份。

① 来自《关于进一步规范社区矫正执法文书格式的通知》。

社区矫正对象会客审批表①

<table>
<tr><td>姓名</td><td></td><td>性别</td><td></td><td>身份证
号码</td><td colspan="2"></td></tr>
<tr><td>户籍地</td><td colspan="3"></td><td>执行地</td><td colspan="2"></td></tr>
<tr><td>罪名</td><td></td><td colspan="2">原判刑罚</td><td></td><td>附加刑</td><td></td></tr>
<tr><td>禁止令
内容</td><td colspan="3"></td><td>禁止期限
起止日</td><td colspan="2">自 年 月 日
至 年 月 日</td></tr>
<tr><td>矫正
类别</td><td></td><td>矫正
期限</td><td></td><td>起止日</td><td colspan="2">自 年 月 日
至 年 月 日</td></tr>
<tr><td>事由及
依据</td><td colspan="6"></td></tr>
<tr><td>司法所
意见</td><td colspan="6">（公章）
年 月 日</td></tr>
<tr><td>县级社区
矫正机构
意见</td><td colspan="6">（社区矫正机构印章）
年 月 日</td></tr>
<tr><td>备注</td><td colspan="6"></td></tr>
</table>

说明：

1. 本文书根据《中华人民共和国社区矫正法》第二十三条、“两高两部”《中华人民共和国社区矫正法实施办法》第二十四条、第二十五条以及《宁夏回族自治区社区矫正实施细则》二十九、四十一条规定制作。

2. 本文书用于审批社区矫正对象会客事项。

① 来自《关于进一步规范社区矫正执法文书格式的通知》。

暂予监外执行社区矫正对象延长病情复查期限审批表①

<table>
<tr><td>姓名</td><td></td><td>性别</td><td></td><td>身份证号码</td><td colspan="2"></td></tr>
<tr><td>户籍地</td><td colspan="3"></td><td>执行地</td><td colspan="2"></td></tr>
<tr><td>罪名</td><td></td><td colspan="2">原判刑罚</td><td></td><td>附加刑</td><td></td></tr>
<tr><td>禁止令内容</td><td colspan="3"></td><td>禁止期限起止日</td><td colspan="2">自 年 月 日
至 年 月 日</td></tr>
<tr><td>矫正类别</td><td></td><td>矫正期限</td><td></td><td>起止日</td><td colspan="2">自 年 月 日
至 年 月 日</td></tr>
<tr><td>事由及依据</td><td colspan="6"></td></tr>
<tr><td>司法所意见</td><td colspan="6">（公章）
年 月 日</td></tr>
<tr><td>县级社区矫正机构意见</td><td colspan="6">（社区矫正机构印章）
年 月 日</td></tr>
<tr><td>市级社区矫正机构意见</td><td colspan="6">（社区矫正机构印章）
年 月 日</td></tr>
<tr><td>省级社区矫正机构意见</td><td colspan="6">（社区矫正机构印章）
年 月 日</td></tr>
<tr><td>备注</td><td colspan="6"></td></tr>
</table>

注：抄送________人民检察院。

说明：

1. 本文书根据《中华人民共和国社区矫正法》第二十三条、“两高两部”《中华人民共和国社区矫正法实施办法》第二十四条以及《宁夏回族自治区社区矫正实施细则》第四十条规定制作。

2. 本文书用于审批保外就医的社区矫正对象延长病情复查期限时使用。

3. 本文书一式两份，除一份存档外，应当及时抄送执行地县级人民检察院一份。

① 来自《关于进一步规范社区矫正执法文书格式的通知》。

社区矫正对象病情书面报告①

<table>
<tr><td>姓名</td><td></td><td>性别</td><td></td><td>身份证
号码</td><td colspan="2"></td></tr>
<tr><td>户籍地</td><td colspan="3"></td><td>执行地</td><td colspan="2"></td></tr>
<tr><td>罪名</td><td></td><td colspan="2">原判刑罚</td><td></td><td>附加刑</td><td></td></tr>
<tr><td>禁止令
内容</td><td colspan="3"></td><td>禁止期限
起止日</td><td colspan="2">自　年　月　日
至　年　月　日</td></tr>
<tr><td>矫正
类别</td><td></td><td>矫正
期限</td><td></td><td>起止日</td><td colspan="2">自　年　月　日
至　年　月　日</td></tr>
<tr><td>病情情况</td><td colspan="6"></td></tr>
<tr><td>报告人
（委托报告人）签字</td><td colspan="6">姓名　　　　年　月　日</td></tr>
<tr><td>社区矫正机构审核意见</td><td colspan="6">（社区矫正机构印章）
年　月　日</td></tr>
<tr><td>备注</td><td colspan="6"></td></tr>
</table>

说明：

1. 本文书根据《中华人民共和国社区矫正法》第二十三条、“两高两部”《中华人民共和国社区矫正法实施办法》第二十四条以及《宁夏回族自治区社区矫正实施细则》第四十条规定制作。

2. 社区矫正机构协调对暂予监外执行的社区矫正对象进行病情诊断、妊娠检查或者生活不能自理的鉴别时，审批表名称分别为“社区矫正对象病情诊断/妊娠检查/生活不能自理鉴别审批表”，审批后存档。

---

① 来自《关于进一步规范社区矫正执法文书格式的通知》。

社区矫正事项审批告知书①

（ ） 矫审告字第 号

社区矫正对象____________：

你于____年____月____日，因____________（事由）提出的____________申请，符合/不符合有关法律、法规和社区矫正监督管理规定情形，决定予以批准/不予批准____________。

你在进行________活动时，应注意遵守以下要求：

____

特此告知。

（社区矫正机构印章）
年 月 日

以上内容我已知晓。

社区矫正对象签名（捺印）：
年 月 日

说明：

1. 根据《中华人民共和国社区矫正法》第二十三条以及“两高两部”《中华人民共和国社区矫正法实施办法》第二十四条、第二十五条、第三十条、第三十九条等规定制作。用于社区矫正对象申请事项是否批准的告知，例如进入特定区域场所、会客、执行地变更以及暂予监外执行事项等申请，应当书面告知审批结果，同时告知社区矫正对象进行审批事项活动时应遵守的相关要求；同意变更执行地的，告知其到新执行地县级社区矫正机构报到的时间期限以及逾期报到或者未报到的后果等。

2. 文书字号由年度、社区矫正机构代字、类型代字、文书编号组成，使用阿拉伯数字，例“（2021）××矫审告字第1号”。该告知书一式两份，加盖公章，社区矫正对象签名后存档一份，送社区矫正对象一份。

① 来自《关于进一步规范社区矫正执法文书格式的通知》。

第二十四条[①] **【矫正方案】**

社区矫正机构应当根据裁判内容和社区矫正对象的性别、年龄、心理特点、健康状况、犯罪原因、犯罪类型、犯罪情节、悔罪表现等情况，制定有针对性的矫正方案，实现分类管理、个别化矫正。矫正方案应当根据社区矫正对象的表现等情况相应调整。

法条解读

本条规定了社区矫正方案。本条明确了矫正方案的制定主体与制定依据及动态调整依据。社区矫正机构是社区矫正方案的制定主体，但从实践中看，司法所与社区矫正对象接触最多，其更可能了解犯罪原因、悔罪表现等个人情况，故社区矫正机构可以委托司法所制定并实施矫正方案。本条要求对社区矫正对象进行分类管理与个别化矫正。分类管理依据具有多元性，包括性别、年龄、心理特点、健康状况、矫正阶段、人身危险性等。矫正方案的动态调整与社区矫正对象矫正教育效果相关，其目的是满足社区矫正对象的矫正需求，提升矫正方案的科学性与有效性。

《社区矫正实施办法》细化了分类管理的依据、差异化的矫正方案、矫正方案制定依据及动态调整原则。

各省市社区矫正实施细则大都对社区矫正方案制定依据及方案包含的内容与分类管理问题进行了细化说明。例如，《福建省社区矫正实施细则》《贵州省社区矫正工作实施细则（试行）》《江西省社区矫正工作实施细则》《辽宁省社区矫正实施细则》《宁夏回族自治区社区矫正实施细则》《山西省社区矫正实施细则》《上海市社区矫正实施细则》《四川省社区矫正实施细则》根据危险级别将社区矫正对象区分为三种类型。《湖南省社区矫正实施细则》根据危险级别将社区矫正对象区分为四种类型。《北京市社区矫正实施细则》《陕西省社区矫正实施细则》根据危险级别将社区矫正对象区分为两种类型。《北京市社区矫正实施细则》还就社区矫正对象中的未成年人、七十五周岁以上老年人、女性、残疾或者患有严重疾病的情形开展有针对性地监督教育管理与制定矫正方案，并明确了矫正方案的制定程序。《甘肃省社区矫正实施细则》规定了社区矫正对象的综合评估内容，并就监管措施进行了规定。《广东省社区矫正实施细则》规定了社区矫正方案制定时间。《河南省社区矫正工作细则》《山东省社区矫正实施细则》对重点管理对象进行了明确，并制定了有针对性的监督管理措施。《江苏省社区矫正实施细则》细化了制定社区矫正方案需要综合考量的因素。

相关规定

《社区矫正法实施办法》

第二十一条 社区矫正机构应当根据社区矫正对象被判处管制、宣告缓刑、假释和暂予监外执行的不同裁判内容和犯罪类型、矫正阶段、再犯罪风险等情况，进行综合评估，划分不同类别，实施分类

① 相关地方规范性文件落实，例如，2021 年安徽省司法厅印发《安徽省社区矫正对象分期分级分类管理教育办法》；2021 年山西省司法厅印发《山西省社区矫正对象考核奖惩及分类管理办法（试行）》；（2）2021 年河南省司法厅出台《河南省社区矫正对象分类教育管理工作指引》；（3）2021 年湖北省司法厅出台《湖北省社区矫正对象分类管理办法》。

管理。

社区矫正机构应当把社区矫正对象的考核结果和奖惩情况作为分类管理的依据。

社区矫正机构对不同类别的社区矫正对象，在矫正措施和方法上应当有所区别，有针对性地开展监督管理和教育帮扶工作。

第二十二条 执行地县级社区矫正机构、受委托的司法所要根据社区矫正对象的性别、年龄、心理特点、健康状况、犯罪原因、悔罪表现等具体情况，制定矫正方案，有针对性地消除社区矫正对象可能重新犯罪的因素，帮助其成为守法公民。

矫正方案应当包括社区矫正对象基本情况、对社区矫正对象的综合评估结果、对社区矫正对象的心理状态和其他特殊情况的分析、拟采取的监督管理、教育帮扶措施等内容。

矫正方案应当根据分类管理的要求、实施效果以及社区矫正对象的表现等情况，相应调整。

《安徽省社区矫正工作实施细则》

第二十五条 县（市、区）社区矫正机构、司法所应当在社区矫正对象报到之日起一个月内，完成矫正方案制定。司法所负责收集资料、进行评估分析，征求相关意见，提出矫正思路，形成矫正方案，由县（市、区）社区矫正机构审核认定后实施。

第二十六条 矫正方案应当包括下列内容：

（一）社区矫正对象的基本信息；

（二）矫正小组成员组成及变动情况；

（三）对社区矫正对象犯罪情况、悔罪表现、个性特征、健康状况、生活环境等的综合评估情况；

（四）社区矫正对象需求调查和分析情况；

（五）矫正目标及矫正工作思路，拟采用的监督管理、教育帮扶措施；

（六）实施效果评估；

（七）其他需要列明的事项。

矫正方案应当体现分类管理、个别化矫正原则要求，实行一人一案，并根据社区矫正对象的表现及矫正方案实施效果适时予以调整。对于社区矫正对象矫正期限不足三个月的，矫正方案可以适当简化，制定时间可以适当缩短。制定未成年人矫正方案，应当采取符合未成年人特点的矫正措施。

第二十八条 县（市、区）社区矫正机构、司法所应当根据社区矫正对象被判处管制、宣告缓刑、裁定假释和决定暂予监外执行的不同裁判内容和犯罪类型、矫正阶段、再犯罪风险以及日常考核奖惩等情况，实施分类管理。

《北京市社区矫正实施细则》

第二十八条 司法所应当根据社区矫正对象被判处管制、宣告缓刑、假释和暂予监外执行的不同裁判内容和犯罪类型、矫正阶段、再犯罪风险等情况，进行综合评估，划分不同类别，实施分类管理。

社区矫正对象自到区社区矫正机构报到登记之日起至第三个月月底，实行严管。从第四个月开始，根据考核结果调整管理类型。考核结果为合格的，实行普管；考核结果为不合格的，实行严管；考核结果为基本合格的，管理类型不变。社区矫正对象被给予训诫、警告、治安管理处罚的，即时调整为严管。

重点时段、重大活动期间或者遇有特殊情况，对社区矫正对象的管理措施不受其对应的管理类别限制，可以根据实际需要作出调整。

第二十九条 司法所对社区矫正对象中的未成年人、七十五周岁以上老年人、女性、残疾或者患有严重疾病的，应当充分考虑其生理心理、家庭状况等情况，有针对性地开展监督管理和教育帮扶工作。

第三十条　司法所应当在社区矫正对象入矫宣告之日起一个月内，为其制定矫正方案，并根据分类管理的要求、实施效果和社区矫正对象的现实表现等情况至少每六个月调整一次。

第三十一条　司法所应当根据裁判内容和社区矫正对象的性别、年龄、心理特点、健康状况、犯罪原因、犯罪类型、犯罪情节、悔罪表现和家庭、工作、学习等具体情况，制定矫正方案，有针对性地消除社区矫正对象可能重新犯罪的因素，帮助其成为守法公民。

对七十五周岁以上的老年人、女性、残疾或者患有严重疾病的社区矫正对象，制定矫正方案时，应当充分考虑其生理心理、家庭状况等情况。对未成年社区矫正对象，在制定矫正方案时，还应当充分考虑其年龄、心理特点、发育需要、成长经历、家庭监护条件等情况。

第三十二条　矫正方案主要包括以下内容：

（一）社区矫正对象的基本情况。包括社区矫正对象学习或者工作情况、个人或者家庭主要收入来源、心理状态、法治观念、一贯表现以及犯罪案由、犯罪类型、犯罪原因、矫正期限和认罪态度，可以包括前科情况、悔罪表现、家庭成员、主要社会关系、日常交往等。

（二）综合评估结果。通过对基本情况综合分析，掌握社区矫正对象危险程度、个性特点、主要需求等情况，明确矫正工作的重点和方向。

（三）社区矫正措施。根据管理类别和综合评估结果，确定相应的监督管理、教育帮扶措施。

监督管理措施应当明确有关禁止令、报告、会客、外出、暂予监外执行、实施电子定位、接受信息化核查等要求。

教育帮扶措施应当明确教育矫正、公益活动等要求，以及可以根据工作需要，采取必要的帮扶措施。

社区矫正对象为未成年人的，司法所应当采取有利于其健康成长、回归社会的矫正措施，同时督促、教育其监护人履行监护职责。

（四）其他应当包括的内容。

第三十三条　制定矫正方案按照以下程序进行：

（一）通过查阅有关法律文书和材料，与社区矫正对象进行谈话，开展心理评估，通信联络或实地走访等方式了解社区矫正对象的认罪悔罪表现、思想动态和前科劣迹、犯罪事实、犯罪原因、犯罪类型、主观恶性、身心状态特点，以及家庭状况、成长经历、社会关系等；

（二）根据掌握的情况，对社区矫正对象的再犯罪风险、个性特征、行为习惯、心理状态等进行综合分析，并结合其存在的问题，确定实行社区矫正的重点，研究拟定矫正方案；

（三）矫正方案经司法所负责人批准后实施。

对矫正方案的调整应当参照前款规定进行。

《福建省社区矫正实施细则》

第十六条　对社区矫正对象实施一、二、三类管理。社区矫正对象入矫当日纳入二类管理。

社区矫正机构应当根据社区矫正对象被判处管制、宣告缓刑、假释和暂予监外执行的不同裁判内容和犯罪类型、矫正阶段、再犯罪风险等情况，进行综合评估。综合评估结果为基本稳定的，保留原管理类别；综合评估结果为不稳定的，调整为一类管理。

处于一类管理的社区矫正对象考核等次良好，可以调整为二类管理。处于二类管理的社区矫正对象考核等次不合格，应当调整为一类管理；考核等次良好，可以调整为三类管理。处于三类管理的社区矫正对象考核等次不合格，应当调整为二类管理。

社区矫正对象管理类别调整，受委托的司法所应当填写《社区矫正对象管理类别调整审批表》，经县级社区矫正机构审批后，制发《社区矫正事项审批告知书》，送达其本人和未成年社区矫正对象的监护人。

第十七条 接收社区矫正对象十个工作日内，矫正小组应当与其本人和未成年社区矫正对象的监护人共同商量，根据其性别、年龄、心理特点、健康状况、犯罪原因、悔罪表现等具体情况，制定矫正方案、并负责落实，实现分类管理、个别化矫正。

省社区矫正机构制定社区矫正对象矫正方案和工作指引。

矫正小组根据社区矫正对象分类管理和考核奖惩情况，应当及时调整矫正方案。

《甘肃省社区矫正实施细则》

第三十一条 县（市、区）社区矫正机构应当在社区矫正对象纳管后的五个工作日内制定初期矫正方案。初期矫正方案执行期满前的五个工作日内，县（市、区）社区矫正机构应当对初期矫正方案进行评估，并根据评估情况，确定继续沿用或调整矫正方案。

第三十二条 县（市、区）社区矫正机构或受委托的司法所应当根据社区矫正对象的性别、年龄、心理特点、健康状况、犯罪原因、悔罪表现等具体情况，结合分类、分级管理要求，依法为社区矫正对象制定矫正方案。社区矫正对象为未成年人的，制定矫正方案还应充分考虑其成长经历、家庭监护条件和未来发展需要等情况。

矫正方案主要包括以下几个部分：

（一）社区矫正对象基本情况；

（二）社区矫正对象需求调查和分析情况；

（三）社区矫正对象的心理状态和其他特殊情况分析；

（四）社区矫正对象综合评估结果；

（五）拟采取的监督管理和教育帮扶措施；

（六）其他需要列明的事项。

第三十三条 社区矫正对象基本情况应当包括社区矫正对象犯罪案由、犯罪类型、刑期及认罪表现，禁止令内容和期限以及居住情况、个人或家庭主要收入来源、工作状况等，可以包括前科情况、悔罪表现、家庭成员、主要社会关系日常交往情况及家庭支持情况等。

第三十四条 社区矫正对象综合评估包括社区矫正对象“认罪、悔罪、赎罪”评估、风险评估、社会（区）影响评估、日常考核管理情况评估、矫正效果评估等。

社区矫正对象初期矫正方案综合评估可以不包括矫正效果评估和日常考核管理情况评估。

第三十五条 矫正方案监督管理措施应当明确有关禁止令、报告、会客、外出、保外就医、实施电子定位、接受信息化核查等事项的要求。

矫正方案教育帮扶措施应当明确教育矫正、心理矫正以及公益活动等要求，可以根据矫正需要，采取必要的帮扶措施。

社区矫正对象为未成年人的，县（市、区）社区矫正机构应采取有利于其健康成长、回归社会的矫正措施，同时督促、教育其监护人履行监护职责。监护人拒不履行监护职责的，通知有关部门依法作出处理。

矫正方案监督管理和教育帮扶措施以及违反的后果应告知社区矫正对象、监护人。

第三十六条 社区矫正对象应当根据县（市、区）社区矫正机构、司法所的要求定期报告遵纪守法、接受监督管理、参加教育学习、公益活动和社会活动等情况。被宣告禁止令的社区矫正对象还应当报告遵守禁止令的情况。

社区矫正对象发生居所变化、工作变动、家庭重大变故以及接触对其矫正可能产生不利影响人员等情况时，应当及时报告。

《广东省社区矫正实施细则》

第二十五条 社区矫正机构或者受委托的司法所应当根据社区矫正对象的裁判内容和犯罪原因、犯罪类型、危害程度、悔罪表现、健康状况、心理状态、矫正阶段、再犯罪风险、家庭及社会关系等情况，进行综合分析和风险评估，制定有针对性的矫正方案，实现分类管理、个别化矫正。

矫正方案应当在社区矫正对象入矫宣告后十个工作日内制定完成，内容至少包括社区矫正对象基本情况、对社区矫正对象的综合评估结果、对社区矫正对象的心理状态和其他特殊情况的分析、拟采取的监管教育帮扶措施等，经矫正小组全体成员签名确认，由受委托的司法所或者社区矫正机构审定。

矫正方案应当根据个别化、分类管理、不同矫正阶段和实施效果，以及社区矫正对象的现实表现等情况，相应调整。

《广西壮族自治区社区矫正工作细则》

第三十七条 执行地县（市、区）社区矫正机构或受委托的司法所应当在对社区矫正对象进行入矫宣告之日起一个月内，根据社区矫正对象的性别、年龄、心理特点、健康状况、犯罪原因、悔罪表现、管理类别等具体情况，进行综合评估，制定矫正方案，做到一人一案，有针对性地减少或消除社区矫正对象可能重新犯罪的因素，帮助其成为守法公民。矫正方案包括以下内容：

（一）社区矫正对象的基本情况（姓名、性别、年龄、学历、婚姻状况、家庭情况、就业情况）、刑罚种类、矫正类别、矫正期限、居住地址等情况；

（二）社区矫正对象的重点问题和合理需求；

（三）对社区矫正对象的心理状态、个性特点和其他特殊情况的分析；对社区矫正对象的犯罪情况、悔罪表现、个性特征、生活环境、安全风险等的综合评估结果；

（四）对社区矫正对象拟采用的监督管理、教育矫正、帮困扶助措施，包括工作重点、预期目标、具体安排等；

（五）对适用禁止令的社区矫正对象，明确禁止令执行内容、监管责任人、监管措施。

县（市、区）社区矫正机构或受委托的司法所应当结合考核奖惩、管理类别调整情况，定期或者根据需要组织矫正小组成员对矫正方案实施效果进行集体评估，及时调整矫正方案。

第三十九条 分类管理是根据裁决内容和社区矫正对象的犯罪类型、矫正类别、矫正阶段、再犯罪风险等情况，进行综合分析和风险评估，划分不同类别，以一般矫正为基础，分别采取严管、普管和宽管三个级别监管并给予相应的处遇。

《贵州省社区矫正工作实施细则（试行）》

第三十条　执行地县级社区矫正机构、受委托的司法所应当根据社区矫正对象性别、年龄、心理特点、健康状况、犯罪原因、生活环境、再犯罪风险等情况，进行综合评估分析，制定针对性的矫正方案。必要时，可听取社区矫正对象对矫正方案的意见。

矫正方案应当综合评估社区矫正对象接受社区矫正整体情况，制定个别化矫正措施，根据分类管理要求、考核结果及社区矫正对象的现实表现等情况进行调整。

第五十三条　执行地县级社区矫正机构、受委托的司法所应当根据社区矫正对象的相关情况，实行严管、普管、宽管分类教育管理。社区矫正对象入矫三个月内一般应确定为严管。

（一）严管类社区矫正对象教育管理措施：

1. 每周通过电话通讯或智能终端通讯软件报告个人情况不少于三次；

2. 每周信息化核查不少于三次；

3. 每个月到社区矫正机构或受委托的司法所报告、提交书面报告不少于二次；

4. 每个月个别教育不少于一次；

5. 参加社区矫正机构或受委托的司法所每月组织开展的集体教育学习不少于一次。

（二）普管类社区矫正对象教育管理措施：

1. 每周通过电话通讯或智能终端通讯软件报告个人情况不少于二次；

2. 每周信息化核查不少于二次；

3. 每个月到社区矫正机构或受委托的司法所报告、提交书面报告不少于一次；

4. 每个月个别教育不少于一次；

5. 参加社区矫正机构或受委托的司法所根据需要定期组织开展的集体教育学习。

（三）宽管类社区矫正对象教育管理措施：

1. 每周通过电话通讯或智能终端通讯软件报告个人情况不少于一次；

2. 每周信息化核查不少于一次；

3. 每两个月到社区矫正机构或受委托的司法所报告、提交书面报告不少于一次；

4. 每两个月个别教育不少于一次；

5. 参加社区矫正机构或受委托的司法所根据需要定期组织开展的集体教育学习。

《河南省社区矫正工作细则》

第五十条　社区矫正机构、受委托的司法所根据社区矫正对象的性别、年龄、健康状况、犯罪原因、犯罪类别、主观恶性、心理行为特点、悔罪表现、家庭状况、成长经历及社会关系等，综合分析其危险程度、个体需求、素质缺陷，制定矫正方案，组织实施并适时调整。

矫正方案应包括：

（一）社区矫正对象个人基本情况（姓名、性别、年龄、学历、婚姻状况、家庭情况、就业情况）、刑罚种类、矫正类别、矫正期限、居住地址等情况；

（二）社区矫正工作人员及矫正小组成员基本情况；

（三）社区矫正对象的问题和需要；

（四）社区矫正对象的心理状态、个性特点和其他特殊情况的分析；对社区矫正对象的犯罪情况、悔罪表现、个性特征、生活环境、安全风险等的综合评估结果；

（五）拟采取的监督管理、教育矫正、帮困扶助措施，包括工作重点、预期目标、具体安排、变通措施、应急预案等；

（六）宣告禁止令的，矫正方案中应增加禁止令执行内容、监管责任人、监管措施。

第五十一条 社区矫正机构或受委托的司法所应当结合考核奖惩情况，定期或者根据需要组织矫正小组成员对矫正方案实施效果进行集体评估，及时调整矫正方案。

第五十二条 社区矫正对象报到之日起一个月内为入矫教育期，实行重点管理。

入矫教育结束后，社区矫正机构根据矫正对象家庭背景、心理特点、案件情况、认罪悔罪态度、入矫教育阶段的表现以及矫正条件等个性化特征，考虑改造表现、社区环境、人身危险性、再犯罪可能性、再社会化程度等多项因素，进行风险测评。综合评估结果，设定重点或普通管理等级。

社区矫正机构应当按照社区矫正对象的管理等级、矫正类别、犯罪类型、性别年龄、个性特征等情况，进行分类管理，采取不同监督管理和教育帮扶措施，实行个别化矫正。

第五十三条 实施分类管理应坚持公开、公平、公正的原则，坚持日常管理和重点监督相结合、日常考核与适时奖惩相结合的原则。

第五十四条 社区矫正对象有下列情形之一的，适用重点管理：

（一）入矫报到之日起第一个月内的；

（二）抵触、抗拒或者不服从监管的；

（三）经排查确定为重点社区矫正对象的；

（四）风险评估被评定为高风险等级；

（五）无稳定住所和收入，个人情绪低落或行为异常，再犯罪可能性较大；

（六）因违规受到警告以上处罚的。

第五十五条 适用重点管理的社区矫正对象，应当遵守以下监督管理措施：

（一）外出请假审批从严限制；

（二）每日不少于三次生物验证；

（三）每周电话报告一次，每半月到社区矫正机构或者受委托的司法所报到一次，每月书面报告一次思想和活动情况；

（四）每月个别谈话教育不少于一次；

（五）遵守县级社区矫正机构参加集中学习、公益活动、社会活动的相关规定。

第五十六条 社区矫正对象同时具备下列情形的，可以适用普通管理：

（一）主动接受监管教育，日常表现良好；

（二）风险评估被评定为中、低度风险等级；

（三）有稳定住所和收入，情绪稳定，行为正常；

（四）遵守法律法规规定，服从监管教育。

第五十七条 适用普通管理的社区矫正对象，应当遵守以下监督管理措施：

（一）每日不少于一次生物验证；

（二）每半月电话报告一次，每月到社区矫正机构或者受委

托的司法所报到一次，每两个月书面报告一次思想和活动情况；

（三）根据需要适时进行个别谈话教育；

（四）遵守县级社区矫正机构参加集中学习、公益活动、社会活动的相关规定。

第五十八条 社区矫正对象的管理实行季度动态调整，根据考核结果每季度调整一次，可以根据奖惩情况及时调整。

第五十九条 重点管理的社区矫正对象有下列情形之一的，可以降低管理级别：

（一）日常行为表现良好，三个月内

无任何违反监管规定行为的；

（二）连续获得两次表扬的；

（三）有揭发、制止他人犯罪行为等立功表现的。

第六十条 普通管理的社区矫正对象有下列情形之一的，应当调升管理级别：

（一）被训诫两次或者被警告一次的；

（二）两次出现消极对待、拒不接受监督管理的；

（三）两次不按规定报告本人活动情况；

（四）两次电子定位巡查出现异常情况的；

（五）不按规定履行请销假手续的；

（六）两次不遵守集中学习或者公益活动或者社会活动规定的。

第六十一条 重点时段、重大活动期间或者遇有特殊情况，对社区矫正对象的管理措施不受其对应的管理类别限制，可以根据实际需要作出相应调整。

《湖北省社区矫正对象分类管理办法》

第一条 为了进一步深化全省社区矫正工作，合理利用工作资源，充分发挥分类管理的激励和调节作用，调动社区矫正对象自觉接受社区矫正积极性，强化监督管理的针对性和实效性，不断提高社区矫正工作质量，根据刑法、刑事诉讼法、社区矫正法和实施办法有关规定，制定本办法。

第二条 社区矫正机构应当根据社区矫正对象的裁决内容、犯罪类型、矫正阶段和再犯罪风险等情况，进行综合评估，划分不同管理类别实施相应管理。

第三条 实施分类管理应当体现宽严相济的刑事政策，坚持区别对待和公开、公正、公平的原则，坚持正面引导、因人施矫的工作方法。

实施分类管理应当避免对社区矫正对象的正常工作和生活造成不必要的影响。

第四条 社区矫正机构根据社区矫正对象的入矫时间、现实表现和风险程度进行评估，可以划分为严管、普管、宽管三个类别，实施不同的管理措施。

第五条 社区矫正对象有下列情形之一的，适用严管：

（一）入矫时间不满两个月的；

（二）综合评估结果为高风险等级的；

（三）受到训诫两次以上、警告、治安处罚等行政处罚的；

（四）考核不合格的。

适用普管的社区矫正对象出现上述第（二）至第（四）项情形之一的，调整为严管。

适用宽管的社区矫正对象出现上述第（二）、（三）项情形之一的，调整为严管。

第六条 适用严管的社区矫正对象，主要管理措施如下：

（一）每周报到1次、书面汇报1次；

（二）每周接受个别教育1次；

（三）每月参加学习教育时长不少于12小时；

（四）有劳动能力的，每月参加公益活动时长不少于12小时；

（五）依法接受信息化核查和实地查访；

（六）离开所居住的市、县，应当报经社区矫正机构批准。

第七条 社区矫正对象有下列情形之一的，适用普管：

（一）严管期满两个月，经考核合格者；

（二）综合评估结果为中风险等级的；

（三）严管期内受到表扬的或者连续两个月考核获得优秀等次的；

适用宽管的社区矫正对象，出现本规定第五条第（四）项规定情形的，调整为普管。

第八条 对适用普管的社区矫正对象，主要管理措施如下：

（一）每两周报到1次、书面汇报1次；

（二）每月接受个别教育1次；

（三）每月参加学习教育时长不少于8小时；

（四）有劳动能力的，每月参加公益活动时长不少于8小时；

（五）依法接受信息化核查和实地查访；

（六）离开所居住的市、县，应当报经社区矫正机构批准。

第九条 社区矫正对象有下列情形之一的，适用宽管：

（一）普管期间连续2次获得表扬的；

（二）综合评估结果为低风险等级的，且矫正期间，有见义勇为、抢险救灾等突出表现，或者帮助他人、服务社会等突出事迹的；

（三）有重大立功表现的。

第十条 对适用宽管的社区矫正对象，主要管理措施如下：

（一）每月报到1次、每两月书面汇报1次；

（二）每季度接受个别教育1次；

（三）每月参加学习教育时长不少于4小时；

（四）有劳动能力的，每月参加公益活动时长不少于4小时；

（五）依法接受信息化核查和实地查访；

（六）离开所居住的市、县，应当报经社区矫正机构批准。

第十一条 县级社区矫正机构负责分类管理的审批工作。受委托的司法所负责分类管理的具体落实和考核工作，并提出类别审批和调整建议。

第十二条 社区矫正对象的考核结果和奖惩情况作为分类管理审批和调整的依据。

第十三条 县级社区矫正机构、受委托的司法所对社区矫正对象认罪悔罪、遵守有关规定、服从监督管理、接受教育等情况进行考核，根据考核结果，及时调整管理类别，落实相应管理措施。

第十四条 对普管类、宽管类社区矫正对象评定管理类别考核周期为三个月。

第十五条 对社区矫正对象评定管理类别应当按照下列程序办理：

（一）一定范围征求社区居民、社区矫正社会工作者、社会志愿者的意见；

（二）受委托的司法所组织矫正小组成员进行集体评议；

（三）受委托的司法所提出社区矫正对象分类管理的评定、变更建议，公示后审定上报县级社区矫正机构；

（四）县级社区矫正机构审批；

（五）对社区矫正对象宣布分类管理类别和相应的管理措施。

第十六条 社区矫正期限不足三个月的社区矫正对象，入矫严管期限一个月，经评估无现实危险性的实行普管。

第十七条 县级社区矫正机构每季度将社区矫正对象分类管理情况上报市、州社区矫正机构。

《湖南省社区矫正实施细则》

第五十八条 执行地县级社区矫正机构应当根据对社区矫正对象不同裁判内容和犯罪类型、矫正阶段、再犯罪风险等情况，进行综合评估，划分不同类别，实施分类管理。

分类管理坚持矫正类别与矫正阶段相结合、监督管理与教育帮扶相结合、矫正表现与考核奖惩相结合的原则。

第五十九条　执行地县级社区矫正机构对不同类别的社区矫正对象，在矫正措施和方法上应当有所区别，有针对性地开展监督管理和教育帮扶工作。

执行地县级社区矫正机构应当根据社区矫正对象现实表现、考核奖惩等情况对管理类别进行适时调整。

第六十条　社区矫正对象的管理类别分为基础级、严管级、普管级和宽管级。

第六十一条　社区矫正对象自入矫报到之日起一个月内入矫教育期为基础级。基础级社区矫正对象应当完成入矫教育学习内容。

入矫教育期结束后，执行地县级社区矫正机构根据社区矫正对象个性化特征、矫正表现等因素进行综合评估，根据综合评估结果，调整为普管级或者严管级。

第六十二条　基础级期满后社区矫正对象有下列情形之一的，应当调整为严管级：

（一）抵触、抗拒或者不服从监管教育的；

（二）经排查确定为重点社区矫正对象的；

（三）风险评估被评定为中、高风险等级的；

（四）心理健康状态或者行为异常，再犯罪可能性较大的；

（五）因违规受到训诫以上处罚的；

（六）具有其他需要严格管理情形的。

第六十三条　基础级期满后社区矫正对象同时符合下列情形的，可以调整为普管级：

（一）遵守法律法规规定，主动接受监管教育，入矫教育期间表现良好；

（二）风险评估被评定为低风险等级；

（三）心理健康状态和行为表现正常。

第六十四条　普管级的社区矫正对象在连续三个月内有下列情形之一的，应当调整为严管级：

（一）被训诫两次或者受到警告以上处罚的；

（二）两次以上不按规定报告本人活动情况的；

（三）无正当理由，信息化核查出现两次以上异常情况的；

（四）违反外出管理或者经常性跨市县活动规定的；

（五）两次以上不遵守教育学习或者公益活动规定的；

（六）两次以上拒不接受社区矫正机构监督管理的；

（七）具有其他需要严格管理情形的。

第六十五条　严管级社区矫正对象有下列情形之一的，可以调整为普管级：

（一）日常行为表现良好，连续三个月以上无违反监管教育规定行为的；

（二）连续获得两次以上表扬，期间无违规行为的；

（三）有立功或者重大立功表现的。

第六十六条　普管级社区矫正对象连续六个月以上没有违规行为的，可以调整为宽管级。

第六十七条　适用严管级的社区矫正对象，适用以下监管教育措施：

（一）外出审批从严；

（二）每日不少于两次信息化核查；

（三）每周通讯联络核查不少于三次；

（四）每周口头电话报告一次，每半月到社区矫正机构或者受委托的司法所报到一次，每半月书面报告一次思想和活动情况；

（五）每月接受个别教育不少于两次；

（六）每月接受教育学习不少于6课时；

（七）每月实地查访不少于一次；

（八）遵守教育学习、公益活动的相关规定和安排。

对基础级社区矫正对象的监管教育措施参照严管级标准执行。

第六十八条 适用普管级的社区矫正对象，适用以下监管教育措施：

（一）每日不少于两次信息化核查；

（二）每周通讯联络核查不少于两次；

（三）每半月口头电话报告一次，每月到社区矫正机构或者受委托的司法所报到一次，每月书面报告一次思想和活动情况；

（四）每月接受个别教育不少于一次；

（五）每月接受教育学习不少于4课时；

（六）每季度实地查访不少于一次；

（七）遵守教育学习、公益活动的相关规定和安排。

第六十九条 适用宽管级的社区矫正对象，适用以下监管教育措施：

（一）每日不少于一次信息化核查；

（二）每周通讯联络核查不少于一次；

（三）每月口头电话报告一次，每月到社区矫正机构或者受委托的司法所报到一次，每两个月书面报告一次思想和活动情况；

（四）每两月接受个别教育不少于一次；

（五）每月接受教育学习不少于2课时；

（六）每六个月实地查访不少于一次；

（七）遵守教育学习、公益活动的相关规定和安排。

第七十条 社区矫正对象的管理级别实行定期动态调整，符合变更条件的一般根据考核评估结果每月调整一次，根据奖惩情况可以及时调整。

第七十一条 社区矫正对象需要变更管理级别的，由受委托的司法所填写《社区矫正对象管理等级调整审批表》，报执行地县级社区矫正机构集体审议后决定。

第七十二条 重点时段、重大活动期间或者遇有特殊情况，对社区矫正对象的监督管理措施不受其对应的管理类别限制，社区矫正机构可以根据工作需要作出相应调整。

《江苏省社区矫正实施细则》

第二十四条 社区矫正对象接受入矫宣告后五个工作日内，执行地县级社区矫正机构、受委托的司法所应当根据裁判内容和社区矫正对象的性别、年龄、心理特点、健康状况、犯罪原因、悔罪表现等具体情况，制定矫正方案。

执行地县级社区矫正机构、受委托的司法所制定矫正方案时，可以征求社区矫正对象、监护人、保证人的意见。

第二十五条 矫正方案应当包括社区矫正对象基本情况、对社区矫正对象的综合评估结果、对社区矫正对象的心理状态和其他特殊情况的分析、拟采取的监督管理、教育帮扶措施等内容。

监督管理措施应当明确有关禁止令、报告、会客、外出、迁居、保外就医、使用电子定位装置、接受信息化核查等事项的要求。教育帮扶措施应当包括教育矫正、心理矫正、公益活动以及根据矫正需要采取的必要帮扶等内容。

针对未成年社区矫正对象的矫正方案，应当根据其年龄、心理特点和身心发育需要等特殊情况，制定有益于其身心健康发展的监督管理和教育帮扶措施。

第二十六条 矫正方案监督管理和教育帮扶措施以及违反规定的后果应当告知社区矫正对象、监护人和保证人。矫正过程中，应当根据分类管理的要求、实施效果以及社区矫正对象的表现、考核奖惩等情况，及时调整矫正方案。

《江西省社区矫正工作实施细则》

第四十五条 社区矫正日常机构要根据社区矫正对象的性别、年龄、心理特点、健康状况、犯罪原因、悔罪表现和生活环境等具体情况，制定矫正方案。

矫正方案应当包括社区矫正对象基本情况、对社区矫正对象的综合评估结果、对社区矫正对象的心理状态和其他特殊情况的分析、拟采取的监督管理、教育帮扶措施等内容。

矫正方案应当根据分类管理的要求、实施效果以及社区矫正对象的表现等情况，相应调整。

第四十六条第一款、第二款 社区矫正日常机构应当根据未成年社区矫正对象的年龄、心理特点、发育需要、成长经历、犯罪原因、家庭监护教育条件等情况，制定适应未成年人特点的矫正方案，采取有益于其身心健康发展、融入正常社会生活的矫正措施。

对未成年人的社区矫正，应当与成年人分别进行。

第五十一条 执行地县级社区矫正机构、社区矫正日常机构应当根据社区矫正对象的矫正阶段、日常表现、奖惩情况，实施一类、二类和三类管理，落实相应的监督管理、教育帮扶措施。

《辽宁省社区矫正实施细则》

第四十条 县级社区矫正机构应当根据社区矫正对象的不同裁判内容、犯罪类型以及家庭背景、心理特点、认罪悔罪态度、矫正条件等个性化特征，考虑改造表现、社区环境、人身危险性、再犯罪可能性、再社会化程度等多项因素，进行风险测评。按照综合评估结果，设定严管、普管和宽管三个级别管理。

第四十一条 实施分类管理应坚持公开、公平、公正的原则，坚持日常管理和重点监督相结合、日常考核与适时奖惩相结合的原则。

第四十二条 社区矫正对象有下列情形之一的，适用严管：

（一）入矫报到之日起三十日内的；

（二）抵触、抗拒或者不服从监管的；

（三）风险评估被评定为高风险等级的；

（四）无稳定住所和收入，个人情绪低落或行为异常，再犯罪可能性较大的；

（五）因违规受到警告处罚或者治安管理处罚的。

对适用严管的社区矫正对象，采取以下管理措施：

（一）每月到社区矫正机构接受集中教育或心理、行为教育矫正活动不少于两次；

（二）每月到社区矫正机构或司法所接受个别教育不少于四次；

（三）每周到社区矫正机构或司法所报告情况不少于一次，每月书面报告一次思想和活动情况；

（四）经批准离开本市时间一般单次不得超过七日；

（五）接受信息化核查，按照要求报告自己活动情况等信息，每天不少于两次。

第四十三条 社区矫正对象同时具备下列情形的，适用普管：

（一）主动接受教育，日常表现良好的；

（二）风险评估被评定为中度风险等级的；

（三）有稳定住所和收入，情绪稳定，行为正常的；

（四）遵守法律法规规定，服从监督管理的。

对适用普管的社区矫正对象，采取以下管理措施：

（一）每月参加司法所组织的集中教育或心理、行为教育矫正活动不少于一次；

（二）每月到社区矫正机构或司法所接受个别教育不少于两次；

（三）每周到司法所报告情况不少于一次，每月书面报告一次思想和活动情况；

（四）经批准离开本市时间一般单次不得超过三十日；

（五）接受信息化核查，按照要求报告自己活动情况等信息，每天不少于一次。

第四十四条　社区矫正对象具备下列情形的之一，适用宽管：

（一）连续普管六个月以上，日常表现良好的；

（二）风险评估被评定为低度风险等级的；

（三）连续两次获得表扬的；

（四）有重大立功表现的。

对适用宽管的社区矫正对象，采取以下管理措施：

（一）允许自行选择教育学习形式和时间，其中每月参加集中教育不少于一次；

（二）根据需要适时进行个别谈话教育；

（三）每月到司法所报告情况不少于一次，每月书面报告一次思想和活动情况；

（四）接受信息化核查，按照要求报告自己活动情况等信息。

第四十五条　社区矫正对象的管理实行季度动态调整，根据考核结果每季度调整一次，可以根据奖惩情况及时调整。

严管、普管的社区矫正对象有下列情形之一的，可以降低管理级别：

（一）日常行为表现良好，三个月内无任何违反监管规定行为的；

（二）获得表扬奖励的；

（三）有揭发、制止他人犯罪行为等立功表现的。

普通、宽管的社区矫正对象有下列情形之一的，应当调升管理级别：

（一）被训诫两次或者被警告一次的；

（二）两次出现消极对待、拒不接受监督管理的；

（三）两次不按规定报告本人活动情况；

（四）两次电子定位巡查出现异常情况的；

（五）不按规定履行请销假手续的；

（六）两次不遵守集中学习或者公益活动或者社会活动规定的。

第四十六条　社区矫正机构、司法所根据社区矫正对象的性别、年龄、健康状况、犯罪原因、犯罪类别、主观恶性、心理行为特点、悔罪表现、家庭状况、成长经历及社会关系等，综合分析其危险程度、个体需求、素质缺陷，制定矫正方案，组织实施并适时调整。矫正方案应包括：

（一）社区矫正对象个人基本情况。包括社区矫正对象学习或者工作状况、个人或者家庭主要收入来源、心理状态、法制观念、一贯表现以及犯罪案由、犯罪类型、矫正期限和认罪态度等；

（二）综合评估结果。通过对基本情况综合分析，掌握社区矫正对象危险程度、个性特点、主要需求等情况，明确矫正工作的重点和方向；

（三）社区矫正措施。根据管理类型和综合评估结果，确定相应的监督管理、教育帮扶措施；监督管理措施应当明确有关禁止令、报告、会客、外出、保外就医、接受信息化核查等要求；教育帮扶措施应当明确教育矫正、公益活动等要求，以及根据矫正需要，采取必要的帮扶措施；

（四）社区矫正对象为未成年人的，县级社区矫正机构、司法所应采取有利于其健康成长、回归社会的矫正措施，同时督促、教育其监护人履行监护职责。

（五）宣告禁止令的，矫正方案中应增加禁止令执行内容、监管责任人、监管措施。

第四十七条 社区矫正机构或受委托的司法所应当结合考核奖惩情况，定期或者根据需要组织矫正小组成员对矫正方案实施效果进行集体评估，及时调整矫正方案。制定和调整矫正方案可以征求矫正小组成员意见。

《宁夏回族自治区社区矫正实施细则》

第三十五条 执行地县级社区矫正机构、受委托的司法所应当根据社区矫正对象的性别、年龄、心理特点、健康状况、犯罪原因、悔罪表现等具体情况，在社区矫正对象入矫后的五个工作日内制定矫正方案。矫正方案包括：

（一）社区矫正对象个人基本情况（姓名、性别、年龄、学历、婚姻状况、家庭情况、就业情况）、刑罚种类、矫正类别、矫正期限、居住地址等情况；

（二）社区矫正工作人员及矫正小组成员基本情况；

（三）社区矫正对象的问题和需要；

（四）社区矫正对象的心理状态、个性特点和其他特殊情况的分析；对社区矫正对象的犯罪情况、悔罪表现、个性特征、生活环境、风险评估等综合评估结果；

（五）拟采取的监督管理、教育矫正、帮困扶助措施，包括工作重点、预期目标、具体安排、应急预案等；

（六）宣告禁止令的，矫正方案中应当增加禁止令执行内容、监管责任人、监管措施。

矫正方案应当根据分类管理的要求、实施效果以及社区矫正对象的现实表现等情况，相应调整。

第三十九条 县级社区矫正机构应当根据社区矫正对象被判处管制、宣告缓刑、假释和暂予监外执行的不同裁判内容和犯罪类型、矫正阶段、再犯罪风险等情况，进行综合评估，划分不同类别，实施分级管理。

（一）社区矫正对象有下列情形之一的，适用一级管理：

1. 入矫时间不满一个月的；

2. 风险评估结果为高风险等级的；

3. 受到训诫、警告、治安管理处罚，被提请撤销缓刑、撤销假释、收监执行等情形的；

4. 考核不合格的；

5. 涉嫌再犯罪或者涉嫌余（漏）罪等情形的。

一级管理的社区矫正对象每月接受个别教育不少于两次；每半月上交一次书面情况报告；单次请假外出不得超过七日，累计不超过十日；执行地县级社区矫正机构或者司法所根据需要，可以要求其每日报告情况；信息化核查每天不少于一次；集中教育每月不少于一次；公益活动每月不少于一次；实地走访每月不少于一次。

（二）社区矫正对象符合下列情形之一的，适用二级管理：

1. 一级管理满两个月，经考核合格者；

2. 入矫满一个月且风险评估结果为中风险等级的；

3. 一级管理期间获得表扬或者当月考核获得优秀等次的。

二级管理的社区矫正对象每月至少接

受一次个别教育；每月上交一次书面情况报告；单次请假外出不得超过十五日；执行地县级社区矫正机构或者司法所根据需要，可以要求其每周报告情况不少于两次；信息化核查每周不少于一次；集中教育每季度不少于两次；公益活动每季度不少于两次；实地走访每两月不少于一次。

（三）社区矫正对象符合下列情形之一的，适用三级管理：

1. 二级管理期间获得表扬的；

2. 入矫满一个月且风险评估结果为低风险等级的，矫正期间有见义勇为、抢险救灾等突出表现，或者有帮助他人、服务社会等突出事迹的；

3. 有重大立功表现的。

三级管理的社区矫正对象主动报告自己活动情况等信息，每周不少于一次；集中教育每季度不少于一次；公益活动每季度不少于一次；可以选择教育学习的形式和时间，每季度个别教育不少于一次；公益活动每季度不少于一次；实地走访每季度不少于一次。

矫正期限不满六个月的，一级管理时间不得低于矫正期限的三分之一。二级、三级管理可以由执行地社区矫正机构根据工作实际调整、确定管理等级。不符合管理等级调整条件或者虽然符合调整条件但剩余矫正期限不足一个月的，按照原等级管理。

《山东省社区矫正实施细则》

第二十五条 社区矫正机构、司法所应当根据社区矫正对象被判处管制、宣告缓刑、假释和暂予监外执行的不同裁判内容和犯罪类型、矫正阶段、再犯罪风险等情况，进行综合评估，划分不同类别，实施分类管理。

社区矫正对象自到社区矫正机构报到之日起至第三个月月底，实行严管。从第四个月开始，根据考核结果调整管理类型。考核结果为合格的，实行普管；考核结果为不合格的，实行严管。普管社区矫正对象被训诫、警告或者治安管理处罚的，即时调整为严管。社区矫正期限三个月以内的，不再调整管理类型。

第二十六条 社区矫正机构、司法所应当对具有下列情形之一的社区矫正对象实行重点管理：

（一）思想波动较大、行为反常或者与他人矛盾纠纷激化的；

（二）患有精神疾病的；

（三）适用禁止令的；

（四）被决定或者批准暂予监外执行的；

（五）因危害国家安全被判处刑罚的；

（六）涉黑、涉恶、涉恐、涉爆、涉毒、涉邪教的；

（七）具有一定社会影响力或者所涉案件引起社会广泛关注的；

（八）港澳台籍、外国籍、无国籍的；

（九）其他有重新违法犯罪现实危险的。

第二十七条 社区矫正机构、司法所对社区矫正对象中的未成年人、60周岁以上的老年人、女性、残疾人或者严重疾病患者，根据其生理、心理、家庭状况等情况，有针对性地开展监督管理和教育帮扶工作。

第二十八条 司法所自接收社区矫正对象之日起十个工作日内，制定矫正方案。矫正期内，根据分类管理的要求、实施效果以及社区矫正对象的表现等情况，进行相应调整。

制定和调整矫正方案可以征求矫正小组成员意见。

第二十九条 矫正方案应当包括以下内容：

（一）社区矫正对象基本情况。包括

社区矫正对象学习或者工作状况、个人或者家庭主要收入来源、心理状态、法制观念、一贯表现以及犯罪案由、犯罪类型、矫正期限和认罪态度，可以包括前科情况、悔罪表现、家庭成员、主要社会关系、日常交往情况等。

（二）综合评估结果。通过对基本情况综合分析，掌握社区矫正对象危险程度、个性特点、主要需求等情况，明确矫正工作的重点和方向。

（三）社区矫正措施。根据管理类型和综合评估结果，确定相应的监督管理、教育帮扶措施。

监督管理措施应当明确有关禁止令、报告、会客、外出、保外就医、接受信息化核查等要求。

教育帮扶措施应当明确教育矫正、公益活动等要求，以及根据矫正需要，采取必要的帮扶措施。

社区矫正对象为未成年人的，县级社区矫正机构应采取有利于其健康成长、回归社会的矫正措施，同时督促、教育其监护人履行监护职责。

《山西省社区矫正实施细则》

第三十条　执行地县级社区矫正机构应当根据社区矫正对象的矫正类别、犯罪类型、矫正阶段、心理特征、再犯罪风险及日常表现等情况对其进行综合评估，对社区矫正对象实施分类管理。

第三十一条　执行地县级社区矫正机构根据综合评估情况，对社区矫正对象按照由严至宽分别实施一、二、三类管理，采取相应矫正措施。社区矫正对象自报到之日起三个月内实施一类管理。

社区矫正对象入矫满三个月后，执行地县级社区矫正机构应当对其进行考核，考核结果为良好的，可以调整为三类管理；考核结果为合格的，可以调整为二类管理；考核结果为不合格的，应当维持一类管理。

实施二类管理的社区矫正对象，受到表扬或者考核结果为合格以上的，应当调整为三类管理；受到训诫、警告、治安管理处罚或者考核结果为不合格的，应当调整为一类管理。

实施三类管理的社区矫正对象，受到训诫或者考核结果为不合格的，应当调整为二类管理；受到警告、治安管理处罚的，应当直接调整为一类管理。

被调整为一类管理的执行期限至少为一个月。实施一类管理的社区矫正对象，在考核期没有受到训诫、警告、治安管理处罚，且考核结果为合格的，应当调整为二类管理，考核结果为良好的，可以调整为三类管理。

对社区矫正对象管理级别的调整，由受委托的司法所向执行地县级社区矫正机构提出意见，经执行地县级社区矫正机构审批后执行，也可由执行地县级社区矫正机构直接进行调整。

第三十二条　对社区矫正对象进行分类管理，应当分别采取以下矫正措施：

一类管理矫正措施：社区矫正对象每周到司法所报告情况不少于一次；每月向司法所递交书面思想汇报；申请外出时间一般单次不得超过七日，每月累计不得超过十五日；接受信息化核查，通过“山西省社区矫正一体化平台”手机端签到每日不少于四次。每月到执行地县级社区矫正机构接受集中教育、心理教育不少于二次；每月通过“山西省社区矫正一体化平台”进行心理测评不少于一次；每月到司法所接受集中教育或者个别教育不少于二次；每月参加公益活动。对社区矫正对象进行点名抽检每周不少于一次，实地查访每月不少于一次。

二类管理矫正措施：社区矫正对象每

两周到司法所报告情况不少于一次；每月向司法所递交书面思想汇报；每月申请外出时间一般单次不得超过十日，每月累计不得超过二十日；接受信息化核查，通过“山西省社区矫正一体化平台”手机端签到每日不少于三次。每月到执行地县级社区矫正机构接受集中教育、心理教育不少于一次；每月通过“山西省社区矫正一体化平台”进行心理测评不少于一次；每月到司法所接受集中教育或者个别教育不少于一次；每月参加公益活动。对社区矫正对象进行点名抽检每两周不少于一次，实地查访每两个月不少于一次。

三类管理矫正措施：社区矫正对象每月到司法所报告情况不少于一次；每月向司法所递交书面思想汇报；每月申请外出时间一般单次不得超过十五日，每月累计不得超过三十日；接受信息化核查，通过“山西省社区矫正一体化平台”手机端签到每日不少于二次。每月到执行地县级社区矫正机构接受集中教育、心理教育不少于一次；每季度通过“山西省社区矫正一体化平台”进行心理测评不少于一次；每月到司法所接受集中教育或者个别教育不少于一次；每月参加公益活动。对社区矫正对象进行点名抽检每月不少于一次，实地查访每三个月不少于一次。

对于患严重疾病、身体严重残疾等活动能力缺失的社区矫正对象，经执行地市级社区矫正机构审核批准后可以不实施以上分类管理，应当根据实际情况制定有针对性的矫正措施。

第三十三条 受委托的司法所应当自接收社区矫正对象之日起五个工作日内，制定有针对性的矫正方案。矫正方案应当根据分类管理的要求、实施效果以及社区矫正对象表现等情况适时进行相应调整。

制定和调整矫正方案可以征求矫正小组成员意见，制定和调整完成后应当通知矫正小组成员。

上级社区矫正机构应当对矫正方案进行抽查审阅，并视情况提出调整建议。

《陕西省社区矫正实施细则》

第二十条 县级社区矫正机构应当根据裁判内容和犯罪类型、矫正阶段、再犯罪风险以及日常考核管理等情况，对社区矫正对象进行综合评估，划分不同类别、级别，实施分类、分级矫正。对未成年人的社区矫正，应当与成年人分别进行。

第二十一条 实施分级管理应当坚持日常管理和重点监督相结合、日常考核与适时奖惩相结合的原则。

社区矫正对象的管理实行季度动态调整，也可以根据奖惩情况及时调整。

社区矫正对象对管理等级认定有异议的，可以向上一级社区矫正机构申请复议，社区矫正机构应当在收到申请十个工作日内核实并书面答复。

第二十二条 社区矫正对象有下列情形之一的，适用严管：

（一）入矫报到之日起第一个月内的；

（二）抵触、抗拒或者不服从监管的；

（三）经排查确定为重点社区矫正对象的；

（四）风险评估被评定为高风险等级的；

（五）无稳定住所和收入，个人情绪低落或行为异常，再犯罪可能性较大的；

（六）因违规受到警告以上处罚的；

（七）其他可以认定为严管情形的。

第二十三条 适用严管的社区矫正对象，应当遵守以下监督管理规定：

（一）接受信息化核查，按照要求报告自己活动情况，每日不少于一次；

（二）每半月到县级社区矫正机构、受委托的司法所报到不少于一次，每月书面报告思想和活动情况不少于一次；

（三）每月接受实地查访不少于一次；

（四）每月参加教育学习或公益活动不少于两次。

第二十四条 社区矫正对象具备下列情形之一的，可以适用普管：

（一）主动接受监管教育，日常表现良好的；

（二）风险评估被评定为中、低度风险等级的；

（三）有稳定住所和收入，情绪稳定，行为正常的；

（四）遵守法律法规，服从监管教育的。

第二十五条 适用普管的社区矫正对象，应当遵守以下监督管理规定：

（一）接受信息化核查，按照要求报告自己活动情况，每两日不少于一次；

（二）每月到县级社区矫正机构、受委托的司法所报到一次，每月书面报告思想和活动情况一次；

（三）每季度接受实地查访不少于一次；

（四）每月参加教育学习或公益活动不少于一次。

第二十六条 县级社区矫正机构、受委托的司法所应当在社区矫正对象列管后及时制定矫正方案。

矫正方案应当包括社区矫正对象基本情况、综合评估结果、心理状态和其他特殊情况的分析、拟采取的监督管理、教育帮扶措施等内容。

《上海市社区矫正实施细则》

第二十五条 区社区矫正机构、司法所依法对社区矫正对象遵守社区矫正规定情况、服从监督管理和接受教育帮扶情况以及其他日常表现情况开展日常管理考核。

区社区矫正机构应当对日常管理考核结果进行公示，并作为实施分类、分级管理和依法给予表扬、训诫、警告以及提请治安管理处罚的依据。社区矫正对象对考核结果有异议的可以申请复核。社区矫正对象为未成年人的，日常考核奖惩不公开进行，需要依法惩处的，应通知监护人到场。

社区矫正对象日常管理考核以及分类、分级管理的方式、标准、要求由市社区矫正机构根据工作实际制定，并抄送同级人民检察院。

第二十六条 区社区矫正机构应当根据社区矫正对象被判处管制、宣告缓刑、裁定假释和决定暂予监外执行的不同裁判内容和犯罪类型、矫正阶段、再犯罪风险以及日常考核管理等情况，进行综合评估，划分不同类别、级别，实施分类、分级矫正。

第二十七条 根据社区矫正对象日常考核和分级不同，区社区矫正机构可以采取以下矫正措施：

一级社区矫正对象：每月到区社区矫正机构接受心理或行为教育矫正活动不少于1次；每月到区社区矫正机构或司法所接受个别教育不少于4次；每月到区级公益活动基地从事公益活动；每周到司法所或区社区矫正机构报告情况不少于1次，每月上交书面情况报告；区社区矫正机构或司法所根据需要，可以要求其每日到司法所或区社区矫正机构报告情况；经批准离开本市时间一般单次不得超过7天；接受信息化核查，按照要求报告自己活动情况等信息，每天不少于3次。

二级社区矫正对象：每月参加司法所组织的集中教育或心理、行为教育矫正活动不少于1次，开展个别教育不少于2次；每月到街镇级公益活动基地从事公益活动；每周到司法所报告不少于1次，每月上交书面情况报告；经批准离开本市的时间单次不超过30天；接受信息化核查，按照要求报告自己活动情况等信息，每天不少于2次。

三级社区矫正对象：允许自行选择教育学习形式和时间，其中每月参加集中教育、个别教育各不少于1次；允许自行选择公益活动基地，鼓励根据自身技能提供志愿服务；每月到司法所报告个人情况不少于1次；接受信息化核查，按照要求报告自己活动情况等信息，每天不少于1次。

社区矫正对象入矫的前三个月为初期矫正阶段，参照一级社区矫正对象管理。

第二十八条　区社区矫正机构应当在社区矫正对象纳管后的五个工作日内制定初期矫正方案。初期矫正方案执行期满前的五个工作日内，区社区矫正机构应当对初期矫正方案进行评估，并根据评估情况，确定继续沿用或调整矫正方案。

第二十九条　区社区矫正机构应当根据社区矫正对象的性别、年龄、心理特点、健康状况、犯罪原因、悔罪表现等具体情况，结合分类、分级管理要求，依法为社区矫正对象制定矫正方案。社区矫正对象为未成年人的，制定矫正方案还应充分考虑其成长经历、家庭监护条件和未来发展需要等情况。

矫正方案主要包括以下几个部分：

（一）社区矫正对象基本情况；

（二）社区矫正对象需求调查和分析情况；

（三）社区矫正对象的心理状态和其他特殊情况分析；

（四）社区矫正对象综合评估结果；

（五）拟采取的监督管理和教育帮扶措施；

（六）其他需要列明的事项。

第三十条　社区矫正对象基本情况应当包括社区矫正对象犯罪案由、犯罪类型、刑期及认罪表现，禁止令内容和期限以及居住情况、个人或家庭主要收入来源、工作状况等，可以包括前科情况、悔罪表现、家庭成员、主要社会关系、日常交往情况及家庭支持情况等。

第三十一条　社区矫正对象综合评估包括社区矫正对象“认罪、悔罪、赎罪”评估、风险评估、社会（区）影响评估、日常考核管理情况评估、矫正效果评估等。

初期矫正方案社区矫正对象综合评估可以不包括矫正效果评估和日常考核管理情况评估。

第三十二条　矫正方案监督管理措施应当明确有关禁止令、报告、会客、外出、保外就医、实施电子定位、接受信息化核查等事项的要求。

矫正方案教育帮扶措施应当明确教育矫正、心理矫正以及公益活动等的要求，可以根据矫正需要，采取必要的帮扶措施。

社区矫正对象为未成年人的，区社区矫正机构应采取有利于其健康成长、回归社会的矫正措施，同时督促、教育其监护人履行监护职责。监护人拒不履行监护职责的，通知有关部门依法作出处理。

矫正方案监督管理和教育帮扶措施以及违反的后果应告知社区矫正对象、监护人。

第三十三条　社区矫正对象应当根据区社区矫正机构、司法所的要求定期报告遵纪守法、接受监督管理、参加教育学习、公益活动和社会活动等情况。被宣告禁止令的社区矫正对象还应当报告遵守禁止令的情况。

社区矫正对象发生居所变化、工作变动、家庭重大变故以及接触对其矫正可能产生不利影响人员等情况时，应当及时报告。

《四川省社区矫正实施细则》

第四十七条　接收社区矫正对象三个工作日内，执行地县级社区矫正机构或受委托的司法所应当为其确定矫正小组。矫正小组不少于三人，矫正小组组长由执行地县级社区矫正机构工作人员或受委托的司法所公务员担任，矫正小组成员由社会工作者、志愿者、网格员和有关部门、村（居）民委员会、社区矫正对象所在单位、就读学校的工作人员以及社区矫正对象的家庭成员或者监护人、保证人等组成。

社区矫正对象为女性的，矫正小组中至少有一名女性成员；社区矫正对象为未成年人的，矫正小组中至少有一名熟悉未成年人身心特点的成员。

第四十八条　执行地县级社区矫正机构或受委托的司法所应当与矫正小组签订责任书。

矫正小组主要开展下列工作：

（一）参加入矫和解矫宣告；

（二）按照矫正方案，开展个案矫正；

（三）督促社区矫正对象按要求报告有关情况、参加教育学习及公益活动，遵守社区矫正监管规定；

（四）参与对社区矫正对象的考核评议和教育；

（五）对社区矫正对象走访谈话，了解其思想、工作和生活情况，及时向社区矫正机构或者受委托的司法所报告；

（六）协助对社区矫正对象进行监督管理和教育帮扶；

（七）协助社区矫正机构或者受委托的司法所开展其他工作。

第四十九条　执行地县级社区矫正机构或受委托的司法所应当在社区矫正日常工作中定期与矫正小组成员沟通联系，指导、督促矫正小组成员落实责任。矫正小组成员不能履行责任、发挥作用的，应当及时予以调整。

第五十一条　执行地县级社区矫正机构或受委托的司法所应当根据社区矫正对象刑事裁判内容、犯罪情况、悔罪表现、个性特征、心理行为特点、生活环境和再犯罪风险等情况进行综合评估分析，制定矫正方案，做到一人一案。矫正方案包含以下内容：

（一）社区矫正对象个人基本情况、刑罚种类、矫正类别、矫正期限、居住地址等情况；

（二）矫正小组成员基本情况；

（三）社区矫正对象的问题和需要；

（四）社区矫正对象的心理状态、个性特点和其他特殊情况的分析；对社区矫正对象的犯罪情况、悔罪表现、个性特征、生活环境、安全风险等的综合评估结果；

（五）拟采取的监督管理、教育矫正、帮困扶助措施，并明确具体措施责任人，包括工作重点、预期目标、具体安排、变通措施、应急预案等；

（六）宣告禁止令的，矫正方案中应增加禁止令执行内容、监管责任人、监管措施；

（七）其他应当纳入矫正方案的内容。

第五十二条　执行地县级社区矫正机构或受委托的司法所制定矫正方案时应当查阅有关法律文书和材料，与社区矫正对象进行谈话，了解其认罪悔罪表现和思想动态，走访社区矫正对象家属、邻居、村（居）民委员会、单位（学校）的有关人员。

第五十三条　执行地县级社区矫正机构或受委托的司法所应当结合社区矫正对象计分考核情况，对矫正方案实施效果进行评估，及时调整矫正方案。

第五十五条　执行地县级社区矫正机构或受委托的司法所应当根据社区矫正对象被判处的刑罚种类、犯罪情况、矫正期限、矫正阶段、风险等级、悔罪表现、遵纪守法等情况，进行综合评估，实行严管、普管、宽管分类管理。

实施分类管理应当坚持公开、公平、公正的原则，执行地县级社区矫正机构或受委托的司法所应当把社区矫正对象的计分考核和奖惩情况作为分类管理的依据。

第五十六条　社区矫正对象适用的管

理类别应当由矫正小组组长提出，报执行地县级社区矫正机构批准，并向社区矫正对象宣布。

第五十七条 社区矫正对象适用的管理类别应当根据社区矫正对象现实表现、考核奖惩情况进行调整。调整管理类别一般应当依序进行。从宽管直接调整为严管的，应当经矫正小组集体评议，报执行地县级社区矫正机构批准。

文书范本

社区矫正对象________风险评估测评表①

序号		项目	分值	测评标准	得分
第一部分：基本因素	1	犯罪时的年龄	1	初次违法犯罪18周岁以上（含18周岁）	
			2	初次违法犯罪不满18周岁	
	2	受教育程度	0	大专及以上	
			2	高中、初中及同等程度	
			3	小学、半文盲、文盲	
	3	就业态度和状况	0	能自食其力	
			2	不能自食其力或不愿自食其力	
	4	婚姻家庭状况	0	已婚（未成人社区矫正对象此栏得分）	
			2	未婚、丧偶、离异	
	5	未成年时的家庭生活情况	0	与父母共同生活	
			1	与父母一方或双方长期分开生活	
			2	父母离异、跟随一方生活	
	6	吸毒史	0	无	
			2	有过吸毒史并受到处罚	
	7	固定住所	0	有	
			2	无	
	8	生存技能	0	有，可以获得职业	
			1	技能水平低，需要提高	
			2	基本无技能，需要教育或培训	

① 来自《关于进一步规范社区矫正执法文书格式的通知》。

续表

第二部分：个性及心理因素	9	自控能力	0	能够自我控制	
			3	自我控制能力较差或有时不能自控	
	10	心理健康状况	1	基本健康	
			2	存在心理问题	
			3	患有心理疾病	
	11	有精神病史或精神病遗传史	0	无	
			1	有	
第二部分：个性及心理因素	12	对现实社会的心态	0	能够正确看待社会现实	
			2	对现实不满甚至仇视	
	13	法律知识或观念	1	法律知识欠缺、法制观念淡薄	
			2	无法律知识和法制观念（法盲）	
第三部分：家庭及人际因素	14	交友情况	0	无不良交友情况	
			3	有不良交友情况	
	15	个人成长经历	0	平稳	
			1	有挫折	
	16	家庭成员犯罪记录	0	无	
			1	有	
	17	邻里容纳程度	0	容纳	
			1	一般	
			3	不容纳	
	18	家属配合矫正工作情况	0	理解、支持	
			2	不配合或有抵触情绪以及无家庭支持系统	

续表

<table>
<tr><td rowspan="17">第四部分：综合因素</td><td rowspan="2">19</td><td rowspan="2">违法犯罪案由</td><td>1</td><td>其它</td><td rowspan="2"></td></tr>
<tr><td>3</td><td>盗窃、抢劫、涉毒、寻衅滋事</td></tr>
<tr><td rowspan="2">20</td><td rowspan="2">过去受刑事处罚记录</td><td>0</td><td>无</td><td rowspan="2"></td></tr>
<tr><td>2</td><td>有</td></tr>
<tr><td rowspan="3">21</td><td rowspan="3">过去受行政处罚记录</td><td>0</td><td>无</td><td rowspan="3"></td></tr>
<tr><td>1</td><td>有（1-2 次处罚记录）</td></tr>
<tr><td>3</td><td>有（3 次及 3 次以上处罚记录）</td></tr>
<tr><td rowspan="3">22</td><td rowspan="3">对社区矫正工作人员的态度</td><td>0</td><td>好、较好、配合</td><td rowspan="3"></td></tr>
<tr><td>1</td><td>一般、基本配合</td></tr>
<tr><td>3</td><td>不好、不配合、蛮横</td></tr>
<tr><td rowspan="2">23</td><td rowspan="2">主观恶性程度</td><td>1</td><td>过失犯罪</td><td rowspan="2"></td></tr>
<tr><td>3</td><td>故意犯罪</td></tr>
<tr><td rowspan="2">24</td><td rowspan="2">社区矫正类型</td><td>1</td><td>管制、监外执行</td><td rowspan="2"></td></tr>
<tr><td>2</td><td>缓刑、假释</td></tr>
<tr><td rowspan="2">25</td><td rowspan="2">犯罪中是否使用暴力或是否为累犯</td><td>0</td><td>无</td><td rowspan="2"></td></tr>
<tr><td>2</td><td>有</td></tr>
<tr></tr>
<tr><td colspan="3" rowspan="4">风险评估</td><td>级别</td><td>评估标准</td><td>实评结果</td></tr>
<tr><td>低风险度</td><td>少于 25 分</td><td rowspan="3"></td></tr>
<tr><td>一般风险度</td><td>大于等于 25 小于 33 分</td></tr>
<tr><td>高风险度</td><td>大于等于 33 分</td></tr>
<tr><td colspan="4">测评人（签字并盖公章）：</td><td colspan="2">测评日期：　　年　月　日</td></tr>
</table>

注：此表用 A4 纸双面打印。

说明：

本文书根据《中华人民共和国社区矫正法》、“两高两部”《中华人民共和国社区矫正法实施办法》以及《宁夏回族自治区社区矫正实施细则》相关规定制作。得分结果可作为确定社区矫正对象管理类别和制定矫正方案等的参考之一。

社区矫正对象矫正方案[①]

<table>
<tr><td>姓名</td><td></td><td>性别</td><td></td><td>矫正
类别</td><td></td></tr>
<tr><td>刑种种类</td><td></td><td>居住
地址</td><td colspan="3"></td></tr>
<tr><td>罪名</td><td></td><td>矫正期限
及起止日</td><td></td><td>禁止令内容
及起止日</td><td></td></tr>
<tr><td>社区矫正对象
问题和需要</td><td colspan="5"></td></tr>
<tr><td>社区矫正对象
心理状态、个
性特点和其他
特殊情况分析</td><td colspan="5"></td></tr>
<tr><td>社区矫正对象
犯罪情况、悔
罪表现、个性
特征、生活环
境安全风险等
综合评估</td><td colspan="5"></td></tr>
<tr><td>矫正
方案</td><td colspan="5"></td></tr>
<tr><td>呈报单位
意见</td><td colspan="5">（公章）
年　月　日</td></tr>
</table>

① 来自《关于进一步规范社区矫正执法文书格式的通知》。

续表

<table>
<tr><td>社区矫正
机构意见</td><td colspan="8">（社区矫正机构印章）
年 月 日</td></tr>
<tr><td colspan="9">矫正小组成员</td></tr>
<tr><td></td><td>姓名</td><td>性别</td><td>工作单位</td><td>联系方式</td><td>与社区矫正对象关系</td><td>有无变动</td><td>变动原因</td><td>备注</td></tr>
<tr><td>组长</td><td></td><td></td><td></td><td></td><td></td><td></td><td></td><td></td></tr>
<tr><td>成员</td><td></td><td></td><td></td><td></td><td></td><td></td><td></td><td></td></tr>
<tr><td>成员</td><td></td><td></td><td></td><td></td><td></td><td></td><td></td><td></td></tr>
<tr><td>成员</td><td></td><td></td><td></td><td></td><td></td><td></td><td></td><td></td></tr>
<tr><td></td><td></td><td></td><td></td><td></td><td></td><td></td><td></td><td></td></tr>
<tr><td></td><td></td><td></td><td></td><td></td><td></td><td></td><td></td><td></td></tr>
<tr><td></td><td></td><td></td><td></td><td></td><td></td><td></td><td></td><td></td></tr>
</table>

说明：

1. 本文书根据《中华人民共和国社区矫正法》、“两高两部”《中华人民共和国社区矫正法实施办法》以及《宁夏回族自治区社区矫正实施细则》第三十四、三十五条规定制作。

2. 矫正方案应当包括社区矫正对象基本情况、对社区矫正对象的综合评估结果、对社区矫正对象的心理状态和其他特殊情况的分析、拟采取的监管教育帮扶措施等内容。

3. 矫正方案应当根据分类管理的要求、实施效果以及社区矫正对象的表现等情况及时调整，调整矫正方案仍使用本文书。

4. 执行地县级社区矫正机构应当为社区矫正对象确定专门的矫正小组，受委托的司法所可以为社区矫正对象确定矫正小组。矫正小组组长由社区矫正机构或者受委托的司法所工作人员担任。

5. 矫正小组成员不少于三人，由村（居）民委员会、社区矫正对象所在单位、就读学校、家庭成员或者监护人、保证人、社会工作者、志愿者等相关人员组成。

6. 社区矫正对象为女性的，矫正小组应当有女性成员；社区矫正对象为未成年人的，矫正小组应当吸收熟悉未成年人身心特点的人员参加。

7. 矫正小组成员发生变动时，应填写变动原因，并及时填写新增矫正小组成员相关信息。

8. 文书加盖公章后，执行地县级社区矫正机构或受委托的司法所存档。

社区矫正对象确定（调整）管理类别审批表①

<table>
<tr><td>姓名</td><td></td><td>性别</td><td colspan="2"></td><td>出生年月</td><td>年　月　日</td></tr>
<tr><td>罪名</td><td colspan="3"></td><td colspan="2">禁止令内容
及起止日</td><td></td></tr>
<tr><td>矫正
类别</td><td></td><td>矫正
期限</td><td colspan="2"></td><td>起止日</td><td>自　年　月　日起
至　年　月　日止</td></tr>
<tr><td>确定（当前）
管理类别</td><td colspan="3"></td><td colspan="2">拟调整类别</td><td></td></tr>
<tr><td>确定（调整）
管理等级的
原因及依据</td><td colspan="6"></td></tr>
<tr><td>矫正小组意见</td><td colspan="6">矫正小组组长签字：
年　月　日</td></tr>
<tr><td>司法所意见</td><td colspan="6">（公章）
年　月　日</td></tr>
<tr><td>社区矫正
机构意见</td><td colspan="6">（社区矫正机构印章）
年　月　日</td></tr>
<tr><td>备注</td><td colspan="6"></td></tr>
</table>

说明：

1. 本文书根据《中华人民共和国社区矫正法》第二十四条、“两高两部”《中华人民共和国社区矫正法实施办法》第二十一条以及《宁夏回族自治区社区矫正实施细则》第三十九规定制作。

---

① 来自《关于进一步规范社区矫正执法文书格式的通知》。

2. 社区矫正对象适用的管理类别应当由矫正小组组长提出，经矫正小组集体研究同意后，由受委托的司法所报县级社区矫正机构批准，并向社区矫正对象宣布。

3. 管理类别应当根据社区矫正对象现实表现、考核奖惩情况进行调整。管理类别调整一般应当依序进行，由矫正小组组长提出，经矫正小组集体研究同意后施行。一次调整二个等级的，应当经矫正小组集体研究同意后，由受委托的司法所报执行地县级社区矫正机构批准。

4. 文书加盖公章后，一式两份，执行地县级社区矫正机构存档一份，矫正小组一份。委托司法所进行管理的，可复印一份。

第二十五条　【矫正小组】

社区矫正机构应当根据社区矫正对象的情况，为其确定矫正小组，负责落实相应的矫正方案。

根据需要，矫正小组可以由司法所、居民委员会、村民委员会的人员，社区矫正对象的监护人、家庭成员，所在单位或者就读学校的人员以及社会工作者、志愿者等组成。社区矫正对象为女性的，矫正小组中应有女性成员。

法条解读

本条规定了社区矫正小组及小组成员组成。本条第一款规定了社区矫正小组的职责，负责落实矫正方案。本条第二款明确了矫正小组的成员，主要包括以下几类人员：一是司法所、村民委员会、居民委员会人员；二是社区矫正对象监护人、家庭成员；三是社区矫正对象所在单位或者就读学校的人员；四是社会工作者、志愿者；五是其他人员。为保护女性社区矫正对象的特殊权益，社区矫正对象是女性的，矫正小组成员中应当有女性成员。

《社区矫正法实施办法》细化了社区矫正小组的具体工作内容。《最高人民法院、最高人民检察院、公安部、司法部关于对因犯罪在大陆受审的台湾居民依法适用缓刑实行社区矫正有关问题的意见》对因犯罪在大陆受审的台湾居民进行社区矫正中的矫正小组成员进行了特别规定，可以吸收包括当地台湾同胞投资企业协会、台湾同胞投资企业的代表、在大陆居住或者工作的台湾同胞、缓刑犯在大陆的亲友、其他愿意且有能力参与社区矫正工作的人员。

各省市社区矫正实施细则大都对矫正小组的组成人员及具体工作内容进行了细化，并对女性与未成年人等特殊社区矫正对象配备女性与熟悉未成年人身心特点的成员。例如，《北京市社区矫正实施细则》明确社区矫正小组成员不能正确履行职责的，应予调整。《江西省社区矫正工作实施细则》就矫正小组中的各个成员的具体职责进行了明确。《山东省社区矫正实施细则》规定社区矫正对象因危害国家安全被判处刑罚或者涉黑、涉恶、涉毒、涉恐、涉爆的，以及具有较大社会危险性的，根据需要，可以吸收社区民警参与矫正小组。《江苏省社区矫正实施细则》明确了矫正小组成员组成及具体任务与小组成员动态调整的情形。《山西省社区矫正实施细则》规定将矫正小组成员信息及矫正小组责任告知社区矫正对象。

相关规定

《社区矫正法实施办法》

第十九条　执行地县级社区矫正机构、受委托的司法所应当为社区矫正对象确定矫正小组，与矫正小组签订矫正责任书，明确矫正小组成员的责任和义务，负责落实矫正方案。

矫正小组主要开展下列工作：

（一）按照矫正方案，开展个案矫正工作；

（二）督促社区矫正对象遵纪守法，遵守社区矫正规定；

（三）参与对社区矫正对象的考核评议和教育活动；

（四）对社区矫正对象走访谈话，了解其思想、工作和生活情况，及时向社区矫正机构或者司法所报告；

（五）协助对社区矫正对象进行监督管理和教育帮扶；

（六）协助社区矫正机构或者司法所开展其他工作。

《最高人民法院、最高人民检察院、公安部、司法部关于对因犯罪在大陆受审的台湾居民依法适用缓刑实行社区矫正有关问题的意见》

第八条　为缓刑犯确定的社区矫正小组可以吸收下列人员参与：

（一）当地台湾同胞投资企业协会、台湾同胞投资企业的代表；

（二）在大陆居住或者工作的台湾同胞；

（三）缓刑犯在大陆的亲友；

（四）其他愿意且有能力参与社区矫正工作的人员。

《安徽省社区矫正工作实施细则》

第二十一条　司法所应当在社区矫正对象报到之日起三个工作日内，确定不少于三人的矫正小组成员，并将矫正小组成员姓名、身份及矫正小组责任告知社区矫正对象。矫正小组成员不能履行责任和义务的，司法所应当适时调整。

第二十二条　司法所应当定期与矫正小组成员联系，指导、督促协助开展监督管理和教育帮扶工作。

《北京市社区矫正实施细则》

第二十五条　司法所应当在入矫宣告前为社区矫正对象确定专门的矫正小组。矫正小组应当由司法所工作人员任组长，根据需要可以由派出所民警、村（居）民委员会的人员，社区矫正对象的监护人、保证人、家庭成员，所在单位或者就读学校的人员以及社会工作者、志愿者等组成。社区矫正对象为女性的，矫正小组应有女性成员。未成年社区矫正对象的矫正小组应有熟悉未成年人身心特点的人员参加。

第二十六条　司法所应当与矫正小组签订矫正责任书，根据小组成员所在单位和身份，明确各自的责任和义务，负责落实矫正方案。

矫正小组成员应当履行以下责任和义务：

（一）按照矫正方案，开展个案矫正工作；

（二）督促社区矫正对象遵纪守法，遵守社区矫正规定；

（三）参与对社区矫正对象的考核评议、宣告和教育等活动；

（四）对社区矫正对象走访谈话，了解其思想、工作和生活情况，定期向司法所报告；

（五）发现社区矫正对象具有违法犯罪或者违反监督管理规定的行为，应当立即向司法所报告；

（六）协助对社区矫正对象进行监督管理和教育帮扶；

（七）协助社区矫正机构、司法所做好其他工作。

第二十七条　司法所指导、督促矫正小组成员协助做好对社区矫正对象的监督管理和教育帮扶工作。矫正小组应当至少每月沟通一次，改进和加强工作，落实各项矫正措施。

司法所发现矫正小组成员不认真履行职责、不能正常发挥作用的，应当及时对矫正小组予以调整。

《福建省社区矫正实施细则》

第十四条　接收社区矫正对象三个工作日内，受委托的司法所应当为其确定矫正小组，并与矫正小组签订《矫正责任书》。每个矫正小组成员不得少于三人，其中：社区矫正对象为女性的，矫正小组中至少有一名是女性成员；社区矫正对象为未成年人的，矫正小组中至少有一名熟悉未成年人身心特点的成员。

矫正小组组成及职责：

（一）组长由受委托履行社区矫正工作职责的司法所公务员担任，负责组织制定矫正方案，督促矫正小组成员落实矫正方案。

（二）副组长可以由社区矫正社会工作者担任，负责提供专业化的社区矫正社会工作服务，落实矫正小组文书档案工作。

（三）成员可以由司法所工作人员、居民委员会或者村民委员会的人员、未成年社区矫正对象的监护人、暂予监外执行社区矫正对象的保证人、家庭成员、所在单位或者就读学校的人员担任。其中：司法所工作人员负责协助矫正小组组长开展对社区矫正对象矫正小组的相关工作。居民委员会或者村民委员会的人员负责掌握社区矫正对象在社区内的日常表现、协助监督管理，为其提供必要的教育帮扶，发现其违反社区矫正规定、违法犯罪等情况立即报告司法所。监护人应当承担未成年社区矫正对象的抚养、管教等义务，发现其违反社区矫正规定、违法犯罪行为等情况立即报告司法所。保证人负责协助提交被保证人（暂予监外执行的社区矫正对象）病情复查情况，发现其违反社区矫正规定、违法犯罪或者保外就医情形消失等情况立即报告司法所。家庭成员负责掌握社区矫正对象在家庭生活和社会交往方面的情况，发现异常情况及时报告司法所。所在单位或者就读学校的人员负责协助对社区矫正对象在单位或者学校期间的管理、教育和监督，发现其违反社区矫正规定、违法犯罪等情况立即报告司法所。

根据社区矫正对象的需求，社区矫正机构、受委托的司法所可以向社会招募社区矫正志愿者参加社区矫正对象矫正小组，提供教育、法律援助、疾病诊治、心理辅导、帮困扶助等相关支持。网格员可以招募为社区矫正志愿者。

受委托的司法所和矫正小组应当认真履行《矫正责任书》。

《甘肃省社区矫正实施细则》

第二十六条　入矫宣告前，县（市、区）社区矫正机构或受委托的司法所应当为社区矫正对象确定矫正小组。

根据社区矫正对象的实际情况，矫正小组成员应当包括司法所、居（村）民委员会的人员、社会工作者和志愿者，可以包括社区民警、社区矫正对象的监护人、家庭成员，所在单位或者就读学校的人员等。

社区矫正对象为暂予监外执行对象的，暂予监外执行决定机关可以派员参加矫正小组。社区矫正对象为女性的，矫正小组中应有女性成员。社区矫正对象为未成年人的，矫正小组中应当吸收熟悉未成年人特点，具有法律、教育或心理等专业的人员。

《广东省社区矫正实施细则》

第二十三条　执行地县级社区矫正机构或者受委托的司法所应当在接收社区矫正对象三个工作日内为社区矫正对象确定

矫正小组，与矫正小组签订矫正责任书，明确矫正小组成员的责任和义务，负责落实矫正方案。矫正小组应当由三人以上组成，组长由专门国家工作人员担任，主要负责组织实施矫正方案，适时调整方案，督促矫正小组成员落实矫正方案。

村（居）民委员会应当指定一名成员参加矫正小组工作，主要负责掌握社区矫正对象在社区内的日常表现，协助开展监督管理和教育帮扶工作。

社区矫正机构或者受委托的司法所根据需要，可以指定社区矫正对象的家庭成员或者邀请社区民警、社区矫正对象所在单位、就读学校的工作人员、社区矫正社会工作者、社会志愿者参加矫正小组工作。社区矫正对象为女性的，矫正小组中应有女性成员。社区矫正对象为未成年人的，社区矫正对象的监护人应当参加矫正小组工作，社区矫正机构或者受委托的司法所可以邀请熟悉未成年社区矫正对象身心特点的人员参加矫正小组工作。社区矫正对象为暂予监外执行的，暂予监外执行保证人应当参加矫正小组工作。

《广西省社区矫正实施细则》

第三十四条 执行地县（市、区）社区矫正机构或受委托的司法所应当为社区矫正对象确定矫正小组，矫正小组由司法所工作人员任组长，成员可以由社会工作者、志愿者和有关部门、村（居）民委员会、社区矫正对象所在单位、就读学校工作人员以及社区矫正对象的监护人、家庭成员或保证人等组成。社区矫正对象为女性的，矫正小组应当有女性成员。

第三十五条 执行地县（市、区）社区矫正机构或受委托的司法所与矫正小组签订矫正责任书，明确矫正小组成员的责任和义务。矫正小组主要开展下列工作：

（一）按照矫正方案，开展个案矫正工作；

（二）督促社区矫正对象遵纪守法，遵守社区矫正管理规定；

（三）参与对社区矫正对象的考核评议和教育活动；

（四）对社区矫正对象定期走访谈话，了解其思想、工作和生活情况，及时向社区矫正机构或受委托的司法所报告；

（五）协助对社区矫正对象进行监督管理和教育帮扶；

（六）发现社区矫正对象有违法犯罪或者违反监督管理规定的行为，及时报告；

（七）协助社区矫正机构或受委托的司法所做好其他工作。

第三十六条 社区矫正机构或受委托的司法所应当定期与矫正小组成员进行情况通报、沟通联系，指导、督促矫正小组成员按照矫正责任书的内容，协助落实对社区矫正对象的监督管理和教育帮扶措施。发现矫正小组成员不认真履行义务、不能正常发挥作用的，应当及时给予调整。

《贵州省社区矫正工作实施细则（试行）》

第二十八条 社区矫正对象报到后，执行地县级社区矫正机构、受委托的司法所应当为其确定矫正小组，与矫正小组签订矫正责任书。矫正小组由执行地县级社区矫正机构或受委托的司法所工作人员任组长，小组成员一般不少于三人。社区矫正对象为女性的，矫正小组应当有女性成员。

第二十九条 执行地县级社区矫正机构或受委托的司法所为社区矫正对象确定矫正小组后，应当组织入矫宣告。县级社区矫正机构组织入矫宣告的，在社区矫正中心或相关场所进行；受委托的司法所组织入矫宣告的，在司法所进行。对未成年社区矫正对象入矫宣告应当单独开展且不公开进行。

《河南省社区矫正工作细则》

第四十七条 执行地县级社区矫正机构应当为社区矫正对象确定专门的矫正小组，受委托的司法所可为社区矫正对象确定矫正小组。矫正小组组长由社区矫正机构或者受委托的司法所工作人员担任。矫正小组成员不少于三人，由村（居）民委员会、社区矫正对象所在单位、就读学校、家庭成员或者监护人、保证人、社会工作者、志愿者等相关人员组成。

社区矫正对象为女性的，矫正小组应当有女性成员；社区矫正对象为未成年人的，应当吸收熟悉未成年人身心特点的人员参加。

矫正小组应在入矫宣告前确定。

第四十八条 矫正小组的工作任务：

（一）按照矫正方案，开展个案矫正工作；

（二）督促社区矫正对象遵纪守法，遵守社区矫正规定；

（三）参与对社区矫正对象的考核评议和教育活动；

（四）对社区矫正对象定期走访谈话，了解其思想、工作和生活情况，及时向社区矫正机构或受委托的司法所报告；

（五）协助对社区矫正对象进行监督管理和教育帮扶；

（六）协助社区矫正机构或受委托的司法所开展其他工作。

第四十九条 社区矫正机构或受委托的司法所应当与矫正小组签订责任书。矫正小组须定期向社区矫正机构或受委托的司法所报告工作开展情况。矫正小组成员不能履行责任、发挥作用的，应当及时予以调整。

《湖南省社区矫正实施细则》

第五十三条 执行地县级社区矫正机构、受委托的司法所应当在入矫宣告前为社区矫正对象确定矫正小组。矫正小组组长由社区矫正机构或者受委托的司法所工作人员担任。矫正小组其他成员不少于三人，由村（居）民委员会、家庭成员或者监护人、社区矫正对象所在单位或者就读学校代表、社会工作者、保证人、志愿者等相关人员组成。

社区矫正对象为女性的，矫正小组应当有女性成员；社区矫正对象为未成年人的，应当吸收熟悉未成年人身心特点的人员参加。

第五十四条 执行地县级社区矫正机构或者受委托的司法所应当与矫正小组签订责任书，明确矫正小组成员的责任义务。矫正小组成员应当定期向执行地县级社区矫正机构或者受委托的司法所报告工作开展情况。

矫正小组成员不能履行责任义务、发挥作用的，由执行地县级社区矫正机构或者受委托的司法所及时调整。

第五十五条 矫正小组主要开展下列工作：

（一）根据矫正方案，开展个案矫正工作；

（二）督促社区矫正对象遵纪守法，遵守社区矫正规定；

（三）参与对社区矫正对象的定期考核和奖惩评议；

（四）对社区矫正对象走访谈话，了解其思想、工作和生活情况，并及时向执行地县级社区矫正机构或者受委托的司法所报告；

（五）参与对社区矫正对象的社区评议；

（六）协助对社区矫正对象进行监督管理和教育帮扶；

（七）协助执行地县级社区矫正机构

或者受委托的司法所开展其他工作。

第五十六条　执行地县级社区矫正机构、受委托的司法所应当及时会同矫正小组，根据社区矫正对象的个性特点、犯罪情况、生活环境、安全风险、成长经历及社会关系等情况，综合分析其危险程度、素质缺陷、个体需求，结合入矫评估结果，制定矫正方案。

矫正方案的内容应当包括：

（一）社区矫正对象个人基本情况（姓名、性别、年龄、学历、婚姻状况、家庭情况、个人简历、就业情况等）、刑罚种类、犯罪类别、矫正类型、矫正期限、居住地址等情况；

（二）社区矫正对象的犯罪情况、悔罪表现、个性特点、生活环境、安全风险、成长经历、社会关系以及其他特殊情况的分析和综合评估结果；

（三）社区矫正工作者及矫正小组成员情况；

（四）社区矫正对象存在的问题和需要；

（五）拟采取监督管理和教育帮扶的具体措施，并明确具体措施责任人，包括工作重点、预期目标、具体安排、变通措施、应急预案等；

（六）宣告禁止令的，矫正方案中应增加禁止令执行内容、监管责任人、监管措施；

（七）其他事项。

第五十七条　执行地县级社区矫正机构或者受委托的司法所应当结合社区矫正对象考核奖惩和社区评议情况，定期或者根据需要组织矫正小组成员对矫正方案实施效果进行集体评估，及时调整矫正方案。

《江苏省社区矫正实施细则》

第十八条　社区矫正对象报到后、入矫宣告前，执行地县级社区矫正机构或者受委托的司法所应当为其确定矫正小组，与矫正小组签订《矫正责任书》，明确矫正小组成员的责任和义务。

矫正小组依照《社区矫正法》《实施办法》的规定，开展相关工作。

第十九条　矫正小组可以由社区矫正机构的工作人员、受委托司法所的工作人员、村（居）民委员会的人员，社区矫正对象的监护人、家庭成员、暂予监外执行社区矫正对象的保证人，所在单位或者就读学校的人员以及社会工作者、志愿者、网格员等组成。

矫正小组组长由执行地县级社区矫正机构或者受委托的司法所的工作人员担任，参与制定矫正方案，督促矫正小组成员落实矫正方案。

第二十条　矫正小组成员不得少于三人。社区矫正对象为女性的，矫正小组中应当有女性成员。社区矫正对象为未成年人的，矫正小组中应当有熟悉未成年人身心特点的人员。

矫正小组有下列情形之一的，应当及时调整：

（一）矫正小组成员无法履行责任的；

（二）矫正小组成员怠于履行责任，经责令改正后仍不能履行责任的；

（三）矫正小组成员申请退出矫正小组的；

（四）其他需要调整的。

执行地县级社区矫正机构、受委托的司法所根据工作需要，及时调整矫正小组成员并签订《矫正责任书》。

《宁夏回族自治区社区矫正实施细则》

第三十四条　执行地县级社区矫正机构、受委托的司法所应当为社区矫正对象确定矫正小组，并与矫正小组签订矫正责任书，明确矫正小组成员的责任和义务，负责落实矫正方案。矫正小组成员一般不少于3人。

根据需要，矫正小组可以由司法所、居民委员会、村民委员会的人员，社区矫正对象的监护人、家庭成员，所在单位或者就读学校的人员以及社会工作者、志愿者等组成。社区矫正对象为女性的，矫正小组中应当有女性成员。社区矫正对象为未成年人的，矫正小组中应当有熟悉未成年人特点，具有法律、教育或者心理等专业的人员。

矫正小组主要开展以以下工作：

1. 按照矫正方案，开展个案矫正工作；

2. 督促社区矫正对象遵纪守法，遵守社区矫正规定；

3. 参与对社区矫正对象的考核评议和教育活动；

4. 对社区矫正对象走访谈话，了解其思想、工作和生活情况，及时向社区矫正机构或者司法所报告；

5. 协助对社区矫正对象进行监督管理和教育帮扶；

6. 协助社区矫正机构或者司法所开展其他工作。

《江西省社区矫正工作实施细则》

第四十二条 社区矫正日常机构应当为社区矫正对象确定矫正小组，与矫正小组成员签订矫正责任书，明确责任和义务，落实矫正方案。矫正小组由社区矫正日常机构工作人员担任组长，成员由村（居）民委员会工作人员、社会工作者、志愿者以及社区矫正对象所在工作单位或者就读学校、家庭成员或者监护人、保证人等组成。矫正小组成员应当不少于三人。社区矫正对象为女性的，矫正小组应当有女性成员。

第四十三条 矫正小组主要开展以下工作：

（一）按照矫正方案，开展个案矫正工作；

（二）督促社区矫正对象遵纪守法，遵守社区矫正规定；

（三）参与对社区矫正对象的考核评议和教育活动；

（四）对社区矫正对象定期走访谈话，了解其思想、工作和生活情况，及时向社区矫正日常机构报告；

（五）协助对社区矫正对象进行监督管理和教育帮扶；

（六）协助社区矫正日常机构开展其他工作。

第四十四条 矫正小组成员应当根据各自职责，确保各项矫正措施落实。

社区矫正日常机构工作人员负责统筹协调矫正小组的工作。

村（居）民委员会工作人员负责掌握社区矫正对象在社区内的日常表现、协助监督管理，为其提供必要的教育帮扶，发现其违反社区矫正规定、涉嫌违法犯罪等情况立即报告。

监护人应当承担未成年社区矫正对象的抚养、管教等义务，发现其违反社区矫正规定、涉嫌违法犯罪等情况立即报告。

保证人应当协助提交被保证人（暂予监外执行的社区矫正对象）病情复查情况；发现其违反社区矫正规定、涉嫌违法犯罪、暂予监外执行情形消失等情况立即报告。

家庭成员负责掌握社区矫正对象家庭生活和社会交往情况，发现异常情况立即报告。

所在单位或者就读学校的人员负责协助对社区矫正对象在单位或者学校期间的管理、教育和监督，发现其违反社区矫正规定、涉嫌违法犯罪等情况立即报告。

矫正小组成员应当定期向社区矫正日常机构报告社区矫正对象的监督管理和教育帮扶情况，每个月不少于一次。

《辽宁省社区矫正实施细则》

第三十六条 接收社区矫正对象五个工作日内，司法所应当为其确定矫正小组，并与矫正小组签订《矫正责任书》。矫正小组组长由司法所工作人员担任。矫正小组成员不少于三人，根据社区矫正对象的实际情况，矫正小组成员应当包括司法所、村（居）民委员会的人员、社会工作者和志愿者，可以包括社区民警、社区矫正对象的监护人、家庭成员，所在单位或者就读学校的人员等。

社区矫正对象为女性的，矫正小组应当有女性成员；社区矫正对象为未成年人的，应当吸收熟悉未成年人身心特点的人员参加。

第三十七条 矫正小组的工作任务：

（一）按照矫正方案，开展个案矫正工作；

（二）督促社区矫正对象遵纪守法，遵守社区矫正规定；

（三）参与对社区矫正对象的考核评议和教育活动；

（四）对社区矫正对象定期走访谈话，了解其思想、工作和生活情况，及时向社区矫正机构或者司法所报告；

（五）协助对社区矫正对象进行监督管理和教育帮扶；

（六）协助社区矫正机构或者司法所开展其他工作。

第三十八条 县级社区矫正机构接收社区矫正对象后，应当及时组织社区矫正入矫宣告；根据实际情况，也可以委托司法所组织入矫宣告。

第三十九条 社区矫正宣告由社区矫正机构或者司法所工作人员主持，矫正小组成员及其他相关人员应当到场。宣告应当按照以下程序公开进行：

（一）宣布宣告纪律；

（二）宣读判决书、裁定书、决定书、执行通知书等有关法律文书的主要内容；宣布社区矫正期限；宣告社区矫正对象依法享有的权利、应当遵守的规定，被限制行使的权利、被禁止的事项以及违反规定的法律后果。

（三）宣布矫正小组人员组成及职责；

（四）社区矫正对象在宣告书上签字确认；

（五）发放社区矫正宣告书。

社区矫正对象因身体原因不能到现场接受宣告的，可以到其住所或者治疗地进行宣告。

《山东省社区矫正实施细则》

第二十二条 司法所应当为社区矫正对象确定矫正小组。矫正小组由司法所工作人员担任组长，矫正小组成员应当包括村（居）民委员会的人员（含网格员）、社区矫正对象的监护人、保证人或者家庭成员，可以包括所在单位或者就读学校的人员以及社会工作者、志愿者等。矫正小组成员不得少于三人，无村（居）民委员会的人员（含网格员）、监护人、保证人或家庭成员参加的，司法所应当在档案材料中载明相关情况。

社区矫正对象为女性的，矫正小组应当有女性成员。社区矫正对象为未成年人的，应当吸收熟悉未成年人身心特点的人员参加。社区矫正对象因危害国家安全被判处刑罚或者涉黑、涉恶、涉毒、涉恐、涉爆的，以及具有较大社会危险性的，应当建立有社区民警参加的矫正小组。

社区矫正机构或者司法所应当与矫正小组签订矫正责任书，明确矫正小组成员的责任和义务，负责落实矫正方案。矫正小组主要开展以下工作：

（一）按照矫正方案，开展个案矫正工作；

（二）督促社区矫正对象遵纪守法，遵守社区矫正规定；

（三）参与对社区矫正对象的考核评议和教育活动；

（四）对社区矫正对象定期走访谈话，了解其思想、工作和生活情况，及时向社区矫正机构或者司法所报告；

（五）协助对社区矫正对象进行监督管理和教育帮扶；

（六）协助社区矫正机构或者司法所开展其他社区矫正相关工作。

《山西省社区矫正实施细则》

第二十七条 执行地县级社区矫正机构或者受委托的司法所应当自社区矫正对象报到之日起三个工作日内，确定矫正小组，并与矫正小组成员签订《社区矫正责任书》。同时将矫正小组成员信息及矫正小组责任告知社区矫正对象。

矫正小组成员不得少于三人，由社区矫正机构工作人员（公务员）、受委托的司法所工作人员、乡镇（街道）综治工作人员、村（居）民委员会工作人员、未成年社区矫正对象的监护人、暂予监外执行社区矫正对象的保证人、矫正对象家庭成员、所在单位或者就读学校的人员、监狱戒毒民警、执行地派出所民警、社会工作者和志愿者等组成。矫正小组组长由社区矫正机构或者受委托的司法所工作人员担任。

社区矫正对象为女性的，矫正小组中应当至少有一名女性成员；社区矫正对象为未成年人的，矫正小组中应当至少有一名熟悉未成年人身心特点的成员。

社区矫正对象因犯危害国家安全罪被判处刑罚，或者涉黑、涉恶、涉毒、涉恐、涉枪、涉爆以及故意犯罪情节恶劣具有较大社会危害性的，矫正小组应当吸收监狱戒毒民警或者派出所民警参加。

第二十八条 矫正小组成员应当履行以下职责：

（一）按照矫正方案落实矫正措施；

（二）督促社区矫正对象遵纪守法，遵守社区矫正规定，发现社区矫正对象违反监督管理规定、违法犯罪或者保外就医情形消失等情况，立即报告执行地县级社区矫正机构或者受委托的司法所；

（三）参与对社区矫正对象的考核评议和教育活动；

（四）定期走访谈话，了解社区矫正对象思想动态、工作和生活情况，及时向执行地县级社区矫正机构或者受委托的司法所报告；

（五）协助对社区矫正对象进行监督管理和教育帮扶；

（六）督促社区矫正对象按期提交病情复查情况；

（七）督促社区矫正对象定期报告遵守禁止令的情况；

（八）协助执行地县级社区矫正机构及受委托的司法所开展其他工作。

矫正小组成员不能履行相应责任的，应当及时调整。

《陕西省社区矫正实施细则》

第十八条 入矫宣告前，受委托的司法所应当为社区矫正对象确定矫正小组。

根据社区矫正对象的实际情况，矫正小组成员不少于三人，可以由受委托的司法所、居（村）民委员会的人员、社会工作者和志愿者、社区民警、社区矫正对象的监护人、家庭成员，所在单位或者就读学校的人员等组成。

社区矫正对象为女性的，矫正小组中应当有女性成员。社区矫正对象为未成年人的，矫正小组中应当吸收熟悉未成年人身心特点，具有法律、教育或者心理学等专业的人员参加。

《上海市社区矫正实施细则》

第二十三条　入矫宣告前，司法所应当为社区矫正对象确定矫正小组。

根据社区矫正对象的实际情况，矫正小组成员应当包括司法所、居（村）民委员会的人员、社会工作者和志愿者，可以包括社区民警、社区矫正对象的监护人、家庭成员，所在单位或者就读学校的人员等。

社区矫正对象为暂予监外执行对象的，暂予监外执行决定机关应当派员参加矫正小组。社区矫正对象为女性的，矫正小组中应有女性成员。社区矫正对象为未成年人的，矫正小组中应当有熟悉未成年人特点，具有法律、教育或心理等专业的人员。

第二十四条　区社区矫正机构接收社区矫正对象后，应当在五个工作日内组织社区矫正入矫宣告。

司法所工作人员、社会工作者、暂予监外执行社区矫正对象的保证人应当参加宣告。社区民警、居（村）民委员会的人员、群众代表、社区矫正对象所在单位、家庭成员以及志愿者可以参加宣告。社区矫正对象为未成年人的，区社区矫正机构应当通知其监护人到场，且宣告不公开进行。

区社区矫正机构应将宣告时间、地点提前告知司法所、区公安机关和人民检察院。

《四川省社区矫正实施细则》

第四十七条　接收社区矫正对象三个工作日内，执行地县级社区矫正机构或受委托的司法所应当为其确定矫正小组。矫正小组不少于三人，矫正小组组长由执行地县级社区矫正机构工作人员或受委托的司法所公务员担任，矫正小组成员由社会工作者、志愿者、网格员和有关部门、村（居）民委员会、社区矫正对象所在单位、就读学校的工作人员以及社区矫正对象的家庭成员或者监护人、保证人等组成。

社区矫正对象为女性的，矫正小组中至少有一名女性成员；社区矫正对象为未成年人的，矫正小组中至少有一名熟悉未成年人身心特点的成员。

第四十八条　执行地县级社区矫正机构或受委托的司法所应当与矫正小组签订责任书。

矫正小组主要开展下列工作：

（一）参加入矫和解矫宣告；

（二）按照矫正方案，开展个案矫正；

（三）督促社区矫正对象按要求报告有关情况、参加教育学习及公益活动，遵守社区矫正监管规定；

（四）参与对社区矫正对象的考核评议和教育；

（五）对社区矫正对象走访谈话，了解其思想、工作和生活情况，及时向社区矫正机构或者受委托的司法所报告；

（六）协助对社区矫正对象进行监督管理和教育帮扶；

（七）协助社区矫正机构或者受委托的司法所开展其他工作。

第四十九条　执行地县级社区矫正机构或受委托的司法所应当在社区矫正日常工作中定期与矫正小组成员沟通联系，指导、督促矫正小组成员落实责任。矫正小组成员不能履行责任、发挥作用的，应当及时予以调整。

第二十六条[①] **【社区矫正对象情况与表现】**

社区矫正机构应当了解掌握社区矫正对象的活动情况和行为表现。社区矫正机构可以通过通信联络、信息化核查、实地查访等方式核实有关情况，有关单位和个人应当予以配合。

社区矫正机构开展实地查访等工作时，应当保护社区矫正对象的身份信息和个人隐私。

法条解读

本条规定了社区矫正机构了解社区矫正对象情况的方式及对社区矫正对象身份信息与个人隐私保护的规定。本条分设两款。第一款明确了社区矫正机构了解社区矫正对象活动情况和行为表现的方法、途径及有关单位与个人的配合义务。本款中的“活动情况”主要是指社区矫正对象的工作、学习、生活以及保外就医等情况。“行为表现”主要是指社区矫正对象在社会生产生活中的心理状态、工作态度、生活方式以及接受监督管理教育帮扶等具体表现。[②] 本款中的“通信联络”主要包括电话、语音通话、视频电话、短信、微信、移动客户端、邮件、电报、电传、信件、QQ 等联络方式。“信息化核查”包括利用现代信息技术和互联网、物联网等获取、查验社区矫正对象身份、位置、活动等信息。“实地查访”主要包括社区矫正工作人员到社区矫正的家庭、社区、工作单位、就读学校、就医医院等相关单位和个人进行调查访问。本条款中的“有关单位”是指社区矫正机构采取通信联络、信息化核查、实地查访等方式核实有关情况所涉及的机关单位、企业事业单位、人民团体、社会组织、村民委员会、居民委员会等单位。“个人”是指社区矫正机构采取通信联络、信息化核查、实地查访等方式核实有关情况所涉及的家庭成员、社区群众、单位同事、老师同学、医生病友等有关人员。[③] 本条第二款规定了社区矫正机构对社区矫正对象重要信息的保密义务。“身份信息”是指社区矫正对象个人生活中能够单独或者与其他信息结合能够识别其个人身份的信息，包括出生日期、身份证号码、住址、财产状况、联系方式等。“个人隐私”是指社区矫正对象个人生活中不愿意为他人公开的信息，如日记、相册、身体缺陷、就医记录等。

《社区矫正法实施办法》对本条款进行了重申。

各省市社区矫正实施细则大都对信息化核查方式与内容及相关单位与人员的配合义务进行了规定。例如，《北京市社区矫正实施细则》《福建省社区矫正实施细则》在区分分类管理的基础上，规定了不同类型社区矫正对象位置信息确认的不同次数。《江苏省社区矫正实施细则》对信息化核查与实地查访程序与方式进行了细化规定。《江西省社区矫正工作实施细则》以提示性列举的方式明确了社区矫正对象

---

① 相关地方规范性文件落实，例如，2021 年安徽省司法厅印发《安徽省社区矫正矫情分析办法》。

② 王爱立，姜爱东主编：《中华人民共和国社区矫正法释义》，中国民主法制出版社 2020 年版，第 139 页。

③ 同上注，第 140 页。

在社区矫正机构开展的信息化核查工作中需要履行的义务。该细则还明确了社区矫正对象特殊情形下可以不使用通信手机的情形。《辽宁省社区矫正实施细则》《山东省社区矫正实施细则》明确了需要采用走访的情形。《山西省社区矫正实施细则》明确社区矫正对象因从事井下开采、易燃易爆品制作管理等特殊职业，不能随身携带或者使用电子产品的，经执行地县级社区矫正机构审核，可以调整其签到的时间段。

相关规定

《社区矫正法实施办法》

第二十三条　执行地县级社区矫正机构、受委托的司法所应当根据社区矫正对象的个人生活、工作及所处社区的实际情况，有针对性地采取通信联络、信息化核查、实地查访等措施，了解掌握社区矫正对象的活动情况和行为表现。

《安徽省社区矫正工作实施细则》

第二十九条　县（市、区）社区矫正机构、司法所对不同类型的社区矫正对象矫正措施和方法应当有所区别，可以采取调整社区矫正对象报告、实地查访、信息化核查频次等措施。

《北京市社区矫正实施细则》

第三十四条　司法所应当到社区矫正对象的家庭，以及工作单位、就读学校或者居住的村（社区）等地进行实地查访每月不少于一次，及时了解、核实并掌握社区矫正对象的思想动态、活动情况和行为表现。对于实行严管的社区矫正对象实地查访每二周不少于一次。

重点时段、重大活动期间或者社区矫正对象受到惩处、家庭重大变故，以及出现其他特殊情况时，司法所根据需要进行实地查访、问询谈话，掌握有关情况。

村（居）民委员会、有关单位和个人应当依法予以配合。

第三十五条　司法所对普管社区矫正对象通过实时视频、手机定位等方式开展信息化核查每周应不少于二次，对于实行严管的社区矫正对象每周开展信息化核查应不少于三次。区社区矫正机构每周对社区矫正对象开展信息化核查应不少于1次，并对司法所信息化核查情况定期开展督查检查。社区矫正机构可以根据需要调整信息化核查的频次。

社区矫正对象应当按照社区矫正机构、司法所信息化核查和通过电话、微信等通讯联络方式核查的要求，如实报告自己的活动情况。

社区矫正对象拒不接受区社区矫正机构、司法所的核查，不按要求报告自己的活动情况或者不如实报告自己的活动情况的，区社区矫正机构应当视情节依法给予训诫、警告或者提请给予治安管理处罚、提请收监执行。

第三十六条　区社区矫正机构、司法所应当对信息化核查、通讯联络、实地查访等情况进行记录，对发现的问题及时处置，工作记录应当记入档案。

《福建省社区矫正实施细则》

第十八条　社区矫正机构应当设立社区矫正监管指挥中心（室），建立对社区矫正对象进行通信联络、信息化核查的勤务制度，并做好日记录。

一类管理的社区矫正对象每日早中晚应当通过“在矫通”或者电话向一体化平台确认位置信息各一次；二类管理的社区矫正对象每日早晚应当通过“在矫通”或者电话向一体化平台确认位置信息各一次；三类管理的社区矫正对象每日应当通过“在矫通”或者电话向一体化平台确认位置信息一次。监管指挥中心（室）执勤人员发现社区矫正对象位置信息异常时，可以通过实时视频或者电话联络方式核对，必要时指派受委托的司法所、矫正小组成员对其进行或者要求其到指定地点接受实地查访，制作《实地查访记录》反馈监管指挥中心（室）。根据需要，监管指挥中心（室）可以增加社区矫正对象确认位置信息的次数。

受委托的司法所根据工作需要，可以对所监管的社区矫正对象进行通信联络、实时视频和实地查访工作，发现其违反监督管理规定以及人民法院禁止令的，应当及时报告县级社区矫正监管指挥室。

社区矫正机构依法对社区矫正对象信息化核查时，有关单位、个人应当配合，依照《社区矫正法》第二十六条的规定，为社区矫正机构提供社区矫正对象网上信息、交通出行、旅店住宿、监控视频和位置、活动等信息。

社区矫正对象被认定脱离监管超过一日的，县级社区矫正机构应当按照《实施办法》的有关规定予以处罚。

《甘肃省社区矫正实施细则》

第三十七条 社区矫正对象应当按照县（市、区）社区矫正机构、司法所的信息化核查要求，每天主动报告或经点名后及时报告自己的活动情况。县（市、区）社区矫正机构、司法所可以根据需要调整社区矫正对象报告自己活动情况的频次，但不得给社区矫正对象工作生活造成不必要的影响。

社区矫正对象拒不接受县（市、区）社区矫正机构、司法所的核查，不按要求及时报告自己的活动情况或不如实报告自己的活动情况的，由司法所进行日常管理考核；情节严重的，司法所要及时报告县（市、区）社区矫正机构并视情节提出惩处意见，由县（市、区）社区矫正机构依法予以训诫、警告或依法提请给予治安管理处罚、提请收监执行。

《广东省社区矫正实施细则》

第二十六条 执行地县级社区矫正机构、受委托的司法所应当根据社区矫正对象的生活、工作及所处社区的实际情况，有针对性地采取通信联络、信息化核查、实地查访等措施，了解掌握社区矫正对象的活动情况和行为表现。

信息化核查是指社区矫正机构、受委托的司法所利用现代信息技术和互联网、物联网等获取、查验社区矫正对象身份、位置、活动等情况的手段和方式。社区矫正对象拒不配合的，县级社区矫正机构或者受委托的司法所应当视情节予以相应处理。

《广西壮族自治区社区矫正工作细则》

第五十一条 执行地县（市、区）社区矫正机构与受委托的司法所应当根据社区矫正对象的个人生活、工作及所处社区的实际情况，有针对性地采取通信联络、信息化核查、实地查访等措施，及时掌握社区矫正对象的活动情况和行为表现。重点时段、重大活动期间或者遇有特殊情况，执行地县（市、区）社区矫正机构、受委托的司法所可以根据需要要求社区矫正对象到办公场所报告、说明情况。

第五十七条 社区矫正对象应当按照县（市、区）社区矫正机构、受委托的司法所的信息化核查要求，每天主动报告或经点名后及时报告自己的活动情况。县（市、区）社区矫正机构可以根据需要调整社区矫正对象报告自己活动情况的频次，但不得给社区矫正对象工作生活造成明显的、不必要的影响。

社区矫正对象拒不接受县（市、区）社区矫正机构、受委托的司法所的核查，不按要求及时报告自己的活动情况或不如实报告自己的活动情况的，由受委托的司法所进行日常管理考核；情节严重的，由县（市、区）社区矫正机构依法及时予以训诫、警告或依法提请给予治安管理处罚、提请收监执行。

《贵州社区矫正实施细则》

第三十五条　执行地县级社区矫正机构或受委托的司法所应当根据社区矫正对象的实际情况，定期对其采取通信联络、信息化核查、实地查访等措施，了解掌握其思想动态和现实表现等情况。

执行地县级社区矫正机构或受委托的司法所对社区矫正对象进行实地查访原则上每三个月不少于一次。重大节日、重要时段、重大活动或发现社区矫正对象有精神障碍、心态失衡、悲观厌世、扬言报复等社会危险性高的情况，应当及时实地查访，落实应对措施。

《河南省社区矫正工作细则》

第六十六条　社区矫正机构可以通过通信联络、信息化核查、实地查访等方式核实社区矫正对象的工作、学习、生活以及保外就医等活动情况和心理状态、工作态度、生活方式以及接受监管教育帮扶等行为表现，有关单位和个人应当予以配合。

《江苏省社区矫正实施细则》

第五十一条　执行地县级社区矫正机构、受委托的司法所应当根据社区矫正对象的个人生活、工作及所处社区的实际情况，有针对性地采取通信联络、信息化核查等措施，了解掌握社区矫正对象的活动情况和行为表现。

执行地县级社区矫正机构、受委托的司法所可以通过电话通讯、实时视频等方式联系社区矫正对象，了解掌握对其监督管理、教育帮扶所需相关信息和情况。

第五十二条　社区矫正对象有下列情形之一的，经执行地县级社区矫正机构批准，可以免除使用信息化核查措施：

（一）年满70周岁且经评估再犯罪危险较低的；

（二）患严重疾病且行动不便的；

（三）生活不能自理的；

（四）其他符合免除情形的。

有下列情形之一的，应当及时解除信息化核查措施：

（一）社区矫正解除或者终止的；

（二）变更执行地的；

（三）其他符合解除情形的。

第五十三条　人民法院、人民检察院、公安机关应当依据职责提供有关信息数据，配合社区矫正机构核实社区矫正对象的有关情况。

执行地县级社区矫正机构、受委托的司法所采取通信联络、信息化核查等措施获得的信息，只能用于社区矫正工作，不得用于其他用途。

第五十四条　执行地县级社区矫正机构、受委托的司法所应当根据社区矫正对象的个人生活、工作及所处社区的实际情况，组织实地查访社区矫正对象本人、家庭、社区、工作单位、就读学校、就医医院等，了解掌握社区矫正对象的活动情况和行为表现。

执行地县级社区矫正机构、受委托的司法所应当根据社区矫正对象的管理措施要求组织查访。实地查访人员可以是社区矫正机构、受委托的司法所工作人员、社会工作者，也可以是矫正小组中的村（居）民委员会的人员、网格员、志愿者等。

重点时段、重大活动期间或者遇有特殊情况，执行地县级社区矫正机构、受委托的司法所应当有针对性地对社区矫正对象开展查访工作。

第五十五条 执行地县级社区矫正机构对失去联系的社区矫正对象，二十四小时内查找无果的，应当制作《协助查找社区矫正对象通知书》，通知执行地县级公安机关协助查找。公安机关应当及时将查找情况反馈执行地县级社区矫正机构。

执行地县级社区矫正机构应当及时将组织查找的情况通报同级人民检察院。

《江西省社区矫正工作实施细则》

第四十八条 执行地县级社区矫正机构、社区矫正日常机构应当根据社区矫正对象的个人生活、工作及所处社区的实际情况，有针对性地采取通信联络、信息化核查、实地查访等措施，了解掌握社区矫正对象的活动情况和行为表现。

第四十九条 社区矫正对象应当主动接受社区矫正机构、社区矫正日常机构的通信联络、手机定位等信息化核查，并遵守以下规定：

（一）通信手机随身携带，全天二十四小时处于开机状态，不得出借或者转让他人使用；

（二）按规定使用通信手机通过电话、视频、微信等方式，配合信息化核查；

（三）通信手机发生故障、遗失或者其他原因可能造成通信中断、手机定位等信息化核查措施失效的，应当在二十四小时内向社区矫正日常机构报告；

（四）更换通信手机号码的，应当在二十四小时内向社区矫正日常机构报告；

（五）服从社区矫正机构、社区矫正日常机构的其他管理要求。

第五十条 社区矫正对象具有下列情形之一的，可以不使用通信手机：

（一）基本丧失行动能力的；

（二）生活不能自理的；

（三）患有严重疾病，长期卧床不起的；

（四）患有严重精神疾病，无民事行为能力的；

（五）七十周岁以上老年人且文化程度较低的；

（六）未成年且正在就学的。

第五十五条 社区矫正机构、社区矫正日常机构发现社区矫正对象活动情况或者行为表现异常时，可以采取以下方式核查，并做好记录：

（一）通过通讯联络、手机定位等信息化措施进行核查；

（二）向有关单位和个人进行信息核查；

（三）指派相关工作人员、矫正小组成员对社区矫正对象进行实地查访或者要求其到指定地点报告活动情况。

社区矫正机构、社区矫正日常机构依法对社区矫正对象信息核查时，有关单位和个人应当提供社区矫正对象的出行、住宿、监控视频等信息，所获信息仅限用于社区矫正工作，应当予以保密，不得泄露、传播。

《辽宁省社区矫正实施细则》

第五十三条 社区矫正机构根据执行禁止令的需要，可以要求有关部门、单位、场所、个人协助配合执行禁止令。社区矫正机构、司法所应当通过通信联络、信息化核查、实地查访、与有关部门行业沟通联系等方式，定期了解社区矫正对象遵守禁止令的情况。

第五十四条 社区矫正机构、司法所应当定期对社区矫正对象的家庭、所在村（居）民委员会、工作单位、就读学校等进行走访，了解社区矫正对象遵纪守法、社会活动、主要表现等情况。对于监管任务较重或者遇有特殊情况的，可以采取电话、视频等方式进行查访。

对社区矫正对象遇有下列情形的，应

当进行走访：

（一）受到警告或者治安处罚的；

（二）思想波动较大、行为反常或者与他人矛盾纠纷激化的；

（三）家庭发生重大变故的；

（四）其他需要走访的情形。

第五十五条 对于实行严管的社区矫正对象一般由社区矫正机构或者司法所负责走访，对于实行普管、宽管的社区矫正对象可以委托矫正小组走访，矫正小组应当做好记录，并报司法所。

《山东省社区矫正实施细则》

第四十九条 社区矫正机构、司法所或者矫正小组应当定期对社区矫正对象的家庭、所在村（居）民委员会、工作单位、就读学校等进行走访，了解社区矫正对象遵纪守法、社会活动、主要表现等情况。对于监管任务较重或者遇有特殊情况的，可以采取电话、视频等方式进行查访。

第五十条 司法所或者矫正小组在每个考核周期内至少对社区矫正对象走访一次，对社区矫正对象遇有下列情形的，可以进行专门走访：

（一）受到警告或者治安管理处罚的；

（二）思想波动较大、行为反常或者与他人矛盾纠纷激化的；

（三）家庭发生重大变故的；

（四）重点时段、重大活动期间；

（五）其他可以走访的情形。

第五十一条 对于实行严管和重点管理的社区矫正对象一般由社区矫正机构或者司法所负责走访，对于实行普管的社区矫正对象可以委托矫正小组走访，矫正小组应当做好记录，并报司法所。

第五十三条 执行地县级社区矫正机构、司法所应当根据社区矫正对象的个人生活、工作及所处社区的实际情况，有针对性地采取通信联络、信息化核查、实地查访等措施，了解掌握社区矫正对象的活动情况和行为表现。

司法所应当综合使用定位手机、电子腕带、在矫通APP、互联网即时通讯工具等每周开展至少三次信息化核查，两次信息化核查时间间隔不得超过三日。县级社区矫正机构每周至少开展一次信息化核查，发现异常情况的及时派员调查核实。

《山西省社区矫正实施细则》

第三十四条 社区矫正机构及受委托的司法所工作人员应当通过“山西省社区矫正一体化平台”或者其他通讯方式，对社区矫正对象进行信息化核查。

各级社区矫正机构及受委托的司法所工作人员应当随时对社区矫正对象进行点名抽检。社区矫正机构可以根据工作需要增加社区矫正对象签到和点名抽检的次数，但不得给社区矫正对象正常工作和生活造成不必要的影响。

社区矫正对象因从事井下开采、易燃易爆品制作管理等特殊职业，不能随身携带或者使用电子产品的，经执行地县级社区矫正机构审核，可以调整其签到的时间段。

执行地县级社区矫正机构通过点名抽检、社区矫正对象签到等信息化核查方式发现社区矫正对象违反监督管理规定的，可以视具体违法违规情节依法给予训诫、警告、使用电子定位装置、提请治安管理处罚，或者依法提请撤销缓刑、撤销假释、暂予监外执行收监执行。

《上海市社区矫正实施细则》

第三十四条 社区矫正对象应当按照区社区矫正机构、司法所的信息化核查要求，每天主动报告或经点名后及时报告自己的活动情况。区社区矫正机构可以根据需要调整社区矫正对象报告自己活动情况的频次，但不得给社区矫正对象工作生活造成明显的、不必要的影响。

社区矫正对象拒不接受区社区矫正机构、司法所的核查，不按要求及时报告自己的活动情况或不如实报告自己的活动情况的，由司法所进行日常管理考核；情节严重的，由区社区矫正机构依法予以训诫、警告或依法提请给予治安管理处罚、提请收监执行。

第三十五条　社区矫正对象具有下列情形之一，经查找下落不明或虽能找到其下落但拒不服从监督管理的，应当认定为脱离监管：

（一）至区社区矫正机构报到后未在规定期限内前往司法所接受社区矫正的；

（二）未按照要求报告个人活动情况的；

（三）未经批准擅自离开本市的；

（四）请假外出未在批准的期限内返回的；

（五）其他下落不明或不服从监督管理的事项。

区社区矫正机构应及时将社区矫正对象脱离监管的法律后果书面告知（送达）社区矫正对象近亲属、监护人或者保证人，并将有关情况通知社区矫正对象居住地居（村）民委员会。

《四川省社区矫正实施细则》

第八十三条　执行地县级社区矫正机构或受委托的司法所应当根据社区矫正对象个人生活、工作的实际情况，有针对性地采取通信联络、信息化核查、实地查访等措施，及时掌握社区矫正对象的活动情况，了解其思想动态和行为表现，有关单位和个人应当予以配合。开展实地查访等工作时，应当保护社区矫正对象的身份信息和个人隐私。

第八十五条　执行地县级社区矫正机构或受委托的司法所应当通过走访社区矫正对象的家庭、所在单位、就读学校和居住社区，了解、核实社区矫正对象的思想动态和现实表现等情况，并做好记录，有关单位和个人应当予以配合。

对适用严管的社区矫正对象，应当每月至少了解、核实情况一次；对适用普管的社区矫正对象，应当每两个月至少了解、核实情况一次；对适用宽管的社区矫正对象，应当每季度至少了解、核实情况一次。

文书范本

自愿接受信息化核查承诺书①

__________（社区矫正机构）：

根据社区矫正有关规定，我自愿接受社区矫正信息化核查，可通过手机号码________提取我的位置信息，现承诺如下：

我保证在社区矫正期间，配合社区矫正机构开展信息化核查工作，接受监督管理，保持通讯畅通。严格遵守社区矫正有关规定，不离开划定的活动区域，如触发越界报警，愿意接受相应处罚。

① 来自《关于进一步规范社区矫正执法文书格式的通知》。

社区矫正对象签名（捺印）：
年　月　日

说明：

本文书根据《中华人民共和国社区矫正法》第二十六条、“两高两部”《中华人民共和国社区矫正法实施办法》第二十三条以及《宁夏回族自治区社区矫正实施细则》第四十四条规定制作。

矫正小组成员责任书①

为共同做好对社区矫正对象________的监督管理和教育帮扶，提高矫正质量，________与矫正小组签订本责任书。

矫正小组主要开展下列工作：

（一）参加入矫和解矫宣告；

（二）按照矫正方案，开展个案矫正；

（三）督促社区矫正对象按要求报告有关情况、参加教育学习及公益活动，遵守社区矫正监管规定；

（四）参与对社区矫正对象的考核评议和教育；

（五）对社区矫正对象走访谈话，了解其思想、工作和生活情况，及时向社区矫正机构或者受委托的司法所报告；

（六）协助对社区矫正对象进行监督管理和教育帮扶；

（七）协助社区矫正机构或者受委托的司法所开展其他工作。

社区矫正机构（受委托司法所）　　　　矫正小组成员签名：
（印章）
年　月　日　　　　年　月　日

说明：

1. 本文书根据《中华人民共和国社区矫正法》第二十五条、“两高两部”《中华人民共和国社区矫正法实施办法》第十九条以及《宁夏回族自治区社区矫正实施细则》第三十四条相关规定制作。

2. 本文书由执行地县级社区矫正机构或者受委托的司法所在入矫宣告前填写。

3. 本文书一式两份，执行地县级社区矫正机构或者受委托的司法所和矫正小组各一份。

4. “________与矫正小组签订本责任书”应填写执行地县级社区矫正机构或者受委托的司法所。

---

① 来自《关于进一步规范社区矫正执法文书格式的通知》。

社区矫正走访记录①

单位：　　　　　　　　　　　　社区矫正对象：　　　　　　　　管理类别：

时间	地点	被走访对象	与社区矫正对象关系	走访内容	走访人员签字	被走访人签字

说明：

1. 本文书根据“两高两部”《中华人民共和国社区矫正法实施办法》以及《宁夏回族自治区社区矫正实施细则》第三十九条规定制作。

2. 本文书用于记录走访社区矫正对象本人、亲属、保证人、邻居、同事等人员时使用。

① 来自《关于进一步规范社区矫正执法文书格式的通知》。

第二十七条　【外出、迁居和变更执行地】

社区矫正对象离开所居住的市、县或者迁居，应当报经社区矫正机构批准。社区矫正机构对于有正当理由的，应当批准；对于因正常工作和生活需要经常性跨市、县活动的，可以根据情况，简化批准程序和方式。

因社区矫正对象迁居等原因需要变更执行地的，社区矫正机构应当按照有关规定作出变更决定。社区矫正机构作出变更决定后，应当通知社区矫正决定机关和变更后的社区矫正机构，并将有关法律文书抄送变更后的社区矫正机构。变更后的社区矫正机构应当将法律文书转送所在地的人民检察院、公安机关。

法条解读

本条规定了社区矫正对象外出请假制度及迁居需要遵守的相关程序。本条第一款规定了社区矫正对象外出和迁居的程序。该款中的“市”是指直辖市、设区的市的城市市区和县级市的辖区，在设区的同一市内跨区活动的，不属于离开所居住的市、县。第二款规定了执行地的变更。考虑到社区矫正对象的实际情况，社区矫正对象针对有客观理由需要变更执行地的，可以向执行地社区矫正机构提出变更执行地的申请。社区矫正机构按照有关程序予以审批决定。

《社区矫正法实施办法》对该条进行了细化说明。该办法明晰了正当理由、市的含义，并就不同机构对请假外出审批的时间进行了规定。此外，办法还就社区矫正对象外出期间的监督管理措施进行了规定，对变更执行地的程序问题进行了细化。

各省市社区矫正实施细则对请假外出的正当理由、审批程序、经常性跨设区的市、县等时间跨度、家庭重要事务、外出期间的监督管理、执行地变更等问题大都进行了较为详细的规定。例如，《安徽省社区矫正工作实施细则》就执行地和新执行地的社区矫正机构对变更执行地意见不一致情形进行了细化处理。《福建省社区矫正实施细则》针对各种外出理由及变更执行地所提供的证明材料进行了细化说明。《甘肃省社区矫正实施细则》与《福建省社区矫正实施细则》就突发事件等情况引发的请假外出临时暂停制度进行了规定。《广东省社区矫正实施细则》对拟变更执行地应当接收的情形进行了细化规定。《北京市社区矫正实施细则》《广西壮族自治区社区矫正工作细则》《山东省社区矫正实施细则》《宁夏回族自治区社区矫正实施细则》《山西省社区矫正实施细则》《上海市社区矫正实施细则》对重要工作事务内涵进行了界定。《河南省社区矫正工作细则》《湖南省社区矫正实施细则》《江西省社区矫正工作实施细则》《山西省社区矫正实施细则》《陕西省社区矫正实施细则》对紧急外出情形及补假制度进行了规定。《辽宁省社区矫正实施细则》规定，在重点时段、重大活动期间或者遇有特殊情况的，社区矫正机构、司法所综合考虑社区矫正对象的改造表现、犯罪性质等因素，决定是否批准社区矫正对象前往特定区域或者场所。与此类似，《山东省社区矫正实施细则》规定在重点时段、重大活动期间或者遇有特殊情况的，社区矫正机构、司法所可以不批准社区矫正对象前往特定地区或者特定场所。《北京市社区矫正实施细则》就单次请假外出目的地规定为一般只能为同一市县。此外，《安徽省社区矫正工作实施细则》《北京市社区矫正实施细则》就限制社区矫正对象限制出境问题进行了规定。《江苏省社区矫正实施细则》对新执行地社区矫正机构相关职责进行了明确。

相关规定

《社区矫正法实施办法》

第二十六条 社区矫正对象未经批准不得离开所居住市、县。确有正当理由需要离开的，应当经执行地县级社区矫正机构或者受委托的司法所批准。

社区矫正对象外出的正当理由是指就医、就学、参与诉讼、处理家庭或者工作重要事务等。

前款规定的市是指直辖市的城市市区、设区的市的城市市区和县级市的辖区。在设区的同一市内跨区活动的，不属于离开所居住的市、县。

第二十七条 社区矫正对象确需离开所居住的市、县的，一般应当提前三日提交书面申请，并如实提供诊断证明、单位证明、入学证明、法律文书等材料。

申请外出时间在七日内的，经执行地县级社区矫正机构委托，可以由司法所批准，并报执行地县级社区矫正机构备案；超过七日的，由执行地县级社区矫正机构批准。执行地县级社区矫正机构每次批准外出的时间不超过三十日。

因特殊情况确需外出超过三十日的，或者两个月内外出时间累计超过三十日的，应报上一级社区矫正机构审批。上一级社区矫正机构批准社区矫正对象外出的，执行地县级社区矫正机构应当及时通报同级人民检察院。

第二十八条 在社区矫正对象外出期间，执行地县级社区矫正机构、受委托的司法所应当通过电话通讯、实时视频等方式实施监督管理。

执行地县级社区矫正机构根据需要，可以协商外出目的地社区矫正机构协助监督管理，并要求社区矫正对象在到达和离开时向当地社区矫正机构报告，接受监督管理。外出目的地社区矫正机构在社区矫正对象报告后，可以通过电话通讯、实地查访等方式协助监督管理。

社区矫正对象应在外出期限届满前返回居住地，并向执行地县级社区矫正机构或者司法所报告，办理手续。因特殊原因无法按期返回的，应及时向社区矫正机构或者司法所报告情况。发现社区矫正对象违反外出管理规定的，社区矫正机构应当责令其立即返回，并视情节依法予以处理。

第二十九条 社区矫正对象确因正常工作和生活需要经常性跨市、县活动的，应当由本人提出书面申请，写明理由、经常性去往市县名称、时间、频次等，同时提供相应证明，由执行地县级社区矫正机构批准，批准一次的有效期为六个月。在批准的期限内，社区矫正对象到批准市、县活动的，可以通过电话、微信等方式报告活动情况。到期后，社区矫正对象仍需要经常性跨市、县活动的，应当重新提出申请。

第三十条 社区矫正对象因工作、居所变化等原因需要变更执行地的，一般应当提前一个月提出书面申请，并提供相应证明材料，由受委托的司法所签署意见后报执行地县级社区矫正机构审批。

执行地县级社区矫正机构收到申请后，应当在五日内书面征求新执行地县级社区矫正机构的意见。新执行地县级社区矫正机构接到征求意见函后，应当在五日内核实有关情况，作出是否同意接收的意见并书面回复。执行地县级社区矫正机构根据回复意见，作出决定。执行地县级社区矫正机构对新执行地县级社区矫正机构的回复意见有异议的，可以报上一级社区矫正机构协调解决。

经审核，执行地县级社区矫正机构不同意变更执行地的，应在决定作出之日起五日内告知社区矫正对象。同意变更执行地的，应对社区矫正对象进行教育，书面告知其到新执行地县级社区矫正机构报到的时间期限以及逾期报到或者未报到的后果，责令其按时报到。

第三十一条 同意变更执行地的，原执行地县级社区矫正机构应当在作出决定之日起五日内，将有关法律文书和档案材料移交新执行地县级社区矫正机构，并将有关法律文书抄送社区矫正决定机关和原执行地县级人民检察院、公安机关。新执行地县级社区矫正机构收到法律文书和档案材料后，在五日内送达回执，并将有关法律文书抄送所在地县级人民检察院、公安机关。

同意变更执行地的，社区矫正对象应当自收到变更执行地决定之日起七日内，到新执行地县级社区矫正机构报到。新执行地县级社区矫正机构应当核实身份、办理登记接收手续。发现社区矫正对象未按规定时间报到的，新执行地县级社区矫正机构应当立即通知原执行地县级社区矫正机构，由原执行地县级社区矫正机构组织查找。未及时办理交付接收，造成社区矫正对象脱管漏管的，原执行地社区矫正机构会同新执行地社区矫正机构妥善处置。

对公安机关、监狱管理机关批准暂予监外执行的社区矫正对象变更执行地的，公安机关、监狱管理机关在收到社区矫正机构送达的法律文书后，应与新执行地同级公安机关、监狱管理机关办理交接。新执行地的公安机关、监狱管理机关应指定一所看守所、监狱接收社区矫正对象档案，负责办理其收监、刑满释放等手续。看守所、监狱在接收档案之日起五日内，应当将有关情况通报新执行地县级社区矫正机构。对公安机关批准暂予监外执行的社区矫正对象在同一省、自治区、直辖市变更执行地的，可以不移交档案。

《安徽省社区矫正工作实施细则》

第三十六条 社区矫正对象因下列情形需要离开社区矫正执行地的，应当提前三日向司法所提出书面申请，并提供相关证明材料：

（一）本人就医、结婚、离婚、生育、参加考试等需要离开执行地的；

（二）涉本人的仲裁、登记、许可、调解、复议、诉讼等活动确需本人赴外地参加的；

（三）法定节假日需离开执行地探亲、祭祖的；

（四）本人近亲属婚嫁、病重、亡故等，确需本人赴外地处理的；

（五）因生产经营等工作需要，确需本人赴外地处理的，不包括赴外地务工；

（六）其他法律法规规定，确需本人离开执行地处理的其他情形。

第三十七条 司法所应当在收到外出申请当日对社区矫正对象外出理由、期限、目的地以及相关证明材料进行审核，按照规定的权限进行审批或者报审。设区的市、县（市、区）社区矫正机构应当自收到报批材料的之日起三日内完成审核审批工作，发放《社区矫正审批事项告知书》。社区矫正对象单次申请外出超过三十日或者两个月内外出时间累计超过三十日，应当报设区的市社区矫正机构审批。县（市、区）社区矫正机构应当将审批结果和社区矫正对象外出情况及时通报同级人民检察院。

第三十八条 社区矫正对象在外出期限届满前返回执行地的，应当及时到县（市、区）社区矫正机构或者司法所办理手续，如实提供其外出期间取得的食宿、交通票据，以及其他与外出事项、地点相关的文字、照片或者视频等证明材料。社区矫正对象因特殊情况无法按时返回，需要延长外出期限的，应当通过电话、微信、电子邮件或者由近亲属代为履行报告手续，由县（市、区）社区矫正机构审批。发现社区矫正对象违反外出管理规定的，县（市、区）社区矫正机构或者司法所应当责令其立即返回，并视情节予以处理。

第三十九条 社区矫正对象因正常工作和生活需要申请经常性跨设区的市、县（市、区）（不包括设区的市城区）活动的，一般应提前一个月向司法所提出书面申请，并提供相关证明材料，由县（市、区）社区矫正机构参照本细则第三十七条有关程序审批，并通报同级人民检察院。

第四十条 同时具备下列情形的，属于经常性跨设区的市、县（市、区）活动：

（一）外出理由应当符合《实施办法》及本细则第三十六条规定；

（二）每月至少往返所跨设区的市、县（市、区）三次及以上的；

（三）跨设区的市、县（市、区）活动的出行目的地和出行路线明确、固定，出行时间、频次规律；

（四）除必须途经外，不包括经常性跨设区的市、县（市、区）活动外的第三地。

第四十一条 经常性跨设区的市、县（市、区）活动的一个批准有效期一般为六个月。矫正期限不满六个月或者经常性跨设区的市、县（市、区）活动无须六个月的，县（市、区）社区矫正机构可以根据实际情况确定批准的有效期。社区矫正对象经常性跨设区的市、县（市、区）活动的出行目的地、出行路线、时间、频次不固定且无规律的，应当按照正常外出管理的规定审批。

第四十二条 在批准经常性跨设区的市、县（市、区）活动的有效期间内，社区矫正对象每次外出前应当至少提前一日以电话或者其他通讯方式向司法所报告。司法所应当做好记录并向县（市、区）社区矫正机构报备。社区矫正对象只能在批准的设区的市、县（市、区）范围活动。经批准经常性跨设区的市、县（市、区）活动的社区矫正对象应当每月书面报告外出情况并提供相关证明材料。社区矫正对象外出期间违反规定或者未按规定报告情况的，经常性外出审批事项终止，且六个月内不再批准。

第四十三条 在社区矫正对象外出期间，县（市、区）社区矫正机构、司法所应当通过电话通讯、实时视频等方式实施监督管理，也可以协商外出目的地社区矫正机构协助监督管理。县（市、区）社区矫正机构接受其它社区矫正机构委托，通过电话查询、实地查访等方式，协助对批准来本地的社区矫正对象进行监督管理。

第四十四条 社区矫正对象离开执行地就学或者长期培训的，可以参照本细则第三十七条、第四十三条规定执行。县（市、区）社区矫正机构应当要求就读学校、培训机构协助做好社区矫正工作。

第四十五条 社区矫正对象因迁居、工作等原因申请变更社区矫正执行地的，应当向司法所提交书面申请，说明理由并提交相关证明材料。司法所自收到变更社区矫正执行地申请之日起三日内审核并签署意见后，报县（市、区）社区矫正机构审批。

第四十六条 执行地社区矫正机构收到变更社区矫正执行地的申请后，应当在五日内书面征求新执行地社区矫正机构的意见。新执行地社区矫正机构接到征求意见函后，应当调查核实申请理由，符合条件的，应当予以同意变更并配合做好相关变更手续；不符合条件的，应当书面函复具体原因，并提供相关依据和证明材料。

第四十七条 执行地和新执行地的社区矫正机构对变更执行地意见不一致的，按照下列规定处理：

（一）设区的市范围内执行地和新执行地县（市、区）社区矫正机构意见不一致的，由设区的市社区矫正机构指定；

（二）本省跨设区的市范围执行地和新执行地县（市、区）社区矫正机构意见不一致的，由省社区矫正机构指定；

（三）跨省范围执行地和新执行地县（市、区）社区矫正机构意见不一致的，由省社区矫正机构协商解决。

第四十八条 人民法院、监狱、看守所、社区矫正机构应当告知社区矫正对象禁止出境的相关规定。县（市、区）社区矫正机构应当自社区矫正对象报到之日起十日内，向同级公安机关出入境管理部门送达《法定不批准出境人员通报备案通知书》，不批准出境期限为社区矫正期限。同级公安机关未设立出入境管理机构的，应当向设区市公安机关出入境管理部门通报备案。社区矫正对象被依法减刑、赦免的，县（市、区）社区矫正机构应当办理变更、撤销法定不批准出境人员通报备案。

第四十九条 公安机关出入境管理部门应当根据通报备案社区矫正对象的不同情况，采取下列相应措施：

（一）未申领护照或者其他出入境证件的，公安机关出入境管理部门应当自接到法定不批准出境人员通报备案通知书之日起，在通报限制出境期限内不批准通报备案对象办理出国（境）证件的申请；

（二）持有有效护照或者其他出入境证件的，公安机关应当通知县（市、区）社区矫正机构予以收缴；无法收缴的，提请公安机关按规定程序予以宣布作废，或者由县（市、区）社区矫正机构按程序报省司法行政机关办理边控手续。

《北京市社区矫正实施细则》

第四十七条 社区矫正对象未经批准不得离开北京市。

第四十八条 社区矫正对象确因就医、就学、参与诉讼、处理家庭或者工作重要事务等正当理由，需要离开北京市的，一般应当提前三日提交书面申请，并按照要求如实提供诊断证明、单位证明、入学证明、法律文书等相关证明材料。

家庭或工作重要事务一般是指：

（一）结婚、离婚、本人或配偶生育的；

（二）近亲属或者其他亲属婚嫁、病重、亡故等，确需本人外出处理的；

（三）春节、清明期间需离开执行地探亲、祭祖的；

（四）涉本人的诉讼、仲裁、登记、许可、调解、复议等确需本人参加的；

（五）因生产经营或工作需要，确需本人外出处理的。

社区矫正对象单次请假外出目的地一般只能为同一市、县。

第四十九条 社区矫正对象申请外出时间在七日内的，可以由司法所批准，并报区社区矫正机构备案；超过七日的，由司法所审核并签署意见后报区社区矫正机构审批。区社区矫正机构每次批准外出的时间不超过三十日。

因特殊情况确需外出超过三十日的，或者两个月内外出时间累计超过三十日的，应报市社区矫正机构审批。市社区矫正机构批准社区矫正对象外出的，区社区矫正机构应当及时通报同级人民检察院。

对于已经批准的外出期间，不计入下一次审批的期间。下一次外出审批应当自社区矫正机构本次审批的期限结束后，重新计算，依职权审批。

实行严管的社区矫正对象申请外出的，应当从严审批；在七日内的，由司法所审核并签署意见后报区社区矫正机构审批。

第五十条　区社区矫正机构、司法所应当对社区矫正对象外出申请材料进行审核，认为需要补充相关证明材料的，可以要求社区矫正对象及时予以补充。

区社区矫正机构认为需要调查核实相关事实的，可以委托司法所进行调查核实，也可自行调查核实。

第五十一条　在社区矫正对象外出期间，执行地的区社区矫正机构、司法所应当通过电话通讯、实时视频等方式实施监督管理。

执行地的区社区矫正机构根据需要，可以协商外出目的地社区矫正机构协助监督管理，并要求社区矫正对象在到达和离开时向当地社区矫正机构报告，接受监督管理。

区社区矫正机构可以接受北京市以外的社区矫正机构委托，协助对请假来京社区矫正对象进行监督管理。区社区矫正机构、司法所在社区矫正对象报告后，可以通过通讯、实地查访等方式协助监督管理，并将有关情况通过传真等方式书面通报执行地的县级社区矫正机构。

第五十二条　社区矫正对象应在外出期限届满前返回北京市，并向执行地的司法所报告，办理销假手续。因特殊原因无法按期返回的，应当及时向司法所报告情况，提交相关证明材料，并通过电话、传真等方式办理续假手续。

续假手续应当依照审批权限报区社区矫正机构或者层报市社区矫正机构批准。

第五十三条　社区矫正对象确因正常工作和生活需要申请经常性出入本市活动的，一般应当提前一个月向司法所提出书面申请，写明理由、经常去往的市县名称、时间、频次等，并提供相关证明材料。区社区矫正机构应当结合社区矫正对象现实表现情况，参照第四十九条有关程序从严审批，批准一次的有效期为六个月。审批同意的，应同时通报同级人民检察院。

在批准经常性出入本市活动的有效期间内，社区矫正对象每次外出前和返回后应当通过书面、电话、或者微信等通讯联络方式向司法所报告。司法所应当书面记录在案。

被批准经常性出入本市活动的社区矫正对象应当每月到司法所书面报告外出情况。司法所每月向区社区矫正机构报备。

实施严格管理的社区矫正对象申请经常性出入本市活动的，一般不予批准。

第五十四条　发现社区矫正对象违反外出管理规定的，司法所应当责令其立即返回，并视情节依法给予相应处罚。被批准经常性出入本市活动的社区矫正对象违反规定的，自违反规定之日起，本次批准终止。

第五十五条　社区矫正对象因工作、居所变化等原因需要变更执行地的，一般应当提前一个月提出书面申请，并提供相应证明材料，由司法所审核并签署意见后报执行地的区社区矫正机构审批。

第五十六条　执行地的区社区矫正机

构收到申请后，应当在五日内书面征求新执行地的区（县）社区矫正机构的意见。

新执行地的区社区矫正机构接到征求意见函后，应当在五日内按照本细则第十三条规定开展调查核实，并根据居住地核实情况作出是否同意接收的意见后书面回复。执行地的区社区矫正机构根据回复意见，作出决定。执行地的区社区矫正机构对新执行地的区（县）社区机构的回复意见有异议的，可以报市社区矫正机构协调解决。

经审核，执行地的区社区矫正机构不同意变更执行地的，应在决定作出之日起五日内告知社区矫正对象。同意变更执行地的，应对社区矫正对象进行教育，书面告知其到新执行地的区（县）社区矫正机构报到的时间期限以及逾期报到或者未报到的后果，责令其按时报到。

第五十七条 同意变更执行地的，原执行地的区社区矫正机构应当在作出决定之日起五日内，将有关法律文书和档案材料原件移交新执行地的区（县）社区矫正机构，并将有关法律文书抄送社区矫正决定机关和原执行地的区人民检察院、公安分局。新执行地的区社区矫正机构收到法律文书和档案材料后，在五日内送达回执，并将有关法律文书抄送所在地的区人民检察院、公安机关。原执行地的区社区矫正机构留存有关法律文书和档案材料的复印件。

同意变更执行地的，社区矫正对象应当自收到变更执行地决定之日起七日内，到新执行地的区社区矫正机构报到。新执行地的区社区矫正机构应当核实身份、办理登记接收手续。发现社区矫正对象未按规定时间报到的，新执行地的区社区矫正机构应当立即通知原执行地的区社区矫正机构，由原执行地的区社区矫正机构组织查找。未及时办理交付接收，造成社区矫正对象脱管漏管的，原执行地社区矫正机构会同新执行地社区矫正机构妥善处理。

第五十八条 对市公安局、市监狱管理局批准暂予监外执行的社区矫正对象变更执行地到本市以外的省、自治区、直辖市的，市公安局、市监狱管理局在收到社区矫正机构送达的法律文书后，应当与新执行地同级公安机关、监狱管理机关办理交接。

变更执行地到本市的，市公安局、市监狱管理局应当与原执行地公安机关、监狱管理机关办理交接手续，并立即指定一所看守所、监狱接收社区矫正对象档案，负责办理其收监、刑满释放等手续。看守所、监狱应当在接收文书材料之日起五日内，将有关情况通报新执行地的区社区矫正机构。

第五十九条 看守所、监狱对批准暂予监外执行的社区矫正对象，应当在其出监所当日向市公安局出入境管理部门书面通报法定不批准出境备案并提请对其持有的出国（境）证件宣布作废。

第六十条 执行地的区社区矫正机构应当在收到人民法院送达的管制、缓刑、暂予监外执行社区矫正对象的法律文书和看守所、监狱送达假释社区矫正对象的法律文书，并在办理该社区矫正对象报到登记之日起二个工作日内，派员或通过机要方式向市公安局出入境管理部门书面通报备案，同时对其持有的出国（境）证件提请宣布作废。紧急情况下，可以与市公安局出入境管理部门协商后，通过传真方式送达有关材料，并在五个工作日内送达书面通报备案及提请宣布作废材料。

第六十一条 通报备案机关对管制、缓刑、假释社区矫正对象通报备案的限制出境期限和起止日期应当分别与其管制执行期限、缓刑、假释考验期限及起止日期一致。对暂予监外执行社区矫正对象通报备案的限制出境期限和起止日期应当与其刑期及起止日期一致。

管制、缓刑、假释、人民法院决定暂予监外执行的社区矫正对象在社区矫正期间发生刑罚变动的，或者被撤销缓刑、撤销假释、决定收监执行且已经被收监的，执行地的区社区矫正机构应当及时向市公安局出入境管理部门重新书面通报备案或撤销备案。看守所、监狱暂予监外执行的社区矫正对象发生刑罚变动或者被决定收监执行的，看守所、监狱应当重新书面通报备案或撤销备案。

第六十二条 市公安局出入境管理部门接到提请宣布作废和限制出境通报备案后，对持有有效出国（境）证件的社区矫正对象，应当及时通知报备机关，并依据国家移民局相关规定对社区矫正对象持有的出国（境）证件宣布作废。

通报备案人员申请办理各类出入境证件的，市公安局出入境管理部门不予签发。

第六十三条 社区矫正决定机关对港澳台、外国籍和需要办理边控手续的中国籍社区矫正对象决定适用社区矫正时，应当依据规定办理边控手续，并将相关情况书面通报社区矫正机构。不准出境边控期限与刑期或缓刑、假释考验期相同。

需要对在管社区矫正对象办理边控手续的，区司法局可以报市司法局提请北京出入境边防检查总站办理。

《福建省社区矫正实施细则》

第二十二条 社区矫正对象申请外出（离开所居住的市、县）需提交《申请书》和相关证明材料。受委托的司法所应当自收到申请材料的当日填写《社区矫正对象外出审批表》、签署审核意见，报县级社区矫正机构（紧急情况的外出，社区矫正对象可以直接向县级社区矫正机构申请）。三十日内的外出，由县级社区矫正机构批准；超过三十日或者两个月内外出时间累计超过三十日的，由县级社区矫正机构报设区市级社区矫正机构批准后，通报同级人民检察院。

社区矫正对象有正当理由的外出申请，社区矫正机构和受委托的司法所应当在收到申请的三日内完成审核、批准、制发《社区矫正事项审批告知书》，告知其本人和未成年社区矫正对象的监护人。外出范围在福建省行政区域内的，通报设区市级社区矫正机构；外出范围超出福建省行政区域的，通报省社区矫正机构。

社区矫正对象外出就医，需提供县级以上医院的诊断证明材料；外出就学，需提供学校（培训机构）通知其本人入学（培训）通知书和在校生放寒暑假的证明材料；外出参与诉讼，需提供有关机关通知其本人参加诉讼的法律文书；外出处理家庭重要事务，需提供相关证明其处理家庭重要事务的材料；外出处理工作重要事务，需提供相关单位证明其处理工作重要事务的材料。

县级社区矫正机构可以依据《实施办法》第二十八条的规定，协商外出目的地的县级社区矫正机构协助监督管理。

社区矫正对象除不可抗拒的原因外，应当于批准外出截止日期前返回，并于返回后的二十四小时内持相应的外出凭证（交通、住宿票据等），到县级社区矫正机构或者受委托的司法所报告外出情况。属设区市级社区矫正机构批准外出的，县级社区矫正机构应将其返回情况及时报告设区市级社区矫正机构。

为应对突发事件等情况，省社区矫正机构可以根据法律、法规或者上级的决定，作出临时暂停或者限制批准社区矫正对象外出时间、地点和活动范围的决定。

社区矫正对象未经批准离开所居住的市、县或者超越批准外出的市、县活动的，县级社区矫正机构应当依据《实施办法》的有关规定予以处罚。

社区矫正对象离开所居住的“市”是指直辖市、设区市的城市市区和县级市的辖区。处理家庭重要事务是指社区矫正对象本人结婚、离婚、分娩（含配偶），涉本人的仲裁、登记、许可、调解、复议事项，春节期间探望父母，清明节期间墓祭，确需本人外出处理的近亲属婚嫁、病重、亡故等。处理工作重要事务是指确需社区矫正对象本人外出处理的生产经营或者工作事务。

第二十三条　社区矫正对象申请经常性跨市、县活动需提交《申请书》和相应证明材料，由县级社区矫正机构填写《社区矫正对象经常性跨市、县活动审批表》，经集体研究后，批准其一次有效期为六个月的经常性跨市、县活动，并制发《社区矫正事项审批告知书》，告知其本人和未成年社区矫正对象的监护人。经常性跨市、县活动在福建省行政区域内的，报设区市级社区矫正机构备案；经常性跨市、县活动离开福建省行政区域的，报省社区矫正机构备案。

社区矫正对象确因正常工作需要经常性跨市、县活动的，需提供所在工作单位劳动关系、有效的统一社会信用代码证（照）复印件、社会保险、派遣证明材料；确因生活需要经常性跨市、县活动的，需提供生活往来的本人、配偶和子女不动产证明材料。

县级社区矫正机构根据需要，可以对经常性跨市、县的社区矫正对象进行实地查访或者依据《实施办法》第二十八条的规定协商经常性跨市、县的县级社区矫正机构协助监督管理。发现经常性跨市、县活动的情形消失，应当及时终止。

社区矫正对象超越批准所经常性跨的市、县活动的，县级社区矫正机构应当按照《实施办法》有关规定予以处罚。

第二十四条　社区矫正对象申请变更执行地需提交《申请书》和相应证明材料（含暂予监外执行社区矫正对象的新保证人材料），委托的司法所应当自收到申请材料的二日内，填写《社区矫正对象执行地变更审批表》、签署审核意见，报执行地县级社区矫正机构。

执行地县级社区矫正机构收到申请变更执行地的材料后，拟同意变更执行地的，应当在五日内制作《社区矫正对象执行地变更征求意见函》征求新执行地县级社区矫正机构意见；不同意变更执行地的，应当制作《社区矫正对象执行地变更决定书》，并在决定作出之日起五日内制发《社区矫正事项审批告知书》，送达社区矫正对象本人和未成年社区矫正对象的监护人。

新执行地县级社区矫正机构应当在收到征求意见函的五日内作出是否同意接收的书面回复。执行地县级社区矫正机构根据回复意见，制作《社区矫正对象执行地变更决定书》，并制发《社区矫正事项审批告知书》，送达社区矫正对象本人和未成年社区矫正对象的监护人。同意其变更执行地的，还需抄送社区矫正决定机关和原执行地县级人民检察院、公安机关。暂予监外执行的社区矫正对象变更执行地至福建省行政区域外的，报省社区矫正机构备案。

社区矫正对象申请变更执行地，执行地县级社区矫正机构和受委托的司法所一般在收到申请的三十日内完成审核、征求意见、决定、告知书送达工作。社区矫正机构不能就社区矫正对象变更执行地达成一致意见的，报其共同的上一级社区矫正机构协调解决。变更执行地至福建省行政区域外的，可以报请省社区矫正机构协调解决。

同意变更执行地的社区矫正对象，应当自收到《社区矫正对象执行地变更决定书》之日起七日内，到新执行地县级社区矫正机构报到。新执行地社区矫正机构应当核实身份、及时办理接收登记手续；收到法律文书和档案材料后，应当在五日内送达《社区矫正法律文书送达回执》，并将有关法律文书抄送所在地县级人民检察院、公安机关。

社区矫正对象申请变更执行地因工作原因的，需提供所在工作单位劳动关系、有效的统一社会信用代码证（照）复印件、居住证明材料；因居所变化的，需提供本人、配偶和子女不动产证明材料。

为应对突发事件等情况，省社区矫正机构可以根据法律、法规或者上级的决定，作出临时暂停或者限制批准社区矫正对象变更执行地时间、地点的决定。

社区矫正对象变更执行地是指县（市、区）与县（市、区）的执行地变更，不包含本县（市、区）乡镇（街道）之间的调整。

社区矫正对象未经批准擅自迁居或者没有按规定时间到新执行地报到的，执行地县级社区矫正机构应当依据《实施办法》的有关规定予以处罚。

《甘肃省社区矫正实施细则》

第六十七条 社区矫正对象因就医、就学、参与诉讼、处理家庭或工作重要事务等事由需要请假外出离开县（市、区）的，应当提前三日向司法所提出书面申请，并按照要求提供相关证明材料。家庭或工作重要事务一般是指：

（一）结婚、离婚、本人或配偶生育的；

（二）涉本人的诉讼、仲裁、行政审批等，确需本人参加的；

（三）春节、清明期间需离开执行地探亲、祭祖的；

（四）近亲属婚嫁、病重、亡故等，确需本人外出处理的；

（五）因生产经营或工作需要，确需本人外出处理的。

社区矫正对象请假外出七日内的，由受委托的司法所批准，并报县（市、区）社区矫正机构备案；超过七日不超过三十日的，由县（市、区）社区矫正机构审批。社区矫正对象单次请假外出超过三十日或者两个月内外出时间累计超过三十日，县（市、区）社区矫正机构审核同意的，报市（州）社区矫正机构审批。市（州）社区矫正机构同意的，县（市、区）社区矫正机构应当通报同级人民检察院。

市（州）、县（市、区）社区矫正机构应当在收到报批材料的三日内完成审核审批工作，发放《社区矫正事项审批告知书》。

第六十八条 社区矫正对象申请经常性跨市、县活动的，应当由本人提出书面申请，写明理由、经常性去往市、县名称、时间、频次等，同时提供相应证明材料，由执行地县（市、区）社区矫正机构审核批准，并报市（州）社区矫正机构备案，批准一次的有效期不超过六个月。审批同意的，应同时通报同级人民检察院。

在批准经常性跨市、县活动的有效期间内，社区矫正对象每次外出前应当至少提前一日向司法所报告，报告方式可以是书面、电话或微信等通讯联络方式。受委托的司法所应及时向县（市、区）社区矫正机构报备。

被批准经常性跨市、县活动的社区矫正对象应当每月书面报告外出情况并提供相关证明材料。社区矫正对象外出期间违反规定或未按照简化程序申请报批的，经常性审批事项终止，且自审批事项终止之日起六个月内不再批准。

第六十九条 县（市、区）社区矫正机构应当对社区矫正对象外出申请材料进行审核，认为需要补充相关证明材料的，可以通知司法所要求社区矫正对象及时予以补充。

县（市、区）社区矫正机构认为需要调查核实相关事实的，可以委托司法所进行调查核实，也可以自行调查核实。

要求补充相关证明材料或需要对相关事实进行调查核实的，县（市、区）社区矫正机构审核审批期限自材料补充完毕或调查核实完毕时起算。

第七十条 社区矫正对象请假外出期满前返回居住地的，应当及时到县（市、区）社区矫正机构或司法所办理销假手续。销假时，社区矫正对象应如实提供其外出期间取得的食宿、交通票据原件以及其他与外出事项、地点相关的文字、照片或视频等证明材料。

社区矫正对象确因特殊原因无法按时回到本县（市、区），需要延长外出期限的，由县（市、区）社区矫正机构参照本细则第六十七条规定程序审批。

第七十一条 社区矫正对象申请变更执行地需提交《申请书》和相应证明材料（含暂予监外执行社区矫正对象的新保证人材料），受委托的司法所应当自收到申请材料的二日内，填写《社区矫正对象执行地变更审批表》、签署审核意见，报执行地县（市、区）社区矫正机构。

执行地县（市、区）社区矫正机构收到申请变更执行地的材料后，拟同意变更执行地的，应当在五日内制作《社区矫正对象执行地变更征求意见函》征求新执行地县（市、区）社区矫正机构意见；不同意变更执行地的，应当制作《社区矫正对象执行地变更决定书》，并在决定作出之日起五日内制发《社区矫正事项审批告知书》，送达社区矫正对象本人和未成年社区矫正对象的监护人。

新执行地县（市、区）社区矫正机构应当在收到征求意见函的五日内作出是否同意接收的书面回复。执行地县（市、区）社区矫正机构根据回复意见，制作《社区矫正对象执行地变更决定书》，并制发《社区矫正事项审批告知书》，送达社区矫正对象本人和未成年社区矫正对象的监护人。同意其变更执行地的，还需抄送社区矫正决定机关和原执行地县（市、区）人民检察院、公安机关。暂予监外执行的社区矫正对象变更执行地至甘肃省行政区域外的，报省社区矫正机构备案。

社区矫正对象申请变更执行地，执行地县（市、区）社区矫正机构和受委托的司法所一般在收到申请的三十日内完成审核、征求意见、决定、告知书送达工作。社区矫正机构不能就社区矫正对象变更执行地达成一致意见的，报其共同的上一级社区矫正机构协调解决。变更执行地至甘肃省行政区域外的，可以报请省社区矫正机构协调解决。

同意变更执行地的社区矫正对象，应当自收到《社区矫正对象执行地变更决定书》之日起七日内，到新执行地县（市、区）社区矫正机构报到。新执行地社区矫正机构应当核实身份、及时办理接收登记手续；收到法律文书和档案材料后，应当在五日内送达《社区矫正法律文书送达回执》，并将有关法律文书抄送所在地县

(市、区)人民检察院、公安机关。

社区矫正对象申请变更执行地因工作原因的，需提供所在工作单位劳动关系、有效的统一社会信用代码证(照)复印件、居住证明材料；因居所变化的，需提供本人、配偶和子女不动产证明材料。

为应对突发事件等情况，省社区矫正机构可以根据法律、法规或者上级的决定，作出临时暂停或者限制批准社区矫正对象变更执行地时间、地点的决定。

社区矫正对象变更执行地是指县(市、区)与县(市、区)的执行地变更，不包含本县(市、区)乡镇(街道)之间的调整。

社区矫正对象未经批准擅自迁居或者没有按规定时间到新执行地报到的，执行地县(市、区)社区矫正机构应当依据《实施办法》的有关规定予以处罚。

第七十二条 人民法院、监狱、看守所、社区矫正机构应当告知社区矫正对象禁止出境的相关规定。人民法院、公安机关、司法行政机关、监狱管理机关按照各自职责依法落实社区矫正对象限制出境措施，对须限制出境的对象应当及时向公安机关通报备案，公安机关出入境部门依据法律规定不批准限制对象出境：

(一)人民法院负责由其裁定假释的社区矫正对象的限制出境工作；负责由其判处管制、宣告缓刑、决定暂予监外执行的港澳台及外国籍社区矫正对象的限制出境工作。

(二)公安机关、监狱管理机关负责由其决定的暂予监外执行社区矫正对象的限制出境工作。

(三)司法行政机关负责本地人民法院判处管制、宣告缓刑、决定暂予监外执行社区矫正对象(港澳台及外国籍社区矫正对象除外)的限制出境工作；负责外省(市)社区矫正决定机关决定的在本地接管的社区矫正对象的限制出境工作。

《广东省社区矫正实施细则》

第三十一条 社区矫正对象因就医、就学、参与诉讼、处理家庭或者工作重要事务等正当理由，需离开所居住的市、县的，一般应当提前三日提交书面申请，并如实提供诊断证明、单位证明、入学证明、法律文书等材料，经批准后可以离开所居住市、县。

处理家庭重要事务是指社区矫正对象本人结婚、离婚、分娩(含配偶)，办理涉及本人的仲裁、登记、许可、调解、复议等事项，确需本人外出处理的亲属婚嫁、病重、亡故等事项。

处理工作重要事务是指确需社区矫正对象本人外出处理的生产经营或者其他重要工作事务。

前款规定的市是指设区的市的城市市区和县级市的辖区、不设区的地级市。在设区的同一市内跨区活动的，不属于离开所居住的市、县。

第三十二条 社区矫正对象申请外出时间在七日内的，可以由受委托的司法所批准，并报执行地县级社区矫正机构备案；超过七日的，由执行地县级社区矫正机构批准。执行地县级社区矫正机构每次批准外出的时间不得超过三十日。

因特殊情况确需外出超过三十日的，或者两个月内外出时间累计超过三十日的，应当报上一级社区矫正机构审批。上一级社区矫正机构批准社区矫正对象外出的，执行地县级社区矫正机构应当及时通报同级人民检察院。

因突发性重大变故等紧急情形确需立即外出的，可以用电话、微信、传真等方式提出申请，在外出之前应当取得县级社区矫正机构或者受委托的司法所同意，并保持通讯畅通。紧急情形消失后，应当在二十四小时内补办外出手续，如实提供相关证明材料，并在《社区矫正对象外出审批表》中注明情况。

第三十三条 在社区矫正对象外出期间，执行地县级社区矫正机构、受委托的司法所应当通过电话通讯、实时视频、信息化核查等方式实施监督管理。

第三十四条 执行地县级社区矫正机构根据需要，可以协商外出目的地社区矫正机构协助监督管理，并要求社区矫正对象在到达和离开时向当地社区矫正机构报告，接受监督管理。外出目的地社区矫正机构接收社区矫正对象报到后，可以要求社区矫正对象定期当面报告，并通过电话通讯、实地查访、个别谈话等方式协助监督管理。

第三十五条 社区矫正对象应当在外出期限届满前返回执行地，并向执行地县级社区矫正机构或者受委托的司法所报告，办理手续。因特殊原因无法按期返回的，应当及时向社区矫正机构或者受委托的司法所报告情况。发现社区矫正对象违反外出管理规定的，社区矫正机构应当责令其立即返回，并视情节依法予以处理。

第三十六条 社区矫正对象确因正常工作和生活需要经常性跨市、县活动的，应当由本人向受委托的司法所提出书面申请，写明理由、经常性去往市县名称、频次等，并提供相应证明。

受委托的司法所对社区矫正对象的申请理由进行审核，报县级社区矫正机构审批。执行地县级社区矫正机构批准一次的有效期不超过六个月。到期后，社区矫正对象仍需经常性跨市、县活动的，应当提前五日重新提出申请。

在批准经常性跨市、县活动的有效期间内，社区矫正对象到批准市、县活动的，外出前一日，应当通过电话、微信等方式事先报告。社区矫正对象不按规定报告或者不按申请频次和范围外出的，社区矫正机构或者受委托的司法所应当视情形给予相应处置，情节严重的取消其经常性跨市、县活动的许可。

第三十七条 社区矫正对象因工作、居所变化等原因需要变更执行地的，一般应当提前一个月提出书面申请，并提供相关证明材料。

社区矫正对象变更执行地由执行地县级社区矫正机构审批。执行地县级社区矫正机构同意变更的，应当在五日内书面征求拟变更执行地县级社区矫正机构的意见；不同意变更的，应当在决定作出之日起五日内告知社区矫正对象。

拟变更执行地县级社区矫正机构接到征求意见函后，应当在五个工作日内核实有关情况，作出是否同意接收的书面回复意见。同意接收变更的，原执行地县级社区矫正机构可以决定予以变更；不同意变更的，原执行地县级社区矫正机构可以报执行地上级社区矫正机构协调解决；仍有异议的，层报共同的上级社区矫正机构决定。

第三十八条 符合下列情形之一，并且社区矫正对象有确定住所的，拟变更执行地应当接收：

（一）拟变更执行地为社区矫正对象户籍所在地的；

（二）社区矫正对象在拟变更执行地购有（自有）房产，能出具产权证或者其他具有法律效力的房产所有权、使用权证明的；

（三）社区矫正对象在拟变更执行地已办理居住证且实际居住的；

（四）社区矫正对象在拟变更执行地经商、办企业，能出具营业执照，有固定经营场所，并未被列入经营异常的；

（五）社区矫正对象在拟变更执行地租赁房屋，能出具租赁合同且租住房屋已做好租赁报备，符合出租房屋管理相关要求的；

（六）社区矫正对象在拟变更执行地有固定生活来源的亲属提供居住的房屋，能提供具有法律效力的房产所有权、使用权证明，并由产权人、使用权人出具书面承诺和担保的；

（七）社区矫正对象在拟变更执行地工作，能出具正式的劳动合同和相关居住证明材料的；

（八）社区矫正对象在拟变更执行地就学，能提供本人录取通知书或者学籍证明的；

（九）其他有利于社区矫正对象接受矫正、更好地融入社会的情形。

第三十九条 社区矫正机构同意变更执行地后，应当对社区矫正对象进行教育，并书面告知其到新执行地县级社区矫正机构报到的时间期限，以及逾期报到或者未报到的后果，责令其七日内按时报到。

原执行地县级社区矫正机构应当在作出决定之日起五日内，将有关法律文书和矫正档案移交新执行地县级社区矫正机构，制作《社区矫正对象执行地变更决定书》，与有关法律文书一起抄送社区矫正决定机关、原执行地县级人民检察院和公安机关。

法律文书和矫正档案可以通过邮寄或者当面交接的方式移交新执行地。新执行地县级社区矫正机构收到法律文书和档案材料后，应当在五日内送达回执，并将有关法律文书转送同级人民检察院和公安机关。

社区矫正对象应当自收到变更执行地决定之日起七日内，到新执行地县级社区矫正机构报到。新执行地县级社区矫正机构应当核实身份、办理登记接收手续。发现社区矫正对象未按规定时间报到的，新执行地县级社区矫正机构应当立即通知原执行地县级社区矫正机构，由原执行地县级社区矫正机构组织查找。因社区矫正对象未实际交付接收，造成脱管漏管的，由原执行地社区矫正机构处置，新执行地社区矫正机构予以协助。

对公安机关、监狱管理机关批准暂予监外执行的社区矫正对象，在本省内变更执行地的，原执行地社区矫正机构应当将变更情况通知负责管理档案的公安机关、监狱，无需重新办理交接，由原关押的看守所、监狱负责办理其收监、刑满释放等手续；变更执行地到外省的，原执行地社区矫正机构应当将变更情况通知公安机关、监狱管理机关，公安机关、监狱管理机关在收到社区矫正机构送达的法律文书后，应当与新执行地同级公安机关、监狱管理机关办理交接；接收外省变更执行地的，公安机关、监狱管理机关应当在收到社区矫正机构送达的法律文书后，指定一所看守所、监狱接收有关法律文书材料，负责办理其收监、刑满释放等手续。看守所、监狱在接收文书材料之日起五日内，应当将有关情况通报新执行地县级社区矫正机构。

《广西壮族自治区社区矫正工作细则》

第六十五条 社区矫正对象离开所居住的市、县，应当经执行地县（市、区）社区矫正机构或受委托的司法所批准。社区矫正对象未经批准不得离开所居住的市、县。社区矫正对象因就医、就学、参与诉讼、处理家庭或工作重要事务等，确需离开所居住的市、县的，经社区矫正机构批准，可以申请外出。

前款规定的市是指设区市的城区和县级市的辖区。在设区市内跨城区活动的，不属于离开所居住的市、县。

重要家庭事务是指下列事务：

（一）结婚、离婚、考试、入学、本人或配偶生育；

（二）本人直系或三代以内旁系亲属婚嫁、重病、亡故等需外出处理的；

（三）涉及本人的诉讼、仲裁、复议、调解、登记、许可、等，确需本人处理的；

（四）其他确需本人处理的家庭重要事务。

重要工作事务是指确需本人参加的下列事务：

（一）与本职工作相关的投资谈判、签订合同、营销服务、售后服务等与生产经营直接相关的活动；

（二）与本职工作相关的涉及企业生产经营的诉讼、仲裁、复议、调解、登记、许可、等活动；

（三）其他工作重要事务。

第六十六条 社区矫正对象确需离开所居住的市、县的，一般应当提前三日向县（市、区）社区矫正机构或受委托的司法所提交书面申请，并如实提供诊断证明、单位证明、入学证明、法律文书等材料。社区矫正对象申请外出，按以下程序处理：

（一）外出时间在七日以内的，可以由受委托的司法所批准，并报执行地县（市、区）社区矫正机构备案。社区矫正对象向司法所提出书面申请并填写《社区矫正对象外出审批表》，经司法所负责人审批。同意外出的，由受委托的司法所向社区矫正对象发放《审批告知书》，并报县（市、区）社区矫正机构备案；不同意外出的，应当及时告知社区矫正对象并说明理由。

（二）外出时间超过七日的，应提出书面申请并填写《社区矫正对象外出审批表》，经受委托的司法所初审并签署意见后，报县（市、区）社区矫正机构审批。同意外出的，由县（市、区）社区矫正机构或受委托的司法所向社区矫正对象发放《审批告知书》；不同意外出的，由司法所及时告知社区矫正对象并说明理由。

自治区、设区市社区矫正机构根据社会安全形势需要，可以在特定时期或对不特定地区实施临时外出管控措施。

第六十七条 因特殊情况确需外出超过三十日的，或者两个月内外出时间累计超过三十日的，应报上一级社区矫正机构审批。社区矫正对象获批准外出的，执行地县（市、区）社区矫正机构应当及时通报同级人民检察院。社区矫正对象发生突发性重大变故等紧急情形，需要紧急外出的，可以口头申请外出，经受委托的司法所负责人同意、报县（市、区）社区矫正机构分管领导批准，可以外出，紧急情形消失后应当在二十四小时内补办外出审批手续，并在《社区矫正对象外出审批表》中注明情况。

第六十八条 在社区矫正对象外出期间，执行地县（市、区）社区矫正机构、受委托的司法所应当通过电话通讯、手机定位、实时视频等方式实施监督管理。

执行地县（市、区）社区矫正机构根据需要，可以联系外出目的地社区矫正机构协助监督管理，并要求社区矫正对象在到达和离开时向当地社区矫正机构报告，接受监督管理。外出目的地社区矫正机构接收社区矫正对象报到后，可以通过电话查询、实地查访等方式协助监督管理。

社区矫正对象应在外出期限届满前返回居住地，并向县（市、区）社区矫正机构或受委托的司法所报告，在二十四小时内办理销假手续。县（市、区）社区矫正机构或受委托的司法所应当对其外出期间的活动予以核实，在《社区矫正对象外出审批表》上注明返回时间并留存备查。

第六十九条 社区矫正对象经批准外出期间，确需延长外出时间的，应当返回执行地按规定程序办理外出延期手续；因特殊原因无法按期返回的，应及时向县（市、区）社区矫正机构或受委托的司法所报告情况。发现社区矫正对象违反外出管理规定的，县（市、区）社区矫正机构或受委托的司法所应当责令其立即返回，并视情节依法依规予以处理。

第七十条 社区矫正对象确因正常工作和生活需要经常性跨市、县活动的，可以申请外出至居住地以外的市、县，由县（市、区）社区矫正机构根据其外出情形合理划定活动范围。

第七十一条 社区矫正对象申请经常性跨市县活动的，一般应当提前一个月提交书面申请，写明理由、经常性去往市县名称、频次等，同时提供相应证明，由执行地县（市、区）社区矫正机构审批，批准一次的有效期不超过六个月。经批准的经常性跨市县活动范围超过本自治区行政区域的，报设区市社区矫正机构备案。

第七十二条 在批准外出的期限内，社区矫正对象到批准的市、县活动的，可以通过电话、微信等方式报告活动情况，由县（市、区）社区矫正机构或受委托的司法所记录在案。被批准经常性跨市、县活动的社区矫正对象应当每月书面报告外出情况并提供相关证明材料。经常跨市、县外出审批期限到期后，社区矫正对象仍需要经常性跨市县活动的，应当重新提出申请。

社区矫正对象跨市县活动期间违反规定或未按照程序申请报批的，县（市、区）社区矫正机构应当依法依规予以处理。

第七十三条 社区矫正对象因工作、居住地变化等原因需要变更执行地的，一般应当提前一个月向县（市、区）社区矫正机构或受委托的司法所提交书面申请和相应证明材料，填写《社区矫正对象执行地变更审批表》，经受委托的司法所审核同意后，报县（市、区）社区矫正机构审批。

第七十四条 执行地县（市、区）社区矫正机构应当在收到《社区矫正对象执行地变更审批表》之日起五日内，书面征求新执行地县（市、区）社区矫正机构的意见。新执行地县（市、区）社区矫正机构应当自收到征求意见函之日起五日内核实有关情况，作出是否同意接收的意见，书面回复执行地县（市、区）社区矫正机构。执行地县（市、区）社区矫正机构根据回复意见，作出决定。

决定不予变更执行地的，应当在《社区矫正对象执行地变更审批表》上注明理由，执行地县（市、区）社区矫正机构或受委托的司法所应当在作出决定之日起五日内告知社区矫正对象。

决定同意变更执行地的，执行地县（市、区）社区矫正机构或受委托的司法所应当及时向社区矫正对象发放《社区矫正对象执行地变更决定书》，对社区矫正对象进行教育，告知社区矫正对象应当在接到通知后七日内持证明到新执行地社区矫正机构报到，并告知逾期报到或者未报到的后果，责令其按时报到。社区矫正机构作出变更决定后，应当通知社区矫正决定机关。

第七十五条 同意变更执行地的，原执行地县（市、区）社区矫正机构应当在作出决定之日起五日内，将有关法律文书和档案移交新执行地县（市、区）社区矫正机构，并将有关法律文书抄送社区矫正决定机关和原执行地县（市、区）人民检察院和公安机关。新执行地县（市、区）社区矫正机构收到法律文书和档案材料后，在五日内送达回执，并将有关法律文书抄送所在地同级人民检察院和公安机关。

同意变更执行地的，社区矫正对象应当自收到变更执行地决定之日起七日内，到新执行地县（市、区）社区矫正机构报到。新执行地县（市、区）社区矫正机构应当核实身份、办理登记接收手续。发现社区矫正对象未按规定时间报到的，新执行地县（市、区）社区矫正机构应当立即通知原执行地县（市、区）社区矫正机构，由原执行地县（市、区）社区矫正机构组织查找。未及时办理交付接收，造成社区矫正对象脱管漏管的，原执行地社区矫正机构会同新执行地社区矫正机构妥善处置。

对公安机关、监狱管理机关批准暂予监外执行的社区矫正对象变更执行地的，公安机关、监狱管理机关在收到社区矫正机构送达的法律文书后，应与新执行地同级公安机关、监狱管理机关办理交接。新执行地公安机关、监狱管理机关应指定一所看守所、监狱接收社区矫正对象有关法律文书材料，负责办理其收监、刑满释放等手续。看守所、监狱在接收文书材料之日起五日内，应当将有关情况通报新执行地县（市、区）社区矫正机构。对公安机关批准暂予监外执行的社区矫正对象在本自治区行政区域内变更执行地的，可以不移交档案。

第七十六条　在本自治区行政区域内，对社区矫正对象变更执行地有异议的，由共同的上一级社区矫正机构指定；跨本自治区行政区域，如县级、市级社区矫正机构不能达成一致意见的，由省（自治区、直辖市）社区矫正机构协调解决。

《贵州省社区矫正工作实施细则（试行）》

第三十八条　对人民法院禁止令确定需经批准才能进入的特定区域或者场所，社区矫正对象确需进入的，应当提前五个工作日向执行地县级社区矫正机构提出书面申请，提交相关证明材料。执行地县级社区矫正机构应当在三个工作日内审批，向社区矫正对象发放《社区矫正事项审批告知书》，并将《社区矫正对象进入特定区域（场所）审批表》抄送原审人民法院和执行地同级人民检察院。

第三十九条　社区矫正对象未经批准不得离开所居住的市、县。社区矫正对象因就医、就学、参与诉讼、处理家庭或工作重要事务等正当理由需要离开执行地的，应当经执行地县级社区矫正机构或者受委托的司法所批准。

处理家庭或工作重要事务一般为下列情形：

（一）结（离）婚、本人或配偶生育的；

（二）涉及本人及企业的仲裁、登记、许可、调解、复议等，确需本人赴外地参加的；

（三）因生产和经营需要，确需本人外出处理的；

（四）春节期间需离开执行地探望直系亲属的；清明期间需离开执行地墓祭的；

（五）近亲属婚嫁、病重、亡故等，确需本人外出处理的。

第四十条　社区矫正对象确需外出的，一般应当提前三日提交书面申请，并如实提供诊断证明、入学或考试证明、单位证明、法律文书、行程路线、出行方式等材料。

执行地县级社区矫正机构、受委托的司法所应当区分下列情形审批外出：

（一）申请外出时间在七日内的，由受委托的司法所核实外出相关事项及证明材料后批准，并报执行地县级社区矫正机构备案。县级社区矫正机构应当认真复查，发现受委托的司法所违规办理外出审批的，应当及时纠正。

（二）申请外出时间超过七日的，由受委托的司法所初审外出相关事项及证明材料后签署意见，报执行地县级社区矫正机构核实批准。执行地县级社区矫正机构每次批准外出的时间不超过三十日。

（三）因特殊情况确需外出超过三十日以上的，或者两个月内外出时间累计超过三十日的，应当报执行地市（州）级社区矫正机构审查批准。市（州）级社区矫正机构批准社区矫正对象外出的，执行地县级社区矫正机构应当在五个工作日内通报同级人民检察院。

第四十一条　执行地县级社区矫正机构、受委托的司法所应当自收到社区矫正对象外出申请材料之日起三个工作日内完成审批，并向社区矫正对象发放《社区矫正事项审批告知书》。需由市（州）级社区矫正机构审批的，应当自收到县级社区矫正机构提请材料之日起，二个工作日内完成审批。

社区矫正对象外出期间，执行地县级社区矫正机构、受委托的司法所应当通过电话通讯、实时视频、信息化核查等方式实施监督管理。社区矫正对象到达和离开请假地时，应按时报告情况，发送图片、视频等可视验证信息。执行地县级社区矫正机构或受委托的司法所发现社区矫正对象违反外出管理规定的，应当责令其立即返回，并视情节依法予以处理。

第四十二条　执行地县级社区矫正机构可以协调外出目的地社区矫正机构协助监管，并要求社区矫正对象在到达和离开时向外出目的地社区矫正机构报到，接受监督管理。协商不一致，但确需外出目的地社区矫正机构协助的，执行地县级社区矫正机构可申请上一级社区矫正机构与外出目的地上一级社区矫正机构协商处理。

第四十三条　社区矫正对象应在外出期限届满前返回居住地，并立即向县级社区矫正机构或受委托的司法所报告，二十四小时内办理销假手续。因特殊原因无法按期返回的，应立即向执行地县级社区矫正机构或者受委托的司法所报告情况，提交相关印证材料。执行地县级社区矫正机构或者受委托的司法所应当核实社区矫正对象外出期间的活动情况，发现其未按照请假事由前往目的地或者未到批准的目的地的，且无正当理由的，执行地县级社区矫正机构应当视情节给予相应处理。

第四十四条　社区矫正对象因正常工作和生活需要经常性跨市、县活动的，应当由本人向执行地县级社区矫正机构提交书面申请，写明理由、经常去往市、县名称，时间、外出频率，同时提供相关证明材料。执行地县级社区矫正机构应认真审查申请材料真实性，根据社区矫正对象申请的具体情况，合理划定活动区域，审批一次有效期为六个月，并向社区矫正对象发放《社区矫正事项审批告知书》。执行地县级社区矫正机构审批同意的，应在五个工作日内将相关审批表、审批告知书报市（州）社区矫正机构备案，同时通报执行地人民检察院。

社区矫正对象到批准的市、县活动的，可以通过电话、微信或其他移动通讯等形式报告活动情况。执行地县级社区矫正机构、受委托的司法所应当提升信息化核查频率，发现超出批准范围、批准时间等情形，应当视情节给予相应处理。

第四十五条　社区矫正对象因工作、居所变化等原因申请变更执行地的，执行地与新执行地县级社区矫正机构按照《实施办法》第三十条、第三十一条的规定审批办理，并送达有关法律文书。

对公安机关、监狱管理机关批准暂予监外执行的社区矫正对象变更执行地的，原决定社区矫正的公安机关、监狱管理机关和新执行地同级公安机关、监狱管理机关应当按照《实施办法》第三十一条第三款完成指定看守所、监狱接收档案等交接工作。

《河南省社区矫正工作细则》

第八十三条　社区矫正对象有正当理由确需离开所居住的市、县，需经执行地县级社区矫正机构或者受委托的司法所批准。

社区矫正对象外出的正当理由是指就医、就学、参与诉讼、处理家庭或工作重要事务等需要本人到场的事项。

前款规定的市是指直辖市的城市市区、设区的市的城市市区和县级市的辖区。在设区的同一市内跨区活动的，不属于离开所居住的市、县。

第八十四条　社区矫正对象应当于离开所居住的市、县三日前提交书面申请，并如实提供诊断证明、单位证明、录取通知书、法律文书等材料。

第八十五条　外出审批由执行地县级社区矫正机构实施，每次批准外出的时间不得超过三十日。因特殊情况确需外出超过三十日的，或者两个月内外出时间累计超过三十日的，应报市级社区矫正机构审批。市级社区矫正机构批准社区矫正对象外出的，执行地县级社区矫正机构应当通报同级人民检察院。

经县级社区矫正机构委托，司法所可以批准七日内的外出申请，并报县级社区矫正机构备案。

第八十六条　社区矫正对象因突发性重大变故等紧急情形确需立即外出的，应当根据拟外出时间，在外出之前取得执行地县级社区矫正机构、受委托的司法所同意，并保持通讯畅通。紧急情形消失后，应当在 24 小时内补办请假手续，并在《社区矫正对象外出审批表》中注明情况。

第八十七条　社区矫正对象外出期间，不得超出请假目的地的市、县范围，不得从事与请假理由不相符的活动。执行地县级社区矫正机构、受委托的司法所应当通过电话通讯、手机定位、实时视频等方式实施监督管理。对已使用电子定位装置的社区矫正对象，采取电子定位装置进行监督管理。

第八十八条　执行地县级社区矫正机构根据需要，可以联系外出目的地社区矫正机构协助监督管理，并要求社区矫正对象在到达和离开时向当地社区矫正机构报告，接受监督管理。外出目的地社区矫正机构接收社区矫正对象报到后，可以通过电话查询、实地查访等方式协助监督管理。

第八十九条　社区矫正对象应于请假截止日期之前返回居住地，返回后 24 小时内到县级社区矫正机构或受委托的司法所办理销假手续，并提供外出的相应凭证（病历、收据、车船票、机票等）。社区矫正机构、受委托的司法所对其外出期间活动情况进行核实后，办理销假手续，并将相关材料附卷。

社区矫正对象因特殊原因无法按期返回的，应及时向社区矫正机构或者受委托的司法所报告情况。发现社区矫正对象违反外出管理规定的，社区矫正机构或者受委托的司法所应当责令其立即返回，受委托的司法所可以提出处罚建议，社区矫正机构视情节予以处罚。

第九十条 社区矫正对象确因正常工作和生活需要经常性跨市、县活动的，可以申请外出至居住地以外的市、县，由县级社区矫正机构根据其外出情形合理划定活动范围。

第九十一条 社区矫正对象申请经常性跨市、县活动的，应当由本人提出书面申请，写明理由、经常性去往市、县名称、时间、频次等，同时提供相应证明，由执行地县级社区矫正机构审核批准，并报省辖市社区矫正机构备案，批准一次的有效期不超过六个月。在批准时间内，社区矫正对象到批准市、县活动的，可以通过省社区矫正综合管理指挥平台或者电话、微信等方式报告活动情况。到期后，社区矫正对象仍需要经常性跨市、县活动的，应当重新提出申请、履行审批手续。

第九十二条 社区矫正对象因工作、居所变化等原因需要变更执行地的，应当提前一个月提出书面申请，并提供相应证明材料，由受委托的司法所签署意见后报执行地县级社区矫正机构审批。

执行地县级社区矫正机构收到申请后，应当在五日内书面征求新执行地县级社区矫正机构的意见。新执行地县级社区矫正机构接到征求意见函后，应当在五日内核实有关情况，作出是否同意接收的意见并书面回复。执行地县级社区矫正机构根据回复意见，作出决定。执行地县级社区矫正机构对新执行地县级社区矫正机构的回复意见有异议的，报上一级社区矫正机构协调解决。

经审核，执行地县级社区矫正机构不同意变更执行地的，应在决定作出之日起五日内告知社区矫正对象。同意变更执行地的，应对社区矫正对象进行教育，书面告知其到新执行地县级社区矫正机构报到的时间期限以及逾期报到或者未报到的后果，责令其按时报到。

第九十三条 原执行地县级社区矫正机构应当在作出变更执行地决定之日起五日内，将有关法律文书和矫正档案移交新执行地县级社区矫正机构，并将有关法律文书抄送社区矫正决定机关和原执行地县级人民检察院、公安机关。新执行地县级社区矫正机构收到法律文书和档案材料后，在五日内送达回执，并将有关法律文书送所在地县级人民检察院和公安机关。

第九十四条 经批准变更执行地的，社区矫正对象应当自收到变更执行地决定之日起七日内，到新执行地县级社区矫正机构报到。新执行地县级社区矫正机构应当核实身份、办理登记接收手续。

发现社区矫正对象未按规定时间报到的，新执行地县级社区矫正机构应当立即通知原执行地县级社区矫正机构，由原执行地县级社区矫正机构组织查找，新执行地县级社区矫正机构协助。未及时办理交付接收，造成社区矫正对象脱管漏管的，原执行地社区矫正机构会同新执行地社区矫正机构妥善处置。

《湖南省社区矫正实施细则》

第九十五条 社区矫正对象有正当理由确需离开所居住的市、县，需经社区矫正机构或者受委托的司法所批准。

社区矫正对象外出的正当理由是指就医、就学、参与诉讼、处理家庭或工作重要事务等确需本人到场的事项。

本细则所指的市是指直辖市的城市市区、设区的市的城市市区和县级市的辖区。在设区的同一市内跨城区活动，不属于离开所居住的市、县。

处理家庭重要事务是指社区矫正对象本人结婚、离婚、分娩（含配偶），办理涉及本人的仲裁、登记、许可、调解、复议事项，传统节日（春节、端午、中秋）探望直系亲属，清明墓祭，确需本人外出处理的近亲属婚嫁、病重、亡故等。

处理工作重要事务是指确需社区矫正对象本人外出处理的生产经营或者工作事务。

第九十六条 社区矫正对象确需离开所居住的市、县的，一般应当提前三日提交书面申请，并如实提供诊断证明、单位证明、就学证明、法律文书等与外出事由相关的证明材料。

第九十七条 申请外出时间在七日以内的，经执行地县级社区矫正机构委托，可以由受委托的司法所批准，并报执行地县级社区矫正机构备案；外出时间超过七日或者一个月内外出时间累计超过十日的，由执行地县级社区矫正机构审批，每次批准外出的时间不得超过三十日。因特殊情况确需外出超过三十日，或者两个月内外出时间累计超过三十日的，应当报市级社区矫正机构审批。市级社区矫正机构批准社区矫正对象外出的，应当将审批结果及时通知执行地县级社区矫正机构，执行地县级社区矫正机构应当通报同级人民检察院。社区矫正机构和受委托的司法所应当在收到申请后三日内完成审核、批准，并向社区矫正对象发放《社区矫正事项审批告知书》。

第九十八条 社区矫正对象因突发性重大变故等紧急情形确需立即外出的，应当在外出之前取得外出审批机关同意，并保持通讯畅通。紧急情形消失后，社区矫正对象应当在二十四小时内补办申请外出手续，外出审批机关应当在《社区矫正对象外出审批表》中注明情况。

第九十九条 社区矫正对象外出期间，活动范围不得超出外出目的地的市、县范围，不得从事与外出理由不相符的其他活动，并按要求报告活动情况。执行地县级社区矫正机构、受委托的司法所应当通过电话通讯、信息化核查等方式实施监督管理，了解掌握其活动情况。

第一百条 执行地县级社区矫正机构根据需要，可以协商外出目的地社区矫正机构协助监督管理，并要求社区矫正对象在到达和离开时向当地社区矫正机构报告，接受监督管理。外出目的地社区矫正机构接收社区矫正对象报到后，可以通过电话通讯、实地查访等方式协助监督管理。

第一百零一条 社区矫正对象应当在外出期限届满前返回执行地，在返回后一个工作日内到外出审批机关办理销假手续，并提供其外出期间食宿、交通、病历、收据等与外出事项、地点相关的证明材料。外出审批机关对其外出期间活动情况进行核实后，办理销假手续，并将相关材料附卷存档。由市级社区矫正机构批准外出的，社区矫正对象可以到执行地县级社区矫正机构办理销假手续，由执行地县级社区矫正机构向市级社区矫正机构报告。

社区矫正对象因特殊原因无法按期返回的，应当及时向外出审批机关报告情况。发现社区矫正对象违反外出管理规定的，外出审批机关应当责令其立即返回，并视情节依法予以处理。

第一百零二条 社区矫正对象因正常工作和生活需要申请经常性跨市、县活动的，需提交书面申请，写明理由、经常性去往市县名称、时间、频次等，同时提供相应证明材料，由执行地县级社区矫正机构批准，批准一次的有效期不超过六个月。

经常性跨市县活动范围一般限于执行地及相邻市、县，往返频次较高，路线比较固定。因特殊情况需跨市州活动的应当报市级社区矫正机构备案，需跨省活动的应当报省级社区矫正机构备案。

在批准期限内，社区矫正对象每次往返居住地和批准的市、县活动前，应当将活动时间、路线、地点等情况通过电话、微信等便捷方式及时报告执行地县级社区矫正机构，执行地县级社区矫正机构应当记录备案。

执行地县级社区矫正机构根据需要，可以对经常性跨市、县活动的社区矫正对象进行实地查访、信息化核查或者依据本细则第一百条的规定协商经常性跨市、县目的地的社区矫正机构协助监督管理。发现经常性跨市、县活动情形消失的，应当及时终止。社区矫正对象超越所批准范围活动的，执行地县级社区矫正机构应当按照有关规定予以处罚。

第一百零三条　社区矫正对象因工作、居所变化、就学等原因需要变更执行地的，一般应当提前一个月提出书面申请，并提供相应证明材料，由受委托的司法所调查核实签署意见后报执行地县级社区矫正机构审批。

社区矫正对象因工作原因申请变更执行地的，需提供所在单位劳动关系证明、有效的统一社会信用代码证（照）复印件、固定住所居住证明材料；因居所变化申请变更执行地的，需提供本人、配偶或者子女不动产证明材料；因就学原因申请变更执行地的，需提供学校就读证明以及在校居住的证明材料。

现执行地县级社区矫正机构收到申请后，应当在五日内书面征求新执行地县级社区矫正机构的意见。新执行地县级社区矫正机构接到征求意见函后，应当在五日内核实有关情况，作出是否同意接收的意见并书面回复。现执行地县级社区矫正机构根据回复意见作出决定。现执行地县级社区矫正机构对新执行地县级社区矫正机构的回复意见有异议的，可以报上一级社区矫正机构协调解决。在本省行政区域内变更执行地经协调后意见仍不一致的，市级社区矫正机构可以提供相关证明材料，报请省级社区矫正机构指定执行地。由省级社区矫正机构指定执行地的，县级社区矫正机构应当及时接收社区矫正对象，并按规定办理交接手续。

经审核，执行地县级社区矫正机构不同意变更执行地的，应当在决定作出之日起五日内告知社区矫正对象。同意变更执行地的，原执行地县级社区矫正机构应当对社区矫正对象进行教育，书面告知其到新执行地县级社区矫正机构报到的时间期限以及逾期报到或者未报到的后果，责令其按时报到。

第一百零四条　同意变更执行地的，原执行地县级社区矫正机构应当在作出决定之日起五日内，将有关法律文书和档案材料移交新执行地县级社区矫正机构，并将有关法律文书抄送社区矫正决定机关和原执行地县级人民检察院、公安机关。新执行地县级社区矫正机构收到法律文书和档案材料后，在五日内送达回执，并将有关法律文书送所在地县级人民检察院和公安机关。

第一百零五条　同意变更执行地的，社区矫正对象应当自收到变更执行地决定之日起七日内到新执行地县级社区矫正机构报到。新执行地县级社区矫正机构应当核实身份、办理登记接收手续。

发现社区矫正对象未按规定时间报到的，新执行地县级社区矫正机构应当立即通知原执行地县级社区矫正机构，由原执行地县级社区矫正机构组织查找，新执行地县级社区矫正机构协助。未及时办理交付接收，造成社区矫正对象脱管漏管的，由原执行地县级社区矫正机构会同新执行地县级社区矫正机构妥善处置。

第一百零六条　对公安机关、监狱管理机关批准暂予监外执行的社区矫正对象变更执行地的，公安机关、监狱管理机关在收到原执行地县级社区矫正机构送达的法律文书后，应当与新执行地同级公安机关、监狱管理机关办理交接。

新执行地的公安机关、监狱管理机关应当指定一所看守所、监狱接收社区矫正对象档案，负责办理其收监、刑满释放等手续。看守所、监狱在接收档案之日起五日内，应当将有关情况通报新执行地的县级社区矫正机构。对公安机关、监狱管理机关批准暂予监外执行的社区矫正对象在省内变更执行地的，可以不移交档案。

《江苏省社区矫正实施细则》

第四十二条　社区矫正对象未经批准不得迁居。确因正常工作和生活需要申请迁居的，社区矫正对象应当向受委托的司法所提交书面申请，说明理由并附相关证明材料。司法所收到迁居申请应当及时审核并签署意见后报执行地县级社区矫正机构批准。

社区矫正对象迁居指经执行地县级社区矫正机构批准，社区矫正对象不变更执行地的情况下，因变更居所需要变更司法所管理的行为。

第四十三条　社区矫正对象因工作、居所变化等原因申请变更执行地，一般应当提前一个月提出书面申请，并提供相应证明材料（含暂予监外执行社区矫正对象的新保证人材料）。社区矫正对象因工作原因申请变更执行地的，需提供所在工作单位劳动关系、有效的统一社会信用代码证（照）复印件、工资薪酬银行流水明细、居住证明材料等。因居所变化申请变更执行地的，需提供本人、配偶或者子女不动产证明、租房合同、居住证材料等。

受委托的司法所应当自收到申请材料的三个工作日内，填写《社区矫正对象执行地变更审批表》并签署意见，报执行地县级社区矫正机构审批。执行地县级社区矫正机构收到申请后，经审核拟同意变更执行地的，应当在五日内制作《社区矫正对象变更执行地征求意见函》征求拟新执行地县级社区矫正机构意见。不同意变更执行地的，应当制作不予同意的《社区矫正对象执行地变更决定书》和《社区矫正事项审批告知书》，自作出决定之日起五日内告知社区矫正对象本人、监护人和保证人。

第四十四条　拟新执行地县级社区矫正机构应当在收到征求意见函的五日内作出是否同意接收的书面回复。执行地县级社区矫正机构根据回复意见，作出决定。经审核，执行地县级社区矫正机构不同意变更执行地的，应当制作不予同意的《社区矫正对象执行地变更决定书》和《社区矫正事项审批告知书》，自作出决定之日起五日内告知社区矫正对象本人、监护人和保证人。

同意变更执行地的，原执行地县级社区矫正机构应当对社区矫正对象进行教育，书面告知其到新执行地县级社区矫正机构报到的时间期限及逾期报到或者未报到的后果，责令其按时报到。

原执行地县级社区矫正机构应当在作出决定之日起五日内，将有关法律文书和档案材料复印留存，原件移交新执行地县级社区矫正机构，并将《社区矫正对象执行地变更决定书》等有关法律文书抄送社区矫正决定机关和原执行地县级人民检察院、公安机关。新执行地县级社区矫正机构收到法律文书和档案材料后，应当在五日内送达《社区矫正法律文书送达回执》，并将有关法律文书抄送所在地县级人民检察院、公安机关。

对省监狱管理机关批准暂予监外执行的社区矫正对象变更执行地，新执行地在省外的，省监狱管理机关收到《社区矫正对象执行地变更决定书》后，及时将暂予监外执行罪犯的档案材料移交给新执行地省监狱管理机关。

第四十五条　同意变更执行地的社区矫正对象，应当自收到《社区矫正对象执行地变更决定书》之日起七日内，到新执行地县级社区矫正机构报到。新执行地县级社区矫正机构应当核实身份、办理登记接收手续。发现社区矫正对象未按规定时间报到的，新执行地县级社区矫正机构应当立即通知原执行地县级社区矫正机构，由原执行地县级社区矫正机构组织查找。未及时办理交付接收，造成社区矫正对象脱管漏管的，原执行地社区矫正机构会同新执行地社区矫正机构妥善处置。

第四十六条　社区矫正机构就社区矫正对象变更执行地不能达成一致意见的，可以报上一级社区矫正机构协调解决。变更执行地至省外的，可以逐级报省社区矫正机构协调解决。

《江西省社区矫正工作实施细则》

第五十七条　社区矫正对象未经批准不得离开所居住市、县。确有正当理由需要离开的，应当经执行地县级社区矫正机构或者社区矫正日常机构批准。

前款规定的市是指设区的市的城市市区和县级市的辖区。在设区的同一市内跨区活动的，不属于离开所居住的市、县。

第五十八条　社区矫正对象有下列情形之一的，申请离开所居住市、县的，可以认定为有正当理由：

（一）因本人患疾病确需到居住地以外医疗机构就医的；

（二）因诉讼、仲裁、听证、登记、许可、调解、复议或者配合有关部门调查等事由，确需本人到场的；

（三）因子女等近亲属出生、结婚、上大学等事由，确需本人到场的；

（四）因配偶、父母、子女等近亲属患严重疾病或者死亡等重大家庭变故，确需本人到场处理的；

（五）因投资谈判、签订合同等重要工作、重要生产经营活动，确需本人外出处理的；

（六）其他正当理由。

第五十九条　社区矫正对象确需离开所居住的市、县的，一般应当提前三日提交书面申请，并如实提供诊断证明、单位证明、入学证明、合同书、法律文书等材料。社区矫正日常机构受理社区矫正对象的申请后，应当填写《社区矫正对象外出审批表》，按规定的程序和权限审批。

申请外出时间在七日内的，由社区矫正日常机构批准，并报执行地县级社区矫正机构备案；超过七日的，由执行地县级社区矫正机构批准。执行地县级社区矫正机构每次批准外出的时间不超过三十日。

因特殊情况确需外出超过三十日的，或者两个连续自然月内外出时间累计超过三十日的，应当报市级社区矫正机构审批。市级社区矫正机构批准社区矫正对象外出的，执行地县级社区矫正机构应当及时通报同级人民检察院。

社区矫正对象因其本人或者近亲属突发重大疾病、重大变故等紧急情况，可以通过电话或者口头方式向社区矫正日常机构提出申请，社区矫正日常机构可以先行批准外出三日。社区矫正对象在外出三日内，应当提供相关的证明材料。社区矫正对象返回后的二十四小时内，应当到社区矫正日常机构补办手续。

第六十条 在社区矫正对象外出期间，执行地县级社区矫正机构、社区矫正日常机构应当通过电话通讯、实时视频等方式实施监督管理。执行地县级社区矫正机构根据需要，可以协商外出目的地社区矫正机构协助监督管理，并要求社区矫正对象在到达和离开时向当地社区矫正机构报告，接受监督管理。外出目的地社区矫正机构在社区矫正对象报到后，可以通过电话通讯、实地查访等方式协助监督管理。

发现社区矫正对象违反外出管理规定的，执行地县级社区矫正机构、社区矫正日常机构应当责令其立即返回，并视情节依法予以处理。社区矫正对象擅自超越批准外出活动范围、时间的，执行地县级社区矫正机构、社区矫正日常机构应当视情节依法予以处理。

第六十一条 社区矫正对象应当在外出期限届满前返回居住地，并于返回后二十四小时内，向社区矫正日常机构报告外出情况，办理手续。确因不可抗力等特殊原因无法按期返回的，应当及时向社区矫正日常机构报告情况，于返回后二十四小时内持相关证明材料补办手续，并报告外出情况。

社区矫正对象伪造外出凭证、不可抗力等证明材料的，执行地县级社区矫正机构、社区矫正日常机构应当视情节依法予以处理。

第六十二条 社区矫正对象确因正常工作和生活需要，经常性、规律性、短时间外出至固定的市、县活动的，可以申请经常性跨市、县活动。

经常性跨市、县活动应当由社区矫正对象本人提出书面申请，写明理由和经常性去往的市、县名称、时间、频次、交通路线等，同时提供相应证明。确因正常工作需要经常性跨市、县活动的，应当提供所在工作单位劳动关系、派遣等证明材料；确因生活需要经常性跨市、县活动的，应当提供亲属关系证明、产权证等证明材料。

社区矫正日常机构收到经常性跨市、县活动申请并初审同意后，填写《社区矫正对象经常性跨市县活动审批表》报执行地县级社区矫正机构批准，批准一次的有效期为六个月。批准期限内，社区矫正对象每次外出时，应当通过电话、微信等方式向社区矫正日常机构报备后，方可到批准的市、县活动。到期后，社区矫正对象仍需要经常性跨市、县活动的，应当重新提出申请。

第六十三条 社区矫正对象在经常性跨市、县活动期间，应当严格遵守社区矫正对象外出管理规定，不得擅自超越批准的活动范围、活动时间和活动频次，每次返回后二十四小时内应当向社区矫正日常机构报告外出情况。

第六十四条 社区矫正对象因工作、就学、居所变化等原因需要变更执行地的，一般应当提前一个月提出书面申请，并提供相应证明材料，由社区矫正日常机构填写《社区矫正对象执行地变更审批表》并签署意见后，报执行地县级社区矫正机构审批。

执行地县级社区矫正机构收到申请后，应当在五日内书面征求新执行地县级社区矫正机构的意见。新执行地县级社区矫正机构接到征求意见函后，应当在五日内核实有关情况，作出是否同意接收的意见并书面回复。执行地县级社区矫正机构根据回复意见，作出决定。执行地县级社区矫正机构对新执行地县级社区矫正机构的回复意见有异议的，可以报上一级社区矫正机构协调解决。

经审核，执行地县级社区矫正机构不同意变更执行地的，应当在决定作出之日起五日内告知社区矫正对象。同意变更执行地的，应当对社区矫正对象进行教育，书面告知其到新执行地县级社区矫正机构报到的时间期限以及逾期报到或者未报到的后果，责令其按时报到。

第六十五条 同意变更执行地的，原执行地县级社区矫正机构应当在作出决定之日起五日内，将有关法律文书和档案材料移交新执行地县级社区矫正机构，并将有关法律文书抄送社区矫正决定机关和原执行地县级人民检察院、公安机关。新执行地县级社区矫正机构收到法律文书和档案材料后，在五日内送达回执，并将有关法律文书抄送所在地县级人民检察院、公安机关。

同意变更执行地的，社区矫正对象应当自收到变更执行地决定之日起七日内，到新执行地县级社区矫正机构报到。新执行地县级社区矫正机构应当核实身份、办理登记接收手续。发现社区矫正对象未按规定时间报到的，新执行地县级社区矫正机构应当立即通知原执行地县级社区矫正机构，由原执行地县级社区矫正机构组织查找。未及时办理交付接收，造成社区矫正对象脱管的，原执行地社区矫正机构会同新执行地社区矫正机构妥善处置。

对公安机关、监狱管理机关批准暂予监外执行的社区矫正对象变更执行地的，公安机关、监狱管理机关在收到社区矫正机构送达的法律文书后，应当与新执行地同级公安机关、监狱管理机关办理交接。新执行地的公安机关、监狱管理机关应当指定一所看守所、监狱接收社区矫正对象档案，负责办理其收监、刑满释放等手续。看守所、监狱在接收档案之日起五日内，应当将有关情况通报新执行地县级社区矫正机构。对公安机关批准暂予监外执行的社区矫正对象在同一省、自治区、直辖市变更执行地的，可以不移交档案。

《辽宁省社区矫正实施细则》

第六十九条 社区矫正对象未经批准不得离开居住的市、县。有正当理由的，经批准后可以离开所居住市、县。社区矫正对象外出的正当理由是指就医、就学、参与诉讼、处理家庭或者工作重要事务等。

处理家庭重要事务一般是指下列事务：

（一）结婚、离婚、考试、本人或配偶生育的；

（二）近亲属婚嫁、重病、亡故等，确需本人外出处理的；

（三）春节、清明期间需离开执行地探亲、祭祀的；

（四）涉本人的仲裁、登记、许可、调解、复议等，确需本人参加的。

处理工作重要事务一般是指确需本人参加的下列事务：

（一）参加生产经营活动，包括投资谈判、签订合同、科技论证、申请专利等与生产经营直接相关的活动；

（二）参加涉及企业生产经营的仲裁、登记、许可、调解、复议等活动；

（三）因工作需要参加重要培训、重要会议等活动；

（四）其他工作重要事务。

本款规定的市是指设区市的城市市区和县级市的辖区。在设区的同一市内跨区活动的，不属于离开所居住的市、县。

第七十条 社区矫正对象确需离开所

居住的市、县的，一般应当提前三日向司法所提交书面申请，并如实提供诊断证明、单位证明、录取通知书、法律文书等证明材料。

司法所应当对社区矫正对象外出申请材料进行审核，需要补充相关证明材料的，可以要求社区矫正对象及时补充，必要时应当进行调查核实。

第七十一条 社区矫正对象申请外出时间在七日内的，由司法所审批，报县级社区矫正机构备案；超过七日的，由司法所审核后，报县级社区矫正机构审批。社区矫正对象单次申请外出超过三十日或者两个月内外出时间累计超过三十日的，报上一级社区矫正机构审批。上一级社区矫正机构批准社区矫正对象外出的，县级社区矫正机构应当及时通报同级人民检察院。

在重点时段、重大活动期间或者遇有特殊情况的，社区矫正机构、司法所综合考虑社区矫正对象的改造表现、犯罪性质等因素，决定是否批准社区矫正对象前往特定区域或者场所。

第七十二条 社区矫正对象外出期间，司法所应当每日通过信息化核查、电话通讯、实时视频等方式实施监督管理。

执行地县级社区矫正机构根据需要，可以协商外出目的地社区矫正机构协助监督管理，并要求社区矫正对象在到达和离开时向当地社区矫正机构报告，接受监督管理。外出目的地社区矫正机构在社区矫正对象报告后，可以通过电话通讯、实地查访等方式协助监督管理。

第七十三条 社区矫正对象应当在外出期限届满前返回居住地，在返回居住地二十四小时内向司法所报告，并及时办理销假手续。销假时，应当提供交通、食宿等票据原件或者复印件以及其他与外出事项、地点相关的文字、照片、视频等证明材料。由市、县级社区矫正机构批准外出的，司法所办理销假手续后，应当逐级报告批准机构。

社区矫正对象因特殊原因无法按期返回的，应当及时向司法所报告情况。司法所应当及时报告县级社区矫正机构。社区矫正对象返回后及时办理补假手续。

发现社区矫正对象具有超出批准事由、区域、期限活动等违反外出管理规定行为的，社区矫正机构或者司法所应当责令其立即返回，并视情节予以处罚。

第七十四条 社区矫正对象确因正常工作和生活需要申请经常性跨市、县活动的，一般应当提前十五日向司法所提出书面申请，写明理由、经常性去往市县名称、时间、频次等，并提供相应证明材料，由司法所审核后，报县级社区矫正机构审批，批准一次的有效期不超过六个月。

同时具备下列情形的，属于经常性跨市、县活动：

（一）外出理由应当符合《实施办法》及本细则第六十九条规定；

（二）每月至少往返所跨市、县三次及以上的；

（三）跨市、县活动的出行目的地和出行路线明确、固定，出行时间、频次规律；

（四）除必须途经外，不包括经常性跨市、县活动外的第三地。

社区矫正对象经常性跨市、县活动的出行目的地、出行路线、时间、频次不固定且无规律的，应当按照正常外出管理的规定审批。

第七十五条 在批准期限内，社区矫正对象跨市、县活动的，每次应当至少提前一日向司法所报告，报告可以通过书面、电话、微信等方式，报告事项包括外出理由、区域、期限等。未按规定报告或者超出报告事项活动的按违反外出规定处理。

第七十六条 县级社区矫正机构在接收社区矫正对象后，应当填写《法定不批准出境人员通报备案通知书》，送同级公安机关出入境管理部门通报备案。限制出境期限为社区矫正期限，矫正期满自动解除出境限制。对因减刑提前解矫或被依法赦免的社区矫正对象，县级社区矫正机构须在裁定下达后三日内，填写《撤销法定不批准出境人员通报备案通知书》，送同级公安机关出入境管理部门撤销登记备案。

公安机关出入境管理部门在接收社区矫正机构通报备案后，应核查备案人员是否已持有有效因私出入境证件。发现备案人员已持有有效出入境证件的，应及时通报社区矫正机构，由社区矫正机构依法收缴并做好登记；当事人拒不交出的，社区矫正机构履行告知程序后可提请公安机关出入境管理部门依法宣布当事人出入境证件作废。

公安机关出入境管理部门接收社区矫正机构通报备案时，应比对查验备案人员户口信息，如备案表格人口信息与公安信息网上人口信息不一致，应及时通报社区矫正机构予以核实，核实无误后予以登记备案。

公安机关出入境管理部门对社区矫正机构报送的通报备案信息核查无误后，应及时布控入库，落实查控措施，并在备案表格上载明入库时间和录入人员。社区矫正对象在限制出境期限内向公安机关申请出国出境证件的，公安机关出入境管理部门依法对该社区矫正对象的申请作出不批准决定。

第七十七条 社区矫正机构对重点人员或者具有出境高风险的社区矫正对象应当按程序依法提请省级司法行政机关向边防检查部门办理边控手续，边控期限与社区矫正期限一致。

第七十八条 社区矫正对象因工作、居所变化等原因需要变更执行地的，应当提前一个月提出书面申请，并提供相应证明材料，由司法所签署意见后报执行地县级社区矫正机构审批。

执行地县级社区矫正机构收到申请后，应当在五日内书面征求新执行地县级社区矫正机构的意见。新执行地县级社区矫正机构接到征求意见函后，应当在五日内核实有关情况，作出是否同意接收的意见并书面回复。执行地县级社区矫正机构根据回复意见，作出决定。执行地县级社区矫正机构对新执行地县级社区矫正机构的回复意见有异议的，报上一级社区矫正机构协调解决。

经审核，执行地县级社区矫正机构不同意变更执行地的，应在决定作出之日起五日内告知社区矫正对象。同意变更执行地的，应对社区矫正对象进行教育，书面告知其到新执行地县级社区矫正机构报到的时间期限以及逾期报到或者未报到的后果，责令其按时报到。

第七十九条 原执行地县级社区矫正机构应当在作出变更执行地决定之日起五日内，将有关法律文书和矫正档案移交新执行地县级社区矫正机构，并将有关法律文书抄送社区矫正决定机关和原执行地县级人民检察院、公安机关及相关监狱。新执行地县级社区矫正机构收到法律文书和档案材料后，在五日内送达回执，并将有关法律文书抄送所在地县级人民检察院和公安机关。

第八十条 经批准变更执行地的，社区矫正对象应当自收到变更执行地决定之日起七日内，到新执行地县级社区矫正机构报到。新执行地县级社区矫正机构应当核实身份、办理登记接收手续。

发现社区矫正对象未按规定时间报到的，新执行地县级社区矫正机构应当立即通知原执行地县级社区矫正机构，由原执行地县级社区矫正机构组织查找，新执行地县级社区矫正机构协助。未及时办理交付接收，造成社区矫正对象脱管漏管的，原执行地社区矫正机构会同新执行地社区矫正机构妥善处置。

《宁夏回族自治区社区矫正实施细则》

第四十二条 社区矫正对象未经批准不得离开所居住市、县。确有正当理由需要离开的，应当经执行地县级社区矫正机构或者受委托的司法所批准。

前款规定的市指设区的市的城市市区和县级市的辖区。在设区的同一市内跨区活动的，不属于离开所居住的市、县。

社区矫正对象外出的正当理由是指就医、就学、参与诉讼、处理家庭或者工作重要事务等。

家庭或者工作重要事务一般是指：

（一）结婚、离婚、本人或者配偶生育的；

（二）涉本人的仲裁、登记、许可、调解、复议等确需本人参加的；

（三）春节、清明等节日期间需离开执行地探亲、祭祖的；

（四）近亲属婚嫁、病重、亡故等情形的；

（五）因生产经营或者工作需要，确需本人外出处理的。

第四十三条 社区矫正对象确需离开所居住的市、县的，一般应当提前三日提交书面申请，并如实提供诊断证明、单位证明、入学证明、法律文书等材料。

申请外出时间在七日内的，经执行地县级社区矫正机构委托，可以由司法所批准，并报执行地县级社区矫正机构备案；超过七日的，由执行地县级社区矫正机构批准。执行地县级社区矫正机构每次批准外出的时间不超过三十日。

因特殊情况确需外出超过三十日的，或者两个月内外出时间累计超过三十日的，应报上一级社区矫正机构审批。上一级社区矫正机构批准外出的，执行地县级社区矫正机构应当及时通报同级人民检察院。

第四十四条 执行地县级社区矫正机构、受委托的司法所应当根据社区矫正对象生活、工作及所处社区的实际情况，采取通信联络、信息化核查、实地查访等措施，了解掌握社区矫正对象的活动情况和行为表现。

对手机定位不准确、定位延时的，可以采取即时通讯软件实时定位、位置信息共享等方式核查核实。

第四十五条 在社区矫正对象外出期间，执行地县级社区矫正机构、受委托的司法所应当通过电话通讯、实时视频等方式实施监督管理。

执行地县级社区矫正机构根据需要，可以协商外出目的地社区矫正机构协助监督管理，并要求社区矫正对象在到达和离开时向当地社区矫正机构报告，接受监督管理。

社区矫正对象外出期限届满，因特殊原因无法按期返回的，应当及时向社区矫正机构或者司法所报告情况。确因就医、家庭重大变故等原因需延长请假时间的，其本人应当返回居住地后按规定程序办理续假手续；确有特殊情况，社区矫正对象可以书面委托其家属、监护人或者保证人代为办理续假手续。发现社区矫正对象有违反外出管理规定的，社区矫正机构应当责令其立即返回，并视情节依法予以处理。

第四十六条 社区矫正对象确因正常工作和生活需要经常性跨市、县活动的，应当由本人提出书面申请，写明理由、经常性去往市县名称、时间、频次等，同时提供相应证明，由执行地县级社区矫正机构批准，批准一次的有效期为六个月。跨省（自治区、直辖市）活动的由设区的市社区矫正机构审批。

社区矫正对象因从事长途运输业务需离开居住地的，社区矫正机构和受委托司法所根据各自外出批准权限，按照外出目的地、沿途经过地临时划设其活动范围和区域。

第四十七条 社区矫正对象因工作、居所变化等原因需要变更执行地的，一般应当提前一个月提出书面申请，并提供相应证明材料，由受委托的司法所签署意见后报执行地县级社区矫正机构审批。

执行地县级社区矫正机构收到申请后，应当在五日内书面征求新执行地县级社区矫正机构的意见。新执行地县级社区矫正机构接到征求意见函后，应当在五日内核实有关情况，作出是否同意接收的意见并书面回复。执行地县级社区矫正机构根据回复意见，作出决定。执行地县级社区矫正机构对新执行地县级社区矫正机构的回复意见有异议的，可以报上一级社区矫正机构协调解决。

经审核，执行地县级社区矫正机构不同意变更执行地的，应当在决定作出之日起五日内告知社区矫正对象。同意变更执行地的，应当对社区矫正对象进行教育，书面告知其到新执行地县级社区矫正机构报到的时间期限以及逾期报到或者未报到的后果，责令其按时报到。

第四十八条 同意变更执行地的，原执行地县级社区矫正机构应当在作出决定之日起五日内，将有关法律文书和矫正档案移交新执行地县级社区矫正机构，并将有关法律文书抄送社区矫正决定机关和原执行地县级人民检察院、公安机关。新执行地县级社区矫正机构收到法律文书和档案材料后，在五日内送达回执，并将有关法律文书抄送同级人民检察院和公安机关。

第四十九条 经批准变更执行地的，社区矫正对象应当自收到变更执行地决定之日起七日内，到新执行地县级社区矫正机构报到。新执行地县级社区矫正机构应当核实身份、办理登记接收手续。发现社区矫正对象未按规定时间报到的，新执行地县级社区矫正机构应当立即通知原执行地县级社区矫正机构，由原执行地县级社区矫正机构组织查找。

对公安机关、监狱管理机关批准暂予监外执行的社区矫正对象变更执行地的，公安机关、监狱管理机关在收到社区矫正机构送达的法律文书后，应当与新执行地同级公安机关、监狱管理机关办理交接。新执行地的公安机关、监狱管理机关应当指定看守所、监狱接收社区矫正对象档案，负责办理其收监、刑满释放等手续。

《山东省社区矫正实施细则》

第三十五条 社区矫正对象未经批准不得离开居住的市、县。有正当理由的，经批准后可以离开所居住市、县。社区矫正对象外出的正当理由是指就医、就学、参与诉讼、处理家庭或者工作重要事务等。

处理家庭重要事务一般是指确需本人参加的下列事务：

（一）结婚、离婚、考试、本人或配偶生育；

（二）近亲属婚嫁、重病、亡故等；

（三）探亲、祭祖的；

（四）涉本人的仲裁、登记、许可、调解、复议、诉讼等；

（五）其他个人或家庭重要事务。

处理工作重要事务一般是指确需本人参加的下列事务：

（一）参加生产经营活动，包括投资谈判、签订合同等与生产经营直接相关的活动；

（二）参加涉及企业生产经营的仲裁、登记、许可、调解、复议、诉讼等活动；

（三）因工作需要参加重要培训、重要会议等活动；

（四）其他工作重要事务。

本条规定的市是指设区的市的城市市区和县级市的辖区。在设区的同一市内跨区活动的，不属于离开所居住的市、县。

第三十六条　社区矫正对象确需离开所居住的市、县的，一般应当提前三日向司法所提交书面申请，并如实提供诊断证明、单位证明、录取通知书、法律文书等证明材料。

司法所应当对社区矫正对象外出申请材料进行审核，需要补充相关证明材料的，可以要求社区矫正对象及时补充，必要时应当进行调查核实。审核审批期限自材料补充完毕或者调查核实完毕时起算。

申请外出时间在七日内的，由司法所审批，报县级社区矫正机构备案；超过七日的，由司法所审核后，报县级社区矫正机构审批。社区矫正对象单次请假外出超过三十日或者两个月内外出时间累计超过三十日的，报市级社区矫正机构审批。市级社区矫正机构批准的，县级社区矫正机构应当及时通报同级人民检察院。

社区矫正对象因突发性重大变故等紧急情形确需立即外出的，可以通过电话、互联网即时通讯工具等提出申请，在取得司法所或者县级社区矫正机构同意后外出，并保持通讯畅通。紧急情形消失后，应当在二十四小时内补办外出手续，如实提供相关证明材料，并在《社区矫正对象外出审批表》中注明情况。

对实行严管或者重点管理的社区矫正对象请假外出的，应当从严审批。

在重点时段、重大活动期间或者遇有特殊情况的，社区矫正机构、司法所可以不批准社区矫正对象前往特定地区或者特定场所。

第三十七条　社区矫正对象外出期间应当每日报告情况，司法所应当每日通过电话通讯、手机定位、实时视频或APP端等方式实施监督管理。

执行地县级社区矫正机构根据需要，可以协商外出目的地社区矫正机构协助监督管理，并要求社区矫正对象在到达和离开时向当地社区矫正机构报告，接受监督管理。外出目的地社区矫正机构在社区矫正对象报告后，可以通过电话通讯、实地查访等方式协助监督管理。

社区矫正对象应当在外出期限届满前返回执行地，在返回执行地二十四小时内向司法所报告，并及时办理销假手续。销假时，应当提供交通、食宿等票据原件或复印件以及其他与外出事项、地点相关的文字、照片、视频等证明材料。由市、县级社区矫正机构批准外出的，司法所办理销假手续后，应当逐级报告批准机构。

社区矫正对象因特殊原因无法按期返回的，应当及时向司法所报告情况。司法所应当及时报告县级社区矫正机构。社区矫正对象返回后及时办理补假手续。

发现社区矫正对象具有超出批准事由、区域、期限活动等违反外出管理规定行为的，社区矫正机构或者司法所应当责令其立即返回，并视情节予以处罚。

第三十八条 社区矫正对象确因正常工作、就学和生活需要申请经常性跨市、县活动的，一般应当提前十五日向司法所提出书面申请，写明理由、经常性去往市县名称、时间、频次等，并提供相应证明材料。批准一次的有效期不超过六个月。到期后，社区矫正对象仍需要经常性跨市县活动的，应当重新提出申请。

在批准期限内，社区矫正对象跨市、县活动的，每次应当至少提前一日向司法所报告，报告可以通过书面、电话、微信等方式，报告事项包括外出理由、区域、期限等。未按规定报告或者超出报告事项活动的按违反外出规定处理。同时经常性审批事项终止，且六个月内不再批准。

第三十九条 人民法院、公安机关、监狱管理机关等社区矫正决定机关按照各自职责向出入境管理部门通报备案，限制社区矫正对象出境。

县级社区矫正机构接收外国籍和港澳台籍的社区矫正对象，应当在接收当日制作边控材料，报经市、省社区矫正机构审核后，由省司法行政机关向国家移民管理部门办理边境控制。

人民法院、监狱、看守所、社区矫正机构应当告知社区矫正对象禁止出境的相关规定。

第四十条 社区矫正对象因工作、居所变化、异地就学等原因需要变更执行地的，一般应当提前一个月向司法所提出书面申请，并提供相应证明材料。

第四十一条 司法所应当自收到社区矫正对象变更执行地申请之日起五日内调查、核实变更居住地的理由和证明材料，提出审核意见，报县级社区矫正机构审批。

第四十二条 县级社区矫正机构收到申请后，应当在五日内书面征求拟变更执行地县级社区矫正机构的意见，并提供相应证明材料。拟变更执行地县级社区矫正机构接到征求意见函后，应当在五日内核实或者指定相关司法所核实有关情况，作出是否同意接收的意见并书面回复。

第四十三条 县级社区矫正机构根据拟变更执行地县级社区矫正机构的回复意见，作出决定。同意变更执行地的，应对社区矫正对象进行教育，书面告知其到新执行地县级社区矫正机构报到的时间期限以及逾期报到或者未报到的后果，责令其按时报到。不同意变更执行地的，应在决定作出之日起五日内告知社区矫正对象。

县级社区矫正机构对拟变更执行地县级社区矫正机构的回复意见有异议的，可以报市级社区矫正机构协调解决。如仍未协商一致的，可以报省级社区矫正机构协调解决。

第四十四条 同意变更执行地的，原执行地县级社区矫正机构应当在作出决定之日起五日内告知新执行地县级社区矫正机构，移交有关法律文书和矫正档案，并将有关法律文书抄送社区矫正决定机关和原执行地县级人民检察院、公安机关。新执行地县级社区矫正机构收到法律文书和档案材料后，在五日内送达回执，并将有关法律文书抄送所在地县级人民检察院、公安机关。法律文书不齐全或者有误的，应当及时通知或者函告原执行地社区矫正机构补齐或者更正，原执行地社区矫正机构应当在五日内补齐或者更正，并送达新执行地县级社区矫正机构。

第四十五条 同意变更执行地的，社区矫正对象应当自收到变更执行地决定之日起七日内，到新执行地县级社区矫正机构报到。新执行地县级社区矫正机构应当核实身份、办理登记接收手续。发现社区矫正对象未按规定时间报到的，新执行地县级社区矫正机构应当立即通知原执行地县级社区矫正机构，由原执行地县级社区矫正机构组织查找。未及时办理交付接收，造成社区矫正对象脱管漏管的，原执行地社区矫正机构会同新执行地社区矫正机构妥善处置。

第四十六条 对公安机关、监狱管理机关批准暂予监外执行的社区矫正对象变更执行地的，公安机关、监狱管理机关在收到社区矫正机构送达的法律文书后，应与新执行地同级公安机关、监狱管理机关办理交接。新执行地的公安机关、监狱管理机关应指定一所看守所、监狱接收社区矫正对象档案，负责办理其收监、刑满释放等手续。看守所、监狱在接收档案之日起五日内，应当将有关情况通报新执行地县级社区矫正机构。对公安机关批准暂予监外执行的社区矫正对象在同一省、自治区、直辖市变更执行地的，可以不移交档案。

《山西省社区矫正实施细则》

第三十九条 社区矫正对象确有正当理由需要离开所居住的市、县的，一般应当提前三日提出书面申请，由执行地县级社区矫正机构或者受委托的司法所批准，并通过“山西省社区矫正一体化平台”履行申请外出审批手续。

社区矫正对象外出的正当理由是指就医、就学、参与诉讼、处理家庭事务或者重要工作事务等。

家庭事务或者重要工作事务一般指下列事务：

（一）结婚、离婚、考试、本人或者配偶生育；

（二）近亲属婚嫁、重病、亡故等确需本人外出处理的；

（三）涉本人的仲裁、登记、许可、调解、复议等确需本人参加的；

（四）春节、清明期间需离开执行地探亲、祭祖的；

（五）参加生产经营活动，包括投资谈判、签订合同等与生产经营直接相关且确需本人外出处理的；

（六）参加涉及企业生产经营仲裁、登记、许可、调解、复议等确需本人外出处理的；

（七）因工作需要确需本人参加的重要会议、重要培训等活动；

（八）其他确需本人处理的重要工作事务。

社区矫正对象一次外出最多不超过两个目的地，需在外出申请中一并提出，外出期间不得改变目的地。

社区矫正对象因本人突发疾病、直系亲属突发疾病或者亡故等不可预知情况，需立即外出的，经受委托的司法所核实并报执行地县级社区矫正机构批准同意后，社区矫正对象可以立即外出，但事后应当履行申请外出审批手续。

第四十条 社区矫正对象申请外出两日以上的，外出返回执行地后，应当在二十四小时内向执行地县级社区矫正机构或者受委托的司法所报告并办理相关手续，如实提供外出期间食宿、交通票据，或者其他与外出事项、地点相关的文字、照片、视频等证明材料。

社区矫正对象因特殊情况无法按时返回，需要延长外出期限的，应当先通过电话、微信等方式向执行地县级社区矫正机构或者受委托的司法所报告，经同意后再通过“山西省社区矫正一体化平台”履行审批手续，社区矫正对象返回后应当及时提交书面说明。

第四十一条 社区矫正对象确因工作、就学和生活需要申请经常性跨市、县活动的，应当同时具备下列情形：

（一）外出理由应当符合就医、就学、生产经营等工作和生活需要；

（二）经常性跨市、县活动的出行目的地和出行路线明确、固定，出行时间、频次明确；

（三）除必须途经外，不包括经常性跨市、县活动外的第三地。

社区矫正对象确因工作、就学和生活需要申请经常性跨市、县活动的，一般应当提前一个月向执行地县级社区矫正机构或者受委托的司法所提出书面申请，写明经常性跨市县活动理由、经常性去往市县名称、时间、频次等，并提供工作单位证明或者单位派遣证明、入学证明、诊断证明等材料，由执行地县级社区矫正机构批准，批准一次的有效期为六个月。

社区矫正对象在本省行政区域内经常性跨市、县活动的，报执行地市级社区矫正机构备案；经常性跨市、县活动跨省的，报省级社区矫正机构备案。

第四十二条　对按照经常性跨市、县活动管理的在外就学社区矫正对象，采取以下矫正措施：

（一）矫正小组应当包括就读学校的老师；

（二）社区矫正执行地为家庭居住地，无需变更至就读学校所在地，社区矫正对象外出就学应当办理经常跨市、县活动审批；

（三）执行地县级社区矫正机构应当协商就读学校所在地县级社区矫正机构进行协助管理，就读学校所在地县级社区矫正机构应当协助管理，具体可以委托就读学校所在地司法所开展相关工作；

（四）社区矫正对象应当接受信息化核查，通过“山西省社区矫正一体化平台”手机端每日签到不少于二次；每两周到就读学校所在地司法所报告情况、接受个别教育不少于一次；每月递交思想汇报。执行地和协助管理的社区矫正机构或者受委托的司法所对其进行点名抽检次数每两周不少于一次；

（五）社区矫正对象假期往返居住地和就读学校时，应当提前三日向执行地司法所和就读学校所在地司法所报告出行时间、到达时间以及交通方式等情况，到达后应当及时报告；

（六）社区矫正对象在校就读期间，审批事项和考核奖惩情况由执行地县级社区矫正机构办理，协助管理的社区矫正机构应当提出意见，供执行地县级社区矫正机构审批时参考；

（七）社区矫正对象就读期间所形成的档案资料，协助管理的社区矫正机构应当每学期抄送执行地县级社区矫正机构。

第四十三条　社区矫正对象申请外出时间在七日以上的，执行地县级社区矫正机构应当协商外出目的地县级社区矫正机构协助监督管理，外出目的地县级社区矫正机构应当协助管理，可以委托有利于协助管理的司法所开展相应工作。

申请外出的社区矫正对象到达目的地后应当立即通过电话、微信等方式向协助管理的司法所报告到达情况、外出原因、居住地址，并在三日内到协助管理的司法所当面报到。协助管理的司法所应当核实相关情况，并向社区矫正对象执行地县级社区矫正机构反馈。

社区矫正对象外出十日以上的，应当每周到协助管理的司法所报到，因就医申请外出的，协助管理的司法所应当定期到社区矫正对象就诊医院查看情况，并做好相关情况记录。

社区矫正对象返回执行地前一日，应当向协助管理的司法所报告返程时间、交通方式、预计到达时间。

第四十四条 社区矫正对象因工作、生活等原因需要变更执行地的，一般应当提前一个月向受委托的司法所提交书面申请，说明理由并附相关证明材料，受委托的司法所应当自收到变更执行地申请之日起五个工作日内签署意见，并报执行地县级社区矫正机构审批。

第四十五条 对被人民法院宣告禁止令的社区矫正对象，执行地县级社区矫正机构可以根据禁止令的内容，函告有关部门、单位、场所或者个人给予配合。社区矫正对象确有正当理由需申请进入特定区域（场所）的，应当提交书面申请，由受委托的司法所签署意见，报执行地县级社区矫正机构审核批准，并抄送原审人民法院和执行地县级人民检察院。

第四十六条 执行地县级社区矫正机构应当在入矫宣告时书面告知社区矫正对象在社区矫正期间不准出境。执行地县级社区矫正机构应当在五个工作日内向同级公安机关通报备案，报备期限应当与社区矫正期限一致。公安机关依据相关法律文书履行法定不批准出境工作职责，并配合社区矫正机构核查社区矫正对象持有出入境证件情况。

执行地县级社区矫正机构对持有出入境证照的社区矫正对象应当出具不准出境决定文书，并逐级上报至省级社区矫正机构。省级社区矫正机构应当及时将不准出境决定文书报省级出入境边防检查机关办理交控，省级出入境边防检查机关应当自收到不准出境决定文书之日起两日内采取边控措施。

《陕西省社区矫正实施细则》

第三十四条 社区矫正对象有正当理由确需离开所居住的市、县，须经县级社区矫正机构、受委托的司法所批准。社区矫正对象外出的正当理由是指就医、就学、参与诉讼、处理家庭或工作重要事务等需要本人到场的事项。

前款规定的市是指设区的市的城市市区和县级市的辖区。在设区的同一市内跨区活动的，不属于离开所居住的市、县。

第三十五条 社区矫正对象确需离开所居住市、县的，应当提前三日提交书面申请，并如实提供诊断证明、单位证明、入学证明、法律文书等材料。

审批由县级社区矫正机构实施，每次批准外出的时间不得超过三十日。因特殊情况确需超过三十日的，或者两个月内外出时间累计超过三十日的，应当报市级社区矫正机构审批。市级社区矫正机构批准社区矫正对象外出的，县级社区矫正机构应当通报同级人民检察院。

受委托的司法所可以批准七日内的外出申请，并报县级社区矫正机构备案。

第三十六条 社区矫正对象因突发性重大变故等紧急情形确需立即外出的，应当根据拟外出时间，在外出之前取得县级社区矫正机构、受委托的司法所同意，并保持通讯畅通。紧急情形消失后，应当及时补办请假手续，并在《社区矫正对象外出审批表》中注明情况。

第三十七条 社区矫正对象应当在外出期限届满前返回，返回后及时办理销假手续，并提供外出的相应凭证（病历、收据、车船票、机票等）。县级社区矫正机构、受委托的司法所对其外出期间活动情况进行核实后，办理销假手续，并将相关材料归档。

社区矫正对象因特殊原因无法按期返回的，应当及时向县级社区矫正机构、受委托的司法所报告情况。县级社区矫正机构、受委托的司法所发现社区矫正对象违反外出管理规定的，应当责令其立即返回，并依法予以处理。

第三十八条 社区矫正对象因正常工作和生活需要申请经常性跨市、县活动的，一般应提前一个月向受委托的司法所提出书面申请，并提供相关证明材料，由县级社区矫正机构批准，批准一次的有效期为六个月。

在批准经常性跨市、县活动的有效期间内，社区矫正对象每次外出前应当至少提前一日向受委托的司法所报告，受委托的司法所应当及时向县级社区矫正机构备案。

被批准经常性跨市、县活动的社区矫正对象应当每月书面报告外出情况并提供相关证明材料。社区矫正对象外出期间违反规定或者未按照简化的程序申请报批的，经常性审批事项终止，且六个月内不再批准。

第三十九条 社区矫正对象因工作生活需要申请执行地变更的，应当向受委托的司法所提交书面申请，说明理由并提交相关证明材料。受委托的司法所收到执行地变更申请，应当及时审核并签署意见后报县级社区矫正机构审批。

第四十条 社区矫正对象是法定不批准出境报备的人员，在社区矫正期间不得出境。

社区矫正决定机关在做出社区矫正决定时，可以同时决定限制社区矫正对象出境。

县级社区矫正机构应当自社区矫正对象入矫报到之日起对其进行不准出境通报备案。接受通报的公安机关需根据通报备案对象的不同情况采取相应的禁止、限制、控制措施。社区矫正对象不准出境报备期限应当与社区矫正期限一致。

《上海市社区矫正实施细则》

第四十条 社区矫正对象因就医、就学、参与诉讼、处理家庭或工作重要事务等事由需要请假外出离开本市的，应当提前三日向司法所提出书面申请，并按照要求提供相关证明材料。

家庭或工作重要事务一般是指：

（一）结婚、离婚、本人或配偶生育的；

（二）涉本人的仲裁、登记、许可、调解、复议等确需本人参加的；

（三）春节、清明期间需离开执行地探亲、祭祖的；

（四）近亲属婚嫁、病重、亡故等，确需本人外出处理的；

（五）因生产经营或工作需要，确需本人外出处理的。

第四十一条 司法所应当在收到外出请假申请当日对请假理由、外出期间、目的地以及相关证明材料进行初步审核，签署审核意见后报区社区矫正机构审批。社区矫正对象单次请假外出目的地一般只能为同一市、县。

社区矫正对象请假外出不超过三十日的，由区社区矫正机构审批。社区矫正对象单次请假外出超过三十日或者两个月内外出时间累计超过三十日，区社区矫正机构审核同意的，报市社区矫正机构审批。市社区矫正机构同意的，区社区矫正机构应当通报同级人民检察院。

市、区社区矫正机构应当在收到报批材料的三日内完成审核审批工作，发放《社区矫正事项审批告知书》。

第四十二条 社区矫正对象确因正常工作和生活需要申请经常性跨市、县活动的，一般应提前一个月向司法所提出书面申请，并提供相关证明材料。区社区矫正机构参照本细则第四十一条有关程序从严审批，审批同意的，应同时通报同级人民检察院。

在批准经常性跨市、县活动的有效期间内，社区矫正对象每次外出前应当至少提前一日向司法所报告，报告方式可以是书面、电话或微信等通讯联络方式。司法所应及时向区社区矫正机构报备。

被批准经常性跨市、县活动的社区矫正对象应当每月书面报告外出情况并提供相关证明材料。社区矫正对象外出期间违反规定或未按照简化的程序申请报批的，经常性审批事项终止，且六个月内不再批准。

第四十三条 区社区矫正机构应当对社区矫正对象外出申请材料进行审核，认为需要补充相关证明材料的，可以通知司法所要求社区矫正对象及时予以补充。

区社区矫正机构认为需要调查核实相关事实的，可以委托司法所进行调查核实，也可以自行调查核实。

要求补充相关证明材料或需要对相关事实进行调查核实的，区社区矫正机构审核审批期限自材料补充完毕或调查核实完毕时起算。

第四十四条 社区矫正对象在外出期限届满前返沪的，应当及时到区社区矫正机构或司法所办理销假手续。销假时，社区矫正对象应如实提供其外出期间取得的食宿、交通票据原件以及其他与外出事项、地点相关的文字、照片或视频等证明材料。

社区矫正对象因特殊原因无法按时回到本市，需要延长外出期限的，由区社区矫正机构参照本细则第四十一条规定的程序审批。

第四十五条 社区矫正对象因工作生活需要申请迁居的，应当向司法所提交书面申请，说明理由并提交相关证明材料。司法所收到迁居申请应及时审核并签署意见后报区社区矫正机构审批。

第四十六条 人民法院、监狱、看守所、社区矫正机构应当告知社区矫正对象禁止出境的相关规定。人民法院、公安机关、司法行政机关、监狱管理机关按照各自职责依法落实社区矫正对象限制出境措施：

（一）人民法院负责由其裁定假释的社区矫正对象的限制出境工作；负责由其判处管制、宣告缓刑、决定暂予监外执行的港澳台及外国籍社区矫正对象的限制出境工作。

（二）公安机关、监狱管理机关负责由其决定的暂予监外执行社区矫正对象的限制出境工作。

（三）司法行政机关负责本市人民法院判处管制、宣告缓刑、决定暂予监外执行社区矫正对象（港澳台及外国籍社区矫正对象除外）的限制出境工作；负责外省市社区矫正决定机关决定的在本市纳管的社区矫正对象的限制出境工作。

《四川省社区矫正实施细则》

第六十三条 社区矫正对象未经批准不得离开所居住的市、县。确有正当理由需要离开所居住市、县的，应当经社区矫正机构或者受委托的司法所批准。

前款规定的市是指设区的市的城市市区和县级市的辖区。在设区的同一市内跨区活动的，不属于离开所居住的市、县。

第六十四条 社区矫正对象因以下事由需要离开所居住的市、县，可以提出外出申请：

（一）因本人就医、就学、工作、生育、考试、婚姻变化等事务需离开执行地的；

（二）涉及本人在外地的诉讼、仲裁、登记、许可、调解、复议确需本人参加的；

（三）本人的近亲属婚嫁、重病、亡

故等，确需本人赴外地处理的；

（四）因生产和经营需要，确需本人赴外地处理的；

（五）因其他突发事件或特殊情况，确需本人赴外地处理的。

第六十五条　社区矫正对象确需离开所居住的市、县的，一般应当提前三个工作日向执行地县级社区矫正机构或受委托的司法所提出书面申请。

社区矫正对象发生紧急情形确需外出的，应当及时提出申请。拟同意外出的，应当按审批权限报请批准。经批准外出的社区矫正对象应当于外出期限届满二十四小时内，向执行地县级社区矫正机构或受委托的司法所报告，及时补办书面请假手续，并办理销假手续，提供相应证明材料。

第六十六条　社区矫正对象提出书面申请时，应当如实提供相应的证明材料：

（一）诊断证明、病历等；

（二）录取通知书、准考证等；

（三）相关法律文书等；

（四）合同、公司证明等；

（五）其他相关证明材料。

第六十七条　申请外出时间在七日内的，经执行地县级社区矫正机构委托，可以由司法所批准，并报执行地县级社区矫正机构备案；超过七日的，由执行地县级社区矫正机构批准。执行地县级社区矫正机构每次批准外出的时间不超过三十日。

因特殊情况确需外出超过三十日的，或者连续两个月内外出时间累计超过三十日的，应报市级社区矫正机构审批。市级社区矫正机构批准社区矫正对象外出的，执行地县级社区矫正机构应当及时通报同级人民检察院。

第六十八条　外出审批机构应当在三个工作日内作出决定。经审核同意的，出具《社区矫正对象准予外出告知书》及《社区矫正对象外出证明》；经审核不同意的，出具《社区矫正对象不予外出告知书》。执行地县级社区矫正机构或受委托的司法所应当及时将相关法律文书送达社区矫正对象。

第六十九条　社区矫正对象外出期间，不得超出目的地的市、县范围，不得从事与外出事由不相符的活动。

第七十条　社区矫正对象外出期间，执行地县级社区矫正机构或受委托的司法所应当通过信息化核查、通讯联络等方式加强动态监管。

第七十一条　执行地县级社区矫正机构可以通过发函等方式联系外出目的地县级社区矫正机构对经批准外出超过七日或者其他需要协助监管的社区矫正对象协助监督管理，并要求社区矫正对象到达和离开外出目的地时向目的地县级社区矫正机构报告，接受监督管理。外出目的地县级社区矫正机构可以通过电话查询、实地查访等方式协助监督管理，并在其《社区矫正对象外出证明》上注明报告、监督管理等情况。

第七十二条　社区矫正对象应于外出截止日期之前返回执行地，返回后二十四小时内向执行地县级社区矫正机构或受委托的司法所报告，办理销假手续，交回《社区矫正对象外出证明》并提供其外出期间食宿交通票证、病历等与外出事由、目的地相关的证明材料。执行地县级社区矫正机构或受委托的司法所对社区矫正对象外出期间活动情况进行核实后，办理销假手续。

市级社区矫正机构批准社区矫正对象外出的，执行地县级社区矫正机构应及时将社区矫正对象外出销假情况反馈市级社区矫正机构。

社区矫正对象因特殊原因无法按期返回的，应及时向执行地县级社区矫正机构或受委托的司法所报告情况，经同意延迟返回的社区矫正对象应于返回执行地后二十四小时内向执行地县级社区矫正机构或受委托的司法所报告，并及时办理销假手续。

第七十三条　发现社区矫正对象违反外出管理规定的，执行地县级社区矫正机构或者受委托的司法所应当责令其立即返回并视情节给予相应处罚。

第七十四条　社区矫正对象确因正常工作和生活需要经常性跨市、县活动的，应当由本人提前五个工作日向执行地县级社区矫正机构或受委托的司法所提出书面申请，写明理由、经常性去往市、县的名称、时间、频次等，同时提供相应证明材料，由执行地县级社区矫正机构批准，批准一次的有效期为六个月。在批准的期限内，社区矫正对象到批准的市、县活动的，可以通过即时通讯方式报告活动情况。到期后，社区矫正对象仍需要经常性跨市、县活动的，应当重新提出申请。

第七十五条　执行地县级社区矫正机构或受委托的司法所应当通过增加信息化核查、通讯联络等频率，加强对经常性跨市、县活动的社区矫正对象的动态监管，发现有违反监督管理规定情形的，经教育仍不改正的，应当终止经常性跨市、县审批事项，并视情节给予相应处罚。

第七十六条　社区矫正对象变更执行地是指县（市、区）与县（市、区）的执行地变更，不包含本县（市、区）乡镇（街道）之间的调整。

第七十七条　社区矫正对象因工作、居所变化等原因需要变更执行地的，一般应当提前一个月向执行地县级社区矫正机构或受委托的司法所提出书面申请，并提供相应证明材料，由执行地县级社区矫正机构审批。

第七十八条　执行地县级社区矫正机构收到申请后，经审核认为不符合执行地变更条件的，应在决定作出之日起五日内书面告知社区矫正对象。

经审核认为符合执行地变更条件的，执行地县级社区矫正机构应当在五日内书面征求拟变更执行地县级社区矫正机构的意见。拟变更执行地县级社区矫正机构接到征求意见函后，应当在五日内核实有关情况，作出是否同意接收的意见并书面回复。执行地县级社区矫正机构根据回复意见作出决定。

第七十九条　执行地县级社区矫正机构对拟变更执行地县级社区矫正机构的回复意见有异议的，可以在收到回复之日起五个工作日内报执行地上一级社区矫正机构协调解决，不能达成一致意见的，由共同的上一级社区矫正机构确定执行地。

第八十条　同意变更执行地的，原执行地县级社区矫正机构应对社区矫正对象进行教育，书面告知其到新执行地县级社区矫正机构报到的时间期限以及逾期报到或者未报到的后果，责令其按时报到，并应当在作出决定之日起五日内，将有关法律文书和档案材料移交新执行地县级社区矫正机构，原执行地县级社区矫正机构应留存档案副本，有关法律文书应当抄送社区矫正决定机关和原执行地县级人民检察院、公安机关。

新执行地县级社区矫正机构收到法律文书和档案材料后，在五日内送达回执，并将有关法律文书抄送所在地县级人民检察院和公安机关。

第八十一条　同意变更执行地的，社区矫正对象应当自收到变更执行地决定之日起七日内，到新执行地县级社区矫正机构报到。新执行地县级社区矫正机构应当核实身份，办理登记接收手续。发现社区矫正对象未按规定时间报到的，新执行地县级社区矫正机构应当立即通知原执行地县级社区矫正机构，由原执行地县级社区矫正机构组织查找。未及时办理交付接收，造成社区矫正对象脱管漏管的，原执行地县级社区矫正机构会同新执行地县级社区矫正机构妥善处置。

第八十二条　对公安机关、监狱管理机关批准暂予监外执行的社区矫正对象变更执行地的，公安机关、监狱管理机关在收到社区矫正机构送达的法律文书后，应与新执行地同级公安机关、监狱管理机关办理交接。新执行地的公安机关、监狱管理机关应指定一所看守所、监狱接收社区矫正对象档案，负责办理其收监、刑满释放等手续。看守所、监狱在接收档案之日起五日内，应当将有关情况通报新执行地县级社区矫正机构。对公安机关批准暂予监外执行的社区矫正对象在省内变更执行地的，可以不移交档案。

文书范本

社区矫正对象外出审批表①

<table>
<tr><td>姓名</td><td></td><td>性别</td><td></td><td>身份证号码</td><td></td><td>联系电话</td><td></td></tr>
<tr><td>户籍地</td><td colspan="3"></td><td>执行地</td><td colspan="3"></td></tr>
<tr><td>罪名</td><td></td><td colspan="2">原判刑罚</td><td></td><td>附加刑</td><td colspan="2"></td></tr>
<tr><td>禁止令内容</td><td colspan="3"></td><td>禁止期限起止日</td><td colspan="3">自　年　月　日
至　年　月　日</td></tr>
<tr><td>矫正类别</td><td></td><td>矫正期限</td><td></td><td>起止日</td><td colspan="3">自　年　月　日
至　年　月　日</td></tr>
<tr><td>外出目的地</td><td></td><td>紧急联系人电话</td><td></td><td>外出起止日</td><td colspan="3">自　年　月　日
至　年　月　日</td></tr>
<tr><td>事由及依据</td><td colspan="7"></td></tr>
<tr><td>司法所意见</td><td colspan="7">（公章）
年　月　日</td></tr>
<tr><td>县级社区矫正机构意见</td><td colspan="7">（社区矫正机构印章）
年　月　日</td></tr>
</table>

① 来自《关于进一步规范社区矫正执法文书格式的通知》。

续表

市级社区矫正机构意见	（社区矫正机构印章） 年 月 日
备注	

注：抄送________人民检察院。

说明：

1. 本文书根据《中华人民共和国社区矫正法》第二十七条、“两高两部”《中华人民共和国社区矫正法实施办法》第二十六条、第二十七条以及《宁夏回族自治区社区矫正实施细则》第三十九、四十二、四十三条规定制作。

2. 本文书用于审批社区矫正对象外出时使用。

3. 本文书加盖公章后存档。对于外出审批严格按照《宁夏回族自治区社区矫正实施细则》第三十九、四十二、四十三条规定批准外出，执行地县级社区矫正机构应当将本文书抄送同级人民检察院。

社区矫正对象经常性跨市、县活动审批表①

<table>
<tr><td>姓名</td><td></td><td>性别</td><td></td><td>身份证号码</td><td></td><td>联系电话</td><td></td></tr>
<tr><td>户籍地</td><td colspan="3"></td><td>执行地</td><td colspan="3"></td></tr>
<tr><td>罪名</td><td></td><td colspan="2">原判刑罚</td><td></td><td>附加刑</td><td colspan="2"></td></tr>
<tr><td>禁止令内容</td><td colspan="3"></td><td>禁止期限起止日</td><td colspan="3">自 年 月 日
至 年 月 日</td></tr>
<tr><td>矫正类别</td><td></td><td>矫正期限</td><td></td><td>起止日</td><td colspan="3">自 年 月 日
至 年 月 日</td></tr>
<tr><td>经常性去往市、县</td><td colspan="3"></td><td>经常性跨市、县活动起止日</td><td colspan="3">自 年 月 日
至 年 月 日</td></tr>
</table>

① 来自《关于进一步规范社区矫正执法文书格式的通知》。

续表

事由及依据	
司法所意见	（公章） 年 月 日
县级社区矫正机构意见	（社区矫正机构印章） 年 月 日
备注	

说明：

1. 本文书根据《中华人民共和国社区矫正法》第二十七条、“两高两部”《中华人民共和国社区矫正法实施办法》第二十九条以及《宁夏回族自治区社区矫正实施细则》四十六条规定制作。

2. 本文书用于审批社区矫正对象经常性跨市、县活动时使用。

3. 本文书加盖公章后存档。委托司法所进行管理的，可复印一份。

社区矫正对象执行地变更审批表①

<table>
<tr><td>姓名</td><td></td><td>性别</td><td></td><td>身份证
号码</td><td></td><td>联系
电话</td><td></td></tr>
<tr><td>户籍地</td><td></td><td colspan="2">执行地</td><td></td><td>拟变更
执行地</td><td colspan="2"></td></tr>
<tr><td>罪名</td><td></td><td colspan="2">原判
刑罚</td><td></td><td>附加刑</td><td colspan="2"></td></tr>
<tr><td>禁止令
内容</td><td colspan="3"></td><td>禁止期限
起止日</td><td colspan="3">自 年 月 日
至 年 月 日</td></tr>
<tr><td>矫正类别</td><td></td><td>矫正
期限</td><td></td><td>起止日</td><td colspan="3">自 年 月 日
至 年 月 日</td></tr>
<tr><td>事由及
依据</td><td colspan="7"></td></tr>
<tr><td>司法所
意见</td><td colspan="7">（公章）
年 月 日</td></tr>
<tr><td>县级社区
矫正机构
意见</td><td colspan="7">（社区矫正机构印章）
年 月 日</td></tr>
<tr><td>市级社区
矫正机构
意见</td><td colspan="7">（社区矫正机构印章）
年 月 日</td></tr>
<tr><td>备注</td><td colspan="7"></td></tr>
</table>

注：抄送________人民法院、________人民检察院、________公安机关。

① 来自《关于进一步规范社区矫正执法文书格式的通知》。

说明：

1. 本文书根据《中华人民共和国社区矫正法》第二十七条、“两高两部”《中华人民共和国社区矫正法实施办法》第三十条、第三十一条以及《宁夏回族自治区社区矫正实施细则》四十七条规定制作。

2. 本文书用于审批社区矫正对象执行地变更时使用。

3. 同意变更执行地的，本文书一式两份，一份原执行地县级社区矫正机构存档，一份连同档案材料移交新执行地县级社区矫正机构，另将本文书抄送社区矫正决定机关和原执行地县级人民检察院、公安机关。新执行地县级社区矫正机构收到本文书和档案材料后，另将本文书抄送所在地县级人民检察院和公安机关。

社区矫正对象外出委托监管函①

（存根）

（ ）宁 字第（ ）号

社区矫正对象________，男（女），____族，____年____月____日出生，身份证号码________，户籍地________，现执行地________，因犯________罪经________人民法院于____年____月____日判处________。____年____月____日经________人民法院（监狱管理局/公安局）判处缓刑（裁定假释/决定暂予监外执行），社区矫正期限自____年____月____日起至____年____月____日止，宣告禁止令________，期限自____年____月____日起至____年____月____日止。

因________，现临时居住于____省（自治区/直辖市）____市（州）____县（市/区/旗）____乡镇（街道）________，请假外出期限为____年____月____日至____年____月____日。特委托贵单位在社区矫正对象________外出期间代为监管，具体监管事项：________。

发往________社区矫正机构。

填发人：
批准人：
填发日期 年 月 日

① 来自《关于进一步规范社区矫正执法文书格式的通知》。

社区矫正对象外出委托监管函

（　）宁　字第（　）号

________县（市/区/旗）社区矫正机构：

社区矫正对象________，男（女），____族，____年____月____日出生，身份证号码________，户籍地________，现执行地________，因犯________罪经________人民法院于____年____月____日判处________。____年____月____日经________人民法院（监狱管理局/公安局）判处缓刑（裁定假释/决定暂予监外执行），社区矫正期限自____年____月____日起至____年____月____日止，宣告禁止令________，期限自____年____月____日起至____年____月____日止。

因________，现临时居住于________省（自治区/直辖市）________市（州）________县（市/区/旗）________乡镇（街道）________，请假外出期限为____年____月____日至____年____月____日。特委托贵单位在社区矫正对象________外出期间代为监管，具体监管事项：________。

（社区矫正机构印章）
年　月　日

说明：

1. 本文书根据“两高两部”《中华人民共和国社区矫正法实施办法》第二十八条和《宁夏回族自治区社区矫正实施细则》四十五条规定制作，用于委托社区矫正对象外出目的地社区矫正机构监管时使用。

2. 文书字号由年度、社区矫正机构代字、类型代字、文书编号组成，使用阿拉伯数字，例“（2021）宁××矫托管函字第1号”。

3. 本文书加盖公章后，存根存档，委托函送受委托管理的社区矫正机构。

4. “因________”应填写社区矫正对象请假事由；“乡镇（街道）________”应填写社区矫正对象外出具体住址。

关于征求社区矫正对象执行地变更意见的函①

（　　）宁　矫执更函字第　号

____________县（市、区、旗）社区矫正机构：

社区矫正对象________，男（女），____族，身份证号码________，户籍地________，因犯________罪经________人民法院于____年____月____日判处________。依据（人民法院/公安局/监狱管理局）________号判决书（裁定书/决定书），管制（缓刑/假释/暂予监外执行）期间，被依法实行社区矫正，社区矫正期限自____年____月____日起至____年____月____日止，现执行

① 来自《关于进一步规范社区矫正执法文书格式的通知》。

地________。

____年____月____日社区矫正对象____申请将社区矫正执行地由____县（市、区）变更到____县（市、区），申请变更理由________。

根据《中华人民共和国社区矫正法》第二十七条之规定，现就社区矫正对象________变更执行地征求贵单位意见，请于____年____月____日之前反馈书面意见。

联系人：________；联系电话：________。

附件：1. 社区矫正对象________执行地变更申请书

2. 执行地变更相关证明材料

（社区矫正机构印章）

年 月 日

说明：

1. 本文书根据《中华人民共和国社区矫正法》第二十七条、"两高两部"《中华人民共和国社区矫正法实施办法》第三十条以及《宁夏回族自治区社区矫正实施细则》四十七规定制作。

2. 文书字号由年度、社区矫正机构代字、类型代字、文书编号组成，使用阿拉伯数字，例"（2021）宁××矫执更函字第1号"。

3. 文书加盖公章后，一式两份，执行地县级社区矫正机构存档，送被征求意见单位一份。委托司法所进行管理的，可复印一份。

关于征求社区矫正对象执行地变更意见的复函①

（ ）宁 矫执更复函字第 号

____________县级社区矫正机构：

关于征求社区矫正对象执行地变更意见的函（ ）____字第____号已收悉，根据《中华人民共和国社区矫正法》第十七条、《中华人民共和国社区矫正法实施办法》第十二条之规定，同意社区矫正对象________将执行地变更为我辖区（不同意社区矫正对象________将执行地变更到我辖区，原因________）。

特此复函。

联系人：________，联系电话：________

邮寄地址：

（社区矫正机构印章）

年 月 日

---

① 来自《关于进一步规范社区矫正执法文书格式的通知》。

说明：

1. 本文书根据《中华人民共和国社区矫正法》、“两高两部”《中华人民共和国社区矫正法实施办法》相关规定以及《宁夏回族自治区社区矫正实施细则》第四十八条制作。

2. 文书字号由年度、社区矫正机构代字、类型代字、文书编号组成，使用阿拉伯数字，例“（2021）宁××矫执更复函字第1号”。

3. 文书加盖公章后，一式两份，存档一份，送原征求意见单位一份。委托司法所进行管理的，可复印一份。

社区矫正对象执行地变更决定书①

（　）宁　矫执更字第　号

社区矫正对象________，男（女），____年____月____日出生，____族，身份证号码________，户籍地________，现执行地________，因犯________罪经________人民法院于____年____月____日判处________。____年____月____日经________人民法院（监狱管理局/公安局）裁定假释（决定/批准暂予监外执行）。社区矫正期限自____年____月____日起至____年____月____日止。

____年____月____日收到社区矫正对象________执行地变更申请，申请由________市（县）变更执行地到________市（县），申请变更理由________。

依据《中华人民共和国社区矫正法》第二十七条之规定，决定同意（不予同意）变更到________市（县）执行。

（社区矫正机构印章）

年　月　日

注：决定书送达社区矫正对象和新执行地县级社区矫正机构，同时抄送________人民法院（公安局、监狱管理局）、________人民检察院、________公安（分）局。

说明：

1. 本文书根据《中华人民共和国社区矫正法》第二十七条以及“两高两部”《中华人民共和国社区矫正法实施办法》第三十条、第三十一条以及《宁夏回族自治区社区矫正实施细则》第四十七、四十八条制作。

2. 文书字号由年度、社区矫正机构代字、类型代字、文书编号组成，使用阿拉伯数字，例“（2021）宁××矫执更字第1号”。文书一式六份：存档一份，一份送社区矫正对象，一份连同审批表、矫正档案、送达回执移交新执行地县级社区矫正机构，另抄送社区矫正决定机关、原执行地县级人民检察院、公安机关各一份。

3. 新执行地县级社区矫正机构收到决定书后和档案材料后，在五日内送达回执（在受送达人签收处加盖公章），同时将决定书复印送所在地县级人民检察院、公安机关。

---

① 来自《关于进一步规范社区矫正执法文书格式的通知》。

社区矫正对象准予（不予）外出（经常性跨市、县活动）通知书①

（　）　矫（不）外（经跨）通字第　号

社区矫正对象＿＿＿＿＿＿：

你于＿＿年＿＿月＿＿日向＿＿＿＿提出的请假外出（经常性跨市、县活动）申请，根据《中华人民共和国社区矫正法》《中华人民共和国社区矫正法实施办法》以及《宁夏回族自治区社区矫正实施细则》相关规定：

决定准予/不予你外出（经常性跨市、县活动）。决定不准予你外出（经常性跨市、县活动），原因＿＿＿＿。

你在被准予外出（经常性跨市、县活动）期间，应注意遵守以下要求：

一是遵守法律法规和社区矫正监管规定，确保联系畅通。二是不得超出目的地的市、县范围，不得从事与外出事由不相符的活动。三是应当于＿＿年＿＿月＿＿日外出（经常性跨市、县活动）期满之日二十四小时内到＿＿＿＿社区矫正机构（司法所）办理销假手续，并提供其外出期间食宿交通票证、病历等与外出事由、目的地相关的证明材料。

特此告知。

社区矫正对象签名：　　　　　　　　（批准机构公章）

年　月　日

说明：

1. 根据《中华人民共和国社区矫正法》第二十三条，“两高两部”《中华人民共和国社区矫正法实施办法》第二十六条、第二十七条、第二十八条以及《宁夏回族自治区社区矫正实施细则》第四十二、四十六条规定制作。用于告知社区矫正对象外出、经常性跨市、县活动申请审批结果时使用。

2. 文书字号由年度、社区矫正机构代字、类型代字、文书编号组成，使用阿拉伯数字，例“（2021）××矫（不）外（经跨）通字第1号”。本告知书一式两份，加盖公章，社区矫正对象签名后存档一份，社区矫正对象一份。

3. 相关文字表述如不使用，可以删除。

4. “向＿＿＿＿提出”应填写执行地县级社区矫正机构或受委托的司法所。

① 来自《关于进一步规范社区矫正执法文书格式的通知》。

社区矫正对象________外出（经常性跨市、县活动）监管记录[①]

记录时间	监管记录	是否越界	记录人	备注

说明：

1. 本文书根据“两高两部”《中华人民共和国社区矫正法实施办法》第二十八条、《宁夏回族自治区社区矫正实施细则》第四十五条规定制作。

2. 本文书用于社区矫正对象在外出期间或者经常性跨市、县活动时，执行地县级社区矫正机构或者受委托管理的司法所记录信息化核查、通讯联络等监督管理时使用。

① 来自《关于进一步规范社区矫正执法文书格式的通知》。

第二十八条[①] 【考核奖惩】

社区矫正机构根据社区矫正对象的表现，依照有关规定对其实施考核奖惩。社区矫正对象认罪悔罪、遵守法律法规、服从监督管理、接受教育表现突出的，应当给予表扬。社区矫正对象违反法律法规或者监督管理规定的，应当视情节依法给予训诫、警告、提请公安机关予以治安管理处罚，或者依法提请撤销缓刑、撤销假释、对暂予监外执行的收监执行。

对社区矫正对象的考核结果，可以作为认定其是否确有悔改表现或者是否严重违反监督管理规定的依据。

法条解读

本条主要规定了对社区矫正对象的考核奖惩。本条第一款规定了考核奖惩的主体、依据及内容。该款中的“有关规定”包括《刑法》《刑事诉讼法》《社区矫正法》及司法行政部门对社区矫正对象考核奖惩的相关规定。本条第二款规定了考核结果是判断社区矫正对象是否确有悔改表现或者是否具有严重违反监督管理规定的依据。

《社区矫正法实施办法》对该条进行了较为全面的细化，包括考核奖惩的原则及具体考核奖惩的依据。

各省市社区矫正实施细则大都根据《社区矫正法》与《社区矫正法实施办法》对考核奖惩的具体依据、证据材料及程序规定作了进一步细化。例如，《安徽省社区矫正工作实施细则》《贵州省社区矫正工作实施细则（试行）》明确了考核结果分为良好、合格、基本合格、不合格四种类型，并就对应情形进行了明确。《北京市社区矫正实施细则》《江西省社区矫正工作实施细则》《山东省社区矫正实施细则》以每三个月考核为基础。北京、山西将考核区分为合格、基本合格和不合格三种等级，山东将考核区分为合格与不合格两种等级。《辽宁省社区矫正实施细则》采用季度定期考核方式。《福建省社区矫正实施细则》确立了月考核制度，考核等次区分为良好、合格和不合格，该细则还针对调查核实人员的回避问题进行了规定，包括自行回避与指令回避。《甘肃省社区矫正实施细则》明确了日常管理考核制度，以分级为基础，区分严管、普管与宽管三种类型。《宁夏回族自治区社区矫正实施细则》采用日常考核与定期考核相结合的方式进行。《安徽省社区矫正工作实施细则》《甘肃省社区矫正实施细则》《宁夏回族自治区社区矫正实施细则》《上海市社区矫正实施细则》对奖惩工作小组相关问题进行了规定。《广东省社区矫正实施细则》《湖南省社区矫正实施细则》《辽宁省社区矫正实施细则》赋予社区矫正对象对考核奖惩提出异议的权利。《河南省社区矫正工作细则》对社区矫正对象考核奖惩的异议权进一步明确为可以向执

① 相关地方规范性文件落实，例如，2021 年山西省司法厅出台《山西省社区矫正对象考核奖惩及分类管理办法（试行）》；2020 年浙江省司法厅印发《浙江省社区矫正对象考核奖惩办法（试行）》；2020 年内蒙古自治区司法厅印发《内蒙古自治区社区矫正对象分类管理办法（试行）》；2021 年新疆维吾尔族自治区司法厅印发《新疆维吾尔自治区社区矫正对象分类管理和考核奖惩办法》。

行地县级社区矫正机构反映，但不得提起行政复议和行政诉讼。《广西壮族自治区社区矫正工作细则》赋予社区矫正对象对管理类别的评定不服予以申请复核的权利。《河南省社区矫正工作细则》细化了考核主体、考核内容及月计分和季评价相结合的考核方式。《湖南省社区矫正实施细则》《四川省社区矫正实施细则》主要采取月计分的方式对社区矫正对象进行了考核，并就立功与重大立功的表现形式进行了细化规定。《江西省社区矫正工作实施细则》明确了月度考核的起始时间及重点考核内容，并构建了定期与动态考核相结合的方式。《江苏省社区矫正实施细则》明确了异议人的救济措施，就“表扬”相关程序进行了规定，并就撤销缓刑、假释的规范依据进行了明确。

相关规定

《社区矫正实施办法》

第三十二条　社区矫正机构应当根据有关法律法规、部门规章和其他规范性文件，建立内容全面、程序合理、易于操作的社区矫正对象考核奖惩制度。

社区矫正机构、受委托的司法所应当根据社区矫正对象认罪悔罪、遵守有关规定、服从监督管理、接受教育等情况，定期对其考核。对于符合表扬条件、具备训诫、警告情形的社区矫正对象，经执行地县级社区矫正机构决定，可以给予其相应奖励或者处罚，作出书面决定。对于涉嫌违反治安管理行为的社区矫正对象，执行地县级社区矫正机构可以向同级公安机关提出建议。社区矫正机构奖励或者处罚的书面决定应当抄送人民检察院。

社区矫正对象的考核结果与奖惩应当书面通知其本人，定期公示，记入档案，做到准确及时、公开公平。社区矫正对象对考核奖惩提出异议的，执行地县级社区矫正机构应当及时处理，并将处理结果告知社区矫正对象。社区矫正对象对处理结果仍有异议的，可以向人民检察院提出。

第三十三条　社区矫正对象认罪悔罪、遵守法律法规、服从监督管理、接受教育表现突出的，应当给予表扬。

社区矫正对象接受社区矫正六个月以上并且同时符合下列条件的，执行地县级社区矫正机构可以给予表扬：

（一）服从人民法院判决，认罪悔罪；

（二）遵守法律法规；

（三）遵守关于报告、会客、外出、迁居等规定，服从社区矫正机构的管理；

（四）积极参加教育学习等活动，接受教育矫正的。

社区矫正对象接受社区矫正期间，有见义勇为、抢险救灾等突出表现，或者帮助他人、服务社会等突出事迹的，执行地县级社区矫正机构可以给予表扬。对于符合法定减刑条件的，由执行地县级社区矫正机构依照本办法第四十二条的规定，提出减刑建议。

第三十四条　社区矫正对象具有下列情形之一的，执行地县级社区矫正机构应当给予训诫：

（一）不按规定时间报到或者接受社区矫正期间脱离监管，未超过十日的；

（二）违反关于报告、会客、外出、迁居等规定，情节轻微的；

（三）不按规定参加教育学习等活动，经教育仍不改正的；

（四）其他违反监督管理规定，情节轻微的。

第三十五条　社区矫正对象具有下列情形之一的，执行地县级社区矫正机构应当给予警告：

（一）违反人民法院禁止令，情节轻微的；

（二）不按规定时间报到或者接受社区矫正期间脱离监管，超过十日的；

（三）违反关于报告、会客、外出、迁居等规定，情节较重的；

（四）保外就医的社区矫正对象无正当理由不按时提交病情复查情况，经教育仍不改正的；

（五）受到社区矫正机构两次训诫，仍不改正的；

（六）其他违反监督管理规定，情节较重的。

第三十六条 社区矫正对象违反监督管理规定或者人民法院禁止令，依法应予治安管理处罚的，执行地县级社区矫正机构应当及时提请同级公安机关依法给予处罚，并向执行地同级人民检察院抄送治安管理处罚建议书副本，及时通知处理结果。

第四十六条 社区矫正对象在缓刑考验期内，有下列情形之一的，由执行地同级社区矫正机构提出撤销缓刑建议：

（一）违反禁止令，情节严重的；

（二）无正当理由不按规定时间报到或者接受社区矫正期间脱离监管，超过一个月的；

（三）因违反监督管理规定受到治安管理处罚，仍不改正的；

（四）受到社区矫正机构两次警告，仍不改正的；

（五）其他违反有关法律、行政法规和监督管理规定，情节严重的情形。

社区矫正机构一般向原审人民法院提出撤销缓刑建议。如果原审人民法院与执行地同级社区矫正机构不在同一省、自治区、直辖市的，可以向执行地人民法院提出建议，执行地人民法院作出裁定的，裁定书同时抄送原审人民法院。

社区矫正机构撤销缓刑建议书和人民法院的裁定书副本同时抄送社区矫正执行地同级人民检察院。

第四十七条 社区矫正对象在假释考验期内，有下列情形之一的，由执行地同级社区矫正机构提出撤销假释建议：

（一）无正当理由不按规定时间报到或者接受社区矫正期间脱离监管，超过一个月的；

（二）受到社区矫正机构两次警告，仍不改正的；

（三）其他违反有关法律、行政法规和监督管理规定，尚未构成新的犯罪的。

社区矫正机构一般向原审人民法院提出撤销假释建议。如果原审人民法院与执行地同级社区矫正机构不在同一省、自治区、直辖市的，可以向执行地人民法院提出建议，执行地人民法院作出裁定的，裁定书同时抄送原审人民法院。

社区矫正机构撤销假释的建议书和人民法院的裁定书副本同时抄送社区矫正执行地同级人民检察院、公安机关、罪犯原服刑或者接收其档案的监狱。

第四十九条 暂予监外执行的社区矫正对象有下列情形之一的，由执行地县级社区矫正机构提出收监执行建议：

（一）不符合暂予监外执行条件的；

（二）未经社区矫正机构批准擅自离开居住的市、县，经警告拒不改正，或者拒不报告行踪，脱离监管的；

（三）因违反监督管理规定受到治安管理处罚，仍不改正的；

（四）受到社区矫正机构两次警告的；

（五）保外就医期间不按规定提交病情复查情况，经警告拒不改正的；

（六）暂予监外执行的情形消失后，刑期未满的；

（七）保证人丧失保证条件或者因不履行义务被取消保证人资格，不能在规定期限内提出新的保证人的；

（八）其他违反有关法律、行政法规和监督管理规定，情节严重的情形。

社区矫正机构一般向执行地社区矫正决定机关提出收监执行建议。如果原社区矫正决定机关与执行地县级社区矫正机构在同一省、自治区、直辖市的，可以向原社区矫正决定机关提出建议。

社区矫正机构的收监执行建议书和决定机关的决定书，应当同时抄送执行地县级人民检察院。

《安徽省社区矫正工作实施细则》

第五十六条 县（市、区）社区矫正机构、司法所应当每季度对社区矫正对象认罪悔罪、遵守法律法规、服从监督管理、接受教育表现等情况进行考核，考核结果分为良好、合格、基本合格、不合格四种，可以作为实施分类管理、奖惩的依据。司法所负责日常考核具体实施，县（市、区）社区矫正机构负责对日常考核结果认定及对日常考核结果异议的处理。

第五十七条 社区矫正对象考核期内认罪悔罪，认真遵守法律法规和监督管理规定，参加教育学习和公益活动表现突出的，考核结果为良好。社区矫正对象考核期内遵守法律法规和监督管理规定，参加教育学习和公益活动表现一般的，考核结果为合格。社区矫正对象考核期内违反法律法规和监督管理、教育学习等规定，但未构成警告、治安管理处罚情形的，或者受到训诫的，考核结果为基本合格。社区矫正对象考核期内违反法律法规和监督管理规定，受到警告、治安管理处罚的，考核结果为不合格。

第五十八条 对社区矫正对象考核应当听取矫正小组成员意见，考核结果应当在司法所公示，并向社区矫正对象反馈。社区矫正对象对考核结果提出异议的，县（市、区）社区矫正机构应当自收到异议之日起十日内调查处理。

第五十九条 社区矫正对象符合奖励条件或者具有处罚情形的，县（市、区）社区矫正机构、司法所应当及时派员调查核实情况，收集有关证明材料，提出处理意见。

第六十条 县（市、区）社区矫正机构给予社区矫正对象训诫的，应当制作训诫决定书，由县（市、区）社区矫正机构工作人员实施训诫，做好训诫记录。有条件的，训诫过程要全程录音录像。对未成年社区矫正对象训诫时，其监护人应当在场。

第六十一条 被判处管制、宣告缓刑或者决定暂予监外执行的社区矫正对象具有下列情形之一的，县（市、区）社区矫正机构应当及时提请同级公安机关依法给予处罚，公安机关应当及时将处理结果通知县（市、区）社区矫正机构：

（一）违反人民法院禁止令，尚不属情节严重的；

（二）扰乱社区矫正工作秩序的；

（三）对社区矫正工作人员和其他依法参与社区矫正工作的人员及其近亲属进行殴打、威胁、侮辱、骚扰、报复，尚不构成犯罪的；

（四）其他违反监督管理规定，情节严重的。县（市、区）社区矫正机构提请治安管理处罚建议书以及公安机关治安管理处罚决定书副本应当抄送执行地同级人民检察院。

第六十二条 提请撤销缓刑、假释的，按照下列程序办理：

（一）县（市、区）社区矫正机构发现社区矫正对象在缓刑、假释考验期内具有法定撤销情形的，应当依法及时向原审、原裁定人民法院提交撤销缓刑、假释建议书并附相关证明材料。原审、原裁定缓刑、假释人民法院不在本省的，提请本省执行地人民法院裁定；

（二）人民法院应当自收到撤销缓刑、假释建议书之日起三十日内依法作出裁定；

（三）人民检察院认为人民法院应当裁定撤销缓刑、假释而未予裁定的，应当及时提出检察监督意见。

第六十三条 提请决定暂予监外执行收监执行的，按照下列程序办理：

（一）县（市、区）社区矫正机构发现暂予监外执行社区矫正对象具有法定收监执行情形的，应当依法及时向原决定暂予监外执行的人民法院、公安机关、监狱管理机关提交收监执行建议书并附相关证明材料。原决定暂予监外执行的人民法院、公安机关、监狱管理机关不在本省的，应当提请本省执行地的同级人民法院、公安机关、监狱管理机关决定；

（二）人民法院、公安机关、监狱管理机关应当自收到收监执行建议书后三十日内作出决定；

（三）人民检察院认为人民法院、公安机关、监狱管理机关应当决定收监执行而未予决定的，应当提出检察监督意见。

第六十四条 社区矫正机构提请撤销缓刑、假释，提请决定暂予监外执行收监执行的，应当向人民法院、公安机关、监狱管理机关提交下列材料：

（一）提请撤销缓刑、假释或者决定暂予监外执行收监执行建议书；

（二）提请撤销缓刑、假释或者决定暂予监外执行收监执行审批表；

（三）适用社区矫正的判决书、裁定书、决定书、执行通知书等法律文书复印件；

（四）社区矫正对象违反法律、行政法规以及监督管理规定的事实、证据材料；

（五）社区矫正期间奖惩情况材料；

（六）暂予监外执行法定情形消失等有关证明材料；

（七）其它相关材料。

第六十五条 人民法院裁定撤销缓刑、假释或者决定暂予监外执行收监执行的，应当及时将裁定书、决定书、执行通知书、结案登记表等法律文书送达公安机关，同时抄送县（市、区）社区矫正机构、人民检察院、暂予监外执行社区矫正对象原服刑或者接收其档案的监狱。公安机关在收到法律文书后，应当及时将社区矫正对象送交监狱或者看守所收监执行。社区矫正对象被强制隔离戒毒后依法应当予以收监执行刑罚的，按照有关规定执行。

第六十八条 设区的市、县（市、区）社区矫正机构应当设立社区矫正奖惩工作小组，由设区的市、县（市、区）司法行政机关批准成立，成员人数应当不少于3人，且为单数。社区矫正奖惩工作小组成员应当包括社区矫正机构负责人。社区矫正对象日常管理考核重大事项，决定给予表扬、训诫、警告，提请治安管理处罚、撤销缓刑、撤销假释、对暂予监外执行收监执行和减刑等应当经社区矫正奖惩工作小组集体评议。

《北京市社区矫正实施细则》

第七十条 司法所应当根据社区矫正对象认罪悔罪、遵守有关规定、服从监督管理、接受教育矫正等情况，定期对其进行考核。

司法所应当自社区矫正对象到区社区矫正机构报到之日起至第三个月月底，实行第一次考核；此后，每三个月考核一次。

对于符合表扬条件、具备训诫、警告情形的社区矫正对象，经司法所提出，执行地的区社区矫正机构决定，可以给予其相应奖励或者处罚，作出书面决定。对于涉嫌违反治安管理行为的社区矫正对象，执行地的区社区矫正机构可以向区公安分局提出建议。社区矫正机构奖励或者处罚的书面决定应当于七个工作日内抄送执行地的区人民检察院。

第七十一条 考核结果分为合格、基本合格、不合格三个等次：

（一）社区矫正对象认罪悔罪、遵守法律法规和监督管理规定、认真完成教育学习任务、积极参加公益活动的，考核等次为合格；

（二）社区矫正对象基本能够认罪悔罪、基本能够遵守法律法规和监督管理规定，考核等次为基本合格；

（三）社区矫正对象拒不认罪悔罪的；或者违反法律法规，受到有关部门处罚的；或者违反监督管理、教育学习规定，受到训诫及以上处罚的，考核等次为不合格。

社区矫正对象受到区社区矫正机构表扬的，可以上调一个考核等次。

第七十二条 社区矫正对象的考核结果与奖惩应当书面通知其本人，在本区社区矫正场所或者司法所公示五日，并将有关情况记入档案，做到准确及时，公开、公平。社区矫正对象对于考核奖惩提出异议的，执行地的区社区矫正机构应当及时处理，并将处理结果告知社区矫正对象。

第七十三条 发现社区矫正对象有违反监督管理规定或者人民法院禁止令等违法情形的，执行地的区社区矫正机构、司法所应当立即指派两名以上工作人员调查核实情况，收集有关证据材料，制作笔录，提出处理意见。

社区矫正机构发现社区矫正对象有撤销缓刑、撤销假释或者暂予监外执行收监执行的法定情形的，应当组织开展调查取证工作，依法向社区矫正决定机关提出撤销缓刑、撤销假释或者暂予监外执行收监执行建议。

第七十四条 社区矫正对象认罪悔罪、遵守法律法规、服从监督管理、接受教育表现突出的，应当给予表扬。

社区矫正对象接受社区矫正六个月以上并且同时符合下列条件的，执行地的区社区矫正机构可以给予表扬：

（一）服从人民法院判决，认罪悔罪；

（二）遵守法律法规；

（三）遵守关于报告、会客、外出、迁居等规定，服从社区矫正机构的管理；

（四）积极参加教育学习等活动，接受教育矫正的。

社区矫正对象接受社区矫正期间，有见义勇为、抢险救灾等突出表现，或者帮助他人、服务社会等突出事迹的，执行地的区社区矫正机构可以给予表扬。

第七十五条 社区矫正对象具有下列情形之一的，执行地的区社区矫正机构应当给予训诫：

（一）不按规定时间报到或者接受社区矫正期间脱离监管，未超过十日的；

（二）违反关于报告、会客、外出、迁居等规定，情节轻微的；

（三）不按规定参加教育学习等活动，经教育仍不改正的；

（四）其他违反监督管理规定，情节轻微的。

第七十六条 社区矫正对象具有下列情形之一的，执行地的区社区矫正机构应当给予警告：

（一）违反人民法院禁止令，情节轻微的；

（二）不按规定时间报到或者接受社区矫正期间脱离监管，超过十日的；

（三）违反关于报告、会客、外出、迁居等规定，情节较重的；

（四）保外就医的社区矫正对象无正当理由不按时提交病情复查情况，经教育仍不改正的；

（五）受到社区矫正机构两次训诫，仍不改正的；

（六）其他违反监督管理规定，情节较重的。

第七十七条　社区矫正对象违反监督管理规定或者人民法院禁止令，依法应予治安管理处罚的，执行地的区社区矫正机构应当及时提请区公安分局依法给予处罚，并向执行地的区人民检察院抄送治安管理处罚建议书副本。

公安机关应当及时将处理结果通知执行地的区社区矫正机构，抄送区人民检察院。公安机关依法作出处罚的，还应当将执行情况书面通知执行地的区社区矫正机构。

第七十八条　社区矫正对象符合法定减刑条件的，由执行地的区社区矫正机构提出减刑建议书并附相关证据材料，报经市社区矫正机构审核同意后，由市社区矫正机构提请执行地的中级人民法院裁定。依法应由市高级人民法院裁定的减刑案件，应当报请市高级人民法院裁定。

社区矫正机构向人民法院移送提请减刑的案卷材料包括：减刑建议书，提请减刑审核表，原一、二审刑事判决书、裁定书、历次减刑裁定书复印件，社区矫正对象综合表现材料，社区矫正对象认罪悔罪书，公示材料，具有减刑情形的相关证明材料等。社区矫正机构还应同时将减刑建议书和案卷材料抄送执行地同级人民检察院，并将减刑建议书抄送执行地同级公安机关及罪犯原服刑或者接收其档案的监狱。

人民法院应当自收到社区矫正机构减刑建议书和相关证据材料齐备之日起三十日内依法裁定，并将减刑裁定书送达社区矫正机构，同时将减刑裁定书副本抄送执行地同级人民检察院、公安机关及罪犯原服刑或者接收其档案的监狱。

《福建省社区矫正实施细则》

第二十五条　对社区矫正对象实行月考核制度。自入矫报到之日起纳入考核，考核期限为整个矫正期。受委托的司法所每月应当对其进行考核，填写《社区矫正对象考核登记表》，确定考核等次；并制发《考核结果通知书》，通知社区矫正对象本人和未成年社区矫正对象的监护人。

考核等次分为良好、合格和不合格。社区矫正对象当月无训诫、警告、治安管理处罚并且受到表扬或者减刑、教育考查成绩优良的，考核等次为良好；当月无训诫、警告、治安管理处罚并且教育考查成绩及格的，考核等次为合格；当月受到训诫、警告、治安管理处罚、教育考查成绩不及格之一的，考核等次为不合格。

对社区矫正对象的考核结果，除按照《社区矫正法》第二十八条第二款规定执行外，作为社区矫正对象调整矫正方案，实施分类管理的依据。

各级社区矫正机构应当成立社区矫正奖惩工作组，成员不少于三名、且为单数，由社区矫正机构工作人员组成，其负责人任组长。

社区矫正奖惩工作组对社区矫正对象决定表扬、训诫、警告以及提请减刑、治安管理处罚、撤销缓刑、撤销假释、逮捕、收监执行进行研究、审核时，人民检察院可以派员列席。

第二十六条　县级社区矫正机构依据

《实施办法》第三十三条的规定、对社区矫正对象实施表扬时，应当填写《社区矫正表扬审批表》、附相关证明材料，经社区矫正奖惩工作组研究决定后、制发《社区矫正表扬决定书》，送达社区矫正对象本人和未成年社区矫正对象的监护人，并抄送同级人民检察院。

第二十七条　县级社区矫正机构依据《实施办法》第三十四条的规定、对社区矫正对象实施训诫时，应当填写《社区矫正训诫审批表》、附相关证明材料，经社区矫正奖惩工作组研究决定后、制发《社区矫正训诫决定书》，并抄送同级人民检察院。

对社区矫正对象的训诫不公开进行。训诫时，由两名以上社区矫正机构工作人员或者受委托履行社区矫正工作的司法所公务员组织实施。训诫后，被训诫的社区矫正对象应当在《社区矫正训诫决定书》上签名并捺印。对未成年社区矫正对象实施训诫时，县级社区矫正机构应当通知其监护人到场并签名。

第二十八条　县级社区矫正机构依据《实施办法》第三十五条的规定、对社区矫正对象实施警告时，应当填写《社区矫正警告审批表》、附相关证明材料，经社区矫正奖惩工作组研究决定后、制发《社区矫正警告决定书》，送达社区矫正对象本人和未成年社区矫正对象的监护人，并抄送同级人民检察院。

第二十九条　县级社区矫正机构依据《治安管理处罚法》和《实施办法》第三十六条的规定、对社区矫正对象提请治安管理处罚时，应当填写《提请治安管理处罚审核表》，经社区矫正奖惩工作组审核后，制发《治安管理处罚建议书》、附相关证明材料，提请同级公安机关依法处理，并抄送同级人民检察院。

社区矫正对象违反《治安管理处罚法》第六十条第四项规定之外的情形、被公安机关治安管理处罚的，县级社区矫正机构应当视其违法情节，依据《实施办法》的有关规定予以处理。

被判处管制的社区矫正对象未经批准行使言论、出版、集会、结社、游行、示威自由权利的，县级社区矫正机构应当提请公安机关予以治安管理处罚。

第三十四条　社区矫正机构对社区矫正对象需要给予训诫、警告或者提请治安管理处罚、依法组织调查核实时，应当有两名以上社区矫正机构工作人员或者受委托履行社区矫正工作职责的司法所公务员依法进行调查核实。

社区矫正机构对社区矫正对象需要给予撤销缓刑、撤销假释、提请逮捕以及提请收监执行、依法组织调查取证时，应当有两名以上社区矫正机构工作人员依法进行调查取证。

上述人员与被调查的社区矫正对象是近亲属的，应当自行提出回避；没有自行提出回避的，社区矫正机构应当责令其回避。

《甘肃省社区矫正实施细则》

第二十八条　县（市、区）社区矫正机构、司法所依法对社区矫正对象遵守社区矫正规定情况、服从监督管理和接受教育帮扶情况以及其他日常表现情况开展日常管理考核。

县（市、区）社区矫正机构应当对日常管理考核结果在社区矫正场所内进行公示，并作为实施分类、分级管理和确定其是否确有悔改表现或者是否严重违反监督管理规定的依据。社区矫正对象对考核结果有异议的可以申请复核。社区矫正对象为未成年人的，日常考核奖惩不公开进行，需要依法惩处的，应通知监护人到场。

社区矫正对象日常管理考核以及分类、分级管理的方式、标准、要求由县（市、区）社区矫正机构根据工作实际制定，并抄送同级人民检察院。

第二十九条　县（市、区）社区矫正机构或受委托的司法所应当根据裁判内容和社区矫正对象的个性特点及犯罪原因、类型、情节、悔罪表现等情况，依照《实施办法》第二十一条的规定，进行综合评估，分类管理，分级矫正。

第三十条　根据社区矫正对象日常考核和分级不同，县（市、区）社区矫正机构可以采取以下矫正措施：

严管社区矫正对象：每月参加集中教育或心理、行为教育矫正活动不少于1次；每月接受个别教育不少于3次；每月从事公益活动不少于1次；每周到司法所或县（市、区）区社区矫正机构报告情况不少于1次，每月上交书面情况报告；县（市、区）社区矫正机构或司法所根据需要，可以要求其每日到司法所或县（市、区）社区矫正机构报告情况；单次批假一般不超过七日；接受信息化核查，按照要求报告自己活动情况等信息，每天不少于1次。

普管社区矫正对象：每月参加司法所组织的集中教育或心理、行为教育矫正活动不少于1次，开展个别教育不少于2次；每月从事公益活动不少于1次；每周到司法所报告不少于1次，每月上交书面情况报告；单次批假一般不超过十五日；接受信息化核查，按照要求报告自己活动情况等信息，每天不少于1次。

宽管社区矫正对象：允许自行选择教育学习形式和时间，其中每月参加集中教育、个别教育各不少于1次；允许自行选择公益活动基地，鼓励根据自身技能提供志愿服务；每月到司法所报告个人情况不少于1次；单次批假一般不超过三十日；接受信息化核查，按照要求报告自己活动情况等信息，每天不少于1次。

社区矫正对象入矫的前三个月为初期矫正阶段，参照严管社区矫正对象管理。

第七十八条　县（市、区）社区矫正机构应当成立社区矫正奖惩工作小组，成员人数应不少于3人，且为单数。社区矫正奖惩工作小组成员应当包括社区矫正机构负责人。

社区矫正对象日常管理考核重大事项，决定给予表扬、训诫、警告，提请治安管理处罚、撤销缓刑、撤销假释、对暂予监外执行收监执行和减刑等应当经社区矫正奖惩工作小组集体评议。人民检察院可以派员列席集体评议。司法所受社区矫正机构委托综合考察社区矫正对象的日常行为表现，经过社区矫正奖惩工作小组评议，对社区矫正对象进行考核。

县（市、区）社区矫正机构应当根据《实施办法》第三十二条的规定，建立健全社区矫正对象考核的奖惩制度。司法所定期对其考核，依照法定程序进行奖惩。

第七十九条　县（市、区）社区矫正机构依据《实施办法》第三十三条的规定，对社区矫正对象实施表扬时，应当填写《社区矫正表扬审批表》，并附相关证明材料，经社区矫正奖惩工作小组研究决定后，制发《社区矫正表扬决定书》，送达社区矫正对象本人和未成年社区矫正对象的监护人，并抄送同级人民检察院。

第八十四条　县（市、区）社区矫正机构依据《实施办法》第三十四条的规定对社区矫正对象实施训诫时，应当填写《社区矫正训诫审批表》，并附相关证明材料，经社区矫正奖惩工作组研究决定后，制发《社区矫正训诫决定书》，并抄送同级人民检察院。

对社区矫正对象的训诫不公开进行。训诫时，由两名以上社区矫正机构工作人员或者受委托的司法所工作人员组织实施。训诫后，被训诫的社区矫正对象应当在《社区矫正训诫决定书》上签名并捺印。对未成年社区矫正对象实施训诫时，县（市、区）社区矫正机构应当通知其监护人到场并签名。

第八十五条 县（市、区）社区矫正机构依据《实施办法》第三十五条的规定，对社区矫正对象实施警告时，应当填写《社区矫正警告审批表》，并附相关证明材料，经社区矫正奖惩工作组研究决定后，制发《社区矫正警告决定书》，送达社区矫正对象本人和未成年社区矫正对象的监护人，并抄送同级人民检察院。

第八十六条 县（市、区）社区矫正机构或受委托的司法所依据《实施办法》第四十条的规定，对社区矫正对象有违反监督管理规定或者人民法院禁止令情形的，应当调查核实情况，收集有关证据，制作调查笔录，提出处理意见。

第八十七条 对社区矫正对象予以警告的，司法所应当提交相关证据材料并报县（市、区）社区矫正机构审批。县（市、区）社区矫正机构应当及时进行审查，在三个工作日内做出书面决定。

第八十八条 司法所收到对社区矫正对象警告处分的决定后，应当通知其社区矫正小组成员及其他相关人员到场，宣读处分决定，并将书面决定送达社区矫正对象。

社区矫正对象无正当理由不到场或无法通知到场的，司法所可将处罚决定书送达其社区矫正保证人。

第八十九条 县（市、区）社区矫正机构依法向公安机关提出治安管理处罚建议的，公安机关应当在五个工作日内依法做出决定，并通知县（市、区）社区矫正机构，通报同级人民检察院。

对违反监督管理规定的社区矫正对象，公安机关依据《中华人民共和国治安管理处罚法》有关规定予以治安管理处罚，处罚决定同时抄送县（市、区）社区矫正机构和人民检察院。

第九十条 社区矫正对象在缓刑、假释考验期内有下列情形之一的，应当由执行地社区矫正机构向原审人民法院或者执行地人民法院提出撤销缓刑、假释建议书，并将建议书抄送同级人民检察院：

（一）违反人民法院禁止令，情节严重的；

（二）未按时报到或者接受社区矫正期间脱离监管，超过一个月的；

（三）因违反监督管理规定受到治安管理处罚，仍不改正的；

（四）受到社区矫正机构两次警告仍不改正的；

（五）其他违反有关法律、行政法规和监督管理规定，情节严重的。

社区矫正机构发现社区矫正对象有撤销缓刑、假释或者暂予监外执行收监执行的法定情形的，应当依法组织开展调查取证工作，提出提请撤销缓刑、假释或者暂予监外执行收监执行建议，报社区矫正决定机关。

社区矫正机构的撤销缓刑、假释建议书和人民法院的裁定书同时抄送社区矫正对象居住地同级人民检察院和公安机关。

第九十一条 提请人民法院撤销缓刑、假释的，应当提供下列材料：

（一）提请撤销缓刑、假释建议书；

（二）社区矫正对象违反法律、法规以及有关监督管理规定，且情节严重的事实和相关证据材料；

（三）司法所书面考察意见、社区矫正对象日常行为奖惩记录、司法所工作人员和社会工作者的走访谈话笔录、提请撤销缓刑（假释）审核表等材料；

（四）人民法院生效裁判文书的复印件；

（五）人民法院认为需要提供的其他材料。

人民检察院对提请撤销缓刑、假释案件提出检察意见的，应当一并移送受理案件的人民法院。

第九十三条　提请撤销缓刑、假释收监执行的，按以下程序办理：

（一）县（市、区）社区矫正机构发现社区矫正对象在缓刑、假释考验期内具有法定撤销情形，拟提请收监执行的，应当书面征求同级人民检察院的意见，人民检察院应当在十日内出具检察意见书。

（二）县（市、区）社区矫正机构收到人民检察院检察意见后应及时向原审人民法院提交撤销缓刑建议书并附相关证明材料。

（三）人民法院应当自收到撤销缓刑、假释建议书之日起三十日内依法作出裁定。

（四）人民检察院认为人民法院应当裁定撤销缓刑、假释而未予裁定的，应当依法提出纠正意见。

第九十四条　暂予监外执行的社区矫正对象有下列情形之一的，由执行地县（市、区）社区矫正机构提出收监执行建议：

（一）发现不符合暂予监外执行条件的；

（二）未经社区矫正机构批准擅自离开居住的市、县，经警告拒不改正，或者拒不报告行踪，脱离监管的；

（三）因违反监督管理规定受到治安管理处罚，仍不改正的；

（四）受到社区矫正机构两次警告的；

（五）保外就医期间不按规定提交病情复查情况，经警告拒不改正的；

（六）暂予监外执行的情形消失后，刑期未满的；

（七）保证人丧失保证条件或者因不履行义务被取消保证人资格，又不能在规定期限内提出新的保证人的；

（八）其他违反有关法律、行政法规和监督管理规定，情节严重的。

第九十五条　社区矫正机构提请收监执行的材料应当包括：

（一）提请撤销缓刑、假释或收监执行建议书；

（二）提请撤销缓刑、假释或收监执行审批表；

（三）检察意见书；

（四）适用社区矫正的判决书、裁定书、决定书、执行通知书等法律文书复印件；

（五）社区矫正奖惩讨论记录；

（六）社区矫正对象违反法律、行政法规以及社区矫正有关监督管理、教育帮扶规定的事实、证据材料；

（七）社区矫正期间历次奖惩情况材料；

（八）暂予监外执行法定情形消失等有关证明材料；

（九）其它相关材料。

第九十六条　提请对暂予监外执行社区矫正对象收监执行的，按以下程序办理：

（一）县（市、区）社区矫正机构发现暂予监外执行社区矫正对象具有法定收监执行情形，拟提请收监执行的，应当书面征求同级人民检察院的意见，人民检察院应当在十日内出具检察意见书。

（二）县（市、区）社区矫正机构收到人民检察院检察意见后应及时向原决定暂予监外执行的人民法院、公安机关、监狱管理机关提交收监执行建议书并附相关证明材料。原决定暂予监外执行的人民法院、公安机关、监狱管理机关不在本地的，应提请本地同级人民法院、公安机关、监狱管理机关。

（三）人民法院、公安机关、监狱管理机关应当自收到收监执行建议书后三十日内作出决定。

（四）人民检察院认为人民法院、公安机关、监狱管理机关应当决定收监执行而未予决定的，应当依法提出纠正意见。

第九十七条　人民法院裁定撤销缓刑、假释或者决定暂予监外执行收监执行的，应当及时将裁定书、决定书、执行通知书、结案登记表等法律文书送达公安机关，同时，抄送县（市、区）社区矫正机构、人民检察院。

公安机关在收到法律文书后，应当及时将社区矫正对象送交监狱或者看守所收监执行。

社区矫正对象因违反《禁毒法》被强制隔离戒毒后依法应当予以收监执行刑罚的，按照有关规定执行。

《广东省社区矫正实施细则》

第五十三条　社区矫正机构、受委托的司法所应当根据社区矫正对象认罪悔罪、遵守有关规定、服从监督管理、接受教育等情况，按季度定期考核。对于符合表扬条件，具备训诫、警告情形的社区矫正对象，经执行地县级社区矫正机构决定，可以给予相应的奖励或者处罚，作出书面决定。对于涉嫌违反治安管理行为的社区矫正对象，执行地县级社区矫正机构可以向同级公安机关提出建议。社区矫正机构奖励或者处罚的书面决定应当抄送人民检察院。

社区矫正对象的考核结果与奖惩应当书面通知本人，定期公示，记入档案，做到准确及时、公开公平公正。

社区矫正对象对考核奖惩提出异议的，执行地县级社区矫正机构应当在一个月内作出处理，并将处理结果告知社区矫正对象。社区矫正对象对处理结果仍有异议的，可以向执行地人民检察院提出，人民检察院应当在一个月内予以答复。

第五十四条　社区矫正对象认罪悔罪、遵守法律法规、服从监督管理、接受教育表现突出的，应当给予表扬。

社区矫正对象接受社区矫正六个月以上并且符合下列条件的，执行地县级社区矫正机构可以给予表扬：

（一）服从人民法院判决，认罪悔罪；

（二）遵守法律法规；

（三）遵守关于报告、会客、外出、迁居等规定，服从社区矫正机构的管理；

（四）积极参加教育学习、公益活动，接受教育矫正。

社区矫正对象接受社区矫正期间，有见义勇为、抢险救灾等突出表现，或者帮助他人、服务社会等突出事迹的，执行地县级社区矫正机构可以给予表扬。

第五十七条　社区矫正对象具有下列情形之一的，执行地县级社区矫正机构应当给予训诫：

（一）不按规定时间报到或者接受社区矫正期间脱离监管，未超过十日的；

（二）违反关于报告、会客、外出、迁居、信息化核查等规定，情节轻微的；

（三）不按规定参加教育学习、公益活动，经教育仍不改正的；

（四）其他违反监督管理规定，情节轻微的。

第五十八条　社区矫正对象具有下列

情形之一的，执行地县级社区矫正机构应当给予警告：

（一）违反人民法院禁止令，情节轻微的；

（二）不按规定时间报到或者接受社区矫正期间脱离监管，超过十日的；

（三）违反关于报告、会客、外出、迁居、信息化核查等规定，情节较重的；

（四）保外就医的社区矫正对象无正当理由不按时提交病情复查情况，经教育仍不改正的；

（五）受到社区矫正机构两次训诫，仍不改正的；

（六）其他违反监督管理规定，情节较重的。

第五十九条 被判处管制、宣告缓刑或者暂予监外执行的社区矫正对象具有下列情形之一的，社区矫正机构应当在五日内提请同级公安机关依法给予治安管理处罚，并将治安管理处罚建议书副本抄送执行地同级人民检察院。公安机关收到建议后应依法作出处理，并将处理结果书面通知执行地县级社区矫正机构：

（一）不按规定时间报到或者接受社区矫正期间脱离监管，超过二十日未满三十日的；

（二）扰乱社区矫正工作秩序的；

（三）对社区矫正工作人员和其他依法参与社区矫正工作的人员及其近亲属进行殴打、威胁、侮辱、骚扰、报复，尚不构成犯罪的；

（四）其他违反监督管理规定，依法应当予以治安管理处罚的。

第六十条 社区矫正对象在缓刑考验期内，有下列情形之一的，由执行地同级社区矫正机构提出撤销缓刑建议：

（一）违反禁止令，情节严重的；

（二）无正当理由不按规定时间报到或者接受社区矫正期间脱离监管，超过一个月的；

（三）因违反监督管理规定受到治安管理处罚，仍不改正的；

（四）受到社区矫正机构两次警告，仍不改正的；

（五）其他违反有关法律、行政法规和监督管理规定，情节严重的情形。

社区矫正机构一般向原作出缓刑判决的人民法院提出撤销缓刑建议。原作出缓刑判决的人民法院不在本省的，可以按照审级管辖，由与原审人民法院同级的社区矫正机构向执行地同级人民法院提出建议。执行地人民法院作出裁定的，裁定书同时抄送原作出缓刑判决的人民法院。

社区矫正机构撤销缓刑建议书和人民法院的裁定书副本同时抄送社区矫正执行地同级人民检察院。

第六十一条 社区矫正对象在假释考验期内，有下列情形之一的，由执行地同级社区矫正机构提出撤销假释建议：

（一）无正当理由不按规定时间报到或者接受社区矫正期间脱离监管，超过一个月的；

（二）受到社区矫正机构两次警告，仍不改正的；

（三）其他违反有关法律、行政法规和监督管理规定，尚未构成新的犯罪的。

社区矫正机构一般向原作出假释裁定的人民法院提出撤销假释建议。如果原作出假释裁定的人民法院不在本省的，可以按照审级管辖，向执行地人民法院提出建议，执行地人民法院作出裁定的，裁定书同时抄送原作出假释裁定的人民法院。

社区矫正机构撤销假释的建议书和人民法院的裁定书副本同时抄送社区矫正执行地同级人民检察院、公安机关、罪犯原服刑或者接收其档案的监狱。

第六十二条 暂予监外执行的社区矫正对象有下列情形之一的，由执行地县级社区矫正机构提出收监执行建议：

（一）不符合暂予监外执行条件的；

（二）未经社区矫正机构批准擅自离开居住的市、县，经警告拒不改正，或者拒不报告行踪，脱离监管的；

（三）因违反监督管理规定受到治安管理处罚，仍不改正的；

（四）受到社区矫正机构两次警告的；

（五）保外就医期间不按规定提交病情复查情况，经警告拒不改正的；

（六）暂予监外执行的情形消失后，刑期未满的；

（七）保证人丧失保证条件或者因不履行义务被取消保证人资格，不能在规定期限内提出新的保证人的；

（八）其他违反有关法律、行政法规和监督管理规定，情节严重的情形。

社区矫正机构一般向执行地社区矫正决定机关提出暂予监外执行收监执行建议。如果原社区矫正决定机关在本省的，可以向原社区矫正决定机关提出建议。

社区矫正机构的收监执行建议书和决定机关的决定书，应当同时抄送执行地人民检察院。

第六十三条 发现社区矫正对象有违反监督管理规定或者人民法院禁止令等违法情形的，执行地县级社区矫正机构应当调查核实情况，收集有关证据材料，提出处理意见。

社区矫正机构发现社区矫正对象有撤销缓刑、撤销假释或者暂予监外执行收监执行的法定情形的，应当组织开展调查取证工作，并听取矫正小组的意见，进行集体评议，决定是否提出依法撤销缓刑、撤销假释或者收监执行建议。

参加集体评议人员应当包括社区矫正机构负责人、社区矫正机构相关工作人员、受委托的司法所长和矫正小组组长，可以邀请参与矫正工作的检察官列席评议。

第六十四条 对被宣告缓刑的社区矫正对象提请撤销缓刑的，由基层人民法院裁判的，县级社区矫正机构向法院提出撤销缓刑建议并附相关证据材料；由中级人民法院裁判的，县级社区矫正机构提出撤销缓刑建议并附相关证据材料，执行地市级社区矫正机构提请法院撤销缓刑；由高级人民法院裁判的，县级社区矫正机构提出撤销缓刑建议并附相关证据材料，层报省级社区矫正机构提请法院撤销缓刑。

对裁定假释的社区矫正对象提请撤销假释的，县级社区矫正机构提出撤销假释建议并附相关证据材料，由执行地市级社区矫正机构提请法院撤销假释；高级人民法院裁判的，县级社区矫正机构提出撤销假释建议并附相关证据材料，层报省级社区矫正机构提请法院撤销假释。

对暂予监外执行的社区矫正对象提请收监执行的，县级社区矫正机构应当向决定或者批准机关提出收监执行建议并附相关证据材料。

提请收监执行期间，社区矫正对象被强制隔离戒毒的，收监执行裁定、决定生效后，执行地县级公安机关应当将收监执行的裁定书、决定书复印件移送强制隔离戒毒场所，办理相关移交手续。

提请撤销缓刑、撤销假释或者收监执行的文书材料应当包括：

（一）撤销缓刑（撤销假释、收监执行）建议书；

（二）撤销缓刑（撤销假释、收监执行）审核表；

（三）适用社区矫正的判决书、裁定书、决定书、执行通知书、结案登记表等法律文书复印件；

（四）接受矫正期间历次受奖惩的法律文书；

（五）违反法律、法规、监督管理规定或者暂予监外执行情形消失的证据材料；

（六）其他相关材料。

第六十五条 人民法院拟撤销缓刑、撤销假释的，应当听取社区矫正对象的申辩及其委托律师的意见。社区矫正对象下落不明的，不影响撤销缓刑、撤销假释、收监执行案件的办理。

第六十六条 人民法院、公安机关、监狱和社区矫正机构应当加强对撤销缓刑、撤销假释和收监执行的衔接配合。对社区矫正对象执行收监，按照以下程序办理：

（一）社区矫正决定机关应当在收到建议书后三十日内作出决定，将决定书、裁定书送达执行地县级社区矫正机构和公安机关，并抄送人民检察院。

（二）人民法院裁定撤销缓刑、撤销假释或者决定暂予监外执行收监执行的，应当及时向执行地公安机关送达裁定书、决定书、执行通知书、结案登记表等相关法律文书，执行地县级公安机关在收到相关法律文书三日内本着就近、便利、安全的原则，送交社区矫正对象执行地所属的看守所或者监狱执行刑罚。

（三）公安机关决定暂予监外执行收监执行的，由执行地县级公安机关送交存放或者接收罪犯档案的看守所收监执行。

（四）监狱管理机关决定暂予监外执行收监执行的，由存放或者接收罪犯档案的监狱收监执行。

（五）社区矫正机构收到社区矫正对象被撤销缓刑、撤销假释的裁定或者被收监执行的决定文书后，县级社区矫正机构应当在三个工作日内办理社区矫正终止。

（六）监狱、看守所将社区矫正对象收监执行后，应当在五个工作日内将收监执行的情况报告决定或者批准机关，并告知社区矫正执行地县级人民检察院和原审人民法院。

看守所、监狱不得以超容量、无关押病残犯能力为由，拒绝收押被裁定撤销缓刑、撤销假释、决定收监执行的病残犯。尚不具备病残犯收押、监管、治疗的看守所和监狱，应当及时报告地级市公安机关或者省监狱管理机关，由后者采取指定异地监管医院或者监管病区羁押方式予以收押。

第六十九条 对于数罪并罚同时判处有期徒刑和管制或者拘役和管制的罪犯，监狱、看守所应当建立和完善入监筛查和出监处置机制，在罪犯有期徒刑、拘役执行完毕前三十日，将有关情况告知人民法院，人民法院应当明确继续执行管制的执行地和期限，并由监狱、看守所依法将罪犯移送至执行地县级社区矫正机构。

《广西壮族自治区社区矫正工作细则》

第四十条 县（市、区）社区矫正机构、受委托的司法所依法对社区矫正对象遵守社区矫正规定、服从监督管理和接受教育帮扶等情况开展日常管理考核。

县（市、区）社区矫正机构应当将日常管理考核结果书面告知社区矫正对象，并作为实施分类管理和依法给予表扬、训诫、警告以及提请治安管理处罚的依据。

第四十一条 分类管理类别原则上按每三个月评定一次。社区矫正对象报到之日在当月 20 日前的，按一个月计入分类评定周期，社区矫正对象报到之日在当月 20 日后的，当月与次月合并按一个月计入分类评定周期，剩余矫正期限不满一个月的，按照原类别管理。

第四十二条　社区矫正对象有下列情形之一的，适用严管：

（一）入矫报到接受社区矫正不满三个月的；

（二）再犯罪风险评估被评定为高度风险等级的；

（三）违反社区矫正监管规定和有关法律法规，受到警告或两次训诫处分的；

（四）行为抵触、抗拒或者其他不服从监管教育的；

（五）应当调整为严管的其他情形。

适用宽管、普管的社区矫正对象有前款第（二）、（三）、（四）项行为之一的，应当调整为严管。

第四十三条　对适用严管的社区矫正对象，给予以下处遇：

（一）每日至少接受社区矫正信息化核查二次；

（二）每周至少到县（市、区）社区矫正机构或者受委托的司法所当面报告并接受活动情况调查和个别教育一次；

（三）每个月至少接受走访一次；

（四）按时参加教育学习、公益活动和社会活动。

第四十四条　社区矫正对象有下列情形之一的，适用普管：

（一）连续严管满三个月，经考核合格的；

（二）再犯罪风险评估被评定为中度风险等级的；

（三）宽管期间受到训诫以上处分的；

（四）严管期间获得表扬以上奖励的。

第四十五条　对适用普管的社区矫正对象，给予以下处遇：

（一）每日至少接受社区矫正信息化核查一次；

（二）每两周至少到县（市、区）社区矫正机构或者受委托的司法所当面报告并接受个别教育一次；

（三）每两个月至少接受走访一次；

（四）按时参加教育学习、公益活动和社会活动。

第四十六条　社区矫正对象有下列情形之一的，适用宽管：

（一）连续普管六个月经考核合格的；

（二）再犯罪风险评估被评为低度风险等级的；

（三）普管期间累计获得二次以上表扬奖励的。

第四十七条　对适用宽管的社区矫正对象，给予以下处遇：

（一）每日至少接受社区矫正信息化核查一次；

（二）每月至少到县（市、区）社区矫正机构或者受委托的司法所当面报告并接受个别教育一次；

（三）每三个月至少接受走访一次；

（四）按时参加教育学习、公益活动和社会活动。

第四十八条　社区矫正对象因未成年、就学、就医、年老、残疾、怀孕、哺乳、患有严重疾病等情形无法按规定落实相关处遇的，经其本人书面申请，并提交相关证明材料，县（市、区）社区矫正机构视情形可以对其相关处遇进行适当调整。

第四十九条　确定或调整管理类别后，应当向社区矫正对象书面告知其管理类别和相应的处遇。

第五十条　社区矫正对象对管理类别的评定不服的，可以向县（市、区）社区矫正机构申请复核。县（市、区）社区矫正机构在受理申请之日起十五日内作出复核决定。复核期间不影响原评定决定的执行。

第九十六条　对社区矫正对象的奖励

包括表扬和减刑。

第九十七条 社区矫正对象接受社区矫正六个月以上并且同时符合下列条件的，执行地县（市、区）社区矫正机构可以给予表扬：

（一）服从人民法院判决，认罪悔罪；

（二）遵守法律法规；

（三）遵守关于报告、会客、外出、迁居等规定，服从社区矫正机构的管理；

（四）积极参加教育学习等活动，接受教育矫正的。

社区矫正对象有见义勇为、抢险救灾、帮助他人、服务社会等突出事迹的，执行地县（市、区）社区矫正机构可以给予表扬。

第一百零四条 社区矫正对象有违反监督管理规定或者人民法院禁止令等违法情形的，执行地县（市、区）社区矫正机构或受委托的司法所应当调查核实情况，收集有关证据材料，提出惩处意见，依法给予相应处罚。处罚措施包括训诫、警告、治安管理处罚、撤销缓刑、撤销假释、对暂予监外执行的收监执行。

第一百零七条 社区矫正对象具有下列情形之一的，执行地县（市、区）社区矫正机构应当给予训诫：

（一）不按规定时间报到或者接受社区矫正期间脱离监管，未超过十日；

（二）违反关于报告、会客、外出、迁居等规定，情节轻微；

（三）不按规定参加教育学习等活动，经教育仍不改正；

（四）其他违反监督管理规定，情节轻微的。

第一百零八条 社区矫正对象具有下列情形之一的，执行地县（市、区）社区矫正机构应当给予警告：

（一）违反人民法院禁止令，情节轻微；

（二）不按规定时间报到或者接受社区矫正期间脱离监管，超过十日未超过十五日；

（三）违反报告、会客、外出、迁居等规定，情节较重；

（四）保外就医的社区矫正对象无正当理由不按时提交病情复查情况，经教育仍不改正；

（五）受到社区矫正机构两次训诫，仍不改正；

（六）其他违反监督管理规定，情节较重的。

第一百零九条 被判处管制、宣告缓刑或者暂予监外执行的社区矫正对象具有下列情形之一的，执行地县（市、区）社区矫正机构应当及时提请同级公安机关依法给予处罚，公安机关应当将处理结果通知执行地县（市、区）社区矫正机构：

（一）违反人民法院禁止令，尚不属情节严重；

（二）不按规定时间报到或者接受社区矫正期间脱离监管超过十五日未超过三十日；

（三）扰乱社区矫正工作秩序；

（四）对社区矫正工作人员和其他依法参与社区矫正工作的人员及其近亲属有威胁、恐吓、侮辱、骚扰等行为；

（五）其他违反监督管理规定的。

社区矫正机构作出的治安管理处罚建议书以及公安机关作出的治安管理处罚决定书副本应当同时抄送执行地同级人民检察院。

第一百一十条 社区矫正对象在缓刑考验期内，有下列情形之一的，由执行地同级社区矫正机构提出撤销缓刑建议：

（一）违反禁止令，情节严重；

（二）无正当理由不按规定时间报到

或者接受社区矫正期间脱离监管超过一个月；

（三）因违反监督管理规定受到治安管理处罚仍不改正；

（四）受到社区矫正机构两次警告仍不改正；

（五）其他违反有关法律、行政法规和监督管理规定，情节严重的情形。

第一百一十一条 对符合法定条件需要撤销缓刑的，县（市、区）社区矫正机构应当填写《提请撤销缓刑审核表》，经审核后，制作《撤销缓刑建议书》并附相关证明材料，提请原审人民法院裁定。

原审人民法院是中级或高级人民法院的，县（市、区）社区矫正机构需报设区市社区矫正机构或逐级上报自治区社区矫正机构提请。原审人民法院不在本自治区行政区域的，可以向执行地同级人民法院提请，执行地人民法院作出裁定的，裁定书同时抄送原审人民法院。

社区矫正机构作出的撤销缓刑建议书、相关证明材料和人民法院作出的裁定书副本，应当同时抄送社区矫正执行地同级人民检察院。

第一百一十二条 社区矫正对象在假释考验期内，有下列情形之一的，由执行地同级社区矫正机构提出撤销假释建议：

（一）无正当理由不按规定时间报到或者接受社区矫正期间脱离监管超过一个月；

（二）受到社区矫正机构两次警告仍不改正；

（三）其他违反有关法律、行政法规和监督管理规定，尚未构成新犯罪的情形。

第一百一十三条 对符合法定条件需要撤销假释的，县（市、区）社区矫正机构应当填写《提请撤销假释审核表》，经审核后，制作《撤销假释建议书》并附相关证明材料，提请原审人民法院裁定。

原审人民法院是中级或高级人民法院的，县（市、区）社区矫正机构需报设区市社区矫正机构或逐级上报自治区社区矫正机构提请。原审人民法院不在本自治区行政区域的，可以向执行地同级人民法院提请，执行地人民法院作出裁定的，裁定书同时抄送原审人民法院。

社区矫正机构作出的撤销假释建议书、相关证明材料和人民法院作出的裁定书副本，应当同时抄送社区矫正执行地同级人民检察院、公安机关、罪犯原服刑或者接收档案的监狱。

第一百一十六条 暂予监外执行的社区矫正对象有下列情形之一的，由执行地县（市、区）社区矫正机构提出收监执行建议：

（一）不符合暂予监外执行条件的；

（二）未经社区矫正机构批准擅自离开居住的市、县，经警告拒不改正，或者拒不报告行踪，脱离监管的；

（三）因违反监督管理规定受到治安管理处罚，仍不改正的；

（四）受到社区矫正机构两次警告的；

（五）保外就医期间不按规定提交病情复查情况，经警告拒不改正的；

（六）暂予监外执行的情形消失后，刑期未满的；

（七）保证人丧失保证条件或者因不履行义务被取消保证人资格，不能在规定期限内提出新的保证人的；

（八）其他违反有关法律、行政法规和监督管理规定，情节严重的情形。

第一百一十七条 对暂予监外执行的社区矫正对象提请收监执行的，县（市、区）社区矫正机构应当填写《提请收监执行审核表》，经审核后，制作《收监执行建议书》并附相关证明材料，提请社区矫正决定机关决定。

社区矫正机构一般向执行地社区矫正决定机关提出收监执行建议。原社区矫正决定机关在本自治区行政区域内的，可以向原社区矫正决定机关提出建议。

暂予监外执行决定机关收到收监执行的建议后，应当认真审查，材料齐备的，应当依法受理；材料不齐备的，应当通知执行地县（市、区）社区矫正机构补正。

暂予监外执行决定机关在收到收监执行的建议后，应当在三十日内作出决定，将决定送达执行地县（市、区）社区矫正机构，同时抄送执行地人民检察院和公安机关。

社区矫正机构作出的收监执行建议书和决定机关作出的决定书，应当同时抄送执行地县（市、区）人民检察院。

第一百一十八条 县（市、区）社区矫正机构提出撤销缓刑、撤销假释或提请收监执行建议的，应当附下列材料：

（一）提请撤销缓刑、撤销假释、收监执行建议书；

（二）原社区矫正决定机关裁判文书、执行通知书等法律文书复印件；

（三）证明社区矫正对象构成撤销缓刑、撤销假释、提请收监执行情形的证据；

（四）社区矫正对象考核表，提请撤销缓刑、撤销假释、收监执行审批表；

（五）社区矫正期间历次奖惩情况材料；

（六）社区矫正机构评议审核意见及受委托的司法所建议；

（七）社区矫正决定机关要求移送的其他材料。

第一百一十九条 人民法院裁定撤销缓刑、撤销假释或者决定暂予监外执行收监执行的，应当及时将裁定书、决定书、执行通知书、结案登记表等法律文书送达执行地县（市、区）公安机关，同时抄送执行地县（市、区）社区矫正机构、人民检察院。执行地县（市、区）公安机关本着就近、便利、安全的原则，送交看守所或者监狱执行刑罚。

公安机关决定暂予监外执行收监执行的，由执行地县（市、区）公安机关送交存放或者接收罪犯档案的看守所收监执行。

监狱管理机关决定暂予监外执行收监执行的，由存放或者接收罪犯档案的监狱收监执行。

第一百二十条 人民法院裁定或者决定收监的，应送押执行地看守所服刑，并送达法律文书。罪犯在被交付执行刑罚前，剩余执行刑期超过三个月的，则由看守所按照交付监狱执行的程序转送监狱执行刑罚。

公安机关、监狱管理机关决定收监的应送押负责管理该罪犯档案的看守所、监狱服刑。

第一百二十一条 社区矫正对象被采取行政拘留、司法拘留、强制隔离戒毒等行政处罚或者强制措施期间，社区矫正决定机关依法作出对其撤销缓刑、撤销假释的裁定或者收监执行决定的，按照本工作细则第一百一十九条的规定依法收监执行刑罚。

《贵州省社区矫正工作实施细则（试行）》

第五十四条 执行地县级社区矫正机构、受委托的司法所应当根据社区矫正对象认罪悔罪、遵守法律法规、服从监督管理、接受教育等情况进行定期考核，考核结果作为奖惩的依据。考核应自纳入社区矫正机构或受委托的司法所管理之日起至社区矫正终止或解除之日止，按照月度考核、季度评定方式进行。

第五十五条 对社区矫正对象的月度考核结果一般分为良好、合格、基本合格、不合格。

(一) 社区矫正对象认真遵守法律法规和监督管理、教育矫正等规定，积极完成教育学习活动、公益活动，可以评定为良好。

(二) 社区矫正对象遵守法律法规和监督管理、教育矫正等规定，按规定完成教育学习活动、公益活动，可以评定为合格；

(三) 社区矫正对象遵守法律法规，但违反监督管理、教育矫正等规定，未受到训诫、警告、治安管理处罚的，可以评定为基本合格。

(四) 社区矫正对象违反法律法规和监督管理、教育矫正等规定，受到训诫、警告、治安管理处罚的，评定为不合格。

第五十六条 对社区矫正对象管理等级的调整一般以三个月为一个考核周期，即季度评定。季度评定根据月度考核结果评定严管、普管、宽管等级。

严管、普管社区矫正对象在考核周期内被评定为三次合格以上考核结果的，经审批可以下调一个管理级别。

宽管、普管社区矫正对象在考核周期内被评定为两次基本合格的，经审批后应上调一个管理级别。月度考核被评定为不合格的，上调至严管级别。严管社区矫正对象在考核周期内被评定为不合格的，继续按严管措施管理。发现有社会风险等级较高的宽管、普管社区矫正对象需调整为严管的应立即调整，不受考核周期限制。

由受委托的司法所管理的社区矫正对象符合教育管理等级调整条件的，报社区矫正机构审核后进行调整，社区矫正机构应于三个工作日内完成审核。季度评定等级结果应当告知矫正小组其他成员，并在社区矫正场所公示，公示期为三日。未成年社区矫正对象的管理等级调整不公示。

第五十七条 对社区矫正对象给予表扬的，应当向其送达《社区矫正表扬决定书》，同时抄送执行地同级人民检察院。

第五十九条 对社区矫正对象给予训诫、警告的，由执行地县级社区矫正机构审核。受委托的司法所提请给予社区矫正对象训诫、警告的，应填报相关审批表，报社区矫正机构审核，社区矫正机构应于三个工作日内作出审核。决定对社区矫正对象给予训诫或警告的，应向其送达《社区矫正对象训诫决定书》或《社区矫正对象警告决定书》，同时抄送执行地县级人民检察院。

第六十条 执行地县级社区矫正机构依法向公安机关提请治安管理处罚建议的，应当向执行地同级人民检察院抄送建议书副本，公安机关自受理之日起三十日内依法作出决定，并书面通知社区矫正机构。社区矫正机构收到书面通知之日起三个工作日内通报同级人民检察院。公安机关受理后认为不属于违反治安管理行为的，应当书面告知执行地社区矫正机构，并说明理由。

《河南省社区矫正工作细则》

第一百三十六条 社区矫正机构、受委托的司法所依照有关法律法规和规范性文件，对社区矫正对象认罪悔罪、遵守有关规定、服从监督管理、接受教育等现实情况，定期进行考核。考核结果，可以作为认定社区矫正对象是否确有悔改表现或者是否严重违反监督管理规定的依据，作为对其实施分类监管教育、给予奖惩的重要参考。

社区矫正机构、受委托的司法所应当依据考核结果，及时调整社区矫正对象的矫正方案。

第一百三十七条 经执行地县级社区矫正机构集体研究，可以给予社区矫正对象相应奖励或者处罚，并作出书面决定。奖励或者处罚的书面决定抄送同级人民检察院。

第一百三十八条 社区矫正对象的考核结果与奖惩决定书应当公布，考核表、奖惩决定书经社区矫正对象签字后存入档案。

第一百三十九条 社区矫正对象对考核奖惩提出异议的，不得提起行政复议和行政诉讼，可以向执行地县级社区矫正机构反映，执行地县级社区矫正机构应当及时处理，并将处理结果告知社区矫正对象。社区矫正对象对处理结果仍有异议的，可以向人民检察院提出。

第一百四十条 社区矫正机构或受委托的司法所应当实时记录社区矫正对象认罪悔罪、遵守法律法规、服从监督管理、接受教育等情况，及时录入河南省社区矫正综合管理指挥平台，为社区矫正对象考核提供事实依据。

第一百四十一条 对社区矫正对象的考核由执行地县级社区矫正机构或者受委托的司法所组织。考核自社区矫正对象到社区矫正机构报到登记之日起至社区矫正终止之日止，每季度进行一次。

第一百四十二条 考核的主要内容是社区矫正对象服从监督管理，遵守法律、法规和司法行政部门关于报告、会客、外出、迁居、保外就医等监督管理规定，以及履行判决、裁定、暂予监外执行决定等法律文书确定的义务等情况。

第一百四十三条 对社区矫正对象的考核采取月计分和季评价相结合的方式进行。省级社区矫正机构应当制定河南省社区矫正综合管理指挥平台日常计分办法，作为月计分的依据。河南省社区矫正综合管理指挥平台根据社区矫正对象的行为表现，每月自动生成月计分结果。社区矫正机构或者受委托的司法所综合分析社区矫正对象的月计分、现实表现、奖惩情况、矫正小组意见等，进行季评价，形成季度考核结果，及时存入社区矫正对象档案。

第一百四十四条 社区矫正对象受到处罚的，月计分为零分。

本省行政区域内变更居住地的，原执行地的月计分继续有效；外省市迁居转入本省的，月计分按新接收社区矫正对象执行。

第一百四十五条 执行地县级社区矫正机构根据考核结果，及时调整管理等级。不符合管理等级调整条件或者虽然符合调整条件但剩余矫正期限不足一个月的，按照原等级管理。

执行地县级社区矫正机构根据考核结果，按照规定条件和程序，对社区矫正对象进行奖惩。

第一百四十六条 对社区矫正对象的奖励包括表扬和提出减刑建议。

第一百四十七条 接受社区矫正六个月以上、季度考核期内未受到处罚的社区矫正对象，并且同时符合下列情形的，可以给予表扬：

（一）服从人民法院判决，认罪悔罪；

（二）遵守法律法规；

（三）遵守关于报告、会客、外出、迁居等规定，服从社区矫正机构的管理；

（四）积极参加教育学习等活动，接受教育矫正的；

（五）克服困难，自食其力，成为其他社区矫正对象榜样的。

社区矫正对象接受社区矫正虽未满六个月或者受到处罚，但有见义勇为、抢险救灾、帮助他人、服务社会等突出表现的，执行地县级社区矫正机构可以给予表扬。

第一百五十七条 发现社区矫正对象有违反监督管理规定或者人民法院禁止令等违法情形的，执行地县级社区矫正机构应当调查核实情况，收集有关证据材料，提出惩处意见，依法给予相应处罚。

对社区矫正对象的处罚措施包括训诫、警告、治安管理处罚、撤销缓刑、撤销假释、对暂予监外执行的收监执行。

第一百五十八条 社区矫正对象具有下列情形之一的，执行地县级社区矫正机构应当给予训诫：

（一）不按规定时间报到或者接受社区矫正期间脱离监管，未超过十日的；

（二）违反关于报告、会客、外出、迁居等规定，情节轻微的；

（三）不按规定参加教育学习、公益活动等活动，经教育仍不改正的；

（四）其他违反监督管理规定，情节轻微的。

第一百五十九条 社区矫正对象具有下列情形之一的，执行地县级社区矫正机构应当给予警告：

（一）违反人民法院禁止令，情节轻微的；

（二）不按规定时间报到或者接受社区矫正期间脱离监管，超过十日的；

（三）违反关于报告、会客、外出、迁居等规定，情节较重的；

（四）保外就医的社区矫正对象无正当理由不按时提交病情复查情况，经教育仍不改正的；

（五）受到社区矫正机构两次训诫，仍不改正的；

（六）其他违反监督管理规定，情节较重的。

第一百六十条 训诫、警告由社区矫正机构直接作出；也可以由受委托的司法所提出建议，填报《训诫、警告审批表》，报社区矫正机构审核，作出是否予以训诫、警告决定。

社区矫正机构在对社区矫正对象进行训诫、警告之后，社区矫正对象应当在训诫、警告决定书上签字确认。

第一百六十一条 社区矫正对象违反监督管理规定或者人民法院禁止令，依法应予治安管理处罚的，执行地县级社区矫正机构应当及时提请同级公安机关依法给予处罚，公安机关应当将处理结果在24小时内通知执行地县级社区矫正机构。

社区矫正机构治安管理处罚建议书以及公安机关治安管理处罚决定书副本应当同时抄送执行地同级人民检察院。

第一百六十二条 社区矫正对象在缓刑考验期内，有下列情形之一的，由执行地同级社区矫正机构提出撤销缓刑建议书：

（一）违反禁止令，情节严重的；

（二）无正当理由不按规定时间报到或者接受社区矫正期间脱离监管，超过一个月的；

（三）因违反监督管理规定受到治安管理处罚，仍不改正的；

（四）受到社区矫正机构两次警告，仍不改正的；

（五）其他违反有关法律、行政法规和监督管理规定，情节严重的情形。

社区矫正机构一般向原审人民法院提出撤销缓刑建议。如果原审人民法院与执行地同级社区矫正机构不在同一省、自治区、直辖市的，可以向执行地人民法院提出建议，执行地人民法院作出裁定的，裁定书同时抄送原审人民法院。

社区矫正机构撤销缓刑建议书和人民法院的裁定书副本同时抄送社区矫正执行

地同级人民检察院。

第一百六十三条　社区矫正对象在假释考验期内，有下列情形之一的，由执行地同级社区矫正机构提出撤销假释建议：

（一）无正当理由不按规定时间报到或者接受社区矫正期间脱离监管，超过一个月的；

（二）受到社区矫正机构两次警告，仍不改正的；

（三）其他违反有关法律、行政法规和监督管理规定，尚未构成新的犯罪的。

社区矫正机构一般向原作出假释裁定的人民法院提出撤销假释建议。如果原审人民法院与执行地同级社区矫正机构不在同一省、自治区、直辖市的，可以向执行地人民法院提出建议，执行地人民法院作出裁定的，裁定书同时抄送原审人民法院。

社区矫正机构撤销假释的建议书和人民法院的裁定书副本同时抄送社区矫正执行地同级人民检察院、公安机关、罪犯原服刑或者接收其档案的监狱。

第一百六十五条　暂予监外执行的社区矫正对象有下列情形之一的，由执行地县级社区矫正机构提出收监执行建议：

（一）不符合暂予监外执行条件的；

（二）未经社区矫正机构批准擅自离开居住的市、县，经警告拒不改正，或者拒不报告行踪，脱离监管的；

（三）因违反监督管理规定受到治安管理处罚，仍不改正的；

（四）受到社区矫正机构两次警告的；

（五）保外就医期间不按规定提交病情复查情况，经警告拒不改正的；

（六）暂予监外执行的情形消失后，刑期未满的；

（七）保证人丧失保证条件或者因不履行义务被取消保证人资格，不能在规定期限内提出新的保证人的；

（八）其他违反有关法律、行政法规和监督管理规定，情节严重的情形。

社区矫正机构一般向执行地社区矫正决定机关提出收监执行建议。如果原社区矫正决定机关与执行地县级社区矫正机构在同一省、自治区、直辖市的，可以向原社区矫正决定机关提出建议。

社区矫正机构的收监执行建议书和决定机关的决定书，应当同时抄送执行地县级人民检察院。

第一百六十六条　对社区矫正对象的撤销缓刑、撤销假释、收监执行等处罚，由县级社区矫正机构工作人员收集证据，可以征求矫正小组、管理教育人员及相关单位意见，提出初步处罚建议，填报《提请治安管理处罚、撤销缓刑、撤销假释、收监执行审批表》并附相关证据材料，提交县级社区矫正机构审核后作出是否提请撤销缓刑、撤销假释、收监执行的决定。

第一百六十七条　社区矫正机构提出撤销缓刑、撤销假释或提请收监执行建议的，应当附下列材料：

（一）提请撤销缓刑、撤销假释、收监执行建议书；

（二）原社区矫正决定机关裁判文书、执行通知书；

（三）证明社区矫正对象构成撤销缓刑、撤销假释、提请收监执行情形的证据；

（四）社区矫正对象考核表，提请撤销缓刑、撤销假释、收监执行审批表；

（五）社区矫正机构评议审核意见及受委托的司法所建议；

（六）社区矫正决定机关要求移送的其他材料。

第一百六十八条　社区矫正决定机关应当在收到社区矫正机构撤销缓刑、撤销假释、收监执行建议书后三十日内作出裁定或者决定，将裁定书或者决定书送达社区矫正机构和公安机关，并抄送人民检察院。

人民法院裁定撤销缓刑、撤销假释或者决定暂予监外执行收监执行的，由执行地县级公安机关本着就近、便利、安全的原则，送交社区矫正对象执行地所属的看守所或者监狱执行刑罚。

公安机关决定暂予监外执行收监执行的，由执行地县级公安机关送交存放或者接收罪犯档案的看守所收监执行。

监狱管理机关决定暂予监外执行收监执行的，由存放或者接收罪犯档案的监狱收监执行。

第一百六十九条 社区矫正对象被采取行政拘留、司法拘留、强制隔离戒毒等行政处罚或者强制措施期间，社区矫正决定机关依法作出对其撤销缓刑、撤销假释的裁定或者收监执行决定的，按照本工作细则第一百六十八条的规定依法收监执行刑罚。

《湖南省社区矫正实施细则》

第一百五十六条 执行地县级社区矫正机构、受委托的司法所应当依照有关法律法规、部门规章和其他规范性文件，对社区矫正对象的现实表现情况定期进行考核奖惩。考核奖惩结果可以作为认定社区矫正对象是否确有悔改表现或者是否违反监督管理规定的依据，以及实施分类监管教育的重要参考。

第一百五十七条 社区矫正机构应当成立社区矫正奖惩评议小组，人数不少于三人且为单数，成员包括司法行政机关有关负责人、社区矫正机构负责人以及其他工作人员等。

对社区矫正对象实施奖惩，包括决定表扬、训诫、警告，提请立功、重大立功、治安管理处罚、撤销缓刑、撤销假释、对暂予监外执行收监执行、减刑等，应当经社区矫正奖惩评议小组集体评议，评议情况应当记录备案并由出席人员签名。人民检察院可以派员列席集体评议。

第一百五十八条 对社区矫正对象实施奖励或者处罚的，受委托的司法所可以提出奖惩意见，由执行地县级社区矫正机构集体评议后作出决定。奖励或者处罚的决定书及时送达社区矫正对象本人，抄送同级人民检察院。

第一百五十九条 社区矫正对象的考核结果与奖惩决定情况应当在社区矫正场所定期公示。奖惩决定书经社区矫正对象签字后存入档案，社区矫对象拒绝签字或者因下落不明未签字的，可以送达社区矫正对象家属或者所在村（居）委会，并注明送达情况。

未成年社区矫正对象的考核结果与奖惩决定不予公示。

第一百六十条 社区矫正对象对考核奖惩结果提出异议的，可以向执行地县级社区矫正机构书面申请复核。执行地县级社区矫正机构应当及时处理，并将处理结果告知社区矫正对象。社区矫正对象对处理结果仍有异议的，可以向人民检察院提出。

第一百六十一条 执行地县级社区矫正机构或者受委托的司法所应当根据社区矫正对象认罪悔罪、遵守法律法规、服从监督管理、接受教育等情况，对社区矫正对象进行计分考核。

第一百六十二条 对社区矫正对象的计分考核由执行地县级社区矫正机构或者受委托的司法所组织，可以征求矫正小组成员意见。

计分考核期限自社区矫正对象到执行地县级社区矫正机构报到登记之日起至社

区矫正期满或者终止之日止，以自然月为周期进行考核。

第一百六十三条 计分考核的主要内容是社区矫正对象服从监管教育，遵守法律、法规和司法行政部门关于报告、会客、外出、迁居、保外就医等监督管理规定，以及履行判决、裁定、暂予监外执行决定等法律文书确定的义务等情况。

第一百六十四条 对社区矫正对象的考核以月计分的方式进行，计分考核情况应当建立台帐，定期存入社区矫正档案。

第一百六十五条 社区矫正对象同时符合下列情形的，当月考核计5分：

（一）按规定到受委托的司法所或者其他指定的社区矫正场所报到，并递交日常矫正情况报告表；

（二）主动接受社区矫正工作者管理和教育；

（三）积极参加社区矫正机构组织的教育学习和公益活动，完成规定的学习和活动任务；

（四）严格遵守有关法律、法规及社区矫正管理规定，无违法违规行为。

第一百六十六条 社区矫正对象有违反法律法规及社区矫正管理规定的，当月考核计分为零分。

社区矫正对象受到训诫、警告、治安管理处罚的，应当从考核积分中分别扣除10分、20分、40分。

第一百六十七条 本省行政区域内变更执行地的，原执行地县级社区矫正机构实施的考核计分继续有效；外省变更执行地转入本省的，考核计分按新接收社区矫正对象的标准执行。

第一百六十八条 对社区矫正对象的奖励包括表扬、立功、重大立功和减刑。

第一百六十九条 社区矫正对象接受社区矫正满六个月，考核积分达到40分以上，并且同时符合下列条件的，执行地县级社区矫正机构可以给予表扬，同时从考核积分中冲减40分：

（一）服从人民法院判决，认罪悔罪；

（二）遵守法律法规；

（三）遵守关于报告、会客、外出、迁居等规定，服从社区矫正机构的管理；

（四）积极参加教育学习等活动，接受教育矫正的。

社区矫正对象接受社区矫正虽未满六个月或者受到处罚，但有见义勇为、抢险救灾、帮助他人、服务社会等突出表现或者事迹的，执行地县级社区矫正机构可以给予表扬。

第一百七十条 社区矫正对象具有下列情形之一的，可以认定为有立功表现：

（一）阻止他人实施犯罪活动的；

（二）检举、揭发犯罪活动，或者提供重要的破案线索，经查证属实的；

（三）协助司法机关抓捕其他犯罪嫌疑人的；

（四）在生产、科研中进行技术革新，成绩突出的；

（五）在抗御自然灾害或者排除重大事故中，表现积极的；

（六）对国家和社会有其他较大贡献的。

第（四）、（六）项中的技术革新或者其他较大贡献应当由社区矫正对象在矫正期间独立或者为主完成，并经省级主管部门确认。

第一百七十一条 社区矫正对象具有下列情形之一的，应当认定为有重大立功表现：

（一）阻止他人实施重大犯罪活动的；

（二）检举重大犯罪活动，经查证属实的；

（三）协助司法机关抓捕其他重大犯

罪嫌疑人（包括同案犯）的；

（四）有发明创造或者重大技术革新的；

（五）在日常生产、生活中舍己救人的；

（六）在抗御自然灾害或者排除重大事故中，有突出表现的；

（七）对国家和社会有其他重大贡献的。

第（四）项中的发明创造或者重大技术革新应当是社区矫正对象在矫正期间独立或者为主完成并经国家主管部门确认的发明专利，且不包括实用新型专利和外观设计专利；第（七）项中的其他重大贡献应当由社区矫正对象在矫正期间独立或者为主完成，并经国家主管部门确认。

第一款规定的“重大犯罪活动”、“重大犯罪嫌疑人”，一般是指被判处无期徒刑以上刑罚，或者在全国范围内有较大影响的犯罪活动、犯罪嫌疑人。

第一百七十二条 社区矫正对象具有立功情形的，由县级社区矫正机构调查核实、集体评议后，报市级社区矫正机构审核。

社区矫正对象具有重大立功情形的，由县、市级社区矫正机构分别调查核实、集体评议后，报省级社区矫正机构审核。

第一百七十三条 社区矫正机构拟对符合法定条件的社区矫正对象提请减刑的，应当在社区矫正场所进行公示，公示时间为五个工作日。公示内容应当包括：

（一）社区矫正对象的姓名；

（二）原判认定的罪名、矫正类别和矫正期限；

（三）社区矫正机构的减刑建议和依据；

（四）公示期限；

（五）意见反馈方式等。

未成年社区矫正对象减刑案件不予公示。

第一百七十四条 社区矫正对象符合法定减刑条件的，由执行地县级社区矫正机构提出减刑建议，并附带相关证明材料，报市级社区矫正机构审核。

市级社区矫正机构应当严格依法审核执行地县级社区矫正机构报送的减刑建议和相关证明材料。审核同意的，由市级社区矫正机构提请执行地的中级人民法院裁定。是否提请的情况应当及时反馈给执行地县级社区矫正机构。

第一百七十五 依法应当由高级人民法院裁定的减刑案件，由执行地县级社区矫正机构提出减刑建议并附相关证据材料，层报省级社区矫正机构审核同意后，由省级社区矫正机构提请执行地的高级人民法院裁定。

第一百七十六条 社区矫正机构提请减刑时，应当附下列材料：

（一）提请减刑建议书；

（二）终审法院裁判文书、历次减刑裁定书、执行通知书；

（三）证明社区矫正对象确有悔改表现或者立功、重大立功表现的书面证明材料；

（四）社区矫正对象考核奖惩记录，提请减刑审批表；

（五）社区矫正机构评议审核意见；

（六）受委托的司法所或者县级社区矫正机构出具的社区矫正对象矫正期间现实表现材料；

（七）人民法院要求移送的其他材料。

移送人民法院的有关材料，社区矫正机构应当保留复制件存档。

第一百七十七条 人民法院应当自收到社区矫正机构的减刑建议书和相关证明材料之日起三十日内依法作出是否减刑的

裁定。

执行地县级社区矫正机构减刑建议书和人民法院减刑裁定书副本，应当同时抄送执行地同级人民检察院、公安机关及罪犯原服刑或者接收其档案的监狱。

第一百七十八条 发现社区矫正对象有违反监督管理规定或者人民法院禁止令等违法情形的，执行地县级社区矫正机构应当调查核实情况，收集有关证据材料，提出处理意见。

对社区矫正对象的处罚包括训诫、警告，提请治安管理处罚、撤销缓刑、撤销假释、暂予监外执行收监执行。

第一百七十九条 社区矫正对象具有下列情形之一的，执行地县级社区矫正机构应当给予训诫：

（一）不按规定时间报到或者接受社区矫正期间脱离监管，未超过十日的；

（二）违反关于报告、会客、外出、迁居等规定，情节轻微的；

（三）保外就医的社区矫正对象无正当理由不按时提交病情复查情况的；

（四）不按规定参加教育学习、公益活动等活动，经教育仍不改正的；

（五）违反信息化监管规定，情节轻微的；

（六）其他违反监督管理规定，情节轻微的。

第一百八十条 社区矫正对象具有下列情形之一的，执行地县级社区矫正机构应当给予警告：

（一）违反人民法院禁止令，情节轻微的；

（二）不按规定时间报到或者接受社区矫正期间脱离监管，超过十日的；

（三）违反关于报告、会客、外出、迁居等规定，情节较重的；

（四）违反信息化监管规定，经教育仍不改正的；

（五）保外就医的社区矫正对象无正当理由不按时提交病情复查情况，经教育仍不改正的；

（六）受到社区矫正机构两次训诫，仍不改正的；

（七）其他违反监督管理规定，情节较重的。

第一百八十一条 训诫、警告由执行地县级社区矫正机构作出书面决定，也可以由受委托的司法所提出建议，填写《训诫、警告审批表》，由县级社区矫正机构作出是否予以训诫、警告的决定。

第一百八十二条 社区矫正对象具有下列情形之一的，执行地县级社区矫正机构应当及时提请同级公安机关依法给予治安管理处罚：

（一）违反人民法院禁止令，尚不构成情节严重的；

（二）不按规定时间报到或者接受社区矫正期间脱离监管，超过二十日未超过三十日的；

（三）扰乱社区矫正工作秩序的，尚不构成情节严重的；

（四）对社区矫正工作人员和其他依法参与社区矫正工作的人员及其近亲属进行殴打、威胁、侮辱、骚扰、报复，尚不构成犯罪的；

（五）其他违反监督管理规定的情形，情节较重的。

公安机关收到社区矫正机构建议书及相关材料后，应当依法作出是否给予治安管理处罚的决定，并在作出决定后将处理结果及时通知执行地县级社区矫正机构。社区矫正机构治安管理处罚建议书以及公安机关治安管理处罚决定书副本同时抄送执行地同级人民检察院。

第一百八十三条 社区矫正对象在缓

刑考验期内，有下列情形之一的，由执行地同级社区矫正机构向原审人民法院或者执行地人民法院提出撤销缓刑建议书，并将建议书抄送执行地同级人民检察院：

（一）违反禁止令，情节严重的；

（二）无正当理由不按规定时间报到或者接受社区矫正期间脱离监管，超过一个月的；

（三）因违反监督管理规定受到治安管理处罚，仍不改正的；

（四）受到社区矫正机构两次警告，仍不改正的；

（五）其他违反有关法律、行政法规和监督管理规定，情节严重的情形。

社区矫正机构一般向原审人民法院提出撤销缓刑建议。如果原审人民法院与执行地同级社区矫正机构不在同一省、自治区、直辖市的，可以向执行地人民法院提出建议，执行地人民法院作出裁定的，裁定书同时抄送原审人民法院。

人民法院的裁定书送达执行地县级社区矫正机构、公安机关，并抄送执行地同级人民检察院。

第一百八十四条　社区矫正对象在假释考验期内，有下列情形之一的，由执行地同级社区矫正机构提出撤销假释建议，并将建议书抄送执行地同级人民检察院：

（一）无正当理由不按规定时间报到或者接受社区矫正期间脱离监管，超过一个月的；

（二）受到社区矫正机构两次警告，仍不改正的；

（三）其他违反有关法律、行政法规和监督管理规定，尚未构成新的犯罪的。

社区矫正机构一般向原审人民法院提出撤销假释建议。如果原审人民法院与执行地同级社区矫正机构不在同一省、自治区、直辖市的，可以向执行地人民法院提出建议，执行地人民法院作出裁定的，裁定书同时抄送原审人民法院。

人民法院的裁定书送达执行地县级社区矫正机构、公安机关，抄送社区矫正执行地同级人民检察院、罪犯原服刑或者接收其档案的监狱。

第一百八十五条　被提请撤销缓刑、撤销假释的社区矫正对象具备下列情形之一的，社区矫正机构在提出撤销缓刑、撤销假释建议书的同时，提请人民法院决定对其予以逮捕：

（一）可能逃跑的；

（二）具有危害国家安全、公共安全、社会秩序或者他人人身安全现实危险的；

（三）可能对被害人、举报人、控告人或者社区矫正机构工作人员等实施报复行为的；

（四）可能实施新的犯罪的。

社区矫正机构提请人民法院决定逮捕社区矫正对象时，应当同时提供相应证据，移送人民法院审查决定。人民法院应当在收到建议四十八小时内作出是否逮捕决定，并及时通知社区矫正机构。作出逮捕决定的，还应当及时通知执行地县级公安机关执行。逮捕羁押期限不得超过三十日。

社区矫正机构提请逮捕、人民法院作出是否逮捕决定的法律文书，应当同时抄送执行地县级人民检察院。

第一百八十六条　暂予监外执行的社区矫正对象有下列情形之一的，由执行地县级社区矫正机构提出收监执行建议，并将建议书抄送执行地同级人民检察院：

（一）不符合暂予监外执行条件的；

（二）未经社区矫正机构批准擅自离开居住的市、县，经警告拒不改正，或者拒不报告行踪，脱离监管的；

（三）因违反监督管理规定受到治安

管理处罚，仍不改正的；

（四）受到社区矫正机构两次警告的；

（五）保外就医期间不按规定提交病情复查情况，经警告拒不改正的；

（六）暂予监外执行的情形消失后，刑期未满的；

（七）保外就医对象保证人丧失保证条件或者因不履行义务被取消保证人资格，不能在规定期限内提出新的保证人的；

（八）其他违反有关法律、行政法规和监督管理规定，情节严重的情形。

社区矫正机构一般向执行地社区矫正决定机关提出收监执行建议。如果原社区矫正决定机关与执行地县级社区矫正机构在同一省、自治区、直辖市的，可以向原社区矫正决定机关提出建议。

决定机关的决定书送达执行地县级社区矫正机构、公安机关，抄送执行地县级人民检察院。

第一百八十七条 拟对社区矫正对象提请撤销缓刑、撤销假释、收监执行的，由县级社区矫正机构工作人员收集证据，可以征求矫正小组、管理教育人员及相关单位意见，填报《提请撤销缓刑、撤销假释、收监执行建议审批表》并附相关证据材料，按规定程序提交社区矫正机构集体评议审核后，作出是否提请撤销缓刑、撤销假释、收监执行的建议。

第一百八十八条 社区矫正机构提出撤销缓刑、撤销假释或者提请收监执行建议的，应当附下列材料：

（一）提请撤销缓刑、撤销假释、收监执行建议书；

（二）原社区矫正决定机关判决书、裁定书、执行通知书；

（三）证明社区矫正对象构成撤销缓刑、撤销假释、提请收监执行情形的证据材料；

（四）社区矫正对象计分考核表，提请撤销缓刑、撤销假释、收监执行审批表；

（五）社区矫正机构评议审核意见；

（六）受委托的司法所或者县级社区矫正机构出具的社区矫正对象矫正期间现实表现材料；

（七）社区矫正决定机关要求移送的其他材料。

移送社区矫正决定机关的有关材料，社区矫正机构应当保留复制件存档。

第一百八十九条 社区矫正机构提请撤销缓刑、撤销假释建议时，社区矫正对象脱离监管经查找仍下落不明的，可以提请人民法院决定逮捕。公安机关根据逮捕决定书实施追捕。

第一百九十条 社区矫正决定机关应当在收到社区矫正机构撤销缓刑、撤销假释、收监执行建议书后三十日内作出裁定或者决定。

第一百九十一条 人民法院裁定撤销缓刑、撤销假释或者决定对暂予监外执行对象收监执行的，由执行地县级公安机关本着就近、便利、安全的原则，送交社区矫正对象执行地所属的省、自治区、直辖市管辖范围内的看守所或者监狱执行刑罚。

公安机关决定暂予监外执行收监执行的，由执行地县级公安机关送交存放或者接收罪犯档案的看守所收监执行。

监狱管理机关决定暂予监外执行收监执行的，由存放或者接收罪犯档案的监狱收监执行。

《江苏省社区矫正实施细则》

第六十八条 执行地县级社区矫正机构、受委托的司法所应当根据社区矫正对象认罪悔罪、遵守有关规定、服从监督管理、接受教育等情况，每月对其考核，考核结果作为调整矫正方案、实施分类管理和依法奖惩的依据。社区矫正对象考核奖惩制度，由省社区矫正机构根据工作实际制定。

社区矫正对象的考核结果与奖惩应当书面通知其本人，并予以公示，记入档案。对未成年社区矫正对象的考核不公开进行，依法奖惩的，应当通知其本人和监护人到场。

社区矫正对象对考核奖惩提出异议的，执行地县级社区矫正机构根据有关规定及时处理，并将处理结果告知社区矫正对象。

第六十九条 社区矫正机构成立社区矫正考核奖惩工作组，成员不少于三人、且为单数，由社区矫正机构工作人员组成，社区矫正机构负责人任组长。

社区矫正考核奖惩工作组建立集体评议机制，对社区矫正对象实施考核管理。人民检察院可以派员列席集体评议。

第七十条 依照《实施办法》第三十三条规定对社区矫正对象实施表扬时，执行地县级社区矫正机构或者受委托的司法所填报《社区矫正表扬审批表》并附相关材料，经社区矫正考核奖惩工作组研究同意后，执行地县级社区矫正机构制发《社区矫正表扬决定书》，送达社区矫正对象本人、监护人和保证人，并抄送同级人民检察院。

第七十一条 依照《实施办法》第三十四条或者第三十五条规定，对社区矫正对象实施训诫或者警告时，执行地县级社区矫正机构或者受委托的司法所填报《社区矫正训诫审批表》或者《社区矫正警告审批表》并附相关材料，经社区矫正考核奖惩工作组研究同意后，执行地县级社区矫正机构制发《社区矫正训诫决定书》或者《社区矫正警告决定书》，送达社区矫正对象本人、监护人和保证人，并抄送同级人民检察院。

第七十二条 社区矫正对象初次违反关于报告、会客、外出、迁居等规定，尚未造成危害后果的，可以认定为《实施办法》第三十四条第一款第（二）项的“情节轻微”。

第七十三条 执行地县级社区矫正机构决定警告时，社区矫正对象具有下列情形之一的，可以认定属于《实施办法》第三十五条第一款第（三）项的“情节较重”：

（一）初次违反关于报告、会客、外出、迁居等规定，经教育拒不承认错误，或者造成危害后果的；

（二）两次以上违反关于报告、会客、外出、迁居等规定的。

第七十四条 依照《中华人民共和国治安管理处罚法》和《实施办法》第三十六条规定对社区矫正对象提请治安管理处罚时，执行地县级社区矫正机构或者受委托的司法所填报《提请治安管理处罚审批表》，经社区矫正考核奖惩工作组研究同意后，执行地县级社区矫正机构制发《治安管理处罚建议书》，并附相关证明材料，向同级公安机关提出建议，同时抄送同级人民检察院。

被判处管制的社区矫正对象未经批准行使言论、出版、集会、结社、游行、示威等自由权利的，执行地县级社区矫正机构依照《社区矫正法》《实施办法》的相关规定，依法作出处理。

第七十五条 社区矫正对象被依法决定行政拘留、司法拘留、强制隔离戒毒等或者因涉嫌犯新罪、发现判决宣告前还有其他罪没有判决被采取强制措施的，决定机关应当自作出决定之日起三日内将有关情况通知执行地县级社区矫正机构和执行地县级人民检察院。

执行地县级社区矫正机构收到有关情况通知后，会同有关决定机关妥善处置。社区矫正对象被取保候审的，除遵守《中华人民共和国刑事诉讼法》有关规定外，还应当接受执行地县级社区矫正机构、受委托司法所的监督管理和教育帮扶。强制措施解除后，社区矫正对象矫正期限未满的，执行地县级社区矫正机构依法对其实行社区矫正。

第七十七条　依照《中华人民共和国刑法》和《实施办法》第四十六条的规定，对社区矫正对象提请撤销缓刑时，执行地县级社区矫正机构或者受委托的司法所填写《提请撤销缓刑审核表》。执行地县级社区矫正机构经集体评议研究同意，制作《撤销缓刑建议书》并附相关证据材料，提请原审人民法院裁定；原审人民法院是中级或者高级人民法院的，执行地县级社区矫正机构需报设区市社区矫正机构或者经设区市社区矫正机构报省社区矫正机构提请。其中原审人民法院是省外的，社区矫正机构可以向执行地同级人民法院提请裁定；执行地人民法院作出裁定的，裁定书同时抄送原审人民法院。

社区矫正机构撤销缓刑建议书和人民法院的裁定书副本，同时抄送社区矫正执行地同级人民检察院。

人民法院裁定撤销缓刑的，执行地县级公安机关依照《实施办法》第五十条的规定，将社区矫正对象送交看守所或者监狱执行。

第七十八条　依照《中华人民共和国刑法》和《实施办法》第四十七条的规定，对社区矫正对象提请撤销假释时，执行地县级社区矫正机构或者受委托的司法所填写《提请撤销假释审核表》。执行地县级社区矫正机构经集体评议研究同意，制作《撤销假释建议书》并附相关证据材料，报经设区市社区矫正机构审核同意后，由设区市社区矫正机构提请原审中级人民法院裁定；原审人民法院是高级人民法院的，经设区市社区矫正机构报省社区矫正机构提请。其中原审人民法院是省外的，社区矫正机构可以向执行地同级人民法院提请裁定；执行地人民法院作出裁定的，裁定书同时抄送原审人民法院。

社区矫正机构撤销假释建议书和人民法院的裁定书副本，同时抄送社区矫正执行地同级人民检察院、公安机关、罪犯原服刑或者接收档案的监狱。

人民法院裁定撤销假释的，执行地县级公安机关依照《实施办法》第五十条的规定，将社区矫正对象送交看守所或者监狱执行。

《江西省社区矫正工作实施细则》

第七十九条　执行地县级社区矫正机构、社区矫正日常机构应当根据有关法律法规、部门规章和其他规范性文件，采取月度考核与专项奖惩相结合的方式，对社区矫正对象开展考核奖惩。

对于符合表扬条件、具备训诫、警告情形的社区矫正对象，经执行地县级社区矫正机构集体研究决定，可以给予其相应奖励或者处罚，作出书面决定。执行地县级社区矫正机构奖励或者处罚的书面决定应当抄送人民检察院。

社区矫正对象的考核结果与奖惩应当书面通知其本人，定期公示，记入档案，做到准确及时、公开公平。社区矫正对象对考核奖惩提出异议的，执行地县级社区矫正机构应当及时处理，并将处理结果告知社区矫正对象。社区矫正对象对处理结果仍有异议的，可以向人民检察院提出。

第八十条　社区矫正日常机构应当自

社区矫正对象入矫登记次月起，对其实施月度考核，重点考核以下内容：

（一）认罪悔罪、遵守有关规定、服从监督管理、接受教育等日常矫正情况；

（二）训诫、警告、治安管理处罚等处罚情况；

（三）表扬、减刑等奖励情况。

社区矫正对象参加公益活动的情况，不作为月度考核内容，只作为调整管理类别的依据。

第八十一条　社区矫正对象月度考核等次分为合格、基本合格和不合格。当月完成了日常管理要求且教育矫正评价为基本合格的，考核等次评为基本合格；当月完成了日常管理要求且教育矫正评价为合格的，考核等次评为合格。

有下列情形之一的，社区矫正对象当月考核等次评为不合格：

（一）未按管理规定完成日常报告次数、报告内容等要求的；

（二）在重点时段、重大活动期间或者遇有特殊情况时，未完成增加的报告次数、报告内容等要求的；

（三）教育矫正评价为不合格的；

（四）因违反监督管理规定受到处罚的。

第八十二条　社区矫正日常机构应当在次月五日前完成月度考核，填写《社区矫正对象考核登记表》，确定考核等次，并将结果予以公示。

第八十三条　社区矫正对象管理类别的确立采取定期和动态考核相结合的方式进行。定期考核一般以三个月为一个考核期。社区矫正对象第一个考核期从入矫登记次月起计算，管理类别由执行地县级社区矫正机构直接确定为二类管理。社区矫正对象入矫登记当月，参照二类管理，但不记入考核期。

考核期内，有两个月以上的月考核等次合格的，可以降低一个管理类别，如受到表扬的，可以再降低一个管理类别；有两个月以上的月考核等次为基本合格，不作管理类别调整，但受到表扬的，可以降低一个管理类别。

一、二类的管理对象考核期内，有两个月以上的月考核等次合格，但参加公益活动的有效次数少于五次的，不降低管理类别；三类的管理对象考核期内，有两个月以上的月考核等次为基本合格以上，但参加公益活动的有效次数少于三次的，提高为二类管理。

当月考核等次不合格的，立即提高一个管理类别，考核期重新计算。

当月受到训诫以上处罚的，立即调整为一类管理，考核期重新计算。

第八十四条　社区矫正对象管理类别调整的，社区矫正日常机构应当填写《社区矫正对象管理类别调整审批表》，经执行地县级社区矫正机构审批后，将结果书面通知其本人，并予以公示。

第八十五条　社区矫正对象认罪悔罪、遵守法律法规、服从监督管理、接受教育表现突出的，应当给予表扬。

社区矫正对象接受社区矫正六个月以上并且同时符合下列条件的，执行地县级社区矫正机构可以给予表扬：

（一）服从人民法院判决，认罪悔罪；

（二）遵守法律法规；

（三）遵守关于报告、会客、外出、迁居等规定，服从社区矫正机构的管理；

（四）积极参加教育学习等活动，接受教育矫正的。

社区矫正对象接受社区矫正期间，有见义勇为、抢险救灾等突出表现，或者帮助他人、服务社会等突出事迹的，执行地县级社区矫正机构可以给予表扬。对于符合法定减刑条件的，由执行地县级社区矫正机构依照本细则第九十四条的规定，提出减刑建议。

第八十六条 社区矫正对象具有下列情形之一的，执行地县级社区矫正机构应当给予训诫：

（一）不按规定时间报到或者接受社区矫正期间脱离监管，未超过十日的；

（二）违反关于报告、会客、外出、迁居等规定，情节轻微的；

（三）违反本细则第四十九条之规定，情节轻微的；

（四）不按规定参加教育学习等活动，经教育仍不改正的；

（五）其他违反监督管理规定，情节轻微的。

对社区矫正对象训诫，应当由两名以上社区矫正工作人员（其中至少应有一名社区矫正机构或者社区矫正日常机构工作人员）组织实施。对未成年社区矫正对象实施训诫时，应当通知其监护人到场。

第八十七条 社区矫正对象具有下列情形之一的，执行地县级社区矫正机构应当给予警告：

（一）违反人民法院禁止令，情节轻微的；

（二）不按规定时间报到或者接受社区矫正期间脱离监管，超过十日的；

（三）拒不佩戴依法批准使用的电子定位装置的；

（四）违反本细则第四十九条规定或者故意毁坏电子定位装置，情节较重的；

（五）违反关于报告、会客、外出、迁居等规定，情节较重的；

（六）保外就医的社区矫正对象无正当理由不按时提交病情复查情况，经教育仍不改正的；

（七）受到社区矫正机构两次训诫，仍不改正的；

（八）其他违反监督管理规定，情节较重的。

第八十八条 社区矫正对象违反监督管理规定或者人民法院禁止令，依法应予治安管理处罚的，执行地县级社区矫正机构应当及时提请同级公安机关依法给予处罚，公安机关应当将处理结果及时通知执行地县级社区矫正机构。执行地县级社区矫正机构应当向执行地同级人民检察院抄送治安管理处罚建议书副本，及时通知处理结果。

第九十五条 社区矫正对象在缓刑考验期内，有下列情形之一的，由执行地同级社区矫正机构提出撤销缓刑建议：

（一）违反禁止令，情节严重的；

（二）无正当理由不按规定时间报到或者接受社区矫正期间脱离监管，超过一个月的；

（三）因违反监督管理规定受到治安管理处罚，仍不改正的；

（四）受到社区矫正机构两次警告，仍不改正的；

（五）其他违反有关法律、行政法规和监督管理规定，情节严重的情形。

社区矫正机构一般向原审人民法院提出撤销缓刑建议。如果原审人民法院与执行地同级社区矫正机构不在同一省、自治区、直辖市的，可以向执行地人民法院提出建议，执行地人民法院作出裁定的，裁定书同时抄送原审人民法院。

社区矫正机构撤销缓刑建议书和人民法院的裁定书副本同时抄送社区矫正执行地同级人民检察院。

第九十六条 社区矫正对象在假释考验期内，有下列情形之一的，由执行地同级社区矫正机构提出撤销假释建议：

（一）无正当理由不按规定时间报到

或者接受社区矫正期间脱离监管，超过一个月的；

（二）受到社区矫正机构两次警告，仍不改正的；

（三）其他违反有关法律、行政法规和监督管理规定，尚未构成新的犯罪的。

社区矫正机构一般向原审人民法院提出撤销假释建议。如果原审人民法院与执行地同级社区矫正机构不在同一省、自治区、直辖市的，可以向执行地人民法院提出建议，执行地人民法院作出裁定的，裁定书同时抄送原审人民法院。

社区矫正机构撤销假释的建议书和人民法院的裁定书副本同时抄送社区矫正执行地同级人民检察院、公安机关、罪犯原服刑或者接收其档案的监狱。

第九十八条 暂予监外执行的社区矫正对象有下列情形之一的，由执行地县级社区矫正机构提出收监执行建议：

（一）不符合暂予监外执行条件的；

（二）未经社区矫正机构批准擅自离开居住的市、县，经警告拒不改正，或者拒不报告行踪，脱离监管的；

（三）因违反监督管理规定受到治安管理处罚，仍不改正的；

（四）受到社区矫正机构两次警告的；

（五）保外就医期间不按规定提交病情复查情况，经警告拒不改正的；

（六）暂予监外执行的情形消失后，刑期未满的；

（七）保证人丧失保证条件或者因不履行义务被取消保证人资格，不能在规定期限内提出新的保证人的；

（八）其他违反有关法律、行政法规和监督管理规定，情节严重的情形。

社区矫正机构一般向执行地社区矫正决定机关提出收监执行建议。如果原社区矫正决定机关与执行地县级社区矫正机构在同一省、自治区、直辖市的，可以向原社区矫正决定机关提出建议。

社区矫正机构的收监执行建议书和决定机关的决定书，应当同时抄送执行地县级人民检察院。

《辽宁省社区矫正实施细则》

第一百一十六条 社区矫正机构、司法所依照有关法律法规和规范性文件，对社区矫正对象认罪悔罪、遵守有关规定、服从监督管理、接受教育等现实情况，定期进行考核。考核结果分为良好、合格、不合格三种。考核结果可以作为认定社区矫正对象是否确有悔改表现或者是否严重违反监督管理规定的依据，作为对其实施分类监管教育、给予奖惩的重要参考。

第一百一十七条 对社区矫正对象的考核由执行地县级社区矫正机构或者司法所组织。考核自社区矫正对象到社区矫正机构报到登记之日起至社区矫正终止之日止，每季度进行一次。社区矫正机构或者司法所综合分析社区矫正对象的月评价、现实表现、奖惩情况、矫正小组意见等，形成季度考核结果，及时存入社区矫正对象档案。

第一百一十八条 社区矫正对象考核期内认罪悔罪，认真遵守法律法规和监督管理规定，参加教育学习和公益活动表现突出的，考核结果为良好。社区矫正对象考核期内遵守法律法规和监督管理规定，参加教育学习和公益活动表现一般的，考核结果为合格。社区矫正对象考核期内违反法律法规和监督管理规定，受到训诫、警告、治安管理处罚的，考核结果为不合格。

第一百一十九条 社区矫正机构、司法所应当依据考核结果，及时调整社区矫正对象的矫正方案及管理等级。

第一百二十条 根据考核结果，经执行地县级社区矫正机构集体研究，可以给予社区矫正对象相应奖励或者处罚，并作出书面决定。奖励或者处罚的书面决定抄送同级人民检察院。社区矫正对象的考核结果与奖惩决定书应当公布，考核表、奖惩决定书经社区矫正对象签字后存入档案。

第一百二十一条 社区矫正对象对考核奖惩提出异议的，可以向执行地县级社区矫正机构反映，社区矫正机构应当及时处理，并将处理结果告知社区矫正对象。社区矫正对象对处理结果仍有异议的，应当向上一级社区矫正机构反映，对上一级社区矫正机构的处理结果仍有异议的，可以向人民检察院提出申诉。

第一百二十二条 对社区矫正对象的奖励包括表扬和提出减刑建议。

第一百二十三条 接受社区矫正六个月以上、季度考核期内未受到处罚的社区矫正对象，并同时符合下列情形的，可以给予表扬：

（一）服从人民法院判决，认罪悔罪；

（二）遵守法律法规；

（三）遵守关于报告、会客、外出、迁居等规定，服从社区矫正机构的管理；

（四）积极参加教育学习等活动，接受教育矫正的；

（五）克服困难，自食其力，成为其他社区矫正对象榜样的。

社区矫正对象接受社区矫正虽未满六个月或者受到处罚，但有见义勇为、抢险救灾、帮助他人、服务社会等突出表现的，执行地县级社区矫正机构可以给予表扬。

第一百三十三条 发现社区矫正对象有违反监督管理规定或者人民法院禁止令等违法情形的，执行地县级社区矫正机构应当调查核实情况，收集有关证据材料，提出惩处意见，依法给予相应处罚。

对社区矫正对象的处罚措施包括训诫、警告、治安管理处罚、撤销缓刑、撤销假释、对暂予监外执行的收监执行。

第一百三十四条 社区矫正对象具有下列情形之一的，县级社区矫正机构应当给予训诫：

（一）不按规定时间报到或者接受社区矫正期间脱离监管，未超过十日的；

（二）违反关于报告、会客、外出、迁居等规定，情节轻微的；

（三）不按规定参加教育学习、公益活动等活动，经教育仍不改正的；

（四）其他违反监督管理规定，情节轻微的。

第一百三十五条 社区矫正对象具有下列情形之一的，执行地县级社区矫正机构应当给予警告：

（一）违反人民法院禁止令，情节轻微的；

（二）不按规定时间报到或者接受社区矫正期间脱离监管，超过十日的；

（三）违反关于报告、会客、外出、迁居等规定，情节较重的；

（四）保外就医的社区矫正对象无正当理由不按时提交病情复查情况，经教育仍不改正，或者连续两次不提交病情复查情况的；

（五）受到社区矫正机构两次以上训诫，仍不改正的；

（六）其他违反监督管理规定，情节较重的。

第一百三十六条 训诫、警告由社区矫正机构直接作出；也可以由司法所提出建议，填报《训诫、警告审批表》，报社区矫正机构审核，作出是否予以训诫、警告决定。

社区矫正机构在对社区矫正对象进行

训诫、警告之后，社区矫正对象应当在训诫、警告决定书上签字确认。有条件的，训诫、警告过程要全程录音录像。对未成年社区矫正对象实施训诫、警告时，社区矫正机构应当通知其监护人到场并签名。

社区矫正对象拒不在训诫、警告决定书上签字确认的，可以视为经教育仍不改正情形。

第一百三十七条 社区矫正对象对社区矫正工作人员和其他依法参与社区矫正工作的人员及其近亲属进行殴打、威胁、侮辱、骚扰、报复，尚不构成犯罪的，由公安机关依法给予治安管理处罚。社区矫正对象违反监督管理规定或者人民法院禁止令，依法应予治安管理处罚的，执行地县级社区矫正机构应当及时提请同级公安机关依法给予处罚，并向执行地同级人民检察院抄送治安管理处罚建议书副本，及时通知处理结果。

第一百三十八条 社区矫正对象在缓刑考验期内，有下列情形之一的，由执行地同级社区矫正机构提出撤销缓刑建议书：

（一）违反禁止令，情节严重的；

（二）无正当理由不按规定时间报到或者接受社区矫正期间脱离监管，超过一个月的；

（三）因违反监督管理规定受到治安管理处罚，仍不改正的；

（四）受到社区矫正机构两次警告，仍不改正的；

（五）其他违反有关法律、行政法规和监督管理规定，情节严重的情形。

社区矫正机构一般向原审人民法院提出撤销缓刑建议。如果原审人民法院与执行地同级社区矫正机构不在同一省、自治区、直辖市的，可以向执行地人民法院提出建议，执行地人民法院作出裁定的，裁定书同时抄送原审人民法院。

社区矫正机构撤销缓刑建议书和人民法院的裁定书副本应当同时抄送社区矫正执行地同级人民检察院。

第一百三十九条 社区矫正对象在假释考验期内，有下列情形之一的，由执行地同级社区矫正机构提出撤销假释建议：

（一）无正当理由不按规定时间报到或者接受社区矫正期间脱离监管，超过一个月的；

（二）受到社区矫正机构两次警告，仍不改正的；

（三）其他违反有关法律、行政法规和监督管理规定，尚未构成新的犯罪的。

社区矫正机构一般向原作出假释裁定的人民法院提出撤销假释建议。如果原审人民法院与执行地同级社区矫正机构不在同一省、自治区、直辖市的，可以向执行地人民法院提出建议，执行地人民法院作出裁定的，裁定书同时抄送原审人民法院。

社区矫正机构撤销假释的建议书和人民法院的裁定书副本同时抄送社区矫正执行地同级人民检察院、公安机关、罪犯原服刑或者接收其档案的监狱。

第一百四十一条 暂予监外执行的社区矫正对象有下列情形之一的，由执行地县级社区矫正机构提出收监执行建议：

（一）不符合暂予监外执行条件的；

（二）未经社区矫正机构批准擅自离开居住的市、县，经警告拒不改正，或者拒不报告行踪，脱离监管的；

（三）因违反监督管理规定受到治安管理处罚，仍不改正的；

（四）受到社区矫正机构两次警告的；

（五）保外就医期间不按规定提交病情复查情况，经警告拒不改正的；

（六）暂予监外执行的情形消失后，

刑期未满的；

（七）保证人丧失保证条件或者因不履行义务被取消保证人资格，不能在规定期限内提出新的保证人的；

（八）其他违反有关法律、行政法规和监督管理规定，情节严重的情形。

社区矫正机构一般向执行地社区矫正决定机关提出收监执行建议。如果原社区矫正决定机关与执行地县级社区矫正机构在同一省、自治区、直辖市的，可以向原社区矫正决定机关提出建议。如果原社区矫正决定机关与执行地县级社区矫正机构不在同一省、自治区、直辖市的，应当向执行地同级社区矫正决定机关提出建议。

社区矫正机构的收监执行建议书和决定机关的决定书，应当同时抄送执行地县级人民检察院。

第一百四十二条 对社区矫正对象的撤销缓刑、撤销假释、收监执行等处罚，由县级社区矫正机构工作人员收集证据，可以征求矫正小组、管理教育人员及相关单位意见，提出初步处罚建议，填报《提请治安管理处罚、撤销缓刑、撤销假释、收监执行审批表》并附相关证据材料，提交县级社区矫正机构审核后作出是否提请撤销缓刑、撤销假释、收监执行的决定。

第一百四十三条 社区矫正机构提出撤销缓刑、撤销假释或提请收监执行建议的，应当附下列材料：

（一）提请撤销缓刑、撤销假释、收监执行建议书；

（二）原社区矫正决定机关裁判文书、执行通知书；

（三）证明社区矫正对象构成撤销缓刑、撤销假释、提请收监执行情形的证据材料；

（四）社区矫正对象考核表，提请撤销缓刑、撤销假释、收监执行审批表；

（五）社区矫正机构评议审核意见及受委托的司法所建议；

（六）社区矫正决定机关要求移送的其他材料。

被建议收监执行的罪犯有法律规定的不计入执行刑期情形的，社区矫正机构应当在收监执行建议书中说明情况，并附有有关证明材料。批准机关进行审核后，应当及时通知监狱、看守所向所在地中级人民法院提出不计入执行刑期的建议书。人民法院应当自收到建议书之日起三十日内依法对罪犯的刑期重新计算作出裁定。

第一百四十四条 社区矫正决定机关应当在收到社区矫正机构撤销缓刑、撤销假释、收监执行建议书后三十日内作出裁定或者决定，将裁定书或者决定书送达社区矫正机构和公安机关，并抄送人民检察院。对需要补充完善有关证明材料的，自收到补充完善的证明材料后重新计算审批期限。

人民法院裁定不予撤销缓刑、假释或者决定暂予监外执行收监执行的，公安机关、监狱管理机关决定不予暂予监外执行收监执行的，应当向社区矫正机构书面说明，同时抄送执行地同级人民检察院。

第一百四十五条 人民法院裁定撤销缓刑、撤销假释的，由执行地县级公安机关本着就近、便利、安全的原则，送交社区矫正对象执行地所属的看守所或者监狱执行刑罚。

公安机关决定暂予监外执行收监执行的，由执行地县级公安机关送交存放或者接收罪犯档案的看守所收监执行。

人民法院对暂予监外执行罪犯决定收监执行的，决定暂予监外执行时剩余刑期在三个月以下的，由执行地公安机关送交看守所收监执行；决定暂予监外执行时剩余刑期在三个月以上的，由执行地公安机关送交监狱收监执行。

监狱管理机关对暂予监外执行罪犯决定收监执行的，原服刑或者接收其档案的监狱应当立即赴羁押地将罪犯收监执行。

第一百四十六条 社区矫正对象被采取行政拘留、司法拘留、强制隔离戒毒等行政处罚或者强制措施期间，社区矫正决定机关依法作出对其撤销缓刑、撤销假释的裁定或者收监执行决定的，按照本细则第一百四十五条的规定依法收监执行刑罚。

《宁夏回族自治区社区矫正实施细则》

第五十一条 县级社区矫正机构应当根据有关法律法规、部门规章和其他规范性文件建立内容全面、程序合理、易于操作的社区矫正对象考核奖惩制度。同时，成立社区矫正对象考核奖惩小组。考核奖惩小组成员人数应当不少于3人且为单数，可以由社区矫正机构负责人、社区矫正专门工作人员、司法所长等人员组成。

第五十二条 执行地县级社区矫正机构、受委托的司法所应当根据社区矫正对象认罪悔罪、遵守有关规定、服从监督管理、接受教育等情况，定期对其考核。考核结果，可以作为认定社区矫正对象是否有悔改表现的依据，作为对其实施分类监管教育、给予奖惩的重要参考。

考核采取日常考核与定期考核相结合的方式进行。日常考核由受委托的司法所实施，每月填写一次《社区矫正对象日常考核登记表》。定期考核由执行地县级社区矫正机构组织实施，每季度一次。主要考核社区矫正对象服从监督管理、遵守法律法规和司法行政部门关于报告、会客、外出、迁居、保外就医等监督管理规定，以及履行判决、裁定、暂予监外执行决定等法律文书确定的义务等情况。

第五十三条 经考核，对于符合表扬条件、具备训诫、警告情形的社区矫正对象，经执行地县级社区矫正机构决定，可以给予其相应奖励或者处罚，作出书面决定。对于涉嫌违反治安管理行为的社区矫正对象，可以向同级公安机关提出建议。社区矫正机构奖励或者处罚的书面决定应当抄送人民检察院。

对社区矫正对象的奖惩决定，应当经社区矫正对象考核奖惩小组集体评议。可邀请人民检察院派员列席会议。

社区矫正对象的考核结果与奖惩应当通知其本人，公示并记入档案，做到准确及时、公开公平。社区矫正对象对考核奖惩提出异议的，执行地社区矫正机构应当及时处理，并将处理结果告知社区矫正对象。社区矫正对象对处理结果仍有异议的，可向人民检察院提出。

第五十四条 社区矫正对象认罪悔罪、遵守法律法规、服从监督管理、接受教育表现突出的，应当给予表扬。

接受社区矫正六个月以上并且同时符合下列条件的，执行地县级社区矫正机构可以给予表扬：

（一）服从人民法院判决，认罪悔罪；

（二）遵守法律法规；

（三）遵守关于报告、会客、外出、迁居等规定，服从社区矫正机构的管理；

（四）积极参加教育学习等活动，接受教育矫正的。

社区矫正对象有见义勇为、抢险救灾等突出表现，或者帮助他人、服务社会等突出事迹的，执行地县级社区矫正机构可以给予表扬。对于符合法定减刑条件的，由执行地县级社区矫正机构依法提出减刑建议。

第五十五条 社区矫正对象具有下列情形之一的，执行地县级社区矫正机构应当给予训诫：

（一）不按规定时间报到或者接受社区矫正期间脱离监管，未超过十日的；

（二）违反关于报告、会客、外出、迁居等规定，情节轻微的；

（三）不按规定参加教育学习等活动，经教育仍不改正的；

（四）其他违反监督管理规定，情节轻微的。

第五十六条 社区矫正对象具有下列情形之一的，执行地县级社区矫正机构应当给予警告：

（一）违反人民法院禁止令，情节轻微的；

（二）不按规定时间报到或者接受社区矫正期间脱离监管，超过十日的；

（三）违反关于报告、会客、外出、迁居等规定，情节较重的；

（四）保外就医的社区矫正对象无正当理由不按时提交病情复查情况，经教育仍不改正的；

（五）受到社区矫正机构两次训诫，仍不改正的；

（六）其他违反监督管理规定，情节较重的。

第六十一条 社区矫正机构发现社区矫正对象有撤销缓刑、撤销假释或者暂予监外执行的法定情形的，应当组织开展调查取证工作，依法向社区矫正决定机关提出撤销缓刑、撤销假释或者暂予监外执行收监执行建议，并将建议书抄送同级人民检察院。

《山东省社区矫正实施细则》

第五十六条 自社区矫正对象到社区矫正机构报到之日起至第三个月月底，实行第一次考核；此后，每三个月考核一次。

第五十七条 社区矫正机构、司法所应当对考核周期内社区矫正对象认罪悔罪、遵纪守法、接受监督管理、参加教育学习、参加公益活动、社会活动等情况进行考核。

第五十八条 考核结果分为合格、不合格两个等次：

（一）社区矫正对象认罪悔罪、遵守法律法规和监督管理规定、认真完成教育学习任务、积极参加公益活动的，考核等次为合格；

（二）社区矫正对象拒不认罪悔罪的；或者违反法律法规，受到有关部门处罚的；或者违反监督管理、教育学习规定，受到训诫及以上处罚的，考核等次为不合格。

社区矫正对象的考核结果应当书面通知其本人，定期公示，记入档案，做到准确及时，公开公平。社区矫正对象对考核结果提出异议的，执行地县级社区矫正机构应当及时处理，并将处理结果告知社区矫正对象。

第五十九条 社区矫正对象接受社区矫正六个月以上并且同时符合下列条件的，执行地县级社区矫正机构可以给予表扬：

（一）服从人民法院判决，认罪悔罪；

（二）遵守法律法规；

（三）遵守关于报告、会客、外出、迁居等规定，服从社区矫正机构的管理；

（四）积极参加教育学习等活动，接受教育矫正的。

社区矫正对象接受社区矫正期间，有见义勇为、抢险救灾等突出表现，或者帮助他人、服务社会等突出事迹的，执行地县级社区矫正机构可以给予表扬。

第六十条 社区矫正对象符合表扬条件的，由司法所提出初步意见，报经县级社区矫正机构批准后，由县级社区矫正机构进行书面表扬。表扬结果应当书面通知其本人，并记入档案。同时，抄送同级人民检察院。

第六十四条　社区矫正对象具有下列情形之一的，执行地县级社区矫正机构应当给予训诫：

（一）不按规定时间报到或者接受社区矫正期间脱离监管，未超过十日的；

（二）违反关于报告、会客、外出、迁居等规定，情节轻微的；

（三）不按规定参加教育学习等活动，经教育仍不改正的；

（四）其他违反监督管理规定，情节轻微的。

第六十五条　社区矫正对象具有下列情形之一的，执行地县级社区矫正机构应当给予警告：

（一）违反人民法院禁止令，情节轻微的；

（二）不按规定时间报到或者接受社区矫正期间脱离监管，超过十日的；

（三）违反报告、会客、外出、迁居等规定，情节较重的；

（四）保外就医的社区矫正对象无正当理由不按时提交病情复查情况，经教育仍不改正的；

（五）受到社区矫正机构两次训诫，仍不改正的；

（六）其他违反监督管理规定，情节较重的。

第六十六条　社区矫正对象具有下列情形之一的，执行地县级公安机关应当给予治安管理处罚：

（一）违反人民法院禁止令，尚不属情节严重的；

（二）扰乱社区矫正工作秩序的；

（三）对社区矫正工作人员和其他依法参与社区矫正工作的人员及其近亲属进行殴打、威胁、侮辱、骚扰、报复，尚不构成犯罪的；

（四）其他违反监督管理规定的。

公安机关应当将处理结果及时通知社区矫正机构，并通报人民检察院。

《山西省社区矫正实施细则》

第四十七条　执行地县级社区矫正机构、受委托的司法所应当对社区矫正对象认罪悔罪、遵规守纪、服从监管、接受教育等现实情况，定期进行考核。对新入矫的社区矫正对象在入矫后三个月内实行月考核，之后实行季度考核。

第四十八条　执行地县级社区矫正机构应当成立不少于三人的社区矫正奖惩工作小组，对社区矫正对象的考核奖惩情况进行集体评议，评议结果作为最终考核结果。进行重大奖惩的，可以邀请执行地县级人民检察院派员参加。

社区矫正对象的考核结果分为良好、合格、不合格三个等次：

（一）社区矫正对象考核期内认罪悔罪，认真遵守法律法规和监督管理规定，参加教育学习和公益活动表现突出的，考核结果为良好；

（二）社区矫正对象考核期内遵守法律法规和监督管理规定，参加教育学习和公益活动表现一般的，考核结果为合格；

（三）社区矫正对象考核期内违反法律法规和监督管理规定，受到训诫、警告、治安管理处罚的，考核结果为不合格。

第四十九条　考核结果应当书面通知本人及矫正小组成员，定期公示，记入档案。社区矫正对象对考核结果提出异议的，执行地县级社区矫正机构应当及时调查处理，并将调查结果告知社区矫正对象。

考核结果作为分类管理、表扬、训诫、警告和提请减刑、撤销缓刑、撤销假释、暂予监外执行收监执行的重要依据。

执行地县级社区矫正机构、受委托的司法所应当依据考核结果，及时调整对社区矫正对象的矫正方案。

第五十一条　执行地县级社区矫正机构提请同级公安机关予以治安管理处罚的，公安机关应当在法定期限内依法做出决定，并及时通知执行地县级社区矫正机构。执行地县级社区矫正机构应当在五个工作日内将治安管理处罚结果书面通知执行地县级人民检察院。

第五十二条　提请撤销缓刑、撤销假释的办理程序为：

（一）社区矫正对象符合法定撤销缓刑、撤销假释情形的，执行地县级社区矫正机构应当及时提请撤销缓刑、撤销假释，必要时可以书面征求执行地县级人民检察院意见，执行地县级人民检察院应当在十日内出具意见；

（二）原决定机关为基层人民法院的，执行地县级社区矫正机构应当及时向原审人民法院提交撤销缓刑、撤销假释建议书并附相关证明材料；原决定机关为中级人民法院的，由执行地县级社区矫正机构提出撤销缓刑、撤销假释建议书并附相关证明材料，报经执行地市级社区矫正机构审核同意后，由执行地市级社区矫正机构提请执行地中级人民法院裁定；原决定机关为高级人民法院的，应当逐级上报至省级社区矫正机构审核同意后，由省级社区矫正机构提请执行地高级人民法院裁定；

（三）原审人民法院不在本省的，可以由执行地同级社区矫正机构提请与原审人民法院同级的本省执行地人民法院裁定，裁定书同时抄送原审人民法院；

（四）人民法院应当自收到撤销缓刑、撤销假释建议书之日起三十日内作出裁定；

（五）社区矫正机构撤销缓刑建议书和人民法院的裁定书副本同时抄送执行地同级人民检察院。人民检察院认为人民法院应当裁定撤销缓刑、撤销假释而未予裁定的，应当依法提出纠正意见。

第五十三条　提请暂予监外执行收监执行的办理程序为：

（一）暂予监外执行社区矫正对象具有法定收监执行情形的，执行地县级社区矫正机构应当及时提请收监执行，必要时可以书面征求执行地县级人民检察院意见，执行地县级人民检察院应当在十日内出具意见；

（2）执行地县级社区矫正机构一般向原决定暂予监外执行的人民法院、公安机关、监狱管理机关提交收监执行建议书并附相关证明材料。原决定机关不在本省的，可以由执行地县级社区矫正机构提请与原决定机关同级的本省执行地人民法院、公安机关、监狱管理机关决定；

（三）人民法院、公安机关、监狱管理机关应当自收到收监执行建议书之日起三十日内作出决定；

（四）社区矫正机构的收监执行建议书和决定机关的决定书，应当同时抄送执行地县级人民检察院。人民检察院认为人民法院、公安机关、监狱管理机关应当收监执行而未予决定的，应当依法提出纠正意见。

《陕西省社区矫正实施细则》

第四十九条　县级社区矫正机构、受委托的司法所依照法律法规和有关规定，对社区矫正对象认罪悔罪、遵守有关规定、服从监督管理、接受教育等情况，定期进行考核。

第五十条　对社区矫正对象的考核采取月考核和季评定相结合的方式。考核结果可以作为认定社区矫正对象是否确有悔改表现、是否严重违反监督管理规定的依据，以及对其实施分级监管教育、给予奖惩的重要参考。

第五十一条 对社区矫正对象的考核主要包括以下事项：

（一）按规定时限到县级社区矫正机构报到情况；

（二）遵守执行定期报告遵纪守法、接受监督管理、参加教育学习、社区服务和社会活动的情况；

（三）遵守执行及时报告居所变化、工作变动、家庭重大变故以及接触对其矫正产生不利影响的人员等情况；

（四）遵守执行请销假、居住地变更审批制度等情况；

（五）保外就医的社区矫正对象按时提交病情复查的情况；

（六）执行人民法院禁止令的情况；

（七）遵守社区矫正信息化监管规定的情况；

（八）县级社区矫正机构、受委托司法所认为应当纳入考核的其它事项。

第五十二条 对社区矫正对象的奖励包括表扬和提出减刑建议。

社区矫正机构对社区矫正对象提出表扬时，应当填写《表扬审批表》并且提交相关证明材料，经研究后作出是否予以表扬决定。

社区矫正对象符合法定减刑条件的，由县级社区矫正机构提出减刑建议，并且提交原审生效裁判文书、执行通知书、考核奖惩记录、确有悔改表现或者立功、重大立功表现的书面证明材料等，报市级社区矫正机构审核。

第五十三条 对社区矫正对象的处罚包括训诫、警告，提请治安管理处罚、撤销缓刑、撤销假释、对暂予监外执行的收监执行。

训诫、警告由社区矫正机构直接作出；也可以由受委托的司法所提出建议，填报《训诫、警告审批表》，报社区矫正机构审核，作出是否予以训诫、警告决定。

社区矫正机构在对社区矫正对象进行训诫、警告后，社区矫正对象应当在训诫、警告决定书上签字确认。

第五十四条 社区矫正对象违反监督管理规定或者人民法院禁止令，依法应予治安管理处罚的，县级社区矫正机构应当及时提请同级公安机关依法给予处罚，公安机关应当将处理结果及时通知县级社区矫正机构。

社区矫正机构治安管理处罚建议书以及公安机关治安管理处罚决定书副本应当同时抄送同级人民检察院。

第五十五条 社区矫正对象具有刑法规定的撤销缓刑、假释情形的，应当由人民法院撤销缓刑、假释。

对于在考验期内犯新罪或者发现判决宣告以前还有其他罪没有判决的，应当由审理该案件的人民法院撤销缓刑、假释，并书面通知原审人民法院和执行地社区矫正机构。

对于有第二款规定以外的其他需要撤销缓刑、假释情形的，社区矫正机构应当向原审人民法院或者执行地人民法院提出撤销缓刑、假释建议，并将建议书抄送人民检察院。社区矫正机构提出撤销缓刑、假释建议时，应当说明理由，并提供有关证据材料。

社区矫正决定机关应当在收到社区矫正机构撤销缓刑、撤销假释、收监执行建议书后三十日内作出裁定或者决定，将裁定书或者决定书送达社区矫正机构和公安机关，并抄送同级人民检察院。

人民法院裁定撤销缓刑、撤销假释或

者决定暂予监外执行收监执行的，由执行地县级公安机关本着就近、便利、安全的原则，送交社区矫正对象执行地所属的看守所或者监狱执行刑罚。

公安机关决定暂予监外执行收监执行的，由执行地县级公安机关送交存放或者接收罪犯档案的看守所收监执行。

监狱管理机关决定暂予监外执行收监执行的，由存放或者接收罪犯档案的监狱收监执行。

社区矫正对象被采取行政拘留、司法拘留、强制隔离戒毒等行政处罚或者强制措施期间，社区矫正决定机关依法作出对其撤销缓刑、撤销假释的裁定或者收监执行决定的，按照规定依法收监执行刑罚。

第五十六条 除未成年社区矫正对象外，县级社区矫正机构应当将社区矫正对象的考核奖惩情况，在社区矫正机构和受委托的司法所进行公示。

《上海市社区矫正实施细则》

第五十二条 市、区社区矫正机构应当成立社区矫正奖惩工作小组，成员人数应不少于3人，且为单数。市、区社区矫正奖惩工作小组成员应当包括社区矫正机构负责人。

社区矫正对象日常管理考核重大事项，决定给予表扬、训诫、警告，提请治安管理处罚、撤销缓刑、撤销假释、对暂予监外执行收监执行和减刑等应当经社区矫正奖惩工作小组集体评议。人民检察院可以派员列席集体评议。

第五十三条 区社区矫正机构依法向公安机关提出治安管理处罚建议的，公安机关应当在五个工作日内依法做出决定，并通知区社区矫正机构，通报同级人民检察院。

第五十四条 提请撤销缓刑、假释收监执行的，按以下程序办理：

（一）区社区矫正机构发现社区矫正对象在缓刑、假释考验期内具有法定撤销情形，拟提请收监执行的，应当书面征求同级人民检察院的意见，人民检察院应当在十日内出具检察意见书。

（二）提请撤销缓刑且原审判机关为基层人民法院的，区社区矫正机构收到人民检察院检察意见后应及时向原审人民法院提交撤销缓刑建议书并附相关证明材料；提请撤销缓刑但原审判机关为中级以上人民法院或提请撤销假释的，由市社区矫正机构向原审人民法院提请。原审人民法院不在本市的，应提请本市执行地同级人民法院裁定。

（三）人民法院应当自收到撤销缓刑、假释建议书之日起三十日内依法作出裁定。

（四）人民检察院认为人民法院应当裁定撤销缓刑、假释而未予裁定的，应当依法提出纠正意见。

第五十五条 提请对暂予监外执行社区矫正对象收监执行的，按以下程序办理：

（一）区社区矫正机构发现暂予监外执行社区矫正对象具有法定收监执行情形，拟提请收监执行的，应当书面征求同级人民检察院的意见，人民检察院应当在十日内出具检察意见书。

（二）区社区矫正机构收到人民检察院检察意见后应及时向原决定暂予监外执行的人民法院、公安机关、监狱管理机关提交收监执行建议书并附相关证明材料。原决定暂予监外执行的人民法院、公安机关、监狱管理机关不在本市的，应提请本市同级人民法院、公安机关、监狱管理机关。

（三）人民法院、公安机关、监狱管理机关应当自收到收监执行建议书后三十日内作出决定。

（四）人民检察院认为人民法院、公安机关、监狱管理机关应当决定收监执行而未予决定的，应当依法提出纠正意见。

第五十六条　社区矫正机构提请收监执行的材料应当包括：

（一）提请撤销缓刑、假释或收监执行建议书；

（二）提请撤销缓刑、假释或收监执行审批表；

（三）检察意见书；

（四）适用社区矫正的判决书、裁定书、决定书、执行通知书等法律文书复印件；

（五）社区矫正奖惩讨论记录；

（六）社区矫正对象违反法律、行政法规以及社区矫正有关监督管理、教育帮扶规定的事实、证据材料；

（七）社区矫正期间历次奖惩情况材料；

（八）暂予监外执行法定情形消失等有关证明材料；

（九）其它相关材料。

第五十七条　人民法院裁定撤销缓刑、假释或者决定暂予监外执行收监执行的，应当及时将裁定书、决定书、执行通知书、结案登记表等法律文书送达公安机关，同时，抄送区社区矫正机构、人民检察院。

公安机关在收到法律文书后，应当及时将社区矫正对象送交监狱或者看守所收监执行。

社区矫正对象因违反《禁毒法》被强制隔离戒毒后依法应当予以收监执行刑罚的，按照本市有关规定执行。

《四川省社区矫正实施细则》

第一百三十九条　执行地县级社区矫正机构或受委托的司法所应当依法对社区矫正对象认罪悔罪、遵守规定、服从监管、接受教育等情况，定期进行考核。考核结果可以作为认定社区矫正对象是否确有悔改表现或者是否严重违反监督管理规定，对其实施分类监管教育、给予奖惩的依据。

第一百四十条　社区矫正机构应当成立社区矫正奖惩评审组，成员不少于三名且为单数，由社区矫正机构工作人员组成，其负责人任组长。

社区矫正奖惩评审组应当对社区矫正对象提请减刑、治安管理处罚、撤销缓刑、撤销假释、逮捕、收监执行进行集体审议。

第一百四十一条　对于符合表扬条件、具备训诫、警告情形的社区矫正对象，经执行地县级社区矫正机构决定，可以给予其相应奖励或者处罚，作出书面决定。社区矫正机构奖励或者处罚书面决定应当抄送人民检察院。

第一百四十二条　社区矫正对象的考核结果与奖惩决定书应当公布，考核表、奖惩决定书经社区矫正对象签字确认后存入档案。

第一百四十三条　执行地县级社区矫正机构或受委托的司法所应当根据社区矫正对象认罪悔罪、遵守法律法规、服从监督管理、接受教育矫正等情况，对社区矫正对象进行计分考核。

第一百四十四条　对社区矫正对象的计分考核由执行地县级社区矫正机构或受委托的司法所组织，可以征求矫正小组成员意见。

第一百四十五条　计分考核采取累积计分制，自社区矫正对象到社区矫正机构报到登记之日起至社区矫正解除或者终止之日止，每月进行一次。当月矫正期限不足10日的，该月不计分。解除矫正当月可以不进行考核。

除未成年社区矫正对象计分考核情况不予公示以外，社区矫正机构应当将社区矫正对象每月计分考核情况在社区矫正场所公示。

第一百四十六条 社区矫正对象的计分考核情况是其在社区矫正期间调整管理类别及矫正方案的重要依据。

第一百四十七条 社区矫正对象同时符合下列情形的，当月计基础分5分：

（一）按规定履行报告义务；

（二）接受社区矫正工作人员管理和教育；

（三）参加社区矫正教育学习和公益活动；

（四）履行判决、裁定、暂予监外执行决定等法律文书确定的义务；

（五）严格遵守有关法律、法规及社区矫正管理规定，无违法违规行为的。

社区矫正对象违反前款规定的，当月计分为零分。

第一百四十八条 社区矫正对象具有以下情形的，执行地县级社区矫正机构或受委托的司法所可以对其进行加分奖励：

（一）除执行地县级社区矫正机构或受委托的司法所每月要求提交的心得体会外，结合自身情况，主动撰写并提交手书心得体会的，每篇加1分，每月加分不超过2分；

（二）主动参加公益活动每月三次以上的，每月加5分；

（三）被给予表扬的，每次加10分；

（四）具有立功情形的，每次加15分；

（五）具有重大立功情形的，每次加20分。每月加分分值最高不超过30分。

第一百四十九条 社区矫正对象有以下情形的，应当于当月扣除相应分数：

（一）未使用“在矫通”的，扣2分；

（二）发现在第一百四十八条第（一）项、第（二）项加分项目中弄虚作假的，每次扣10分；

（三）受到训诫的，每次扣15分；

（四）受到警告的，每次扣20分；

（五）被提请或受到治安管理处罚，每次扣30分；

（六）被提请撤销缓刑、撤销假释、暂予监外执行收监执行但社区矫正决定机关未裁定或决定的应当从考核积分中扣除40分。

因同一行为受到两种以上处罚的，以最高扣分情形扣减相应分数。

累计分值可为负数。

第一百五十条 社区矫正对象累计得分达50分的，严管可以调整为普管，普管可以调整为宽管，并相应调整矫正方案，同时从考核积分中冲减50分。

第一百五十一条 社区矫正对象连续两个月基础分计零分或者当月扣分20分以上的，宽管应当调整为普管，普管应当调整为严管，并相应调整矫正方案；社区矫正对象连续三个月基础分计零分或者当月扣分40分以上的，应当直接调整为严管，并相应调整矫正方案。

第一百五十二条 本省行政区域内变更执行地的，原执行地的月计分继续有效；外省市迁居转入本省的，月计分按新接收社区矫正对象执行。

第一百五十三条 对社区矫正对象的奖励包括表扬、立功、重大立功和减刑。

第一百五十四条 社区矫正对象认罪悔罪、遵守法律法规、服从监督管理、接受教育表现突出的，应当给予表扬。

社区矫正对象接受社区矫正六个月以上并且同时符合下列条件的，执行地县级社区矫正机构可以给予表扬：

（一）服从人民法院判决，认罪悔罪；

（二）遵守法律法规；

（三）遵守关于报告、会客、外出、迁居等规定，服从社区矫正机构的管理；

（四）积极参加教育学习等活动，接受教育矫正的。

社区矫正对象接受社区矫正期间，有见义勇为、抢险救灾等突出表现，或者帮助他人、服务社会等突出事迹的，执行地县级社区矫正机构可以给予表扬。对于符合法定减刑条件的，由执行地县级社区矫正机构依照本实施细则第一百五十九条的规定，提出减刑建议。

第一百五十五条 对社区矫正对象给予表扬的，由执行地县级社区矫正机构审核后，作出书面决定。

第一百六十四条 发现社区矫正对象有违反监督管理规定或者人民法院禁止令等违法情形的，执行地县级社区矫正机构应当调查核实情况，收集有关证据材料，提出惩处意见，依法给予相应处罚。

对社区矫正对象的处罚措施包括训诫，警告，提请治安管理处罚、撤销缓刑、撤销假释、暂予监外执行收监执行。

第一百六十五条 社区矫正对象具有下列情形之一的，执行地县级社区矫正机构应当给予训诫：

（一）不按规定时间报到或者接受社区矫正期间脱离监管，未超过十日的；

（二）违反关于报告、会客、外出、迁居等规定，情节轻微的；

（三）保外就医的社区矫正对象无正当理由不按时提交病情复查情况的；

（四）不按规定参加教育学习、公益活动等，经教育仍不改正的；

（五）违反信息化监管规定，情节轻微的；

（六）其他违反监督管理规定，情节轻微的。

第一百六十六条 社区矫正对象具有下列情形之一的，执行地县级社区矫正机构应当给予警告：

（一）违反人民法院禁止令，情节轻微的；

（二）不按规定时间报到或者接受社区矫正期间脱离监管，超过十日的；

（三）违反关于报告、会客、外出、迁居等规定，情节较重的；

（四）违反信息化监管规定，经教育仍不改正的；

（五）保外就医的社区矫正对象无正当理由不按时提交病情复查情况，经教育仍不改正的；

（六）受到社区矫正机构两次训诫，仍不改正的；

（七）其他违反监督管理规定，情节较重的。

第一百六十七条 拟作出训诫、警告处罚的应当填写审批表，报执行地县级社区矫正机构审批。执行地县级社区矫正机构应当自收到审批表之日起三个工作日内作出书面决定。

执行地县级社区矫正机构或受委托的司法所在对社区矫正对象进行训诫（警告）之后，应当将训诫（警告）决定书送达社区矫正对象并要求其签字确认，同时将训诫（警告）情况告知保外就医社区矫正对象保证人、未成年社区矫正对象监护人。

第一百六十八条 社区矫正对象违反监督管理规定或者人民法院禁止令，依法应予治安管理处罚的，执行地县级社区矫正机构应当及时提请同级公安机关依法给予处罚。

公安机关应当在三个工作日内将处理结果函告执行地县级社区矫正机构。社区矫正机构治安管理处罚建议书以及公安机关治安管理处罚决定书副本应当分别抄送执行地同级人民检察院。

第一百六十九条 社区矫正对象在缓刑考验期内，有下列情形之一的，由执行地同级社区矫正机构提出撤销缓刑建议：

（一）违反人民法院禁止令，情节严重的；

（二）无正当理由不按规定时间报到或者接受社区矫正期间脱离监管，超过一个月的；

（三）因违反监督管理规定受到治安管理处罚，仍不改正的；

（四）受到社区矫正机构两次警告，仍不改正的；

（五）其他违反有关法律、行政法规和监督管理规定，情节严重的情形。

社区矫正机构一般向原审人民法院提出撤销缓刑建议。如果原审人民法院与执行地同级社区矫正机构不在同一省、自治区、直辖市的，可以向执行地人民法院提出建议，执行地人民法院作出裁定的，裁定书同时抄送原审人民法院。

社区矫正机构撤销缓刑建议书和人民法院的裁定书副本同时抄送社区矫正执行地同级人民检察院。

第一百七十条 社区矫正对象在假释考验期内，有下列情形之一的，由执行地同级社区矫正机构提出撤销假释建议：

（一）无正当理由不按规定时间报到或者接受社区矫正期间脱离监管，超过一个月的；

（二）受到社区矫正机构两次警告，仍不改正的；

（三）其他违反有关法律、行政法规和监督管理规定，尚未构成新的犯罪的。

社区矫正机构一般向原审人民法院提出撤销假释建议。如果原审人民法院与执行地同级社区矫正机构不在同一省、自治区、直辖市的，可以向执行地人民法院提出建议，执行地人民法院作出裁定的，裁定书同时抄送原审人民法院。

社区矫正机构撤销假释的建议书和人民法院的裁定书副本同时抄送社区矫正执行地同级人民检察院、公安机关、罪犯原服刑或者接收其档案的监狱。

第一百七十一条 被提请撤销缓刑、撤销假释的社区矫正对象具备下列情形之一的，社区矫正机构在提出撤销缓刑、撤销假释建议书的同时，提请人民法院决定对其予以逮捕：

（一）可能逃跑的；

（二）具有危害国家安全、公共安全、社会秩序或者他人人身安全现实危险的；

（三）可能对被害人、举报人、控告人或者社区矫正机构工作人员等实施报复行为的；

（四）可能实施新的犯罪的。

社区矫正机构提请人民法院决定逮捕社区矫正对象时，应当提供相应证据，移送人民法院审查决定。人民法院应当在收到建议四十八小时内作出是否逮捕决定，并及时通知社区矫正机构。人民法院作出逮捕决定的，还应当及时通知执行地县级公安机关执行，逮捕羁押期限不得超过三十日。

社区矫正机构提请逮捕、人民法院作出是否逮捕决定的法律文书，应当同时抄送执行地县级人民检察院。

第一百七十二条 暂予监外执行的社区矫正对象有下列情形之一的，由执行地县级社区矫正机构提出收监执行建议：

（一）不符合暂予监外执行条件的；

（二）未经社区矫正机构批准擅自离开居住的市、县，经警告拒不改正，或者拒不报告行踪，脱离监管的；

（三）因违反监督管理规定受到治安管理处罚，仍不改正的；

（四）受到社区矫正机构两次警告的；

（五）保外就医期间不按规定提交病情复查情况，经警告拒不改正的；

（六）暂予监外执行的情形消失后，刑期未满的；

（七）保证人丧失保证条件或者因不履行义务被取消保证人资格，不能在规定期限内提出新的保证人的；

（八）其他违反有关法律、行政法规和监督管理规定，情节严重的情形。

社区矫正机构一般向执行地社区矫正决定机关提出收监执行建议。如果原社区矫正决定机关与执行地县级社区矫正机构在同一省、自治区、直辖市的，可以向原社区矫正决定机关提出建议。

社区矫正机构的收监执行建议书和决定机关的决定书，应当同时抄送执行地县级人民检察院。

第一百七十三条 社区矫正机构提请撤销缓刑、撤销假释、暂予监外执行收监执行的材料应当包括：

（一）提请撤销缓刑、假释或者收监执行建议书；

（二）提请撤销缓刑、假释或者收监执行审核表；

（三）适用社区矫正的刑事判决书、裁定书、决定书、执行通知书等法律文书复印件；

（四）社区矫正奖惩评审组集体审议记录；

（五）社区矫正对象违反法律、行政法规以及社区矫正有关监督管理规定的证据材料；

（六）社区矫正期间历次奖惩情况材料；

（七）暂予监外执行法定情形消失等有关证明材料；

（八）其他相关材料。

第一百七十四条 社区矫正决定机关应当在收到社区矫正机构撤销缓刑、撤销假释、收监执行建议书后三十日内作出裁定或者决定，将裁定书或者决定书送达社区矫正机构和公安机关，并抄送人民检察院。

人民法院裁定撤销缓刑、撤销假释或者决定暂予监外执行收监执行的，由执行地县级公安机关本着就近、便利、安全的原则，送交社区矫正对象执行地所属的省、自治区、直辖市管辖范围内的看守所或者监狱执行刑罚。送交看守所的罪犯，余刑超过三个月的，由看守所在一个月内按有关规定交付监狱执行刑罚。

公安机关决定暂予监外执行收监执行的，由执行地县级公安机关送交存放或者接收罪犯档案的看守所收监执行。

监狱管理机关决定暂予监外执行收监执行的，由存放或者接收罪犯档案的监狱收监执行。

文书范本

社区矫正对象日常考核登记表①

（ 年 月）

<table>
<tr><td>姓名</td><td></td><td>性别</td><td></td><td>矫正类别</td><td></td></tr>
<tr><td>罪名</td><td></td><td>管理
等级</td><td></td><td>矫正起止日期</td><td>年 月 日至
年 月 日</td></tr>
<tr><td rowspan="4">教育学习情况</td><td>时间</td><td>形式</td><td colspan="2">教育学习内容</td><td>工作人员</td></tr>
<tr><td></td><td></td><td colspan="2"></td><td></td></tr>
<tr><td></td><td></td><td colspan="2"></td><td></td></tr>
<tr><td></td><td></td><td colspan="2"></td><td></td></tr>
<tr><td rowspan="4">公益活动情况</td><td>时间</td><td colspan="3">公益活动形式</td><td>工作人员</td></tr>
<tr><td></td><td colspan="3"></td><td></td></tr>
<tr><td></td><td colspan="3"></td><td></td></tr>
<tr><td></td><td colspan="3"></td><td></td></tr>
<tr><td rowspan="4">帮扶情况</td><td>时间</td><td colspan="3">帮扶内容</td><td>工作人员</td></tr>
<tr><td></td><td colspan="3"></td><td></td></tr>
<tr><td></td><td colspan="3"></td><td></td></tr>
<tr><td></td><td colspan="3"></td><td></td></tr>
<tr><td rowspan="4">日常报告情况</td><td>时间</td><td>形式</td><td colspan="2">日常报告内容</td><td>工作人员</td></tr>
<tr><td></td><td></td><td colspan="2"></td><td></td></tr>
<tr><td></td><td></td><td colspan="2"></td><td></td></tr>
<tr><td></td><td></td><td colspan="2"></td><td></td></tr>
<tr><td rowspan="4">信息化核查情况</td><td>时间</td><td>形式</td><td colspan="2">核查情况</td><td>工作人员</td></tr>
<tr><td></td><td></td><td colspan="2"></td><td></td></tr>
<tr><td></td><td></td><td colspan="2"></td><td></td></tr>
<tr><td></td><td></td><td colspan="2"></td><td></td></tr>
<tr><td colspan="2">本月个人情况</td><td colspan="4"></td></tr>
</table>

① 来自《关于进一步规范社区矫正执法文书格式的通知》。

续表

<table>
<tr><td colspan="2">本月请/销假
情况</td><td></td></tr>
<tr><td colspan="2">本月奖惩情况</td><td></td></tr>
<tr><td rowspan="4">本月考核
得分情况</td><td>本月基础
得分情况</td><td></td></tr>
<tr><td>本月扣分
情况及原因</td><td></td></tr>
<tr><td>累计得分</td><td></td></tr>
<tr><td>矫正小组
意见</td><td></td></tr>
<tr><td rowspan="3">管理等级
意见</td><td>本月是否
需要调整</td><td></td></tr>
<tr><td>调整前等级</td><td></td></tr>
<tr><td>调整后等级</td><td></td></tr>
<tr><td rowspan="2">矫正方
案评估</td><td>本月实施
效果</td><td></td></tr>
<tr><td>是否需要
调整</td><td></td></tr>
<tr><td colspan="2">考核奖惩小组意见</td><td>考核奖惩小组签字：　　　　年　月　日</td></tr>
<tr><td colspan="2">社区矫正机构意见</td><td>（社区矫正机构印章）
年　月　日</td></tr>
<tr><td colspan="2">社区矫正对象
签字确认</td><td></td></tr>
<tr><td colspan="2">备　　注</td><td></td></tr>
</table>

说明：

1. 本文书根据《中华人民共和国社区矫正法》、“两高两部”《中华人民共和国社区矫正实施办法》以及《宁夏回族自治区社区矫正实施细则》第五十二条规定制作。

2. “本月个人情况”应当记录社区矫正对象认罪悔罪、遵守法律法规、服从监督管理、接收教育矫正、个人及家庭重大变故等情况；除此之外，对于暂予监外执行的社区矫正对象，应当在此栏记录社区矫正对象身体情况；对于保外就医的社区矫正对象，应当在此栏记录提交病情复查情况。月度考核由司法所组织实施。

3. “教育学习情况”“公益活动情况”“帮扶情况”“日常报告情况”“信息化核查情况”填写栏可根据一、二、三级管理实际情况增加。

4. 呈报单位包括受委托的司法所相关意见栏如不使用，可以删除。

5. “社区矫正对象签字确认栏”内由社区矫正对象签字确认并按手印，同时签注：以上内容我已知晓。

6. 文书加盖公章后，存放于社区矫正对象工作档案内。

社区矫正对象定期考核登记表[①]

（　　年　　季度）

姓名		性别		矫正类别	
罪名		管理等级		矫正起止日期	年　月　日至 年　月　日
服从监督管理情况					
报告、会客外出等情况					
帮扶情况					
日常报告情况					
信息化核查情况					

① 来自《关于进一步规范社区矫正执法文书格式的通知》。

续表

<table>
<tr><td>请/销假（扩大活动范围）情况</td><td colspan="2"></td></tr>
<tr><td>奖惩情况</td><td colspan="2"></td></tr>
<tr><td rowspan="4">季度考核得分情况</td><td>基础得分情况</td><td></td></tr>
<tr><td>扣分情况及原因</td><td></td></tr>
<tr><td>累计得分</td><td></td></tr>
<tr><td>矫正小组意见</td><td></td></tr>
<tr><td rowspan="3">管理等级意见</td><td>是否需要调整</td><td></td></tr>
<tr><td>调整前等级</td><td></td></tr>
<tr><td>调整后等级</td><td></td></tr>
<tr><td rowspan="2">矫正方案评估</td><td>实施效果</td><td></td></tr>
<tr><td>是否需要调整</td><td></td></tr>
<tr><td>考核奖惩小组意见</td><td colspan="2">考核奖惩小组签字：　　　　年　月　日</td></tr>
<tr><td>社区矫正机构意见</td><td colspan="2">（社区矫正机构印章）
年　月　日</td></tr>
<tr><td>社区矫正对象签字确认</td><td colspan="2"></td></tr>
<tr><td>备　注</td><td colspan="2"></td></tr>
</table>

说明：

1. 本文书根据《中华人民共和国社区矫正法》、“两高两部”《中华人民共和国社区矫正实施办法》以及《宁夏回族自治区社区矫正实施细则》第五十二条规定制作。

2. 本表适用于社区矫正机构按季度组织定期考核使用，暂予监外执行的需添加体检报告情况。

社区矫正对象日常（定期）考核情况公示①

姓名	管理类别	基础得分情况	扣减分数	扣分原因	累计得分	备注

说明：

1. 本文书根据《宁夏回族自治区社区矫正实施细则》第五十三条规定制作。

2. 本文书用于在社区矫正场所公示社区矫正对象每月计分考核情况时使用。未成年社区矫正对象计分考核情况不予公示。

治安管理处罚（撤销缓刑、撤销假释、收监执行）建议书②

（　）宁　矫治处/撤缓/撤假/收执建字第　号

社区矫正对象________，性别：____，________年____月____日出生，民族____，身份证号码________，户籍地________，执行地________。因犯________罪经________人民法院于____年____月____日判处________。____年____月____日经________人民法院（监狱管理局、公安局）裁定假释（决定、批准暂予监外执行）。在管制（缓刑、假释、暂予监外执行）期间，依法实行社区矫正。社区矫正期限自____年____月____日起至____年____月____日止。

该社区矫正对象有违反法律（行政法规、社区矫正监督管理规定、人民法院禁止令）的行为，具体事实如下：____

____

____________依据________________________之规定，建议对该社区矫正对象给予治安管理处罚（撤销缓刑、撤销假释、收监执行）。

---

① 来自《关于进一步规范社区矫正执法文书格式的通知》。

② 同上注。

此致

________人民法院（公安局、监狱管理局）

（社区矫正机构印章）

年　月　日

注：抄送________人民法院（公安局、监狱管理局），________人民检察院，________公安（分）局，________监狱。

说明：

1. 本文书根据《中华人民共和国刑法》第七十七条、第八十六条，《中华人民共和国刑事诉讼法》第二百六十八条，《中华人民共和国社区矫正法》第二十八条，《中华人民共和国治安管理处罚法》第六十条，“两高两部”《中华人民共和国社区矫正法实施办法》第三十六条、第四十六条、第四十七条、第四十九条的规定制作，用于提出治安管理处罚、撤销缓刑、撤销假释和暂予监外执行收监执行的建议时使用。

2. 文书字号由年度、社区矫正机构代字、类型代字、文书编号组成，使用阿拉伯数字，例“（2021）宁××矫治处/撤缓/撤假/收执建字第1号”。“根据________之规定”需要列明应适用的法律规定。

3. 治安管理处罚建议书一式三份，一份连同审批表等其他证明材料组卷，并另附一份向同级公安机关提出，同时抄送同级人民检察院。

4. 撤销缓刑、暂予监外执行收监执行建议书一式三份，一份连同审批表、训诫、警告决定书、调查核实笔录等其他证明材料组卷，并另附一份向原社区矫正决定机关或者执行地社区矫正决定机关提出，一份抄送执行地同级人民检察院；撤销假释建议书一式四份，除以上三份外，还应同时抄送公安机关、罪犯原服刑或者接收其档案的监狱一份。公安机关、人民法院、执行地或者原社区矫正决定机关作出处理结果、作出裁定或者决定后，留存另附的一份，将卷宗退回社区矫正机构。

处罚复议决定书①

（　　）矫罚复字第　号

________（社区矫正对象）：

经查，________县级社区矫正机构对你的（____）____字第____号处罚决定：

（一）符合处罚规定。

（二）不符合处罚规定，撤销________县级社区矫正机构对你的（____）____字第____号处罚决定。

本《处罚复议决定书》为最终结果，如对本复议结果仍有异议的，可以向________人民检察院申诉。

（社区矫正机构印章）
年　　月　　日

说明：

1. 本文书根据"两高两部"《中华人民共和国社区矫正法实施办法》第三十二条以及《宁夏回族自治区社区矫正实施细则》第五十九条规定制作。

2. 文书字号由年度、社区矫正机构代字、类型代字、文书编号组成，使用阿拉伯数字，例"（2021）××矫罚复字第1号"。

3. 文书加盖公章后，一式两份，一份执行地县级社区矫正机构存档，送社区矫正对象一份。委托司法所进行管理的，可复印一份。

---

① 来自《关于进一步规范社区矫正执法文书格式的通知》。

第二十九条 【电子定位装置的使用】

社区矫正对象有下列情形之一的，经县级司法行政部门负责人批准，可以使用电子定位装置，加强监督管理：

（一）违反人民法院禁止令的；

（二）无正当理由，未经批准离开所居住的市、县的；

（三）拒不按照规定报告自己的活动情况，被给予警告的；

（四）违反监督管理规定，被给予治安管理处罚的；

（五）拟提请撤销缓刑、假释或者暂予监外执行收监执行的。

前款规定的使用电子定位装置的期限不得超过三个月。对于不需要继续使用的，应当及时解除；对于期限届满后，经评估仍有必要继续使用的，经过批准，期限可以延长，每次不得超过三个月。

社区矫正机构对通过电子定位装置获得的信息应当严格保密，有关信息只能用于社区矫正工作，不得用于其他用途。

法条解读

本条主要对电子定位装置的使用情形进行了规定。本条第一款规定了使用电子定位装置的程序及具体适用情形。“县级司法行政部门负责人”是指县级司法行政部门分管社区矫正工作的负责人或者是县级司法行政部门主要负责人。“电子定位装置”是指运用卫星、WIFI和基站等定位技术，与社区矫正定位管理系统相连接，能对社区矫正对象进行实时定位、收发数据，准确掌握其活动范围，并具有防拆、防爆、防水等性能的专门的电子设备，如电子定位腕带等。[①] 本条第二款规定了电子定位装置使用的具体期限，每次不得超过三个月，可以延期，但每次不超过三个月。本条第三款规定了通过电子定位装置获得信息的用途及保密要求。

《社区矫正法实施办法》对电子定位装置概念进行界定。

部分省市社区矫正实施细则对电子定位装置问题进行了细化说明。例如，《北京市社区矫正实施细则》明确了变更执行地电子定位继续使用的程序、女性社区矫正对象及未成年社区矫正对象适用电子定位的特殊规定及电子定位期间社区矫正对象应该遵守的义务。《安徽省社区矫正工作实施细则》明确了电子定位装置的监督管理程序、监督检查及违反电子定位装置使用规定的处理方法。《福建省社区矫正实施细则》《甘肃省社区矫正实施细则》强调电子定位装置使用中的文书依据。《河南省社区矫正工作细则》《湖南省社区矫正实施细则》《辽宁省社区矫正实施细则》《陕西省社区矫正实施细则》对违反电子定位装置监督管理情形进行了细化说明。《北京市社区矫正实施细则》《四川省社区矫正实施细则》在使用电子定位装置过程中赋予了社区矫正对象知情权，即对社区矫正对象采取电子定位装置进行监督管理的，应当告知社区矫正对象监管的期限、要求以及违反监管规定的后果。《江

---

① 王爱立，姜爱东主编：《中华人民共和国社区矫正法释义》，中国民主法制出版社2020年版，第187页。

苏省社区矫正实施细则》对使用电子定位装置的程序进行了详尽规定。

相关规定

《社区矫正法实施办法》

第三十七条　电子定位装置是指运用卫星等定位技术，能对社区矫正对象进行定位等监管，并具有防拆、防爆、防水等性能的专门的电子设备，如电子定位腕带等，但不包括手机等设备。

对社区矫正对象采取电子定位装置进行监督管理的，应当告知社区矫正对象监管的期限、要求以及违反监管规定的后果。

《安徽省社区矫正工作实施细则》

第五十二条　对社区矫正对象采用电子定位装置进行监督管理的，可以由司法所提出，县（市、区）社区矫正机构审核，或者县（市、区）社区矫正机构提出，报县（市、区）司法行政机关负责人审批。县（市、区）社区矫正机构根据批准的社区矫正对象活动范围设置监控管理边界。省社区矫正机构应当统一建立电子定位装置管理平台。对符合法定情形，经审批使用电子定位装置的社区矫正对象，县（市、区）社区矫正机构或者司法所应当向其宣读使用电子定位装置决定书，并明确告知监管期限、应遵守的规定以及违规的后果。为社区矫正对象佩戴和解除电子定位装置应当由两名以上县（市、区）社区矫正机构工作人员实施。社区矫正对象为女性的，由女性工作人员为其佩戴和解除电子定位装置。

第五十三条　县（市、区）社区矫正机构、司法所应当加强对社区矫正对象使用电子定位的监督检查，做好越界信息记录和取证，对违反监督管理相关规定的及时进行处理。

第五十四条　经批准使用电子定位装置的社区矫正对象，拒绝使用、未按要求使用或者故意损毁定位装置的，县（市、区）社区矫正机构应当提请公安机关予以治安管理处罚；情节严重的，提请撤销缓刑、撤销假释或者提请决定收监执行。

第五十五条　社区矫正对象正在实施违反监督管理规定或者违反人民法院禁止令等违法行为，经制止无效，县（市、区）社区矫正机构、司法所应当立即通过110报警服务台等方式通知公安机关到场处置。

《北京市社区矫正实施细则》

第七十九条　社区矫正对象有下列情形之一的，经批准可以使用电子定位装置：

（一）违反人民法院禁止令的；

（二）无正当理由，未经批准离开所居住的市、县的；

（三）拒不按照规定报告自己的活动情况，被给予警告的；

（四）违反监督管理规定，被给予治安管理处罚的；

（五）拟提请撤销缓刑、假释或者暂予监外执行收监执行的。

第八十条　社区矫正对象具有依法使用电子定位装置情形，或者需要延长使用期限的，区司法行政机关应当依法审批。

第八十一条　对社区矫正对象依法使用电子定位装置前，应当书面告知社区矫正对象适用电子定位期限、要求以及违反规定的后果。

第八十二条　对社区矫正对象使用电子定位装置的设定范围为本市行政区域。对于经批准离开本市区域的，区社区矫正机构应当对电子监管的范围进行相应设定。

第八十三条　区社区矫正机构负责为

社区矫正对象加戴和解除电子定位装置。为社区矫正对象加戴和解除电子定位装置应当由至少两名工作人员实施，其他工作人员予以协助。社区矫正对象为女性的，由女性工作人员为其加戴和解除。对未成年社区矫正对象加戴和解除电子定位装置的，应当通知其监护人到场。

第八十四条　社区矫正对象执行地变更至本市其他区的，原执行地的区社区矫正机构应当告知新执行地剩余使用电子定位装置的期限，新执行地的区社区矫正机构应当依照原执行地告知的期限继续使用。

社区矫正对象的执行地变更到北京市以外的省、自治区、直辖市的，由原执行地的区社区矫正机构将剩余使用电子定位装置的期限书面告知新执行地的县级社区矫正机构。

第八十五条　区社区矫正机构书面告知社区矫正对象在使用电子定位期间，应当遵守以下规定：

（一）正确使用电子定位装置，及时充电，确保设备二十四小时处于开机状态并正常运转；

（二）发现设备异常情况或丢失的，应当及时报告司法所；

（三）不得故意毁坏、自行摘除电子定位装置，不得改作他用或转借、转让他人等；

（四）其他应当遵守的规定。

社区矫正对象违反前款规定或者拒绝使用电子定位装置的，区社区矫正机构应当视情节依法给予训诫、警告或者提请治安管理处罚；情节严重的，依法提请收监执行。

第八十六条　区社区矫正机构、司法所负责对使用电子定位装置情况进行监管，对设备异常或社区矫正对象违反规定等情况应当立即处置，做好记录。

区社区矫正机构、司法所对使用电子定位装置工作中形成的文书材料、影音资料等应当立卷存档，妥善保管。

第八十七条　区社区矫正机构应当指定专人维护保管电子定位装置，做好维修、更换、领取和回收登记等相关工作。

第一百二十一条　社区矫正机构、司法所对通过电子定位装置、信息化核查获得的信息应当严格保密，有关信息只能用于社区矫正工作，不得用于其他用途。

《福建省社区矫正实施细则》

第三十条　县级社区矫正机构依照《社区矫正法》第二十九条的规定、对社区矫正对象使用电子定位装置时，应当填写《社区矫正使用电子定位装置审批表》，报主管的司法行政机关负责人批准后，制发《社区矫正使用电子定位装置决定书》《对社区矫正对象使用电子定位装置告知书》，告知社区矫正对象本人和未成年社区矫正对象的监护人。

对社区矫正对象使用电子定位装置，县级社区矫正机构应当使用符合国家技术监督部门或者司法部发布实施《社区矫正电子定位腕带技术规范》的电子定位装置，在一体化平台上实施。

社区矫正对象违反《对社区矫正对象使用电子定位装置告知书》中必须遵守的规定情形，县级社区矫正机构可以依据《实施办法》的有关规定予以处罚。丢失、毁坏电子定位装置的，应当照价赔偿。

《甘肃省社区矫正实施细则》

第七十三条　县（市、区）社区矫正机构依照《社区矫正法》第二十九条的规定，对社区矫正对象使用电子定位装置时，应当填写《社区矫正使用电子定位装置审批表》，报县（市、区）司法行政部门的负责人或社区矫正机构分管领导批准后，制发《社区矫正使用电子定位装置决定书》《对社区矫正对象使用电子定位装置告知书》，告知社区矫正对象本人和未成年社区矫正对象的监护人。

对社区矫正对象使用电子定位装置，县（市、区）社区矫正机构应当使用符合国家技术监督部门或者司法部《社区矫正电子定位腕带技术规范》的电子定位装置，在一体化平台上实施。

社区矫正对象违反《对社区矫正对象使用电子定位装置告知书》中必须遵守的规定情形，县（市、区）社区矫正机构可以依据《实施办法》的有关规定予以处罚。丢失、毁坏电子定位装置的，应当照价赔偿。

《广东省社区矫正实施细则》

第四十三条 对社区矫正对象采取电子定位装置进行监督管理的，须经县级司法行政机关主要负责人或者分管社区矫正工作的负责人批准。县级社区矫正机构应当告知社区矫正对象监管的期限、要求以及违反监管规定的后果，社区矫正对象应当在《对社区矫正对象使用电子定位装置告知书》上签字确认。

对社区矫正对象使用的电子装置获得的信息，只能同步上传到全省社区矫正管理信息系统，不得在第三方系统平台存储，除相关单位根据国家规定进行查询外，不对外公开。

前款所称的电子定位装置是指运用卫星等定位技术，能对社区矫正对象进行定位等监管，并具有防拆、防爆、防水等性能的专门电子设备，如电子定位腕带等，但不包括手机等设备。

《广西壮族自治区社区矫正工作细则》

第五十八条 社区矫正对象有下列情形之一的，经县（市、区）司法行政机关负责人批准，可以使用电子定位装置：

（一）违反人民法院禁止令的；

（二）无正当理由，未经批准离开所居住的市、县的；

（三）拒不按照规定报告自己的活动情况，被给予警告的；

（四）违反监督管理规定，被给予治安管理处罚的；

（五）拟提请撤销缓刑、假释或者暂予监外执行收监执行的。

前款规定的电子定位装置是指运用卫星等定位技术，能对社区矫正对象进行定位等监管，并具有防拆、防爆、防水等性能的专门的电子设备，如电子定位腕带等，但不包括手机等通讯设备。

使用电子定位装置的期限不得超过三个月。对于不需要继续使用的，应当及时解除；对于期限届满后，经评估仍有必要继续使用的，经过批准，期限可以延长，每次不得超过三个月。

司法行政机关使用电子定位装置的，应当同时通报同级人民检察院。

第五十九条 县（市、区）社区矫正机构对批准使用电子定位装置的社区矫正对象，应当向其宣读决定书，明确告知监管期限、应遵守的规定以及违规的后果，明确不准私自拆除等要求。

应当使用电子定位装置的社区矫正对象拒绝使用、未按要求使用或故意损毁定位装置，逃避监管的，由县（市、区）社区矫正机构提请公安机关给予治安管理处罚，情节严重的，提请收监执行。

社区矫正机构对通过电子定位装置获得的信息应当严格保密，有关信息只能用于社区矫正工作，不得用于其他用途。

《贵州省社区矫正工作实施细则（试行）》

第六十一条 执行地社区矫正机构对社区矫正对象使用电子定位装置的，应当填写《社区矫正使用电子装置审批表》，报县级司法行政部门负责人批准后，向社区矫正对象送达《社区矫正使用电子定位装置决定书》《对社区矫正对象使用电子定位装置告知书》，同时告知社区矫正对象使用电子定位装置的期限、要求以及违反监管的后果。

县级社区矫正机构使用的电子定位装置应当符合司法部相关技术规范标准。

《河南省社区矫正工作细则》

第七十条　电子定位装置特是指运用卫星等定位技术，能对社区矫正对象进行定位等监管，并具有防拆、防爆、防水等性能的专门的电子设备，如电子定位腕带等，不包括手机等设备。

第七十一条　社区矫正对象有下列情形之一的，由社区矫正机构进行评估、提出意见，经县级司法行政部门分管负责人或者主要负责人批准，可以使用电子定位装置，加强监督管理：

（一）违反人民法院禁止令的；

（二）无正当理由，未经批准离开所居住的市、县的；

（三）拒不按照规定报告自己的活动情况，被给予警告的；

（四）违反监督管理规定，被给予治安管理处罚的；

（五）拟提请撤销缓刑、假释或者暂予监外执行收监执行的。

社区矫正机构对通过电子定位装置获得的信息应当严格保密，有关信息只能用于社区矫正工作，不得用于其他用途。

第七十二条　对社区矫正对象使用电子定位装置的，社区矫正机构应当向社区矫正对象宣读使用电子定位装置监管告知书，并由其本人签字确认。使用电子定位装置的期限不得超过三个月。

第七十三条　使用电子定位装置的社区矫正对象有下列情形的，视为违反监督管理规定：

（一）拒不接受使用电子定位装置决定，拒绝佩戴电子定位装置的；

（二）擅自拆卸电子定位装置导致人机分离逃避监管的；

（三）故意丢弃、损毁、不及时充电或使用手段屏蔽电子设备信号逃避监管的；

（四）电子定位装置因故关闭或无信号，未及时报告工作人员或未按照工作人员指令行事的；

（五）接到越界、违反禁止令行为的报警后，未及时终止违规行为或状态、经工作人员提示仍不改正的；

（六）其他违反电子定位装置监管规定的情况发生后，未及时按照工作人员指令行事的。

第七十四条　社区矫正对象损毁、丢弃、遗失电子定位装置的，应予赔偿。

第七十五条　县级社区矫正机构应当定期对电子定位装置监管应用情况进行评估，使用电子定位装置监管的情形消失或者社区矫正对象期满解除、死亡、被依法收监执行的，应当及时解除；确需延长使用期限的，每次批准延长时间不得超过三个月。

《湖南省社区矫正实施细则》

第八十二条　社区矫正对象有下列情形之一的，由执行地县级社区矫正机构提出意见，经县级司法行政部门主要负责人或者分管负责人批准，可以使用电子定位装置：

（一）违反人民法院禁止令的；

（二）无正当理由，未经批准离开所居住的市、县的；

（三）拒不按照规定报告自己的活动情况，被给予警告的；

（四）违反监督管理规定，被给予治安管理处罚的；

（五）拟提请撤销缓刑、假释或者暂予监外执行收监执行的。

社区矫正机构对通过电子定位装置获

得的信息应当严格保密，有关信息只能用于社区矫正工作，不得用于其他用途。

第八十三条　电子定位装置应当符合《社区矫正电子定位腕带技术规范》（SF/T0056-2019）的要求，定位信息应当实时对接省智慧矫正一体化平台。

第八十四条　对社区矫正对象使用电子定位装置的，执行地县级社区矫正机构应当向社区矫正对象宣读使用电子定位装置告知书，告知其监管期限、要求以及违反监管规定的后果。

使用电子定位装置的期限不得超过三个月。使用期满后，执行地县级社区矫正机构应当就监管效果进行评估，无需继续使用的，应当及时解除；经评估确需延长使用期限的，每次批准延长时间不得超过三个月。

第八十五条　经批准使用电子定位装置的社区矫正对象有下列情形之一的，视情节依法予以处罚：

（一）拒绝佩戴电子定位装置的；

（二）擅自拆卸电子定位装置的；

（三）故意丢弃、损毁、不及时充电或者屏蔽电子设备信号等方式逃避监管的；

（四）电子定位装置因故关闭或无信号，未及时报告工作人员或者未按照工作人员指令行事的；

（五）电子定位装置发出违规报警提示后，未及时终止违规行为或状态的；

（六）其他违反电子定位装置监管规定的情况发生后，未及时按照工作人员指令行事的。

社区矫正对象损毁、丢弃、遗失电子定位装置的，应当予以赔偿。

《江西省社区矫正工作实施细则》

第八十九条　电子定位装置是指运用卫星等定位技术，能对社区矫正对象进行定位等监管，并具有防拆、防爆、防水等性能的专门的电子设备，如电子定位腕带等，但不包括手机等设备。

第九十条　社区矫正对象有下列情形之一的，经县级司法行政部门分管社区矫正工作的负责人或者县级司法行政部门的主要负责人批准，可以使用电子定位装置，加强监督管理：

（一）违反人民法院禁止令的；

（二）无正当理由，未经批准离开所居住的市、县的；

（三）拒不按照规定报告自己的活动情况，被给予警告的；

（四）违反监督管理规定，被给予治安管理处罚的；

（五）拟提请撤销缓刑、假释或者暂予监外执行收监执行的。

前款规定的使用电子定位装置的期限不得超过三个月。对于不需要继续使用的，应当及时解除；对于期限届满后，经评估仍有必要继续使用的，经过批准，期限可以延长，每次不得超过三个月。

第九十一条　对社区矫正对象采取电子定位装置进行监督管理的，应当告知社区矫正对象监管的期限、要求以及违反监管规定的后果。社区矫正对象违反电子定位装置管理规定的，执行地县级社区矫正机构应当视情节依法予以处罚。丢失、毁坏电子定位装置的，应当照价赔偿。

社区矫正机构、社区矫正日常机构及其相关工作人员对通过电子定位装置获得的信息应当严格保密，有关信息只能用于社区矫正工作，不得用于其他用途。

《江苏省社区矫正实施细则》

第五十六条　经县级司法行政部门负责人批准，执行地县级社区矫正机构对符合《社区矫正法》第二十九条规定的社区矫正对象使用电子定位装置的期限，按照下列条件执行：

（一）具有《社区矫正法》第二十九

条第一款第（一）项、第（二）项情形的，每次期限不超过一个月；

（二）具有《社区矫正法》第二十九条第一款第（三）项情形的，每次期限不超过两个月；

（三）具有《社区矫正法》第二十九条第一款第（四）项、第（五）项情形的，每次期限不超过三个月。

对于期限届满后，经评估仍有必要继续使用的，经过批准，期限可以延长，每次不得超过三个月。

第五十七条　对社区矫正对象使用电子定位装置时，受委托的司法所应当填写《社区矫正使用电子定位装置审批表》，报执行地县级社区矫正机构审核。经县级司法行政部门负责人批准后，执行地县级社区矫正机构制发《社区矫正使用电子定位装置决定书》《对社区矫正对象使用电子定位装置告知书》，告知其本人、监护人和保证人，并通报同级人民检察院。

第五十八条　社区矫正对象有下列情形之一的，社区矫正机构应当及时解除电子定位装置：

（一）使用电子定位装置期限届满且不需要继续使用的；

（二）社区矫正解除或者终止的；

（三）变更执行地的；

（四）其他符合解除情形的。

第五十九条　对符合使用电子定位装置条件的社区矫正对象，经教育后认错态度好，且符合下列情形之一的，经县级司法行政部门负责人批准，可以免除使用电子定位装置：

（一）符合本实施细则第五十二条第一款第（一）项、第（二）项、第（三）项情形的；

（二）怀孕或者正在哺乳自己婴儿的妇女；

（三）社区矫正期间系未成年人的；

（四）使用植入型人工器官、器官辅助装置等（如心脏起搏器等）不适宜使用的；

（五）患有严重皮肤传染病的；

（六）其他可以免除情形的。

第六十条　对于应当使用电子定位装置的社区矫正对象，拒绝使用、未按要求使用或者故意损毁定位装置，逃避监管的，由执行地县级社区矫正机构依照《社区矫正法》《实施办法》的相关规定，视情节依法作出处理。

《辽宁省社区矫正实施细则》

第五十六条　社区矫正对象有下列情形之一的，由社区矫正机构进行评估、提出意见，经县级司法行政部门分管负责人或者主要负责人批准，可以使用电子定位装置，加强监督管理：

（一）违反人民法院禁止令的；

（二）未经批准离开所居住的市、县的；

（三）拒不按照规定报告自己的活动情况，被给予警告的；

（四）违反监督管理规定，被给予治安管理处罚的；

（五）拟提请撤销缓刑、假释或者暂予监外执行收监执行的。

社区矫正机构对通过电子定位装置获得的信息应当严格保密，有关信息只能用于社区矫正工作，不得用于其他用途。

第五十七条　电子定位装置是特指运用卫星等定位技术，能对社区矫正对象进行定位等监管，并具有防拆、防爆、防水等性能的专门的电子设备，如电子定位腕带等，不包括手机等设备。

第五十八条　对符合法定情形，经审批应当使用电子定位装置的，社区矫正机构应当向社区矫正对象宣读使用电子定位装置监管告知书，并由其本人签字确认。使用电子定位装置的期限不得超过三个月。确需延长使用期限的，每次批准延长时间不得超过三个月。

第五十九条 使用电子定位装置的社区矫正对象有下列情形的，视为违反监督管理规定，由县级社区矫正机构依法予以训诫、警告；情节严重的，依法提请撤销缓刑、撤销假释、对暂予监外执行的收监执行：

（一）拒不接受使用电子定位装置决定，拒绝佩戴电子定位装置的；

（二）擅自拆卸电子定位装置导致人机分离逃避监管的；

（三）故意丢弃、损毁、不及时充电或使用手段屏蔽电子设备信号逃避监管的；

（四）电子定位装置因故关闭或无信号，未及时报告工作人员或未按照工作人员指令行事的；

（五）接到越界、违反禁止令行为的报警后，未及时终止违规行为或状态、经工作人员提示仍不改正的；

（六）其他违反电子定位装置监管规定的情况发生后，未及时按照工作人员指令行事的。

（七）损毁、丢弃、遗失电子定位装置，拒不赔偿的。

《宁夏自治区社区矫正实施细则》

第五十七条 社区矫正对象违反《社区矫正法》第二十九条规定五种情形之一的，可以使用电子定位装置加强监督管理。电子定位装置是指运用卫星等定位技术，能对社区矫正对象进行定位等监管，并具有防拆、防爆、防水等性能的专门的电子设备，如电子定位腕带等，但不包括手机等设备。

使用电子定位装置监管，须经县级司法行政部门负责人批准，制作《社区矫正对象使用电子定位装置决定书》《社区矫正对象使用电子定位装置告知书》。应当告知社区矫正对象监管的期限、要求以及违反监管规定的后果。

使用电子定位装置的期限不得超过三个月。对于不需要继续使用的，应当及时解除；对于使用期限届满后，经评估仍有必要继续使用的，经过批准，期限可以延长，每次不得超过三个月。

《山东省社区矫正实施细则》

第五十二条 社区矫正对象有下列情形之一的，经县级司法行政部门负责人批准，可以对其使用电子定位装置，加强监督管理：

（一）违反人民法院禁止令的；

（二）无正当理由，未经批准离开所居住的市、县的；

（三）拒不按照规定报告自己的活动情况，被给予警告的；

（四）违反监督管理规定，被给予治安管理处罚的；

（五）拟提请撤销缓刑、假释或者暂予监外执行收监执行的。

每次批准使用电子定位装置的期限不得超过三个月。对于不需要继续使用的，应当及时解除；对于期限届满后，经评估仍有必要继续使用的，经过批准，期限可以延长，每次不得超过三个月。

对社区矫正对象采取电子定位装置进行监督管理的，应当书面告知其使用依据、期限和应遵守的规定。社区矫正对象拒绝使用、未按规定使用或者擅自拆卸、故意损毁电子定位装置的，按违反监督管理规定处理。

社区矫正机构、司法所对通过电子定位装置获得的信息应当严格保密，有关信息只能用于社区矫正工作，不得用于其他用途。

《山西省社区矫正实施细则》

第五十条 对社区矫正对象依法使用

电子定位装置的，执行地县级社区矫正机构应当向社区矫正对象宣读使用电子定位装置监管告知书，并由其本人签名确认。

使用电子定位装置的社区矫正对象，拒绝使用、未按要求使用或者故意损毁定位装置、逃避监管的，由执行地县级社区矫正机构依法提请同级公安机关予以治安管理处罚；情节严重的，依法提请撤销缓刑、撤销假释或者暂予监外执行收监执行。

社区矫正对象损毁、丢弃、遗失电子定位装置的，应当予以赔偿。

执行地县级社区矫正机构或者受委托的司法所通过电子定位装置获取的信息应当严格保密，只能用于社区矫正工作，不得作为其他用途使用。

《陕西省社区矫正实施细则》

第四十一条 对符合法定情形，经审批应当使用电子定位装置的社区矫正对象，县级社区矫正机构应当向其宣读决定书，发放告知书，明确告知监管期限、应遵守的规定以及违规的后果。

使用电子定位装置的社区矫正对象有下列情形的，视为违反监督管理规定：

（一）拒不接受使用电子定位装置决定，拒绝佩戴电子定位装置的；

（二）擅自拆卸电子定位装置导致人机分离逃避监管的；

（三）故意丢弃、损毁、不及时充电或者屏蔽电子设备信号逃避监管的；

（四）电子定位装置因故关闭或者无信号，未及时报告工作人员或者未按照工作人员指令行事的；

（五）接到越界、违反禁止令行为的报警后，未及时终止违规行为或者状态，经工作人员提示仍不改正的；

（六）其他违反电子定位装置监管规定的情况发生后，未及时按照工作人员指令行事的。

《上海市社区矫正实施细则》

第四十七条 对符合法定情形，经审批应当使用电子定位装置的社区矫正对象，区社区矫正机构应当向其宣读决定书，发放告知书，明确告知监管期限、应遵守的规定以及违规的后果。对社区矫正对象使用电子定位装置的应当同时通报同级人民检察院。

应当使用电子定位装置的社区矫正对象，拒绝使用、未按要求使用或故意损毁定位装置，逃避监管的，由区社区矫正机构依法提请同级公安机关予以治安管理处罚；情节严重的，依法提请收监执行。

《四川省社区矫正实施细则》

第八十四条 社区矫正对象有下列情形之一的，经县级司法行政部门负责人批准，可以使用电子定位装置，加强监督管理：

（一）违反人民法院禁止令的；

（二）无正当理由，未经批准离开所居住的市、县的；

（三）拒不按照规定报告自己的活动情况，被给予警告的；

（四）违反监督管理规定，被给予治安管理处罚的；

（五）拟提请撤销缓刑、假释或者暂予监外执行收监执行的。

前款规定的电子定位装置是指运用卫星等定位技术，能对社区矫正对象进行定位等监管，并具有防拆、防爆、防水等性能的专门的电子设备，如电子定位腕带等，但不包括手机等设备。使用电子定位装置的期限不得超过三个月。对于不需要继续使用的，应当及时解除；对于期限届满后，经评估仍有必要继续使用的，经过批准，期限可以延长，每次不得超过三个月。

对社区矫正对象采取电子定位装置进行监督管理的，应当告知社区矫正对象监管的期限、要求以及违反监管规定的后果。

社区矫正机构和受委托的司法所对通过电子定位装置获得的信息应当严格保密，有关信息只能用于社区矫正工作，不得用于其他用途。

文书范本

社区矫正对象表扬（训诫、警告、使用电子定位装置）审批表①

<table>
<tr><td>姓名</td><td></td><td>性别</td><td></td><td>身份证
号码</td><td colspan="2"></td></tr>
<tr><td>户籍地</td><td colspan="3"></td><td>执行地</td><td colspan="2"></td></tr>
<tr><td>罪名</td><td></td><td colspan="2">原判刑罚</td><td></td><td>附加刑</td><td></td></tr>
<tr><td>禁止令
内容</td><td colspan="3"></td><td>禁止期限
起止日</td><td colspan="2">自　年　月　日
至　年　月　日</td></tr>
<tr><td>矫正类别</td><td></td><td>矫正
期限</td><td></td><td>起止日</td><td colspan="2">自　年　月　日
至　年　月　日</td></tr>
<tr><td>事实及依据</td><td colspan="6"></td></tr>
<tr><td>司法所意见</td><td colspan="6">（公章）
年　月　日</td></tr>
<tr><td>县级社区
矫正机构
意见</td><td colspan="6">（社区矫正机构印章）
年　月　日</td></tr>
<tr><td>县级司法
行政部门
负责人意见</td><td colspan="6">（公章）
年　月　日</td></tr>
<tr><td>备注</td><td colspan="6"></td></tr>
</table>

① 来自《关于进一步规范社区矫正执法文书格式的通知》。

说明：

1. 根据《中华人民共和国社区矫正法》第二十八条、第二十九条以及“两高两部”《中华人民共和国社区矫正法实施办法》第三十三条、第三十四条、第三十五条的规定制作。用于给予社区矫正对象表扬、训诫、警告以及对其使用电子定位装置的审批，审批后存档。

2. 除使用电子定位装置审批外，其他审批表在制作时可删除“县级司法行政部门负责人意见”一栏。

3. 用于撤销缓刑、撤销假释、收监执行时，应连同有关建议书、训诫决定书、警告决定书等材料组卷一并报有关人民法院、公安机关、监狱管理机关。

社区矫正对象表扬（训诫、警告、使用电子定位装置）决定书①

（　）矫扬/训/警/定位决字第　号

社区矫正对象________，男（女），____年____月____日出生，____族，身份证号码________，在接受社区矫正期间，因____，依据《中华人民共和国社区矫正法》第二十八条（第二十九条）之规定，决定给予________一次（使用电子定位装置，期限为________）。

如对本决定有异议的，可以向________社区矫正机构申请复议。

以上内容我已知晓。

社区矫正对象签名（捺印）：

（决定机构公章）

年　　月　　日

说明：

1. 本文书根据《中华人民共和国社区矫正法》第二十八条、第二十九条，“两高两部”《中华人民共和国社区矫正法实施办法》第三十三条、第三十四条、第三十五条、第三十七条的规定制作，用于决定给予社区矫正对象表扬、训诫、警告以及对其使用电子定位装置。

2. 填写时，“在接受社区矫正期间，因”后“________”应填写社区矫正对象认罪悔罪、遵守法律法规、服从监督管理、接收教育表现突出的事实或者违反监督管理规定的事实。

3. 本文书在给予表扬、训诫或者警告的情形时，应当加盖决定社区矫正机构印章，在决定使用电子定位装置的情形时，应当加盖司法行政机关印章。

4. 文书字号由年度、社区矫正机构代字、类型代字、文书编号组成，使用阿拉伯数字，例“（2021）××矫扬/训/警/定位决字第1号”。该决定书一式两份，存档一份，送达社区矫正对象一份。

5. 文书中要求社区矫正对象签字确认并按手印，同时签注：以上内容我已知晓。

① 来自《关于进一步规范社区矫正执法文书格式的通知》。

对社区矫正对象使用电子定位装置告知书①

社区矫正对象________：

你在接受社区矫正期间，因________，依据《中华人民共和国社区矫正法》第二十九条第____项之规定，对你使用电子定位装置，加强监督管理。使用电子定位装置的期限自____年____月____日起至____年____月____日止。在使用电子定位装置期间，必须遵守以下规定：

一、不得私自拆卸毁坏电子定位装置；

二、如果电子定位装置无法正常使用，应立即向社区矫正机构（受委托的司法所）报告；

三、未经批准不得擅自离开规定的活动区域。

如果违反上述规定之一的，社区矫正机构将依法予以处置。

（公章）

年　月　日

以上内容我已知晓并保证严格遵守。

社区矫正对象签名（捺印）：

年　　月　　日

说明：

1. 本文书根据《中华人民共和国社区矫正法》第二十九条以及"两高两部"《中华人民共和国社区矫正法实施办法》第三十七条的规定制作，用于告知社区矫正对象监管的期限、要求以及违反监管规定后果。

2. 文书一式两份，加盖公章，社区矫正对象签名后存档一份，送社区矫正对象一份。

第三十条　【社区矫正对象失联查找】

社区矫正对象失去联系的，社区矫正机构应当立即组织查找，公安机关等有关单位和人员应当予以配合协助。查找到社区矫正对象后，应当区别情形依法作出处理。

法条解读

本条主要规定了社区矫正对象失去联系之后的查找工作。社区矫正对象失去联系既可能有主观原因，也可能有客观原因，但无论何种原因，只要客观上社区矫正对象失去联系，社区矫正机构就应该立即组织查找。这要求社区矫正机构应实时掌握社区矫正对象的情况。社区矫正对象只有在失去联系达到某一时限，属于情节严重时，社区矫正机构方可区别情形依法作出处理。如社区矫正对象是因为手机欠费，发现后及时充值而短暂失联的，只需及时提醒矫正对象即可，无须对其适用诸如警告、治安管理处罚等处理方式。但若社区矫正对象故意不交话费，让自己处于无法联系的状态，则说明其主观上有重大过错，需要对应其情节轻重依法作出处理。

《社区矫正法实施办法》细化了查找

① 来自《关于进一步规范社区矫正执法文书格式的通知》。

不到失联社区矫正对象的处理方式，及查找到后的相应处置。

地方实施细则进一步细化了社区矫正对象脱管、漏管及非正常死亡等问题的处理程序。例如，《安徽省社区矫正工作实施细则》明确了社区矫正对象近亲属、监护人或者保证人对社区矫正对象脱离监管所负的法律责任及社区矫正对象居住地居（村）民委员会及矫正小组协助查找义务。《北京市社区矫正实施细则》明确社区矫正对象脱管后派出所、分局协助查找的义务，并针对社区矫正对象失联、非正常死亡等问题构建了应急处置制度。《福建省社区矫正实施细则》明确经二十四小时查找不到的，可以制作《协助查找社区矫正对象通知书》。《广东省社区矫正实施细则》《广西壮族自治区社区矫正工作细则》《河南省社区矫正工作细则》《湖南省社区矫正实施细则》《辽宁省社区矫正实施细则》《陕西省社区矫正实施细则》明确了漏管与脱管具体情形。《四川省社区矫正实施细则》明确了认定为脱管的具体情形与脱管的起算时间。

相关规定

《社区矫正法实施办法》

第三十八条 发现社区矫正对象失去联系的，社区矫正机构应当立即组织查找，可以采取通信联络、信息化核查、实地查访等方式查找，查找时要做好记录，固定证据。查找不到的，社区矫正机构应当及时通知公安机关，公安机关应当协助查找。社区矫正机构应当及时将组织查找的情况通报人民检察院。

查找到社区矫正对象后，社区矫正机构应当根据其脱离监管的情形，给予相应处置。虽能查找到社区矫正对象下落但其拒绝接受监督管理的，社区矫正机构应当视情节依法提请公安机关予以治安管理处罚，或者依法提请撤销缓刑、撤销假释、对暂予监外执行的收监执行。

《安徽省社区矫正工作实施细则》

第五十一条 县（市、区）社区矫正机构、司法所发现社区矫正对象失去联系的，应当立即组织查找。书面告知社区矫正对象近亲属、监护人或者保证人社区矫正对象脱离监管的法律责任和后果，并通知居住地居（村）民委员会及矫正小组成员协助查找。查找不到的，县（市、区）社区矫正机构应当向同级公安机关发函申请协助查找，同时通报社区矫正决定机关和同级人民检察院。公安机关根据需要，可以利用相关数据资源和临时布控等手段开展查找，查找结果及时向县（市、区）社区矫正机构反馈。

《北京市社区矫正实施细则》

第六十四条 区社区矫正机构和司法所应当建立突发事件处置机制，制定应急处置预案，发现社区矫正对象非正常死亡、涉嫌实施犯罪、参与群体性事件的，应当立即与公安机关等有关部门协调联动、妥善处置，并将有关情况及时报告上一级社区矫正机构。区社区矫正机构还应同时将有关情况通报执行地的区人民检察院。

第六十五条 社区矫正对象具有下列情形之一，经查找下落不明或虽能找到其下落但拒不服从监督管理的，应当认定为脱离监管：

（一）至区社区矫正机构报到后未在规定期限内前往司法所接受社区矫正的；

（二）未按照要求报告个人活动情况的；

（三）未经批准擅自离开本市的；

（四）请假外出未在批准的期限内返回的；

（五）其他下落不明或者不服从监督

管理的事项。

区社区矫正机构应及时将社区矫正对象脱离监管的法律后果书面告知（送达）社区矫正对象近亲属、监护人或者保证人，并将有关情况通知社区矫正对象居住地村（居）民委员会。

第六十六条 发现社区矫正对象失去联系的，司法所应当立即进行查找，及时书面通报公安派出所协助追查，并立即向区社区矫正机构书面报告。可以采取通信联络、信息化核查、实地查访等方式查找，查找时要做好记录，固定证据。

区社区矫正机构接报后，应当立即组织查找，查找不到的，及时书面通知区公安分局，区公安分局应当协助查找。

公安机关应当采取必要措施进行查找，并将查找到的社区矫正对象相关下落信息及时通知区社区矫正机构、司法所。

区社区矫正机构应当及时将组织查找的情况通报执行地的区人民检察院。

第六十七条 暂予监外执行的社区矫正对象在社区矫正期间脱逃的，区社区矫正机构应立即书面通报其原服刑或者接收其档案的监狱、看守所，或者作出暂予监外执行决定的人民法院，出具脱逃及其起止日期的证明，并按照规定依法提请收监执行。

第六十八条 区社区矫正机构、司法所发现社区矫正对象正在实施违反监督管理规定的行为或者违反人民法院禁止令等违法行为的，应当立即制止；制止无效的，应当立即通知公安机关到场处置。

第六十九条 社区矫正对象被依法决定行政拘留、司法拘留、强制隔离戒毒等，或者因涉嫌重新犯罪、发现判决宣告前还有其他罪没有判决被采取强制措施的，决定机关应当于二十四小时内通知其执行地的区社区矫正机构，并自作出决定之日起三日内将有关情况书面通知执行地的区社区矫正机构和区人民检察院，并附相应法律文书材料。

《福建省社区矫正实施细则》

第三十一条 县级社区矫正机构对失去联系的社区矫正对象，经二十四小时查找不到的，可以制作《协助查找社区矫正对象通知书》，通知所在地县级公安机关协助查找。公安机关应当及时将查找情况反馈县级社区矫正机构。

社区矫正机构应当及时将组织查找的情况通报同级人民检察院。

《广东省社区矫正实施细则》

第二十一条 人民法院、公安机关、监狱、社区矫正机构在社区矫正对象交付接收过程中，工作衔接脱节，导致社区矫正对象没有按时办理社区矫正手续，或者社区矫正对象逃避监管、未按规定时限报到，逾期办理社区矫正手续的，属于漏管。

对社区矫正对象未按规定时间报到或者拒不配合办理接收入矫手续的，县级社区矫正机构应当向其家属、监护人、保证人或者近亲属书面告知其未按规定报到的情况，以及其未按时报到或者拒不配合办理接收入矫手续的法律后果。社区矫正对象下落不明的，社区矫正机构应当通知执行地公安机关予以协助查找。经查找无果或者拒不报到致使无法办理接收手续的，应当书面通知决定机关，同时抄送同级人民检察院。对被裁定假释的罪犯，应当同时抄送原服刑的监狱、看守所。

第四十五条 发现社区矫正对象失去联系的，社区矫正机构应当立即组织查找，可以采取通信联络、信息化核查、实地查访等方式查找，查找时应当做好记录，固定证据。

查找到社区矫正对象后，社区矫正机构应当根据其脱离监管的情形，给予相应处置。对于尚未查找到的社区矫正对象，且符合撤销缓刑、撤销假释、收监执行情形的，社区矫正机构应当依法及时处置。

社区矫正对象在社区矫正期间脱离监督管理下落不明，或者虽能查找到其下落但拒绝接受监督管理的，属于脱管。

社区矫正机构应当自发现脱管后二十四小时内将情况通报人民检察院。经四十八小时查找不到的，应当及时书面通知公安机关协助查找。

《广西壮族自治区社区矫正工作细则》

第七十七条　人民法院、公安机关、监狱、社区矫正机构在社区矫正对象交付接收工作中衔接脱节，或者社区矫正对象未在规定期限内报到，造成没有及时执行社区矫正的，属于漏管。

第七十八条　社区矫正决定机关发现社区矫正对象漏管的，应及时通知执行地县（市、区）社区矫正机构，送达法律文书，督促社区矫正对象报到。

执行地县（市、区）社区矫正机构发现社区矫正对象漏管，应当及时组织查找，做好记录，固定证据，公安机关，村（居）委员会，社区矫正对象的家庭成员、监护人、就业单位、就读学校等有关单位和人员应当予以配合协助。社区矫正机构应当及时将有关情况书面通报社区矫正决定机关和执行地人民检察院。对被裁定假释的罪犯，应当同时抄送原服刑的看守所、监狱。

第七十九条　社区矫正对象在社区矫正期间脱离执行地社区矫正机构的监督管理下落不明，或者虽能查找到其下落但拒绝或逃避监督管理的，属于脱管。具体包括下列监管：

（一）到县（市、区）社区矫正机构报到后未在规定期限内前往受委托的司法所接受社区矫正；

（二）未按照要求报告个人活动情况；

（三）未经批准擅自离开所居住的市、县；

（四）请假外出未在批准的期限内返回；

（五）其他下落不明或不服从监督管理的情形。

县（市、区）社区矫正机构应及时将社区矫正对象脱离监管的法律后果书面告知（送达）社区矫正对象近亲属、监护人或者保证人，并将有关情况通知社区矫正对象居住地村（居）民委员会。

第八十条　受委托的司法所发现社区矫正对象脱管的，应立即报告执行地县（市、区）社区矫正机构。县（市、区）社区矫正机构发现社区矫正对象脱管的，应当立即组织查找，做好记录，固定证据。

查找到社区矫正对象后，社区矫正机构应当根据其脱离监管的情形，给予相应处置。虽能查找到社区矫正对象下落但其拒绝接受监督管理的，社区矫正机构应当视情节依法提请公安机关予以治安管理处罚，或者依法提请撤销缓刑、撤销假释、对暂予监外执行的收监执行。查找不到的，社区矫正机构应当及时通知公安机关，公安机关应当协助查找。

社区矫正机构应当及时将组织查找的情况通报人民检察院。

《贵州省社区矫正工作实施细则（试行）》

第三十七条　社区矫正对象失去联系的，执行地县级社区矫正机构和受委托的司法所应当立即组织查找，做好查找记录，固定证据。查找到社区矫正对象后，执行地县级社区矫正机构应当根据其脱离监管的情况，给予相应处置。查找不到的，执行地县级社区矫正机构应当及时通知公安机关协助查找，并送达《协助查找社区矫正对象通知书》，公安机关应当及时反馈查找情况。执行地县级社区矫正机构应当及时将组织查找的情况通报执行地县级人民检察院。

《河南省社区矫正工作细则》

第七十六条 人民法院、公安机关、社区矫正机构在社区矫正对象交付接收工作中衔接脱节，或者社区矫正对象逃避监管、未按规定时间期限报到，造成没有及时执行社区矫正的，属于漏管。

第七十七条 社区矫正决定机关发现社区矫正对象漏管的，应及时通知社区矫正机构，送达法律文书，督促社区矫正对象报到。

执行地县级社区矫正机构发现社区矫正对象漏管，应当及时组织查找，做好记录，固定证据，公安机关，村（居）委会，社区矫正对象的家庭成员、监护人、用工方、就读学校等有关单位和人员应当予以配合协助。社区矫正机构应当及时将有关情况书面通报社区矫正决定机关和执行地人民检察院。对被裁定假释的罪犯，应当同时抄送原服刑的看守所、监狱。

第七十八条 社区矫正对象在社区矫正期间脱离执行地县级社区矫正机构的监督管理下落不明，或者虽能查找到其下落但拒绝接受监督管理的，属于脱管。

第七十九条 县级社区矫正机构发现社区矫正对象脱管，应当及时采取联系本人、其家属亲友，走访有关单位和人员等方式组织追查，做好记录。

第八十条 社区矫正对象虽能查找到其下落但拒绝接受监督管理的，社区矫正机构应当视情节依法提请公安机关予以治安管理处罚，或者依法提请撤销缓刑、撤销假释、对暂予监外执行的收监执行。

第八十一条 社区矫正机构对查找不到的脱管、漏管社区矫正对象，应当及时通知公安机关，公安机关应当协助查找。

《湖南省社区矫正实施细则》

第八十七条 人民法院、公安机关、社区矫正机构在社区矫正对象交付接收工作中衔接脱节，或者社区矫正对象逃避监管、未按规定时间期限报到，造成没有及时执行社区矫正的，属于漏管。

第八十八条 社区矫正决定机关发现社区矫正对象漏管的，应当及时通知执行地县级社区矫正机构，送达法律文书，并督促社区矫正对象按规定报到。

执行地县级社区矫正机构发现社区矫正对象漏管的，应当及时组织查找，做好记录，固定证据。公安机关、村（居）委会、社区矫正对象的家庭成员、监护人、工作单位、就读学校等有关单位和人员应当予以配合协助。执行地县级社区矫正机构应当及时将漏管情况书面通报原决定机关和执行地县级人民检察院。对被裁定假释的罪犯，还应当同时抄送原服刑的看守所、监狱。

完成查找后，执行地县级社区矫正机构应当及时列管社区矫正对象，并根据导致漏管的原因划分责任，按照相关程序和规定予以处理。

第八十九条 社区矫正对象在社区矫正期间脱离执行地县级社区矫正机构的监督管理下落不明，或者虽能查找到其下落但拒绝接受监督管理的，属于脱管。

第九十条 执行地县级社区矫正机构发现社区矫正对象脱管的，应当及时采取联系本人、其家属亲友，走访有关单位和人员等方式组织查找，并做好记录，固定证据。查找到社区矫正对象后，执行地县级社区矫正机构应当根据其脱离监管的情形给予相应处置。

第九十一条 社区矫正对象虽能查找到其下落但拒绝接受监督管理的，执行地县级社区矫正机构应当视情节依法提请公安机关予以治安管理处罚，或者依法提请撤销缓刑、撤销假释、对暂予监外执行的收监执行。

第九十二条　发现社区矫正对象脱管、漏管，经三日以上查找不到的，执行地县级社区矫正机构应当及时书面通知公安机关协助查找。公安机关应当予以协助，并将查找情况及时通报执行地县级社区矫正机构。

执行地县级社区矫正机构应当及时将组织查找的情况书面通报同级人民检察院。

第九十四条　执行地县级人民检察院、公安机关、社区矫正机构应当建立健全社区矫正信息通报制度，定期核查比对社区矫正对象人员异动、脱管漏管等信息，及时协调解决存在的问题。

《江西省社区矫正工作实施细则》

第六十六条　发现社区矫正对象失去联系的，执行地县级社区矫正机构、社区矫正日常机构应当立即组织查找，可以采取通信联络、信息化核查、实地查访等方式查找，查找时要做好记录，固定证据。二十四小时内查找不到的，执行地县级社区矫正机构应当及时通知公安机关，公安机关应当协助查找。执行地县级社区矫正机构应当及时将组织查找的情况通报人民检察院。

查找到社区矫正对象后，执行地县级社区矫正机构、社区矫正日常机构应当根据其脱离监管的情形，给予相应处置。虽能查找到社区矫正对象下落但其拒绝接受监督管理的，执行地县级社区矫正机构应当视情节依法提请公安机关予以治安管理处罚，或者依法提请撤销缓刑、撤销假释、对暂予监外执行的收监执行。

《辽宁省社区矫正实施细则》

第六十条　司法所应当每日至少一次开展信息化核查。县级社区矫正机构每周至少开展三次信息化核查，两次信息核查时间间隔不得超过三日，发现异常情况的及时派员调查核实。

第六十一条　决定机关、社区矫正机构在社区矫正对象交付接收工作中衔接脱节，或者社区矫正对象逃避监管、未按规定时间期限报到，造成没有及时执行社区矫正的，应当认定为漏管。

第六十二条　社区矫正决定机关发现社区矫正对象漏管的，应及时通知社区矫正机构，送达法律文书，督促社区矫正对象报到。

第六十三条　执行地县级社区矫正机构发现社区矫正对象失去联系的，应当及时组织查找，做好记录，固定证据，公安机关，村（居）委会，社区矫正对象的家庭成员、监护人、用工方、就读学校等有关单位和人员应当予以配合协助。社区矫正机构应当及时将有关情况书面通报社区矫正决定机关和执行地人民检察院。对被裁定假释的罪犯，应当同时抄送原服刑的看守所、监狱。

第六十四条　社区矫正对象具有下列情形之一，经查找下落不明或虽能找到其下落但拒不服从监督管理的，应当认定为脱管：

（一）至社区矫正机构报到后未在规定期限内前往司法所接受社区矫正的；

（二）未按照要求报告个人活动情况的；

（三）未经批准擅自离开执行地的；

（四）请假外出未在批准的期限内返回的；

（五）其他下落不明或不服从监督管理的事项。

第六十五条　社区矫正机构、司法所发现社区矫正对象脱管的，应立即采取联系本人、其家属亲友，走访有关单位和人员等方式组织追查，做好记录。同时，将社区矫正对象脱离监管的法律后果书面告知（送达）社区矫正对象监护人、保证人、近亲属。

二十四小时内查找未果的，社区矫正机构应当向同级公安机关发函申请协助查找，并将有关情况书面报上一级社区矫正机构，同时通报同级人民检察院。公安机关应当协助追查，并及时向社区矫正机构反馈追查情况。

第六十六条　社区矫正对象虽能查找到其下落但拒绝接受监督管理的，社区矫正机构应当视情节依法提请公安机关予以治安管理处罚，或者依法提请撤销缓刑、撤销假释、对暂予监外执行的收监执行。

《宁夏回族自治区社区矫正实施细则》

第五十条　发现社区矫正对象失去联系的，社区矫正机构应当立即组织查找，可以采取通信联络、信息化核查、实地查访等方式查找。查找时要做好记录，固定证据。查找不到的，社区矫正机构应当及时通知公安机关，公安机关应当协助查找。社区矫正机构应当及时将组织查找的情况通报人民检察院。

第五十八条　查找到社区矫正对象后，社区矫正机构应当根据其脱离监管的情形，给予相应处置。虽能查找到社区矫正对象下落但其拒绝接受监督管理的，执行地县级社区矫正机构应当视情节提请公安机关予以治安管理处罚，或者依法提请撤销缓刑、撤销假释、对暂予监外执行的收监执。

《山东省社区矫正实施细则》

第六十二条　社区矫正对象具有下列情形之一，可以认定为脱离监管：

（一）到县级社区矫正机构报到后未在规定期限内前往指定司法所接受社区矫正的；

（二）未按时报告个人情况的；

（三）未经批准离开所居住的市、县的；

（四）请假外出无正当理由未在批准的期限内返回的；

（五）其他下落不明或拒不服从监督管理的。

《陕西省社区矫正实施细则》

第二十九条　人民法院、公安机关、监狱、社区矫正机构在社区矫正对象交付接收工作中衔接脱节，或者社区矫正对象逃避监管、未按规定时间期限报到，造成没有及时执行社区矫正的，属于漏管。

第三十条　县级社区矫正机构发现社区矫正对象漏管，应当及时组织查找，并通知有关人民法院、公安机关、监狱和人民检察院。

社区矫正对象逃避监管、不按规定时间期限报到导致漏管的，县级社区矫正机构应当视情节给予训诫、警告；符合收监执行条件的，依法提出撤销缓刑、撤销假释或者对暂予监外执行收监执行的建议。

第三十一条　社区矫正对象在社区矫正期间脱离监督管理下落不明，或者虽能查找到其下落但拒绝接受监督管理的，属于脱管。

第三十二条　县级社区矫正机构发现社区矫正对象脱管，应当及时联系本人、家属亲友，走访有关单位和人员组织查找，并且做好记录。查找不到的应当及时通知公安机关，公安机关应当协助查找。同时，应当及时将组织查找的情况通报同级人民检察院。

查找到社区矫正对象后，县级社区矫正机构应当根据其脱离监管的情形，给予相应处置。查找到社区矫正对象下落但其拒绝接受监督管理的，县级社区矫正机构应当依法提请公安机关予以治安管理处罚，或者依法提请撤销缓刑、撤销假释、对暂予监外执行的收监执行。

《上海市社区矫正实施细则》

第三十六条　社区矫正机构、司法所发现社区矫正对象失去联系的，应立即组织查找；24小时内查找未果的，区社区矫正机构应当向同级公安机关发函申请协助查找，并将有关情况书面报市社区矫正机构，同时通报社区矫正决定机关或者存放、接收罪犯档案的监狱、看守所和同级人民检察院。公安机关应当派员协助追查，同时定期向区社区矫正机构反馈追查情况。

《四川省社区矫正实施细则》

第八十六条　社区矫正对象违反社区矫正有关规定，具有下列情形之一，应当认定为脱离监管：

（一）在执行地县级社区矫正机构报到后未在规定时间到指定地点报到，经查找下落不明或虽能查找到其下落但拒绝接受监督管理的；

（二）未在规定期限内报告个人活动情况，经查找下落不明或虽能查找到其下落但拒绝接受监督管理的；

（三）未经批准擅自离开居住的市、县，拒不回执行地接受社区矫正的；

（四）经批准离开居住的市、县，但未在批准的期限内返回，经查找下落不明，或者拒不回执行地接受社区矫正的；

（五）因其他原因下落不明的。

第八十七条　发现社区矫正对象失去联系的，执行地县级社区矫正机构或受委托的司法所应当立即组织查找，可以采取通信联络、信息化核查、实地查访等方式组织追查，做好查找记录，固定证据。

四十八小时内查找未果的，执行地县级社区矫正机构应当向同级公安机关发函协助查找，公安机关应当予以协助，同时定期书面向执行地县级社区矫正机构反馈查找情况。对于虽能查找到其下落但拒不接受监督管理的，公安机关应当派员协助执行地县级社区矫正机构将其带回。

社区矫正对象脱离监管不超过三十日的，执行地县级社区矫正机构应当在查找到下落后根据其情形，予以相应处置；脱离监管超过三十日的，执行地县级社区矫正机构应当向决定机关提出撤销缓刑、撤销假释、暂予监外执行收监执行建议，决定机关应当依法及时作出裁定、决定。

执行地县级社区矫正机构应当及时将组织查找的情况书面通报执行地同级人民检察院。

第八十八条　社区矫正对象未在规定期限内到指定地点报到，经查找下落不明的，从规定期限最后一天的第二日起计算脱离监管的日期。社区矫正对象下落不明的，从确定下落不明之日起计算脱离监管的日期。经查找，能够发现社区矫正对象下落的，应通知其回执行地接受社区矫正；对拒不服从的，从通知之日起计算其脱离监管的日期。

文书范本

协助查找社区矫正对象通知书①

（存根）

（　）　字第　号

社区矫正对象________，男（女），____年____月____日出生，____族，身份证号码________，户籍地________，执行地________。因犯________罪于____年____月____日被________人民法院以________号判决书判处________。依据________人民法院（公安局、监狱管理机关）________号判决书（裁定书、决定书），在管制（缓刑、假释、暂予监外执行）期间，依法实行社区矫正。社区矫正期限自____年____月____日起至____年____月____日。____年____月____日，社区矫正对象________失去联系，经查找无果，依据《中华人民共和国社区矫正法》第三十条规定，请予以配合协助查找。

发往机关（人员）________公安局、________（其他有关单位和人员）。

填发人
批准人
填发日期　　年　月　日

协助查找社区矫正对象通知书

（　）字第　号

____________：

社区矫正对象________，男（女），____年____月____日出生，____族，身份证号码________，户籍地________，执行地________。因犯________罪于____年____月____日被________人民法院以________号判决书判处________。依据________人民法院（公安局、监狱管理机关）________号判决书（裁定书、决定书），在管制（缓刑、假释、暂予监外执行）期间，被依法实行社区矫正。社区矫正期限自____年____月____日起至____年____月____日。____年____月____日，社区矫正对象________失去联系，经查找无果，依据《中华人民共和国社区矫正法》第三十条规定，请予以配合协助。

特此通知。

联系人：　　　　　　　　　　联系电话：

（公章）
年　月　日

① 来自《北京市社区矫正实施细则》。

脱（漏）管社区矫正对象查找记录表①

日　期	查找方式	查找记录	查找人（签名）

说明：

1. 本文书根据《中华人民共和国社区矫正法》第三十条、"两高两部"《中华人民共和国社区矫正法实施办法》第三十八条以及《宁夏回族自治区社区矫正实施细则》第五十条规定制作。

2. 本文书用于社区矫正机构发现社区矫正对象失去联系后记录查找情况时使用。

社区矫正对象________脱离监管查找情况通报②

（存根）

（　　）矫脱管报字第　号

社区矫正对象________，男/女，____族，____年____月____日出生，身份证号码________，户籍地________，执行地________，因犯________罪经________人民法院于____年____月____日判处________（同时宣告禁止________）。____年____月____日经________人民法院（监狱管理局/公安局）裁定假释（决定/批准暂予监外执行）。在管制（缓刑/假释/予监外执行）期间，被依法实行社区矫正。社区矫正期限自____年____月____日起至____年____月____日止。

____年____月____日，社区矫正对象________失去联系，经查找，根据《中华人民共和国社区矫正法》第三十条之规定，现将查找情况通报如下：________________________

____

____

____

____

____

____

① 来自《关于进一步规范社区矫正执法文书格式的通知》。

② 同上注。

________发往________人民检察院。

填发人
批准人
填发日期　　年　月　日

社区矫正对象________脱离监管查找情况通报

（　　）矫脱管报字第　号

________人民检察院：

社区矫正对象________，男/女，____族，____年____月____日出生，身份证号码________，户籍地________，执行地________，因犯________罪经________人民法院于____年____月____日判处________（同时宣告禁止________）。____年____月____日经________人民法院（监狱管理局/公安局）裁定假释（决定/批准暂予监外执行）。在管制（缓刑/假释/予监外执行）期间，被依法实行社区矫正。社区矫正期限自____年____月____日起至____年____月____日止。

____年____月____日，社区矫正对象________失去联系，经查找，根据《中华人民共和国社区矫正法》第三十条之规定，现将查找情况通报如下：____

特此通报。

（社区矫正机构印章）
年　月　日

说明：

1. 本文书根据《中华人民共和国社区矫正法》第三十条、“两高两部”《中华人民共和国社区矫正法实施办法》第三十八条以及《宁夏回族自治区社区矫正实施细则》第五十条规定制作。用于执行地社区矫正机构向执行地同级人民检察院书面通报脱离监管社区矫正对象查找情况时使用。

2. 文书字号由年度、社区矫正机构代字、类型代字、文书编号组成，使用阿拉伯数字，例“（2021）××矫脱管报字第 1 号”，存根存档，通报送执行地同级人民检察院。

第三十一条 【违法行为的制止与处置】

社区矫正机构发现社区矫正对象正在实施违反监督管理规定的行为或者违反人民法院禁止令等违法行为的，应当立即制止；制止无效的，应当立即通知公安机关到场处置。

法条解读

本条主要规定了社区矫正对象违反相关规定的处理。本条文中的“正在实施”包括准备实施、正在实施及实施刚结束尚未离开现场三种情形。“立即制止”要求社区矫正机构人员必须立即采取措施制止社区矫正对象违反监督管理规定或者违反人民法院禁止令的行为，但不需要达到制止成功的效果。如果制止无效，应当立即通知公安机关到场处置。公安机关接到通知后应当立即赶往现场予以处置。对不履行法定职责的，应按照本法第六十一条的规定给予处分，构成犯罪的，依法追究刑事责任。

《社区矫正法实施办法》细化了相关单位、个人对禁止令执行的配合义务，并要求社区矫正机构对社区矫正对象违反相关规定的行为负有收集相关证据材料的义务。

地方实施细则进一步细化了社区矫正机构对社区矫正对象违法行为的制止与处置措施。例如，《安徽省社区矫正工作实施细则》规定了发现社区矫正对象违反相关监督管理规定与禁止令的处理方法。《福建省社区矫正实施细则》《甘肃省社区矫正实施细则》《江西省社区矫正工作实施细则》《上海市社区矫正实施细则》《四川省社区矫正实施细则》将社区矫正机构、受委托的司法所制止社区矫正对象违反规定或禁止令的行为无效作为通知所在地县级公安机关到场处置的前提。《江苏省社区矫正实施细则》对违反禁止令的相关问题进行了细化规定。《甘肃省社区矫正实施细则》《上海市社区矫正实施细则》明确了治安重点关注人员范围。《广西壮族自治区社区矫正工作细则》规定了调查取证人员资格及社区矫正机构依法收集的证明材料范围。

相关规定

《社区矫正法实施办法》

第三十九条 社区矫正机构根据执行禁止令的需要，可以协调有关的部门、单位、场所、个人协助配合执行禁止令。

对禁止令确定需经批准才能进入的特定区域或者场所，社区矫正对象确需进入的，应当经执行地县级社区矫正机构批准，并通知原审人民法院和执行地县级人民检察院。

第四十条 发现社区矫正对象有违反监督管理规定或者人民法院禁止令等违法情形的，执行地县级社区矫正机构应当调查核实情况，收集有关证据材料，提出处理意见。

社区矫正机构发现社区矫正对象有撤销缓刑、撤销假释或者暂予监外执行收监执行的法定情形的，应当组织开展调查取证工作，依法向社区矫正决定机关提出撤销缓刑、撤销假释或者暂予监外执行收监执行建议，并将建议书抄送同级人民检察院。

《安徽省社区矫正工作实施细则》

第五十条 县（市、区）社区矫正机构、司法所可以采取通讯联络、信息化核查、实地查访等方式及时掌握社区矫正对象的活动情况和行为表现。对新入矫和重点管理的社区矫正对象，或者在重点时段、重大活动期间以及其他特殊情况，应当加强实地查访；发现异常情况的，及时采取相应处置措施，并通报相关单位。社区矫正对象拒不配合，或者不如实报告自己活动情况的，县（市、区）社区矫正机构、司法所应当在日常考核中予以记录，并视情节予以相应处理。

第五十五条 社区矫正对象正在实施违反监督管理规定或者违反人民法院禁止令等违法行为，经制止无效，县（市、区）社区矫正机构、司法所应当立即通过110报警服务台等方式通知公安机关到场处置。

《福建省社区矫正实施细则》

第三十二条 社区矫正机构、受委托的司法所在制止社区矫正对象正在实施违反监督管理规定的行为或者违反人民法院禁止令等违法行为无效的情况下，可以立即通知所在地县级公安机关（或者向110指挥中心报警），公安机关应当迅速派出人民警察到场处置。

第三十三条 对被宣告人民法院禁止令的社区矫正对象，县级社区矫正机构根据需要，可以向有关部门、单位、场所、个人出具《禁止令协助执行函》。

社区矫正对象申请进入特定区域或者场所需提交《申请书》，由执行地县级社区矫正机构填写《社区矫正对象进入特定区域（场所）审批表》，经集体研究批准后，抄送原审人民法院和执行地县级人民检察院。同时制发《社区矫正事项审批告知书》，告知其本人和未成年社区矫正对象的监护人。

社区矫正对象未经批准进入特定区域或者场所的，县级社区矫正机构应当依据《实施办法》的有关规定予以处罚。

《甘肃省社区矫正实施细则》

第四十条 社区矫正对象正在实施违反监督管理规定的行为或者违反人民法院禁止令等违法行为，经制止无效的，县（市、区）社区矫正机构、司法所可以立即通过110报警服务台通知公安机关到场处置。

第四十一条 社区矫正对象在接受社区矫正期间具有重新违法犯罪嫌疑、受到治安管理处罚或具有重大现实威胁等情形的，县（市、区）社区矫正机构应及时将有关情况通报同级公安机关、人民检察院，经公安机关评估后，列为治安重点关注人员，予以共同管控。

《广西壮族自治区社区矫正工作细则》

第一百零五条 县（市、区）社区矫正机构或受委托的司法所发现社区矫正对象正在实施违反监督管理规定的行为或者违反人民法院禁止令等违法行为的，应当及时予以制止并固定证据；制止无效的，应当立即通知公安机关，公安机关接到通知后，应依法及时到场处置。

发现社区矫正对象涉嫌再犯罪的，应当及时通报同级公安机关和人民检察院，由公安机关依照相关程序处理。

第一百零六条 县（市、区）社区矫正机构接到报告、举报或者发现社区矫正对象有违反监督管理规定、人民法院禁止令情形或者有法定收监执行情形的，应当及时派员调查核实情况，收集有关证明材料，提出处理意见。

县（市、区）社区矫正机构应当组织两名以上工作人员共同开展调查取证工作，其中至少有一名专门国家工作人员。

县（市、区）社区矫正机构依法收集的证明材料包括：违反法律、法规或社区矫正监督管理规定的事实材料，有关证人证言、物证、书证、视听资料、电子数据、日常行为记录，对社区矫正对象的询问笔录，可以作为对社区矫正对象进行训诫、警告、治安管理处罚和刑事处罚的证明材料等。

《宁夏回族自治区社区矫正实施细则》

第五十九条　社区矫正机构根据执行禁止令的需要，可以协调相关部门、单位、场所、个人协助配合执行禁止令。

对禁止令确定需经批准才能进入特定区域或者场所，社区矫正对象确需进入的，应当经执行地县级社区矫正机构批准，并通知原审人民法院和执行地县级人民检察院。

第六十条　社区矫正对象有违反监督管理规定或者人民法院禁止令，依法应当给予治安管理处罚的，受委托的司法所应当调查核实情况，收集有关证据材料，填写《提请治安管理处罚审批表》，上报执行地县级社区矫正机构。由执行地县级社区矫正机构及时提请同级公安机关依法给予处罚，并向执行地同级人民检察院抄送治安管理处罚建设书副本，及时告知处理结果。

《江苏省社区矫正实施细则》

第四十七条　对被人民法院宣告禁止令的社区矫正对象，执行地县级社区矫正机构根据需要，可以向有关部门、单位、场所、个人出具《禁止令协助执行函》，协调协助配合执行禁止令。

第四十八条　对禁止令确定需经批准才能进入的特定区域或者场所，社区矫正对象确需进入的，应当由本人提出书面申请，由执行地县级社区矫正机构填写《社区矫正对象进入特定区域（场所）审批表》，经集体评议研究同意后，制发《社区矫正事项审批告知书》，告知其本人、监护人和保证人，并通知原审人民法院和执行地县级人民检察院。

第四十九条　社区矫正对象违反人民法院禁止令，执行地县级社区矫正机构依照《实施办法》第三十五条、第三十六条和第四十六条的规定，视情节给予警告、提请治安管理处罚或者提出撤销缓刑建议。

社区矫正对象违反人民法院禁止令，具有下列情形之一的，应当认定为《实施办法》第四十六条规定的“情节严重”：

（一）三次以上违反禁止令的；

（二）因违反禁止令被治安管理处罚后，再次违反禁止令的；

（三）违反禁止令，发生较为严重危害后果的；

（四）其他情节严重的情形。

第五十条　禁止令执行完毕的，执行地县级社区矫正机构应当在期满当日书面告知社区矫正对象。期满当日是法定节假日的，可以简化告知程序。

《江西省社区矫正工作实施细则》

第六十七条　执行地县级社区矫正机构、社区矫正日常机构根据执行禁止令的需要，可以协调有关部门、单位、场所、个人协助配合执行禁止令。

对禁止令确定需经批准才能进入的特定区域或者场所，社区矫正对象确需进入的，应当经执行地县级社区矫正机构批准，并通知原审人民法院和同级人民检察院。

第六十八条　执行地县级社区矫正机构、社区矫正日常机构发现社区矫正对象正在实施违反监督管理规定的行为或者违反人民法院禁止令等违法行为的，应当立即制止；制止无效的，应当立即通知同级公安机关到场处置。

第九十二条　发现社区矫正对象有违反监督管理规定或者人民法院禁止令等违法情形的，执行地县级社区矫正机构应当调查核实情况，收集有关证据材料，提出处理意见。

执行地县级社区矫正机构发现社区矫

正对象有撤销缓刑、撤销假释或者暂予监外执行收监执行的法定情形的，应当组织两名以上社区矫正工作人员（其中至少应当有一名社区矫正机构或者社区矫正日常机构工作人员）开展调查取证工作，按规定依法向社区矫正决定机关提出撤销缓刑、撤销假释或者暂予监外执行收监执行建议，并将建议书抄送同级人民检察院。

《山东省社区矫正实施细则》

第六十三条 发现社区矫正对象有违反监督管理规定或者人民法院禁止令等违法情形的，司法所应当调查核实情况，固定证据，向县级社区矫正机构提出处罚建议，并附相关证明材料。县级社区矫正机构审核后，应当视情节依法给予训诫、警告或者提请公安机关予以治安管理处罚。县级社区矫正机构处罚决定书或者提请治安管理处罚建议书应当抄送同级人民检察院。

《陕西省社区矫正实施细则》

第三十三条 禁止令由县级社区矫正机构、受委托的司法所负责执行。县级社区矫正机构根据执行禁止令的需要，可以协调有关部门、单位、场所、个人协助配合执行禁止令。

判处管制的罪犯违反禁止令，或者被宣告缓刑的罪犯违反禁止令尚不属情节严重的，由公安机关依照《中华人民共和国治安管理处罚法》第六十条的规定处罚。

《上海市社区矫正实施细则》

第三十七条 社区矫正对象正在实施违反监督管理规定的行为或者违反人民法院禁止令等违法行为，经制止无效的，区社区矫正机构、司法所应当立即通过110报警服务台通知公安机关到场处置。

第三十八条 社区矫正对象具有违法犯罪嫌疑、接受社区矫正期间受到治安管理处罚或具有重大现实威胁等情形的，区社区矫正机构应及时将有关情况通报同级公安机关、人民检察院，经公安机关评估后，列为治安重点关注人员，予以共同管控。

《四川省社区矫正实施细则》

第八十九条 社区矫正机构应当加强与有关行业管理部门的协调配合，根据执行禁止令的需要，可以要求有关部门、单位、场所、个人协助执行禁止令。

第九十条 社区矫正对象拟接触其犯罪案件中的被害人、控告人、举报人或者同案犯、有其他违法行为的人员等可能诱发其再次犯罪的人的，应当经执行地县级社区矫正机构批准。

第九十一条 对禁止令确定需经批准才能进入的特定区域或者场所，社区矫正对象确需进入的，应当提前七个工作日向执行地县级社区矫正机构或受委托的司法所提出书面申请，并提交相关证明材料，由执行地县级社区矫正机构审批。执行地县级社区矫正机构应当自收到申请后三个工作日内作出决定，书面告知社区矫正对象。经批准同意的，应当及时通知原判人民法院和执行地县级人民检察院。

第九十二条 执行地县级社区矫正机构或受委托的司法所发现社区矫正对象正在实施违反监督管理规定的行为或者违反人民法院禁止令等违法行为的，应当立即制止；制止无效的，应当立即通知公安机关到场处置。

第九十三条 执行地县级社区矫正机构或受委托的司法所应当对社区矫正对象违反监督管理规定的行为或者违反人民法院禁止令等违法行为进行调查核实，收集有关证据材料，提出处理意见。

文书范本

禁止令协助执行函①

（　　）矫禁协函字第　号

____________（单位）：

依据人民法院________判决书，我县（市、区）社区矫正对象________，身份证号________________，因犯罪被判处________，同时宣告禁止________，禁止令期限自____年____月____日起至____年____月____日止。根据《中华人民共和国刑法》《中华人民共和国刑事诉讼法》《中华人民共和国社区矫正法》相关规定，请协助执行，如发现有违反禁止令情形，请及时与________联系，联系人：________，联系电话：________。

（社区矫正机构印章）
年　　月　　日

说明：

1. 本文书根据《中华人民共和国社区矫正法》第三十一条、“两高两部”《中华人民共和国社区矫正法实施办法》第三十九条以及《宁夏回族自治区社区矫正实施细则》第五十九条规定制作。

2. 本文书用于协调有关的部门、单位、场所、个人协助配合执行禁止令时使用。

3. 文书字号由年度、社区矫正机构代字、类型代字、文书编号组成，使用阿拉伯数字，例“（2021）××矫禁协函字第1号”。

4. 文书加盖公章后，一式两份，执行地县级社区矫正机构存档，协助执行方一份。委托司法所进行管理的，可复印一份。

第三十二条　【其他机关限制人身自由的通知义务】

社区矫正对象有被依法决定拘留、强制隔离戒毒、采取刑事强制措施等限制人身自由情形的，有关机关应当及时通知社区矫正机构。

法条解读

本条规定了其他机关对社区矫正对象限制人身自由后对社区矫正机构的通知义务。本条中的“拘留”包括行政拘留与司法拘留。“强制措施”包括被公安机关、人民检察院或者人民法院决定采取了拘传、取保候审、监视居住、拘留、逮捕等刑事强制措施。社区矫正机构实时掌握社区矫正对象情况是其重要职责之一，当有关机关对社区矫正对象采取剥夺人身自由措施后，为保证社区矫正工作的正常开展，有关机关需要及时通知社区矫正对象执行地的社区矫正机构。

《社区矫正法实施办法》进一步细化了决定机关通知社区矫正机构的期限。

地方实施细则进一步明确各机关的衔接程序与法定期限。例如，《福建省社区矫正实施细则》《广东省社区矫正实施细

① 来自《关于进一步规范社区矫正执法文书格式的通知》。

则》《辽宁省社区矫正实施细则》细化了各机构之间的衔接程序。《甘肃省社区矫正实施细则》将《社区矫正法实施办法》规定的决定机关三日内通知社区矫正机构的期限缩短至二十四小时。《河南省社区矫正工作细则》将上述通知时间缩短为四十八小时。《山东省社区矫正实施细则》规定，社区矫正对象被依法采取强制措施，未发生社区矫正终止情形的，原则上社区矫正期限应当继续计算，但社区矫正措施可以暂停执行。

相关规定

《社区矫正法实施办法》

第四十一条 社区矫正对象被依法决定行政拘留、司法拘留、强制隔离戒毒等或者因涉嫌犯新罪、发现判决宣告前还有其他罪没有判决被采取强制措施的，决定机关应当自作出决定之日起三日内将有关情况通知执行地县级社区矫正机构和执行地县级人民检察院。

《福建省社区矫正实施细则》

第三十五条 社区矫正对象在社区矫正期间被决定行政拘留、司法拘留、强制隔离戒毒或者因涉嫌犯新罪、发现判决宣告前还有其他罪没有判决被采取强制措施的，县级社区矫正机构接到有关决定机关通知后，应当主动与其做好衔接工作，并按照下列情形依法分别处置：

（一）被行政拘留、司法拘留、强制隔离戒毒或者被采取强制措施期间停止考核、保留原管理类别；解除后，社区矫正期限未满的，继续执行社区矫正，当月恢复考核、视情形调整管理类别。

（二）被行政拘留、司法拘留、强制隔离戒毒期间，社区矫正期限届满的，符合《实施办法》第五十三条第一款规定的办理解除矫正手续。

（三）涉嫌犯新罪或者发现判决宣告前还有其他罪没有判决被采取强制措施后，社区矫正期限届满且无法认定其在社区矫正期间没有应当撤销缓刑、撤销假释或者暂予监外执行收监执行情形的，不办理解除矫正手续。

（四）涉嫌犯新罪或者发现判决宣告前还有其他罪没有判决被采取强制措施后，被依法判处刑罚的，社区矫正终止。

被监察机关采取留置措施的社区矫正对象，参考上述规定办理。

《甘肃省社区矫正实施细则》

第一百零三条 人民法院、人民检察院、公安机关对社区矫正对象实施行政拘留、决定强制隔离戒毒或者采取刑事强制措施的，应当在二十四小时以内通知执行地县（市、区）社区矫正机构。

《广东省社区矫正实施细则》

第四十六条 社区矫正对象被依法决定行政拘留、司法拘留、强制隔离戒毒等，或者因涉嫌犯新罪、发现判决宣告前还有其他罪没有判决被采取强制措施的，决定机关应当自作出决定之日起三日内将有关情况通知执行地县级社区矫正机构和执行地县级人民检察院。

（一）社区矫正对象被采取行政拘留、司法拘留、强制隔离戒毒或者强制措施期间，由决定机关负责监管；

（二）社区矫正对象被解除行政拘留、司法拘留、强制隔离戒毒或者强制措施，社区矫正期限未满的，继续执行社区矫正。决定机关应当与社区矫正机构做好衔接工作；

（三）社区矫正对象因法定终止社区矫正情形被提请撤销缓刑、撤销假释或者收监执行，或者涉嫌犯新罪、漏罪被采取刑事强制措施期间，社区矫正期限届满的，县级社区矫正机构不办理解除社区矫正手续，将有关情况书面通知社区矫正决定机关、执行地县级人民检察院和公安机关。

社区矫正对象被撤销缓刑、撤销假释、收监执行或者被判处刑罚的，社区矫正机构应当依法终止社区矫正；未被追究刑事责任且依法不应当撤销缓刑、撤销假释、收监执行的，社区矫正机构应当为其办理解除社区矫正手续，解除社区矫正的时间为原执行期止日，并在解矫证明中加以注明。

《广西壮族自治区社区矫正工作细则》

第八十一条　社区矫正对象被依法决定行政拘留、司法拘留、强制隔离戒毒等或者因涉嫌犯新罪、发现判决宣告前还有其他罪没有判决被采取强制措施的，决定机关应当自作出决定之日起三日内将有关情况通知执行地县（市、区）社区矫正机构和人民检察院，并于十日内送达相关法律文书。

《河南省社区矫正工作细则》

第八十二条　社区矫正对象被依法决定行政拘留、司法拘留、强制隔离戒毒等或者因涉嫌犯新罪、发现判决宣告前还有其他罪没有判决被采取强制措施的，决定机关应当自作出决定之日起48小时内将有关情况通知执行地县级社区矫正机构和县级人民检察院，并于十日内送达相关法律文书。

社区矫正对象解除行政拘留、司法拘留、强制隔离戒毒等限制人身自由的羁押措施后，如无法定终止社区矫正情形的，社区矫正机构应继续对其实行社区矫正。

《湖南省社区矫正实施细则》

第九十三条　社区矫正对象被依法决定行政拘留、司法拘留、强制隔离戒毒等或者因涉嫌犯新罪、发现判决宣告前还有其他罪没有判决被采取强制措施的，决定机关应当自作出决定之日起三日内将有关情况书面通知执行地县级社区矫正机构和执行地县级人民检察院。

社区矫正对象解除行政拘留、司法拘留、强制隔离戒毒等限制人身自由的羁押措施后，如无法定终止社区矫正情形的，执行地县级社区矫正机构应当继续对其实行社区矫正。

《江西省社区矫正工作实施细则》

第九十三条　社区矫正对象被依法决定行政拘留、司法拘留、强制隔离戒毒等或者因涉嫌犯新罪、发现判决宣告前还有其他罪没有判决被采取强制措施的，决定机关应当自作出决定之日起三日内将有关情况通知执行地县级社区矫正机构和执行地县级人民检察院。

《辽宁省社区矫正实施细则》

第六十七条　社区矫正对象被依法决定行政拘留、司法拘留、强制隔离戒毒等或者因涉嫌犯新罪、发现判决宣告前还有其他罪没有判决被采取强制措施的，决定机关应当自作出决定之日起三日内将有关情况通知执行地县级社区矫正机构和人民检察院，并于十日内送达相关法律文书。

第六十八条　社区矫正对象在社区矫正期间被决定行政拘留、司法拘留、强制隔离戒毒或者因涉嫌犯新罪、发现判决宣告前还有其他罪没有判决被采取强制措施的，县级社区矫正机构接到有关决定机关通知后，应当主动与其做好衔接工作，并按照下列情形依法分别处置：

（一）被行政拘留、司法拘留、强制隔离戒毒或者被采取强制措施期间停止考核、保留原管理类别；解除后，社区矫正期限未满的，继续执行社区矫正，当月恢复考核、视情形调整管理类别。

（二）被行政拘留、司法拘留、强制隔离戒毒期间，社区矫正期限届满的，没有应当撤销缓刑、撤销假释或者暂予监外执行收监执行情形的，社区矫正机构依法办理解除矫正手续；

（三）涉嫌犯新罪或者发现漏罪被采取强制措施后，被依法判处刑罚的，社区矫正终止。

《宁夏回族自治区社区矫正实施细则》

第六十二条 社区矫正对象被依法决定行政拘留、司法拘留、强制隔离戒毒等或者因涉嫌犯新罪、发现判决宣告前还有其他罪没有判决被采取强制措施的，决定机关应当自作出决定之日起三日内将有关情况通知执行地县级社区矫正机构和执行地县级人民检察院。

《山东省社区矫正实施细则》

第六十七条 社区矫正对象被依法决定行政拘留、司法拘留、强制隔离戒毒等或者因涉嫌犯新罪、发现判决宣告前还有其他罪没有判决被采取强制措施的，决定机关应当自作出决定之日起三日内将有关情况书面通知执行地县级社区矫正机构和执行地县级人民检察院。

社区矫正对象被依法采取强制措施，未发生社区矫正终止情形的，原则上社区矫正期限应当继续计算，但社区矫正措施可以暂停执行。

《四川省社区矫正实施细则》

第九十四条 社区矫正对象被依法决定行政拘留、司法拘留、强制隔离戒毒等或者因涉嫌犯新罪、发现判决宣告前还有其他罪没有判决被采取强制措施的，决定机关应当自作出决定之日起三日内将有关情况通知执行地县级社区矫正机构和执行地县级人民检察院。

第三十三条[①] **【减刑程序】**

社区矫正对象符合刑法规定的减刑条件的，社区矫正机构应当向社区矫正执行地的中级以上人民法院提出减刑建议，并将减刑建议书抄送同级人民检察院。

人民法院应当在收到社区矫正机构的减刑建议书后三十日内作出裁定，并将裁定书送达社区矫正机构，同时抄送人民检察院、公安机关。

法条解读

本条规定了减刑程序。本条分设两款。第一款规定了减刑的条件、有权提出减刑的法院及减刑监督。根据本条规定，减刑的依据是《刑法》关于减刑的规定。《刑法》第七十八条规定，被判处管制、拘役、有期徒刑、无期徒刑的犯罪分子，在执行期间，如果认真遵守监规，接受教育改造，确有悔改表现的，或者有立功表现的，可以减刑；有重大立功表现的，应当减刑。根据上述条款，适用社区矫正的对象若有立功表现的，可以获得减刑。有重大立功表现的，应当减刑。根据《刑法》的规定，被判处无期徒刑的罪犯，应由高级人民法院减刑，其他的应由中级以上人民法院予以减刑。因此，判处无期徒刑的暂予监外执行或假释社区的矫正对象应当由省级社区矫正机构向社区矫正执行

① 相关地方规范性文件落实，例如，2021年江苏省溧阳市人民检察院会同溧阳市司法局，出台江苏省首个《关于对社区矫正对象提请减刑的实施意见（试行）》。

地的高级人民法院提出减刑建议，其他社区矫正对象由地（市）级社区矫正机构向社区矫正执行地的中级人民法院提出减刑建议。本条第二款规定了人民法院作出减刑裁定的期间及文书送达机关。

《社区矫正法实施办法》明确了高级人民法院裁定减刑的程序及社区矫正机构需要提交的相关证据材料。

地方实施细则进一步细化了减刑所需材料与相关程序。例如，《安徽省社区矫正工作实施细则》细化了社区矫正机构向人民法院应当移送提交的相关材料。《广东省社区矫正实施细则》明确了县级社区矫正机构、县级司法行政机关、市级社区矫正机构的材料提供、材料审查及材料报送程序，并就法院开庭审理中参与的人员进行了规范。《广西壮族自治区社区矫正工作细则》《河南省社区矫正工作细则》《辽宁省社区矫正实施细则》明确了一般立功与重大立功标准及减刑需要提供的证据材料与具体程序。《河南省社区矫正工作细则》《辽宁省社区矫正实施细则》就符合规定条件提请减刑的，应当公示的内容进行了规定。《湖南省社区矫正实施细则》和《宁夏回族自治区社区矫正实施细则》对提请减轻情形设置了五个工作日的公示期。《四川省社区矫正实施细则》与《河南省社区矫正工作细则》类似对提请减轻情形设置了为期七天的公示期，并明确了公示内容。《江苏省社区矫正实施细则》明确了社区矫正机构在减刑中的具体职责。

相关规定

《社区矫正法实施办法》

第四十二条 社区矫正对象符合法定减刑条件的，由执行地县级社区矫正机构提出减刑建议书并附相关证据材料，报经地（市）社区矫正机构审核同意后，由地（市）社区矫正机构提请执行地的中级人民法院裁定。

依法应由高级人民法院裁定的减刑案件，由执行地县级社区矫正机构提出减刑建议书并附相关证据材料，逐级上报省级社区矫正机构审核同意后，由省级社区矫正机构提请执行地的高级人民法院裁定。

人民法院应当自收到减刑建议书和相关证据材料之日起三十日内依法裁定。

社区矫正机构减刑建议书和人民法院减刑裁定书副本，应当同时抄送社区矫正执行地同级人民检察院、公安机关及罪犯原服刑或者接收其档案的监狱。

《安徽省社区矫正工作实施细则》

第六十七条 社区矫正对象符合法定减刑条件，社区矫正机构提请人民法院裁定减刑的，移送的案卷材料包括提请减刑建议书、提请减刑审批表、终审法院的判决书、裁定书、历次减刑裁定书、刑罚执行通知书复印件，社区矫正对象确有悔改或立功、重大立功表现等具体事实的证明材料等。

《福建省社区矫正实施细则》

第三十六条 县级社区矫正机构依据《刑法》和《实施办法》第四十二条的规定、对社区矫正对象提请减刑时，应当填写《提请减刑审核表》，经社区矫正奖惩工作组审核后、附相关证明材料，报设区市级社区矫正机构或者经设区市级社区矫正机构报省社区矫正机构审核并制发《社区矫正对象减刑建议书》，向社区矫正执行地中级或者高级人民法院提请裁定。

社区矫正机构的减刑建议书和人民法院的减刑裁定书，应当同时抄送社区矫正执行地同级人民检察院、公安机关及罪犯原服刑或者接收其档案的监狱。

《广东省社区矫正实施细则》

第五十五条 社区矫正对象符合法定

减刑条件的，按以下程序办理：

（一）县级社区矫正机构应当收集整理符合减刑法定条件的证据材料，并征求执行地县级人民检察院意见后，报送县级司法行政机关。

（二）县级司法行政机关应当自收到材料之日起五个工作日内进行审查，证据充分的，提出减刑建议，由县级社区矫正机构报市级社区矫正机构。

（三）市级社区矫正机构收到材料之日起五个工作日内报送市级司法行政机关。市级司法行政机关审核同意后，由市级社区矫正机构提请执行地中级人民法院裁定。

（四）依法应由高级人民法院裁定的减刑案件，由执行地县级社区矫正机构提出减刑建议书并附相关证据材料，层报省级社区矫正机构提请执行地高级人民法院裁定。

（五）人民法院一般应当开庭审理社区矫正对象减刑案件。开庭时，社区矫正对象、社区矫正机构代表应当到场；人民检察院应当指派检察人员出席法庭，发表检察意见。

人民法院应当自收到减刑建议书和相关证据材料之日起三十日内依法裁定。

（六）社区矫正机构减刑建议书和人民法院减刑裁定书副本，应当同时抄送社区矫正执行地同级人民检察院、公安机关及罪犯原服刑或者接收其档案的监狱、看守所。

第五十六条 社区矫正机构建议减刑应当提供下列材料：

（一）减刑建议书；

（二）提请减刑审核表；

（三）终审法院的判决书、裁定书、历次减刑裁定书、刑罚执行通知书；

（四）证明社区矫正对象确有悔改、立功或者重大立功表现具体事实的书面材料；

（五）走访谈话笔录、书面考察意见和社区矫正对象奖惩记录；

（六）根据案件审理需要的其他材料。

《广西壮族自治区社区矫正工作细则》

第九十八条 社区矫正对象认罪悔改且有立功表现的，社区矫正机构可以提请减刑。

社区矫正对象在社区矫正期间具有下列情形之一的，可以认定为有立功表现：

（一）阻止他人实施犯罪活动的；

（二）检举、揭发犯罪活动，或者提供重要的破案线索，经查证属实的；

（三）协助司法机关抓捕其他犯罪嫌疑人的；

（四）在生产、科研中进行技术革新，成绩突出的；

（五）在抗御自然灾害或者排除重大事故中，表现积极的；

（六）对国家和社会有其他较大贡献的。

第（四）项、第（六）项中的技术革新或者其他较大贡献应当由社区矫正对象独立或者为主完成，并经省级主管部门确认。

第九十九条 社区矫正对象认罪悔改且有重大立功表现的，应当提请减刑。

社区矫正对象在社区矫正期间具有下列情形之一的，应当认定为有重大立功表现：

（一）阻止他人实施重大犯罪活动的；

（二）检举重大犯罪活动，经查证属实的；

（三）协助司法机关抓捕其他重大犯罪嫌疑人（包括同案犯）的；

（四）有发明创造或者重大技术革新的；

（五）在日常生产、生活中舍己救人的；

（六）在抗击自然灾害或者排除重大事故中有突出表现的；

（七）对国家和社会有其他重大贡献的。

第（四）项中的发明创造或者重大技术革新应当是社区矫正对象独立或者为主完成并经国家主管部门确认的发明专利，且不包括实用新型专利和外观设计专利；第（七）项中的其他重大贡献应当由社区矫正对象独立或者为主完成，并经国家主管部门确认。

以上涉及的“重大犯罪活动”、“重大犯罪嫌疑人”，一般是指犯罪嫌疑人、被告人可能被判处无期徒刑以上刑罚或者案件在全省或者全国范围内有较大影响等情形。

被宣告缓刑的社区矫正对象一般不适用减刑，但是如果在缓刑考验期限内有前款规定重大立功表现的，可以参照《中华人民共和国刑法》第七十八条的规定予以减刑。

第一百条　提请减刑的，按以下程序办理：

（一）受委托的司法所应当收集整理社区矫正对象确有悔改表现或立功、重大立功表现或没有再犯罪危险等证据材料，报送县（市、区）社区矫正机构。

（二）县（市、区）社区矫正机构应当自收到证据材料之日起五个工作日内进行审查，经审查认为证据充分，应当提请减刑的，在五个工作日内报送设区市社区矫正机构审核。

（三）设区市社区矫正机构应当在五个工作日内进行审核，依法由中级人民法院管辖的，由设区市社区矫正机构审核后提请执行地中级人民法院裁定；依法应由高级人民法院管辖的，逐级报送自治区社区矫正机构审核。经审核认为材料不全的，应当及时通知县（市、区）社区矫正机构补齐有关材料；认为证据不充分不应当提请减刑的，应当书面说明理由。

第一百零一条　社区矫正对象符合法定减刑条件的，由执行地县（市、区）社区矫正机构提出减刑建议书并附相关证明材料，经设区市社区矫正机构审核同意后提请社区矫正对象执行地的中级人民法院裁定。

依法应由高级人民法院裁定的减刑案件，由执行地县（市、区）社区矫正机构提出减刑建议书并附相关证据材料，逐级上报自治区社区矫正机构审核同意后，由自治区社区矫正机构提请执行地的高级人民法院裁定。

人民法院收到提请减刑的建议后，应当认真审查，材料齐备的，应予立案；材料不齐备的，应当通知社区矫正机构补充。

社区矫正机构的减刑建议书，应当同时抄送社区矫正对象执行地同级人民检察院和公安机关及罪犯原服刑或者接收其档案的监狱。

人民检察院认为提请减刑建议不当的，或者应予立案而不立案的，应及时提出纠正意见。

第一百零二条　提请人民法院裁定减刑的，应当提供下列书面材料：

（一）减刑建议书；

（二）终审法院的判决书、裁定书、历次减刑裁定书的复印件；

（三）社区矫正对象确有悔改或立功、重大立功表现或者没有再犯罪危险等具体事实的证明材料；

（四）县（市、区）社区矫正机构或受委托的司法所书面考察意见，社区矫正对象日常行为奖惩记录，社区矫正机构工作人员、社会工作者、社会志愿者的走访谈话笔录，司法所社区矫正奖惩工作专题讨论记录等材料；

（五）人民法院规定的其他材料。

第一百零三条　人民法院应当收到减刑建议书和相关证据材料之日起三十日内依法裁定，并送达提请机关；暂予监外执行罪犯的减刑，案情复杂或者情况特殊的，可以延长一个月。

人民法院的减刑裁定书副本，应当同时抄送社区矫正对象执行地同级人民检察院、公安机关及罪犯原服刑或者接收其档案的监狱。

人民检察院认为减刑裁定不当的，应当在收到裁定书副本后二十日以内，向人民法院提出书面纠正意见。人民法院应当在收到纠正意见后一个月以内重新组成合议庭进行审理，作出裁定。

《贵州省社区矫正工作实施细则（试行）》

第五十八条　社区矫正对象符合减刑条件的，由执行地县级社区矫正机构依据《实施办法》第四十二条规定提请减刑。《社区矫正对象减刑建议书》和《人民法院减刑裁定书》应同时抄送执行地同级人民检察院、公安机关及罪犯原服刑或者接收其档案的监狱。

《河南省社区矫正工作细则》

第一百四十八条　社区矫正对象在社区矫正期间，认罪悔改且有立功表现的，社区矫正机构可以提请减刑；有重大立功表现的，应当提请减刑。

对拒不认罪悔罪的，或者确有履行能力而不履行或者不全部履行生效裁判中财产性判项的，一般不予减刑。

第一百四十九条　社区矫正对象具有下列情形之一的，可以认定为有“立功表现”：

（一）阻止他人实施犯罪活动的；

（二）检举、揭发犯罪活动，或者提供重要的破案线索，经查证属实的；

（三）协助司法机关抓捕其他犯罪嫌疑人的；

（四）在生产、科研中进行技术革新，成绩突出的；

（五）在抗御自然灾害或者排除重大事故中，表现积极的；

（六）对国家和社会有其他较大贡献的。

第（四）项、第（六）项中的技术革新或者其他较大贡献应当由社区矫正对象在社区矫正期间独立或者为主完成，并经省级主管部门确认。

第一百五十条　社区矫正对象具有下列情形之一的，应当认定为有“重大立功表现”：

（一）阻止他人实施重大犯罪活动的；

（二）检举重大犯罪活动，经查证属实的；

（三）协助司法机关抓捕其他重大犯罪嫌疑人（包括同案犯）的；

（四）有发明创造或者重大技术革新的；

（五）在日常生产、生活中舍己救人的；

（六）在抗御自然灾害或者排除重大事故中，有突出表现的；

（七）对国家和社会有其他重大贡献的。

第（四）项中的发明创造或者重大技术革新应当是社区矫正对象在社区矫正期间独立或者为主完成并经国家主管部门确认的发明专利，且不包括实用新型专利和外观设计专利；第（七）项中的其他重大贡献应当由社区矫正对象在社区矫正期间独立或者为主完成，并经国家主管部门确认。

以上涉及的“重大犯罪活动”、“重大犯罪嫌疑人”，一般是指犯罪嫌疑人、被告人可能被判处无期徒刑以上刑罚或者案件在全省或者全国范围内有较大影响等情形。

第一百五十一条 社区矫正对象符合法定减刑条件的，由执行地县级社区矫正机构提出减刑建议，并附原审生效裁判文书、执行通知书、考核奖惩记录、确有悔改表现或者立功、重大立功表现的书面证明材料等，报省辖市社区矫正机构审核。

第一百五十二条 社区矫正机构拟对符合法定条件的社区矫正对象提请减刑的，应当进行公示，公示时间为七天。公示内容应当包括：

（一）社区矫正对象的姓名；

（二）原判认定的罪名、矫正类别和矫正期限；

（三）社区矫正机构的减刑建议和依据；

（四）公示期限；

（五）意见反馈方式等。

未成年社区矫正对象减刑案件不适用本条规定。

第一百五十三条 省辖市社区矫正机构应严格依法审核县级社区矫正机构的减刑建议，做出是否向中级人民法院提出减刑建议的决定；审核同意的，由省辖市社区矫正机构提请执行地中级人民法院裁定。是否提请的情况应当及时反馈给县级社区矫正机构。

第一百五十四条 依法应由高级人民法院裁定的减刑案件，由执行地县级社区矫正机构提出减刑建议并附相关证据材料，层报省级社区矫正机构审核同意后，由省级社区矫正机构提请执行地高级人民法院裁定。

第一百五十五条 人民法院应当自收到社区矫正机构的减刑建议书和相关证明材料之日起三十日内依法作出是否减刑的裁定。

第一百五十六条 社区矫正机构减刑建议书和人民法院减刑裁定书副本，应当同时抄送社区矫正对象执行地同级人民检察院、公安机关及罪犯原服刑或者接收其档案的监狱、看守所。

《湖南省社区矫正实施细则》

第一百七十三条 社区矫正机构拟对符合法定条件的社区矫正对象提请减刑的，应当在社区矫正场所进行公示，公示时间为五个工作日。公示内容应当包括：

（一）社区矫正对象的姓名；

（二）原判认定的罪名、矫正类别和矫正期限；

（三）社区矫正机构的减刑建议和依据；

（四）公示期限；

（五）意见反馈方式等。

未成年社区矫正对象减刑案件不予公示。

第一百七十四条 社区矫正对象符合法定减刑条件的，由执行地县级社区矫正机构提出减刑建议，并附带相关证明材料，报市级社区矫正机构审核。

市级社区矫正机构应当严格依法审核执行地县级社区矫正机构报送的减刑建议和相关证明材料。审核同意的，由市级社区矫正机构提请执行地的中级人民法院裁定。是否提请的情况应当及时反馈给执行地县级社区矫正机构。

第一百七十五条 依法应当由高级人民法院裁定的减刑案件，由执行地县级社区矫正机构提出减刑建议并附相关证据材料，层报省级社区矫正机构审核同意后，由省级社区矫正机构提请执行地的高级人民法院裁定。

第一百七十六条 社区矫正机构提请减刑时，应当附下列材料：

（一）提请减刑建议书；

（二）终审法院裁判文书、历次减刑裁定书、执行通知书；

（三）证明社区矫正对象确有悔改表现或者立功、重大立功表现的书面证明材料；

（四）社区矫正对象考核奖惩记录，提请减刑审批表；

（五）社区矫正机构评议审核意见；

（六）受委托的司法所或者县级社区矫正机构出具的社区矫正对象矫正期间现实表现材料；

（七）人民法院要求移送的其他材料。

移送人民法院的有关材料，社区矫正机构应当保留复制件存档。

第一百七十七条 人民法院应当自收到社区矫正机构的减刑建议书和相关证明材料之日起三十日内依法作出是否减刑的裁定。

执行地县级社区矫正机构减刑建议书和人民法院减刑裁定书副本，应当同时抄送执行地同级人民检察院、公安机关及罪犯原服刑或者接收其档案的监狱。

《江苏省社区矫正实施细则》

第七十六条 依照《中华人民共和国刑法》和《实施办法》第四十二条的规定，对社区矫正对象提请减刑时，执行地县级社区矫正机构或者受委托的司法所填写《提请减刑审核表》。执行地县级社区矫正机构经集体评议研究同意，制作《减刑建议书》并附相关证据材料，报设区市社区矫正机构审核同意后，由设区市社区矫正机构提请执行地的中级人民法院裁定。

依法应当由省高级人民法院裁定的减刑案件，经执行地县级社区矫正机构逐级上报省社区矫正机构审核同意后，由省社区矫正机构提请省高级人民法院裁定。

社区矫正机构减刑建议书和人民法院减刑裁定书副本，同时抄送社区矫正执行地同级人民检察院、公安机关及罪犯原服刑或者接收其档案的监狱。

《江西省社区矫正工作实施细则》

第九十四条 社区矫正对象符合法定减刑条件的，由执行地县级社区矫正机构提出减刑建议书并附相关证据材料，报经市级社区矫正机构审核同意后，由市级社区矫正机构提请执行地的中级人民法院裁定。

依法应当由高级人民法院裁定的减刑案件，由执行地县级社区矫正机构提出减刑建议书并附相关证据材料，逐级上报省级社区矫正机构审核同意后，由省级社区矫正机构提请执行地的高级人民法院裁定。

人民法院应当自收到减刑建议书和相关证据材料之日起三十日内依法裁定。

社区矫正机构减刑建议书和人民法院减刑裁定书副本，应当同时抄送社区矫正执行地同级人民检察院、公安机关及罪犯原服刑或者接收其档案的监狱。

《辽宁省社区矫正实施细则》

第一百二十四条 社区矫正对象在社区矫正期间，认罪悔改且有立功表现的，社区矫正机构可以提请减刑；有重大立功表现的，应当提请减刑。

对拒不认罪悔罪的，或者确有履行能力而不履行或者不全部履行生效裁判中财产性判项的，一般不予减刑。

第一百二十五条 社区矫正对象具有下列情形之一的，可以认定为有“立功表现”：

（一）阻止他人实施犯罪活动的；

（二）检举、揭发犯罪活动，或者提供重要的破案线索，经查证属实的；

（三）协助司法机关抓捕其他犯罪嫌疑人的；

（四）在生产、科研中进行技术革新，成绩突出的；

（五）在抗御自然灾害或者排除重大事故中，表现积极的；

（六）对国家和社会有其他较大贡献的。

本款第（四）项、第（六）项中的技术革新或者其他较大贡献应当由社区矫正对象在社区矫正期间独立或者为主完成，并经省级主管部门确认。

第一百二十六条　社区矫正对象具有下列情形之一的，应当认定为有“重大立功表现”：

（一）阻止他人实施重大犯罪活动的；

（二）检举重大犯罪活动，经查证属实的；

（三）协助司法机关抓捕其他重大犯罪嫌疑人（包括同案犯）的；

（四）有发明创造或者重大技术革新的；

（五）在日常生产、生活中舍己救人的；

（六）在抗御自然灾害或者排除重大事故中，有突出表现的；

（七）对国家和社会有其他重大贡献的。

本款第（四）项中的发明创造或者重大技术革新应当是社区矫正对象在社区矫正期间独立或者为主完成并经国家主管部门确认的发明专利，且不包括实用新型专利和外观设计专利；第（七）项中的其他重大贡献应当由社区矫正对象在社区矫正期间独立或者为主完成，并经国家主管部门确认。

以上涉及的“重大犯罪活动”、“重大犯罪嫌疑人”，一般是指犯罪嫌疑人、被告人可能被判处无期徒刑以上刑罚或者案件在全省或者全国范围内有较大影响等情形。

第一百二十七条　社区矫正对象符合法定减刑条件的，由执行地县级社区矫正机构提出减刑建议，并附原审生效裁判文书、执行通知书、考核奖惩记录、确有悔改表现或者立功、重大立功表现的书面证明材料等，报市级社区矫正机构审核，同时抄送执行地人民检察院。

第一百二十八条　社区矫正机构拟对符合法定条件的社区矫正对象提请减刑的，应当进行公示，公示时间为五个工作日。公示内容应当包括：

（一）社区矫正对象的姓名；

（二）原判认定的罪名、矫正类别和矫正期限；

（三）社区矫正机构的减刑建议和依据；

（四）公示期限；

（五）意见反馈方式等。

未成年社区矫正对象减刑案件不适用本条规定。

第一百二十九条　市级社区矫正机构应严格依法审核县级社区矫正机构的减刑建议，做出是否向中级人民法院提出减刑建议的决定；审核同意的，由市级社区矫正机构提请执行地中级人民法院裁定。是否提请的情况应当及时反馈给县级社区矫正机构。

第一百三十条　依法应由高级人民法院裁定的减刑案件，由执行地县级社区矫正机构提出减刑建议并附相关证据材料，层报省级社区矫正机构审核同意后，由省级社区矫正机构提请执行地高级人民法院裁定。

第一百三十一条 人民法院应当自收到社区矫正机构的减刑建议书和相关证明材料之日起三十日内依法作出是否减刑的裁定。

第一百三十二条 社区矫正机构减刑建议书和人民法院减刑裁定书副本，应当同时抄送社区矫正对象执行地同级人民检察院、公安机关及罪犯原服刑或者接收其档案的监狱、看守所。

《宁夏回族自治区社区矫正实施细则》

第六十三条 社区矫正对象符合法定减刑条件的，由执行地县级社区矫正机构提出减刑建议书并附相关证据材料，报经设区的市社区矫正机构审核同意后，由设区的市社区矫正机构提请执行地的中级人民法院裁定。经审核不同意的，应当及时反馈给执行地县级社区矫正机构。

依法应当由自治区高级人民法院裁定的减刑案件，由执行地县级社区矫正机构提出减刑建议书并附相关证据材料，逐级上报自治区社区矫正机构审核同意后，由自治区社区矫正机构提请高级人民法院裁定。

人民法院应当自收到减刑建议书和相关证明材料之日起三十日内依法裁定。

社区矫正机构减刑建议书和人民法院减刑裁定书副本，应当同时抄送社区矫正执行地同级人民检察院、公安机关及罪犯原服刑或者接收其档案的监狱。

第六十四条 社区矫正对象提请减刑的，应当在执行地范围内进行公示。公示时间一般为五个工作日，公示内容应当包括：

（一）社区矫正对象的姓名；

（二）原判认定的罪名、矫正类别和矫正期限；

（三）社区矫正机构的减刑建议和依据；

（四）公示期限；

（五）意见反馈方式等。

未成年社区矫正对象减刑案件不适用本条规定。

《山东省社区矫正实施细则》

第六十一条 社区矫正对象符合法定减刑条件的，由执行地县级社区矫正机构提出减刑建议书并附相关证据材料，报经市级社区矫正机构审核同意后，由市级社区矫正机构提请执行地的中级人民法院裁定。

依法应由高级人民法院裁定的减刑案件，由执行地县级社区矫正机构提出减刑建议书并附相关证据材料，逐级上报省级社区矫正机构审核同意后，由省级社区矫正机构提请执行地的高级人民法院裁定。

人民法院应当自收到减刑建议书和相关证据材料之日起三十日内依法作出是否准予减刑的裁定。

社区矫正机构减刑建议书和人民法院准予减刑裁定书副本，应当同时抄送社区矫正执行地同级人民检察院、公安机关及罪犯原服刑或者接收其档案的监狱。

《四川省社区矫正实施细则》

第一百五十六条 社区矫正对象具有下列情形之一的，可以认定为有“立功表现”：

（一）阻止他人实施犯罪活动的；

（二）检举、揭发犯罪活动，或者提供重要的破案线索，经查证属实的；

（三）协助司法机关抓捕其他犯罪嫌疑人的；

（四）在生产、科研中进行技术革新，成绩突出的；

（五）在抗御自然灾害或者排除重大事故中，表现积极的；

（六）对国家和社会有其他较大贡献的。

第（四）项、第（六）项中的技术革新或者其他较大贡献应当由社区矫正对象在社区矫正期间独立或者为主完成，并经省级主管部门确认。

第一百五十七条 社区矫正对象具有下列情形之一的，应当认定为有“重大立功表现”：

（一）阻止他人实施重大犯罪活动的；

（二）检举重大犯罪活动，经查证属实的；

（三）协助司法机关抓捕其他重大犯罪嫌疑人的；

（四）有发明创造或者重大技术革新的；

（五）在日常生产、生活中舍己救人的；

（六）在抗御自然灾害或者排除重大事故中，有突出表现的；

（七）对国家和社会有其他重大贡献的。

第（四）项中的发明创造或者重大技术革新应当是社区矫正对象在社区矫正期间独立或者为主完成并经国家主管部门确认的发明专利，且不包括实用新型专利和外观设计专利；第（七）项中的其他重大贡献应当由社区矫正对象在社区矫正期间独立或者为主完成，并经国家主管部门确认。

以上涉及的“重大犯罪活动”“重大犯罪嫌疑人”，一般是指犯罪嫌疑人、被告人可能被判处无期徒刑以上刑罚或者案件在全省乃至全国范围内有较大影响等情形。

第一百五十八条 社区矫正对象具有立功情形的，由执行地县级社区矫正机构集体审议后，报市级社区矫正机构审核。

社区矫正对象具有重大立功情形的，由县、市级社区矫正机构分别集体审议后，层报省级社区矫正机构审核。

第一百五十九条 社区矫正对象符合法定减刑条件的，由执行地县级社区矫正机构提出减刑建议，并附带社区矫正对象终审法院裁判文书、历次减刑裁定书、执行通知书、考核奖惩记录、社区矫正对象确有悔改表现或者立功、重大立功表现的书面证明材料等，经由同级人民检察院出具减刑意见书后，报市级社区矫正机构审核。

市级社区矫正机构应严格依法审核执行地县级社区矫正机构的减刑建议；审核同意的，市级社区矫正机构应当提出减刑建议，经由同级人民检察院出具减刑意见书后，提请执行地中级人民法院裁定。经中级人民法院裁定减刑的案件，市级社区矫正机构应当报省级社区矫正机构备案。

依法应由高级人民法院裁定的减刑案件，由执行地县级社区矫正机构提出减刑建议并附相关证据材料，层报省级社区矫正机构审核；审核同意的，省级社区矫正机构应当提出减刑建议，经由同级人民检察院出具减刑意见书后，提请执行地高级人民法院裁定。

第一百六十条 执行地县级社区矫正机构拟对符合法定条件的社区矫正对象提请减刑的，应当在社区矫正场所进行公示，公示时间为七天。公示内容应当包括：

（一）社区矫正对象的姓名；

（二）原判认定的罪名、矫正类别和矫正期限；

（三）社区矫正机构的减刑建议和依据；

（四）公示期限；

（五）意见反馈方式等。

未成年社区矫正对象减刑案件不予公示。

第一百六十一条 社区矫正机构提请减刑时，应当附下列材料：

（一）提请减刑建议书；

（二）人民检察院减刑意见书；

（三）提请减刑审核表；

（四）终审法院裁判文书、历次减刑裁定书、执行通知书；

（五）社区矫正对象确有悔改表现或者立功、重大立功表现的书面证明材料；

（六）社区矫正奖惩评审组集体审议记录；

（七）社区矫正对象考核奖惩记录；

（八）县级社区矫正机构或者受委托的司法所出具的社区矫正对象矫正期间现实表现材料；

（九）生效刑事裁判涉财产部分执行情况、刑事附带民事赔偿履行情况等相关材料；

（十）人民法院要求移送的其他材料。

第一百六十二条 人民法院应当自收到社区矫正机构的减刑建议书和相关证明材料之日起三十日内依法作出是否减刑的裁定。

第一百六十三条 社区矫正机构减刑建议书和人民法院减刑裁定书副本，应当同时抄送社区矫正对象执行地同级人民检察院、公安机关及罪犯原服刑或者接收其档案的监狱。

文书范本

社区矫正对象减刑建议书①

（ ） 字第 号

社区矫正对象________，男（女），____年____月____日出生，____族，身份证号码________，户籍地________，执行地________。因犯________罪经________人民法院于____年____月____日判处________。____年____月____日经________人民法院（监狱管理局、公安局）裁定假释（决定、批准暂予监外执行）。在管制（缓刑、假释、暂予监外执行）期间，依法实行社区矫正。社区矫正期限自____年____月____日起至____年____月____日止。

该社区矫正对象接受社区矫正期间有如下表现：____。

依据《中华人民共和国刑法》第七十八条、《中华人民共和国刑事诉讼法》第二百七十三条、《中华人民共和国社区矫正法》第三十三条之规定，建议对社区矫正对象予以减刑。

此致

________________人民法院

（公章）

年 月 日

注：抄送________人民检察院、________公安分局，________监狱。

① 来自《北京市社区矫正实施细则》。

社区矫正对象拟减刑公示①

社区矫正对象________，男（女），____年____月____日出生，____族，因犯________罪于________被判处________。依法实行社区矫正，社区矫正类别________，矫正期限____，根据________，社区矫正机构拟对其提出减刑建议。

若对本公示有不同意见，请于7日内（____年____月____日至____年____月____日）通过信函、电话等方式向________社区矫正机构反映。

联系电话：

通信地址：

（社区矫正机构印章）

年 月 日

说明：

1. 本文书根据《宁夏回族自治区社区矫正实施细则》第六十四条规定制作。用于拟对符合条件的社区矫正对象提请减刑前公示时使用。

2. 本文书应当在社区矫正场所进行公示，公示时间为七天。未成年社区矫正对象减刑案件不予公示。

第三十四条 【合法权益保障】

开展社区矫正工作，应当保障社区矫正对象的合法权益。社区矫正的措施和方法应当避免对社区矫正对象的正常工作和生活造成不必要的影响；非依法律规定，不得限制或者变相限制社区矫正对象的人身自由。

社区矫正对象认为其合法权益受到侵害的，有权向人民检察院或者有关机关申诉、控告和检举。受理机关应当及时办理，并将办理结果告知申诉人、控告人和检举人。

法条解读

本条主要规定了社区矫正对象的合法权益保障内容及方式。本条是对《社区矫正法》第四条关于“尊重和保障人权”规定的具体贯彻。本条分设两款。第一款对社区矫正对象的合法权益进行了原则性规定。对社区矫正对象而言，保障其合法权益是其保护其权利的重要方式。对社区矫正机构而言，保障社区矫正对象的合法权益是其一项重要的义务。社区矫正对象除依法被剥夺的限制的权利以外，享有较为广泛的权利，如就业、就学、人格尊严、住宅安宁权等。社区矫正工作人员开展工作应该采取合理的措施和方法，尽量减少对社区矫正对象工作和生活的干扰。除法律规定的限制和剥夺人身自由的情形外，社区矫正对象人身自由不受限制。本条第二款规定了社区矫正对象合法权益受到侵害后的救济。

《社区矫正法实施办法》及各省市社区矫正实施细则均未对本法条予以细化说明。

① 来自《关于进一步规范社区矫正执法文书格式的通知》。

第五章 教育帮扶

第三十五条[①] **【教育帮扶的场所与条件】**

县级以上地方人民政府及其有关部门应当通过多种形式为教育帮扶社区矫正对象提供必要的场所和条件，组织动员社会力量参与教育帮扶工作。

有关人民团体应当依法协助社区矫正机构做好教育帮扶工作。

法条解读

本条主要对教育帮扶的场所与条件进行了规定。本条分设两款。第一款规定了政府教育帮扶社区矫正对象的责任。“通过多种形式”提供场所和条件是指各地可以结合当地实际情况，通过诸如改建、扩建、新建等形式拓展教育帮扶场所。该处的“场所”，既包括社区矫正中心，也包括其他可以开展教育帮扶活动的工作场所，如企事业单位等为社区矫正对象开展职业技能培训的场所等。这里的“条件”主要指为教育帮扶社区矫正对象指定的政策、调配的力量、扶持的资金、添置的设施设备等，为有需求的社区矫正对象接受义务教育、职业技能培训、申请社会救助、参加社会保险、获得法律援助、参加劳动就业等提供帮助。[②] 本条第二款强调了有关团体在教育帮扶中的重要作用。这些团体主要包括工会、共青团、妇联、残联等。

《社区矫正法实施办法》未对本条予以细化。

地方实施细则进一步明确了教育帮扶原则、主要场所及教育帮扶的措施等。例如，《福建省社区矫正实施细则》《辽宁省社区矫正实施细则》明确了社区矫正中心作为教育帮扶的主要场所，并就相关配套措施进行了规定。其中，《辽宁省社区矫正实施细则》规定，司法行政机关、社区矫正机构应当协调、配合民政部门，培育孵化能够承接社区矫正社会服务的专门社会组织。《江西省社区矫正工作实施细则》《宁夏回族自治区社区矫正实施细则》《四川省社区矫正实施细则》明确了社区矫正机构可以通过政府购买服务、项目委托等方式，为社区矫正对象在教育、心理辅导、职业技能培训、社会关系改善等方面提供必要的帮扶指导。《浙江省社区矫正教育帮扶规定（试行）》明确了教育帮扶的原则及人民法院、人民检察院、社区矫正机构等组织在教育帮扶中的相应职责。

相关规定

《福建省社区矫正实施细则》

第三十七条 社区矫正中心是社区矫正机构为组织实施社区矫正各项工作而建立的承担监督管理、教育帮扶、应急处置和社会力量参与等功能的专门执法场所和工作平台。

司法行政机关和社区矫正机构应当按照司法部和有关部门发布实施的《司法业

---

① 相关规范性文件落实，例如，《司法业务用房建设标准》（建标 129—2010）。

② 王爱立，姜爱东主编：《中华人民共和国社区矫正法释义》，中国民主法制出版社 2020 年版，第 184 页。

务用房建设标准》和社区矫正中心建设规范进行建设。有条件的受委托的司法所应当建立社区矫正对象教育培训室。

县级人民检察院可以根据社区矫正检察常态化的特点，在县级社区矫正中心设置检察官室，县级司法行政机关和社区矫正机构应当提供便利和必要的办公条件。

根据我省的实际情况，监督管理区和教育帮扶区合为矫正执行区，设置安全防护设施；综合管理区与矫正执行区分开，设置隔离设施。

《甘肃省社区矫正实施细则》

第四十四条 生病、行动不便或有其他特殊原因的社区矫正对象，可以向县（市、区）社区矫正机构申请减免到场报到、集中学习、公益活动，教育学习可采用网络学习、分散自学方式进行。申请减免或变更学习方式的社区矫正对象应当提出书面申请，提交相关证明材料。县（市、区）社区矫正机构视情形决定是否减免或变更，并明确减免或变更的事项、频次和期间。到期后仍需减免或变更的，应当重新提出申请。

《湖南省社区矫正实施细则》

第一百一十二条 市级、县级司法行政机关应当积极争取地方人民政府并协调有关部门为教育帮扶社区矫正对象提供必要的场所和条件，组织动员社会力量广泛参与教育帮扶工作。执行地县级社区矫正机构应当充分利用地方人民政府及其有关部门提供的场所和条件开展教育帮扶工作。

《江苏省社区矫正实施细则》

第六十一条 社区矫正机构、受委托的司法所应当充分利用地方人民政府及有关部门提供的教育帮扶场所和有关条件，按照因人施教的原则，根据矫正方案有针对性地对社区矫正对象开展教育矫正活动。

《江西省社区矫正工作实施细则》

第七十条 执行地县级社区矫正机构、社区矫正日常机构应当充分利用地方人民政府及其有关部门提供的教育帮扶场所和有关条件，按照因人施教的原则，采取阶段教育与分类教育相结合、集体教育与个别教育相结合、专门教育与社会教育相结合的方式，有针对性地对社区矫正对象开展教育帮扶活动。

执行地县级社区矫正机构、社区矫正日常机构可以通过公开择优购买服务或者委托社会组织执行项目等方式，对社区矫正对象开展教育帮扶活动。

《辽宁省社区矫正实施细则》

第九十一条 社区矫正中心是社区矫正机构为组织实施社区矫正各项工作而建立的承担监督管理、教育帮扶、应急处置和社会力量参与等功能的专门执法场所和工作平台。县级以上地方人民政府及其有关部门应当通过多种形式为社区矫正中心建设提供必要的场所和条件。社区矫正机构应当协调、联系企事业单位，推进社区矫正对象就业基地、公益活动基地、教育基地的建设。

第一百一十四条 司法行政机关、社区矫正机构应当协调、配合民政部门，培育孵化能够承接社区矫正社会服务的专门社会组织，加强社区矫正专职社会工作者队伍建设，对有需要的社区矫正对象进行临时性救济。

《宁夏回族自治区社区矫正实施细则》

第七十二条 教育帮扶是社区矫正机构通过开展有针对性教育、心理辅导、职业技能培训、就业指导和社会救助等形式，组织动员社会力量参与，充分利用社会资源，促使社区矫正对象认罪悔罪，增强法律意识、道德素养，提高社会适应能力，使其成为自食其力的守法公民的各项活动。

教育帮扶可以由县级社区矫正机构或者受委托的司法所组织，也可以由社区矫正机构通过政府购买社会服务、项目委托等方式，为社区矫正对象在教育、心理辅导、职业技能培训、社会关系改善等方面提供必要的帮扶指导。

《山东省社区矫正实施细则》

第六十九条 社区矫正机构、司法所应当充分利用地方人民政府及其有关部门提供的教育帮扶场所和有关条件，有针对性地对社区矫正对象开展教育帮扶活动。

社区矫正机构可以通过公开择优购买服务或者项目委托社会组织等方式，对社区矫正对象开展教育帮扶活动。

《山西省社区矫正实施细则》

第五十五条 执行地县级社区矫正机构、社区矫正中心和受委托的司法所应当对社区矫正对象开展有针对性地教育帮扶活动。

执行地县级社区矫正机构、社区矫正中心和受委托的司法所可以直接组织，也可以采取政府购买服务或者项目委托等方式，由相关专业机构或者社会组织开展教育帮扶。

《四川省社区矫正实施细则》

第一百一十四条 县级社区矫正机构应当制定年度教育帮扶计划，明确教育帮扶内容、方式、时间、对象等，并组织实施。

第一百一十五条 教育帮扶活动可以由执行地县级社区矫正机构或受委托的司法所直接组织，也可以采取政府购买服务或者项目委托的方式由相关专业机构或者社会组织予以实施，定期或者不定期开展。

《浙江省社区矫正教育帮扶规定（试行）》

第三条 社区矫正教育帮扶工作应当坚持专门机关与社会力量相结合，遵循依法规范、科学管理、公正文明、以人为本、因人施教、注重实效的原则。

第四条 人民法院、公安机关、监狱应当在判决、裁定或者决定宣告时，对社区矫正对象开展相关法律法规教育，协助社区矫正机构开展教育帮扶工作。

人民检察院应当依照法定职责对社区矫正教育帮扶工作实施法律监督，协助社区矫正机构开展教育帮扶工作。

省级和设区市的市级社区矫正机构负责社区矫正教育帮扶工作的规划部署、指导管理、组织实施和检查考核等。

县级社区矫正机构及其受委托的司法所承担社区矫正对象日常教育帮扶工作，对社区矫正对象参加教育学习、公益活动等情况进行监督、管理与考核。

第五条 社区矫正机构应当发挥同级社区矫正委员会办公室职能作用，协调并规范成员单位职责任务和责任清单，开展社区矫正教育帮扶工作。

第七条 社区矫正机构应当依照相关法律规定推动建立思想道德、爱国主义、传统文化、公益活动、心理矫正、职业技能培训、过渡性就业安置等教育帮扶场所，组织开展教育帮扶工作。

第八条 社区矫正机构应当充分发挥社区矫正中心等场所功能作用，组织开展社区矫正教育帮扶工作。

第九条 社区矫正机构、司法所应当定期实地查访社区矫正对象家庭、所在单位、就读学校、村（居）等，了解掌握其思想状况、行为表现和工作、学习、生活等情况，开展针对性教育帮扶工作。

文书范本

社区矫正对象监护人责任书①

本人________（性别____，____年____月____日生，____族，文化程度____，户籍地为________，居住地为________，身份证号码为________，联系电话________），与社区矫正对象________为________关系，作为社区矫正对象的监护人，自愿履行如下责任：

1. 协助________监督社区矫正对象________遵守法律和有关规定；
2. 对社区矫正对象________的人身、财产及其他合法权益进行监督和保护；
3. 履行对社区矫正对象________的监管（抚养）责任；
4. 督促和协助社区矫正对象________按规定报告个人情况、参加教育学习、公益活动；
5. 发现社区矫正对象________擅自离开________县（市、区）或者变更居住地，或者有违法犯罪行为，或者死亡的，立即向________报告。

（社区矫正机构印章）　　　　　　　　　　监护人签名（捺印）：

年　月　日　　　　　　　　　　　　　　年　月　日

说明：

1. 本文书根据《中华人民共和国社区矫正法》第三十五条的规定制作。
2. 本文书一式两份，执行地县级社区矫正机构存档一份，监护人一份。委托司法所进行管理的，可复印一份。
3. “________监督”“________报告”应填写执行地县级社区矫正机构或者受委托的司法所。
4. 监护人身份证复印件应当附在本文书后。

社区矫正对象减免集中学习（公益活动）审批表②

<table>
<tr><td>姓名</td><td></td><td>性别</td><td></td><td>身份证号码</td><td colspan="2"></td></tr>
<tr><td>户籍地</td><td colspan="3"></td><td>执行地</td><td colspan="2"></td></tr>
<tr><td>罪名</td><td></td><td colspan="2">原判刑罚</td><td></td><td>附加刑</td><td></td></tr>
<tr><td>禁止令内容</td><td colspan="3"></td><td>禁止期限起止日</td><td colspan="2">自　年　月　日
至　年　月　日</td></tr>
<tr><td>矫正类别</td><td></td><td>矫正期限</td><td></td><td>起止日</td><td colspan="2">自　年　月　日
至　年　月　日</td></tr>
</table>

---

① 来自《关于进一步规范社区矫正执法文书格式的通知》。

② 同上注。

续表

减免事项及频次		减免起止日	自　年　月　日 至　年　月　日
减免原因			
呈报单位意见	（公章） 年　月　日		
社区矫正机构意见	（社区矫正机构印章） 年　月　日		

说明：

1. 本文书根据《宁夏回族自治区社区矫正实施细则》第七十五条规定制作。
2. 本文书用于审批社区矫正对象申请减免集中学习、公益活动时使用。
3. 呈报单位包括受委托的司法所，相关意见栏如不使用，可以删除。
4. 本文书由社区矫正机构存档，委托司法所进行管理的，可复印一份。

第三十六条　【教育矫正】

社区矫正机构根据需要，对社区矫正对象进行法治、道德等教育，增强其法治观念，提高其道德素质和悔罪意识。

对社区矫正对象的教育应当根据其个体特征、日常表现等实际情况，充分考虑其工作和生活情况，因人施教。

法条解读

本条主要规定了教育矫治内容及个别化教育。本条分设两款。第一款规定了教育的内容与教育目的。法律教育目的是实现他律意识，道德教育目的是实现自律意识。通过培养他律与自律意识，最终实现悔罪意识，提升其法治观念与道德素质。第二款规定了个别化教育。个别化教育要求社区矫正机构针对个体因素，因人施教，差别化教育。

《社区矫正法实施办法》明确分类教育与个别教育相结合的方式，并采用集中教育、网上培训、实地参观等多种形式开展集体教育。《社区矫正法实施办法》规定社区矫正机构、司法所可以通过公开择优购买服务或者委托社会组织执行项目等方式，对社区矫正对象开展教育活动。

各省市社区矫正实施细则大都对法治教育、道德教育及心理教育方式与内容进行了细化。例如，《安徽省社区矫正工作实施细则》《北京市社区矫正实施细则》《福建省社区矫正实施细则》《广西壮族自治区社区矫正工作细则》《河南省社区矫正工作细则》《陕西省社区矫正实施细则》《浙江省社区矫正教育帮扶规定（试行）》采用了较为灵活的集体教育时间与形式，明确了可以免除集体教育的情形。上述细则还就特殊情形规定了进行个别教育，并做好记录。《北京市社区矫正实施细则》明确了集中教育分为入矫教育、专项教育、分类教育和解矫教育。《福建省社区矫正实施细则》对社区矫正对象实施入矫、矫中、解矫教育，该细则还就法治教育及道德教育内容进行了细化。《甘肃省社区矫正实施细则》《宁夏回族自治区社区矫正实施细则》对个别教育与集体教育的内容与方式均予以细化，明确了入矫教育、矫中教育、解矫教育相关内容。《广东省社区矫正实施细则》明确了对社区矫正对象开展分阶段教育，结合教育矫正阶段性工作目标，分为入矫教育、日常教育和解矫前教育三个阶段。《江苏省社区矫正实施细则》细化了需个别化教育内容。《广西壮族自治区社区矫正工作细则》《山东省社区矫正实施细则》将教育矫正区分为集中教育与个别教育，并规定以此为基础，社区矫正机构或受委托的司法所根据需要，开展入矫谈话、日常谈话、解矫谈话和特定谈话。《贵州省社区矫正工作实施细则（试行）》细化了集体教育与个别教育的内容与形式。《河南省社区矫正工作细则》《湖南省社区矫正实施细则》《辽宁省社区矫正实施细则》《四川省社区矫正实施细则》明确了教育矫正原则、集体教育与个别教育的形式与内容。同时就心理教育人员、教育方式、内容及心理矫正档案相关问题进行了细化说明。《江西省社区矫正工作实施细则》要求社区矫正对象按规定完成每月自主学习的专题内容，其中一类管理对象完成四个专题、二类管理对象完成三个专题、三类管理对象完成两个专题。《山西省社区矫正实施细则》推出了红色文化教育。《浙江省社区矫正教育帮扶规定（试行）》明确了社区矫正机构、司法所可以每月为社区矫正对象安排有针对性的个人自学内容。该规定鼓励支持社区矫正对象参加各类学历教育、职业技能培训、资格资质培训等活动，并建立了个案矫正责任人制度，明确个案矫正责任人的相关职责。

相关规定

《社区矫正法实施办法》

第四十三条　社区矫正机构、受委托的司法所应当充分利用地方人民政府及其有关部门提供的教育帮扶场所和有关条件，按照因人施教的原则，有针对性地对社区矫正对象开展教育矫正活动。

社区矫正机构、司法所应当根据社区矫正对象的矫正阶段、犯罪类型、现实表现等实际情况，对其实施分类教育；应当结合社区矫正对象的个体特征、日常表现等具体情况，进行个别教育。

社区矫正机构、司法所根据需要可以采用集中教育、网上培训、实地参观等多种形式开展集体教育；组织社区矫正对象参加法治、道德等方面的教育活动；根据社区矫正对象的心理健康状况，对其开展心理健康教育、实施心理辅导。

社区矫正机构、司法所可以通过公开择优购买服务或者委托社会组织执行项目等方式，对社区矫正对象开展教育活动。

《安徽省社区矫正工作实施细则》

第六十九条　县（市、区）社区矫正机构、司法所应当落实分类教育要求，定期组织社区矫正对象开展集体教育，根据参加社区矫正对象不同情况，设置相应的教育内容和形式。集体教育可以采用课堂教育、网上培训、小组活动、实地参观等形式进行。参加集体教育的时间与形式可以允许社区矫正对象根据自身情况选择。社区矫正对象因患严重疾病、传染类疾病、精神类疾病或有盲、聋、哑、残、孕等情况，不宜参加集体教育的，经县（市、区）社区矫正机构审批，可以免除集体教育。

第七十条　社区矫正对象有下列情形之一的，县（市、区）社区矫正机构、司法所应当对其进行个别教育，做好记录：

（一）思想波动或者行为异常的；

（二）个人、家庭情况有重大变故的；

（三）经批准离开社区矫正执行地或迁居的；

（四）违反监督管理规定或人民法院禁止令的；

（五）受到奖励或者处罚的；

（六）其他需要进行个别教育的。

个别教育可以采取在社区矫正中心或者司法所面谈、上门走访等形式开展。上门走访开展个别教育应当由两名以上工作人员共同进行。

第七十一条　县（市、区）社区矫正机构根据需要在社区矫正中心设置心理矫正工作室，建立专兼职社区矫正心理咨询师队伍，组织实施并指导司法所对社区矫正对象开展心理矫正工作。

第七十二条　县（市、区）社区矫正机构、司法所根据社区矫正对象的心理健康状况，可以自行组织或者委托相关社会组织开展心理评估、心理健康教育、心理咨询等工作。在社区矫正对象遇到丧偶、丧亲、离异、失业、严重疾病等家庭生活或工作重大变故时，应当及时组织开展心理疏导等工作。

《北京市社区矫正实施细则》

第八十八条　社区矫正机构、司法所根据需要，组织社区矫正对象参加法治、道德等方面的教育活动，增强其法治观念，提高其道德素质和悔罪意识。

第八十九条　区社区矫正机构、司法所根据需要可以采用集中教育、网上教学、实地参观等多种形式开展集体教育。

集中教育包括入矫教育、专项教育、分类教育和解矫教育。

区社区矫正机构、司法所应当对入矫二个月以内的社区矫正对象开展入矫教育；可以在重点时段、重大活动期间或者遇有特殊情况时对社区矫正对象开展专项教育；可以根据社区矫正对象年龄、性别、犯罪类型、现实表现等开展针对性的分类集中教育；应当在社区矫正对象矫正期满前二个月开展解矫教育。

社区矫正对象应当按照要求参加集中教育。因客观原因不能参加的，应当提前三个工作日向司法所提出书面申请，经教育组织部门批准后，应当通过个别教育、网络学习等形式进行补课。

原则上不组织未成年社区矫正对象开展集中教育。

第九十条 区社区矫正机构、司法所应当结合社区矫正对象的个体特征、日常表现、分类管理等实际情况，进行个别教育。

个别教育由矫正小组的司法所工作人员负责实施，专职社会工作者、志愿者等其他人员协助。

对实施普管的社区矫正对象开展个别教育每月不少于一次；对实施严管的社区矫正对象每两周不少于一次。遇有特殊情况的，应当及时开展个别教育。

第九十一条 区社区矫正机构根据社区矫正对象的心理健康状况，组织开展心理健康教育、心理辅导等，矫正其违法犯罪心理和行为恶习，提高其适应社会的能力。

区社区矫正机构应当设立心理健康教育和心理辅导专门场所，组建由心理咨询师、社会工作者、志愿者等组成的心理矫正工作队伍，统筹做好社区矫正对象的心理健康教育和心理辅导工作。

《福建省社区矫正实施细则》

第三十八条 对社区矫正对象实施入矫、矫中、解矫教育。社区矫正对象在接收和临近解除社区矫正三十日内，分别进行入矫和解矫教育。

社区矫正对象法治教育以宪法、刑法、刑事诉讼法、治安管理处罚法、禁毒法、社区矫正法、民法典等相关法律为主要内容。道德教育以公民道德建设纲要和社会主义核心价值观以及爱国主义教育、传统优秀文化为主要内容。使用省社区矫正机构统编或指定教材。

对社区矫正对象的教育主要采取集中教育、个别教育、网上培训、实地参观等形式开展。社区矫正对象因残疾或者其他身体原因，经县级社区矫正机构评估，填写《社区矫正对象免参加集中教育审批表》、报设区市级社区矫正机构批准，可以免予参加集中教育。

对社区矫正对象教育的情况，社区矫正机构应当组织考查，并填写《社区矫正对象教育登记表》，连同相关材料存入其档案。

社区矫正机构根据需要，组织社区矫正对象到监狱实地参观、接受警示教育，可以协调所在地的监狱提供必要的条件。

第三十九条 县级社区矫正机构应当在接收社区矫正对象之日起三十日内完成入矫教育。入矫教育的主要内容为社区矫正法律法规、认罪悔罪、行为规范教育以及爱国歌曲教唱等。

完成入矫教育的社区矫正对象，由县级社区矫正机构组织入矫教育考查。

第四十条 社区矫正对象有下列情形之一的，县级社区矫正机构和受委托的司法所应当适时开展个别教育，并做好记录：

（一）入矫和申请事项未获批准时，由县级社区矫正机构开展；

（二）被调整管理类别、本人患严重疾病、家庭发生重大变故或者受奖惩时，由受委托的司法所开展；

（三）其他需要个别教育的情形，由县级社区矫正机构或者受委托的司法所分别及时开展。

第四十一条　县级社区矫正机构应当在社区矫正对象临近解除社区矫正的三十日内完成解矫教育。解矫教育的主要内容为社会适应性和安置帮教政策性教育等。

社区矫正对象接受解矫教育结束后，由县级社区矫正机构对其进行考查。

第四十四条　社区矫正对象心理辅导工作主要包括心理健康教育、心理测验、心理咨询（心理辅导）、心理危机干预等工作。对社区矫正对象心理健康教育使用省社区矫正机构统编或指定教材。社区矫正对象社会关系改善工作主要包括亲属关系和人际关系改善等。

承接社区矫正对象心理辅导和社会关系改善工作的社会组织和其他单位，所形成《社区矫正对象心理档案》和社会关系改善材料，于社区矫正对象解除或者终止三十日内移交县级社区矫正机构，随同其档案保管。

受委托的司法所可以依托乡村综治中心设立的平台开展社区矫正对象的心理辅导和社会关系改善工作。

《甘肃省社区矫正实施细则》

第四十二条　坚持专门机关和社会力量相结合；分段教育与分类教育相结合；集中教育和个别教育相结合，按照因人施教的原则，对社区矫正对象开展有针对性的教育帮扶活动，实行个别化矫正。

第四十五条　县（市、区）社区矫正机构、受委托的司法所根据需要可以采用集中教育、网上培训、实地参观等多种形式开展集体教育，组织社区矫正对象参加政治、法治、文化、道德等方面的教育活动。

第四十六条　县（市、区）社区矫正机构或受委托的司法所应当制定社区矫正对象教育计划并组织指导监督计划落实，明确集体教育的学习内容、方式方法、学习时间、考核奖惩等。

第四十七条　集体教育主要解决社区矫正对象在思想和行为方面的共性问题，提高社区矫正对象的法律素养、道德素质和悔罪意识。视社区矫正对象的情况和需要，集体教育坚持分段进行与分类进行相结合。

第四十八条　在社区矫正对象入矫期，县（市、区）社区矫正机构或受委托的司法所应当开展社区矫正告知教育、认罪服法教育、社区矫正监管规定教育、社区矫正对象权利义务教育等入矫教育。社区矫正对象矫正期间应当开展法律政策教育、思想道德教育、文化知识教育、行为矫正教育、职业技能教育、心理健康教育等在矫教育。矫正期满前一个月是解矫期，应当开展遵纪守法、依法办事教育，引导社区矫正对象做好矫正总结、自我鉴定，接受安置帮教。

第四十九条　县（市、区）社区矫正机构或受委托的司法所应当按照社区矫正对象的性别、年龄、犯罪类型、矫正类别、管理等级等对其进行分类，实施分类教育，安排不同的教育内容。

第五十条　集体教育的组织实施者应当做好教育学习记录，对集中教育效果进行评定，根据评定结果，及时调整教育内容。

第五十一条　县（市、区）社区矫正机构或受委托的司法所应当掌握社区矫正对象的个性化差异，对社区矫正对象进行分析研判，作为实施个别教育的基础。

第五十二条　社区矫正对象的个别化教育应当根据其年龄、犯罪类型、矫正类别及不同矫正阶段，结合社区矫正对象的个体特征、行为表现，充分考虑其工作、生活情况，设计个性化的分类教育内容，因人施教。

第五十三条　个别教育通过通信联络、个别谈话、家庭走访、心理健康教育、职业技能培训、法律援助、临时性救助、适应性帮扶等形式开展。对违规社区矫正对象的个别教育应当结合惩处进行。

第五十四条　对不服从监管、有报复社会或他人的言论或苗头、社会交往异常、发生矛盾纠纷、经评估再犯罪风险较高或者家庭发生变故、身患重病、有自杀倾向等特殊情形的社区矫正对象，应当增加个别教育次数和时间。

第五十五条　开展个别教育应当做好个别教育记录，结合监督管理、社区矫正对象行为表现，综合分析教育效果，适时调整个别教育内容和方法。

第五十六条　县（市、区）社区矫正机构及受委托的司法所应当根据需要对社区矫正对象开展心理健康教育，修复社会关系，矫正犯罪心理和行为恶习。

第五十七条　县（市、区）社区矫正机构可以采取政府购买服务或者项目委托的方式组织专业人员对社区矫正对象开展心理健康教育。

第五十八条　县（市、区）社区矫正机构应当建立具有心理咨询师资格的专业心理健康教育工作队伍，可以吸收具备资格的社会工作者、志愿者等参加。

第五十九条　县（市、区）社区矫正机构根据需要定期不定期组织社区矫正对象进行心理测试、心理咨询，对存在心理疾病、再犯罪或者其它危害社会风险的社区矫正对象，及时通报相关部门并采取心理疏导、危机干预等心理治疗措施。

第六十条　县（市、区）社区矫正机构或受委托的司法所应当为社区矫正对象建立个人心理健康档案，长期追踪教育效果。

《广东省社区矫正实施细则》

第四十八条　社区矫正机构、受委托的司法所应当根据社区矫正对象的实际情况，实施分阶段、分类别教育。

社区矫正机构、受委托的司法所对社区矫正对象的分阶段教育，可以根据社区矫正对象在矫正期间心理、行为特征和需求变化的规律，结合教育矫正阶段性工作目标，分为入矫教育、日常教育和解矫前教育三个阶段。

社区矫正机构、受委托的司法所对社区矫正对象的分类别教育，可以根据社区矫正对象的犯罪类型、犯罪形式和犯罪情节等情况，在综合开展法治、道德、心理健康等教育活动的基础上，有针对性地采取震撼教育、感化教育、心理辅导和行为训练养成等措施，保证教育矫正实效。

第四十九条　社区矫正机构、受委托的司法所应当结合社区矫正对象的个体特征、日常表现等具体情况，进行个别教育。根据需要可以采取集中教育、网上培训、实体参观等多种形式开展集体教育。社区矫正机构或者受委托的司法所每月至少组织一次集体教育活动。

《广西壮族自治区社区矫正工作细则》

第八十二条　社区矫正教育帮扶坚持专门机关与社会力量、分段教育与分类教育、集体教育与个别教育相结合的原则，对社区矫正对象因人施教，开展有针对性的教育帮扶活动。

第八十三条　社区矫正机构、受委托的司法所应当充分利用人民政府及其有关部门提供的教育帮扶场所和条件开展教育帮扶活动。

社区矫正机构、受委托的司法所应当根据社区矫正对象的矫正阶段、犯罪类型、个体特征、现实表现等情况，对其实施分类教育和个别教育。

第八十四条　社区矫正对象有病、残、孕等情况的，可以向社区矫正机构申请减免到场报到、集中学习、公益活动。社区矫正对象减免活动申请应当以书面方式提出，提交相关证明材料。

社区矫正机构视情形决定是否减免，明确减免的事项、频次和期限。期限届满后仍需减免的，应当重新提出申请。

第八十五条　社区矫正机构、受委托的司法所根据需要可以采用集中教育、网上培训、实地参观、座谈交流等多种形式开展集体教育，组织社区矫正对象参加法治、道德等方面的教育活动。

第八十六条　县（市、区）社区矫正机构、受委托的司法所根据需要，开展以下矫正教育：

（一）入矫教育。县（市、区）社区矫正机构应当对入矫一个月内的社区矫正对象开展入矫教育，主要包括社区矫正认知、认罪悔罪、警示等教育。

（二）日常教育。县（市、区）社区矫正机构或者受委托的司法所应当每月对社区矫正对象开展日常教育，主要包括法治、道德、时事、心理、技能等教育。

（三）专项教育。县（市、区）社区矫正机构或者受委托的司法所可以在重点时段、重大活动期间或者遇有特殊情况时对社区矫正对象开展专项教育。

（四）分类教育。县（市、区）社区矫正机构或者受委托的司法所可以根据社区矫正对象的年龄、性别、犯罪类型、现实表现等，有针对性地开展分类教育。

第八十七条　社区矫正机构、受委托的司法所应当根据社区矫正对象的个性化差异，对社区矫正对象进行分析研判，作为实施个别教育的基础。

社区矫正对象的个别化教育应当根据其年龄、罪行、矫正类别及不同矫正阶段，结合社区矫正对象的个体特征、行为表现、工作生活情况等，开展差别化的教育，因人施教。

个别教育通过通信联络、个别谈话、家庭走访、心理辅导、职业技能培训、法律援助、临时性救助、适应性帮扶等形式开展。对违规社区矫正对象的个别教育应当结合惩处进行。

第八十八条　县（市、区）社区矫正机构或受委托的司法所根据需要，开展入矫谈话、日常谈话、解矫谈话和特定谈话。

入矫谈话。县（市、区）社区矫正机构或受委托的司法所应当在社区矫正对象报到后，及时开展入矫谈话教育，重点了解社区矫正对象基本情况，告知其应遵守的规定和违反规定后果。

日常谈话。县（市、区）社区矫正机构或受委托的司法所对社区矫正对象每个考核周期内至少开展一次谈话教育，对于实行严格管理和重点管理的可以适度增加谈话频次。日常谈话重点了解社区矫正对象日常表现、思想动态和现实困难等情况。

解矫谈话。县（市、区）社区矫正机构或受委托的司法所应当在社区矫正对象矫正期满前十五日内对其开展解矫谈话，做好安置帮教衔接教育。解矫谈话一般应当采取个别谈话教育方式进行，原则上在县（市、区）社区矫正机构或者受委托的司法所进行，对于获准外出、病、残、孕等特殊情况不能到场的社区矫正对象，可以采取电话、视频、上门走访等方式进行。

特定谈话。发现社区矫正对象有下列情形之一的，县（市、区）社区矫正机构或受委托的司法所应当及时开展特定谈话：

（一）不服从监管；

（二）经评估再犯罪风险较高、有报复社会或他人的言论或苗头；

（三）思想波动较大或者行为反常、情绪异常的；

（四）个人、家庭情况有重大变故的；

（五）与他人发生较大矛盾纠纷的；

（六）新变更执行地的；

（七）被训诫、警告、治安处罚的；

（八）其他需要个别教育的情形。

第八十九条　社区矫正机构、受委托的司法所可以根据社区矫正对象个性特征、文化层次、犯罪类型等情况，通过推荐教育读本、学习资料或者开展网上学习等方式，指导社区矫正对象进行自我教育。

第九十条　县（市、区）社区矫正机构或受委托的司法所根据需要对社区矫正对象开展心理矫正，矫正犯罪心理和行为恶习。

社区矫正机构根据需要，组织社区矫正对象进行心理测试、心理咨询，对存在心理疾病、再犯罪或者其它危害社会风险的，及时采取心理疏导、危机干预等心理治疗措施。

《贵州省社区矫正工作实施细则（试行）》

第四十六条　执行地县级社区矫正机构、受委托的司法所根据社区矫正对象的矫正阶段、犯罪类型、现实表现等实际情况，对其实施集体教育、个别教育。

集体教育可以采取集中教育、警示教育、专题授课、网上培训、实地参观等集中活动形式，组织社区矫正对象学习法治、道德等方面内容。

个别教育可以采取个别教育谈话、实地查访、心理健康教育等形式，有针对性地帮助社区矫正对象改正行为恶习。

第四十七条　执行地县级社区矫正机构或受委托的司法所根据社区矫正对象实际情况实行分阶段教育。分阶段教育分为入矫教育、日常教育、解矫教育，各阶段教育主要以集体教育和个别教育相结合方式进行。入矫教育、日常教育、解矫教育阶段的集体教育和个别教育频率应对照分类管理等级，教育次数应由多到少依次对应，教育措施应由严到宽相应适度。

第四十八条　入矫三个月为入矫教育阶段。入矫教育期间，执行地县级社区矫正机构或受委托的司法所每月对社区矫正对象进行集体教育和个别教育不少于一次。主要以告知社区矫正对象权利义务，学习社区矫正相关法律、规章、开展警示教育等。

入矫教育结束至矫正期满前三个月为日常教育阶段。日常教育期间，执行地县级社区矫正机构或受委托的司法所根据社区矫正对象分类等级和具体个案等情况，定期进行集体教育和个别教育。

矫正期满前三个月为解矫教育阶段。解矫教育期间，执行地县级社区矫正机构或受委托的司法所主要通过帮助社区矫正对象进行自我鉴定，总结矫正表现，了解帮教和就业政策，帮助其顺利融入社会。

社区矫正对象矫正期限不足六个月的，前三个月为入矫教育阶段，其余阶段可根据实际情况合理设置分阶段教育内容。

《河南省社区矫正工作细则》

第一百零四条　坚持专门机关和社会

力量相结合、分段教育与分类教育相结合、集中教育和个别教育相结合，按照因人施教的原则，对社区矫正对象开展有针对性的教育帮扶活动，实行个别化矫正。

第一百零五条　教育帮扶可以由县级社区矫正机构或者受委托的司法所直接组织，也可以采取政府购买服务或者项目委托的方式由相关专业机构或者社会组织予以实施，定期或者不定期开展。

第一百零六条　因年迈或身体等原因行动不便的社区矫正对象，可以向社区矫正机构申请减免到场报到、集中学习、公益活动。社区矫正对象应当提出书面申请，提交相关证明材料。社区矫正机构视情形决定是否减免，明确减免的事项、频次和期间。到期后仍需减免的，应当重新提出申请。

第一百零七条　社区矫正机构、受委托的司法所根据需要可以采用集中教育、网上培训、实地参观等多种形式开展集体教育，组织社区矫正对象参加法治、道德等方面的教育活动。

第一百零八条　社区矫正机构应当制定社区矫正对象教育计划并组织指导监督计划落实，明确集体教育的学习内容、方式方法、学习时间、考核奖惩等。

第一百零九条　集体教育主要解决社区矫正对象在思想和行为方面的共性问题，提高社区矫正对象的法律素养、道德素质和悔罪意识。视社区矫正对象的情况和需要，集体教育坚持分段进行与分类进行相结合。

第一百一十条　在社区矫正对象入矫期，社区矫正机构、受委托的司法所应当开展社区矫正告知教育、认罪服法教育、社区矫正监管规定教育、社区矫正对象权利义务教育等入矫教育。矫正期满前一个月是解矫期，应当开展遵纪守法、依法办事教育，预防、减少再犯罪教育等解矫教育，引导社区矫正对象做好矫正总结、自我鉴定，接受安置帮教。其它时间应当开展法律政策教育、思想道德教育、文化知识教育、行为矫正教育、职业技能教育、心理健康教育等在矫教育。

第一百一十一条　集体教育按照社区矫正对象的性别、年龄、犯罪类型、矫正类别、管理等级等划分类别，安排不同的教育内容，实行分类教育。

第一百一十二条　集体教育的组织实施者应当做好教育学习记录，进行集中教育效果评定，及时调整集中教育内容。

第一百一十三条　社区矫正机构、受委托的司法所应当掌握社区矫正对象的个性化差异，对社区矫正对象进行分析研判，作为实施个别教育的基础。

第一百一十四条　社区矫正对象的个别化教育应当根据其年龄、罪错、矫正类别及不同矫正阶段，结合社区矫正对象的个体特征、行为表现，充分考虑其工作、生活情况，设计差别化的分类教育内容，因人施教。

第一百一十五条　个别教育通过通信联络、个别谈话、家庭走访、心理矫治、职业技能培训、法律援助、临时性救助、适应性帮扶等形式开展。对违规社区矫正对象的个别教育应当结合惩处进行。

第一百一十六条　对不服从监管、经评估再犯罪风险较高、有报复社会或他人的言论或苗头、社会交往异常或者家庭发生变故、身患重病、有自杀倾向、发生矛盾纠纷等特殊情况的社区矫正对象，应当增加个别教育次数和时间。

第一百一十七条　开展个别教育应当做好个别教育记录，结合监督管理、社区矫正对象行为表现，综合分析教育效果，适时调整个别教育内容和方法。

第一百一十八条 社区矫正机构及受委托的司法所应当根据需要对社区矫正对象开展心理矫正，修复社会关系，矫正犯罪心理和行为恶习。

第一百一十九条 社区矫正机构可以采取政府购买服务或者项目委托的方式，组织专业人员对社区矫正对象开展心理矫正。

第一百二十条 社区矫正机构应当建立具有心理咨询师资格的专业心理矫正工作队伍，可以吸收具备资格的社会工作者、志愿者等参加。

第一百二十一条 社区矫正机构根据需要定期不定期组织社区矫正对象进行心理测试、心理咨询，对存在心理疾病、再犯罪或者其它危害社会风险的社区矫正对象，及时采取心理疏导、危机干预等心理治疗措施。心理治疗应当由专业人员进行。

第一百二十二条 接受心理矫正的社区矫正对象应当建立个人心理矫正档案，长期追踪矫正效果。心理疾患严重的纳入重点对象管控。

《湖南省社区矫正实施细则》

第一百一十三条 对社区矫正对象的教育活动应当落实因人施教的原则，开展有针对性的个别教育，也可以根据需要开展分段教育、分类教育和集体教育。

教育帮扶活动可以充分运用远程音视频直播、录播、在线平台等现代信息技术手段开展。

第一百一十四条 对社区矫正对象的教育内容包括法治、道德、思想、社区矫正制度、心理等方面。对社区矫正对象进行教育应当根据教育矫正工作需要，安排相应的教育内容，并充分考虑其工作和生活情况，避免对其正常工作和生活造成不必要的影响。

执行地市级、县级社区矫正机构应当制定教育矫正工作年度计划，执行地县级社区矫正机构、受委托的司法所根据计划安排，制定季度实施方案，并建立相关台帐，记录教育矫正实施情况。

社区矫正对象应当按照社区矫正机构有关教育矫正工作安排，接受教育矫正，做好必要的学习笔记。

第一百一十五条 教育帮扶活动由执行地县级社区矫正机构、受委托的司法所组织实施。社区矫正机构可以通过政府购买社会服务、项目委托社会组织等方式整合社会资源，为社区矫正对象在教育、心理辅导、职业技能培训、就业、社会关系改善、公益活动等方面提供必要的帮扶。

鼓励有经验和资源的社会组织跨地区为社区矫正对象开展教育帮扶活动。

村（居）民委员会的人员，社区矫正对象的监护人、家庭成员，所在单位或者就读学校的人员以及社会工作者、志愿者等有关社会力量依法对社区矫正对象进行必要的教育帮扶。

第一百一十六条 社区矫正机构可以协调民政等有关部门孵化培育能够承接社区矫正社会服务的专门社会组织，加强社区矫正社会工作者队伍建设，不断提高有关社会组织和社会工作者参与社区矫正工作的水平。

第一百一十七条 对未成年人的社区矫正教育，应当与成年人分别进行，一般采取个别教育的形式。

第一百一十八条 具有本细则第一百二十九条第二款、第一百四十三条第一款规定情形的社区矫正对象，可以向执行地县级社区矫正机构书面申请减少或者免除参加集中性教育活动、公益活动的时间和频次，并提交相关证明材料。执行地县级社区矫正机构视情形决定是否减免，并将不予减免的理由或者减免的具体事项、时间、频次和期限等书面通知社区矫正对象。到期后仍需减免的，应当重新提出申请。

执行地县级社区矫正机构、受委托的司法所根据需要，可以对被决定减免集中性教育活动、公益活动的社区矫正对象开展其他必要的教育矫正活动。

第一百一十九条　司法行政机关应当根据有关规定，将分段教育、分类教育、个别教育、公益活动、社会适应性帮扶的实施情况及效果，纳入对社区矫正机构、受委托的司法所的考核。

第一百二十条　执行地县级社区矫正机构、受委托的司法所应当根据社区矫正对象的个体特征、日常表现等实际情况，分析确定其教育帮扶需要，科学制定教育帮扶措施，组织实施相关教育帮扶活动；可以将社区矫正对象接受教育帮扶的情况及效果，作为对其实施考核奖惩的重要依据。

第一百二十一条　执行地县级社区矫正机构、受委托的司法所应当根据社区矫正对象在矫正期间不同阶段的心理、行为特征和教育需要等情况，分析总结不同矫正阶段教育矫正的规律特点，分段开展有区别的教育矫正。

第一百二十二条　对社区矫正对象的分段教育可以分为入矫教育、矫中教育和解矫教育。

入矫教育一般在入矫后一个月内进行；解矫教育一般在解矫前一个月内进行；矫中教育在入矫教育后至解矫教育前进行。

第一百二十三条　入矫教育主要包括社区矫正基本知识、监管教育规定、社区矫正对象的权利和义务、认罪悔罪，以及行为规范、形势政策、爱国主义等内容。

入矫教育可以通过入矫宣告和采取个别谈话、发放告知书、在线学习等形式进行。对于新入矫的社区矫正对象，可以按月为周期对其开展入矫集体教育，一般在社区矫正中心进行。

第一百二十四条　矫中教育是教育矫正的重点阶段，主要根据社区矫正对象的需要，对其进行专门的的法治教育、符合时代要求的思想道德教育、有针对性的心理健康教育、分层次的文化技能教育等。

矫中教育应当循序渐进、系统化实施，坚持分类基础上的集体教育和个别教育相结合，可以采取个别谈话、在线学习、主题教育等多种形式。

第一百二十五条　社区矫正对象受到奖惩、遇到特殊困难以及重大敏感时期等关键节点，执行地县级社区矫正机构、受委托的司法所应当及时对其开展有针对性的个别、激励、警示等教育活动。

第一百二十六条　解矫教育主要包括总结性、弥补性、社会适应性等内容。

解矫教育可以通过社区矫正对象自我总结、个别谈话、解矫宣告、在线学习等形式进行。对于同一个月内解矫的社区矫正对象，可以对其开展解矫集体教育。

第一百二十七条　执行地县级社区矫正机构、受委托的司法所应当根据社区矫正对象的犯罪类型、矫正类别、悔罪意识、现实表现、思想状况、心理特点、再犯罪风险等情况划分教育类别，根据同类别社区矫正对象的共性问题和共同需要，安排有针对性的教育方法和教育内容，分类施教。

第一百二十八条　对社区矫正对象的分类教育应当充分考虑其类别特征、安排的教育内容和所要达到的教育效果等实际需要，灵活采用课堂教学、专题报告、专门培训、远程教育、线上学习、团体辅导、实地参观等多种形式的集体教育。

第一百二十九条　执行地县级社区矫正机构、受委托的司法所应当定期制定分类教育计划，对分类教育活动的目标、主题、频次、参加对象、师资力量等作出安排，按计划抓好分类教育的实施。

社区矫正对象因年迈、严重疾病、行动不便、怀孕或者正在哺乳自己婴儿等原因不能参加分类集体教育活动的，可以依照本细则第一百一十八条的规定申请减免。

第一百三十条　执行地县级社区矫正机构、受委托的司法所可以组织开展教育效果评估，总结和改进分类教育工作，保障和提高分类教育效果。

第一百三十一条　执行地县级社区矫正机构、受委托的司法所应当了解掌握社区矫正对象的罪行、犯罪原因、犯罪类型、悔罪表现、性格、文化程度、思想、心理、气质、日常表现、社会交往、家庭关系、工作、生活等相关情况，分析确定其个性化教育需要，组织对其开展有针对性的个别教育，实现个别化矫正。

执行地县级社区矫正机构、受委托的司法所根据需要，可以邀请派驻监所警察、公安民警、检察人员，组织有关社会力量对社区矫正对象进行必要的个别教育。

第一百三十二条　进行个别化矫正应当充分运用个别教育的手段。个别教育遵循经常性、广泛性、及时性、针对性、科学性、有效性原则。

对社区矫正对象的个别教育按严管级每月两次以上、普管级每月一次以上、宽管级每两月一次以上的要求进行。

第一百三十三条　别教育一般通过谈心谈话、通信联络、实地走访等形式开展，其内容主要包括有针对性的法律、道德、思想、心理、监管制度、行为规范等。执行地县级社区矫正机构、受委托的司法所等应当充分利用日常与社区矫正对象见面、联络的机会开展个别教育。

第一百三十四条　开展个别教育应当讲究方式方法，综合运用倾听、接纳、引导、鼓励、提示、劝解、警醒、诫勉、批评、纠正等方法进行，也可以结合监管、考核、奖惩、帮扶等措施实施。对违规社区矫正对象的个别教育按照规定结合惩处进行。

第一百三十五条　执行地县级社区矫正机构与受委托的司法所按照各有侧重的原则，共同承担个别教育职责。

社区矫正对象具有下列情形之一的，由执行地县级社区矫正机构开展个别教育：

（一）在入矫、奖惩、申请事项未获县级以上社区矫正机构批准等重要时段需要进行个别教育的；

（二）属于重新违法犯罪风险较高等重点社区矫正对象的；

（三）存在明显不服从管教或者其他严重问题，经司法所个别教育难以实现个别化矫正的。

社区矫正对象因法治观念、道德素质、悔罪意识、管理类别调整、考核奖惩、本人患严重疾病、家庭发生重大变故、申请事项未获司法所批准等日常问题需要进行个别教育的，由受委托的司法所开展。

经受委托的司法所开展个别教育效果不明显，仍存在较严重问题需要加强个别教育的，受委托的司法所可以报请执行地县级社区矫正机构开展个别教育。执行地县级社区矫正机构应当根据有关规定以及工作需要，单独或者会同受委托的司法所对社区矫正对象开展个别教育。

第一百三十六条　对有不服从监管、经评估再犯罪风险较高、报复社会或者他人倾向、行为或者社会交往异常、家庭重大变故、身患重病、自杀倾向、涉及矛盾纠纷等特殊问题，可能存在违规、违法和重新犯罪风险的重点社区矫正对象，执行地县级社区矫正机构、受委托的司法所应当及时进行个别教育，并根据需要增加个别教育的时间和频次。

第一百三十七条　执行地县级社区矫正机构、受委托的司法所在开展个别教育后，可以通过分析评估等手段，总结个别教育效果，决定是否需要进一步开展个别教育，或者是否需要调整个别教育的内容和方法。

第一百五十三条　社区矫正机构可以通过购买社区矫正社会服务、将社区矫正心理矫治纳入当地社会心理服务体系建设内容等多种渠道，充分利用社区矫正中心、村（社区）的心理咨询室和其他有关社会资源，采取现场、远程和热线电话等相结合的方式健全完善社区矫正对象心理矫治机制，组织和协调对社区矫正对象开展下列心理矫治工作，以矫正其违法犯罪心理，防止其因心理问题导致重新违法犯罪：

（一）周期性的心理健康教育、团体辅导等再犯罪心理预防工作；

（二）普遍性的心理测评、建立心理健康档案等心理问题预警工作；

（三）针对性的心理辅导、心理咨询、心理疾病治疗和康复等心理危机干预工作。社区矫正对象的心理健康档案在其解除或者终止矫正三十日内纳入社区矫正档案保管。

《江苏省社区矫正实施细则》

第六十二条　执行地县级社区矫正机构、受委托的司法所应当根据社区矫正对象的裁判内容、矫正类别、犯罪类型、现实表现等实际情况，分阶段开展入矫教育、矫中教育和解矫教育，组织实施普遍教育、分类教育和个别教育。

对接收和临近解除社区矫正三十日内的社区矫正对象，分别开展入矫和解矫教育，其余阶段开展矫中教育。矫正期限三个月以内的，应当视情形调整入矫、矫中和解矫教育时间。

社区矫正对象的入矫教育包括认罪悔罪、在矫意识教育等，矫中教育包括形势政策教育、法治教育、道德教育、心理教育、职业技能培训、公益活动等，解矫教育包括矫正总结教育和安置帮教指导教育等。

第六十三条　执行地县级社区矫正机构、受委托的司法所可以采取集中教育与分散教育、分类教育与个别教育、线上教育与线下教育、课堂教育与现场教育相结合等方式，科学、系统、规范地开展教育矫正。

社区矫正对象因残疾或者其他身体原因不适宜参加集中教育的，由本人提出书面申请，执行地县级社区矫正机构或者受委托的司法所填写《社区矫正对象免予集中教育审批表》，报执行地县级社区矫正机构负责人批准。

第六十四条　社区矫正对象有下列情形之一的，执行地县级社区矫正机构、受委托的司法所应当及时开展个别教育，并做好记录：

（一）违反人民法院禁止令的；

（二）个人、家庭发生重大变故的；

（三）思想波动或者行为异常的；

（四）违反监督管理规定的；

（五）请假外出的；

（六）迁居和执行地变更的；

（七）受到奖惩的；

（八）其他需要开展个别教育的。

《江西省社区矫正工作实施细则》

第七十一条 社区矫正对象入矫后、矫正期满前，执行地县级社区矫正机构、社区矫正日常机构应当对其开展阶段教育：

（一）入矫教育。社区矫正对象入矫登记一个月内，执行地县级社区矫正机构应当开展入矫教育。入矫教育一般采用集体学习的方式，重点学习法律法规和矫正知识，开展行为矫正训练，明确社区矫正对象所享有的权利、应当履行的义务以及违反规定的法律后果，引导其认罪悔罪，主动接受社区矫正。入矫教育结束后，执行地县级社区矫正机构应当组织考核。社区矫正对象考核合格的，转入常规教育；考核不合格的，延长入矫教育时间，直至考核合格。

（二）解矫教育。对一个月内即将矫正期满的社区矫正对象，执行地县级社区矫正机构、社区矫正日常机构应当开展解矫教育。重点学习法律法规、形势政策和就业创业知识，综合评估教育矫正效果，提出安置帮教和未来发展建议，引导其遵纪守法，提高就业谋生能力，顺利融入社会，成为守法公民。

第七十二条 执行地县级社区矫正机构、社区矫正日常机构应当根据社区矫正对象的矫正阶段、犯罪类型、个体特征、现实表现等实际情况，对其实施分类教育。

执行地县级社区矫正机构、社区矫正日常机构可以通过联合有关单位、部门和社会组织，采取资源共享、联合共建等方式开展分类教育。支持和鼓励社区矫正对象志愿参加现身说法、教育帮扶等分类教育活动，主动修复社会关系，顺利融入社会。

第七十三条 执行地县级社区矫正机构、社区矫正日常机构应当结合社区矫正对象的个体特征、日常表现等具体情况，进行个别教育。个别教育可以采取个别谈话、上门走访、设置个性化学习专题等方式开展，有针对性地消除其可能重新违法犯罪的因素，提高教育矫正效果。

第七十四条 执行地县级社区矫正机构、社区矫正日常机构根据需要可以采用集中教育、网上培训、实地参观等形式开展集体教育；通过设置学习专题、使用学习教育软件、开展专题考试等形式组织社区矫正对象参加法治、道德等方面的教育活动；根据社区矫正对象的心理健康状况，对其开展心理健康教育、实施心理辅导。

第七十五条 执行地县级社区矫正机构应当根据需要，确定社区矫正对象教育学习的课程、内容、方式及要求。社区矫正对象应当每月按时参加执行地县级社区矫正机构、社区矫正日常机构组织的集体教育，按规定完成每月自主学习的专题内容，其中一类管理对象完成四个专题、二类管理对象完成三个专题、三类管理对象完成两个专题。

社区矫正日常机构视社区矫正对象每月完成教育学习情况，作出合格、基本合格和不合格的教育矫正评价。

社区矫正对象确因患有严重疾病、生活不能自理等特殊情况无法参加教育学习活动的，应当提交书面申请，并如实提供证明材料，经执行地县级社区矫正机构批准后，可以免除其参加相关教育学习活动，其教育矫正评价确定为基本合格。

《辽宁省社区矫正实施细则》

第八十九条 坚持专门机关和社会力量相结合、分段教育与分类教育相结合、集中教育和个别教育相结合，按照因人施教的原则，对社区矫正对象开展有针对性的教育帮扶活动，实行个别化矫正。

第九十三条　社区矫正机构、司法所根据需要可以采用集中教育、网上培训、实地参观等多种形式开展集中教育，组织社区矫正对象参加法治、道德等方面的教育活动。

第九十四条　社区矫正机构应当制定社区矫正对象教育计划并组织指导监督计划落实，明确集中教育的学习内容、方式方法、学习时间、考核奖惩等。

第九十五条　对社区矫正对象实施入矫、矫中、解矫教育。社区矫正对象在接收和临近解除社区矫正三十日内，分别进行入矫和解矫教育。

社区矫正机构、司法所在入矫教育期间，应当开展社区矫正告知教育、认罪服法教育、社区矫正监管规定教育、社区矫正对象权利义务教育等。在解矫教育期间，应当开展遵纪守法教育、社会适应性和安置帮教政策性教育等。在矫中教育期间，应当开展法律政策教育、思想道德教育、文化知识教育、行为矫正教育、职业技能教育、心理健康教育等在矫教育。

第九十六条　集中教育按照社区矫正对象的性别、年龄、犯罪类型、矫正类别、管理等级等划分类别，安排不同的教育内容，实行分类教育。

第九十七条　集中教育的组织实施者应当做好教育学习记录，进行集中教育效果评定，及时调整集中教育内容。

第九十八条　社区矫正机构、司法所应当掌握社区矫正对象的个性化差异，对社区矫正对象进行分析研判，作为实施个别教育的基础。

第九十九条　社区矫正对象的个别教育应当根据其年龄、犯罪性质、矫正类别及不同矫正阶段，结合社区矫正对象的个体特征、行为表现，充分考虑其工作、生活情况，设计差别化的分类教育内容，因人施教。

第一百条　个别教育通过通信联络、个别谈话、家庭走访、心理矫治、职业技能培训、法律援助、临时性救助、适应性帮扶等形式开展。

第一百零一条　社区矫正对象有下列情形之一的，社区矫正机构、司法所应当对其进行个别教育：

（一）思想波动或者行为异常的；

（二）个人、家庭情况有重大变故的；

（三）经批准离开社区矫正执行地或迁居的；

（四）违反监督管理规定或人民法院禁止令的；

（五）受到奖励或者处罚的；

（六）其他需要进行个别教育的。

对不服从监管、经评估再犯罪风险较高、有报复社会或他人的言论或苗头、发生矛盾纠纷等特殊情况的社区矫正对象，应当增加个别教育次数和时间。

第一百零二条　开展个别教育应当做好个别教育记录，结合监督管理、社区矫正对象行为表现，综合分析教育效果，适时调整个别教育内容和方法。

第一百零三条　社区矫正机构、司法所应当根据需要对社区矫正对象开展心理矫正，修复社会关系，矫正犯罪心理和行为恶习。

第一百零四条　社区矫正机构应当建立具有心理咨询师资格的专业心理矫正工作队伍，也可以采取政府购买服务或者项目委托的方式，组织具备资格的社会工作者、志愿者对社区矫正对象开展心理矫正。

第一百零五条　社区矫正机构根据需要组织社区矫正对象进行心理测试、心理咨询，对存在心理疾病、再犯罪或者其它危害社会风险的社区矫正对象，及时采取心理疏导、危机干预等心理治疗措施。在社区矫正对象遇到丧偶、丧亲、离异、失业、严重疾病等家庭生活或工作重大变故时，应当及时组织开展心理疏导等工作。心理治疗应当由专业人员进行。

第一百零六条 社区矫正机构应当为接受心理矫正的社区矫正对象建立个人心理矫正档案，长期追踪矫正效果。心理疾患严重的纳入重点对象管控。

《宁夏回族自治区社区矫正实施细则》

第七十三条 社区矫正机构或者受委托的司法所根据社区矫正对象心理、行为特点和矫正需求、矫正目标设定阶段性内容，将教育矫正过程分入矫教育、常规教育和解矫教育三个阶段。

接受社区矫正前两个月时间为入矫教育阶段。入矫教育的目标是引导和帮助社区矫正对象遵纪守法。其主要内容为社区矫正的概念、目的、意义，社区矫正法律法规、监管教育规定和相关帮扶政策，社区矫正对象的权利、义务等。入矫教育可以采取集中教育、个别教育、撰写心得体会、参加公益活动等多种教育方法进行。

入矫教育结束至解矫前一个月是常规教育阶段。常规教育的目标是矫正社区矫正对象的不良心理和行为恶习，培养健康人格，增强守法意识，提高道德修养和劳动技能，增强融入社会的能力。主要包括法治教育、道德教育、时势政策教育、传统文化教育、心理健康教育、职业技能培训等内容。可以采用集中教育、个别教育、心理矫治、公益活动、职业技能培训、就业创业指导和困难帮扶等形式开展。

矫正期限届满的最后一月为解矫教育阶段。解矫教育的目标是引导社区矫正对象总结和巩固矫正成果，增强社会责任意识，为其融入社会打牢基础。主要内容是指导社区矫正对象对矫正过程进行书面总结，做好解矫鉴定。可以采取个别谈话、综合评估、书面鉴定等方式进行，并与安置帮教部门衔接。

社区矫正期限不足六个月的，社区矫正机构可以根据社区矫正对的具体情况调整各阶段的教育时间。

第七十四条 执行地县级社区矫正机构、受委托的司法所根据需要，可以采取网上培训、实地参观等多种形式开展集中教育，组织社区矫正对象参加法治、道德等方面的教育活动。

集中教育主要解决社区矫正对象在思想和行为方面的共性问题，提高社区矫正对象的法律素养、道德素质和悔罪意识。可以按照社区矫正对象的性别、年龄、犯罪类型、矫正类别、管理等级等划分类别，安排不同的教育内容，实行分类教育。

受委托司法所应当做好社区矫正对象教育的组织以及学习情况记录，进行集中教育效果评定，及时调整集中教育内容，并将社区矫正对象参加教育的情况及表现作为对其实施考核奖惩和分类管理的依据。

社区矫正对象参加集中教育频次参照分级管理标准执行。

第七十六条 社区矫正机构应当定期、不定期通过调查问卷等形式对教育效果进行评估。根据评估情况，调整集中教育的形式和内容。

第七十七条 社区矫正机构、受委托的司法所应当充分发挥矫正小组的作用，支持矫正小组成员和社区矫正志愿者积极参与个别教育工作。

社区矫正机构、受委托的司法所应当

结合社区矫正对象的个体特征、日常表现等实际情况，在充分考虑其工作和生活现状的前提下，根据其年龄、犯罪类型、矫正类别及不同矫正阶段，设计差别化的教育内容，有针对性的开展个别化矫正。对不服从管理的社区矫正对象的个别教育应当结合惩处进行。

第七十八条　社区矫正对象有下列情形之一的，应当对其进行个别教育：

（一）入矫宣告、解矫宣告前的；

（二）矫正执行地变更的；

（三）受到奖励或者惩处的；

（四）外出请假、申请经常性跨市（县）活动的；

（五）家庭出现重大变故的；

（六）与他人发生重大纠纷的；

对不服从监管、风险评估等级较高、有报复社会或者他人的言论或者苗头、社会交往异常或者家庭发生变故、身患重病、有自杀倾向、发生矛盾纠纷等特殊情况的社区矫正对象，应当增加个别教育频次。

开展个别教育应当做好个别教育记录，结合监督管理、社区矫正对象行为表现，综合分析教育效果，适时调整个别教育内容和方法。

第七十九条　社区矫正机构、受委托的司法所可以根据需要对社区矫正对象开展心理矫治，修复社会关系，矫正犯罪心理和行为恶习。对存在心理疾病、再犯罪或者其他危害社会风险的社区矫正对象，及时采取心理疏导、危机干预等心理治疗措施。

《山西省社区矫正实施细则》

第五十六条　执行地县级社区矫正机构、社区矫正中心和受委托的司法所应当根据社区矫正对象的矫正类别、犯罪类型、年龄结构、现实表现等情况，采用集中教育、网上培训、实地参观等形式，有针对性地开展分类教育、集体教育。

第五十七条　社区矫正对象入矫一个月内，执行地县级社区矫正机构应当组织入矫教育，包括组织观看入矫教育片、队列训练、法治教育、警示教育等。

社区矫正中心、受委托的司法所应当定期组织社区矫正对象开展法律政策、思想道德、心理健康、传统文化、红色文化、行为矫正等集体教育。

社区矫正中心、受委托的司法所应当掌握社区矫正对象的个性化差异，对社区矫正对象进行定期分析研判，及时开展个别教育。

社区矫正中心应当组织社区矫正对象进行心理测评、心理咨询，对存在心理波动、心理疾病的社区矫正对象，及时采取心理疏导、危机干预等心理治疗措施。心理治疗应当由专业人员进行。

《陕西省社区矫正实施细则》

第四十三条　教育帮扶坚持专门机关和社会力量相结合、分段教育与分类教育相结合、集中教育和个别教育相结合，按照因人施教的原则，对社区矫正对象开展有针对性的教育帮扶活动，实行个别化矫正。

教育帮扶可以由县级社区矫正机构、受委托的司法所直接组织，也可以采取政府购买服务或者项目委托的方式由相关专业机构或者社会组织予以实施。

因年迈或者身体等原因行动不便的社区矫正对象，可以向县级社区矫正机构申请免除参加教育学习、公益活动，县级社区矫正机构视情形决定是否免除。

第四十四条　县级社区矫正机构、受委托的司法所根据需要可以采用集中教育、网上培训、实地参观等多种形式开展集体教育，组织社区矫正对象参加法治、道德等方面的教育活动。

集体教育按照社区矫正对象的性别、年龄、犯罪类型、矫正类别、管理等级等划分类别，安排不同的教育内容，实行分类教育。

第四十五条　社区矫正对象的个别教育应当根据年龄、罪错、矫正类别及不同矫正阶段，结合个体特征、行为表现，充分考虑其工作、生活情况，设计差别化的分类教育内容，因人施教。

个别教育通过通信联络、个别谈话、家庭走访、心理辅导、职业技能培训、法律援助、临时性救助、适应性帮扶等形式开展。对违规社区矫正对象的个别教育应当结合惩处进行。

开展个别教育应当做好记录。结合监督管理、社区矫正对象行为表现，综合分析教育效果，适时调整个别教育内容和方法。

第四十六条　县级社区矫正机构、受委托的司法所可以根据需要对社区矫正对象开展心理辅导，帮助其修复社会关系，矫正犯罪心理和行为恶习。

县级社区矫正机构根据需要定期或者不定期组织社区矫正对象进行心理测试、心理咨询，对存在心理疾病、再犯罪或者其它危害社会风险的社区矫正对象，及时采取心理疏导、危机干预等心理治疗措施。心理辅导应当由专业人员进行。

对接受心理辅导的社区矫正对象应当建立个人心理辅导档案，长期追踪矫正效果。

《山东省社区矫正实施细则》

第七十条　社区矫正机构、司法所根据需要，可以采取下列形式开展集中教育：

（一）课堂式：在规定的时间和地点，对社区矫正对象进行集中授课活动，或者组织社区矫正对象观看警示教育影片、集体讨论、现身说法等；

（二）参观式：按照特定专题或者任务，组织社区矫正对象参观学习等；

（三）现场式：组织社区矫正对象参加社会实践、技能培训等；

（四）座谈式：根据社区矫正对象现实表现，对有关社区矫正对象开展集体谈话等；

（五）其他形式。

第七十一条　社区矫正机构、司法所根据需要，开展以下集中教育：

（一）入矫集中教育：对入矫一个月内的社区矫正对象应当开展入矫集中教育，主要包括社区矫正认知、认罪悔罪、警示等教育。

（二）日常集中教育：每个月对社区矫正对象应当至少开展一次日常集中教育，主要包括法治、道德、时事、心理、技能等教育。

（三）专项集中教育：在重点时段、重大活动期间或者遇有特殊情况时可以对社区矫正对象开展专项集中教育。

（四）分类集中教育：根据社区矫正对象的年龄、性别、犯罪类型、现实表现等，可以有针对性地开展分类教育。

第七十二条　社区矫正对象因病、残、孕等情况，不宜参加集中教育的，应当向组织集中教育的社区矫正机构或者司法所提交县级以上人民医院出具的诊断证明、相关部门开具的伤残证明或其他有效证明材料。

社区矫正对象因请假外出、就学等客观原因不能按时参加集中教育的，应当提前报告组织集中教育的社区矫正机构或者司法所。社区矫正机构或者司法所可以组织有关人员补学。

第七十三条　社区矫正机构、司法所应将集中教育的时间、地点、主题等内容提前告知参加人员。

社区矫正机构、司法所应当采取指纹识别、人脸识别等方式做好集中教育活动记录，作为对社区矫正对象考核、奖惩的依据。

第七十四条　社区矫正机构、司法所应当结合社区矫正对象的个体特征、日常表现等具体情况，进行个别教育，并对教育时间、方式、内容进行记录。

第七十五条　社区矫正机构、司法所根据需要，开展以下谈话教育：

（一）入矫谈话：司法所应当在社区矫正对象报到后，及时开展入矫谈话教育，重点了解社区矫正对象基本情况，告知其应遵守的规定和违反规定后果。

（二）日常谈话：司法所对社区矫正对象每个考核周期内至少开展一次谈话教育，对于实行严格管理和重点管理的可以适度增加谈话频次。日常谈话要重点了解社区矫正对象日常表现、思想动态和现实困难等情况。

（三）特定谈话：发现社区矫正对象有下列情形之一的，社区矫正机构或者司法所可以根据实际情况，及时开展个别谈话：

1. 思想波动较大或者行为反常、情绪异常的；

2. 个人、家庭情况有重大变故的；

3. 与他人发生较大矛盾纠纷的；

4. 新变更执行地的；

5. 被训诫、警告、治安处罚的；

6. 其他需要个别教育的情形。

（四）解矫谈话：县级社区矫正机构或者司法所应当在社区矫正对象矫正期满前半个月内对社区矫正对象开展解矫谈话，做好安置帮教衔接教育。

个别谈话教育一般应当在社区矫正机构或者司法所进行，对于请假外出、异地就学等无法面谈的社区矫正对象，可以采取电话、视频等方式进行教育。对于因特殊情况不能到场的，可以采取上门走访的方式进行个别教育。

第七十六条　社区矫正机构、司法所可以根据社区矫正对象个性特征、文化层次、犯罪类型等情况，通过推荐教育读本、学习资料或者开展网上学习等方式，指导社区矫正对象进行自我教育。

第七十七条　社区矫正机构、司法所可以根据社区矫正对象的心理健康状况，对其开展心理健康教育。

《四川省社区矫正实施细则》

第一百一十三条　对社区矫正对象开展的教育帮扶活动，坚持分段教育与分类教育相结合、集中教育和个别教育相结合，按照因人施教的原则，实行个别化矫正。

第一百一十六条　县级社区矫正机构应当制定社区矫正对象集中教育年度计划，明确集中教育活动的时间、内容、形式、参加对象以及师资等，并组织指导计划落实。

第一百一十七条　执行地县级社区矫正机构或受委托的司法所根据需要可以采用面授讲解、远程教育、线上学习、实地参观、警示教育等多种形式，组织社区矫正对象参加法治、道德等方面的集中教育活动。

集中教育活动一般在社区矫正中心进行，受委托的司法所可以通过远程音视频直播的方式同步开展。

第一百一十八条　社区矫正对象入矫后一至三个月为入矫期，执行地县级社区矫正机构或受委托的司法所应当开展社区矫正告知教育、认罪服法教育、行为规范教育、监管规定教育、权利义务教育等入矫教育。

矫正期满前一个月为解矫期，执行地县级社区矫正机构或受委托的司法所应当开展遵纪守法、预防再犯罪等解矫教育，引导社区矫正对象做好个人总结。处于解矫期的社区矫正对象应当完成解矫教育学习内容。

对于其他在矫期的社区矫正对象，执行地县级社区矫正机构或受委托的司法所根据需要开展分类教育。

第一百一十九条　分类教育按照社区矫正对象的性别、年龄、犯罪类型、性格特点、管理类别、生活工作需求等划分类别，安排法律政策教育、思想道德教育、文化知识教育、行为矫正教育、职业技能教育、心理健康教育等不同的教育内容，符合分类标准的社区矫正对象应当参加。

第一百二十条　集中教育的组织实施者应当做好教育记录，进行教育效果评估，及时调整集中教育内容、方式。

第一百二十一条　因年迈或身体等原因不适宜参加集中教育的，社区矫正对象应当提出书面申请，提交相关证明材料。执行地县级社区矫正机构视情形决定是否减免，明确减免的期限。到期后仍需减免的，应当重新提出申请。

第一百二十二条　执行地县级社区矫正机构或受委托的司法所应当掌握社区矫正对象的个性化差异，对社区矫正对象个性特点进行分析研判，作为实施个别教育的基础。

社区矫正对象的个别教育应当根据其年龄、罪行、矫正类别及不同矫正期，结合社区矫正对象的个体特征、行为表现，充分考虑其工作、生活情况，设计差别化的教育内容，因人施教。

第一百二十三条　个别教育可以通过通信联络、个别谈话、家庭走访、心理矫治、职业技能培训、法律援助、临时性救助等形式开展。对社区矫正对象的个别教育应当结合奖惩进行。

对不服从监管、经评估再犯罪风险较高、有报复社会或他人的倾向、社会交往异常或者家庭发生变故、身患重病、有自杀倾向、发生矛盾纠纷等特殊情况的社区矫正对象，应当增加个别教育次数和时间。

第一百二十四条　开展个别教育应当做好个别教育记录，结合监督管理、社区矫正对象行为表现，综合分析教育效果，适时调整个别教育内容和方法。

第一百二十五条　执行地县级社区矫正机构或受委托的司法所应当根据社区矫正对象的心理特征，组织开展心理健康教育、心理辅导和心理治疗，矫正其违法犯罪心理和行为恶习。

第一百二十六条　县级社区矫正机构应当建立专业心理矫正专家库，可以吸收具备资格的社会组织、社会工作者、志愿者等参加。

第一百二十七条　县级社区矫正机构根据需要组织社区矫正对象进行心理测试、心理咨询，对存在心理疾病、再犯罪或者其他有危害社会风险的社区矫正对象，应当及时采取心理疏导、危机干预等心理治疗措施。

心理治疗应当由专业人员进行。社区矫正机构可以采取政府购买服务或者项目委托的方式，组织心理矫治专业人员开展。

第一百二十八条　接受心理矫正的社区矫正对象应当建立个人心理矫治档案，追踪矫正效果。

《浙江省社区矫正教育帮扶规定（试行）》

第二条　社区矫正教育帮扶工作是指社区矫正机构依法对社区矫正对象组织开展教育学习、个案矫正、心理矫正、公益活动、社会适应性帮扶等工作，矫正其不良心理和行为恶习，增强法治观念，提高道德素养和悔罪意识，培养健康人格，改善社会关系，提升适应社会能力，促进其顺利融入社会、成为守法公民的活动。

第十一条　社区矫正机构、司法所应当根据社区矫正对象的类别、性别、年龄、罪行、心理状况、行为表现、矫正处遇、矫正阶段等个性特征和共性特点，充分考虑其工作和生活等情况，组织开展教育学习活动，做到因人施教。

教育学习内容包括法律常识、道德规范、时事政策、文化知识、职业技能等。

教育学习活动可以采取集中教育、个别教育、在线教育、网上培训、实地参观和个人自学等方式进行。

第十二条　社区矫正机构应当加强社区矫正对象教育学习活动统筹规划，编制年度教育学习大纲，制定月度教育学习计划，建立专兼职师资队伍，规范有序地开展教育学习活动。

第十三条　社区矫正机构、司法所应按照分类管理、个别化矫正原则，结合日常管理考核等情况，每月组织开展社区矫正对象集中教育学习活动。

集中教育学习活动应充分考虑社区矫正对象工作和生活等情况，合理安排时间、内容和场所等。

社区矫正对象确因正当理由，经事先请假不能参加集中教育学习活动的，应当及时以适当方式补课。

第十四条　社区矫正对象有下列情形之一的，经本人申请、司法所审核、社区矫正机构批准后，可以不参加集中教育学习活动。

（一）患严重疾病正在治疗且行动不便的；

（二）患有严重传染性疾病的；

（三）怀孕且行动不便的；

（四）生活不能自理的；

（五）年老体弱且行动不便的；

（六）其他特殊原因不能参加集中教育活动的情形。

第十五条　社区矫正机构可以根据需要依托社区矫正中心或者教育学习基地等场所，对新入矫、即将期满、受到训诫及以上处罚等社区矫正对象组织开展分类分段专题教育学习活动。

第十六条　社区矫正机构、司法所应当督促社区矫正对象的监护人或者保证人、家庭成员，协调所在单位或者就读学校协助开展教育学习活动。

第十七条　社区矫正机构应当依托或者建立社区矫正信息化教育学习平台，组织开展社区矫正对象在线教育、电化教育、新媒体教育、网上培训等活动。

第十八条　社区矫正机构、司法所可以每月为社区矫正对象安排针对性的个人自学内容，运用公共信息平台、社交软件等载体及时发布、推送法律常识、道德规范、时事政策等学习资料和信息，并通过在线管理、实地查访等方式，督促社区矫正对象个人自学。

第十九条　社区矫正机构、司法所应在社区矫正对象办理报到登记手续后，及时开展入矫教育。

入矫教育包括社区矫正法律法规教育、权利义务教育、认罪悔罪教育、遵纪守法教育等。

第二十条　社区矫正机构、司法所应当对完成入矫教育的社区矫正对象开展常规教育。

常规教育包括思想教育、道德规范教育、法律常识教育、文化知识教育、行为规范教育等。

鼓励支持社区矫正对象参加各类学历

教育、职业技能培训、资格资质培训等活动。

第二十一条 社区矫正机构、司法所应当在社区矫正对象矫正期满前三十日内开展解矫教育。

解矫教育包括形势政策教育、遵纪守法教育等。

第二十二条 社区矫正对象的执行期限在三个月以内的，入矫和解矫教育应分别在司法所接收后或者矫正期满前的十日内进行，常规教育重点突出针对性法律法规和认罪悔罪意识等教育。

第二十三条 社区矫正机构、司法所应当根据裁判内容和社区矫正对象的性别、年龄、心理特点、健康状况、犯罪原因、犯罪类型、悔罪表现、思想动态、工作和生活状况、家庭及社会关系等情况，结合心理测评、再犯罪危险评估等，明确矫正责任人，制定矫正方案，确定矫正小组，组织开展个案矫正。

第二十四条 社区矫正机构、司法所应当指定工作人员担任社区矫正对象的个案矫正责任人，负责指导管理矫正小组、制定实施矫正方案、组织开展个案矫正等。

个案矫正责任人应当了解掌握社区矫正对象下列相关情况：

（一）姓名、曾用名、绰号、性别、年龄、籍贯；

（二）简历、主要犯罪事实和刑期；

（三）家庭情况、主要社会关系和交往人员；

（四）认罪悔罪态度、在监狱或者看守所的改造表现和矫正期间的思想、工作、学习、生活等情况。

个案矫正责任人应当根据社区矫正对象思想状况、行为表现和分类管理、分级处遇、矫正阶段等情况，及时制定、调整和完善矫正方案，指导督促矫正小组开展相关工作。矫正方案应当包括社区矫正对象基本情况、对社区矫正对象的综合评估结果、对社区矫正对象的心理状态和其他特殊情况的分析、拟采取的监管教育帮扶措施等内容。

第二十五条 社区矫正对象有下列情形之一的，个案矫正责任人、矫正小组成员等应当对其开展个别教育：

（一）思想情绪波动或者行为异常的；

（二）工作、生活或者家庭有重大变故的；

（三）违反监督管理规定的；

（四）违反人民法院禁止令的；

（五）受到训诫、警告、治安管理处罚的；

（六）其他需要进行个别教育的情形。

第二十六条 个别教育可以结合社区矫正对象下列相关情况开展：

（一）社区矫正对象所犯罪行；

（二）社区矫正对象的生活实际和日常表现；

（三）日常监督管理活动情况，如周报告、月报告、重大事项报告、居住地变更、请假外出等情形；

（四）社区矫正对象考核奖惩和司法奖惩；

（五）心理评估和再犯罪危险评估结果等。

第二十七条 社区矫正机构、司法所应当建立健全日常管理、检查考核、绩效评估等制度，定期研究个案矫正工作，完善教育帮扶措施。

第二十八条 社区矫正机构、司法所应当根据社区矫正对象的个性特点、心理状况、行为表现等情况，组织开展心理矫正。

心理矫正包括开展心理健康教育、心理咨询、心理评估、心理危机干预等活动。

心理矫正以社区矫正机构组织实施为主，司法所自主开展为辅。

第二十九条　社区矫正机构、司法所可以根据需要对社区矫正对象进行心理评估和再犯罪危险评估，视情采取针对性的心理矫正等措施，逐一建立个人心理矫正档案。

社区矫正对象心理评估和再犯罪危险评估工作可每半年开展一次，矫正期限不足六个月的至少开展一次；社区矫正对象期满解矫前应进行心理评估和再犯罪危险评估。

第三十条　社区矫正机构、司法所可以根据需要定期组织开展社区矫正对象心理健康教育、心理咨询、心理评估、心理危机干预等活动。遇有社区矫正对象丧偶、丧亲、离异、失业、患严重疾病等情况，应及时开展心理疏导等工作。

第三十一条　社区矫正机构可以通过自主培养、聘请心理专家、招募专业志愿者等方式，建立专（兼）职心理矫正队伍；在社区矫正中心设立心理矫正室，组织开展心理矫正工作。

文书范本

社区矫正对象书面（心得体会）报告①

姓名		报告时间	
报告内容： 社区矫正对象签名（捺印）：			

说明：

本文书根据《宁夏回族自治区社区矫正实施细则》第四十条、七十三条规定制作。用于社区矫正对象在向社区矫正机构或者受委托的司法所书面报告或撰写心得体会时使用。

① 来自《关于进一步规范社区矫正执法文书格式的通知》。

社区矫正对象教育学习记录①

<table>
<tr><td>姓　名</td><td colspan="2"></td><td>性别</td><td></td><td>出生
年月</td><td>年　月　日</td><td>矫正
类别</td><td></td></tr>
<tr><td>罪　名</td><td colspan="8"></td></tr>
<tr><td>教育学习
组织单位</td><td colspan="8"></td></tr>
<tr><td>时　间</td><td>地点</td><td colspan="2">组织形式</td><td colspan="2">教育
阶段</td><td colspan="2">组织工作人员
签字</td><td>社区矫正对象
签字</td></tr>
<tr><td></td><td></td><td colspan="2"></td><td colspan="2"></td><td colspan="2"></td><td></td></tr>
<tr><td></td><td></td><td colspan="2"></td><td colspan="2"></td><td colspan="2"></td><td></td></tr>
<tr><td></td><td></td><td colspan="2"></td><td colspan="2"></td><td colspan="2"></td><td></td></tr>
<tr><td></td><td></td><td colspan="2"></td><td colspan="2"></td><td colspan="2"></td><td></td></tr>
<tr><td></td><td></td><td colspan="2"></td><td colspan="2"></td><td colspan="2"></td><td></td></tr>
<tr><td></td><td></td><td colspan="2"></td><td colspan="2"></td><td colspan="2"></td><td></td></tr>
<tr><td></td><td></td><td colspan="2"></td><td colspan="2"></td><td colspan="2"></td><td></td></tr>
<tr><td></td><td></td><td colspan="2"></td><td colspan="2"></td><td colspan="2"></td><td></td></tr>
<tr><td></td><td></td><td colspan="2"></td><td colspan="2"></td><td colspan="2"></td><td></td></tr>
<tr><td></td><td></td><td colspan="2"></td><td colspan="2"></td><td colspan="2"></td><td></td></tr>
<tr><td></td><td></td><td colspan="2"></td><td colspan="2"></td><td colspan="2"></td><td></td></tr>
</table>

说明：

本文书根据《中华人民共和国社区矫正法》、“两高两部”《中华人民共和国社区矫正法实施办法》相关规定以及《宁夏回族自治区社区矫正实施细则》第七十三、七十四条规定制作。用于记录社区矫正对象集中或者个别教育情况时使用并装入档案。

---

① 来自《关于进一步规范社区矫正执法文书格式的通知》。

第三十七条[①] **【职业技能培训和就学】**

社区矫正机构可以协调有关部门和单位，依法对就业困难的社区矫正对象开展职业技能培训、就业指导，帮助社区矫正对象中的在校学生完成学业。

法条解读

本条是关于对社区矫正对象进行职业技能培训的规定。本条中的“有关部门和单位”包括人力资源和社会保障部门、职业院校、职业技能培训机构、工会、共产主义青年团、妇女联合会、残疾人联合会及其他社会组织等。“帮助社区矫正对象中的在校学生完成学业”是指学校不得开除因犯罪适用社区矫正的在校学生的学籍，除非学校根据《普通高等学校学生管理规定》给予开除学籍处分。

《社区矫正法实施办法》细化了需要对社区矫正对象提供生活救助、就业帮助、法律援助、社会帮助及就学方面的帮助措施。《最高人民法院、最高人民检察院、公安部、司法部关于对因犯罪在大陆受审的台湾居民依法适用缓刑实行社区矫正有关问题的意见》针对台湾地区在大陆接受社区矫正的对象进行相关教育帮扶作了相关规定。

部分省市社区矫正实施细则对本问题进行了重申式规定。例如，《北京市社区矫正实施细则》在区分成年与未成年社区矫正对象的基础上对其求学与就业的教育帮扶情形进行了有针对性的规定。大部分省市社区矫正实施细则未涉及本部分内容。

相关规定

《社区矫正法实施办法》

第四十五条 执行地县级社区矫正机构、受委托的司法所依法协调有关部门和单位，根据职责分工，对遇到暂时生活困难的社区矫正对象提供临时救助；对就业困难的社区矫正对象提供职业技能培训和就业指导；帮助符合条件的社区矫正对象落实社会保障措施；协助在就学、法律援助等方面遇到困难的社区矫正对象解决问题。

《最高人民法院、最高人民检察院、公安部、司法部关于对因犯罪在大陆受审的台湾居民依法适用缓刑实行社区矫正有关问题的意见》

第九条 根据社区矫正需要，司法行政机关可以会同相关部门，协调台湾同胞投资企业协会、台湾同胞投资企业等，为缓刑犯提供工作岗位、技能培训等帮助。

《安徽省社区矫正工作实施细则》

第七十五条 县（市、区）社区矫正机构、司法所应当根据社区矫正对象的需要，协调有关部门和单位对社区矫正对象开展职业技能培训和就业指导，按照相关法律法规政策提供社会保障。

《北京市社区矫正实施细则》

第九十五条 区社区矫正机构、司法所可以在符合法律规定的范围内，协调有关部门和单位对就业困难的社区矫正对象提供职业技能培训和就业指导。

第九十六条 对在校的未成年社区矫正对象，区社区矫正机构、司法所应当按照相关法律规定协调学校、村（居）民委员会做好对未成年社区矫正对象的教育挽

---

① 相关规范性文件落实，例如，《普通高等学校学生管理规定》。

救工作，在复学、升学等方面与其他未成年人享有同等权利。

对在校的成年社区矫正对象，区社区矫正机构、司法所可以与社区矫正对象所在学校进行沟通，根据其在校表现，协调所在学校共同参与社区矫正工作，帮助社区矫正对象完成学业。

《福建省社区矫正实施细则》

第四十三条 社区矫正机构、受委托的司法所可以组织就业困难或者年满十六周岁有就业意愿的社区矫正对象，参加职业技能培训和就业指导。

社区矫正对象参加职业技术培训和就业指导的材料，县级社区矫正机构根据需要存入其档案。

《广东省社区矫正实施细则》

第五十二条 执行地县级社区矫正机构、受委托的司法所依法协调有关部门和单位，根据职责分工，对遇到暂时生活困难的社区矫正对象提供临时救助；对就业困难的社区矫正对象提供职业技能培训和就业指导；帮助符合条件的社区矫正对象落实社会保障措施；协助在就学、法律援助等方面遇到困难的社区矫正对象解决问题。

《贵州省社区矫正工作实施细则（试行）》

第五十一条 县级司法行政机关及社区矫正机构可以协调有关部门和单位，依法对就业困难的社区矫正对象开展职业技能培训、就业指导，帮助社区矫正对象中的在校学生完成学业。

《湖南省社区矫正实施细则》

第一百四十四条 执行地县级社区矫正机构、受委托的司法所应当了解掌握社区矫正对象生活、身体、心理、就业、就学、家庭和社会关系、工作、申请社会救助、参加社会保险、获得法律援助等方面的问题和需要，评估这些问题和需要可能对社区矫正对象产生的影响，有针对性地对其进行必要的帮扶，促进其顺利融入社会。

第一百四十五条 社会适应性帮扶工作坚持个别化与系统化相结合，避免非必要和仅临时物质救济性的帮扶措施。

第一百四十六条 社区矫正对象在就业、就学、享受社会保障、申请社会救助、参加社会保险、获得法律援助和维护自身合法权益等方面与普通公民享有平等的权利，不受歧视。

第一百四十七条 对生活确实困难的社区矫正对象，社区矫正机构应当积极协调有关部门落实帮扶政策，实施必要的帮扶措施，避免其因生活困难重新违法犯罪。

第一百四十八条 社区矫正机构、受委托的司法所可以协调人力资源和社会保障部门将社区矫正对象纳入职业技能培训规划，协助、配合有关部门和单位依法对就业困难或者年满十六周岁有就业愿望的社区矫正对象开展职业技能培训和就业指导；协调并鼓励企业事业单位、社会组织等为社区矫正对象提供就业岗位和职业技能培训。

《江西省社区矫正工作实施细则》

第七十八条 执行地县级社区矫正机构、社区矫正日常机构依法协调有关部门和单位，根据职责分工，对遇到暂时生活困难的社区矫正对象提供临时救助；对就业困难的社区矫正对象提供职业技能培训和就业指导；帮助符合条件的社区矫正对象落实社会保障措施；协助在就学、法律援助等方面遇到困难的社区矫正对象解决问题。有关部门和单位应当依法予以支持。

《辽宁省社区矫正实施细则》

第一百一十三条 司法行政机关、社区矫正机构应当协调、配合人力资源和社会保障部门，将符合条件的社区矫正对象纳入职业技能培训规划，对就业困难的社区矫正对象进行职业技能培训和就业指导。

《宁夏回族自治区社区矫正实施细则》

第八十二条　社区矫正机构、人力资源和社会保障部门应当将符合条件的社区矫正对象纳入职业技能培训，对就业困难的社区矫正对象进行职业技能培训和就业指导。

《山西省社区矫正实施细则》

第六十条　执行地县级社区矫正机构、社区矫正中心和受委托的司法所应当定期了解掌握社区矫正对象在就学、就业、生活等方面的帮扶需求，及时协调相关单位，依法依规落实帮扶措施。

《四川省社区矫正实施细则》

第一百三十三条　社区矫正机构可以通过项目委托、公开择优购买社会服务等方式，为社区矫正对象提供必要的帮扶。

社区矫正机构应当组织动员社会力量参与社会帮扶工作，鼓励有经验和有资源的社会组织跨地区开展帮扶交流和示范活动。

社区矫正机构应当协调、联系企事业单位等，建立社区矫正对象就业基地、公益活动基地、教育基地。

第一百三十四条　鼓励企事业单位、社会组织为社区矫正对象提供就业岗位和职业技能培训。招用符合条件的社区矫正对象的企业，按照规定享受优惠政策。

第一百三十五条　社区矫正机构可以协调人力资源社会保障部门将社区矫正对象纳入职业技能培训规划，并协助、配合人力资源社会保障部门对就业困难的社区矫正对象进行职业技能培训和就业指导。

社区矫正机构可以协调民政部门孵化培育能够承接社区矫正社会服务的专门社会组织，加强社区矫正专职社会工作者队伍建设。

第三十八条　【居委会、村委会教育帮扶职责】

居民委员会、村民委员会可以引导志愿者和社区群众，利用社区资源，采取多种形式，对有特殊困难的社区矫正对象进行必要的教育帮扶。

法条解读

本条对居民委员会、村民委员在教育帮扶方面的职责进行了规定。“社区群众”不同于社区居民，其范围比社区居民更广，包括居住在社区范围的人及在社区范围内长期从事生产或者进行消费的人。“有特殊困难的社区矫正对象”是指通过正常途径获得社会保障，基本生活仍然需要外部救助的社区矫正对象，属于社区矫正对象中的弱势群体。

《社区矫正实施办法》未对本法条作进一步细化。

少部分省市社区矫正实施细则对本条予以细化。例如，《广西壮族自治区社区矫正工作细则》《河南省社区矫正工作细则》《湖南省社区矫正实施细则》《宁夏回族自治区社区矫正实施细则》《四川省社区矫正实施细则》明确了居民委员会、村民委员会开展教育帮扶的原则与形式。其中，《河南省社区矫正工作细则》《湖南省社区矫正实施细则》界定了特殊困难的社区矫正对象范围。

相关规定

《广西壮族自治区社区矫正工作细则》

第九十五条第三款 村（居）民委员会按照自愿原则引导志愿者和社区群众走访探望特殊困难的社区矫正对象，可以通过财物募捐等形式，对其进行必要的教育帮扶。

《河南省社区矫正工作细则》

第一百三十三条 居民委员会、村民委员会应当本着自愿原则引导志愿者和社区群众走访探望特殊困难的社区矫正对象，可以通过财物募捐等形式，对其进行必要的教育帮扶。

特殊困难的社区矫正对象是指除通过合理渠道享有社会保障外，基本生活仍需救助的社区矫正对象，包括丧失劳动能力的残疾人、患有严重传染病、患有精神疾病丧失劳动能力等社区矫正对象。

《湖南省社区矫正实施细则》

第一百四十九条 执行地县级社区矫正机构、受委托的司法所依法组织并指导村（居）民委员会，发挥其引导动员社会力量和利用社区资源的优势，采取个别谈话、调解纠纷、走访、办理低保、临时救助、就业指导、协调就业就学、培训等多种形式，对有特殊困难的社区矫正对象进行必要的教育帮扶，帮助其解决实际困难和问题。

有特殊困难的社区矫正对象是指除通过合理渠道享有社会保障外，基本生活仍须救助的社区矫正对象，包括丧失劳动能力的残疾人、患有严重疾病、患有精神疾病丧失行为能力的等社区矫正对象。

《宁夏回族自治区社区矫正实施细则》

第八十三条 村（居）民委员会可以引导志愿者和社区群众，利用社区资源、采取多种形式，对有特殊困难的社区矫正对象进行必要的教育帮扶。

《四川省社区矫正实施细则》

第一百三十六条 村（居）民委员会可以引导志愿者和社区群众，利用社区资源，采取多种形式，对有特殊困难的社区矫正对象进行必要的社会帮扶。

第三十九条 【监护人、家庭成员、单位和学校的义务】

社区矫正对象的监护人、家庭成员，所在单位或者就读学校应当协助社区矫正机构做好对社区矫正对象的教育。

法条解读

本条对监护人、家庭成员、单位及学校对社区矫正对象的教育帮扶进行了规定。本条中的“应当”是指上述四类主体必须履行对社区矫正对象的教育帮扶义务。社区矫正机构对上述主体履行教育帮扶的情况负有提示与监督的义务。

《社区矫正法实施办法》未对本条予以细化。

部分省市社区矫正实施细则对本法条进行了重申式规定。

相关规定

《广西壮族自治区社区矫正工作细则》

第九十五条第四款 社区矫正对象的监护人、家庭成员及就读学校应当积极参与教育帮扶工作，帮助社区矫正对象完成学业。

《河南省社区矫正工作细则》

第一百三十四条 社区矫正对象的监护人、家庭成员及就读学校应当加强与社区矫正机构的沟通，参与教育帮扶工作，帮助社区矫正对象完成学业。

《湖南省社区矫正实施细则》

第一百五十条 执行地县级社区矫正机构、受委托的司法所应当加强与社区矫正对象就读学校的沟通协作，做好未完成学业社区矫正对象的教育帮扶，帮助其解决生活、就学、家庭或者社会关系、思想、心理、行为等方面的问题。

《宁夏回族自治区社区矫正实施细则》

第八十四条 社区矫正对象的监护人、家庭成员及所在单位或者就读学校应当协助社区矫正机构做好社区矫正对象的教育。

《四川省社区矫正实施细则》

第一百三十七条 社区矫正对象的监护人应当积极履行监护责任，社区矫正对象家庭成员及就读学校应当加强与社区矫正机构的沟通，帮助在校社区矫正对象完成学业。

文书范本

协助监督帮教保证书①

本人________，男（女），____族，年龄____，身份证号码________，与拟社区矫正对象的关系________，户籍地________，是否租赁房屋____，居住地________，固定电话________，移动电话________，职业________，工作单位________，单位电话________。

我愿意担任拟社区矫正对象________监督帮教人，并做好以下事项：

1、协助对社区矫正对象进行监督管理和教育帮助；

2、督促社区矫正对象按要求报告、参加学习及公益活动，自觉遵守有关监督管理规定；

3、定期向司法所反映社区矫正对象遵纪守法、学习、日常生活和工作等情况；

4、发现社区矫正对象有违法犯罪或违反监督管理规定的行为，及时向司法所报告。

保证人：

年 月 日

说明：

此文书用于核实居住地、经常居住地，确定社区矫正对象监督帮教人时使用。

① 来自《北京市社区矫正实施细则》。

第四十条[①] **【社工、专业社会组织的帮扶】**

社区矫正机构可以通过公开择优购买社区矫正社会工作服务或者其他社会服务，为社区矫正对象在教育、心理辅导、职业技能培训、社会关系改善等方面提供必要的帮扶。

社区矫正机构也可以通过项目委托社会组织等方式开展上述帮扶活动。国家鼓励有经验和资源的社会组织跨地区开展帮扶交流和示范活动。

法条解读

本条对社工与专业社会组织的帮扶内容进行了规定。根据本条规定，社区矫正机构应该根据《政府购买服务管理办法》及其他相关规定，遵循公开、平等、竞争、诚实信用的原则购买社区矫正社会工作服务或者其他社会服务。

《社区矫正法实施办法》未对本条予以细化。

大部分省市社区矫正实施细则作了重申式规定。例如，《北京市社区矫正实施细则》明确了区社区矫正机构在该方面的具体协调职责。《河南省社区矫正工作细则》要求民政部门应当孵化培育能够承接社区矫正社会服务的专门社会组织，加强社区矫正专职社会工作者队伍建设，对有需要的社区矫正对象进行临时性救济。《江苏省社区矫正实施细则》明确了社区矫正对象教育学习内容。

相关规定

《安徽省社区矫正工作实施细则》

第七十六条　县（市、区）社区矫正机构通过公开择优购买社区矫正社会服务，承担对社区矫正对象的教育帮扶和社区矫正其它辅助工作。县（市、区）社区矫正机构应当加强购买社区矫正社会服务工作指导和监督，提高购买社会服务工作质量。

《北京市社区矫正实施细则》

第九十八条　区社区矫正机构、司法所可以通过公开择优购买服务或者委托社会组织执行项目等方式，为社区矫正对象在教育、心理辅导、职业技能培训、社会关系改善等方面开展教育帮扶。

第九十九条　区社区矫正机构应当发挥社区矫正社会工作者队伍的专业优势，协助社区矫正机构、司法所对社区矫正对象开展爱国主义、法治道德、心理健康、公益活动等方面的教育帮扶。

《福建省社区矫正实施细则》

第四十六条　社区矫正机构可以依照《社区矫正法》第四十条的规定，按照省司法厅、省财政厅政府购买社区矫正服务实施意见，通过政府购买或者项目委托社区矫正社会组织和其他单位，承担社区矫正对象的教育、心理辅导、职业技能培训、社会关系改善等工作。

承接社区矫正相关工作的社会组织和其他单位以及社区矫正社会工作者，应当按照福建省社区矫正社会工作服务规范提供社区矫正社会工作服务。

《甘肃省社区矫正实施细则》

第四十三条　教育帮扶可以由县

① 相关规范性文件落实，例如，2020年《政府购买服务管理办法》。

(市、区)社区矫正机构或受委托的司法所直接组织，也可以采取政府购买服务或者项目委托的方式由相关专业机构或者社会组织予以实施，定期或者不定期开展。

《广东省社区矫正实施细则》

第四十七条 社区矫正机构、受委托的司法所应当充分利用地方人民政府及其有关部门提供的教育帮扶场所和有关条件，按照因人施教的原则，有针对性地对社区矫正对象开展教育活动。

社区矫正机构可以协调有关人民团体，或者通过公开择优购买服务、委托社会组织执行项目等方式，对社区矫正对象开展教育活动。

《广西壮族自治区社区矫正工作细则》

第九十五条第一款 社区矫正机构可以通过公开择优购买或者项目委托的方式，组织社会组织提供社区矫正社会工作服务或者其他社会服务，为社区矫正对象在教育、心理辅导、职业技能培训、社会关系改善等方面提供必要的帮扶。鼓励有经验和资源的社会组织跨地区开展帮扶交流和示范活动。

《贵州省社区矫正工作实施细则（试行）》

第四十九条 执行地县级社区矫正机构、受委托的司法所可以根据社区矫正对象的心理健康情况，对其开展心理健康教育、实施心理辅导。执行地县级社区矫正机构可以采取政府购买服务或项目委托等方式，组织专业人员对社区矫正对象开展心理矫正。有条件的社区矫正机构可以通过自主培养、聘请心理专家、招募专业志愿者等方式，建立心理矫正工作队伍。

《河南省社区矫正工作细则》

第一百三十条 社区矫正机构可以通过公开择优购买或者项目委托的方式，组织社会组织提供社区矫正社会工作服务或者其他社会服务，为社区矫正对象在教育、心理辅导、职业技能培训、社会关系改善等方面提供必要的帮扶。

鼓励有经验和资源的社会组织跨地区开展帮扶交流和示范活动。

第一百三十一条 人力资源和社会保障部门应当将符合条件的社区矫正对象纳入职业技能培训规划，社区矫正机构协助、配合人力资源和社会保障部门对就业困难的社区矫正对象进行职业技能培训和就业指导。

第一百三十二条 民政部门应当孵化培育能够承接社区矫正社会服务的专门社会组织，加强社区矫正专职社会工作者队伍建设，对有需要的社区矫正对象进行临时性救济。

《湖南省社区矫正实施细则》

第一百五十三条 社区矫正机构可以通过购买社区矫正社会服务、将社区矫正心理矫治纳入当地社会心理服务体系建设内容等多种渠道，充分利用社区矫正中心、村（社区）的心理咨询室和其他有关社会资源，采取现场、远程和热线电话等相结合的方式健全完善社区矫正对象心理矫治机制，组织和协调对社区矫正对象开展下列心理矫治工作，以矫正其违法犯罪心理，防止其因心理问题导致重新违法犯罪：

（一）周期性的心理健康教育、团体辅导等再犯罪心理预防工作；

（二）普遍性的心理测评、建立心理健康档案等心理问题预警工作；

（三）针对性的心理辅导、心理咨询、心理疾病治疗和康复等心理危机干预工作。

社区矫正对象的心理健康档案在其解除或者终止矫正三十日内纳入社区矫正档案保管。

第一百五十四条 社区矫正机构可以通过组织社区矫正工作人员参加相关培训获得心理专业知识和从业条件等方式，建立专业心理矫治工作队伍，吸收具备有关资格的社会工作者、志愿者等加入队伍，加强心理矫治工作能力建设。

第一百五十五条 对心理问题突出和患有心理疾病、精神疾病的社区矫正对象，一般应当纳入重点社区矫正对象予以管控和矫治帮扶。

《江苏省社区矫正实施细则》

第六十五条 社区矫正对象心理教育主要包括心理健康教育、心理测试、心理辅导、心理危机干预等。

承接社区矫正对象心理教育和损害修复工作的社会组织和其他单位，形成的社区矫正对象心理矫正档案和损害修复材料，自社区矫正对象解除或者终止矫正后三十日内移交执行地县级社区矫正机构，随同其档案保管。

《辽宁省社区矫正实施细则》

第九十条 教育帮扶可以由县级社区矫正机构或者司法所直接组织，也可以采取政府购买服务或者项目委托的方式由相关专业机构或者社会组织予以实施，定期或者不定期开展。

第一百一十二条 社区矫正机构可以通过公开择优购买或者项目委托的方式，组织社会组织提供社区矫正社会工作服务或者其他社会服务，为社区矫正对象在教育、心理辅导、职业技能培训、社会关系改善等方面提供必要的帮扶。鼓励有经验和资源的社会组织跨地区开展帮扶交流和示范活动。

《浙江省社区矫正教育帮扶办法》

第六条 社区矫正机构可以通过政府购买服务、项目化委托等方式和途径，引导和鼓励社会组织、学术团体、研究机构、大专院校等社会力量参与社区矫正对象教育学习、个案矫正、心理矫正、公益活动、社会适应性帮扶和社会关系改善等工作，健全完善检查指导、绩效管理、考核评价等制度，提升教育帮扶实效。

第四十一条[①] **【社会力量帮助就业】**

国家鼓励企业事业单位、社会组织为社区矫正对象提供就业岗位和职业技能培训。招用符合条件的社区矫正对象的企业，按照规定享受国家优惠政策。

法条解读

本条针对社会力量对社区矫正对象开展就业岗位、职业技能培训等提供帮助进行了规定。本条中的“企业”是指以营利为目的，运用各种生产要素，向市场提供商品或服务，实行自主经营、自负盈亏、独立核算的法人或其他社会经济组织。“事业单位”是指由政府利用国有资产设立的，从事教育、科技、文化、卫生等活动的社会服务组织。“社会组织”是指各级人民政府民政部门登记注册的社会团体、基金会、民办非企业单位。“符合条件的社会矫正对象”是指符合国家有关法律法规、规章制度规定的，享受国家就业

① 相关规范性文件落实，例如，（1）2010年财政部、国家税务总局《关于安置残疾人就业单位城镇土地使用税等政策的通知》；（2）2019年财政部、税务总局、人力资源社会保障部、国务院扶贫办《关于进一步支持和促进重点群体创业就业有关税收政策的通知》。

帮扶措施的社区矫正对象，如残疾人、下岗失业人员、建档立卡贫困人口等。①

《社区矫正法实施办法》未对本条予以细化。

部分省市社区矫正实施细则进行了重申式规定。例如，《浙江省社区矫正教育帮扶办法》细化了社区矫正机构沟通协调的部门，包括民政、财政、人力社保、医疗保障等部门以及慈善机构、村（居）等组织。

相关规定

《广西壮族自治区社区矫正工作细则》

第九十五条第二款 鼓励企事业单位、社会组织为社区矫正对象提供就业岗位信息和职业技能培训。招用符合条件的社区矫正对象的企业，按照有关规定享受优惠政策。

《河南省社区矫正工作细则》

第一百二十八条 县级以上地方人民政府及有关部门应当通过多种形式为教育帮扶社区矫正对象提供必要的场所和条件；社区矫正机构应当协调、联系企事业单位，推进社区矫正对象就业基地、公益活动基地、教育基地的建设。

第一百二十九条 鼓励企事业单位、社会组织为社区矫正对象提供就业岗位信息和职业技能培训。招用符合条件的社区矫正对象的企业，按照规定享受优惠政策。

《辽宁社区矫正实施细则》

第一百一十一条 鼓励企事业单位、社会组织为社区矫正对象提供就业岗位信息和职业技能培训。

《宁夏回族自治区社区矫正实施细则》

第八十一条 市、县（区）人民政府及其有关部门应当通过多种形式为教育帮扶社区矫正对象提供必要的场所和条件，组织动员社会力量参与教育帮扶工作。有关人民团体应当依法协助社区矫正机构做好教育帮扶工作。

鼓励企事业单位、社会组织为社区矫正对象提供就业岗位信息和职业技能培训。招用符合条件的社区矫正对象的企业，按照规定享受优惠政策。

鼓励有经验和资源的社会组织开展帮扶交流和示范活动。社区矫正机构可以通过公开择优购买服务或者项目委托的方式，引导社会组织参与社区矫正对象教育帮扶活动。

《陕西省社区矫正实施细则》

第四十八条 县级以上地方人民政府及其有关部门应当通过多种形式为教育帮扶社区矫正对象提供必要的场所和条件；县级社区矫正机构应当协调、联系企事业单位，推进社区矫正对象就业基地、公益活动基地、教育基地的建设。

鼓励企事业单位、社会组织为社区矫正对象提供就业岗位信息和职业技能培训。招用符合条件的社区矫正对象的企业，按照规定享受优惠政策。

《浙江省社区矫正教育帮扶办法》

第三十五条 社区矫正机构应当加强与民政、教育、人力社保等部门沟通协调，将社区矫正对象职业技能培训等工作纳入地方就业管理体系，促进社区矫正对象就业。

第三十六条 社区矫正机构应当加强与企事业单位、社会组织等沟通协调，推动落实相关优惠政策，为社区矫正对象提

① 王爱立，姜爱东主编：《中华人民共和国社区矫正法释义》，中国民主法制出版社2020年版，第211页。

供就业岗位和职业技能培训，帮助有就业需求的对象实现就业。

第三十七条 社区矫正机构应当加强与民政、财政、人力社保、医疗保障等部门以及慈善机构、村（居）等组织沟通协调，帮助符合条件的社区矫正对象申请社会救助、参加社会保险、获得法律援助，为有特殊困难的社区矫正对象提供必要的帮扶。

第三十八条 社区矫正机构可以通过建立社区矫正工作协会等方式，整合社会力量和资源，帮助社区矫正对象解决工作、学习、生活等方面遇到的实际困难，促进其顺利融入社会。

第四十二条 【参加公益活动】

社区矫正机构可以根据社区矫正对象的个人特长，组织其参加公益活动，修复社会关系，培养社会责任感。

法条解读

本条主要对社区矫正对象的公益活动进行了规定。本条中的“公益活动”是指出人、出物或者出钱赞助和支持某项社会公益事业的公共关系实务活动。公益活动的内容包括社区服务、环境保护、知识传播、公共福利、帮困扶助、维护良好秩序、慈善、社团活动、专业特色服务、文化艺术活动等。①

《社区矫正法实施办法》对其进行重申式规定。

各省市社区矫正实施细则基本都对社区矫正公益活动参与方式与不需要参加公益活动情形进行了规定。例如，《安徽省社区矫正工作实施细则》明确将社区矫正对象参加教育学习、公益活动的情况及表现作为对其实施考核奖惩和分类管理的依据。《福建省社区矫正实施细则》明确了禁止开展的公益活动的情形，针对生态修复案件的矫正对象应参加生态修复公益活动。《甘肃省社区矫正实施细则》《辽宁省社区矫正实施细则》明确了参加公益活动的原则、计划、考核方法、内容和方式及一般不参加公益活动的情形。《北京市社区矫正实施细则》《广东省社区矫正实施细则》《山西省社区矫正实施细则》《四川省社区矫正实施细则》《浙江省社区矫正教育帮扶办法》明确了参加公益活动的个别化原则与免予参加教育学习和公益活动的情形。《广西壮族自治区社区矫正工作细则》将公益活动纳入矫正方案，并根据实施效果适时予以调整。《贵州省社区矫正工作实施细则（试行）》《山东省社区矫正实施细则》要求组织公益活动不得超越公益性质和社区矫正对象的承受能力。《河南省社区矫正工作细则》确认了开展公益活动中应具有公共利益、社区矫正对象力所能及、可操作性强、便于监督检查的原则。《湖南省社区矫正实施细则》强调了参与社会公益活动的自愿性。《江苏省社区矫正实施细则》明确了相关部门对公益活动的记录职责。《江西省社区矫正工作实施细则》对公益活动进行了细化。该细则规定社区矫正对象参加公益活动经执行地县级社区矫正机构认可的，可以作为调整管理类别的重要依据，连同相关材料一并存入其工作档案。

① 王爱立，姜爱东主编：《中华人民共和国社区矫正法释义》，中国民主法制出版社 2020 年版，第 214 页。

相关规定

《社区矫正法实施办法》

第四十四条 执行地县级社区矫正机构、受委托的司法所按照符合社会公共利益的原则，可以根据社区矫正对象的劳动能力、健康状况等情况，组织社区矫正对象参加公益活动。

《安徽省社区矫正工作实施细则》

第七十三条 县（市、区）社区矫正机构、司法所可以根据社会需要和社区矫正对象个人特长、兴趣爱好等，组织社区矫正对象参加公益活动，鼓励社区矫正对象为社区或有关公共机构提供志愿服务。

第七十四条 县（市、区）社区矫正机构、司法所应当做好社区矫正对象参加教育学习、公益活动记录，并将社区矫正对象参加教育学习、公益活动的情况及表现作为对其实施考核奖惩和分类管理的依据。

《北京市社区矫正实施细则》

第九十二条 区社区矫正机构、司法所按照符合社会公共利益的原则，可以根据社区矫正对象的劳动能力、健康状况等情况，组织社区矫正对象参加社区矫正对象公益活动，修复社会关系，培养社会责任感。

区社区矫正机构、司法所应当做好社区矫正对象公益活动的记录，作为对社区矫正对象认罪、考核、奖惩的依据。社区矫正对象自发参加公益活动的，可以向司法所提供相关证明。

第九十三条 区社区矫正机构应当按照符合社会公共利益的原则设置公益活动项目。

公益活动的内容可以包括社区服务、环境保护、知识传播、公共福利、帮困扶助、维护良好秩序、慈善、社团活动、专业特色服务、文化艺术活动等。

组织未成年社区矫正对象参加公益活动应当充分考虑其生理心理特点。

第九十四条 社区矫正对象有下列情形之一的，经司法所审核，报区社区矫正机构审批，可以不参加公益活动：

（一）年满七十五周岁；

（二）暂予监外执行的；

（三）身体残疾或者患有严重疾病，不适宜参加的；

（四）其他特殊原因不能参加的。

《福建省社区矫正实施细则》

第四十二条 县级社区矫正机构、受委托的司法所组织社区矫正对象开展公益活动，必须按照符合社会公共利益的原则，选择具有社会性、公共性、非营利性的公益活动项目。不得组织社区矫正对象参加具有人身危险的公益活动。

县级社区矫正机构确定的公益活动项目，应当报设区市级社区矫正机构备案。

社区矫正对象参加公益活动的情况，县级社区矫正机构、受委托的司法所应当做好记录，存入其档案。

涉及生态修复案件被宣告缓刑的社区矫正对象应当履行生态修复协议，参与生态环境保护活动。人民法院、人民检察院因社区矫正对象未有效履行生态修复协议而发出生态修复令的，县级社区矫正机构应当对该社区矫正对象进行教育，依法依规予以处罚或者提出撤销缓刑建议。

《甘肃省社区矫正实施细则》

第六十一条 县（市、区）社区矫正机构应当根据符合公共利益、社区矫正对象身心特点、操作性强、便于监督检查的原则制定社区矫正对象参加公益（社会）活动计划及考核办法。

第六十二条 县（市、区）社区矫正机构及受委托的司法所组织社区矫正对象参加公益（社会）活动，应按照公益（社会）活动计划和考核办法，根据社区矫正对象的年龄、性别、健康状况、劳动能力、技能水平、个人特长、正常工作生活需要等情况，合理安排活动内容和方式，修复社会关系，培养社会责任感。

第六十三条 公益活动可以集中组织，也可以分散进行，由县（市、区）社区矫正机构或者受委托的司法所提供公益服务事项，鼓励社区矫正对象自愿认领。

第六十四条 县（市、区）社区矫正机构对积极参加教育学习、公益（社会）活动表现突出的社区矫正对象可以进行表扬。

第六十五条 社区矫正对象有下列情况之一的，一般不安排其参加公益（社会）活动：

（一）年满六十周岁；

（二）身体残疾或者患有严重疾病；

（三）其他特殊原因。

《广东省社区矫正实施细则》

第五十条 社区矫正机构、受委托的司法所按照符合社会公共利益的原则，可以根据社区矫正对象的劳动能力及其年龄、性别、健康状况、技能水平、专业优势等情况，组织其参加公益活动。

社区矫正机构、受委托的司法所组织开展公益活动，应当加强对社区矫正对象的管理、保护和纪律教育、安全教育。

第五十一条 社区矫正对象有以下情形之一的，可以向执行地县级社区矫正机构或者受委托的司法所提出书面申请，并提交相关证明材料，经批准后免予参加教育学习和公益活动：

（一）怀孕或者在哺乳期的妇女，行动不便的；

（二）年老体弱、残疾或者患有疾病，行动不便的；

（三）患有精神疾病或者重大传染性疾病，不宜参加的；

（四）生活不能自理的；

（五）其他特殊原因不宜参加的。

《广西壮族自治区社区矫正工作细则》

第九十一条 县（市、区）社区矫正机构或受委托的司法所按照符合社会公共利益的原则，可以根据社区矫正对象的劳动能力、个人特长、健康状况等，组织社区矫正对象参加社区服务、环境保护、帮困扶助、维护秩序等适当公益活动，修复社会关系，培养社会责任感。

公益活动纳入矫正方案内容，并根据实施效果适时予以调整。

第九十二条 因病丧失生活自理能力、身体残疾或具有精神病、年满六十周岁的老人、妊娠期妇女等社区矫正对象，一般不安排其参加公益活动，但应结合其自身情况鼓励参加公益活动。

第九十三条 县（市、区）社区矫正机构或受委托的司法所组织公益活动，应当根据矫正方案合理安排时间，避免对社区矫正对象的正常工作和生活造成不必要的影响。

公益活动可以集中组织，也可以分散进行。

县（市、区）社区矫正机构或受委托的司法所不得组织社区矫正对象参加具有直接危险或者明显超过强度的活动。

社区矫正对象参加公益活动的记录，可以作为对社区矫正对象考核、奖惩的依据。

《贵州省社区矫正工作实施细则（试行）》

第五十条 执行地县级社区矫正机构、受委托的司法所可以根据社区矫正对象的劳动能力、个人特长、健康状况等情况，定期组织社区矫正对象参加公益活动。组织公益活动的具体事项由执行地县级社区矫正机构、受委托的司法所根据实际情况自行开展或委托相关社会组织开展。组织公益活动不得超越公益性质和社区矫正对象承受能力。

有劳动能力或有特长的社区矫正对象可以到依法成立，以开展志愿服务为宗旨的非营利性的社会团体、社会服务机构等志愿服务组织参加公益活动。主动参加社会组织公益活动的，应当提交相关证明材料。

《河南省社区矫正工作细则》

第一百二十三条 社区矫正机构应当按照符合公共利益、社区矫正对象力所能及、可操作性强、便于监督检查的原则制定社区矫正对象参加公益（社会）活动的计划及考核办法。

第一百二十四条 社区矫正机构、受委托的司法所按照公益活动计划和考核办法，根据社区矫正对象的年龄、性别、健康状况、劳动能力、技能水平、个人特长、正常工作生活需要等情况，合理安排活动内容和方式，组织社区矫正对象参加公益（社会）活动，修复社会关系，培养社会责任感。

第一百二十五条 公益活动可以集中组织，也可以分散进行，由社区矫正机构或者受委托的司法所提供公益服务事项，鼓励社区矫正对象自愿认领。

第一百二十六条 社区矫正机构对积极参加公益（社会）活动、表现突出的社区矫正对象可以进行表扬。

第一百二十七条 社区矫正对象有下列情况之一的，一般不安排其参加公益（社会）活动：

（一）年满六十周岁；

（二）被暂予监外执行的；

（三）身体残疾或者患有严重疾病的；

（四）其他特殊原因。

《湖南省社区矫正实施细则》

第一百三十八条 执行地县级社区矫正机构、受委托的司法所应当按照符合公共利益、可操作性强、便于监督检查、社区矫正对象力所能及的原则，立足本地资源，加强与有关部门、乡镇（街道）、村（社区）、公益组织、福利机构、企业事业单位、社会组织等的联系与合作，积极建立公益活动基地，开发公益活动项目，丰富公益活动内容，为组织社区矫正对象参加公益活动创造必要的条件。

第一百三十九条 公益活动是指一定的组织或个人向社会捐赠财物、时间、精力和知识等活动。公益活动的内容包括社区服务、环境保护、知识传播、公共福利、帮困扶助、维护良好秩序、慈善、社团活动、专业特色服务、文化艺术活动等。

第一百四十条 执行地县级社区矫正机构、受委托的司法所应当根据社区矫正对象修复社会关系、培养社会责任感的需要，结合其个人特长、劳动能力等自身条件，考虑其工作、生活情况和管理类别，合理安排其参加公益活动的内容、时间和方式，组织其参加公益活动。

身体健康、有劳动能力的社区矫正对象每月至少应参加一次公益活动。对未成年和在全日制学校就读的社区矫正对象，安排其参加公益活动可以适度从宽。未成年人的公益活动应当与成年人分别进行。

不得组织社区矫正对象参加具有危险性或者高劳动强度的公益活动。

第一百四十一条 执行地县级社区矫正机构或者受委托的司法所应当定期制定公益活动计划，在每次组织公益活动前制定具体工作方案，就公益活动的时间、地点、内容、参加对象、工作人员配备及职责分工、突发事件处置等进行准备，按计划和方案开展公益活动，并做好组织管理、安全教育和总结等工作。

集体性公益活动可以集中进行，也可以分散进行。

第一百四十二条　鼓励并支持社区矫正对象自发参加公益活动。执行地县级社区矫正机构、受委托的司法所应当加强对社区矫正对象自发参加或者村（居）民委员会等有关社会力量协助组织其参加公益活动的指导，将相关活动情况纳入对社区矫正对象的教育帮扶记录。

第一百四十三条　社区矫正对象有下列情形之一的，一般不组织其参加公益活动，不纳入对其参加公益活动的考核：

（一）年满六十五周岁的；

（二）因身体残疾或者患有严重疾病丧失劳动能力的；

（三）因其他客观原因不能参加公益活动的。

符合前款规定情形的社区矫正对象可以自发参加公益活动。执行地县级社区矫正机构、受委托的司法所可以对其自发参加公益活动的情况进行记录，作为考核奖励的参考。

《江苏省社区矫正实施细则》

第六十六条　执行地县级社区矫正机构、受委托的司法所按照符合社会公共利益的原则，可以根据社区矫正对象的个人特长、劳动能力、健康状况等情况，组织其参加公益活动，并鼓励和支持社区矫正对象积极参与公益性社会组织，修复社会关系，培养社会责任感。

对社区矫正对象参加公益活动的情况，执行地县级社区矫正机构、受委托的司法所应当做好记录，存入其工作档案。

《江西省社区矫正工作实施细则》

第七十六条　执行地县级社区矫正机构、社区矫正日常机构应当在政府及其相关职能部门的支持下，按照符合社会公共利益的原则，根据社区矫正对象的劳动能力、健康状况、个人特长等情况，组织社区矫正对象参加公益活动。支持、鼓励社区矫正对象在社区矫正期间，志愿参加适合其年龄、行动能力、个人特点、力所能及的各类社会公益活动，培养社会责任感。

前款公益活动是指经社区矫正机构批准、认可的，无偿向社会奉献时间、精力、知识，对社会有益的活动，包括但不限于社区服务、义务劳动、志愿服务、社会救助、慈善公益、宣传引导、维护公共秩序等活动。

第七十七条　社区矫正对象参加公益活动经执行地县级社区矫正机构认可的，可以作为调整管理类别的重要依据，连同相关材料一并存入其工作档案。

社区矫正日常机构应当对社区矫正对象参加公益活动的情况进行核实，确认其参加公益活动的有效次数。

《辽宁省社区矫正实施细则》

第一百零七条　社区矫正机构应当按照符合公共利益、社区矫正对象力所能及、可操作性强、便于监督检查的原则制定社区矫正对象参加公益（社会）活动的计划及考核办法。

第一百零八条　社区矫正机构、司法所按照公益活动计划和考核办法，根据社区矫正对象的年龄、性别、健康状况、劳动能力、技能水平、个人特长、正常工作生活需要等情况，合理安排活动内容和方式，组织社区矫正对象参加公益活动，修复社会关系，培养社会责任感。

第一百零九条　公益活动可以集中组织，也可以分散进行，由社区矫正机构或者司法所提供公益服务事项，鼓励社区矫正对象自愿认领。

第一百一十条 社区矫正对象有下列情况之一的，一般不安排其参加公益活动：

（一）年满六十周岁；

（二）被暂予监外执行的；

（三）身体残疾或者患有严重疾病的；

（四）其他特殊原因。

《宁夏回族自治区社区矫正实施细则》

第八十条 社区矫正机构、受委托的司法所按照符合社会公共利益的原则，根据社区矫正对象的劳动能力、健康状况等情况，组织社区矫正对象参加公益活动。

公益活动可以集中组织，也可以分散进行。由社区矫正机构、受委托的司法所协调安排公益服务事项，鼓励社区矫正对象自愿选择。

《山东省社区矫正实施细则》

第七十八条 社区矫正机构、司法所按照符合社会公共利益的原则，可以根据社区矫正对象的劳动能力、健康状况、个人特长等情况，组织社区矫正对象参加社区服务、社会援助、专业服务等公益活动，修复社会关系，培养社会责任感。

第七十九条 社区矫正机构、司法所组织公益活动的，应当合理安排时间，不得组织社区矫正对象参加具有直接危险或者明显超过强度的活动。

社区矫正机构、司法所应当做好社区矫正对象参加公益活动的记录，作为对社区矫正对象认罪悔罪、考核、奖惩的依据。社区矫正对象自发参加公益活动的，可以向司法所提供相关证明。

《山西省社区矫正实施细则》

第五十八条 执行地县级社区矫正机构、社区矫正中心、受委托的司法所可以根据社区矫正对象的年龄、性别、健康状况、劳动能力、技能水平、个人特长等情况，组织社区矫正对象参加公益活动，修复社会关系，培养社会责任感。公益活动可以集中组织，也可以分散进行。

第五十九条 社区矫正对象有下列情况之一的，可以不安排其参加公益活动：

（一）年满六十周岁；

（二）被暂予监外执行的；

（三）身体残疾或者患有严重疾病的；

（四）其他特殊原因。

《陕西省社区矫正实施细则》

第四十七条 县级社区矫正机构可以按照符合公共利益、社区矫正对象力所能及、可操作性强、便于监督检查的原则制定社区矫正对象参加公益活动的计划及考核办法。

县级社区矫正机构、受委托的司法所按照公益活动计划和考核办法，根据社区矫正对象的年龄、性别、健康状况等情况，合理安排活动内容和方式，组织社区矫正对象参加公益活动，帮助其修复社会关系，培养社会责任感。

公益活动可以集中组织，也可以分散进行，由县级社区矫正机构、受委托的司法所提供公益活动事项。

《四川省社区矫正实施细则》

第一百二十九条 县级社区矫正机构应当按照符合公共利益、可操作性强、便于监督检查的原则，引导和利用社会组织、社区资源等，开发公益活动项目，建立社区矫正对象公益活动项目库，制定社区矫正对象参加公益活动的计划。

第一百三十条 执行地县级社区矫正机构或受委托的司法所组织社区矫正对象参加公益活动，可以根据社区矫正对象的年龄、性别、健康状况、劳动能力、技能水平、个人特长、正常工作生活需要等情况，合理安排活动内容和方式，帮助其修复社会关系，培养社会责任感。

第一百三十一条 公益活动可以集中组织，也可以分散进行，由执行地县级社区矫正机构或受委托的司法所提供公益活动清单，社区矫正对象自行认领参与。鼓励和支持社区矫正对象自发参加其他公益活动。

第一百三十二条 社区矫正对象有下列情况之一的，一般不安排其参加公益活动：

（一）年满六十周岁的；

（二）暂予监外执行的；

（三）其他特殊原因不适宜参加，经执行地县级社区矫正批准同意的。

《浙江省社区矫正教育帮扶办法》

第三十二条 社区矫正机构、司法所可以按照符合社会公共利益的原则，根据社区矫正对象的个人特长、劳动能力、健康状况等情况，每月组织其参加公益活动，帮助其修复社会关系，增强社会责任感。

公益活动包括：

（一）社区内或者其他公共服务机构内的公益性活动；

（二）针对被害者（被害单位或者被害人）的补偿性活动；

（三）其他为社会和公众提供的公益性服务活动。

鼓励社区矫正对象结合自身专长和兴趣爱好为社区或者有关公共机构提供志愿服务。

不得组织社区矫正对象从事影响其身心健康和具有人身危险性的公益活动。

社区矫正对象确因正当理由不能参加社区矫正机构、司法所等组织的公益活动的，应当按规定办理请假手续。

第三十三条 社区矫正对象有下列情形之一的，经本人申请、司法所审核、社区矫正机构批准后，可以不参加公益活动。

（一）患严重疾病正在治疗且行动不便的；

（二）患有严重传染性疾病的；

（三）怀孕且行动不便的；

（四）生活不能自理的；

（五）年老体弱且行动不便的；

（六）其他特殊原因不能参加公益活动的情形。

第三十四条 社区矫正机构、司法所可以依托或者建立社区矫正公益活动基地或信息服务平台，适时发布公益活动项目，引导、鼓励和支持社区矫正对象根据个人特长、兴趣爱好、时间安排等，自主选择并参加公益活动。

文书范本

社区矫正对象公益活动记录①

<table>
<tr><td>姓　名</td><td colspan="2"></td><td>性别</td><td></td><td>出生年月</td><td>年　月　日</td></tr>
<tr><td>罪　名</td><td colspan="4"></td><td>矫正类别</td><td></td></tr>
<tr><td>公益活动组织单位</td><td colspan="6"></td></tr>
<tr><td>时间</td><td>地点</td><td colspan="2">活动形式</td><td colspan="2">组织人员签字</td><td>社区矫正对象签字</td></tr>
<tr><td></td><td></td><td colspan="2"></td><td colspan="2"></td><td></td></tr>
<tr><td></td><td></td><td colspan="2"></td><td colspan="2"></td><td></td></tr>
<tr><td></td><td></td><td colspan="2"></td><td colspan="2"></td><td></td></tr>
<tr><td></td><td></td><td colspan="2"></td><td colspan="2"></td><td></td></tr>
<tr><td></td><td></td><td colspan="2"></td><td colspan="2"></td><td></td></tr>
<tr><td></td><td></td><td colspan="2"></td><td colspan="2"></td><td></td></tr>
<tr><td></td><td></td><td colspan="2"></td><td colspan="2"></td><td></td></tr>
<tr><td></td><td></td><td colspan="2"></td><td colspan="2"></td><td></td></tr>
<tr><td></td><td></td><td colspan="2"></td><td colspan="2"></td><td></td></tr>
<tr><td></td><td></td><td colspan="2"></td><td colspan="2"></td><td></td></tr>
<tr><td></td><td></td><td colspan="2"></td><td colspan="2"></td><td></td></tr>
</table>

说明：

本文书根据《中华人民共和国社区矫正法》、“两高两部”《中华人民共和国社区矫正法实施办法》相关规定以及《宁夏回族自治区社区矫正实施细则》第七十三、七十四条规定制作。用于记录社区矫正对象进行公益活动情况时使用并装入档案。

① 来自《关于进一步规范社区矫正执法文书格式的通知》。

第四十三条[①]　**【社会救助、社会保障和法律援助】**

社区矫正对象可以按照国家有关规定申请社会救助、参加社会保险、获得法律援助，社区矫正机构应当给予必要的协助。

法条解读

本条主要对社会救助、社会保障和法律援助等相关问题进行了规定。“申请社会救助”共计八类：一是最低生活保障类。国家对共同生活的家庭成员人均收入低于当地最低生活保障标准，且符合当地最低生活保障家庭财产状况规定的家庭，给予最低生活保障。二是特困人员供养类。国家对无劳动能力、无生活来源且无法定赡养、抚养、扶养义务人，或者其法定赡养、抚养、扶养义务人无赡养、抚养、扶养能力的老年人、残疾人以及未满16周岁的未成年人，给予特困人员供养。三是受灾人员救助类。国家建立健全自然灾害救助制度，对基本生活受到自然灾害严重影响的人员，提供生活救助。自然灾害救助实行属地管理，分级负责。四是医疗救助类。最低生活保障家庭成员、特困供养人员、县级以上人民政府规定的其他特殊困难人员可以申请医疗救助。五是教育救助类。国家对在义务教育阶段就学的最低生活保障家庭成员、特困供养人员，给予教育救助。对在高中教育（含中等职业教育）、普通高等教育阶段就学的最低生活保障家庭成员、特困供养人员，以及不能入学接受义务教育的残疾儿童，根据实际情况给予适当教育救助。六是住房救助类。国家对符合规定标准的住房困难的最低生活保障家庭、分散供养的特困人员，给予住房救助。七是就业救助类。国家对最低生活保障家庭中有劳动能力并处于失业状态的成员，通过贷款贴息、社会保险补贴、岗位补贴、培训补贴、费用减免、公益性岗位安置等办法，给予就业救助。八是临时救助。国家对因火灾、交通事故等意外事件，家庭成员突发重大疾病等原因，导致基本生活暂时出现严重困难的家庭，或者因生活必需支出突然增加超出家庭承受能力，导致基本生活暂时出现严重困难的最低生活保障家庭，以及遭遇其他特殊困难的家庭，给予临时救助。

根据《社会保险法》规定，公民参加社会保险共计五类，包括基本养老保险、基本医疗保险、工伤保险、失业保险与生育保险等社会保险制度。根据《法律援助条例》规定，公民对下列需要代理的事项，因经济困难没有委托代理人的，可以向法律援助机构申请法律援助：一是依法请求国家赔偿的；二是请求给予社会保险待遇或者最低生活保障待遇的；三是请求发给抚恤金、救济金的；四是请求给付赡养费、抚养费、扶养费的；五是请求支付劳动报酬的；六是主张因见义勇为行为产生的民事权益的。省、自治区、直辖市人民政府可以对前述规定以外的法律援助事项作出补充规定。公民可以就前述规定的事项向法律援助机构申请法律咨询。刑事诉讼中有下列情形之一的，公民可以向法律援助机构申请法律援助：（1）犯罪嫌疑人在被侦查机关第一次讯问后或者采取强制措施之日起，因经济困难没有聘请律师的；（2）公诉案件中的被害人及其法定代

① 相关法律法规落实，例如，（1）2021年《法律援助法》；（2）2019年修订国务院出台《社会救助暂行办法》。

理人或者近亲属，自案件移送审查起诉之日起，因经济困难没有委托诉讼代理人的；（3）自诉案件的自诉人及其法定代理人，自案件被人民法院受理之日起，因经济困难没有委托诉讼代理人的。公诉人出庭公诉的案件，被告人因经济困难或者其他原因没有委托辩护人，人民法院为被告人指定辩护时，法律援助机构应当提供法律援助。被告人是盲、聋、哑人或者未成年人而没有委托辩护人的，或者被告人可能被判处死刑而没有委托辩护人的。人民法院为被告人指定辩护时，法律援助机构应当提供法律援助，无须对被告人进行经济状况的审查。

《社区矫正法实施办法》未对本条予以细化。

部分省市社区矫正实施细则对其进行了重申式规定。

相关规定

《北京市社区矫正实施细则》

第九十七条　区社区矫正机构、司法所依法协调有关部门和单位，根据职责分工，对社区矫正对象在申请社会救助、临时救助、参加社会保险、获得法律援助等方面予以必要的协助。

《福建省社区矫正实施细则》

第四十五条　社区矫正机构、受委托的司法所可以依照《社区矫正法》和《实施办法》第四十五条的规定，协调有关部门和单位帮助社区矫正对象申请社会救助、参加社会保险、获得法律援助以及未成年社区矫正对象完成义务教育。有关部门和单位应当依法予以支持。

《广西壮族自治区社区矫正工作细则》

第九十四条　社区矫正对象可以按照国家有关规定申请社会救助、参加社会保险、获得法律援助。

执行地县（市、区）社区矫正机构、受委托的司法所可以依法协调有关部门和单位，根据职责分工，对遇到困难和问题的社区矫正对象提供必要的协助；对暂时生活困难的提供临时救助；对存在就业困难的提供职业技能培训和就业指导；对符合相应条件的落实社会保障措施；对就学、法律援助等方面遇到困难的帮助协调落实。

《河南省社区矫正工作细则》

第一百三十五条　社区矫正对象按照国家有关规定申请社会救助、参加社会保险、获得法律援助遇到困难和问题时，社区矫正机构可以提供必要的协助：告知社会救助、社会保险、法律援助有关法律法规，指导社区矫正对象向相关部门提出申请，告知其在个人权利受到侵害时的救济方式等。

《湖南省社区矫正实施细则》

第一百五十一条　社区矫正对象按照国家有关规定申请社会救助、参加社会保险、获得法律援助遇到困难和问题时，社区矫正机构在必要范围内提供相应的协助，包括告知社会救助、社会保险、法律援助有关法律法规，指导社区矫正对象向相关部门提出申请，协调有关部门按政策办理，告知其在个人权利受到侵害时的救济方式等。

《江苏省社区矫正实施细则》

第六十七条　依照《社区矫正法》《实施办法》等规定，社区矫正机构、受委托的司法所依法协调有关部门和单位，根据职责分工，对遇到暂时生活困难的社区矫正对象提供临时救助；对就业困难的社区矫正对象提供职业技能培训和就业指导；帮助符合条件的社区矫正对象落实社会保障措施；协助在就学、法律援助等方面遇到困难的社区矫正对象解决问题。

《辽宁省社区矫正实施细则》

第一百一十五条 社区矫正对象可以按照国家有关规定申请社会救助、参加社会保险、获得法律援助，社区矫正机构应当给予必要的协助。

《宁夏回族自治区社区矫正实施细则》

第八十五条 社区矫正对象按照国家有关规定申请社会救助、参加社会保险、获得法律援助遇到困难和问题时，社区矫正机构应当提供必要的协助：告知社会救助、社会保险、法律援助有关法律法规，指导社区矫正对象向相关部门提出申请，告知其在个人权利受到侵害时的救济方式等。

《山东省社区矫正实施细则》

第八十条 社区矫正对象按照国家有关规定申请社会救助、法律援助、参加社会保险的，社区矫正机构应当给予必要的协助。

社区矫正机构、司法所依法协调有关部门和单位，根据职责分工，对遇到暂时生活困难的社区矫正对象提供临时救助；对就业困难的社区矫正对象提供职业技能培训和就业指导；帮助符合条件的社区矫正对象落实社会保障措施；协助在就学、法律援助等方面遇到困难的社区矫正对象解决问题。

《山西省社区矫正实施细则》

第六十一条 社区矫正对象按照国家有关规定申请社会救助、参加社会保险、获得法律援助遇到困难和问题时，执行地县级社区矫正机构、社区矫正中心、受委托的司法所应当提供必要的协助，告知其社会救助、社会保险、法律援助有关法律法规，指导社区矫正对象向相关部门提出申请。必要时社区矫正机构可与相关部门协调，依法依规保障社区矫正对象的合法权益。

《四川省社区矫正实施细则》

第一百三十八条 社区矫正对象按照国家有关规定申请社会救助、参加社会保险、获得法律援助遇到困难和问题时，社区矫正机构可以提供相应协助。

第六章　解除和终止

第四十四条　【社区矫正的解除】

社区矫正对象矫正期满或者被赦免的，社区矫正机构应当向社区矫正对象发放解除社区矫正证明书，并通知社区矫正决定机关、所在地的人民检察院、公安机关。

法条解读

本条主要对社区矫正的解除原因、主体、对象及相关程序进行了规定。“解除社区矫正证明书”是指能够证明社区矫正对象依法接受并完成社区矫正的法律文书。“并通知”要求社区矫正机构还必须通知到社区矫正决定机关、所在地的人民检察院及公安机关。

《社区矫正实施办法》对社区矫正机构、公安机关、监狱管理机关在解除社区矫正中的具体职责分工予以明确，并对解矫宣告内容进行了细化。

各省市社区矫正实施细则大都对社区矫正机构、公安机关、监狱等组织在解矫中的具体职责进行了明确。例如，《北京市社区矫正实施细则》《江西省社区矫正工作实施细则》《宁夏回族自治区社区矫正实施细则》《山东省社区矫正实施细则》明确了解矫宣告的具体内容。《广西壮族自治区社区矫正工作细则》《湖南省社区矫正实施细则》《辽宁省社区矫正实施细则》《四川省社区矫正实施细则》明确了解矫宣告的具体程序步骤。《山东省社区矫正实施细则》明确了检察机关对解矫行为的监督。《江苏省社区矫正实施细则》明确了解除社区矫正的相关执法文书。

相关规定

《社区矫正法实施办法》

第五十三条　社区矫正对象矫正期限届满，且在社区矫正期间没有应当撤销缓刑、撤销假释或者暂予监外执行收监执行情形的，社区矫正机构依法办理解除矫正手续。

社区矫正对象一般应当在社区矫正期满三十日前，作出个人总结，执行地县级社区矫正机构应当根据其在接受社区矫正期间的表现等情况作出书面鉴定，与安置帮教工作部门做好衔接工作。

执行地县级社区矫正机构应当向社区矫正对象发放解除社区矫正证明书，并书面通知社区矫正决定机关，同时抄送执行地县级人民检察院和公安机关。

公安机关、监狱管理机关决定暂予监外执行的社区矫正对象刑期届满的，由看守所、监狱依法为其办理刑满释放手续。

社区矫正对象被赦免的，社区矫正机构应当向社区矫正对象发放解除社区矫正证明书，依法办理解除矫正手续。

第五十四条　社区矫正对象矫正期满，执行地县级社区矫正机构或者受委托的司法所可以组织解除矫正宣告。

解矫宣告包括以下内容：

（一）宣读对社区矫正对象的鉴定意见；

（二）宣布社区矫正期限届满，依法解除社区矫正；

（三）对判处管制的，宣布执行期满，解除管制；对宣告缓刑的，宣布缓刑考验期满，原判刑罚不再执行；对裁定假释的，宣布考验期满，原判刑罚执行完毕。

宣告由社区矫正机构或者司法所工作

人员主持，矫正小组成员及其他相关人员到场，按照规定程序进行。

《安徽省社区矫正工作实施细则》

第七十八条　社区矫正对象矫正期满或者被依法赦免的，司法所应当组织解除社区矫正宣告。宣告由司法所工作人员主持，宣告时间、地点应当提前告知社区矫正对象。社区矫正对象被采取强制措施、患有严重疾病行动困难或者具有其他特殊情形的，司法所可以不组织解除社区矫正宣告，但应当送达解除社区矫正证明书。

第七十九条　社区矫正对象应当在社区矫正期满前三十日作出个人总结。司法所应当根据其在接受社区矫正期间的表现、考核结果、矫正小组意见等情况作出书面鉴定，并对其安置帮教提出建议。

第八十条　监狱管理机关、公安机关决定暂予监外执行的社区矫正对象刑期届满的，司法所应当通知社区矫正对象按期到监狱、看守所办理刑满释放手续。人民法院决定暂予监外执行的社区矫正对象刑期届满的，社区矫正机构应当及时解除社区矫正，向其发放解除社区矫正证明书，并通报原判人民法院。

第八十二条　社区矫正终止或者社区矫正对象解除矫正后，司法所应当在十日内，将工作档案移交至县（市、区）社区矫正机构。县（市、区）社区矫正机构应当将执行档案和工作档案合并整理归档，统一进行保管。

《北京市社区矫正实施细则》

第一百条　社区矫正对象一般应当在社区矫正期满前三十日，作出个人总结。区社区矫正机构应当根据司法所对社区矫正对象矫正期间表现作出的说明和提出的意见建议，作出书面鉴定。

区社区矫正机构、司法所应当依照有关规定与安置帮教工作部门做好衔接工作。

第一百零一条　社区矫正对象矫正期满，司法所可以组织解除社区矫正宣告。

解矫宣告包括以下内容：

（一）宣读对社区矫正对象的鉴定意见；

（二）宣布社区矫正期限届满，依法解除社区矫正；

（三）对判处管制的，宣布执行期满，解除管制；对宣告缓刑的，宣布缓刑考验期满，原判刑罚不再执行；对裁定假释的，宣布考验期满，原判刑罚执行完毕。

宣告由司法所工作人员主持，矫正小组成员及其他相关人员到场，按照规定程序进行。对未成年社区矫正对象的解除矫正宣告不公开进行。

社区矫正对象矫正期满或者被赦免的，司法所应当向社区矫正对象发放由区社区矫正机构签发的解除社区矫正证明书。

社区矫正对象被采取强制措施期间矫正期满、患有严重疾病行动困难或具有其他特殊情况的，司法所可以不组织解除社区矫正宣告，但应当送达解除社区矫正证明书。

第一百零二条　由监狱管理机关或者公安机关批准暂予监外执行的，区社区矫正机构应当在社区矫正对象刑期届满前一个月内，书面通知其原服刑或者接收其档案的监狱、看守所按期办理刑满释放手续。

第一百零三条　社区矫正对象解除矫正或者被赦免后，司法所应当在三个工作日内书面通知公安派出所、村（居）民委员会；区社区矫正机构应当及时书面通知社区矫正决定机关，同时抄送执行地的区人民检察院和区公安分局。

《福建省社区矫正实施细则》

第五十三条　社区矫正对象矫正期满，且在社区矫正期间没有应当撤销缓刑、撤销假释或者暂予监外执行收监执行情形的，县级社区矫正机构依法办理解除矫正手续。其中监狱管理机关、公安机关决定暂予监外执行的社区矫正对象刑期届满的，在期满三十日前，执行地县级社区矫正机构应当书面通知其原服刑或者接收、存放其档案的监狱、看守所，由监狱、看守所依法为其办理刑满释放手续。

符合解除矫正的社区矫正对象在矫正期满三十日前，作出个人总结。执行地县级社区矫正机构填写《社区矫正期满鉴定表》，于期满当日制发《解除社区矫正通知书》，送达社区矫正决定机关、执行地县级人民检察院和公安机关。

社区矫正对象被依法赦免的，按照相关规定报请后，依法办理解除矫正手续，制发《解除社区矫正通知书》，送达社区矫正决定机关、执行地县级人民检察院和公安机关。

依法解除矫正的对象，县级社区矫正机构应当及时与司法行政机关安置帮教工作部门做好衔接工作。

第五十四条　社区矫正对象矫正期满或者被赦免当日，执行地县级社区矫正机构或者受委托的司法所可以组织解矫宣告。

解矫宣告按照以下程序进行：

（一）宣告人宣布宣告开始；

（二）记录人宣布宣告现场纪律；

（三）宣告人宣读对被宣告人的社区矫正鉴定意见；

（四）宣告人宣布全体起立，向被宣告人宣读《解除社区矫正宣告书》；

（五）记录人递交《解除社区矫正宣告书》，被宣告人在宣告书上签名并捺印确认；

（六）宣告人宣布除被宣告人外的其他人员坐下，向被宣告人发放《解除社区矫正证明书》；

（七）宣告人宣布宣告仪式结束，退场。

宣告人应当是社区矫正机构工作人员或者是受委托履行社区矫正工作职责的司法所公务员。宣告现场纪律，按照本实施细则第十五条第五款的规定执行。

社区矫正对象矫正期满或者被赦免当日是法定节假日的，宣告可以简化程序或者采取远程视频方式。

社区矫正对象因身体或者其他特殊原因不能到矫正宣告室接受宣告的，可以到其住所或者所在地进行宣告。

《甘肃省社区矫正实施细则》

第九十九条　社区矫正对象一般应当在社区矫正期满三十日前，提交个人总结。执行地县（市、区）社区矫正机构或受委托的司法所对社区矫正对象在接受矫正期间的表现、考核结果、社区意见等情况，作出书面鉴定，组织解除社区矫正宣告。宣告由社区矫正机构或司法所工作人员主持，宣告时间、地点应当提前告知社区矫正对象。社区矫正对象为未成年人的，宣告不公开进行，应通知其监护人到场。社区矫正对象被采取强制措施、患有严重疾病行动困难或具有其他特殊情形的，可以不组织解除社区矫正宣告，但应当送达解除社区矫正证明书。

社区矫正机构或司法所宣告解除矫正后做好与安置帮教工作部门衔接工作。适用禁止令的社区矫正对象，禁止令先于社区矫正执行期满的，应当先行组织禁止令执行期满宣告。

第一百条　社区矫正对象在暂予监外执行期间刑期届满的，在期满前三十日，执行地县（市、区）社区矫正机构应书面通知其原服刑或者接收、存放其档案的监狱、看守所依法为其办理刑满释放手续。

人民法院决定暂予监外执行的社区矫正对象刑期期满的，社区矫正机构应当及时解除社区矫正，向其发放解除社区矫正证明书，并通报原判人民法院。

《广东省社区矫正实施细则》

第七十条　社区矫正对象矫正期限届满，且在社区矫正期间没有应当撤销缓刑、撤销假释或者暂予监外执行收监执行情形的，社区矫正机构依法办理解除矫正手续。

社区矫正对象一般应当在社区矫正期满三十日前作出个人总结。县级社区矫正机构应当对其进行解矫前教育，并根据其在接受社区矫正期间的表现等情况作出书面鉴定，按相关规定要求与安置帮教工作部门做好衔接工作。执行地县级社区矫正机构应当向判处管制、宣告缓刑、裁定假释以及人民法院决定暂予监外执行社区矫正期满的社区矫正对象发放解除社区矫正证明书，并书面通知社区矫正决定机关，同时抄送执行地县级人民检察院和公安机关。

监狱管理机关、公安机关决定暂予监外执行的社区矫正对象刑期届满的，在期满前三十日，县级社区矫正机构应书面通知其原服刑或者接收、存放其档案的监狱、看守所，由监狱、看守所依法为其办理刑满释放手续。

社区矫正对象被赦免的，社区矫正机构应当向社区矫正对象发放解除社区矫正证明书，依法办理解除矫正手续。

解除社区矫正证明书的日期为解除社区矫正当日。

《广西壮族自治区社区矫正工作细则》

第一百二十三条　社区矫正对象矫正期满或者被赦免的，且在社区矫正期间没有应当撤销缓刑、假释或者收监执行情形的，社区矫正机构应当办理解除矫正手续。

第一百二十四条　社区矫正对象一般应当在社区矫正期满三十日前作出个人总结。执行地县（市、区）社区矫正机构或受委托的司法所应当根据社区矫正对象在接受社区矫正期间的表现、考核结果、奖惩事项、心理测试等情况，对其矫正效果进行综合评估，作出书面鉴定，与安置帮教工作部门做好衔接工作。

执行地县（市、区）社区矫正机构或受委托的司法所应当向社区矫正对象发放解除社区矫正证明书，并书面通知社区矫正决定机关，同时抄送执行地县（市、区）人民检察院和公安机关。

监狱管理机关、公安机关决定暂予监外执行的社区矫正对象刑期届满的，在期满前一个月，执行地县（市、区）社区矫正机构应书面通知其原服刑或接收、存放其档案的监狱、看守所，由监狱、看守所依法办理刑满释放手续，并在五日内将相关法律文书送达执行地县（市、区）社区矫正机构。

第一百二十五条　社区矫正对象被赦免的，执行地县（市、区）社区矫正机构应当向社区矫正对象发放解除社区矫正证明书，依法办理解除矫正手续。

社区矫正对象在矫正期间被采取强制措施、社区矫正期满之日仍未解除强制措施，且无其他法定终止社区矫正的情形，应按时办理解除矫正手续。

第一百二十六条　社区矫正对象矫正期满或被赦免，执行地县（市、区）社区矫正机构或受委托的司法所应当组织解除矫正宣告。解矫宣告由县（市、区）社区矫正机构或受委托的司法所工作人员主持，矫正小组成员及其他相关人员到场，按照以下程序公开进行：

（一）宣布宣告纪律；

（二）宣读对社区矫正对象的鉴定意见；

（三）宣布社区矫正期限届满，依法解除社区矫正；

（四）对判处管制的，宣布执行期满，解除管制；对宣告缓刑的，宣布缓刑考验期满，原判刑罚不再执行；对裁定假释的，宣布考验期满，原判刑罚执行完毕；

（五）发放《解除社区矫正证明书》；

（六）告知安置帮教有关规定。

禁止令先于社区矫正执行期满的，应当单独组织禁止令执行期满宣告。

《贵州省社区矫正工作实施细则（试行）》

第七十一条　社区矫正对象矫正期限届满或者被赦免的，执行地县级社区矫正机构应当依法为其办理解除社区矫正手续，发放《解除社区矫正证明书》，并向社区矫正决定机关送达《解除社区矫正通知书》，同时抄送执行地县级人民检察院、公安机关。

第七十四条　公安机关、监狱管理机关决定暂予监外执行的社区矫正对象刑期届满的，由看守所、监狱依法为其办理刑满释放手续。

《河南省社区矫正工作细则》

第一百七十一条　社区矫正对象矫正期满或者被赦免的，应当依法办理解除社区矫正手续。社区矫正对象一般应当在期满前三十日内进行个人总结。县级社区矫正机构或受委托的司法所应当根据社区矫正对象在接受社区矫正期间的表现、考核结果、奖惩事项、心理测试等情况，对其矫正效果进行综合评估，如实填报社区矫正期满鉴定表，作出书面鉴定。

第一百七十二条　监狱管理机关、公安机关决定暂予监外执行的社区矫正对象刑期届满的，由存放或者接收其档案的监狱、看守所依法办理刑满释放手续，并在五日内将相关法律文书送达执行地县级社区矫正机构。

判处管制、宣告缓刑、裁定假释以及人民法院决定暂予监外执行的社区矫正对象社区矫正期满的，由执行地县级社区矫正机构发放解除社区矫正证明书，依法办理解除矫正手续。

社区矫正对象被赦免的，社区矫正机构应当向社区矫正对象发放解除社区矫正证明书，依法办理解除矫正手续。

《湖南省社区矫正实施细则》

第一百九十五条　社区矫正对象一般应当在矫正期满前三十日内进行个人总结。执行地县级社区矫正机构或者受委托的司法所应当根据社区矫正对象在接受社区矫正期间的表现、考核结果、奖惩事项、心理测试等情况，对其矫正效果进行综合评估，如实填写社区矫正期满鉴定表，作出书面鉴定，并提出安置帮教建议。

第一百九十六条　社区矫正对象矫正期满且在社区矫正期间没有应当撤销缓刑、撤销假释或者暂予监外执行收监执行情形的，或者被赦免的，由执行地县级社区矫正机构发放解除社区矫正证明书，依法办理解除矫正手续。并向社区矫正决定机关、执行地县级人民检察院和公安机关抄送解除社区矫正通知书。

监狱管理机关、公安机关决定暂予监外执行的社区矫正对象刑期届满的，执行地县级社区矫正机构还应当向存放或者接收其档案的监狱、看守所抄送解除社区矫正通知书，由其依法办理刑满释放手续。

第一百九十七条　社区矫正对象矫正期满或被赦免后，执行地县级社区矫正机构或者受委托的司法所可以组织解除矫正宣告。对未成年社区矫正对象的解除矫正宣告不公开进行。

禁止令先于社区矫正执行期满的，执行地县级社区矫正机构应当单独组织禁止令执行期满宣告。

第一百九十八条　社区矫正对象矫正期满或者被赦免的日期在法定节假日期间的，解除矫正日期不顺延，解除矫正宣告可以延迟至法定节假日结束后进行。

社区矫正对象不按规定到场办理解除矫正手续的，执行地县级社区矫正机构应当在其社区矫正期满鉴定表中做好记录。

第一百九十九条　解除矫正宣告由执行地县级社区矫正机构或者受委托的司法所工作人员主持，矫正小组成员及其他相关人员到场，按照下列程序进行：

（一）宣读对社区矫正对象的期满鉴定意见；

（二）宣布社区矫正期限届满或者被赦免，依法解除社区矫正；

（三）对判处管制的，宣布执行期满，解除管制；对宣告缓刑的，宣布缓刑考验期满，原判刑罚不再执行；对裁定假释的，宣布假释考验期满，原判刑罚执行完毕；

（四）发放解除社区矫正证明书；

（五）告知安置帮教有关规定。

第二百条　社区矫正对象被采取强制措施在矫正期满之日仍未解除，且无终止矫正情形的，执行地县级社区矫正机构应当按时办理解除矫正手续，并将有关情况通知人民检察院。

第二百零一条　执行地县级社区矫正机构应当及时将解除社区矫正对象的信息录入安置帮教信息管理系统，实现与安置帮教工作的无缝衔接。

《江苏省社区矫正实施细则》

第八十三条　符合解除矫正的社区矫正对象一般应当在矫正期满三十日前，作出个人总结。执行地县级社区矫正机构根据其在接受社区矫正期间的表现等情况填写《社区矫正期满鉴定表》，与安置帮教工作部门做好衔接工作，并于期满当日向社区矫正对象制发《解除社区矫正证明书》，依法办理解除矫正手续。同时制发《解除社区矫正通知书》，通知社区矫正决定机关，并抄送执行地县级人民检察院和公安机关。

公安机关、监狱管理机关决定暂予监外执行的社区矫正对象刑期届满的，在期满十日前，执行地县级社区矫正机构书面通知其原服刑或者接收、存放其档案的监狱、看守所，由看守所、监狱依法为其办理刑满释放手续。

社区矫正对象被依法赦免的，执行地县级社区矫正机构向社区矫正对象发放《解除社区矫正证明书》，依法办理解除矫正手续。同时，制发《解除社区矫正通知书》，通知社区矫正决定机关，并抄送执行地县级人民检察院和公安机关。

第八十四条　社区矫正对象矫正期满或者被赦免当日，执行地县级社区矫正机构或者受委托的司法所可以组织解除宣告。

社区矫正对象矫正期满当日或者被赦免当日是法定节假日的，以及社区矫正对象因身体原因、不可抗力等无法到场接受解除宣告的，可以简化程序。

《江西省社区矫正工作实施细则》

第一百零二条　社区矫正对象矫正期限届满，且在社区矫正期间没有应当撤销缓刑、撤销假释或者暂予监外执行收监执行情形的，执行地县级社区矫正机构依法办理解除矫正手续。

社区矫正对象一般应当在社区矫正期满三十日前，作出个人总结，执行地县级社区矫正机构应当根据其在接受社区矫正期间的表现等情况作出书面鉴定，与安置帮教工作部门做好衔接工作。

执行地县级社区矫正机构应当向社区矫正对象发放解除社区矫正证明书，并书面通知社区矫正决定机关，同时抄送执行地县级人民检察院和公安机关。

公安机关、监狱管理机关决定暂予监外执行的社区矫正对象刑期届满的，由看守所、监狱依法为其办理刑满释放手续。

第一百零三条 社区矫正对象矫正期满，执行地县级社区矫正机构或者社区矫正日常机构可以组织解除矫正宣告。

解矫宣告包括以下内容：

（一）宣读对社区矫正对象的鉴定意见；

（二）宣布社区矫正期限届满，依法解除社区矫正；

（三）对判处管制的，宣布执行期满，解除管制；对宣告缓刑的，宣布缓刑考验期满，原判刑罚不再执行；对裁定假释的，宣布考验期满，原判刑罚执行完毕。

宣告由执行地县级社区矫正机构工作人员或社区矫正日常机构工作人员主持，矫正小组成员及其他相关人员到场，按照规定程序进行。对未成年社区矫正对象的解除矫正宣告不公开进行。

《辽宁省社区矫正实施细则》

第一百四十八条 社区矫正对象矫正期满或者被赦免的，应当依法办理解除社区矫正手续。社区矫正对象一般应当在期满三十日前进行个人总结。县级社区矫正机构或者司法所应当根据社区矫正对象在接受社区矫正期间的表现、考核结果、奖惩事项、心理测试等情况，对其矫正效果进行综合评估，如实填报社区矫正期满鉴定表，作出书面鉴定。

第一百四十九条 判处管制、宣告缓刑、裁定假释以及人民法院决定暂予监外执行的社区矫正对象社区矫正期满或者被赦免的，由执行地县级社区矫正机构发放解除社区矫正证明书，依法办理解除矫正手续。

监狱管理机关、公安机关决定暂予监外执行的社区矫正对象刑期届满的，由监狱、看守所依法办理刑满释放手续，并在五日内将相关法律文书送达执行地县级社区矫正机构。

第一百五十一条 社区矫正对象矫正期满或被赦免后，执行地县级社区矫正机构或者司法所应当在三日内组织解除矫正宣告。

社区矫正对象矫正期满或者被赦免的日期在法定节假日期间的，期满日期不顺延；解除矫正宣告可以延迟至法定节假日结束后进行。

社区矫正对象不按规定到场办理解除矫正手续的，县级社区矫正机构应当在其社区矫正期满鉴定表中做好记录，提出安置帮教建议。

第一百五十二条 解除矫正宣告由社区矫正机构或者司法所工作人员主持，矫正小组成员及其他相关人员到场，按照下列程序进行：

（一）宣读对社区矫正对象的鉴定意见。

（二）宣布社区矫正期限届满或者被赦免，依法解除社区矫正。

（三）对判处管制的，宣布执行期满，解除管制；对宣告缓刑的，宣布缓刑考验期满，原判刑罚不再执行；对裁定假释的，宣布假释考验期满，原判刑罚执行完毕；对人民法院决定暂予监外执行的，宣布刑罚执行完毕。

（四）发放解除社区矫正证明书。

（五）告知安置帮教有关规定。

第一百五十三条　社区矫正对象解除矫正后，县级社区矫正机构应当将解除社区矫正通知书送达社区矫正决定机关及同级人民检察院和公安机关。

第一百五十四条　社区矫正机构、司法所应当及时将解除社区矫正对象的信息转入当地安置帮教工作系统，实现与安置帮教工作的衔接。

《宁夏回族自治区社区矫正实施细则》

第八十六条　社区矫正对象矫正期限届满，且在社区矫正期间没有应当撤销缓刑、撤销假释或者暂予监外执行收监执行情形的，社区矫正机构依法办理解除矫正手续。

社区矫正对象一般应当在矫正期满三十日前，作出个人总结，执行地县级社区矫正机构应当根据其在接受社区矫正期间的表现等情况作出书面鉴定，与安置帮教工作部门做好衔接工作。

执行地县级社区矫正机构应当向社区矫正对象发放解除社区矫正证明书，并书面通知社区矫正决定机关，同时抄送执行地县级人民检察院和公安机关。

公安机关、监狱管理机关决定暂予监外执行的社区矫正对象刑期届满的，由看守所、监狱依法为其办理刑满释放手续。

社区矫正对象被赦免的，社区矫正机构应当向社区矫正对象发放解除社区矫正证明书，依法办理解除矫正手续。

第八十七条　社区矫正对象矫正期满或者被赦免，执行地县级社区矫正机构或者受委托的司法所可以组织解除矫正宣告。

禁止令先于社区矫正执行期满的，社区矫正机构或者受委托的司法所应当单独组织禁止令执行期满宣告。社区矫正对象矫正期满或者被赦免的日期在法定节假日期间的，解除日期不顺延，解除矫正宣告日期可以顺延。

解除矫正宣告后三个工作日内，社区矫正机构应当书面通知社区矫正决定机关，同时抄送执行地人民检察院和公安机关；受委托的司法所应当及时将有关情况告知当地公安派出所、村（居）民委员会。

第八十八条　解除矫正宣告包括以下内容：

（一）宣读对社区矫正对象的鉴定意见；

（二）宣布社区矫正期限届满或者被赦免，依法解除社区矫正；

（三）对判处管制的，宣布执行期满，解除管制；对宣告缓刑的，宣布缓刑考验期满，原判刑罚不再执行；对裁定假释的，宣布假释考验期满，原判刑罚执行完毕；对决定暂予监外执行的，宣布刑罚执行完毕。

宣告由社区矫正机构或者受委托的司法所工作人员主持，矫正小组成员及其他相关人员到场，按照规定程序进行。对未成年社区矫正对象的解除矫正宣告不公开进行。

《山东省社区矫正实施细则》

第八十二条　社区矫正对象一般应当在社区矫正期满十五日前、三十日内，作出个人总结，县级社区矫正机构或者司法所应当根据其在接受社区矫正期间的表现等情况作出书面鉴定，与安置帮教工作部门做好衔接工作。

第八十三条　社区矫正对象矫正期限届满，且在社区矫正期间没有应当撤销缓刑、撤销假释或者暂予监外执行收监执行情形的，社区矫正机构应当依法办理解除矫正手续，向社区矫正对象发放解除社区矫正证明书，并书面通知社区矫正决定机关，同时抄送执行地县级人民检察院和公安机关。

公安机关、监狱管理机关批准暂予监外执行的社区矫正对象刑期届满的，社区矫正机构应当在刑期届满前一个月以内书面通知罪犯原服刑或者接收其档案的看守所、监狱依法为其办理刑满释放手续。

社区矫正对象被赦免的，社区矫正机构应当向社区矫正对象发放解除社区矫正证明书，依法办理解除矫正手续。

对于社区矫正对象在被采取刑事强制措施或者被提请撤销缓刑、撤销假释、收监执行期间矫正期满的，如果相关部门尚未作出裁定或决定的，由社区矫正机构及时办理解除矫正手续，但是对于社区矫正对象被羁押等原因无法发放解除社区矫正证明书的，可以暂缓发放。

社区矫正对象不按规定到场办理解除矫正手续的，社区矫正机构、司法所应当在档案材料中载明相关情况。

第八十四条　社区矫正对象矫正期满，执行地县级社区矫正机构或者司法所可以组织解除矫正宣告。解矫宣告包括以下内容：

（一）宣读对社区矫正对象的鉴定意见；

（二）宣布社区矫正期限届满，依法解除社区矫正；

（三）对判处管制的，宣布执行期满，解除管制；对宣告缓刑的，宣布缓刑考验期满，原判刑罚不再执行；对裁定假释的，宣布考验期满，原判刑罚执行完毕。

宣告由社区矫正机构或者司法所工作人员主持，矫正小组成员及其他相关人员到场，按照规定程序进行。

第八十五条　人民检察院发现在解除矫正活动中有下列情形之一的，应当依法提出纠正意见：

（一）对矫正期满或者被赦免的社区矫正对象，社区矫正机构未依法办理解除矫正手续的；

（二）对刑期届满的暂予监外执行罪犯，社区矫正机构未通报原决定和批准机关的，或者原决定和批准机关未依法为其办理刑满释放手续的；

（三）社区矫正机构对社区矫正对象解除社区矫正，未依法通知社区矫正决定机关、执行地人民检察院、公安机关的；

（四）社区矫正机构对刑期、考验期限未满或者未被特赦的社区矫正对象提前解除矫正的或者解除程序不符合法律和有关规定的；

（五）其他违反解除矫正法律规定的情形。

《山西省社区矫正实施细则》

第六十二条　社区矫正对象管制期满、缓刑考验期满、假释考验期满或者被赦免的，执行地县级社区矫正机构应当组织解除社区矫正宣告。宣告时，矫正小组成员、监狱戒毒派驻民警应当参加，必要时可以邀请人民检察院、公安机关派员参加。宣告时间、地点应当提前一周通知相关人员。社区矫正对象为未成年人的，宣告不公开进行。

社区矫正对象矫正期届满时被采取强制措施、患有严重疾病行动困难或者具有其他特殊情形的，可以不组织解除社区矫正宣告，但应当当面送达解除社区矫正证明书。

解除社区矫正相关手续应当在社区矫正对象矫正期满当日办理。

第六十三条　人民法院决定暂予监外执行的社区矫正对象刑期期满的，执行地县级社区矫正机构应当依法办理社区矫正解除手续，向其发放解除社区矫正证明书，并书面通知决定暂予监外执行的人民法院。

监狱管理机关、公安机关决定暂予监外执行的社区矫正对象刑期期满的，执行地县级社区矫正机构应当在期满前一个月书面通知其原服刑或者接收、存放其档案的监狱、看守所，由监狱、看守所依法为其办理刑满释放手续。

《陕西省社区矫正实施细则》

第五十七条　社区矫正对象矫正期满或者被赦免的，受委托的司法所根据社区矫正机构的委托组织解除社区矫正宣告。宣告由受委托的司法所工作人员主持，宣告时间、地点应当提前告知社区矫正对象。社区矫正对象为未成年人的，宣告不公开进行。

社区矫正对象被采取强制措施、行动困难或者具有其他特殊情形的，受委托的司法所可以不组织解除社区矫正宣告，但应当送达解除社区矫正证明书。

第五十八条　监狱管理机关、公安机关决定暂予监外执行的社区矫正对象刑期届满的，在期满前一个月，县级社区矫正机构应当书面通知其原服刑或者接收、存放其档案的监狱、看守所，由监狱、看守所依法为其办理刑满释放手续。

人民法院决定暂予监外执行的社区矫正对象刑期期满的，社区矫正机构应当及时解除社区矫正，向其发放解除社区矫正证明书，并通报原判人民法院。

《上海市社区矫正实施细则》

第五十九条　社区矫正对象矫正期满或者被赦免的，司法所根据区社区矫正机构的委托组织解除社区矫正宣告。宣告由司法所工作人员主持，宣告时间、地点应当提前告知社区矫正对象。社区矫正对象为未成年人的，宣告不公开进行。

社区矫正对象被采取强制措施、患有严重疾病行动困难或具有其他特殊情形的，司法所可以不组织解除社区矫正宣告，但应当送达解除社区矫正证明书。

第六十条　监狱管理机关、公安机关决定暂予监外执行的社区矫正对象刑期届满的，在期满前一个月，区社区矫正机构应书面通知其原服刑或者接收、存放其档案的监狱、看守所，由监狱、看守所依法为其办理刑满释放手续。

人民法院决定暂予监外执行的社区矫正对象刑期期满的，社区矫正机构应当及时解除社区矫正，向其发放解除社区矫正证明书，并通报原判人民法院。

《四川省社区矫正实施细则》

第一百七十六条　社区矫正对象矫正期限届满，且在社区矫正期间没有应当撤销缓刑、撤销假释或者暂予监外执行收监执行情形的，社区矫正机构依法办理解除矫正手续。

第一百七十七条　判处管制、宣告缓刑、裁定假释以及人民法院决定暂予监外执行的社区矫正对象社区矫正期满的，由执行地县级社区矫正机构发放解除社区矫正证明书，依法办理解除矫正手续。执行地县级社区矫正机构向社区矫正决定机关、执行地县级人民检察院和公安机关抄送解除社区矫正通知书，并与安置帮教工作部门做好衔接工作。

公安机关、监狱管理机关决定暂予监外执行的社区矫正对象刑期届满的，执行地县级社区矫正机构应当在期满前一个月书面通知存放或者接收其档案的看守所、监狱，由存放或者接收其档案的看守所、监狱依法办理刑满释放手续。

社区矫正对象被赦免的，执行地县级社区矫正机构应当向社区矫正对象发放解除社区矫正证明书，依法办理解除矫正手续。

第一百七十八条 社区矫正对象一般应当在社区矫正期满前三十日内作出个人总结。执行地县级社区矫正机构或受委托的司法所应当根据社区矫正对象在接受社区矫正期间的表现、考核结果、奖惩事项、心理测评等情况，对其矫正效果进行综合评估，如实填写社区矫正期满鉴定表，作出书面鉴定。

第一百七十九条 执行地县级社区矫正机构或受委托的司法所可以在社区矫正对象矫正期满或被赦免三个工作日内组织解除矫正宣告。解除矫正宣告由社区矫正机构工作人员或受委托的司法所公务员主持，矫正小组成员及其他相关人员到场，按照规定程序进行。对未成年社区矫正对象的解除矫正宣告不公开进行。

禁止令先于社区矫正执行期满的，执行地县级社区矫正机构或受委托的司法所应当单独组织禁止令执行期满宣告。

第一百八十条 解除矫正宣告按照下列程序进行：

（一）宣读对社区矫正对象的鉴定意见；

（二）宣布社区矫正期限届满或者被赦免，依法解除社区矫正；

（三）对判处管制的，宣布执行期满，解除管制；对宣告缓刑的，宣布缓刑考验期满，原判刑罚不再执行；对裁定假释的，宣布假释考验期满，原判刑罚执行完毕；

（四）发放解除社区矫正证明书。

第一百八十一条 社区矫正对象被采取刑事拘留、逮捕、被强制隔离戒毒、行政拘留、司法拘留等限制人身自由情形，患有严重疾病行动困难或者具有其他特殊情形的，社区矫正机构可以不组织解除社区矫正宣告，但应当送达解除社区矫正证明书，并在社区矫正期满鉴定表中做好记录。相关部门及人员应当配合社区矫正机构为社区矫正对象办理解除手续。

社区矫正对象不按规定到场办理解除矫正手续的，社区矫正机构应当在其社区矫正期满鉴定表中做好记录。

文书范本

社区矫正对象个人总结①

____

____

____

____

____

____

____

____

____

____

____

____

____

社区矫正对象签名（捺印）：

年 月 日

说明：

1. 本文书根据"两高两部"《中华人民共和国社区矫正法实施办法》第五十三条以及《宁夏回族自治区社区矫正实施细则》第八十六条规定制作。

2. 本文书由社区矫正对象填写，一般应当在矫正期满三十日前作出个人总结。

3. 本文书由执行地县级社区矫正机构存档。

社区矫正期满鉴定表②

<table>
<tr><td>姓名</td><td></td><td>性别</td><td></td><td>出生年月</td><td></td></tr>
<tr><td>户籍地</td><td></td><td>居住地</td><td colspan="3"></td></tr>
<tr><td>罪名</td><td></td><td>原判
刑期</td><td colspan="3"></td></tr>
<tr><td>矫正类别</td><td></td><td>矫正
期限</td><td></td><td>起止日</td><td>自 年 月 日
至 年 月 日</td></tr>
</table>

① 来自《关于进一步规范社区矫正执法文书格式的通知》。

② 同上注。

续表

姓名		性别		出生年月	
禁止令内容		禁止期限起止日	自　年　月　日 至　年　月　日		
附加刑判项内容					
社区矫正机构（受委托的司法所）鉴定意见	（公章） 年　月　日				
备注					

说明：

本文书根据《中华人民共和国社区矫正法》第四十四条以及“两高两部”《中华人民共和国社区矫正法实施办法》第五十三条以及《宁夏回族自治区社区矫正实施细则》第八十六条规定制作。由执行地县级社区矫正机构、受委托的司法所根据其在接受社区矫正期间的表现等情况作出书面鉴定并存档。

暂予监外执行社区矫正对象刑期届满证明①

（　）宁　矫暂刑释通字第　号

__________看守所（监狱）：

社区矫正对象________，男（女），____年____月____日出生，____族，身份证号码________，户籍地________，执行地________。因犯________罪经________人民法院于____年____月____日判处________。____年____月____日经________公安局（监狱管理局）决定暂予监外执行。在暂予监外执行期间，依法实行社区矫正，____年____月____日刑期届满，请依法办理刑满释放手续。

特此证明。

联系人：____________；联系电话：____________。

（社区矫正机构印章）

年　月　日

---

① 来自《关于进一步规范社区矫正执法文书格式的通知》。

说明：

1. 本文书根据“两高两部”《中华人民共和国社区矫正法实施办法》第五十三条规定制作。用于社区矫正机构通知看守所或者监狱，为被公安机关、监狱管理机关决定暂予监外执行的社区矫正对象刑期届满办理刑满释放手续时使用。

2. 文书字号由年度、社区矫正机构代字、类型代字、文书编号组成，使用阿拉伯数字，例“（2021）宁××矫暂刑释通字第1号”。

3. 本文书一式两份，存根存档，一份送存放或者接受暂予监外执行社区矫正对象档案的看守所或者监狱。

解除（终止）社区矫正审批表①

<table>
<tr><td>姓名</td><td></td><td>性别</td><td></td><td>身份证号码</td><td colspan="2"></td></tr>
<tr><td>户籍地</td><td colspan="3"></td><td>执行地</td><td colspan="2"></td></tr>
<tr><td>罪名</td><td></td><td colspan="2">原判刑罚</td><td></td><td>附加刑</td><td></td></tr>
<tr><td>禁止令内容</td><td colspan="3"></td><td>禁止期限起止日</td><td colspan="2">自　年　月　日
至　年　月　日</td></tr>
<tr><td>矫正类别</td><td></td><td>矫正期限</td><td></td><td>起止日</td><td colspan="2">自　年　月　日
至　年　月　日</td></tr>
<tr><td>解除（终止）理由及依据</td><td colspan="6"></td></tr>
<tr><td>司法所意见</td><td colspan="6">（公章）
年　月　日</td></tr>
</table>

① 来自《关于进一步规范社区矫正执法文书格式的通知》。

续表

社区矫正机构意见	（社区矫正机构印章） 年 月 日
备注	

说明：

1. 根据《中华人民共和国社区矫正法》、“两高两部”《中华人民共和国社区矫正法实施办法》以及《宁夏回族自治区社区矫正实施细则》第八十六条规定制作。用于受委托的司法所向社区矫正机构提请社区矫正解除或者终止的审批，审批后存档。

解除社区矫正宣告书①

社区矫正对象____________：

依据《中华人民共和国刑法》《中华人民共和国刑事诉讼法》及《中华人民共和国社区矫正法》之规定，依据________人民法院（公安局、监狱管理局）________号判决书（裁定书、决定书），在管制（缓刑、假释、暂予监外执行）期间，对你依法实行社区矫正。矫正期限自____年____月____日起至____年____月____日止。现矫正期满，依法解除社区矫正。现向你宣告以下事项：

1. 对你接受社区矫正期间表现的鉴定意见：____。

2. 管制期满，依法解除管制（缓刑考验期满，原判刑罚不再执行；假释考验期满，原判刑罚执行完毕）。

社区矫正对象（签名）：　　　　　　（社区矫正机构印章）

年 月 日

说明：

1. 本文书根据《中华人民共和国刑法》第四十条、第七十六条、第八十五条、《中华人民共和国社区矫正法》第四十四条以及“两高两部”《中华人民共和国社区矫正法实施办法》第五十

① 来自《关于进一步规范社区矫正执法文书格式的通知》。

四条以及《宁夏回族自治区社区矫正实施细则》第八十七、八十八条规定制作。

2. 文书最后一项，应针对社区矫正对象矫正类别的不同，相应填写（1）对判处管制的，填写管制期满，解除管制。（2）对宣告缓刑的，填写缓刑考验期满，原判刑罚不再执行。（3）对假释的，填写考验期满，原判刑罚执行完毕。文书由执行地县级社区矫正机构存档。

解除社区矫正证明书①

（　）矫　解证字第　号

社区矫正对象________，男（女），____年____月____日出生，____族，身份证号码________，居住地________，户籍地________。因犯________罪于____年____月____日被________人民法院判处________。依据________人民法院（公安局、监狱管理局）________号判决书（裁定书、决定书），在管制（缓刑、假释、暂予监外执行）期间，依法实行社区矫正。于____年____月____日矫正期满，依法解除社区矫正。

特此证明。

（社区矫正机构印章）

年　月　日

说明：

1. 本文书根据《中华人民共和国社区矫正法》第四十四条以及“两高两部”《中华人民共和国社区矫正法实施办法》第五十三条以及《宁夏回族自治区社区矫正实施细则》第八十六条规定制作。

2. 文书字号由年度、社区矫正机构代字、类型代字、文书编号组成，使用阿拉伯数字，例“（2021）××矫解证字第1号”。该文书一式两份，一份存档，一份在解除社区矫正宣告后发放给社区矫正对象。

解除（终止）社区矫正通知书②

（存根）

（　　）宁　矫解/终通字第　号

社区矫正对象________，男（女），____年____月____日出生，____族，身份证号码________，户籍地________，执行地________。因犯________罪经________人民法院于____年____月____日以________判决书判处________。依据________号判决书（裁定书、决定书），在管制（缓刑、假释、暂予监外执行）期间，被依法执行社区矫正。社区矫正期限自____年____月____日起至____年____月____日止。____年____月____日矫正期满，依法解除社区矫正。（因________，社区矫正终止。）

---

① 来自《关于进一步规范社区矫正执法文书格式的通知》。

② 同上注。

发往机关________人民法院（公安局、监狱管理局）、________人民检察院。

填发人

批准人

填发日期　　年　月　日

解除（终止）社区矫正通知书

（　　）宁　矫解/终通字第　号

____________人民法院（公安局、监狱管理局）

社区矫正对象________，男（女），____年____月____日出生，____族，身份证________，户籍地________，执行地________，因犯________罪经________人民法院于____年____月____日以________判决书判处________。依据________号判决书（裁定书、决定书），在管制（缓刑、假释、暂予监外执行）期间，被依法执行社区矫正。社区矫正期限自____年____月____日起至____年____月____日止。____年____月____日矫正期满，依法解除社区矫正。（因________，社区矫正终止。）

（社区矫正机构印章）

年　月　日

注：抄送________人民检察院，________公安（分）局。

说明：

1. 本文书根据《中华人民共和国社区矫正法》第四十四条、第四十五条以及“两高两部”《中华人民共和国社区矫正法实施办法》第五十三条以及《宁夏回族自治区社区矫正实施细则》第八十六、八十七、八十八条规定制作。

2. 文书字号由年度、社区矫正机构代字、类型代字、文书编号组成，使用阿拉伯数字，例“（2021）宁××矫解/终通字第1号”。解除社区矫正通知书一式四份，一份存档，一份送决定社区矫正的人民法院（公安局、监狱管理局）、同时抄送执行地县级人民检察院和公安机关各一份。终止社区矫正通知书用于社区矫正对象被裁定撤销缓刑、假释，被决定收监执行，或者社区矫正对象死亡的情形，一式三份，一份存档，一份送社区矫正决定机关，一份送执行地县级人民检察院。

社区矫正对象转入安置帮教通知书[①]

（存根）

（　　）矫转安通字第　号

____________（安置帮教部门）：

社区矫正对象________，男（女），____年____月____日出生，____族，身份证号码________，户籍地________，执行地________。因犯________罪经________人民法院于____年____月____日以判决书判处________。依据________号判决书（裁定书/决定书），在管制（缓刑/假释/暂予监外执行）期间，被依法执行社区矫正，____年____月____日矫正期满，依法解除社区矫正，转为安置帮教人员。

（社区矫正机构印章）

年　月　日

社区矫正对象转入安置帮教通知书

（　　）矫转安通字第　号

____________（安置帮教部门）：

社区矫正对象________，男（女），____年____月____日出生，____族，身份证号码________，户籍地________，执行地________。因犯________罪经________人民法院于____年____月____日以判决书判处________。依据________号判决书（裁定书/决定书），在管制（缓刑/假释/暂予监外执行）期间，被依法执行社区矫正，____年____月____日矫正期满，依法解除社区矫正，转为安置帮教人员。

特此通知。

（社区矫正机构印章）

年　月　日

说明：

1. 本文书根据《宁夏回族自治区社区矫正实施细则》第八十六条规定制作。

2. 文书字号由年度、社区矫正机构代字、类型代字、文书编号组成，使用阿拉伯数字，例“（2021）××矫转安通字第1号”。社区矫正对象转入安置帮教通知书一式三份，一份存档，社区矫正对象一份，安置帮教部门一份。

---

① 来自《关于进一步规范社区矫正执法文书格式的通知》。

第四十五条 【社区矫正终止】

社区矫正对象被裁定撤销缓刑、假释，被决定收监执行，或者社区矫正对象死亡的，社区矫正终止。

法条解读

本条主要规定了社区矫正对象社区矫正终止的事由。根据《刑法》第七十七规定，社区矫正对象被裁定撤销缓刑的理由有四个：一是在缓刑考验期限内实施新的犯罪；二是发现漏罪；三是违反缓刑监督管理规定；四是违反人民法院禁止令且情节严重的情形。社区矫正对象被裁定撤销假释的理由有三个：一是实施新的犯罪；二是发现漏罪；三是违反假释监督管理规定。暂予监外执行的社区矫正对象被决定收监有三种情形：一是发现不符合暂予监外执行条件的；二是严重违反有关暂予监外执行监督管理规定的；三是暂予监外执行情形消失后，罪犯刑期未满的。

《社区矫正法实施办法》未对本法条予以细化。

地方实施细则进一步细化了撤销缓刑、假释及终止社区矫正的相关文书及程序。例如，《北京市社区矫正实施细则》《福建省社区矫正实施细则》《江苏省社区矫正实施细则》对撤销缓刑、撤销假释的相关程序及证明材料、诉讼文书等进行了细化。《甘肃省社区矫正实施细则》对社区矫正对象死亡之后的相关证明文书传送作了细化规定。《北京市社区矫正实施细则》要求人民法院拟撤销缓刑、假释的，应当听取社区矫正对象的申辩及其委托律师的意见。《广东省社区矫正实施细则》《广西壮族自治区社区矫正工作细则》对社区矫正对象死亡情形要求监护人、家庭成员或矫正小组相关人员及时向相关机关予以报告，明确社区矫正机构、公安机关、监狱管理机关、看守所及同级人民检察院的相应职责。《贵州省社区矫正工作实施细则（试行）》明确了社区矫正对象因犯新罪或发现有漏罪而被采取强制措施后，被判处刑罚而终止社区矫正的情形。《河南省社区矫正工作细则》社区矫正对象矫正期满或者被赦免的日期在法定节假日期间的，期满日期不顺延；解除矫正宣告可以延迟至法定节假日结束后进行。社区矫正对象不按规定到场办理解除矫正手续的，县级社区矫正机构应当在其社区矫正期满鉴定表中做好记录，提出安置帮教建议，并就解除矫正宣告的程序进行了详细规定。

相关规定

《北京市社区矫正实施细则》

第一百零四条 社区矫正对象在社区矫正期间死亡的，其监护人、家庭成员应当及时向司法所报告，并提交死亡证明复印件。

司法所应当及时向区社区矫正机构报告社区矫正对象死亡情况。区社区矫正机构应当将有关情况及时书面通知社区矫正决定机关、执行地的区人民检察院和区公安分局。批准暂予监外执行社区矫正对象死亡的，区社区矫正机构还应当及时书面通知其原服刑或者接收其档案的监狱、看守所，并附相关证明材料。

第一百零五条 社区矫正对象在缓刑考验期内，有下列情形之一的，应当撤销缓刑：

（一）违反禁止令，情节严重的；

（二）无正当理由不按规定时间报到或者接受社区矫正期间脱离监管，超过一个月的；

（三）因违反监督管理规定受到治安

管理处罚，仍不改正的；

（四）受到社区矫正机构两次警告，仍不改正的；

（五）其他违反有关法律、行政法规和监督管理规定，情节严重的情形。

第一百零六条　社区矫正对象在假释考验期内，有下列情形之一的，应当撤销假释：

（一）无正当理由不按规定时间报到或者接受社区矫正期间脱离监管，超过一个月的；

（二）受到社区矫正机构两次警告，仍不改正的；

（三）其他违反有关法律、行政法规和监督管理规定，尚未构成新的犯罪的。

第一百零七条　对缓刑、假释的社区矫正对象提请撤销缓刑、假释的，由执行地同级社区矫正机构报请原审人民法院作出裁定。如果原审人民法院所在地为北京市以外的省、自治区、直辖市的，可以报请执行地同级人民法院作出裁定。

社区矫正机构向人民法院移送提请撤销缓刑、假释的案卷材料包括：撤销缓刑、假释建议书二份；对违法违规行为的行政强制措施、处罚决定书；原一、二审刑事裁判书、原假释裁定书复印件、执行通知书、历次减刑裁定书复印件；提议撤销缓刑、假释审核表；社区矫正对象综合表现材料；有其他撤销缓刑、假释情形的证明等。撤销缓刑、假释的建议书和案卷材料应同时抄送执行地同级人民检察院，撤销缓刑、假释的建议书还应同时抄送执行地同级公安机关及罪犯原服刑或者接收其档案的监狱。

人民法院应当自收到社区矫正机构撤销缓刑、假释建议书和相关案卷材料齐备之日起三十日内作出裁定，并将裁定书送达社区矫正机构、公安机关，抄送执行地同级人民检察院、罪犯原服刑或者接收其档案的监狱。原审人民法院所在地为北京市以外的省、自治区、直辖市的，执行地人民法院还应同时将裁定书抄送原审人民法院。

第一百零八条　人民法院审理撤销缓刑、假释的案件可以书面审理。

社区矫正对象具有法定的撤销缓刑、假释情形的，人民法院应当通知其有权委托律师提供法律帮助。

人民法院拟撤销缓刑、假释的，应当听取社区矫正对象的申辩及其委托律师的意见。

《福建省社区矫正实施细则》

第四十七条　县级社区矫正机构依据《刑法》及《实施办法》第四十六条的规定、对社区矫正对象提请撤销缓刑时，应当填写《提请撤销缓刑审核表》，经社区矫正奖惩工作组审核后，制作《撤销缓刑建议书》、附相关证明材料，提请原审人民法院裁定；原审人民法院是中级或者高级人民法院的，县级社区矫正机构需报设区市级社区矫正机构或者经设区市级社区矫正机构报省社区矫正机构提请。其中原审人民法院是外省（自治区、直辖市）的，社区矫正机构可以向执行地同级人民法院提请裁定；执行地人民法院作出裁定的，裁定书同时抄送原审人民法院。

社区矫正机构的撤销缓刑建议书、相关证明材料和人民法院的裁定书副本，应当同时抄送社区矫正执行地同级人民检察院。

人民法院裁定撤销缓刑的，执行地县级公安机关应当依照《实施办法》第五十条的规定，将社区矫正对象送交当地看守所或者监狱执行。

第四十八条　县级社区矫正机构依据《刑法》及《实施办法》第四十七条的规

定、对社区矫正对象提请撤销假释时，应当填写《提请撤销假释审核表》，经社区矫正奖惩工作组审核后，制作《撤销假释建议书》、附相关证明材料，提请原审人民法院裁定；原审人民法院是中级或者高级人民法院的，县级社区矫正机构需报设区市级社区矫正机构或者经设区市级社区矫正机构报省社区矫正机构提请。其中原审人民法院是外省（自治区、直辖市）的，社区矫正机构可以向执行地同级人民法院提请裁定；执行地人民法院作出裁定的，裁定书同时抄送原审人民法院。

社区矫正机构的撤销假释建议书、相关证明材料和人民法院的裁定书副本，应当同时抄送社区矫正执行地同级人民检察院、公安机关、罪犯原服刑或者接收档案的监狱。

人民法院裁定撤销假释的，执行地县级公安机关应当依照《实施办法》第五十条的规定，将社区矫正对象送交当地看守所或者监狱执行。

《甘肃省社区矫正实施细则》

第一百零一条 社区矫正对象死亡、被决定收监执行或者因漏罪、再犯新罪被判处刑罚或被裁定撤销缓刑、假释的，社区矫正终止。

社区矫正对象在社区矫正期间死亡的，县（市、区）社区矫正机构应当自收到死亡证明书之日起五日内书面通知社区矫正决定机关，同时抄送执行地人民检察院、公安机关。监狱管理机关、公安机关决定暂予监外执行的社区矫正对象死亡的，应将有关死亡证明材料送达其原服刑或者接收、存放其档案的监狱、看守所，同时抄送同级人民检察院。

《广东省社区矫正实施细则》

第七十二条 社区矫正对象被裁定撤销缓刑、撤销假释，被决定收监执行，或者社区矫正对象死亡的，社区矫正终止。

社区矫正对象在矫正期间死亡的，其监护人、家庭成员应当及时向社区矫正机构或者受委托的司法所报告。县级社区矫正机构应当自收到死亡证明书之日起三个工作日内通知决定或者批准机关、原服刑或者接收档案的监狱、看守所，同时抄送同级人民检察院、公安机关。

《广西壮族自治区社区矫正工作细则》

第一百二十七条 社区矫正对象被裁定撤销缓刑、假释，被决定收监执行，或者社区矫正对象死亡的，社区矫正终止。

社区矫正对象在社区矫正期间死亡的，其监护人、家庭成员或矫正小组相关人员应当及时向执行地县（市、区）社区矫正机构或受委托的司法所报告。执行地县（市、区）社区矫正机构应当在收到社区矫正对象死亡证明书之日起五日内，书面通知社区矫正决定机关、同级人民检察院和公安机关。监狱管理机关、公安机关决定暂予监外执行的社区矫正对象死亡的，应将有关死亡证明材料送达其原服刑或者接收、存放其档案的监狱、看守所，同时抄送同级人民检察院。

《贵州省社区矫正工作实施细则（试行）》

第七十二条 社区矫正对象被裁定撤销缓刑、假释，被决定收监执行的，自裁定书、决定书生效之日起，社区矫正终止。

社区矫正对象在社区矫正期间死亡的，自死亡之日起社区矫正终止，其监护人、家庭成员应当及时向执行地县级社区矫正机构、受委托的司法所报告，并提供相关死亡证明或尸体火化证明。

执行地县级社区矫正机构办理终止矫正手续时应制发《终止社区矫正通知书》，并送达社区矫正决定机关、执行地县级人民检察院、公安机关。

第七十三条　社区矫正对象涉嫌犯新罪或者发现判决宣告前还有其他罪没有判决被采取强制措施后，社区矫正期限届满且无法确认其在社区矫正期间没有应当撤销缓刑、撤销假释或者暂予监外执行收监情形的，不办理解除矫正手续。

涉嫌犯新罪或者发现判决宣告前还有其他罪没有判决的社区矫正对象被采取强制措施后，被判处刑罚的，社区矫正终止。

《河南省社区矫正工作细则》

第一百七十三条　社区矫正对象被裁定撤销缓刑、假释、被决定收监执行的，自裁定书生效之日起，社区矫正终止。

社区矫正对象死亡的，自死亡之日起社区矫正终止。县级社区矫正机构接到死亡证明后，填写《解除（终止）社区矫正通知书》，送社区矫正决定机关及居住地人民检察院。

第一百七十四条　社区矫正对象矫正期满或被赦免三日内，执行地县级社区矫正机构或受委托的司法所可以组织解除矫正宣告。解矫宣告由社区矫正机构或者受委托的司法所工作人员主持，矫正小组成员及其他相关人员到场，按照规定程序进行。对未成年社区矫正对象的解除矫正宣告不公开进行。

禁止令先于社区矫正执行期满的，社区矫正机构或受委托的司法所应当单独组织禁止令执行期满宣告。

社区矫正对象矫正期满或者被赦免的日期在法定节假日期间的，期满日期不顺延；解除矫正宣告可以延迟至法定节假日结束后进行。

社区矫正对象不按规定到场办理解除矫正手续的，县级社区矫正机构应当在其社区矫正期满鉴定表中做好记录，提出安置帮教建议。

第一百七十五条　解除矫正宣告由社区矫正机构或者司法所工作人员主持，矫正小组成员及其他相关人员到场，按照下列程序进行：

（一）宣读对社区矫正对象的鉴定意见。

（二）宣布社区矫正期限届满或者被赦免，依法解除社区矫正。

（三）对判处管制的，宣布执行期满，解除管制；

对宣告缓刑的，宣布缓刑考验期满，原判刑罚不再执行；

对裁定假释的，宣布假释考验期满，原判刑罚执行完毕；

对人民法院决定暂予监外执行的，宣布刑罚执行完毕。

（四）发放解除社区矫正证明书。

（五）告知安置帮教有关规定。

第一百七十六条　社区矫正对象在矫正期间被采取强制措施、社区矫正期满之日仍未解除强制措施，且无其他法定终止社区矫正的情形，应按时办理解除矫正手续。

第一百七十七条　社区矫正对象解除矫正后，县级社区矫正机构应当将解除社区矫正通知书送达社区矫正决定机关及县级人民检察院和公安机关。

第一百七十八条　县级社区矫正机构及受委托的司法所应当及时将解除社区矫正对象的信息转入当地安置帮教工作系统，实现与安置帮教工作的衔接。

《湖南省社区矫正实施细则》

第一百九十三条　社区矫正对象有下列情形之一的，社区矫正终止：

（一）被裁定撤销缓刑、假释的；

（二）暂予监外执行对象被决定收监执行的；

（三）死亡的。

第一百九十四条 社区矫正对象被裁定撤销缓刑、假释、被决定收监执行的，自裁定书生效之日起，社区矫正终止。

社区矫正对象死亡的，自死亡之日起社区矫正终止。执行地县级社区矫正机构发现社区矫正对象死亡后，应当及时填写终止社区矫正通知书，抄送社区矫正决定机关及执行地人民检察院；被公安机关、监狱管理机关批准暂予监外执行的社区矫正对象死亡的，还应当同时抄送其存放或者接收档案的看守所、监狱。

社区矫正对象因法定终止社区矫正情形被提请撤销缓刑、撤销假释或者收监执行，或者因犯新罪、漏罪被采取强制措施，在提请或者采取强制措施期间矫正期满的，社区矫正终止。

《江苏省社区矫正实施细则》

第八十五条 社区矫正对象被撤销缓刑、撤销假释的裁定和被收监执行的决定生效之日，执行地县级社区矫正机构办理其社区矫正终止手续，制发《终止社区矫正通知书》，通知社区矫正决定机关，并抄送执行地县级人民检察院和公安机关。

社区矫正对象在被采取刑事强制措施或者被提请撤销缓刑、撤销假释、收监执行期间矫正期满的，相关部门已经作出撤销缓刑、撤销假释裁定或者收监执行决定的，执行地县级社区矫正机构按照《社区矫正法》第四十五条的规定，终止社区矫正；尚未作出裁定或者决定的，按照《社区矫正法》第四十四条的规定，由执行地县级社区矫正机构及时办理解除社区矫正手续，但是对于社区矫正对象被羁押等原因无法发放解除社区矫正证明书的，可以暂缓发放。

《江西省社区矫正工作实施细则》

第一百零四条 社区矫正对象在社区矫正期间死亡的，其监护人、家庭成员应当及时向执行地县级社区矫正机构或者社区矫正日常机构报告，并及时提交医疗机构出具的医学死亡证明或者公安机关出具的死亡证明等文件。执行地县级社区矫正机构应当办理社区矫正终止手续，并填写《社区矫正对象死亡通知书》，及时通知社区矫正决定机关、执行地县级人民检察院和公安机关。

《辽宁省社区矫正实施细则》

第一百五十条 社区矫正对象被裁定撤销缓刑、假释、被决定收监执行的，自社区矫正机构收到裁定书、决定书之日起，社区矫正终止。

社区矫正对象死亡的，自死亡之日起社区矫正终止。县级社区矫正机构接到死亡证明后，填写《解除（终止）社区矫正通知书》，送社区矫正决定机关及执行地同级人民检察院。

《宁夏回族自治区社区矫正实施细则》

第八十九条 社区矫正对象被裁定撤销缓刑、假释，被决定收监执行，或者社区矫正对象死亡的，社区矫正终止。

社区矫正对象被裁定撤销缓刑、假释，决定收监执行的，自裁（决）定书生效之日起，社区矫正终止。社区矫正对象死亡的，自死亡之日起社区矫正终止。

执行地县级社区矫正机构应当填写《解除（终止）社区矫正通知书》，通知原裁判人民法院及决定（批准）机关等相关单位，并通报同级人民检察院。

《山东省社区矫正实施细则》

第八十六条 社区矫正对象被裁定撤销缓刑、假释，被决定收监执行，或者社区矫正对象死亡的，社区矫正终止。

社区矫正对象在社区矫正期间死亡的，县级社区矫正机构应当自收到死亡证明材料之日起五日内书面通知社区矫正决定机关，同时抄送执行地人民检察院。

暂予监外执行的社区矫正对象在暂予监外执行期间死亡的，有关死亡证明材料同时送达罪犯原服刑或者接收其档案的监狱、看守所。

《陕西省社区矫正实施细则》

第五十九条　社区矫正对象死亡、被决定收监执行或者因漏罪、再犯新罪被判处刑罚的，社区矫正终止。

社区矫正对象在社区矫正期间死亡的，县级社区矫正机构应当自收到死亡证明书之日起五日内书面通知社区矫正决定机关，同时抄送同级人民检察院、公安机关。监狱管理机关、公安机关决定暂予监外执行的社区矫正对象死亡的，应当将有关死亡证明材料送达其原服刑或者接收、存放其档案的监狱、看守所，同时抄送同级人民检察院。

《上海市社区矫正实施细则》

第六十一条　社区矫正对象死亡、被决定收监执行或者因漏罪、再犯新罪被判处刑罚的，社区矫正终止。

社区矫正对象在社区矫正期间死亡的，区社区矫正机构应当自收到死亡证明书之日起五日内书面通知社区矫正决定机关，同时抄送执行地人民检察院、公安机关。监狱管理机关、公安机关决定暂予监外执行的社区矫正对象死亡的，应将有关死亡证明材料送达其原服刑或者接收、存放其档案的监狱、看守所，同时抄送同级人民检察院。

《四川省社区矫正实施细则》

第一百八十二条　社区矫正对象有下列情形之一的，社区矫正终止：

（一）被裁定撤销缓刑、假释的；

（二）被决定暂予监外执行收监执行的；

（三）死亡的。

第一百八十三条　社区矫正对象在被采取刑事强制措施或者被提请撤销缓刑、撤销假释、收监执行期间矫正期满的，相关部门已经作出撤销缓刑、撤销假释裁定或者收监执行决定的，应当终止矫正；如果相关部门尚未作出裁定或决定，应当及时办理解除矫正手续。

第一百八十四条　社区矫正对象死亡的，自死亡之日起社区矫正终止。执行地县级社区矫正机构应当自收到死亡证明书之日起三个工作日内书面通知社区矫正决定机关，同时抄送执行地县级人民检察院、公安机关。

公安机关、监狱管理机关批准暂予监外执行的社区矫正对象死亡的，还应当抄送存放或者接收其档案的看守所、监狱。

第四十六条　【撤销缓刑、假释的管辖和提请】

社区矫正对象具有刑法规定的撤销缓刑、假释情形的，应当由人民法院撤销缓刑、假释。

对于在考验期限内犯新罪或者发现判决宣告以前还有其他罪没有判决的，应当由审理该案件的人民法院撤销缓刑、假释，并书面通知原审人民法院和执行地社区矫正机构。

对于有第二款规定以外的其他需要撤销缓刑、假释情形的，社区矫正机构应当向原审人民法院或者执行地人民法院提出撤销缓刑、假释建议，并将建议书抄送人民检察院。社区矫正机构提出撤销缓刑、假释建议时，应当说明理由，并提供有关证据材料。

法条解读

本条规定了撤销缓刑、假释的相关程序。本条针对不同的撤销缓刑、假释的情形进行了规定。本条分设三款。第一款规定了撤销缓刑与假释的主体为法院。第二款中“审理该案件的人民法院”是指对考验期限内社区矫正对象犯新罪或者漏罪进行审判的法院。该法院同时负有因发现社区矫正对象实施新罪与发现漏罪而撤销缓刑、假释的职责。该法院既有可能是执行地法院，也有可能是原审人民法院，还有可能是其他法院。如果该法院不是原审人民法院，其还需要将撤销缓刑、假释问题，书面通知原审人民法院和执行地社区矫正机构。第三款规定了因违反监督管理规定撤销缓刑、假释案件管辖和提请程序。社区矫正机构在该种情形下可以选择向原审人民法院或者执行地人民法院提交撤销缓刑、假释的申请。

《社区矫正法实施办法》未对本条作出规定。

各省市社区矫正实施细则大都对社区矫正机构、人民法院、公安机关、监狱管理机关、人民检察院在撤销缓刑、假释中的各种职责进行了细化。例如，《广西壮族自治区社区矫正工作细则》赋予了社区矫正对象申辩权及委托律师的提出意见权。《贵州省社区矫正工作实施细则（试行）》规定，社区矫正机构提请撤缓、撤假建议的，应当提供相应法律文书和相关材料。

相关规定

《广西壮族自治区社区矫正工作细则》

第一百一十五条　对于“在考验期限内犯新罪或者发现判决宣告以前还有其他罪没有判决的”情形以外的情形，原审人民法院或者执行地人民法院收到撤销缓刑假释的建议后，应当认真审查，材料齐备的，应予立案；材料不齐备的，应当通知社区矫正机构补正。

人民法院收到撤销缓刑、假释的建议后，应采取书面审理的方式，在三十日内作出裁定，并送达执行地社区矫正机构，同时抄送执行地人民检察院和公安机关。

人民法院拟撤销缓刑、假释的，应当听取社区矫正对象的申辩及其委托的律师的意见。人民法院裁定撤销缓刑、假释的，公安机关应当及时将社区矫正对象送交监狱或者看守所执行。执行以前被逮捕的，羁押一日折抵刑期一日。人民法院裁定不予撤销缓刑、假释的，对被逮捕的社区矫正对象，公安机关应当立即予以释放。

对于在考验期限内犯新罪或者发现判决宣告以前还有其他罪没有判决的，应当由审理该案件的人民法院撤销缓刑、假释，并书面通知原审人民法院和执行地社区矫正机构。

缓刑、假释的社区矫正对象脱离监管、下落不明或因其他违法犯罪行为已被羁押的，不影响收监执行案件的审理。

人民检察院认为撤销缓刑、假释的裁定不当的，应及时提出纠正意见。

《贵州省社区矫正工作实施细则（试行）》

第六十二条　执行地同级社区矫正机构一般向原审人民法院提请撤销缓刑、撤销假释建议。如果原审人民法院与执行地同级社区矫正机构不在本省的，可以向执行地人民法院提出建议，执行地人民法院作出裁定的，裁定书同时抄送原审人民法院。

社区矫正机构提请撤缓、撤假建议的，应当提供下列法律文书和相关材料：

（一）撤销缓刑、撤销假释建议书；

（二）原判决书、裁定书、执行通知

书等法律文书；

（三）提请撤销缓刑、撤销假释审核表；

（四）违反法律、法规、监督管理规定的证明材料；

（五）接受矫正期间历次受惩处的法律文书。

社区矫正机构的《撤销缓刑建议书》和人民法院的裁定书同时抄送社区矫正执行地同级人民检察院。社区矫正机构的《撤销假释建议书》和人民法院的裁定书同时抄送社区矫正执行地同级人民检察院、公安机关、罪犯原服刑或者接收其档案的监狱。

《宁夏回族自治区社区矫正实施细则》

第六十五条　社区矫正对象在缓刑考验期内，有下列情形之一的，由执行地县级社区矫正机构提出撤销缓刑建议：

（一）违反禁止令，情节严重的；

（二）无正当理由不按规定时间报到或者接受社区矫正期间脱离监管，超过一个月的；

（三）因违反监督管理规定受到治安管理处罚，仍不改正的；

（四）受到社区矫正机构两次警告，仍不改正的；

（五）其他违反有关法律、行政法规和监督管理规定，情节严重的情形。

社区矫正机构一般向原审人民法院提出撤销缓刑建议。如果原审人民法院与执行地同级社区矫正机构不在同一省、自治区、直辖市的，可以向执行地人民法院提出建议，执行地人民法院作出裁定的，裁定书同时抄送原审人民法院。

社区矫正机构撤销缓刑建议书和人民法院的裁定书副本同时抄送社区矫正执行地同级人民检察院。

第六十六条　社区矫正对象在假释考验期内，有下列情形之一的，由执行地县级社区矫正机构提出撤销假释建议：

（一）无正当理由不按规定时间报到或者社区矫正期间脱离监管，超过一个月的；

（二）受到社区矫正机构两次警告，仍不改正的；

（三）其他违反有关法律、行政法规和监督管理规定，尚未构成新的犯罪的。

社区矫正机构一般向原审人民法院提出撤销假释建议。如果原审人民法院与执行地同级社区矫正机构不在同一省、自治区、直辖市的，可以向执行地人民法院提出建议，执行地人民法院作出裁定的，裁定书同时抄送原审人民法院。

社区矫正机构撤销假释建议书和人民法院的裁定书副本同时抄送社区矫正执行地同级人民检察院、公安机关、罪犯原服刑或者接收其档案的监狱。

《山东省社区矫正实施细则》

第八十七条　社区矫正对象在缓刑考验期内，有下列情形之一的，由执行地同级社区矫正机构提出撤销缓刑建议：

（一）违反禁止令，情节严重的；

（二）无正当理由不按规定时间报到或者接受社区矫正期间脱离监管，超过一个月的；

（三）因违反监督管理规定受到治安管理处罚，仍不改正的；

（四）受到社区矫正机构两次警告，仍不改正的；

（五）其他违反有关法律、行政法规和监督管理规定，情节严重的情形。

社区矫正机构一般向原审人民法院提出撤销缓刑建议。如果原审人民法院不在本省的，可以向与原审人民法院同级的执行地人民法院提出建议。

第八十八条　社区矫正对象在假释考

验期内，有下列情形之一的，由执行地同级社区矫正机构提出撤销假释建议：

（一）无正当理由不按规定时间报到或者接受社区矫正期间脱离监管，超过一个月的；

（二）受到社区矫正机构两次警告，仍不改正的；

（三）其他违反有关法律、行政法规和监督管理规定，尚未构成新的犯罪的。

社区矫正机构一般向原审人民法院提出撤销假释建议。如果原审人民法院不在本省的，可以向与原审人民法院同级的执行地人民法院提出建议。

第八十九条 暂予监外执行的社区矫正对象有下列情形之一的，由执行地县级社区矫正机构提出收监执行建议：

（一）不符合暂予监外执行条件的；

（二）未经社区矫正机构批准擅自离开居住的市、县，经警告拒不改正，或者拒不报告行踪，脱离监管的；

（三）因违反监督管理规定受到治安管理处罚，仍不改正的；

（四）受到社区矫正机构两次警告的；

（五）保外就医期间不按规定提交病情复查情况，经警告拒不改正的；

（六）暂予监外执行的情形消失后，刑期未满的；

（七）保证人丧失保证条件或者因不履行义务被取消保证人资格，不能在规定期限内提出新的保证人的；

（八）其他违反有关法律、行政法规和监督管理规定，情节严重的情形。

社区矫正机构一般向与原决定机关同级的执行地社区矫正决定机关提出收监执行建议。如果原社区矫正决定机关在本省的，可以向原社区矫正决定机关提出建议。

第九十条 社区矫正机构提出撤销缓刑、假释或者暂予监外执行收监执行的材料应当包括：

（一）提请撤销缓刑、假释或者收监执行建议书；

（二）适用社区矫正的判决书、裁定书、决定书、执行通知书等法律文书复印件；

（三）社区矫正对象违反法律、行政法规以及社区矫正有关监督管理、教育帮扶规定的事实、证据材料；

（四）暂予监外执行法定情形消失等有关证明材料；

（五）其他相关材料。

以上材料同时抄送执行地同级人民检察院。

第九十一条 人民法院裁定撤销缓刑、假释或者决定暂予监外执行收监执行的，应当及时将裁定书、决定书、执行通知书、结案登记表送达社区矫正对象执行地县级公安机关和提出建议的社区矫正机构，并抄送提出建议的社区矫正机构执行地的同级人民检察院。作出裁定的人民法院不是原审人民法院的，裁定书同时抄送原审人民法院。人民法院裁定不予撤销缓刑、假释或者决定暂予监外执行收监执行的，应当向社区矫正机构书面说明，同时抄送执行地同级人民检察院。

公安机关决定暂予监外执行收监执行的，应当及时将决定书、执行通知书、结案登记表送达社区矫正对象执行地县级公安机关和社区矫正机构，并抄送执行地县级人民检察院。不予决定暂予监外执行收监执行的，应当向社区矫正机构书面说明，同时抄送执行地县级人民检察院。

监狱管理机关决定暂予监外执行收监执行的，应当及时将决定书、执行通知书送达社区矫正对象执行地县级社区矫正机构和负责收监执行的监狱，并抄送执行地县级人民检察院。不予决定暂予监外执行收监执行的，应当向社区矫正机构书面说明，同时抄送执行地县级人民检察院。

第四十七条 【撤销缓刑、假释程序中的逮捕措施】

被提请撤销缓刑、假释的社区矫正对象可能逃跑或者可能发生社会危险的，社区矫正机构可以在提出撤销缓刑、假释建议的同时，提请人民法院决定对其予以逮捕。

人民法院应当在四十八小时内作出是否逮捕的决定。决定逮捕的，由公安机关执行。逮捕后的羁押期限不得超过三十日。

法条解读

本条主要对撤销缓刑、假释程序中的具体逮捕程序进行了规定。本条分设两款。第一款规定了逮捕的条件。本款中的“可能逃跑”是指为逃避收监而脱离社区矫正机构和人民法院的掌控。“社会危险”可参考《刑事诉讼法》第八十一条中社会危险性的规定。第二款规定了逮捕措施的决定、执行程序及羁押时间。该处逮捕不同于《刑事诉讼法》中的强制措施，逮捕后的羁押期限不得超过三十日。

《社区矫正法实施办法》对逮捕的具体情形予以细化，要求社区矫正机构提请人民法院决定逮捕社区矫正对象时，应当提供相应证据。

各省市社区矫正实施细则大都重申了《社区矫正法实施办法》中规定的可以予以提请逮捕的具体情形，并就提请逮捕的具体程序及相关文书进行了明确。例如，《北京市社区矫正实施细则》就《社区矫正法办法》中的“可能逃跑”“具有危害国家安全、公共安全、社会秩序或者他人人身安全现实危险”“可能对被害人、举报人、控告人或者社区矫正机构工作人员等实施打击报复”“可能实施新的犯罪”等含义进行了细化明确。《江苏省社区矫正实施细则》进一步细化了逮捕程序。

相关规定

《社区矫正法实施办法》

第四十八条 被提请撤销缓刑、撤销假释的社区矫正对象具备下列情形之一的，社区矫正机构在提出撤销缓刑、撤销假释建议书的同时，提请人民法院决定对其予以逮捕：

（一）可能逃跑的；

（二）具有危害国家安全、公共安全、社会秩序或者他人人身安全现实危险的；

（三）可能对被害人、举报人、控告人或者社区矫正机构工作人员等实施报复行为的；

（四）可能实施新的犯罪的。

社区矫正机构提请人民法院决定逮捕社区矫正对象时，应当提供相应证据，移送人民法院审查决定。

社区矫正机构提请逮捕、人民法院作出是否逮捕决定的法律文书，应当同时抄送执行地县级人民检察院。

《北京市社区矫正实施细则》

第一百零九条 被提请撤销缓刑、假释的社区矫正对象具备依法应予逮捕情形的，社区矫正机构在提出撤销缓刑、撤销假释建议的同时，提请人民法院决定对其予以逮捕。

社区矫正机构提请人民法院决定逮捕社区矫正对象时，应当提供相应证据，移送人民法院审查决定。人民法院应当在四十八小时内作出是否逮捕的决定。

社区矫正机构提请逮捕的法律文书及

证据材料应当同时抄送执行地的区人民检察院。人民法院作出是否逮捕决定的法律文书，应当送达社区矫正机构、公安机关，同时抄送执行地的区人民检察院。

公安机关收到决定逮捕的法律文书后，应当依法执行逮捕。

第一百一十条　被提请撤销缓刑、假释的社区矫正对象具有下列情形之一的，可以认定为“可能逃跑”：

（一）着手准备逃跑，或者有逃跑的意思表示的；

（二）曾经脱离监管，或者处于脱离监管状态的；

（三）曾经以暴力、威胁或者其他手段抗拒抓捕的；

（四）其他企图逃跑的情形。

第一百一十一条　被提请撤销缓刑、假释的社区矫正对象具有下列情形之一的，可以认定为“具有危害国家安全、公共安全、社会秩序或者他人人身安全现实危险”：

（一）正在策划、组织或者预备实施危害国家安全、公共安全、社会秩序或者他人人身安全的违法犯罪行为的；

（二）曾因危害国家安全、公共安全、社会秩序或者他人人身安全受到刑事处罚或者行政处罚的；

（三）在危害国家安全、黑恶势力、恐怖活动、毒品犯罪中起组织、策划、指挥作用或者积极参加的；

（四）其他危害国家安全、公共安全、社会秩序或者他人人身安全现实危险的情形。

第一百一十二条　被提请撤销缓刑、假释的社区矫正对象具有下列情形之一的，可以认定为“可能对被害人、举报人、控告人或者社区矫正机构工作人员等实施打击报复”：

（一）扬言或者准备、策划对被害人、举报人、控告人或者社区矫正机构工作人员等实施打击报复的；

（二）曾经对被害人、举报人、控告人或者社区矫正机构工作人员等实施打击、要挟、迫害等行为的；

（三）采取其他方式滋扰被害人、举报人、控告人或者社区矫正机构工作人员等的正常生活、工作的；

（四）其他可能对被害人、举报人、控告人或者社区矫正机构工作人员等实施打击报复的情形。

第一百一十三条　被提请撤销缓刑、假释的社区矫正对象具有下列情形之一的，可以认定为“可能实施新的犯罪”：

（一）正在策划、组织或者预备实施新的犯罪的；

（二）扬言实施新的犯罪的；

（三）以犯罪所得为主要生活来源的；

（四）有吸毒、赌博等恶习的；

（五）其他可能实施新的犯罪的情形。

《福建省社区矫正实施细则》

第四十九条　县级社区矫正机构依据《社区矫正法》第四十七条和《实施办法》第四十八条的规定，对被提请撤销缓刑、假释的社区矫正对象需要同时提请决定予以逮捕的，应当填写《提请逮捕审核表》，经社区矫正奖惩工作组审核后，向提请撤销缓刑、假释裁定的人民法院递交《社区矫正对象逮捕建议书》和相应证据。

社区矫正机构提请逮捕、人民法院作出是否逮捕决定的法律文书，应当同时抄送执行地县级人民检察院。

人民法院作出逮捕决定的，执行地县级公安机关应当按照《社区矫正法》第四十七条的规定及时执行羁押。

《甘肃省社区矫正实施细则》

第九十二条　被提请撤销缓刑、假释的社区矫正对象具备下列情形之一的，县（市、区）社区矫正机构在提出撤销缓刑、假释建议书的同时，提请人民法院决定对其予以逮捕：

（一）可能实施新的犯罪的；

（二）具有危害国家安全、公共安全、社会秩序或者他人人身安全现实危险的；

（三）可能对被害人、举报人、控告人或者社区矫正机构工作人员实施打击报复的；

（四）可能逃跑的。

执行地县（市、区）社区矫正机构提请人民法院决定逮捕社区矫正对象时，应当提供相应证据，移送人民法院审查决定。

县（市、区）社区矫正机构提请逮捕、人民法院作出是否逮捕决定的法律文书，应当同时抄送执行地县级人民检察院。

《广东省社区矫正实施细则》

第六十七条　被提请撤销缓刑、撤销假释的社区矫正对象具备下列情形之一的，社区矫正机构在提出撤销缓刑、撤销假释建议书的同时，提请人民法院决定对其予以逮捕：

（一）可能逃跑的；

（二）具有危害国家安全、公共安全、社会秩序或者他人人身安全现实危险的；

（三）可能对被害人、举报人、控告人或者社区矫正机构工作人员等实施报复行为的；

（四）可能实施新的犯罪的。

社区矫正机构提请人民法院决定逮捕社区矫正对象时，应当提供相应证据，移送人民法院审查决定。

社区矫正机构提请逮捕、人民法院作出是否逮捕决定的法律文书，应当同时抄送执行地县级人民检察院。

《广西壮族自治区社区矫正工作细则》

第一百一十四条　被提请撤销缓刑、撤销假释的社区矫正对象具备下列情形之一的，社区矫正机构在提出撤销缓刑、撤销假释建议书的同时，提请人民法院决定对其予以逮捕：

（一）可能逃跑；

（二）具有危害国家安全、公共安全、社会秩序或者他人人身安全现实危险；

（三）可能对被害人、举报人、控告人或者社区矫正机构工作人员等实施报复行为；

（四）可能实施新的犯罪。

社区矫正机构提请人民法院决定逮捕社区矫正对象时，应当提供相应证据，移送人民法院审查决定。人民法院应当在四十八小时内作出是否逮捕的决定。决定逮捕的，由公安机关执行。逮捕后的羁押期限不得超过三十日。

社区矫正机构提请逮捕、人民法院作出是否逮捕决定的法律文书，应当同时抄送执行地县（市、区）人民检察院。

《贵州省社区矫正工作实施细则（试行）》

第六十四条　社区矫正机构提请人民法院对提请撤销缓刑、撤销假释的社区矫正对象予以逮捕的，应填报相关审批表并提供相应证据，移送人民法院审查决定。人民法院应当在四十八小时内作出是否逮捕的决定。

社区矫正机构《社区矫正对象逮捕建议书》、人民法院作出是否逮捕决定的法律文书，应当同时抄送执行地县级人民检察院。

《河南省社区矫正工作细则》

第一百六十四条　被提请撤销缓刑、撤销假释的社区矫正对象具备下列情形之一的，社区矫正机构在提出撤销缓刑、撤销假释建议书的同时，提请人民法院决定对其予以逮捕：

（一）可能逃跑的；

（二）具有危害国家安全、公共安全、社会秩序或者他人人身安全现实危险的；

（三）可能对被害人、举报人、控告人或者社区矫正机构工作人员等实施报复行为的；

（四）可能实施新的犯罪的。

社区矫正机构提请人民法院决定逮捕社区矫正对象时，应当同时提供相应证据，移送人民法院审查决定。人民法院作出是否逮捕决定应当及时通知社区矫正机构。

社区矫正机构提请逮捕、人民法院作出是否逮捕决定的法律文书，应当同时抄送执行地县级人民检察院。

《湖南省社区矫正实施细则》

第一百八十五条 被提请撤销缓刑、撤销假释的社区矫正对象具备下列情形之一的，社区矫正机构在提出撤销缓刑、撤销假释建议书的同时，提请人民法院决定对其予以逮捕：

（一）可能逃跑的；

（二）具有危害国家安全、公共安全、社会秩序或者他人人身安全现实危险的；

（三）可能对被害人、举报人、控告人或者社区矫正机构工作人员等实施报复行为的；

（四）可能实施新的犯罪的。

社区矫正机构提请人民法院决定逮捕社区矫正对象时，应当同时提供相应证据，移送人民法院审查决定。人民法院应当在收到建议四十八小时内作出是否逮捕决定，并及时通知社区矫正机构。作出逮捕决定的，还应当及时通知执行地县级公安机关执行。逮捕羁押期限不得超过三十日。

社区矫正机构提请逮捕、人民法院作出是否逮捕决定的法律文书，应当同时抄送执行地县级人民检察院。

《江苏省社区矫正实施细则》

第七十九条 依照《社区矫正法》第四十七条和《实施办法》第四十八条的规定，对被提请撤销缓刑、假释的社区矫正对象需要同时提请人民法院决定予以逮捕的，执行地县级社区矫正机构或者受委托的司法所填写《提请逮捕审核表》。执行地县级社区矫正机构经集体评议研究同意，制作《社区矫正对象逮捕建议书》并附相关证据材料，提请人民法院决定对其予以逮捕。

社区矫正机构提请逮捕、人民法院作出是否逮捕决定的法律文书，同时抄送执行地县级人民检察院。

人民法院作出逮捕决定的，执行地县级公安机关按照《社区矫正法》第四十七条的规定及时执行羁押。

《江西省社区矫正工作实施细则》

第九十七条 被提请撤销缓刑、假释的社区矫正对象具备下列情形之一的，社区矫正机构在提出撤销缓刑、假释建议书的同时，提请人民法院决定对其予以逮捕：

（一）可能逃跑的；

（二）具有危害国家安全、公共安全、社会秩序或者他人人身安全现实危险的；

（三）可能对被害人、举报人、控告人或者社区矫正工作人员实施打击报复的；

（四）可能实施新的犯罪的。

社区矫正机构提请人民法院决定逮捕社区矫正对象时，应当提供相应证据，移送人民法院审查决定。

社区矫正机构提请逮捕、人民法院作出是否逮捕决定的法律文书，应当同时抄送执行地县级人民检察院。

《辽宁省社区矫正实施细则》

第一百四十条　被提请撤销缓刑、撤销假释的社区矫正对象具备下列情形之一的，社区矫正机构在提出撤销缓刑、撤销假释建议书的同时，提请人民法院决定对其予以逮捕：

（一）可能逃跑的；

（二）具有危害国家安全、公共安全、社会秩序或者他人人身安全现实危险的；

（三）可能对被害人、举报人、控告人或者社区矫正机构工作人员等实施报复行为的；

（四）可能实施新的犯罪的。

社区矫正机构提请人民法院决定逮捕社区矫正对象时，应当同时提供相应证据，移送人民法院审查决定。人民法院作出是否逮捕决定应当及时通知社区矫正机构。

社区矫正机构提请逮捕、人民法院作出是否逮捕决定的法律文书，应当同时抄送执行地县级人民检察院。

《宁夏回族自治区社区矫正实施细则》

第六十七条　被提请撤销缓刑、撤销假释的社区矫正对象具有下列情形之一的，社区矫正机构在提出撤销缓刑、撤销假释建议书的同时，提请人民法院决定对其予以逮捕：

（一）可能逃跑的；

（二）具有危害国家安全、公共安全、社会秩序或者他人人身安全现实危险的；

（三）可能对被害人、举报人、控告人或者社区矫正机构工作人员等实施报复行为的；

（四）可能实施新的犯罪的。

社区矫正机构提请人民法院决定逮捕社区矫正对象时，应当提供相应证据，移送人民法院审查决定。

社区矫正机构提请逮捕、人民法院作出是否逮捕决定的法律文书，应当同时抄送执行地县级人民检察院。

《山东省社区矫正实施细则》

第九十二条　被提请撤销缓刑、撤销假释的社区矫正对象具备下列情形之一的，社区矫正机构在提出撤销缓刑、撤销假释建议书的同时，提请人民法院决定对其予以逮捕：

（一）可能逃跑的；

（二）具有危害国家安全、公共安全、社会秩序或者他人人身安全现实危险的；

（三）可能对被害人、举报人、控告人或者社区矫正机构工作人员等实施报复行为的；

（四）可能实施新的犯罪的；

（五）其他需要提请逮捕的情形。

社区矫正机构提请人民法院决定逮捕社区矫正对象时，应当提供相应证据，移送人民法院审查决定。

人民法院应当在四十八小时内作出是否逮捕的决定。决定逮捕的，由公安机关执行。逮捕后的羁押期限不得超过三十日。

社区矫正机构提请逮捕、人民法院作出是否逮捕决定的法律文书，应当同时抄送执行地县级人民检察院和执行地县级社区矫正机构。

《四川省社区矫正实施细则》

第一百七十一条　被提请撤销缓刑、撤销假释的社区矫正对象具备下列情形之一的，社区矫正机构在提出撤销缓刑、撤销假释建议书的同时，提请人民法院决定对其予以逮捕：

（一）可能逃跑的；

（二）具有危害国家安全、公共安全、社会秩序或者他人人身安全现实危险的；

（三）可能对被害人、举报人、控告人或者社区矫正机构工作人员等实施报复行为的；

（四）可能实施新的犯罪的。

社区矫正机构提请人民法院决定逮捕社区矫正对象时，应当提供相应证据，移送人民法院审查决定。人民法院应当在收到建议四十八小时内作出是否逮捕决定，并及时通知社区矫正机构。人民法院作出逮捕决定的，还应当及时通知执行地县级公安机关执行，逮捕羁押期限不得超过三十日。

社区矫正机构提请逮捕、人民法院作出是否逮捕决定的法律文书，应当同时抄送执行地县级人民检察院。

文书范本

社区矫正对象逮捕建议书[①]

（ ） 字第 号

社区矫正对象________，男（女），____年____月____日出生，____族，身份证号码________，户籍地________，执行地________。因犯________罪经________人民法院于____年____月____日判处________。____年____月____日经________人民法院裁定假释。在缓刑（假释）期间，依法实行社区矫正。社区矫正期限自____年____月____日起至____年____月____日止。社区矫正对象________，现正在________羁押执行中（处于非羁押状态、脱离监管中）。脱离期间自____年____月____日至____年____月____日。

在社区矫正期间，该社区矫正对象有违反法律（行政法规、社区矫正监督管理规定、人民法院禁止令）的行为，被提请撤销缓刑（假释），并具有应予逮捕的情形，具体事实如下：____。

依据《中华人民共和国社区矫正法》第四十七条之规定，建议对社区矫正对象________予以逮捕。

此致

人民法院

（公章）

年 月 日

注：抄送________人民检察院。

① 来自《北京市社区矫正实施细则》。

提请治安管理处罚（撤销缓刑、撤销假释、收监执行、减刑、逮捕）审核表①

<table>
<tr><td>姓名</td><td></td><td>性别</td><td></td><td>身份证号码</td><td colspan="2"></td></tr>
<tr><td>户籍地</td><td colspan="3"></td><td>执行地</td><td colspan="2"></td></tr>
<tr><td>罪名</td><td></td><td colspan="2">原判刑罚</td><td></td><td>附加刑</td><td></td></tr>
<tr><td>禁止令内容</td><td colspan="3"></td><td>禁止期限起止日</td><td colspan="2">自 年 月 日
至 年 月 日</td></tr>
<tr><td>矫正类别</td><td></td><td>矫正期限</td><td></td><td>起止日</td><td colspan="2">自 年 月 日
至 年 月 日</td></tr>
<tr><td>事由及依据</td><td colspan="6"></td></tr>
<tr><td>呈报单位意见</td><td colspan="6">（公章）
年 月 日</td></tr>
<tr><td>区社区矫正机构意见</td><td colspan="6">（公章）
年 月 日</td></tr>
<tr><td>市社区矫正机构审核意见</td><td colspan="6">（公章）
年 月 日</td></tr>
<tr><td>备注</td><td colspan="6"></td></tr>
</table>

注：此表随建议书一并报送人民法院（公安机关、监狱管理机关）

① 来自《北京市社区矫正实施细则》。

第四十八条 【撤销缓刑、假释的裁定和执行】

人民法院应当在收到社区矫正机构撤销缓刑、假释建议书后三十日内作出裁定，将裁定书送达社区矫正机构和公安机关，并抄送人民检察院。

人民法院拟撤销缓刑、假释的，应当听取社区矫正对象的申辩及其委托的律师的意见。

人民法院裁定撤销缓刑、假释的，公安机关应当及时将社区矫正对象送交监狱或者看守所执行。执行以前被逮捕的，羁押一日折抵刑期一日。

人民法院裁定不予撤销缓刑、假释的，对被逮捕的社区矫正对象，公安机关应当立即予以释放。

法条解读

本条主要规定了撤销缓刑、假释的裁定程序及执行程序。本条分设四款。第一款规定了撤销缓刑、假释的审理期限及文书送达对象。本款中的“三十日内作出裁定”，是从人民法院收到社区矫正机构的撤销缓刑、假释建议书起算，包括前期审查决定逮捕的四十八小时期间。《监狱法》第三十三条第二款规定的人民法院审理撤销假释案件的期限是自收到撤销假释建议书起“一个月”，与本条规定的“三十日”略有差别。按照新法优于旧法的原则，本法施行后，应当按照本条的规定执行。[①] 第二款规定了社区矫正对象的申辩权及委托律师的提出意见权。但只有在人民法院经过审查相关材料认为可能撤销缓刑、假释的情况下，社区矫正对象及委托律师才享有前述权利。若人民法院经过审查材料认为无须撤销缓刑、假释，则不再听取其相关意见。第三款规定了撤销、假释的执行程序及羁押折抵。第四款规定了不予撤销、假释的裁定执行。

《社区矫正法实施办法》未对本条予以细化。

大部分省市社区矫正实施细则未对本条予以细化规定，只有个别省市社区矫正实施细则就相关问题进行了细化明确。例如，《贵州省社区矫正工作实施细则（试行）》明确了社区矫正对象剩余刑期在三个月以下及剩余刑期在三个月以上的执行机关。《江西省社区矫正工作实施细则》规定，针对撤销缓刑、撤销假释、撤销暂予监外执行的，社区矫正机构应当向看守所或者监狱移送的相关材料。

相关规定

《贵州省社区矫正工作实施细则（试行）》

第六十五条 人民法院裁定撤销缓刑、撤销假释或决定暂予监外执行收监执行的，应当及时将裁定书、决定书、执行通知书、结案登记表等法律文书送达执行地县级公安机关，同时抄送执行地县级社区矫正机构和人民检察院。执行地县级公安机关收到法律文书后，按照就近、便利、安全的原则，将社区矫正对象送交执行地所属的看守所或监狱执行刑罚。

社区矫正对象剩余刑期在三个月以下的，在社区矫正执行地看守所执行；剩余刑期在三个月以上的，由执行地看守所按照本省监狱管理机关与公安机关监所管理

① 王爱立，姜爱东主编：《中华人民共和国社区矫正法释义》，中国民主法制出版社2020年版，第237页。

部门商定的定点收监罪犯的规定，将罪犯送交指定监狱。

《江西省社区矫正工作实施细则》

第九十九条　人民法院裁定撤销缓刑、假释或者决定暂予监外执行收监执行的，由执行地县级公安机关本着就近、便利、安全的原则，送交社区矫正对象执行地所属的省、自治区、直辖市管辖范围内的看守所或者监狱执行刑罚。

公安机关决定暂予监外执行收监执行的，由执行地县级公安机关送交存放或者接收罪犯档案的看守所收监执行。

监狱管理机关决定暂予监外执行收监执行的，由存放或者接收罪犯档案的监狱收监执行。

第一百条　社区矫正对象被裁定撤销缓刑的，执行地县级社区矫正机构应当向看守所或者监狱移交撤销缓刑裁定书、执行通知书、撤销缓刑建议书；原判决书、裁定书、执行通知书、起诉书副本、结案登记表；社区矫正期间表现情况等文书材料。

社区矫正对象被裁定撤销假释的，执行地县级社区矫正机构应当向看守所或者监狱移交撤销假释裁定书、执行通知书、撤销假释建议书；原判决书、裁定书、执行通知书、起诉书副本、结案登记表复印件；社区矫正期间表现情况等文书材料。罪犯收监后，执行地县级社区矫正机构应当通知罪犯原服刑看守所或者监狱将罪犯假释前的档案材料移交撤销假释后服刑的看守所或者监狱。

暂予监外执行社区矫正对象被人民法院决定收监执行的，执行地县级社区矫正机构应当向看守所或者监狱移交收监执行决定书、执行通知书；原判决书、裁定书、执行通知书、起诉书副本、结案登记表；社区矫正期间表现情况等文书材料。

暂予监外执行社区矫正对象被公安机关或者监狱管理机关决定收监执行的，执行地县级社区矫正机构应当向看守所或者监狱移交社区矫正期间表现情况等文书材料。

《宁夏回族自治区社区矫正实施细则》

第七十一条　人民法院裁定撤销缓刑、假释或者决定暂予监外执行收监执行的，应当及时将裁定书、决定书、执行通知书、结案登记表等法律文书送达原审人民法院、公安机关、监狱管理机关。同时，抄送执行地县级社区矫正机构、人民检察院。

公安机关在收到法律文书后，应当及时将社区矫正对象送交监狱或者看守所收监执行。

第四十九条[①]　**【暂予监外执行的社区矫正对象收监执行程序】**

暂予监外执行的社区矫正对象具有刑事诉讼法规定的应当予以收监情形的，社区矫正机构应当向执行地或者原社区矫正决定机关提出收监执行建议，并将建议书抄送人民检察院。

社区矫正决定机关应当在收到建议书后三十日内作出决定，将决定书送达社区矫正机构和公安机关，并抄送人民检察院。

① 相关法律、规范性文件规定落实，例如，(1)《刑事诉讼法》第二百六十八条第一款关于收监执行的规定；(2) 2021 年湖南省高级人民法院、湖南省人民检察院、湖南省公安厅、湖南省司法厅、湖南省卫生健康委员会联合印发《湖南省暂予监外执行实施办法》。

> 人民法院、公安机关对暂予监外执行的社区矫正对象决定收监执行的，由公安机关立即将社区矫正对象送交监狱或者看守所收监执行。
>
> 监狱管理机关对暂予监外执行的社区矫正对象决定收监执行的，监狱应当立即将社区矫正对象收监执行。

法条解读

本条主要对暂予监外执行社区矫正对象的收监程序进行了规定。本条分设四款。第一款规定了收监执行的提请程序。本款基于执行便利的原则，对于符合《刑事诉讼法》规定的应当予以收监情形的，要求社区矫正机构向执行地或者原社区矫正决定机关提出收监执行建议。如果社区矫正机构向执行地社区矫正决定机关提出收监执行建议的，应当向与原社区矫正决定机关对应执行地的相应机关提出，即原决定机关是监狱管理机关、公安机关或者人民法院的，向执行地监狱管理机关、公安机关或者人民法院提出。[①] 第二款规定了决定机关作出收监执行的期限及文书送达。第三款规定了收监执行的执行机关为公安机关。第四款规定了监狱管理机关决定对社区矫正对象收监执行的执行程序的规定。

《社区矫正法实施办法》明确了暂予监外执行对象收监的原则。

各省市社区矫正实施细则大都对暂予监外执行收监程序进行了细化。例如，《北京市社区矫正实施细则》《贵州省社区矫正工作实施细则（试行）》要求社区矫正机构提供详细的法律文书及相关材料，并就监狱管理机关及公安机关决定暂予监外执行的具体程序进行了细化。《北京市社区矫正实施细则》《湖南省社区矫正实施细则》《宁夏回族自治区社区矫正实施细则》细化了由执行地县级社区矫正机构提出收监执行的八种具体情形。《江苏省社区矫正实施细则》就提请收监执行程序进行了细化，并明确暂予监外执行收监执行后不计入刑期的情形。

相关规定

《社区矫正法实施办法》

第五十条 人民法院裁定撤销缓刑、撤销假释或者决定暂予监外执行收监执行的，由执行地县级公安机关本着就近、便利、安全的原则，送交社区矫正对象执行地所属的省、自治区、直辖市管辖范围内的看守所或者监狱执行刑罚。

公安机关决定暂予监外执行收监执行的，由执行地县级公安机关送交存放或者接收罪犯档案的看守所收监执行。

监狱管理机关决定暂予监外执行收监执行的，由存放或者接收罪犯档案的监狱收监执行。

《北京市社区矫正实施细则》

第一百一十四条 暂予监外执行的社区矫正对象有下列情形之一的，应当收监执行：

（一）不符合暂予监外执行条件的；

（二）未经社区矫正机构批准擅自离开居住的北京市，经警告拒不改正，或者拒不报告行踪，脱离监管的；

（三）因违反监督管理规定受到治安

---

① 王爱立，姜爱东主编：《中华人民共和国社区矫正法释义》，中国民主法制出版社 2020 年版，第 142 页。

管理处罚，仍不改正的；

（四）受到社区矫正机构两次警告的；

（五）保外就医期间不按规定提交病情复查情况，经警告拒不改正的；

（六）暂予监外执行的情形消失后，刑期未满的；

（七）保证人丧失保证条件或者因不履行义务被取消保证人资格，不能在规定期限内提出新的保证人的；

（八）其他违反有关法律、行政法规和监督管理规定，情节严重的情形。

第一百一十五条　对暂予监外执行的社区矫正对象提请收监执行的，执行地的区社区矫正机构一般报请执行地的人民法院作出决定，或者向罪犯原服刑、接收其档案的监狱、看守所移送案卷材料后，由监狱、看守所报请监狱管理机关、公安机关作出决定。

如果原社区矫正决定机关与执行地的区社区矫正机构同为北京市的，可以向原社区矫正决定机关提出建议。提请收监执行建议书和案卷材料应当同时抄送执行地的区人民检察院。

区社区矫正机构向人民法院、罪犯原服刑或者接收其档案的监狱、看守所移送案卷材料包括：收监执行建议书二份；对违法违规行为的行政强制措施、处罚决定书；原一、二审刑事裁判书，原暂予监外执行决定书复印件；提议收监执行审核表；暂予监外执行情形消失或有其他收监执行情形、脱逃及其起止日期证明；社区矫正对象综合表现材料等。

人民法院应当在收到建议书后三十日内作出决定，监狱管理机关、公安机关应当在罪犯原服刑或者接收其档案的监狱、看守所收到区社区矫正机构的建议书后三十日内作出决定。决定机关应当将决定书送达社区矫正机构、公安机关，并抄送执行地的区人民检察院。

第一百一十六条　公安机关收到人民法院的撤销缓刑、撤销假释或者决定收监执行的裁定书、决定书、执行通知书等法律文书后，应当本着就近、便利、安全的原则，及时将罪犯送交看守所或者监狱执行刑罚。执行地的区社区矫正机构予以协助，向执行地的公安机关移交原一、二审刑事裁判书复印件、原起诉书副本、原结案登记表复印件，原暂予监外执行决定书复印件各一份，以及社区矫正期间的表现材料。

公安机关决定暂予监外执行收监执行的，由执行地的区公安分局送交存放或者接收罪犯档案的看守所收监执行。监狱管理机关决定暂予监外执行收监执行的，原服刑或接收其档案的监狱应当派员赴执行地将社区矫正对象收监执行。执行地的社区矫正机构予以协助，向执行地的公安机关、监狱移交社区矫正期间的表现材料。

看守所对被撤销缓刑应验收的法律文书：撤销缓刑裁定书原件、原一、二审刑事裁判书复印件各二份，新执行通知书原件，原起诉书副本、原执行通知书、原结案登记表复印件各一份。

看守所对被撤销假释应验收的法律文书：撤销假释裁定书原件二份，新执行通知书原件，原一、二审刑事裁判书、原历次减刑裁定书、原假释裁定书、假释证明书复印件各一份。

看守所对被人民法院决定收监执行应验收的法律文书：原一、二审刑事裁判书复印件、收监执行决定书原件各二份，新执行通知书原件、原起诉书副本、原结案登记表复印件，原暂予监外执行决定书复印件各一份。

《福建省社区矫正实施细则》

第五十条　县级社区矫正机构依据

《刑事诉讼法》和《实施办法》第四十九条的规定、对暂予监外执行的社区矫正对象提请收监执行时，应当填写《提请收监执行审核表》，经社区矫正奖惩工作组审核后，制作《收监执行建议书》、附相关证明材料，提请执行地社区矫正决定机关决定。其中原社区矫正决定机关是本省的，由原社区矫正决定机关决定。

社区矫正机构的收监执行建议书和决定机关的决定书，应当同时抄送执行地县级人民检察院。

暂予监外执行的社区矫正对象被决定或者批准收监执行的，公安机关或者监狱应当按照《实施办法》第五十条的规定将其及时收监执行。

《贵州省社区矫正工作实施细则（试行）》

第六十三条 执行地县级社区矫正机构一般向执行地社区矫正决定机关提出收监执行建议。如果原社区矫正决定机关与执行地县级社区矫正机构在本省的，可以向原社区矫正决定机关提请收监执行建议。

社区矫正机构提请暂予监外执行收监执行建议的，应提供下列法律文书和相关材料：

（一）暂予监外执行收监执行建议书；

（二）原社区矫正决定机关判决书、裁定书、决定书、执行通知书等法律文书；

（三）提请收监执行审核表；

（四）违反法律、法规、监督管理规定或暂予监外情形消失等证明材料；

（五）接受矫正期间历次受惩处的法律文书；

社区矫正机构《收监执行建议书》和决定机关的决定书应当同时抄送执行地县级人民检察院。

第六十六条 监狱管理机关决定暂予监外执行收监执行的，由存放或者接收罪犯档案的监狱收监执行，同时将收监执行决定书抄送执行地县级社区矫正机构和人民检察院。

公安机关决定暂予监外执行收监执行的，由执行地县级公安机关送交存放或者接收罪犯档案的看守所收监执行，同时将收监执行决定书抄送执行地县级社区矫正机构和人民检察院。

《湖南省社区矫正实施细则》

第一百八十六条 暂予监外执行的社区矫正对象有下列情形之一的，由执行地县级社区矫正机构提出收监执行建议，并将建议书抄送执行地同级人民检察院：

（一）不符合暂予监外执行条件的；

（二）未经社区矫正机构批准擅自离开居住的市、县，经警告拒不改正，或者拒不报告行踪，脱离监管的；

（三）因违反监督管理规定受到治安管理处罚，仍不改正的；

（四）受到社区矫正机构两次警告的；

（五）保外就医期间不按规定提交病情复查情况，经警告拒不改正的；

（六）暂予监外执行的情形消失后，刑期未满的；

（七）保外就医对象保证人丧失保证条件或者因不履行义务被取消保证人资格，不能在规定期限内提出新的保证人的；

（八）其他违反有关法律、行政法规和监督管理规定，情节严重的情形。

社区矫正机构一般向执行地社区矫正决定机关提出收监执行建议。如果原社区矫正决定机关与执行地县级社区矫正机构在同一省、自治区、直辖市的，可以向原社区矫正决定机关提出建议。

决定机关的决定书送达执行地县级社区矫正机构、公安机关，抄送执行地县级人民检察院。

第一百八十七条　拟对社区矫正对象提请撤销缓刑、撤销假释、收监执行的，由县级社区矫正机构工作人员收集证据，可以征求矫正小组、管理教育人员及相关单位意见，填报《提请撤销缓刑、撤销假释、收监执行建议审批表》并附相关证据材料，按规定程序提交社区矫正机构集体评议审核后，作出是否提请撤销缓刑、撤销假释、收监执行的建议。

第一百八十八条　社区矫正机构提出撤销缓刑、撤销假释或者提请收监执行建议的，应当附下列材料：

（一）提请撤销缓刑、撤销假释、收监执行建议书；

（二）原社区矫正决定机关判决书、裁定书、执行通知书；

（三）证明社区矫正对象构成撤销缓刑、撤销假释、提请收监执行情形的证据材料；

（四）社区矫正对象计分考核表，提请撤销缓刑、撤销假释、收监执行审批表；

（五）社区矫正机构评议审核意见；

（六）受委托的司法所或者县级社区矫正机构出具的社区矫正对象矫正期间现实表现材料；

（七）社区矫正决定机关要求移送的其他材料。

移送社区矫正决定机关的有关材料，社区矫正机构应当保留复制件存档。

第一百八十九条　社区矫正机构提请撤销缓刑、撤销假释建议时，社区矫正对象脱离监管经查找仍下落不明的，可以提请人民法院决定逮捕。公安机关根据逮捕决定书实施追捕。

第一百九十条　社区矫正决定机关应当在收到社区矫正机构撤销缓刑、撤销假释、收监执行建议书后三十日内作出裁定或者决定。

第一百九十一条　人民法院裁定撤销缓刑、撤销假释或者决定对暂予监外执行对象收监执行的，由执行地县级公安机关本着就近、便利、安全的原则，送交社区矫正对象执行地所属的省、自治区、直辖市管辖范围内的看守所或者监狱执行刑罚。

公安机关决定暂予监外执行收监执行的，由执行地县级公安机关送交存放或者接收罪犯档案的看守所收监执行。

监狱管理机关决定暂予监外执行收监执行的，由存放或者接收罪犯档案的监狱收监执行。

第一百九十二条　撤销缓刑、撤销假释的裁定和收监执行的决定生效后，社区矫正对象下落不明的，应当认定为在逃。

被裁定撤销缓刑、撤销假释和被决定收监执行的社区矫正对象在逃的，由执行地县级公安机关负责追捕。撤销缓刑、撤销假释裁定书和对暂予监外执行罪犯收监执行决定书，可以作为公安机关追逃依据。

罪犯抓捕归案后，负责羁押罪犯的公安机关应当及时通知负责收监执行工作的有关单位和执行地社区矫正机构，按照本细则第一百九十一条的规定执行收监。

《江苏省社区矫正实施细则》

第八十条　依照《中华人民共和国刑事诉讼法》和《实施办法》第四十九条的规定，对暂予监外执行的社区矫正对象提请收监执行时，执行地县级社区矫正机构或者受委托的司法所填写《提请收监执行审核表》。执行地县级社区矫正机构经集体评议研究同意，制作《收监执行建议书》并附相关证据材料，提请执行地社区矫正决定机关决定。原社区矫正决定机关是本省的，可以向原社区矫正决定机关提出建议。

社区矫正机构收监执行建议书和决定机关的决定书，同时抄送执行地县级人民检察院。

暂予监外执行的社区矫正对象被决定收监执行的，公安机关或者监狱按照《社区矫正法》第四十九条、《实施办法》第五十条的规定将其收监执行。

第八十二条 暂予监外执行的社区矫正对象具有《中华人民共和国刑事诉讼法》第二百六十八条不计入刑期情形的，社区矫正机构在《收监执行建议书》中说明情况，并附相关材料。

人民法院决定暂予监外执行的，在决定收监执行时，应当确定不计入刑期的期间；监狱管理机关、公安机关决定暂予监外执行的，应当在审核后，及时通知监狱、看守所向所在地的中级人民法院提出不计入执行期限的建议书，人民法院应当自收到建议书之日起一个月内依法对罪犯的刑期重新计算作出裁定。人民法院应当将有关法律文书送达建议机关及罪犯本人，同时抄送同级人民检察院。

《宁夏回族自治区社区矫正实施细则》

第六十八条 暂予监外执行的社区矫正对象有下列情形之一的，由执行地县级社区矫正机构提出收监执行建议：

（一）不符合暂予监外执行条件的；

（二）未经社区矫正机构批准擅自离开居住的市、县，经警告拒不改正，或者拒不报告行踪，脱离监管的；

（三）因违反监督管理规定受到治安管理处罚，仍不改正的；

（四）受到社区矫正机构两次警告的；

（五）保外就医期间不按规定提交病情复查情况，经警告拒不改正的；

（六）暂予监外执行的情形消失后，刑期未满的；

（七）保证人丧失保证条件或者因不履行义务被取消保证人资格，不能在规定期限内提出新的保证人的；

（八）其他违反有关法律、行政法规和监督管理规定，情节严重的情形。

社区矫正机构一般向执行地社区矫正决定机关提出收监执行建议。如果原社区矫正决定机关与执行地县级社区矫正机构在同一省、自治区、直辖市的，可以向原社区矫正决定机关提出建议。

社区矫正机构的收监执行建议书和决定机关的决定书，应当同时抄送执行地县级人民检察院。

第六十九条 人民法院裁定撤销缓刑、撤销假释或者决定暂予监外执行收监执行的，由执行地县级公安机关本着就近、便利、安全的原则，送交社区矫正对象执行地所属的省、自治区、直辖市管辖范围内的看守所或者监狱执行刑罚。

公安机关决定暂予监外执行收监执行的，由执行地县级公安机关送交存放或者接收罪犯档案的看守所收监执行。

监狱管理机关决定暂予监外执行收监执行的，由存放或者接收罪犯档案的监狱收监执行。

《山东省社区矫正实施细则》

第九十三条 人民法院裁定撤销缓刑或者决定暂予监外执行收监执行的，剩余刑期不满三个月的，由执行地县级公安机关送交当地看守所执行；剩余刑期三个月以上的，由执行地县级公安机关或者看守所按照监狱收押罪犯范围送交监狱执行刑罚。

人民法院裁定撤销假释的，原则上由执行地县级公安机关送交罪犯原关押监狱执行刑罚。本省外人民法院裁定假释、在本省执行社区矫正的，由本省监狱管理机关就近指定监狱执行刑罚。

公安机关决定暂予监外执行收监执行的，由执行地县级公安机关送交存放或者接收罪犯档案的看守所执行刑罚。

监狱管理机关决定暂予监外执行收监执行的，由存放或者接收罪犯档案的监狱收监执行。当地公安机关和县级社区矫正机构应当予以配合。

第五十条　【追捕】

被裁定撤销缓刑、假释和被决定收监执行的社区矫正对象逃跑的，由公安机关追捕，社区矫正机构、有关单位和个人予以协助。

法条解读

本条主要规定了公安机关对社区矫正对象进行追捕的法定情形及社区矫正、有关单位和个人的协助义务。社区矫正期间脱逃的，属于脱管。社区矫正机构、有关单位和个人发现逃跑的社区矫正对象行踪线索的，应当及时报告，在公安机关实施抓捕时予以协助配合。

《社区矫正法实施办法》明确了社区矫正对象下落不明的情形属于在逃及负责追捕的具体机关。

大部分省市社区矫正实施细则都明确了在逃的含义及公安机关追逃的依据。例如，《北京市社区矫正实施细则》《江苏省社区矫正实施细则》明确了追捕的依据。《安徽省社区矫正工作实施细则》《甘肃省社区矫正实施细则》《广东省社区矫正实施细则》《山西省社区矫正实施细则》《上海市社区矫正实施细则》明确了在逃罪犯被抓获后，公安机关对其送往相应看守所或监狱的相关手续。《福建省社区矫正实施细则》明确了执行地县级公安机关组织追捕的相关文书。

相关规定

《社区矫正法实施办法》

第五十一条　撤销缓刑、撤销假释的裁定和收监执行的决定生效后，社区矫正对象下落不明的，应当认定为在逃。

被裁定撤销缓刑、撤销假释和被决定收监执行的社区矫正对象在逃的，由执行地县级公安机关负责追捕。撤销缓刑、撤销假释裁定书和对暂予监外执行罪犯收监执行决定书，可以作为公安机关追逃依据。

《安徽省社区矫正工作实施细则》

第六十六条　人民法院拟撤销缓刑、假释的，应当听取社区矫正对象的申辩及其委托律师的意见。社区矫正对象下落不明的，不影响撤销缓刑、假释案件的审理。被裁定撤销缓刑、假释和被决定收监执行的社区矫正对象在逃的，公安机关应当依据撤销缓刑、撤销假释裁定书和收监执行决定书，依法组织追捕。在逃罪犯抓获后，公安机关应当立即通知作出裁定、决定的人民法院及时开具执行通知书，同时凭撤销缓刑、假释裁定书、收监执行决定书在二十四小时内送所在地看守所临时羁押，并于七日内与收监执行的看守所或者监狱办理交接手续。

《北京市社区矫正实施细则》

第一百一十七条　撤销缓刑、撤销假释的裁定和收监执行的决定生效后，或者被决定逮捕后，社区矫正对象下落不明的，应当认定为在逃。

被裁定撤销缓刑、撤销假释和被决定收监执行，以及被决定逮捕的社区矫正对象在逃的，由执行地的区公安分局负责追捕。撤销缓刑、撤销假释裁定书和对暂予监外执行收监执行决定书，以及逮捕决定书，可以作为公安机关追逃依据。社区矫正机构应当将掌握的有关情况告知执行地的区公安分局。

《福建省社区矫正实施细则》

第五十一条 社区矫正对象被撤销缓刑、撤销假释的裁定和被收监执行的决定生效之日，县级社区矫正机构办理其社区矫正终止手续，制发《终止社区矫正通知书》，送达社区矫正决定机关、执行地县级人民检察院和公安机关。

社区矫正对象被撤销缓刑、假释或者决定收监执行在逃的，执行地县级社区矫正机构可以制发《追捕通知书》、附相关法律文书，通知执行地县级公安机关组织追捕。

《甘肃省社区矫正实施细则》

第九十八条 撤销缓刑、撤销假释的裁定和收监执行的决定生效后，社区矫正对象下落不明的，应当认定为在逃。

被裁定撤销缓刑、撤销假释和决定收监执行的社区矫正对象在逃的，公安机关应当依据撤销缓刑、撤销假释裁定书和暂予监外执行收监决定书，依法组织追捕。撤销缓刑、撤销假释裁定书和暂予监外执行收监决定书，可以作为公安机关追逃依据。

公安机关将在逃社区矫正对象抓捕后，应立即通知作出裁定、决定的人民法院及时开具执行通知书，同时凭撤销缓刑、假释裁定书、收监执行决定书在24小时内送所在地看守所临时羁押，并于三日内与收监执行的看守所或者监狱办理交接手续。

《广东省社区矫正实施细则》

第六十八条 撤销缓刑、撤销假释的裁定或者收监执行的决定生效后，社区矫正对象下落不明的，应当认定为在逃。

县级社区矫正机构发现被裁定撤销缓刑、撤销假释和被决定收监执行在逃的社区矫正对象，应当书面通知公安机关并通报同级人民检察院，由执行地县级公安机关负责追捕。对没有及时追捕成功的，执行地县级公安机关应定期组织清查追捕工作。撤销缓刑、撤销假释裁定书和暂予监外执行罪犯收监执行决定书，可以作为公安机关追逃依据。

抓获在逃罪犯后，公安机关应当立即通知作出裁定、决定的人民法院及时开具执行通知书，同时凭撤销缓刑、撤销假释裁定书、收监执行决定书在二十四小时内送所在地看守所临时羁押，并与收监执行的看守所或者监狱办理交接手续。

《广西壮族自治区社区矫正工作细则》

第一百二十二条 撤销缓刑、撤销假释的裁定和收监执行的决定生效后，社区矫正对象下落不明的，应当认定为在逃。

被裁定撤销缓刑、撤销假释和被决定收监执行的社区矫正对象在逃的，由执行地县（市、区）公安机关负责追捕。撤销缓刑、撤销假释裁定书和对暂予监外执行罪犯收监执行决定书，可以作为公安机关追逃依据。

《贵州省社区矫正工作实施细则（试行）》

第六十七条 撤销缓刑、撤销假释的裁定和收监执行的决定生效后，社区矫正对象下落不明的，应当认定为在逃。

被撤销缓刑、撤销假释和被决定收监执行的社区矫正对象在逃的，由执行地县级公安机关依据撤销缓刑、撤销假释的裁定书和暂予监外执行收监执行决定书，依法组织追捕。被撤销缓刑、撤销假释裁定书和对暂予监外执行罪犯收监执行决定书，可以作为公安机关追逃依据。

《河南省社区矫正工作细则》

第一百七十条 撤销缓刑、撤销假释的裁定和收监执行的决定生效后，社区矫正对象下落不明的，应当认定为在逃。

被裁定撤销缓刑、撤销假释和被决定收监执行的社区矫正对象在逃的，由执行地县级公安机关负责追捕。撤销缓刑、撤销假释裁定书和对暂予监外执行罪犯收监执行决定书，可以作为公安机关追逃依据。

《湖南省社区矫正实施细则》

第一百八十九条 社区矫正机构提请撤销缓刑、撤销假释建议时，社区矫正对象脱离监管经查找仍下落不明的，可以提请人民法院决定逮捕。公安机关根据逮捕决定书实施追捕。

《江苏省社区矫正实施细则》

第八十一条 被宣告缓刑、裁定假释的社区矫正对象无正当理由不按规定时间报到或者接受社区矫正期间脱离监管，超过一个月的，执行地县级社区矫正机构提请撤销缓刑、假释同时提请逮捕的，人民法院应当依法及时作出决定。被决定暂予监外执行的社区矫正对象脱离监管，执行地县级社区矫正机构提请收监执行的，人民法院、公安机关、监狱管理机关应当依法及时作出决定。

被决定逮捕、裁定撤销缓刑、撤销假释和被决定收监执行的社区矫正对象在逃的，执行地县级公安机关负责追捕。逮捕决定书、撤销缓刑、撤销假释裁定书和暂予监外执行罪犯收监执行决定书，作为公安机关追逃依据。

《江西省社区矫正工作实施细则》

第一百零一条 撤销缓刑、撤销假释的裁定和收监执行的决定生效后，社区矫正对象下落不明的，应当认定为在逃。

被裁定撤销缓刑、假释和被决定收监执行的社区矫正对象在逃的，由执行地县级公安机关负责追捕。撤销缓刑、撤销假释裁定书和对暂予监外执行罪犯收监执行决定书，可以作为公安机关追逃依据。

《辽宁省社区矫正实施细则》

第一百四十七条 撤销缓刑、撤销假释的裁定和收监执行的决定生效后，社区矫正对象下落不明的，应当认定为在逃。

被裁定撤销缓刑、撤销假释和被决定收监执行的社区矫正对象在逃的，由执行地县级公安机关负责追捕，社区矫正机构、有关单位和个人予以协助。执行地县级公安机关应当依据撤销缓刑、撤销假释裁定书和对暂予监外执行罪犯收监执行决定书实施追逃工作。

《宁夏回族自治区社区矫正实施细则》

第七十条 撤销缓刑、撤销假释的裁定和收监执行的决定生效后，社区矫正对象下落不明的，应当认定为在逃。

被裁定撤销缓刑、撤销假释和被决定收监执行的社区矫正对象在逃的，由执行地县级公安机关负责追捕。撤销缓刑、撤销假释裁定书和对暂予监外执行罪犯收监执行决定书，可以作为公安机关追逃依据。

《山东省社区矫正实施细则》

第九十四条 撤销缓刑、撤销假释的裁定和收监执行的决定生效后，罪犯下落不明的，应当认定为在逃。

被裁定撤销缓刑、撤销假释和被决定收监执行的罪犯在逃的，由执行地县级公安机关负责追捕。撤销缓刑、撤销假释裁定书和对暂予监外执行罪犯收监执行决定书，可以作为公安机关追逃依据。

《山西省社区矫正实施细则》

第五十四条 社区矫正对象因违法违规、脱离监管被社区矫正机构提请撤销缓刑、撤销假释、暂予监外执行收监执行的，人民法院、公安机关、监狱管理机关应当在法定期限内依法作出裁定、决定。

被裁定撤销缓刑、撤销假释和决定收监执行的社区矫正对象在逃的，执行地县级公安机关应当依法组织追逃。

执行地县级公安机关将在逃社区矫正对象抓获后，依据撤销缓刑、撤销假释裁定书和收监执行决定书，将社区矫正对象立即送至抓获地看守所羁押，至迟不得超过二十四小时。到达收监执行地后，立即送交当地看守所或者监狱并办理交接手续。

《上海市社区矫正实施细则》

第五十八条　社区矫正对象脱离监管，社区矫正机构提请收监执行的，人民法院、公安机关、监狱管理机关应当依法及时作出裁定、决定。

被裁定撤销缓刑、撤销假释和决定收监执行的社区矫正对象在逃的，公安机关应当依据撤销缓刑、撤销假释裁定书和暂予监外执行社区矫正对象收监执行决定书，依法组织追捕。

公安机关将在逃罪犯抓捕后，应立即通知作出裁定、决定的人民法院及时开具执行通知书，同时凭撤销缓刑、假释裁定书、收监执行决定书在24小时内送所在地看守所临时羁押，并于三日内与收监执行的看守所或者监狱办理交接手续。

《四川省社区矫正实施细则》

第一百七十五条　撤销缓刑、撤销假释的裁定和收监执行的决定生效后，社区矫正对象下落不明的，应当认定为在逃。

被裁定撤销缓刑、撤销假释和被决定收监执行的社区矫正对象在逃的，由执行地县级公安机关负责追捕。撤销缓刑、撤销假释裁定书和对暂予监外执行罪犯收监执行决定书，可以作为公安机关追逃依据。

罪犯抓捕归案后，公安机关应当及时通知社区矫正机构和负责收监执行工作的有关单位，按照本实施细则第一百七十四条的规定执行收监。

第五十一条　【社区矫正对象死亡的报告和通知】

社区矫正对象在社区矫正期间死亡的，其监护人、家庭成员应当及时向社区矫正机构报告。社区矫正机构应当及时通知社区矫正决定机关、所在地的人民检察院、公安机关。

法条解读

本条主要对社区矫正对象死亡后，监护人、家庭成员的报告义务及社区矫正机构向特定机关予以通知的义务进行了规定。上述人员的义务并不意味着社区矫正机构在了解、掌握社区矫正对象个人情况方面可以懈怠。监护人、家庭成员可能因为自己的疏忽、懈怠或者基于某种原因不敢向社区矫正机构报告社区矫正对象死亡的情况。社区矫正机构应当通过信息化核查、通信联络、实地查访等有关情况及时了解、掌握社区矫正对象的个人情况。

《社区矫正法实施办法》将本条细化为突发事件处置机制，并将相关程序进行了规定。

各省市社区矫正实施细则大都对社区矫正期间社区矫正对象死亡后，社区矫正机构对公安机关、人民检察院、监狱管理机关的通知义务。例如，《福建省社区矫正实施细则》《江苏省社区矫正实施细则》明确了县级社区矫正机构应当在获取相关医学死亡证明等材料的基础上，办理社区矫正终止手续。《甘肃省社区矫正实施细则》《江西省社区矫正工作实施细则》规定了突发事件处置机制及社区矫正机构与人民法院、人民检察院、公安机关等有关单位的会商制度。《河南省社区矫正工作细则》在构建社区矫正应急处置制度的基础上，详尽列举了社区矫正突发事件的六种具体情形及预先处置、现场处置、紧急处置与组织社区矫正对象开展较大规模的集体活动时的防范措施制度，并就突发事件的信息上报程序进行了细化规定。《山西省社区矫正实施细则》《四川省社区矫正实施细则》规定了社区矫正工作重大事项报告制度。

相关规定

《社区矫正法实施办法》

第五十二条 社区矫正机构应当建立突发事件处置机制，发现社区矫正对象非正常死亡、涉嫌实施犯罪、参与群体性事件的，应当立即与公安机关等有关部门协调联动、妥善处置，并将有关情况及时报告上一级社区矫正机构，同时通报执行地人民检察院。

《安徽省社区矫正工作实施细则》

第八十一条 社区矫正对象在社区矫正期间死亡的，县（市、区）社区矫正机构应当自收到死亡证明之日起五日内书面通知社区矫正决定机关，同时抄送执行地人民检察院、公安机关。监狱管理机关、公安机关决定暂予监外执行罪犯死亡的，县（市、区）社区矫正机构应当将有关死亡证明材料送达罪犯原服刑或者接收其档案的监狱、看守所。

《福建省社区矫正实施细则》

第五十二条 社区矫正对象监护人、保证人、家庭成员和其他人员报告社区矫正对象死亡的，县级社区矫正机构和受委托的司法所应当及时核实其身份；非正常死亡的，通知其死亡所在地县级公安机关查明死因。

对死亡的社区矫正对象，县级社区矫正机构应当及时收集其医疗机构出具的医学死亡证明或者公安机关出具的非正常死亡证明和殡葬机构出具的尸体火化证明等，办理其社区矫正终止手续，制发《终止社区矫正通知书》，送达社区矫正决定机关、执行地县级人民检察院和公安机关。其中对暂予监外执行的社区矫正对象应当在五日内制发《暂予监外执行的社区矫正对象死亡通知书》，通知社区矫正决定机关，并将有关死亡证明材料送达其原服刑或者接收档案的监狱或者看守所，同时抄送执行地人民检察院。

《甘肃省社区矫正实施细则》

第一百零四条第一款、第二款 执行地县（市、区）社区矫正机构应当与公安、检察等机关联合建立突发事件处置机制，发现社区矫正对象非正常死亡、实施犯罪、参与群体性事件的，立即协调联动、妥善处置，并将有关情况在二十四小时内报告上级司法行政机关和当地有关部门，并通报同级人民检察院。

社区矫正机构加强与人民法院、人民检察院、公安机关等有关单位的沟通协调，做好重点时段、重大活动期间或者遇有特殊情况的会商，有针对性地解决工作中遇到的实际问题。

《河南省社区矫正工作细则》

第一百九十条 在省社区矫正委员会统筹协调指导下，成立省、市、县三级社区矫正应急处置指挥部，领导、组织、指挥本辖区社区矫正突发事件的应急处置、调查和善后处理工作。

第一百九十一条 社区矫正突发事件的应急处置坚持预防为主、属地管理、依法处理的原则，在省社区矫正委员会的领导下，各级社区矫正应急处置指挥部应当建立健全社区矫正应急处置机制，制定应急处置预案，加强应急处置演练，提高应急处置能力。

第一百九十二条　社区矫正突发事件包括下列情形：

（一）社区矫正对象非正常死亡、实施犯罪、参与群体性事件；

（二）正在或可能发生行凶、闹事、纵火、抢劫、绑架等严重危及人身、财产安全暴力犯罪的；

（三）以要挟或制造重大社会影响为目的实施或准备实施自杀、自焚、自残等行为的；

（四）挟持人质或对其犯罪检举人、被害人、证人、司法工作人员、社区矫正机构工作人员、社会工作者或志愿者实施暴力行为的；

（五）严重扰乱公共秩序、妨碍公务以及其它违法犯罪活动；

（六）重大自然灾害等突发事件。

第一百九十三条　对可能发生的突发事件的预先处置：

县级社区矫正机构或受委托的司法所在工作中发现或了解到社区矫正对象有自杀、行凶、闹事、扬言报复他人及其他违法犯罪苗头或迹象时，应及时进行教育引导，化解矛盾，并联系公安派出所进行重点监控，防止突发事件发生。同时应将相关情况向县级社区矫正应急处置指挥部或者社区矫正委员会报告。

第一百九十四条　对正在发生的突发事件的现场处置：

县级社区矫正机构或受委托的司法所发现社区矫正对象正在实施违法犯罪活动、聚集闹事、自杀及参与非法群体性活动等，应当立即前往事发现场了解情况，予以制止。制止无效的，应当立即通知公安机关到场处置。公安机关应当及时发出指令，调集警力，对社区矫正对象依法采取强制性措施，控制现场局势，防止事态扩大。同时应将相关情况向县级社区矫正应急处置指挥部和社区矫正委员会报告。

县级社区矫正机构和受委托的司法所接到公安派出所有关社区矫正对象正在行凶、闹事、实施自杀、从事违法犯罪活动及非正常死亡的通知后，应立即到达现场了解情况，配合公安机关做好处置和查证工作，同时向县级社区矫正应急处置指挥部和社区矫正委员会报告。

第一百九十五条　发生重大自然灾害时的紧急处置：

在辖区内发生重大自然灾害、对社会秩序稳定造成严重影响的紧急情况下，县级社区矫正机构应当根据地方应急指挥部门的统一安排，做好社区矫正对象的管控和教育疏导工作，引导辖区内社区矫正对象听从应急指挥。

第一百九十六条　组织社区矫正对象开展较大规模的集体活动时的防范措施：

县级社区矫正机构、受委托的司法所组织开展大型集体活动时，要提前制定活动方案，拟定应急措施。司法所组织50人、县级社区矫正机构组织100人以上集体活动时报上一级社区矫正机构备案，必要时公安机关及时介入，确保活动安全、顺利进行。

第一百九十七条　突发事件的信息上报：

县级社区矫正机构、受委托的司法所面对突发事件，在及时采取处置措施的同时，应当第一时间报县级社区矫正应急处置指挥部；重大事件应当逐级上报。不能当即处置完毕或者处置有困难的，应当提出相应处置意见或者建议，立即向上级社区矫正应急处置指挥部报告。

省辖市社区矫正应急处置指挥部接到县（市、区）社区矫正突发事件报告后，应按照应急处置预案进行处置；不能自行处置的，应提出处置建议分别向同级社区矫正委员会和省社区矫正应急处置指挥部报告。

突发事件处置完毕后，县、市级社区矫正机构应于24小时内将详细情况报上一级社区矫正机构和同级社区矫正委员会；重大突发事件应当层报省级社区矫正机构，由省级社区矫正机构按照规定上报省司法厅或者省社区矫正委员会、司法部。

第一百九十八条 特别重大的突发事件或者省级社区矫正应急处置指挥部认为有必要的案事件，可以由省级社区矫正应急处置指挥部直接处置。

《江苏省社区矫正实施细则》

第八十六条 社区矫正对象监护人、保证人、家庭成员和其他人员报告社区矫正对象死亡的，执行地县级社区矫正机构和受委托的司法所及时核实；非正常死亡的，通知其死亡所在地县级公安机关查明死因。

对死亡的社区矫正对象，执行地县级社区矫正机构及时收集其医学死亡证明、尸体火化证明或者非正常死亡证明等，办理其社区矫正终止手续，制发《终止社区矫正通知书》，通知社区矫正决定机关，并抄送执行地同级人民检察院、公安机关及罪犯原服刑或者接收档案的看守所或者监狱。

《江西省社区矫正工作实施细则》

第六十九条 执行地县级社区矫正机构应当建立突发事件处置机制，发现社区矫正对象非正常死亡、涉嫌实施犯罪、参与群体性事件的，应当立即与公安机关等有关部门协调联动、妥善处置，并将有关情况及时报告上一级社区矫正机构，同时通报同级人民检察院。

《山东省社区矫正实施细则》

第一百零二条 社区矫正机构、司法所在社区矫正工作具体实施中，遇有下列重大事项之一的，应当及时报告主管的司法行政机关和上级社区矫正机构。

（一）社区矫正对象非正常死亡、涉嫌实施犯罪、参与群体性事件的；

（二）社区矫正对象出逃国（边）境的；

（三）社区矫正机构工作人员和司法所履行社区矫正工作职责的工作人员违纪违法、被立案查处的；

（四）社区矫正机构工作人员和司法所履行社区矫正工作职责的工作人员受到不法侵害的；

（五）其他需要报告的社区矫正工作重大事项。

《山西省社区矫正实施细则》

第六十五条 社区矫正对象死亡的，执行地县级社区矫正机构应当自收到死亡证明书或者其他有效死亡证明之日起五个工作日内书面通知社区矫正决定机关，同时抄送执行地县级人民检察院、公安机关。监狱管理机关、公安机关决定暂予监外执行的社区矫正对象死亡的，执行地县级社区矫正机构应将有关死亡证明材料送达其原服刑或者接收、存放其档案的监狱、看守所，同时抄送执行地县级人民检察院。

第七十二条 县级社区矫正机构、受委托的司法所在社区矫正具体实施中，遇有下列重大事项之一的，应当及时电话报告主管的司法行政机关和上级社区矫正机构，并在二十四小时内填写《社区矫正工作重大事项报告表》，按规定逐级上报。重大突发事件应当逐级上报至省级社区矫正机构，再由省级社区矫正机构视情况上报省司法厅、司法部。

（一）社区矫正对象非正常死亡、涉嫌实施犯罪、参与群体性事件的；

（二）社区矫正对象出逃国（边）境的；

（三）社区矫正机构工作人员（公务员）和受委托履行社区矫正工作职责的司法所公务员违纪违法、被立案查处的；

（四）社区矫正工作人员受到不法侵害的；

（五）其他需要报告的重大事项。

第七十三条　县级社区矫正机构应当与同级公安机关等有关部门建立协调联动机制，妥善处置社区矫正对象发生非正常死亡、涉嫌实施违法犯罪、参与群体性事件的应急预案。发生突发事件后，应当按照突发事件应急处置预案进行处置，并及时报告主管司法行政机关和上一级社区矫正机构，同时通报执行地同级人民检察院。

《四川省社区矫正实施细则》

第九十六条　社区矫正对象发生下列情形的，执行地县级社区矫正机构应当及时向上一级社区矫正机构报告，并书面通报同级人民检察院。

（一）发生社区矫正对象一人以上非正常死亡或者三人以上重伤，或者造成重大政治、社会影响的；

（二）假释、暂予监外执行的罪犯从离开监狱、看守所到执行地后十五日内发生死亡，且其亲属对死因提出异议的；

（三）社区矫正对象在矫正期间犯罪的，造成一人以上死亡，或者三人以上重伤，或者直接经济损失五十万元人民币以上，或者二人以上共同犯罪，或者犯罪造成重大政治、社会影响的；

（四）社区矫正对象参与群体性事件的；

（五）其他需要报告的情形。

第七章　未成年人社区矫正特别规定

第五十二条　【对未成年人社区矫正的一般要求】

社区矫正机构应当根据未成年社区矫正对象的年龄、心理特点、发育需要、成长经历、犯罪原因、家庭监护教育条件等情况，采取针对性的矫正措施。

社区矫正机构为未成年社区矫正对象确定矫正小组，应当吸收熟悉未成年人身心特点的人员参加。

对未成年人的社区矫正，应当与成年人分别进行。

法条解读

本条主要规定了未成年人社区矫正的一般性要求。本条分设三款。第一款规定了对未成年社区矫正对象采取针对性社区矫正措施需要考虑的因素。第二款规定了社区矫正小组成员的特殊要求。第三款规定了未成年人社区矫正与成年人社区矫正的区分原则。

《社区矫正法实施办法》对本法条进行了细化，明确社区矫正机构、司法所对未成年社区矫正对象的相关信息应当保密，并特别强调需要专业人员负责未成年人社区矫正工作，提高未成年人社区矫正工作的专业化水平。

各省市社区矫正实施细则大都对参与未成年人社区矫正的人员与成年社区矫正对象区分及教育矫正方法进行了细化。例如，《广东省社区矫正实施细则》要求未成年社区矫正对象档案应当专门保管，在解除（终止）矫正时，依法封存管理。《广西壮族自治区社区矫正工作细则》《江西省社区矫正工作实施细则》《四川省社区矫正实施细则》规定，对未成年社区矫正对象的考核奖惩和宣告不公开进行，考核奖惩、赦免等不公开张榜公布。对未成年社区矫正对象进行宣告或者处罚时，应通知其监护人到场。《贵州省社区矫正工作实施细则（试行）》规定，对未成年社区矫正对象开展教育学习、公益活动应与成年社区矫正对象分开进行，并就未成年社区矫正对象权益被侵害而予以救济的途径进行了明确。《湖南省社区矫正实施细则》对未成年社区矫正对象的针对性教育与相关单位的职责进行了细化。

相关规定

《社区矫正法实施办法》

第五十五条　社区矫正机构、受委托的司法所应当根据未成年社区矫正对象的年龄、心理特点、发育需要、成长经历、犯罪原因、家庭监护教育条件等情况，制定适应未成年人特点的矫正方案，采取有益于其身心健康发展、融入正常社会生活的矫正措施。

社区矫正机构、司法所对未成年社区矫正对象的相关信息应当保密。对未成年社区矫正对象的考核奖惩和宣告不公开进行。对未成年社区矫正对象进行宣告或者处罚时，应通知其监护人到场。

社区矫正机构、司法所应当选任熟悉未成年人身心特点，具有法律、教育、心理等专业知识的人员负责未成年人社区矫正工作，并通过加强培训、管理，提高专业化水平。

《安徽省社区矫正工作实施细则》

第七十七条　对未成年社区矫正对象

的监督管理、教育帮扶，应当采用未成年人易于接受的方式进行，加强未成年社区矫正对象思想、法治、道德教育和心理辅导，提供针对性就学就业等帮扶措施，促进未成年社区矫正对象顺利回归社会。

《广东省社区矫正实施细则》

第七十三条　对未成年人实施社区矫正，应当遵循教育、感化、挽救的方针，针对其年龄、心理特点和身心发育需要等特殊情况，制定具体监督管理措施，采取有益于其身心健康发展的方式，开展思想、法制、道德教育和心理辅导，为其就学、就业等提供帮助。

第七十四条　对未成年人宣告或者处罚时，应当通知其监护人到场，与监护人签订责任书，明确监护、抚养、管教等职责义务。对未成年社区矫正对象的考核奖惩和宣告不公开进行。社区矫正机构、受委托的司法所对未成年社区矫正对象的相关信息应当保密。

未成年社区矫正对象档案，应当专门保管，在解除（终止）矫正时，依法封存管理。

第七十五条　犯罪的时候不满十八周岁但在社区矫正期间年满十八周岁的社区矫正对象适用未成年社区矫正对象的相关规定。

《广西壮族自治区社区矫正工作细则》

第一百二十八条　社区矫正机构、受委托的司法所应当根据未成年社区矫正对象的年龄、心理特点、发育需要、成长经历、犯罪原因、家庭监护教育条件等情况，制定适应未成年人特点的矫正方案，采取有益于其身心健康发展、融入正常社会生活的矫正措施，有针对性地开展思想、法治、道德教育以及心理辅导。

社区矫正机构、受委托的司法所应当选任熟悉未成年人身心特点，具有法律、教育、心理等专业知识的人员负责未成年人社区矫正工作，并通过加强培训、管理，提高专业化水平。

第一百三十条　对未成年人的社区矫正，应当与成年人分别进行。对未成年社区矫正对象的考核奖惩和宣告不公开进行，考核奖惩、赦免等不公开张榜公布。对未成年社区矫正对象进行宣告或者处罚时，应通知其监护人到场。

社区矫正机构工作人员前往未成年社区矫正对象居住社区、就读学校或就业单位等进行调查评估、实地查访时，应当尽量减少或消除对未成年社区矫正对象正常就学就业的不利影响。

《贵州省社区矫正工作实施细则（试行）》

第六十八条　对未成年社区矫正对象进行分级管理时，应当遵循教育、感化、挽救的方针，管理措施应宽严适度；对其进行分别教育时，应结合未成年人的身心特点和需要，实行个别化矫正。

对未成年社区矫正对象开展教育学习、公益活动应与成年社区矫正对象分开进行。

第六十九条　社区矫正机构或受委托的司法所工作人员在工作中发现未成年社区矫正对象遭受或疑似遭受不法侵害以及面临不法侵害危险，且初步研判符合《关于建立侵害未成年人案件强制报告制度的意见（试行）》相关规定的，应当第一时间向公安机关报案或举报，并做好工作记录。

《河南省社区矫正工作细则》

第一百七十九条　社区矫正机构、受委托的司法所应当将未成年社区矫正对象列为特别关注对象，遵循教育、感化、挽救的方针，坚持教育为主、惩罚为辅，与成年人分别进行社区矫正。

第一百八十条　社区矫正机构、受委托的司法所应当根据未成年社区矫正对象的年龄、心理特点、发育需要、成长经历、犯罪原因、家庭监护教育条件等情况，制定适应未成年人特点的矫正方案，采取有益于其身心健康发展、融入正常社会生活的矫正措施，有针对性地开展思想、法治、道德教育以及心理辅导。

社区矫正机构、司法所应当选任熟悉未成年人身心特点，具有法律、教育、心理等专业知识的人员负责未成年人社区矫正工作，并通过加强培训、管理，提高专业化水平。

《湖南省社区矫正实施细则》

第二百零二条　对未成年社区矫正对象，应当遵循教育、感化、挽救的方针，以教育帮扶为主，与成年人分开进行社区矫正。

第二百零三条　执行地县级社区矫正机构、受委托的司法所应当根据未成年社区矫正对象的年龄、心理特点、发育需要、成长经历、犯罪原因、家庭监护教育条件等情况，制定适应未成年人特点的矫正方案，采取有益于其身心健康发展、融入正常社会生活的矫正措施，有针对性地开展思想、法治、道德教育以及心理辅导。

社区矫正机构、受委托的司法所应当选任熟悉未成年人身心特点，具有法律、教育、心理等专业知识的人员负责未成年人社区矫正工作，并通过加强培训、管理，提高专业化水平。

第二百零四条　社区矫正机构、受委托的司法所对未成年社区矫正对象的相关信息应当保密。对未成年社区矫正对象的入矫解矫宣告不公开进行，考核奖惩、特赦等事项不予公示。对未成年社区矫正对象进行宣告或者处罚时，应通知其监护人到场。

第二百零五条　社区矫正机构工作人员前往未成年社区矫正对象居住社区、就读学校或就业单位等进行调查评估、实地查访时，应当尽量减少或消除对未成年社区矫正对象正常就学就业的不利影响。

第二百零六条　未成年社区矫正对象没有完成义务教育的或者有就业需要的，社区矫正机构应当协调有关部门帮助其完成国家法定的义务教育，提供就业指导或者技能培训。

第二百零七条　执行地县级社区矫正机构或者受委托的司法所组织教育学习、公益活动时，未成年与成年社区矫正对象分开进行。

《江西省社区矫正工作实施细则》

第四十六条第三款、第四款、第五款、第六款　执行地县级社区矫正机构、社区矫正日常机构以及矫正小组成员对未成年社区矫正对象的相关信息应当保密。对未成年社区矫正对象的考核奖惩和宣告不公开进行。对未成年社区矫正对象进行宣告或者处罚时，应当通知其监护人到场。

未成年社区矫正对象依法送交专门学校接受矫治教育的，执行地县级社区矫正机构应当定期与专门学校联系，掌握有关情况。

执行地县级社区矫正机构、社区矫正日常机构应当选任熟悉未成年人身心特点，具有法律、教育、心理等专业知识的人员负责未成年人社区矫正工作，并通过加强培训、管理，提高专业化水平。

未成年社区矫正对象在社区矫正期间年满十八周岁的，继续按照未成年人社区矫正有关规定执行。

《辽宁省社区矫正实施细则》

第一百五十五条　社区矫正机构、司法所应当将未成年社区矫正对象列为特别关注对象，遵循教育、感化、挽救的方针，坚持教育为主、惩罚为辅，与成年人分别进行社区矫正。

第一百五十六条 社区矫正机构、司法所应当根据未成年社区矫正对象的年龄、心理特点、发育需要、成长经历、犯罪原因、家庭监护教育条件等情况，制定适应未成年人特点的矫正方案，采取有益于其身心健康发展、融入正常社会生活的矫正措施，有针对性地开展思想、法治、道德教育以及心理辅导。

社区矫正机构、司法所应当选任熟悉未成年人身心特点，具有法律、教育、心理等专业知识的人员负责未成年人社区矫正工作，并通过加强培训、管理，提高专业化水平。

第一百六十一条 社区矫正机构或者司法所组织教育学习、公益活动时，未成年社区矫正对象应当与成年社区矫正对象分开进行。

《山西省社区矫正实施细则》

第六十六条 对未成年人社区矫正对象应当遵循教育、感化、挽救的方针，制定适应未成年人特点的矫正方案，有针对性地开展思想、法治、道德教育及心理辅导，与成年人分别进行社区矫正。

《四川省社区矫正实施细则》

第一百八十五条 对未成年社区矫正对象，应当遵循教育、感化、挽救的方针，坚持教育为主、惩罚为辅，与成年人分开进行社区矫正。

第一百八十六条 执行地县级社区矫正机构或受委托的司法 所应当根据未成年社区矫正对象的年龄、心理特点、发育需要、成长经历、犯罪原因、家庭监护教育条件等情况，制定适应未成 年人特点的矫正方案，采取有益于其身心健康发展、融入正常社 会生活的矫正措施，有针对性地开展思想、法治、道德教育以及心理辅导。

执行地县级社区矫正机构或受委托的司法所应当选任熟悉未 成年人身心特点，具有法律、教育、心理等专业知识的人员负责 未成年人社区矫正工作（其中应当有女性工作人员），并通过加强培训、管理，提高专业化水平。

第一百八十七条 执行地县级社区矫正机构或受委托的司法 所对未成年社区矫正对象的考核奖惩和宣告不公开进行，考核奖 惩、特赦实施等不张榜公布。对未成年社区矫正对象进行宣告或者奖惩时，应当通知其监护人到场。

第一百八十八条 执行地县级社区矫正机构或受委托的司法 所工作人员前往未成年社区矫正对象居住的社区、就读学校或就 业单位等进行调查评估、实地查访时，应当尽量减少或消除对未成年社区矫正对象正常就学就业的不利影响。

第一百八十九条 对未完成义务教育的未成年社区矫正对象，社区矫正机构应当通知并配合教育部门为其完成义务教育提 供条件。未成年社区矫正对象的监护人应当依法保证其按时入学接受并完成义务教育。

年满十六周岁的社区矫正对象有就业意愿的，社区矫正机构可以协调有关部门和单位为其提供职业技能培训，给予就业指导和帮助。

第一百九十条 执行地县级社区矫正机构或受委托的司法所组织教育学习、公益活动时，未成年社区矫正对象应当与成年社区矫正对象分开进行。

《浙江省社区矫正教育帮扶办法》

第三十九条 社区矫正机构、司法所应当根据未成年社区矫正对象的年龄、心理特点、发育需要、成长经历、犯罪原因、家庭监护教育条件等情况，采取针对性的教育帮扶措施，帮助其健康成长、顺利融入社会。

第四十条 社区矫正机构、司法所对未成年社区矫正对象组织开展教育学习、心理矫正、个案矫正、公益活动、社会适应性帮扶、改善社会关系等活动，应当与成年对象分开实施，以个案化、个性化活动为主，并建立工作专档。

第五十三条 【监护人责任】

未成年社区矫正对象的监护人应当履行监护责任，承担抚养、管教等义务。

监护人怠于履行监护职责的，社区矫正机构应当督促、教育其履行监护责任。监护人拒不履行监护职责的，通知有关部门依法作出处理。

法条解读

本条主要对监护人的责任进行了规定。本条分设两款。第一款规定了监护人的抚养、管教义务。该款中的监护人包括父母，祖父母，外祖父母，兄，姐，经未成年社区矫正对象的父母所在单位或者未成年社区矫正对象住所地的居民委员会、村民委员会同意的关系密切、愿意承担监护责任的亲属、朋友。如果没有上述监护人，则由未成年社区矫正对象的父、母的所在单位或者未成年社区矫正对象住所地的居民委员会、村民委员会或者民政部门担任监护人。本条第二款规定了监护人两种不履行监护职责情形的责任。第一种是监护人怠于履行监护职责。社区矫正机构应当对其进行教育批评，督促其积极履行监护职责。第二种是监护人明确拒绝履行监护职责，有关部门根据相关法律对其予以处置。根据《未成年人保护法》第一百一十四条规定，发现有关单位未尽到未成年人教育、管理、救助、看护等保护职责的，社区矫正机构应当向该单位提出建议。

《社区矫正法实施办法》未对本条予以细化。

大部分省市社区矫正实施细则对监护人不履行职责所造成的责任进行了明确。例如，《河南省社区矫正工作细则》《辽宁省社区矫正实施细则》规定监护人拒绝履行监护责任或者经社区矫正机构督促教育仍然不履行监护责任的，通知其所在单位、基层群众自治组织或者公安机关依法处理，直至申请人民法院依法撤销其监护人资格。

相关规定

《河南省社区矫正工作细则》

第一百八十五条 未成年社区矫正对象的监护人应当对其人身、财产及其它合法权益进行监督和保护，履行抚养、管教、监护责任。

未成年社区矫正对象的监护人怠于履行监护责任，社区矫正机构应当进行批评教育，纠正其错误行为，督促其履行监护责任。

监护人拒绝履行监护责任或者经社区矫正机构督促教育仍然不履行监护责任的，通知其所在单位、基层群众自治组织或者公安机关依法处理，直至申请人民法院依法撤销其监护人资格。

《湖南省社区矫正实施细则》

第二百零八条 未成年社区矫正对象的监护人应当对其人身、财产及其他合法权益进行监督和保护，履行抚养、管教、监护责任。

未成年社区矫正对象的监护人怠于履行监护责任的，执行地县级社区矫正机构应当对其进行批评教育，督促其履行监护责任。

监护人拒绝履行监护责任或者经社区矫正机构督促教育仍然不履行监护责任的，由执行地县级社区矫正机构通知其所在单位、基层群众自治组织或者公安机关依法处理。情节严重的，可以通知相关部门提请人民法院依法撤销其监护人资格。

《辽宁省社区矫正实施细则》

第一百六十二条　未成年社区矫正对象的监护人应当对其人身、财产及其它合法权益进行监督和保护，履行抚养、管教、监护责任。

未成年社区矫正对象的监护人怠于履行监护责任，社区矫正机构应当进行批评教育，纠正其错误行为，督促其履行监护责任。

监护人拒绝履行监护责任或者经社区矫正机构督促教育仍然不履行监护责任的，社区矫正机构可以通知有关部门作出处理，直至申请人民法院依法撤销其监护人资格。

《山西省社区矫正实施细则》

第六十八条　社区矫正机构、受委托的司法所应当督促未成年社区矫正对象的监护人认真履行抚养、管教、监护责任。监护人拒绝履行监护责任的，可通知其所在单位、村（居）民委员会、公安机关依法处理，或者商有关人员、单位申请人民法院撤销其监护人资格。

《四川省社区矫正实施细则》

第一百九十一条　未成年社区矫正对象的监护人应当对其人身、财产及其他合法权益进行监督和保护，履行监护责任。

未成年社区矫正对象的监护人拒绝、怠于履行监护责任的，执行地县级社区矫正机构或受委托的司法所应当进行批评教育、劝诫制止，并可以责令其接受家庭教育指导。

经教育，监护人仍拒不履行监护职责的，执行地县级社区矫正机构或者受委托的司法所通知其所在单位、村（居）委会等相关部门依法处理；发现未成年社区矫正对象父母或其他监护人不依法履行职责或者严重侵犯被监护的未成年社区矫正对象合法权益的，可以通知相关部门提请人民法院依法撤销其监护人资格。

《浙江省社区矫正教育帮扶办法》

第四十一条　社区矫正机构、司法所应当督促、教育未成年社区矫正对象的监护人履行监护责任、承担抚养、管教义务。监护人拒不履行监护职责的，应当通知有关部门依法处理。

第五十四条　【信息保密】

社区矫正机构工作人员和其他依法参与社区矫正工作的人员对履行职责过程中获得的未成年人身份信息应当予以保密。

除司法机关办案需要或者有关单位根据国家规定查询外，未成年社区矫正对象的档案信息不得提供给任何单位或者个人。依法进行查询的单位，应当对获得的信息予以保密。

法条解读

本条主要规定了对未成年人身份信息的保密及例外查询情形。本条分设两款。本条第一款规定了未成年社区矫正对象身份信息的保密情形。根据《未成年人保护法》第一百零三条规定，未成年人身份信息是指未成年人的姓名、住所、影像、就读学校等可能推断出该未成年人的资料。社区矫正机构工作人员和其他依法参与社区矫正工作的人员，在履行监督管理、教育帮扶等职责过程中所获得的未成年社区矫正对象上述资料均应予以保密，不得向新闻媒体、网络公司、影视机构、出版机构等提供。① 第二款规定了对未成年社区矫正对象档案信息的保密制度。根据《刑事诉讼法》第二百八十六条的规定，对于符合犯罪记录封存条件的，应当对犯罪记录进行封存。有关单位只能根据国家规定进行查询，个人不能进行查询。相关司法解释对“国家规定”情形进行了明确。

《社区矫正法实施办法》未对本条予以细化。

地方实施细则细化了未成年社区矫正对象信息保密措施。例如，《广西壮族自治区社区矫正工作细则》规定，对于司法机关办案需要或者有关单位根据国家规定依法查询未成年人个人信息的，需要遵守特定的程序。《河南省社区矫正工作细则》《湖南省社区矫正实施细则》《四川省社区矫正实施细则》还要求因居住地变更等法定事由发生未成年社区矫正对象档案移交时，应当采取保密措施，防止在流转过程中发生泄密。《贵州省社区矫正工作实施细则（试行）》明确了具体保密要求，并要求未成年社区矫正对象解矫后，档案应当贴条封存。《河南省社区矫正工作细则》《湖南省社区矫正实施细则》《辽宁省社区矫正实施细则》《四川省社区矫正实施细则》明确了未成年人的姓名、住所、照片、图像等身份信息应当予以保密。上述细则还就保密平台与保密程序等进行了较为细致的规定。

相关规定

《广西壮族自治区社区矫正工作细则》

第一百二十九条　社区矫正机构、受委托的司法所对未成年社区矫正对象的相关信息应当保密。

除法律规定的情形外，社区矫正机构或受委托的司法所不得向任何单位和个人提供、查阅、摘抄或者复制未成年犯罪材料，不得泄露档案信息内容。对于司法机关办案需要或者有关单位根据国家规定依法查询的，应当出示公函及身份证明，经县（市、区）社区矫正机构审核，并经同级司法行政机关批准，实行留存查询制度，依法进行查询的部门应当对获得的档案信息予以保密，经查询获取的信息只能用于特定事项、特定范围。

因居住地变更等法定事由发生未成年社区矫正对象档案移交时，应当采取保密措施，防止在流转过程中发生泄密。

《贵州省社区矫正工作实施细则（试行）》

第七十条　对未成年社区矫正对象实施社区矫正形成的各类材料档案应当保密，应由专人负责装订，单独存放。除司法机关因办案需要、或相关单位根据国家法律法规依法查询、或直接管理人员查看外，不得向任何单位和个人提供未成年社区矫正对象的法律文书、矫正记录等信息。未成年社区矫正对象解矫后，档案应当贴条封存。

《河南省社区矫正工作细则》

第一百八十一条　社区矫正机构、司法所对未成年社区矫正对象的相关信息应当保密。对未成年社区矫正对象的考核奖惩和宣告不公开进行，考核奖惩、赦免等不公开

① 王爱立，姜爱东主编：《中华人民共和国社区矫正法释义》，中国民主法制出版社 2020 年版，第 262 页。

张榜公布。对未成年社区矫正对象进行宣告或者处罚时，应通知其监护人到场。

第一百八十二条 社区矫正机构工作人员前往未成年社区矫正对象居住社区、就读学校或就业单位等进行调查评估、实地查访时，应当尽量减少或消除对未成年社区矫正对象正常就学就业的不利影响。

第一百八十六条 社区矫正机构工作人员和其他依法参与社区矫正工作的人员在履行职责过程中获得的未成年人的姓名、住所、照片、图像等身份信息应当予以保密，不得向新闻媒体、网络公司、影视机构、出版机构等提供。

第一百八十七条 未成年社区矫正对象的矫正档案应当保密，单独存放并予以封存。社区矫正机构可以设置专门的未成年社区矫正档案室，并配备专用电脑和网络平台，实施分类管理和存放。除法律规定的例外情形外，社区矫正机构或受委托的司法所不得向任何单位和个人提供，不得允许其他人员查阅、摘抄或者复制未成年犯罪材料，不得泄露档案信息内容。

对于司法机关办案需要或者有关单位根据国家规定依法查询的，应当出示公函及身份证明，经县级社区矫正机构审核，并经同级司法行政机关批准，实行留存查询制度。依法进行查询的部门应当对获得的档案信息予以保密，其经查询获取的信息只能用于特定事项、特定范围。

通过信息化管理系统进行档案管理的，应当在管理平台进行严格的信息查看等级设置。

第一百八十八条 因居住地变更等法定事由发生未成年社区矫正对象档案移交时，应当采取保密措施，防止在流转过程中发生失泄密问题。

《湖南省社区矫正实施细则》

第二百零九条 社区矫正机构工作人员和其他依法参与社区矫正工作的人员在履行职责过程中获得的未成年人的姓名、住所、照片、图像等身份信息应当予以保密。

第二百一十条 未成年社区矫正对象的矫正档案应当保密。执行地县级社区矫正机构、受委托的司法所可以设置专门的未成年社区矫正档案柜，实施分类管理和存放。除司法机关办案需要或者有关单位根据国家规定查询外，社区矫正机构或者受委托的司法所不得向任何单位和个人提供未成年社区矫正对象档案信息，不得允许其他人员查阅、摘抄或者复制未成年犯罪材料，不得泄露档案信息内容。

司法机关因办案需要或者有关单位根据国家规定依法查询的，应当出示公函及身份证明，由县级社区矫正机构审核同意，实行留存查询制度。依法进行查询的部门应当对获得的档案信息予以保密，其经查询获取的信息只能用于特定事项、特定范围。

第二百一十一条 因执行地变更等法定事由进行未成年社区矫正对象档案移交时，应当采取保密措施，防止在流转过程中发生失泄密问题。

《辽宁省社区矫正实施细则》

第一百五十七条 社区矫正机构、司法所对未成年社区矫正对象的相关信息应当保密。对未成年社区矫正对象的考核奖惩和宣告不公开进行，考核奖惩、赦免等不公布。对未成年社区矫正对象进行宣告或者处罚时，应通知其监护人到场。

第一百五十八条 社区矫正机构工作人员前往未成年社区矫正对象居住社区、就读学校或就业单位等进行调查评估、实地查访时，应当尽量减少或消除对未成年社区矫正对象正常就学就业的不利影响。

第一百六十三条 社区矫正机构工作

人员和其他依法参与社区矫正工作的人员在履行职责过程中获得的未成年人的姓名、住所、照片、图像等身份信息应当予以保密，不得向新闻媒体、网络公司、影视机构、出版机构等提供。

第一百六十四条　未成年社区矫正对象的矫正档案应当保密，单独存放并予以封存。除法律规定的例外情形，社区矫正机构或者司法所不得向任何单位和个人提供，不得允许其他人员查阅、摘抄或者复制未成年犯罪材料，不得泄露档案信息内容。

对于司法机关办案需要或者有关单位根据国家规定依法查询的，应当出示公函及身份证明，经县级社区矫正机构审核，并经同级司法行政机关批准，实行留存查询制度。依法进行查询的部门应当对获得的档案信息予以保密，其经查询获取的信息只能用于特定事项、特定范围。

《山西省社区矫正实施细则》

第六十七条　社区矫正机构、受委托的司法所以及相关工作人员对未成年社区矫正对象的相关信息应当保密，在组织开展调查评估、入矫宣告、实地查访、考核奖惩、赦免及档案移交等工作时不公开进行，或者尽量减少和消除对其正常就学就业的不利影响。

《四川省社区矫正实施细则》

第一百九十二条　社区矫正机构工作人员和其他依法参与社区矫正工作的人员在履行职责过程中获得的未成年人的姓名、住所、照片、图像等身份信息应当予以保密。

第一百九十三条　符合未成年人犯罪记录封存条件的，执行地县级社区矫正机构应当在未成年社区矫正对象解除或者终止矫正的三日内将社区矫正档案予以封存并单独存放，非经法定事由不予解除封存。对于电子信息系统中需要封存的未成年人犯罪记录数据，应当加设封存标记，未经法定查询程序，不得进行信息查询、共享及复用。封存的未成年人犯罪记录数据不得向外部平台提供或对接。

因执行地变更等法定事由发生未成年社区矫正对象档案移交时，应当采取保密措施，防止在流转过程中发生失泄密问题。

《浙江省社区矫正教育帮扶办法》

第四十二条　社区矫正机构、司法所和其他依法参与未成年社区矫正对象教育帮扶工作的人员，对履行职责过程中获得的对象身份信息应当予以保密。

第五十五条　【就学就业】

对未完成义务教育的未成年社区矫正对象，社区矫正机构应当通知并配合教育部门为其完成义务教育提供条件。未成年社区矫正对象的监护人应当依法保证其按时入学接受并完成义务教育。

年满十六周岁的社区矫正对象有就业意愿的，社区矫正机构可以协调有关部门和单位为其提供职业技能培训，给予就业指导和帮助。

法条解读

本条主要对未成年社区矫正对象的就学就业予以规定。本条分设两款。本条第一款规定了社区矫正机构、教育部门及监护人对未成年社区矫正对象教育的责任。社区矫正机构负有通知并协助教育部门的责任。教育行政部门有权对不依法履行教育责任的单位和个人进行批评教育、责令限期改正或依法给予处罚。根据《义务教育法》第五条和《未成年人保护法》第八十三条规定，未成年人监护人，应当保证未成年人按时入学并完成义务教育，不得使未成年人放弃义务教育。本条第二款规定了社区矫正机构负有协助年满十六周岁具有就业意向的社区矫正对象提供就业指导和帮助的责任。

《社区矫正法实施办法》未对本条予以细化。

大部分省市社区矫正实施细则未对本条予以细化。个别省市社区矫正实施细则对其进行了重申式规定。

相关规定

《辽宁省社区矫正实施细则》

第一百六十条 未成年社区矫正对象没有完成义务教育的或有就业需要的，社区矫正机构应当协调教育、人力资源和社会保障等部门帮助其完成国家法定的义务教育，提供就业指导或技能培训。

《山西省社区矫正实施细则》

第六十九条 未成年社区矫正对象没有完成义务教育或者有就业需要的，社区矫正机构应当协调教育等有关部门帮助其完成国家法定的义务教育，提供就业指导或者技能培训。社区矫正对象跨地区就学的，就读学校所在地县级社区矫正机构应当协助进行监督管理。

《浙江省社区矫正教育帮扶办法》

第四十三条 对未完成义务教育的未成年社区矫正对象，社区矫正机构应当通知并配合教育部门为其完成义务教育提供条件，督促、教育监护人保证其按时入学并完成义务教育。

第四十四条 年满十六周岁的社区矫正对象有就业意愿的，社区矫正机构可以协调有关部门和单位为其提供职业技能培训，给予就业指导和帮助。

文书范本

保证人资格审查表①

<table>
<tr><td rowspan="9">保证人基本情况</td><td>姓名</td><td></td><td>性别</td><td></td><td>年龄</td><td></td><td>身份证号码</td><td></td></tr>
<tr><td>职业</td><td colspan="3"></td><td>工作单位</td><td colspan="3"></td></tr>
<tr><td rowspan="2">家庭住址</td><td colspan="3" rowspan="2"></td><td>联系电话</td><td colspan="3"></td></tr>
<tr><td>联系电话</td><td colspan="3"></td></tr>
<tr><td>与被保证人关系</td><td colspan="3"></td><td>收入情况</td><td colspan="3"></td></tr>
<tr><td>是否具有完全民事行为能力</td><td colspan="7"></td></tr>
<tr><td>是否愿意承担保证人义务</td><td colspan="7"></td></tr>
<tr><td>人身自由是否受到限制</td><td colspan="7"></td></tr>
<tr><td>是否能够与被保证人共同居住或居住在同一市、县</td><td colspan="7"></td></tr>
<tr><td>司法所意见</td><td colspan="8">（公章）
年 月 日</td></tr>
</table>

① 来自《关于进一步规范社区矫正执法文书格式的通知》。

续表

县级社区矫正机构意见	（社区矫正机构印章） 年 月 日
备注	

说明：

1. 本文书根据《宁夏回族自治区社区矫正实施细则》第二十一、六十八条规定制作。

2. 本文书用于审查确定在执行地没有共同生活的家庭成员或者监护人的社区矫正对象以及保外就医社区矫正对象保证人时使用。

3. 保证人身份证复印件以及保证书应当附在本文书后。

暂予监外执行社区矫正对象保证人变更通知①

（ ）宁 矫保变通字第 号

________监狱（看守所）：

社区矫正对象________，性别____，身份证号码________，居住地________，户籍地________。因犯________罪于____年____月____日被人民法院判处________。依据（人民法院/公安局/监狱管理局）________号判决书（决定书），暂予监外执行期间，被依法实行社区矫正。社区矫正期限自____年____月____日起至____年____月____日止。

因________原因，原保证人________变更为现保证人________，性别____，身份证号码________，居住地________，与被保证人为________关系，联系电话________。

特此通知。

（社区矫正机构印章）
年 月 日

说明：

1. 本文书根据《宁夏回族自治区社区矫正实施细则》第二十一、六十八条规定制作。

2. 本文书用于通知保外就医的社区矫正对象原服刑或者接收其档案的监狱、看守所保证人变更时使用。

3. 文书字号由年度、社区矫正机构代字、类型代字、文书编号组成，使用阿拉伯数字，例“（2021）宁××矫保变通字第1号”。

4. 本文书一式两份，执行地县级社区矫正机构存档一份，送监狱或者看守所一份。委托司法所进行管理的，可复印一份。

① 来自《关于进一步规范社区矫正执法文书格式的通知》。

第五十六条[②]　**【相关组织责任】**

共产主义青年团、妇女联合会、未成年人保护组织应当依法协助社区矫正机构做好未成年人社区矫正工作。

国家鼓励其他未成年人相关社会组织参与未成年人社区矫正工作，依法给予政策支持。

法条解读

本条主要对社会相关组织在未成年人社区矫正中的协助职责进行了规定。本条分设两款。本条第一款规定了共青团、妇联、未成年人保护组织协助社区矫正机构开展社区矫正工作的义务。本条第二款规定了国家对未成年人相关社会组织参与未成年人社区矫正工作的鼓励态度与政策支持。

《社区矫正法实施办法》未对本条予以细化。

绝大部分省市社区矫正实施细则未对本法条予以细化，个别省市社区矫正实施细则对其进行了重申式规定。

相关规定

《辽宁省社区矫正实施细则》

第一百五十九条　社区矫正机构要积极联合司法机关、共产主义青年团、妇女联合会、未成年人保护组织做好未成年人社区矫正工作。鼓励其他未成年人相关社会组织参与未成年人社区矫正工作，依法给予政策支持。

《浙江省社区矫正教育帮扶办法》

第四十五条　社区矫正机构应当加强与共青团、妇联、未成年人保护组织和其他未成年相关社会组织的沟通协调，推动落实相关政策支持，共同做好未成年社区矫正对象教育帮扶工作。

第五十七条[①]　**【禁止歧视】**

未成年社区矫正对象在复学、升学、就业等方面依法享有与其他未成年人同等的权利，任何单位和个人不得歧视。有歧视行为的，应当由教育、人力资源和社会保障等部门依法作出处理。

法条解读

本条主要是针对未成年社区矫正对象在复学、升学及就业等方面禁止歧视的规定。

《社区矫正法实施办法》未对本条予以细化。绝大部分省市社区矫正实施细则未对本条予以细化。

《浙江省社区矫正教育帮扶办法》规定，有歧视行为的，社区矫正机构应当及时通知教育、人力社保等部门依法作出处理。寒暑假期间，社区矫正机构、司法所可以根据需要对其开展有针对性的教育帮扶活动。

相关规定

《浙江省社区矫正教育帮扶办法》

第四十六条　未成年社区矫正对象在复学、升学、就业等方面依法享有与其他

---

① 相关法律、法规落实，例如，(1) 2015年《就业促进法》；(2) 2017年《志愿服务条例》。

② 相关法律落实，例如，(1) 2018年修正《义务教育法》；(2) 2018年修正《高等教育法》；(3) 2018年修正《劳动法》。

未成年人同等的权利，任何单位和个人不得歧视。有歧视行为的，社区矫正机构应当及时通知教育、人力社保等部门依法作出处理。

第四十七条 未成年社区矫正对象在校学习期间，社区矫正机构可以根据需要会同教育部门和所在学校对其开展教育帮扶活动。寒暑假期间，社区矫正机构、司法所可以根据需要对其开展针对性教育帮扶活动。

第五十八条 【矫正期间成年后的执行】

未成年社区矫正对象在社区矫正期间年满十八周岁的，继续按照未成年人社区矫正有关规定执行。

法条解读

本条主要对矫正期间社区矫正对象成年后如何继续执行社区矫正的问题进行了规定。根据本条规定，未成年社区矫正对象是指犯罪时未满十八周岁的人。

《社区矫正法实施办法》未对本法条作出规定。

绝大部分省市社区矫正实施细则未对本法条予以细化规定，个别省市社区矫正实施细则只作了重申式规定。

相关规定

《河南省社区矫正工作细则》

第一百八十九条 犯罪的时候不满十八周岁但在社区矫正期间年满十八周岁的社区矫正对象适用未成年社区矫正对象的相关规定。

《湖南省社区矫正实施细则》

第二百一十二条 犯罪的时候不满十八周岁但在社区矫正期间年满十八周岁的社区矫正对象，适用未成年人社区矫正的相关规定。

《辽宁省社区矫正实施细则》

第一百六十五条 犯罪时不满十八周岁但在社区矫正期间年满十八周岁的社区矫正对象，适用未成年社区矫正对象的相关规定。

《四川省社区矫正实施细则》

第一百九十四条 犯罪的时候不满十八周岁但在社区矫正期间年满十八周岁的社区矫正对象适用未成年社区矫正对象的相关规定。

《浙江省社区矫正教育帮扶办法》

第四十八条 未成年社区矫正对象在社区矫正期间年满十八周岁的，继续按照未成年人社区矫正有关规定执行。

第八章 法律责任

第五十九条 【社区矫正对象违反监督管理规定的法律责任】

社区矫正对象在社区矫正期间有违反监督管理规定行为的，由公安机关依照《中华人民共和国治安管理处罚法》的规定给予处罚；具有撤销缓刑、假释或者暂予监外执行收监情形的，应当依法作出处理。

法条解读

本条主要对社区矫正对象违反相关规定之后应该承担的法律责任进行了规定。本法第二十八条对社区矫正对象的奖惩进行了规定，该条中的惩罚与本条中的法律责任并不完全相同。其中，本法第二十八条中的警告、训诫不属于法律责任。只有给予治安管理处罚、撤销缓刑、撤销假释、对暂予监外执行予以收监才属于本条中的法律责任。

《社区矫正法实施办法》未对本法条予以细化。

各省市社区矫正实施细则也未对本法条予以细化。

第六十条 【社区矫正对象报复等违法行为的法律责任】

社区矫正对象殴打、威胁、侮辱、骚扰、报复社区矫正机构工作人员和其他依法参与社区矫正工作的人员及其近亲属，构成犯罪的，依法追究刑事责任；尚不构成犯罪的，由公安机关依法给予治安管理处罚。

法条解读

本条主要对社区矫正对象存在报复等违法行为的法律责任进行了规定。

《社区矫正法实施办法》未对本法条予以规定。

绝大部分省市社区矫正实施细则未对本条予以明确，个别省市社区矫正实施细则对具体的违法行为及追究相应责任的程序进行了规定。

相关规定

《贵州省社区矫正工作实施细则（试行）》

第七十五条 对任何干涉社区矫正工作人员执法的行为，社区矫正工作人员有权拒绝，并按照规定如实记录和报告。对于侵犯社区矫正工作人员权利的行为，社区矫正工作人员有权提出控告。

社区矫正工作人员因依法履行职责遭受不实举报、诬告陷害、侮辱诽谤，致使名誉受到损害的，相关部门或者个人应当及时澄清事实，消除不良影响，并依法追究相关单位或者个人的责任。

《湖南省社区矫正实施细则》

第二百一十七条 社区矫正工作人员人身安全和职业尊严受法律保护。对任何干涉社区矫正工作人员执法的行为，社区矫正工作人员有权拒绝，并按照规定如实记录和报告。对于侵犯社区矫正工作人员权利的行为，社区矫正工作人员有权提出控告。

社区矫正工作人员因依法履行职责遭受不实举报、诬告陷害、侮辱诽谤，致使名誉受到损害的，有关部门或者个人应当及时澄清事实，消除不良影响，并依法追究相关单位或者个人的责任。

对社区矫正工作人员追究法律责任，应当根据其行为的危害程度、造成的后果以及责任大小予以确定，实事求是，过罚相当。社区矫正工作人员依法履职的，不能仅因社区矫正对象再犯罪而追究其法律责任。

第六十一条[①] **【相关国家工作人员的法律责任】**

社区矫正机构工作人员和其他国家工作人员有下列行为之一的，应当给予处分；构成犯罪的，依法追究刑事责任：

（一）利用职务或者工作便利索取、收受贿赂的；

（二）不履行法定职责的；

（三）体罚、虐待社区矫正对象，或者违反法律规定限制或者变相限制社区矫正对象的人身自由的；

（四）泄露社区矫正工作秘密或者其他依法应当保密的信息的；

（五）对依法申诉、控告或者检举的社区矫正对象进行打击报复的；

（六）有其他违纪违法行为的。

法条解读

本条主要规定了社区矫正机构工作人员和其他国家工作人员违反相关法律规定，应当承担的法律责任。本条中的“有其他违纪违法行为的”主要是指从事社区矫正相关工作的国家工作人员违反法律、法规、规章以及国家机关的决定、命令，应当承担法律责任和纪律责任的行为。[②]

《社区矫正法实施办法》未对本条予以细化。

部分省市社区矫正实施细则对本条作了重申式规定。

相关规定

《甘肃省社区矫正实施细则》

第一百零六条 社区矫正工作人员依据《社区矫正法》和《实施办法》相关规定，依法履行职责、行使职权受法律保护。社区矫正工作人员有违法违纪行为的，依法依纪追究相应的法律责任和纪律责任。

《贵州省社区矫正工作实施细则（试行）》

第七十六条 社区矫正机构工作人员和其他国家工作人员有下列行为之一的，应当给予处分；构成犯罪的，依法追究刑事责任：

（一）利用职务或者工作便利索取、收受贿赂的；

（二）不履行法定职责的；

（三）体罚、虐待社区矫正对象，或者违反法律规定限制或者变相限制社区矫正对象人身自由的；

（四）泄露社区矫正工作秘密或者其他依法应当保密的信息的；

（五）对依法申诉、控告或者检举的社区矫正对象进行打击报复的；

（六）有其他违纪违法行为的。

对社区矫正工作人员追究法律责任，

---

① 相关法律、法规落实，例如，(1) 2018年《监察法》；(2) 2018年《中国共产党纪律处分条例》。

② 王爱立，姜爱东主编：《中华人民共和国社区矫正法释义》，中国民主法制出版社2020年版，第294页。

应当根据其行为的危害程度、造成的后果以及责任大小予以确定，实事求是，过罚相当。社区矫正工作人员依法履职的，不能仅因社区矫正对象再犯罪而追究其法律责任。

《湖南省社区矫正实施细则》

第二百一十六条　在实施社区矫正过程中，人民法院、人民检察院、公安机关、司法行政机关、社区矫正机构、监狱、看守所工作人员有玩忽职守、徇私舞弊、滥用职权等违法违纪行为的，依法给予相应处分；构成犯罪的，依法追究刑事责任。

《宁夏回族自治区社区矫正实施细则》

第九十八条　社区矫正机构工作人员和其他国家工作人员有下列行为之一的，应当给予处分；构成犯罪的，依法追究刑事责任：

（一）利用职务或者工作便利索取、收受贿赂的；

（二）不履行法定职责的；

（三）体罚、虐待社区矫正对象，或者违反法律规定限制或者变相限制社区矫正对象的人身自由的；

（四）泄露社区矫正工作秘密或者其他依法应当保密的信息的；

（五）对依法申诉、控告或者检举的社区矫正对象进行打击报复的；

（六）有其他违纪违法行为的。

对社区矫正工作人员追究法律责任，应当根据其行为的危害程度、造成的后果、以及责任大小予以确定，客观公正，过罚相当。社区矫正工作人员依法履职的，不能仅因社区矫正对象再犯罪而追究其法律责任。

《山东省社区矫正实施细则》

第一百条　社区矫正机构工作人员和其他国家工作人员有下列行为之一的，根据情节、性质，应当给予处理、处分；构成犯罪的，依法追究刑事责任：

（一）利用职务或者工作便利索取、收受贿赂的；

（二）不履行法定职责，造成严重影响或严重后果的；

（三）体罚、虐待社区矫正对象，或者违反法律规定限制或者变相限制社区矫正对象的人身自由的；

（四）泄露社区矫正工作秘密或者其他依法应当保密的信息的；

（五）对依法申诉、控告或者检举的社区矫正对象进行打击报复的；

（六）有其他违纪违法行为的。

《山西省社区矫正实施细则》

第七十六条　社区矫正工作人员依法履行法定职责受国家法律保护，但有下列行为之一的，应当给予相应处分，构成犯罪的，依法追究刑事责任：

（一）接受社区矫正对象及其亲属的财物和宴请，或者徇私枉法、滥用职权；

（二）利用职务或者工作便利索取、收受贿赂；

（三）不履行法定职责；

（四）体罚、虐待社区矫正对象，或者违反法律规定限制或者变相限制社区矫正对象的人身自由；

（五）泄露社区矫正工作秘密或者其他应当保密的信息；

（六）对依法申诉、控告或者检举的社区矫正对象进行打击报复；

（七）其他违法违纪行为。

《四川省社区矫正实施细则》

第一百九十六条　对社区矫正工作人员追究法律责任，应当根据其行为的危害程度、造成的后果，以及责任大小予以确定，实事求是，过罚相当。社区矫正工作人员依法履职的，不能仅因社区矫正对象再犯罪而追究其法律责任。

第六十二条 【检察机关的监督责任】

人民检察院发现社区矫正工作违反法律规定的，应当依法提出纠正意见、检察建议。有关单位应当将采纳纠正意见、检察建议的情况书面回复人民检察院，没有采纳的应当说明理由。

法条解读

本条主要对检察机关的监督责任进行了规定。

《社区矫正法实施办法》对检察机关的监督意见不接受或者对书面纠正意见在规定的期限内没有回复的情形作了进一步细化，包括向上一级人民检察院报告或者通报被建议单位的上级机关、行政主管部门或者行业自律组织等，必要时可以报告同级党委、人大，通报同级政府、纪检监察机关。

例如，《甘肃省社区矫正实施细则》规定了口头纠正意见、制发纠正违法通知书或者检察建议书等多种纠正方式，并规定了被建议机关整改情况告知人民检察院的期限。《山西省社区矫正实施细则》进一步细化了应予监督的具体违法情形。《山东省社区矫正实施细则》分别针对交付接收过程中、监督管理活动、变更执行活动、档案管理活动中具体的违法问题提出了纠正意见。

相关规定

《社区矫正法实施办法》

第五十七条 有关单位对人民检察院的书面纠正意见在规定的期限内没有回复纠正情况的，人民检察院应当督促回复。经督促被监督单位仍不回复或者没有正当理由不纠正的，人民检察院应当向上一级人民检察院报告。

有关单位对人民检察院的检察建议在规定的期限内经督促无正当理由不予整改或者整改不到位的，检察机关可以将相关情况报告上级人民检察院，通报被建议单位的上级机关、行政主管部门或者行业自律组织等，必要时可以报告同级党委、人大，通报同级政府、纪检监察机关。

《北京市社区矫正实施细则》

第一百二十三条 人民检察院要加强职能优化配置，整合专业力量，健全工作机制，统一监督标准，在依法开展社区矫正检察工作过程中，应当开展实质化审查，根据案件审查需要，可以依据《人民检察院刑事诉讼规则》规定开展调查核实工作。

第一百二十四条 人民检察院办理社区矫正监督案件，应当进行调查核实，可以采取以下方式：

（一）依法向人民法院、公安机关、监狱管理机关、社区矫正机构、监狱、司法所等单位调取、查询、复制相关登记表册、法律文书、体检记录及案卷材料等；

（二）调取讯问笔录、询问笔录及相关录音、录像或其他视听资料；

（三）向有关单位和个人了解情况；

（四）询问社区矫正对象、证人或者其他可能知情的人员；

（五）听取社区矫正对象监护人、委托律师的意见；

（六）进行伤情、病情检查或者鉴定；

（七）其他调查核实方式。

人民检察院在调查核实过程中不得限制被调查对象的人身、财产权利。

第一百二十五条 人民检察院开展调查核实应当围绕监督事项，全面、客观、公正、依法进行，对涉及社区矫正活动中有无违法行为以及违法行为情节轻重的各种证据材料都应当收集。

第一百二十六条　人民检察院收到社区矫正机构移送的减刑建议书副本及案卷材料后，应当逐案进行审查。发现减刑建议不当或者提请减刑违反法定程序的，应当在十日以内报经检察长批准，向审理减刑案件的人民法院提出书面检察意见，同时也可以向社区矫正机构提出书面纠正意见。案情复杂或者情况特殊的，可以延长十日。

第一百二十七条　人民检察院经审查认为人民法院减刑裁定不当，应当在收到裁定书副本后二十日以内，向作出减刑裁定的人民法院提出纠正意见。

人民检察院对人民法院减刑裁定提出纠正意见后，应当监督人民法院是否在收到纠正意见后一个月以内重新组成合议庭进行审理，并监督重新作出的裁定是否符合法律规定。对最终裁定不符合法律规定的，应当向同级人民法院提出纠正意见。

第一百二十八条　社区矫正机构提请人民法院决定逮捕社区矫正对象时，应当向人民检察院抄送相关法律文书及案卷材料，包括：

（一）社区矫正机构提请撤销缓刑、撤销假释的建议书以及提请逮捕的法律文书；

（二）原一、二审刑事裁判书、原假释裁定书、执行通知书、历次减刑裁定书的复印件；

（三）提请逮捕的相关证据材料；

（四）对违法违规行为的行政强制措施、处罚决定书；

（五）其他案件材料。

第一百二十九条　人民检察院办理提请逮捕监督案件，发现社区矫正机构提请人民法院决定逮捕的活动具有以下情形之一的，应当依法提出纠正意见：

（一）将不符合逮捕法定条件的社区矫正对象，提请人民法院决定逮捕的；

（二）对依法应当逮捕的社区矫正对象，不提请人民法院决定逮捕的；

（三）提请逮捕违反法定程序；

（四）其他违法情形。

第一百三十条　人民检察院认为人民法院逮捕决定不当的，应当向人民法院提出纠正意见。对人民法院逮捕决定提出纠正意见后，应当监督人民法院是否及时重新作出决定，并监督重新作出的决定是否符合法律规定。对最终决定不符合法律规定的，应当向同级人民法院提出纠正意见。

第一百三十一条　人民检察院收到社区矫正机构移送的撤销缓刑、假释建议书、收监执行建议书及案卷材料后，认为撤销缓刑、假释建议、收监执行建议不当的，应当自接到建议书之日起十日内向人民法院、公安机关、监狱管理机关提出书面检察意见。

第一百三十二条　人民检察院收到撤销缓刑、撤销假释或者决定收监执行的裁定书、决定书后，认为撤销缓刑、假释裁定、收监执行决定不当的，应当自接到裁定书、决定书之日起十日内向人民法院、公安机关、监狱管理机关提出书面纠正意见。

第一百三十三条　人民检察院发现对社区矫正对象的刑罚变更执行活动具有下列情形之一的，应当依法提出纠正意见：

（一）社区矫正机构未依法向人民法院、公安机关、监狱管理机关提出撤销缓刑、撤销假释建议或者对暂予监外执行的收监执行建议，或者未依法向人民法院提出减刑建议的；

（二）社区矫正机构未依法抄送法律文书的；

（三）人民法院、公安机关、监狱管理机关未依法作出裁定、决定，或者未依法送达的；

（四）公安机关未依法将罪犯送交看

守所、监狱，或者看守所、监狱未依法收监执行的；

（五）公安机关未依法对在逃的罪犯实施追捕的；

（六）其他违法情形。

第一百三十四条 人民检察院发现社区矫正决定机关、看守所、监狱、社区矫正机构在调查评估、交付、接收社区矫正对象活动中有下列情形之一的，应当依法提出纠正意见：

（一）未依法委托、开展调查评估的；

（二）对被判处管制、宣告缓刑、假释和暂予监外执行的罪犯，未依法交付执行地社区矫正机构执行的；

（三）社区矫正机构应当接收而拒绝接收的；

（四）其他违法情形。

第一百三十五条 人民检察院发现社区矫正执法活动具有下列情形之一的，应当依法提出纠正意见：

（一）社区矫正对象报到后，社区矫正机构未履行法定告知义务，致使其未按照有关规定接受监督管理的；

（二）违反法律规定批准社区矫正对象离开所居住的市、县，或者违反人民法院禁止令的内容批准社区矫正对象进入特定区域或者场所的；

（三）没有依法监督管理而导致社区矫正对象脱管的；

（四）社区矫正对象违反监督管理规定或者人民法院的禁止令，未依法予以警告、未提请公安机关给予治安管理处罚的；

（五）对社区矫正对象有殴打、体罚、虐待、侮辱人格、强迫其参加超时间或者超体力社区服务等侵犯其合法权利行为的；

（六）未依法办理解除、终止社区矫正的；

（七）其他违法情形。

第一百三十六条 人民检察院发现社区矫正工作违反法律规定的应当依法提出监督意见，可以根据下列情形分别处理：

（一）发现执法瑕疵、安全隐患，或者违法情节轻微的，口头提出纠正意见，并记录在案；

（二）发现严重违法，发生重大事故，或者口头提出纠正意见后七日以内未予纠正的，书面提出纠正意见；

（三）发现存在可能导致执法不公问题，或者存在重大监管漏洞、重大安全隐患、重大事故风险等问题的，提出检察建议。

第一百三十七条 被监督单位对纠正意见申请复查的，人民检察院应当在收到被监督单位的书面意见后七日以内进行复查，并将复查结果及时通知申请复查的单位。经过复查，认为纠正意见正确的，应当及时向上一级人民检察院报告；认为纠正意见错误的，应当及时予以撤销。

上一级人民检察院经审查，认为下级人民检察院纠正意见正确的，应当及时通报被监督单位的上级机关或者主管机关，并建议其督促被监督单位予以纠正；认为下级人民检察院纠正意见错误的，应当书面通知下级人民检察院予以撤销，下级人民检察院应当执行，并及时向被监督单位说明情况。

《甘肃省社区矫正实施细则》

第一百零五条 人民检察院发现社区矫正执法活动违反法律法规和本细则规定的，可以区别情况分别提出口头纠正意见、制发纠正违法通知书或者检察建议书。决定机关、交付执行机关和执行机关应当及时纠正、整改，并将纠正、整改情况在十个工作日内书面告知人民检察院，没有采纳的应当说明理由。有关单位对人民检察院的书面纠正意见在规定的期限内没有回复纠正情况的，人民检察院应当督促回复。经督促被监督单位仍不回复或者没有正当理由不纠正的，人民检察院应当向上一级人民检察院报告。

有关单位对人民检察院的检察建议在规定的期限内经督促无正当理由不予整改或者整改不到位的，检察机关可以将相关情况报告上级人民检察院，通报被建议单位的上级机关、行政主管部门或者行业自律组织等，必要时可以报告同级党委、人大，通报同级政府、纪检监察机关。

《广西壮族自治区社区矫正工作细则》

第一百三十五条 人民检察院发现社区矫正工作违反法律规定的，应当依法提出纠正意见、检察建议。有关单位应当在收到纠正意见、检察建议之日起十五日内将采纳纠正意见、检察建议的情况书面回复人民检察院，没有采纳的应当说明理由。

《贵州省社区矫正工作实施细则（试行）》

第七十七条 人民检察院依照《社区矫正法》等相关法律规定实行法律监督，发现社区矫正工作违反法律规定的，应当依法提出纠正意见、检察建议。有关单位应当将采纳纠正意见、检察建议的情况书面回复人民检察院，没有采纳的应当书面说明理由。

第七十八条 有关单位对人民检察院的书面纠正意见在规定的期限内没有回复纠正情况的，人民检察院应当督促回复。经督促被监督单位仍不回复或者没有正当理由不纠正的，人民检察院应当向上一级人民检察院报告，必要时可以通报同级纪检监察机关。

有关单位对人民检察院的检察建议在规定的期限内经督促无正当理由不予整改或者整改不到位的，检察机关可以将相关情况报告上级人民检察院，通报被建议单位的上级机关、行政主管部门或者行业自律组织等，必要时可以报告同级党委、人大，通报同级政府、纪检监察机关。

《湖南省社区矫正实施细则》

第二百一十三条 人民检察院发现社区矫正工作违反法律规定的，应当依法提出纠正意见、检察建议。

有关单位应当将采纳纠正意见、检察建议的情况书面回复人民检察院，没有采纳的应当说明理由。

第二百一十四条 有关单位对人民检察院的书面纠正意见在规定的期限内没有回复纠正情况的，人民检察院应当督促回复。经督促被监督单位仍不回复或者没有正当理由不纠正的，人民检察院应当向上一级人民检察院报告。

有关单位对人民检察院的检察建议在规定的期限内经督促无正当理由不予整改或者整改不到位的，检察机关可以将相关情况报告上级人民检察院，通报被建议单位的上级机关、行政主管部门或者行业自律组织等，必要时可以报告同级党委、人大，通报同级人民政府、纪检监察机关。

第二百一十五条 人民检察院按照刑事诉讼法的规定，在对社区矫正实行法律监督中发现司法工作人员相关职务犯罪的，可以直接受理立案侦查。

《江西省社区矫正工作实施细则》

第一百零六条 有关单位对人民检察院的书面纠正意见在规定的期限内没有回复纠正情况的，人民检察院应当督促回复。经督促被监督单位仍不回复或者没有正当理由不纠正的，人民检察院应当向上一级人民检察院报告。

有关单位对人民检察院的检察建议在规定的期限内经督促无正当理由不予整改或者整改不到位的，检察机关可以将相关情况报告上级人民检察院，通报被建议单位的上级机关、行政主管部门或者行业自律组织等，必要时可以报告同级党委、人大，通报同级政府、纪检监察机关。

《山东省社区矫正实施细则》

第十二条 人民检察院发现在调查评估活动中有下列情形之一的，应当依法提出纠正意见：

（一）委托机关应当委托而未进行委托的；

（二）社区矫正机构未依法接受委托、开展调查评估的；

（三）社区矫正机构收到委托调查评估文书后、开展调查评估前，未通知拟确定为执行地的县级人民检察院的；

（四）社区矫正机构未在法律规定或者协商确定的时限内提交调查评估意见的；

（五）社区矫正机构未依法将评估意见同时抄送拟确定为执行地的县级人民检察院的；

（六）社区矫正决定机关未依法将调查评估意见的采信情况在相关法律文书中说明的；

（七）相关单位、部门及村（居）民委员会等未依法为调查评估提供必要的协助的；

（八）泄露调查评估意见以及调查中涉及的国家秘密、商业秘密、个人隐私等信息的；

（九）有关单位或个人将调查评估意见或调查评估过程泄露给被调查评估对象或其利益关系人的；

（十）其他违反调查评估法律规定的。

第二十四条　人民检察院发现在交付、接收过程中有下列情形之一的，应当依法提出纠正意见：

（一）未依法向社区矫正对象履行法定教育、告知义务的；

（二）社区矫正决定机关未依法核实、确定社区矫正执行地的；

（三）人民法院、监狱或者看守所未依法通知社区矫正机构，或者未依法送达有关法律文书，或者未同时抄送人民检察院、公安机关的；社区矫正机构未依法将有关法律文书转送所在地人民检察院、公安机关的；

（四）人民法院未依法将暂予监外执行的社区矫正对象交付执行的；公安机关、监狱或者看守所未依法将暂予监外执行的社区矫正对象移送社区矫正机构的；

（五）执行地社区矫正机构应当接收而未接收社区矫正对象的；

（六）社区矫正对象报到后，执行地社区矫正机构未及时核对法律文书、核实身份的，未及时办理登记接收手续的；

（七）社区矫正机构或者司法所未依法为社区矫正对象确定矫正小组，未依法组织入矫宣告的；

（八）社区矫正机构对未成年社区矫正对象的宣告未通知其监护人到场或者公开进行的；

（九）社区矫正对象未在规定时间报到，社区矫正机构未依法组织查找的；

（十）人民法院、公安机关、监狱、看守所、社区矫正机构因交付、接收不及时等原因造成社区矫正对象漏管的；

（十一）村（居）民委员会未依法履行社区矫正工作职责的；

（十二）其他违反交付、接收法律规定的。

第六十八条　人民检察院发现在监督管理活动中有下列情形之一的，应当依法提出纠正意见：

（一）社区矫正机构未依法对社区矫正对象实施分类管理、制定和调整矫正方案的；

（二）社区矫正机构未依法为未成年社区矫正对象制定适应未成年人特点的矫正方案的；

（三）社区矫正机构违反规定批准社区矫正对象离开所居住的市、县，或者违反人民法院禁止令的内容批准社区矫正对象进入特定区域或者场所的；

（四）社区矫正机构未依法监督管理导致社区矫正对象脱管的；

（五）社区矫正对象因工作、居所变化等原因需要变更执行地，社区矫正机构未依法作出决定，或者与变更后的社区矫正机构未依法办理交付、接收的；

（六）社区矫正机构未依法对社区矫正对象实施考核奖惩的；

（七）社区矫正机构对未成年社区矫正对象考核奖惩公开进行或者处罚未通知监护人到场的；

（八）社区矫正机构未依法对社区矫正对象使用电子定位装置的；

（九）对未成年人的社区矫正，未与成年人分别进行的；

（十）社区矫正对象失去联系，社区矫正机构未依法组织查找，或者公安机关等有关单位和人员未依法予以配合协助的，或者未将组织查找情况及时通报人民检察院的；

（十一）社区矫正机构、公安机关对违反监督管理规定或者违反人民法院禁止令的社区矫正对象未依法处置的，或者未将处置结果抄送相关部门的；

（十二）社区矫正对象有被依法决定拘留、强制隔离戒毒、采取刑事强制措施等限制人身自由情形，有关机关未依法及时通知执行地社区矫正机构、人民检察院的；

（十三）社区矫正对象符合减刑条件，社区矫正机构未依法向人民法院提出减刑建议的，或者未依法将减刑建议书抄送人民检察院的；

（十四）人民法院收到减刑建议书后未依法作出裁定的，或者未依法将裁定书送达社区矫正机构的，或者未依法抄送人民检察院、公安机关的；

（十五）社区矫正机构未依法对未成年社区矫正对象实施社区矫正的；

（十六）社区矫正机构开展通信联络、信息化核查、实地查访等活动，泄露社区矫正对象依法应当保密的身份信息和个人隐私的；

（十七）社区矫正机构未依法对未成年社区矫正对象相关信息进行保密的；

（十八）对社区矫正对象有殴打、体罚、虐待、侮辱人格等侵犯其合法权利行为的；

（十九）其他违反监督管理规定的。

第八十一条　人民检察院发现社区矫正机构等有关部门未依法对社区矫正对象进行教育帮扶的，应当依法提出纠正意见。

第八十五条　人民检察院发现在解除矫正活动中有下列情形之一的，应当依法提出纠正意见：

（一）对矫正期满或者被赦免的社区矫正对象，社区矫正机构未依法办理解除矫正手续的；

（二）对刑期届满的暂予监外执行罪犯，社区矫正机构未通报原决定和批准机关的，或者原决定和批准机关未依法为其办理刑满释放手续的；

（三）社区矫正机构对社区矫正对象解除社区矫正，未依法通知社区矫正决定机关、执行地人民检察院、公安机关的；

（四）社区矫正机构对刑期、考验期限未满或者未被特赦的社区矫正对象提前解除矫正的或者解除程序不符合法律和有关规定的；

（五）其他违反解除矫正法律规定的情形。

第九十五条　人民检察院发现在变更执行活动中有下列情形之一的，应当依法提出纠正意见：

（一）社区矫正机构应当提出撤销缓刑、撤销假释、收监执行建议而未依法提出的；撤销缓刑、撤销假释、收监执行建议书未同时抄送人民检察院的；

（二）人民法院、公安机关、监狱管理机关应当作出收监执行决定而未依法作出决定的；

（三）人民法院对社区矫正机构提请逮捕的社区矫正对象未依法及时作出决定

的，或者公安机关执行逮捕的活动存在违法情形的；

（四）公安机关对人民法院裁定撤销缓刑、撤销假释的社区矫正对象，以及对人民法院、公安机关决定收监执行的暂予监外执行社区矫正对象，没有及时收监执行的；

（五）监狱对监狱管理机关决定收监执行的暂予监外执行社区矫正对象，没有及时收监执行的；

（六）监狱、看守所对公安机关送交的被裁定撤销缓刑、撤销假释或者决定收监执行的社区矫正对象，未依法及时收监执行的；

（七）被裁定撤销缓刑、撤销假释和被决定收监执行社区矫正对象逃跑，公安机关未依法追捕的；

（八）社区矫正机构对矫正期间死亡的社区矫正对象的终止活动存在违法情形的；

（九）其他违反变更执行法律规定的。

第九十九条 人民检察院在档案管理活动中发现有下列情形之一的，应当依法提出纠正意见：

（一）未依法为社区矫正对象建立社区矫正档案或者档案内容不全的；

（二）未依法按规定封存未成年社区矫正对象档案的；

（三）其它违反档案管理法律规定的。

《山西省社区矫正实施细则》

第七十条 人民检察院发现有下列情形之一的，应当及时发出《纠正违法通知书》或者《检察建议书》：

（一）社区矫正决定机关确定社区矫正执行地的活动不符合法律和有关规定；社区矫正机构接受、开展调查评估的活动不符合法律和有关规定。

（二）人民法院、监狱、看守所交付执行活动不符合法律和有关规定；社区矫正机构接收社区矫正对象活动不符合法律和有关规定；社区矫正对象存在漏管情形。

（三）社区矫正机构监督管理社区矫正对象的活动不符合法律和有关规定；社区矫正机构教育帮扶社区矫正对象的活动不符合法律和有关规定；社区矫正对象存在脱管情形；社区矫正对象的合法权益受到侵犯。

（四）社区矫正机构提请撤销缓刑、撤销假释或者收监执行不符合法律和有关规定；社区矫正决定机关裁定撤销缓刑、撤销假释或者决定收监执行，以及送达相关法律文书不符合法律和有关规定。

（五）社区矫正机构向人民法院提请逮捕社区矫正对象，人民法院没有作出是否逮捕的决定，以及公安机关执行逮捕的活动不符合法律和有关规定。

（六）公安机关、监狱将社区矫正对象送交监狱或者看守所收监执行，以及监狱、看守所收监执行等不符合法律和有关规定；公安机关没有依法对逃跑的被裁定撤销缓刑、撤销假释或者被决定收监执行的社区矫正对象进行追捕。

（七）社区矫正机构解除社区矫正的条件和程序不符合法律和有关规定，没有办理相关手续。

（八）社区矫正机构提请、人民法院裁定对社区矫正对象减刑的案件，其条件、程序不符合法律和有关规定；对依法应当减刑的罪犯没有提请、裁定减刑。

（九）社区矫正机构没有依照法律和有关规定，对未成年社区矫正对象采取针对性的矫正措施。

（十）其他依法应当提出纠正意见或检察建议的情形。

第九章　附　　则

第六十三条　【本法生效时间】

本法自2020年7月1日起施行。

法条解读

根据本条规定，《社区矫正法》自2020年7月1日起施行。对于该日期以后发生的行为，应当按照《社区矫正法》的规定执行。对于该日期以前发生的行为，应当按照最高人民法院、最高人民检察院、公安部、司法部联合印发的《社区矫正实施办法》及其他有关政策、规定执行。申言之，2020年7月1日之后，无论新接收的社区矫正对象还是已在矫的社区矫正对象，应当适用社区矫正法的相关规定。①

---

① 王爱立，姜爱东主编：《中华人民共和国社区矫正法释义》，中国民主法制出版社2020年版，第303页。

图书在版编目（CIP）数据

社区矫正法实务手册 / 庄乾龙编著 .—北京：中国法制出版社，2024.3

ISBN 978-7-5216-4161-5

Ⅰ.①社… Ⅱ.①庄… Ⅲ.①社区-监督改造-法规-中国-手册 Ⅳ.①D926.7-62

中国国家版本馆 CIP 数据核字（2024）第 005785 号

策划编辑：赵　宏　　责任编辑：陈晓冉　　封面设计：周黎明

社区矫正法实务手册

SHEQU JIAOZHENGFA SHIWU SHOUCE

编著/庄乾龙

经销/新华书店

印刷/三河市国英印务有限公司

开本/880 毫米×1230 毫米　32 开　　印张/16.75　字数/607 千

版次/2024 年 3 月第 1 版　　2024 年 3 月第 1 次印刷

中国法制出版社出版

书号 ISBN 978-7-5216-4161-5　　定价：78.00 元

北京市西城区西便门西里甲 16 号西便门办公区

邮政编码：100053　　传真：010-63141600

网址：http：//www.zgfzs.com　　编辑部电话：010-63141835

市场营销部电话：010-63141612　　印务部电话：010-63141606

（如有印装质量问题，请与本社印务部联系。）